Bayerisches Verfassungsrecht

von

Dr. Hans Nawiasky,
Professor an der Universität München

1923
J. Schweitzer Verlag (Arthur Sellier)
München, Berlin und Leipzig

Druck von Dr. F. P. Datterer & Cie., Freising-München

Leopold Wenger

gewidmet.

Vorwort.

In der Einleitung zu meinem Buch über den „Bundesstaat als Rechtsbegriff“ habe ich die volle Gleichberechtigung der juristischen und politischen Methode staatsrechtlicher Untersuchung bei strengstem Gebot der Vermeidung ihrer unkritischen Vermischung aufs schärfste betont. Ich habe es aber nicht bei der Aufstellung der theoretischen Forderung bewenden lassen, sondern mich für verpflichtet erachtet, den praktischen Beweis für die Möglichkeit dieser Trennung anzutreten. Während „der Bundesstaat als Rechtsbegriff“ rein juristisch-theoretisch gehalten ist, wurde in den „Grundgedanken der Reichsverfassung“ und der als Ergänzung zu betrachtenden kleinen Schrift „Der föderative Gedanke in und nach der Reichsverfassung“ in den Politischen Zeitfragen 3. Jahrg. H. 7 die politische Betrachtungsweise in den Vordergrund gestellt.

Es ist für das heute vorherrschende Interesse, auf das ich in der erwähnten Einleitung hingewiesen habe, bezeichnend, daß die beiden Schriften der zweiten Richtung überaus lebhaften und warmen Anklang fanden, während jene juristisch-konstruktive Untersuchung nur seitens stark theoretisch orientierter Gelehrter vollem Verständnis begegnet ist.

Eine solche Erfahrung kann mich um so weniger in meiner grundsätzlichen methodischen Stellung irre machen, als ich — Zeuge der erwähnten Einleitung — auf ein solches Ergebnis von vornherein gefaßt war. Im Gegenteil, ich habe nach wie vor die starke Zuversicht, daß der Standpunkt der Gleichwertigkeit beider Betrachtungsweisen bei vollbewußter Auseinanderhaltung ihrer Anwendung seinen Siegeszug antreten wird. Handelt es sich doch vielfach nur darum, gewisse Mißverständnisse mit unbeirrbarer Geduld aus dem Wege zu räumen, Mißverständnisse, die sich immer wieder — da und dort — der klaren Erkenntnis des Kernpunktes in den Weg gestellt haben.

Auseinanderhaltung oder *Trennung* der juristischen und politischen Methode bedeutet nicht etwa, daß auch ein *Nebeneinander* beider grundsätzlich zurückgewiesen werden soll. Im Gegenteil, gerade eine solche *Parallelität der Betrachtung* ist voraussetzungsgemäß allein imstande, über den Gegenstand der Untersuchung, den Staat, volle Klarheit zu verschaffen. Dies ist mit allem Nachdruck gegenüber der von Kelsen begründeten Wiener Schule zu betonen, deren großes Verdienst es ist, die Scheidung der juristischen und soziologischen Betrachtung aufs schärfste durchgeführt zu haben, die aber mehr und mehr Gefahr läuft, sich geradezu zu überschlagen, indem sie schließlich bei einer immer stärker werdenden Abneigung gegen die soziologische Betrachtung landet.

Diese einleitenden Bemerkungen bedürfen allerdings noch einer wichtigen Ergänzung. Der Ausdruck „politische Betrachtung" läßt nämlich eine doppelte Verwendung zu. Einmal hat man dabei eine Untersuchung der tatsächlichen Machtverhältnisse im staatlich-gesellschaftlichen Leben vor Augen, und die rechtliche Ordnung interessiert nur als Ausdruck der Machtlage oder als ein Mittel ihrer weiteren Gestaltung. In diesem Sinne wurde der Begriff oben verwendet. Daneben versteht man aber unter politischer Betrachtung auch die Untersuchung einer Rechtsordnung als solcher mit Rücksicht auf die von ihr gewollte Machtverteilung, wie sie in der Abgrenzung der Zuständigkeiten und Befugnisse, in der vorgesehenen Mitwirkung der einzelnen Faktoren an dem Zustandekommen der staatlichen Willensbildung u. dgl. zum Ausdruck kommt. Der Gegensatz einer „politischen" Betrachtung dieser Art zu einer „rein juristischen" liegt dann nicht in ihrer Methode, sondern in dem Gegenstand ihres Interesses. Nicht das Formale oder Technische der gegebenen Rechtsbeziehungen, sondern ihre materielle, inhaltliche Bedeutung soll näher geprüft werden. Aber es handelt sich dabei doch immer um die rechtliche Seite, um den Plan, den die Rechtsordnung für die Gestaltung aufgestellt hat, nicht darum, wie die tatsächlichen Verhältnisse liegen. Im Gegensatz dazu untersucht die „rein juristische" Betrachtung die Rechtsformen an sich unter Ausschaltung des inhaltlichen Momentes und gelangt auf diese Weise zu einer kleinen Anzahl oberster Rechtsbegriffe, die geeignet sind, Inhalte der verschiedensten Art in sich aufzunehmen.

Faßt man das Gesagte zusammen, so kommt man zu einer Dreiteilung der Aufgabe publizistischer Erforschung des Staates. Erstlich handelt es sich um die Gewinnung gewisser rein formaler Grundbegriffe wie Rechtsnorm, Rechtsordnung, Rechtspflicht, subjektives Recht, Rechtssubjekt, Staat, Bundesstaat u. dgl., bei denen jedes inhaltliche Moment ausgeschaltet sein muß. Zweitens sind inhaltlich und zwar der Natur des Gegenstands nach politisch erfüllte Begriffe festzustellen wie Staatsoberhaupt, Regierung, Volksvertretung, Wahlrecht, Monarchie, Republik, Demokratie, monarchischer Bundesstaat u. dgl. Zum Dritten sind die gesellschaftlichen Machtverhältnisse zu untersuchen wie Parteibildung, Beziehung der Machtgruppen im Staat, Einfluß des Beamtentums, Auswirkung der Gliedstaatsfaktoren auf die Führung der Bundesgeschäfte, Zentralismus, Föderalismus usw. Alle drei Aufgaben sind gleich notwendig und gleich wichtig, ihre Ergebnisse ergänzen sich und beeinflussen sich auch teilweise gegenseitig; aber alle drei müssen zunächst reinlich geschieden und jede für sich verfolgt werden, erst dann ist eine Zusammenfassung am Platze. Damit soll natürlich nichts über die Art der Darstellung der getrennt ermittelten Ergebnisse gesagt werden; hier kann eine Nebeneinanderstellung mitunter recht förderlich sein. Dies gilt besonders von der Prüfung des politischen Gehaltes einer konkreten Rechtsordnung einerseits und der politischen Tatsachen, auf denen diese Rechtsordnung aufgebaut ist oder die sie meistern will, andererseits; so ist beispw. bei den „Grundgedanken der Reichsverfassung" und der erwähnten Ergänzungsschrift bewußtermaßen verfahren worden.

Wenn es sich nun um die Darstellung einer positiven Staatsrechtsordnung handelt, so kommt von den drei dargelegten Aufgaben von vornherein die erste an sich nicht in Betracht. Denn die theoretischen Grundbegriffe müssen bereits gewonnen sein, wenn man sie zur Erfassung des gegebenen Rechtsbestandes verwenden will. Gewiß ist es denkbar, daß die Darstellung des positiven Rechtes Anlaß gibt, auch grundbegriffliche Auseinandersetzungen vorzunehmen. Aber dann schaltet man einfach Untersuchungen aus dem Gebiet der allgemeinen Staatsrechtslehre in die Bearbeitung des positiven Rechtes ein. Im übrigen handelt es sich einmal um die Darlegung der Ordnung, wie sie von der betreffenden Staatsverfassung gewollt ist oder, wie man auch sagen kann, vorgeschlagen wird, und dann um die tatsächliche Gestaltung, die die Mächte des politisch-gesellschaftlichen Lebens daraus gemacht haben. Beides muß wieder scharf auseinandergehalten werden, um das Gewollte und Gewordene gegenüberhalten und aneinander gegenseitig messen zu können. Denn nur unter dieser Voraussetzung ist eine kritische Stellungnahme, die Seele aller Wissenschaft, ermöglicht.

Auch diesmal soll es nicht bei allgemeinen Formulierungen sein Bewenden haben, sondern der Versuch unternommen werden, auf der angegebenen Grundlage ein positives Staatsrecht zu entwerfen. Diesen Versuch lege ich in Gestalt eines „Bayerischen Verfassungsrechtes" der Öffentlichkeit vor.

Die Verfassung eines Gliedstaates bietet der Darstellung nicht geringe Schwierigkeiten, weil es sich nur um ein Teilrecht handelt, das erst durch das ergänzende Recht des Zentralstaates zum Vollstaatsrecht wird. Es läßt sich daher nicht vermeiden, auf jenes ergänzende Recht überzugreifen; die Frage besteht nur darin, wie weit dieses Vorfühlen in das Anschlußgebiet getrieben werden darf. Die außerordentlich starke Verflechtung des Reichs- und Landesrechtes im geltenden deutschen Verfassungszustand hat die Grenzen einigermaßen flüssig werden lassen, und daraus erklärt es sich, warum die vorliegende Darstellung des bayerischen Verfassungsrechtes ziemlich ausgedehnte Streifzüge in das Reichsverfassungsrecht nicht hat vermeiden können.

Auch noch in anderer Beziehung ist die Darstellung über den engeren Rahmen eines Landesstaatsrechts vielfach hinausgewachsen. Es wurde mit Absicht nicht vermieden, an der einen oder anderen Stelle, wo das positive Recht an allgemeine staatsrechtliche Probleme anknüpft, diese aufzugreifen und eingehender zu erörtern. Es liegt ja kein innerer Grund vor, solche Untersuchungen den Darstellungen des Reichsstaatsrechtes vorzubehalten. Gerade in München gilt es in dieser Beziehung die großen Traditionen Max Seydels zu wahren.

Schließlich noch gleichsam ein Wort der Entschuldigung. Wenn in der nachfolgenden Darstellung die eigenen Schriften des Verfassers vergleichsweise häufig angezogen werden, so beruht das nicht auf der Meinung, daß gerade den angeführten Stellen eine ungewöhnlich hohe Bedeutung für die betreffende Frage zukäme — wer wirklich in den Geist der Wissenschaft eingedrungen ist, wird bescheiden —, sondern auf dem Bestreben, die Erörterungen des Textes durch den Hinweis auf frühere Ausführungen zu entlasten. Die eigenen Wege, die ich auf manchem Gebiet in vorausgegangenen Untersuchungen einzuschlagen versucht habe, brauchten auf diese Weise nur mit wenigen Strichen angedeutet zu werden.

Die Handschrift ist Mitte Januar 1923 abgeschlossen worden. Da aber die staatsrechtliche Entwicklung gerade in unserer Zeit noch in vollem Fluß ist, schien es geboten, die während des Druckes eingetretenen Veränderungen, soweit irgendwie möglich, zu berücksichtigen. Das geschah in der Weise, daß dasjenige Material, das jeweils während der Korrektur vorlag, in den Text eingearbeitet wurde, was zum erheblichen Teile noch durchführbar war, während der auf diese

Weise nicht mehr zu berücksichtigende Rest auf einen Nachtrag verwiesen wurde. So ist tatsächlich der Rechtszustand um Mitte Mai 1923 lückenlos zur Darstellung gekommen.

Besonderer Wert wurde noch auf ein eingehendes Schlagwort- und Quellenverzeichnis (Paragraphen der bayerischen Verfassungsurkunde, Artikel der Reichsverfassung) gelegt, an deren Hand das Buch ähnlich einem Kommentar zur bayerischen Verfassungsurkunde benützt werden kann.

Am Ende obliegt es mir noch, all den Herren der bayerischen Behörden, die auf meine Anfragen bereitwilligst Auskunft erteilt haben, wärmstens zu danken.

München, den 11. Mai 1923.

Verzeichnis der Abkürzungen

(soweit diese nicht allgemein bekannt sind).

Anschütz = Die Verfassung des Deutschen Reichs 1921.
BayGemVZtg. = Bayerische Gemeinde- u. Verwaltungszeitung.
BayZfR. = Zeitschrift für Rechtspflege in Bayern.
BlAdmPr. = Blätter für administrative Praxis.
DJZ. = Deutsche Juristenzeitung.
Fleiner = Institutionen des deutschen Verwaltungsrechts, 3. Aufl. 1913; folgende unveränderte Abdrücke.
FGG. = Reichsgesetz über die Angelegenheiten der freiwilligen Gerichtsbarkeit vom 17. Mai 1898.
Giese = Die Reichsverfassung; hier nach der 5. Aufl. benützt, soweit nicht ausdrücklich auf die 3. Aufl. verwiesen wird.
GO. = Geschäftsordnung des Landtags Beil. 3376 von 1923.
G. Jellinek, Staatslehre = Allgemeine Staatslehre, 3. Aufl. 1921, ergänzt von W. Jellinek.
Kelsen, Hauptprobleme = Hauptprobleme der Staatsrechtslehre 1911.
Laband = Das Staatsrecht des Deutschen Reiches, 5. Aufl. 1911—14.
LStG. = Landessteuergesetz vom 30. März 1920, RGBl. 402.
LWG. = Landeswahlgesetz vom 12. Mai 1920, GVBl. 195.
LWO. = Landeswahlordnung vom 12. Mai 1920, GVBl. 241.
LZ. = Leipziger Zeitschrift für deutsches Recht.
O. Mayer = Deutsches Verwaltungsrecht, 2. Aufl. 1914, 1917.
Nawiasky, Bundesstaat = Der Bundesstaat als Rechtsbegriff 1920.
Nawiasky, Föderativer Gedanke = Der föderative Gedanke in und nach der Reichsverfassung. Polit. Zeitfragen. München 1921.
Nawiasky, Grundgedanken = Die Grundgedanken der Reichsverfassung, 1920.
Nawiasky, Postrecht = Deutsches und österreichisches Postrecht. Der Sachverkehr. Wien 1909.
Piloty = Die Verfassungsurkunde des Freistaates Bayern 1919.
Poetzsch = Handausgabe der Reichsverfassung. Berlin 1919.
RV. = Reichsverfassung.
Rothenbücher, Ministerium = Die Stellung des Ministeriums nach bayerischem Verfassungsrechte. München 1922.
VGG. = Verwaltungsgerichtsgesetz vom 8. August 1878, GVBl. 369.
VU. = Verfassungsurkunde des Freistaates Bayern.
S. hinter § oder Art. = Satz, sonst = Seite des Buches.
Seydel = Bayerisches Staatsrecht, 1. Aufl. 1884—94, 2. Aufl. 1896.
Seydel-Graßmann, Seydel-Piloty = Bayer. Staatsrecht auf Grund der 2. Aufl. neubearbeitet 1913.
§ ohne Zusatz = § der Verfassungsurkunde bzw., wie aus dem Zusammenhang ersichtlich = § des Buches.
Ziffern bei Literaturangaben oder Gesetzblättern = Seite.
Hochgestellte kleine Ziffern = Anmerkungen.
Römische Ziffern bei § und Artikeln = Absatz.

Druckfehlerverzeichnis.

S. 75 ergänze in Z. 9 vierte Zeile: (§ 3 I).
S. 88 zwölfte Zeile von oben lies statt Art. 65: Art. 165.
S. 201 dritte Zeile von oben lies statt § 22: § 77.
S. 251 siebente Zeile von unten lies statt Art. 14: Art. 114.

Inhaltsverzeichnis.

Zweiter Abschnitt.

B. Die Gesetzgebung.

Dritter Abschnitt.

C. Die Verwaltung.

I. Teil.

Die Verfassungsentwicklung in Bayern.

§ 1.

Vorbemerkung.

Schrifttum: Seydel, Bayerisches Staatsrecht, 3. Aufl. 1913 I. Bd., Die Staatsverfassung, bearbeitet von Piloty, in Das öffentliche Recht der Gegenwart Bd. XXI und die dort angeführten Schriften, vgl. besonders S. XX—XXII; Doeberl, Entwicklungsgeschichte Bayerns. München 1912 und 1916.

Das heutige Bayern ist kein ethnographisch oder geographisch natürliches Gebilde, nicht das Ergebnis einer von inneren Triebkräften bestimmten Entwicklung, sondern das Werk äußerer Ereignisse. Denn es handelt sich weder um die staatsrechtliche Organisation eines der deutschen Stämme; vielmehr wohnt der größere Teil des bajuwarischen Stammes jenseits der derzeitigen Reichsgrenze in Österreich, im Lande selbst aber leben neben den Bajuwaren Schwaben, Franken und ganz getrennt die Rheinpfälzer. Auch geographisch stellt Bayern keine selbständige Einheit dar; der Hauptteil, das rechtsrheinische Bayern, bildet zwar ein räumlich geschlossenes Gebiet, dieses hat aber keine natürlichen Grenzen und gehört auch hydrographisch zwei verschiedenen Stromnetzen, der Donau und dem Main, an. Die Rheinpfalz ihrerseits steht in gar keinem geographischen Zusammenhang mit dem übrigen Staatsgebiet.

Bayern ist vielmehr die Schöpfung der Hausmachtspolitik des Herrschergeschlechtes, das es durch acht Jahrhunderte regiert hat, des wittelsbachischen Fürstenhauses. Diesem ist es allerdings gelungen, die verschiedenen Teile seines Besitzes innerlich zusammenzuschweißen. Es hat sich ohne Zweifel ein bayerisches Gemeinschaftsgefühl entwickelt, das alle Bevölkerungsteile zu einer lebendigen Einheit zusammenfaßt. Das läßt sich am deutlichsten daraus erkennen, daß das Zusammengehörigkeitsbewußtsein zwischen den stammesfremden Pfälzern und Oberbayern gewiß bedeutend stärker ist als etwa zwischen den stammverwandten Niederbayern und Oberösterreichern. Bedenkt man nun, daß die heutigen Gebietsteile Bayerns in ihrer Gesamtheit nur eine etwa hundertjährige gemeinschaftliche Geschichte aufweisen, so wird man sich darüber klar, wie tief in dieser verhältnismäßig kurzen Spanne der Einfluß des Herrscherhauses auf das Volksempfinden gewirkt hat.

Im folgenden soll nun zunächst ein ganz kurzer Überblick über die Verfassungsgeschichte des Landes gegeben werden. Vom Standpunkt des heutigen Zustandes aus gesehen, können dabei drei Abschnitte unterschieden werden: 1. die Zeit bis zur Einführung der konstitutionellen Monarchie, 2. von da an bis zur Staatsumwälzung im November 1918, 3. die Neuordnung.

§ 2.

Bis zur Verfassung von 1818.

Schrifttum: Seydel-Piloty, Bayerisches Staatsrecht I. Bd. 1—33 und die dort angeführten Schriften; Doeberl, Entwicklungsgeschichte Bayerns.

1. Als Ausgangspunkt der Verfassungsgeschichte ist die Belehnung Ottos I. von Wittelsbach mit dem Herzogtum Bayern anzusehen, die im Jahre 1180 zu Altenburg in Thüringen erfolgte. Diese Belehnung erstreckte sich von Haus aus nur auf Teile des alten Stammesherzogtums, da schon damals die österreichischen Länder losgetrennt waren. Gemäß der herrschenden lehnsrechtlichen und patrimonialen Staatsauffassung fanden in den folgenden sieben Jahrhunderten zahlreiche Teilungen und Vereinigungen des Landes zwischen den verschiedenen Linien des Wittelsbachischen Hauses statt, eine wechselvolle Geschichte, die in diesem Zusammenhang näheren Interesses entbehrt.

2. Erwähnt mag hier nur werden als in rechtlicher und politischer Beziehung bedeutungsvoll die Geschichte der wittelsbachischen Kurfürstenwürde. Die pfälzische Kurwürde, durch die goldene Bulle im Jahre 1356 verliehen, ging 1623 an die bayerische Linie über. Durch den Westfälischen Frieden wurde 1648 eine neue Kur für die Pfalz geschaffen, die 1777 durch Vereinigung mit Bayern wieder erlosch.

3. Im Jahre 1799 vereinigte schließlich Maximilian IV. Joseph den wittelsbachischen Länderbesitz in endgültiger Weise. In der napoleonischen und der ihr folgenden Zeit erfolgte eine wesentliche Abrundung des Bestandes. 1803 brachte der Reichsdeputationshauptschluß den Erwerb fränkischen Besitzes, 1806 wurde Bayern Königreich, dann kam die Rheinbundszeit, 1816 erfolgte die endgültige Feststellung des territorialen Bestandes, mit der Bayern in den deutschen Bund eintrat.

4. Dies die äußere Geschichte. Nach innen hin ist diese Periode hauptsächlich durch einen langwierigen Kampf mit den Landständen ausgefüllt. Die Landstände bildeten in dreifacher Richtung ein Hindernis für die innere Konsolidierung des Staates: 1. bereitete ihr landschaftlicher Charakter der einheitlichen Staatsbildung große Hindernisse; 2. stand die mannigfache Bindung der Rechte des Staatsoberhauptes der Ausgestaltung der Staatsgewalt im Wege; 3. waren sie ein Hemmnis für die Schaffung eines unmittelbaren Verhältnisses zu der Landeseinwohnerschaft, die zum größten Teil direkt den Standesherrn und nur mittelbar dem Landesherrn unterworfen war.

In diesem hartnäckigen, erbitterten Kampfe pochte die ständische Vertretung vornehmlich auf ihre historischen Rechte. Eigennützig nur auf die Wahrung ihrer Klasseninteressen bedacht, stemmte sie sich mit aller Kraft jedem zeitgemäßen Fortschritt entgegen. Dem gegenüber vertrat das Landesfürstentum mit seiner Beamtenschaft den modernen Gedanken des alle Glieder umfassenden Staates, war so der Träger des Gleichheitsprinzipes, der Pionier des wirtschaftlichen, sozialen, kulturellen Fortschritts. Nur schrittweise gelang es, den Einfluß der Stände zurückzudrängen insbesondere durch Ausgestaltung des landesherrlichen Behördenapparates; deswegen ist in dieser Periode die Geschichte des Behördensystems zugleich die Geschichte der Staatsgewalt.

Entschieden war der Kampf erst zur Zeit der Schaffung des Königtums unter Max IV. Joseph und seinem Staatsminister von Montgelas, dem großen Reformator des bayerischen Staates. Am 1. Mai 1808 erfolgte die Aufhebung der landschaftlichen Körperschaften zugunsten einer allgemeinen gleichen Konstitution für das Königreich Bayern. Es wurden damals Bestimmungen über Kreisvertretungen und eine Landesvertretung erlassen, bei denen es sich im wesentlichen um eine Vertretung der höchstbesteuerten Grundbesitzer handelte. Diese Bestimmungen, die ihr Vorbild in der Verfassung des Königreichs Westfalen vom 25. November 1807 hatten, sind allerdings niemals ins Leben getreten.

5. Die folgenden Jahre waren der Liquidation der napoleonischen Zeit gewidmet. Nach Eintritt der Beruhigung wurde eine neue Verfassung mit der Verfassungsurkunde vom 26. Mai 1818 erlassen, die im letzten Kriegsjahr ihre Jahrhundertfeier begehen konnte. Unter den damals geltenden war sie die älteste deutsche Verfassung, seinerzeit eine bedeutungsvolle Tat, die in ganz Deutschland begrüßt worden war.

§ 3.

Von der Verfassung von 1818 bis zur Staatsumwälzung 1918.

Schrifttum: Seydel-Piloty 33—70, ferner die geschichtlichen Ausführungen zu den einzelnen Abschnitten des systematischen Teils sowie die angeführten Schriften; Rothenbücher, Ministerium bes. 80 ff.; Doeberl, Ein Jahrhundert bayerischen Verfassungslebens 2. Aufl. 1918.

1. Die Verfassung vom 26. Mai 1818 war 100 Jahre lang die Grundlage des bayerischen Verfassungslebens. Trotz ihres hohen Alters ergaben sich von ihr aus keinerlei wesentliche Schwierigkeiten. Sie hat die Stürme von 1848 ebenso wie die Gründung des Deutschen Reichs 1871 und die damit verknüpfte vollkommene Veränderung der äußeren rechtlichen Stellung Bayerns überdauert. Niemals erwies sich eine „Totalrevision" als erforderlich, es fanden nur Änderungen einzelner Teile statt, die allerdings zum Teil von erheblicher Bedeutung waren.

Es ist daher geboten, den Inhalt dieser Verfassung wenigstens durch Angabe der Überschriften zu den einzelnen Teilen unter Hinzufügung weniger erläuternder Bemerkungen kurz zu charakterisieren.

2. Die Verfassungsurkunde (GBl. 101) enthält, abgesehen von einer Einleitung, die im Geiste der damaligen Zeit eine Art Motivenbericht gibt, 10 Titel und zwar:

Titel I. Allgemeine Bestimmungen.

Titel II. Von dem Könige und der Thronfolge, dann der Reichsverwesung.

Titel III. Von dem Staatsgute.

Titel IV. Von allgemeinen Rechten und Pflichten.

Titel V. Von besonderen Rechten und Vorzügen.

Titel VI. Von der Ständeversammlung.

Titel VII. Von dem Wirkungskreise der Ständeversammlung.

Titel VIII. Von der Rechtspflege.

Titel IX. Von der Militaireverfassung.

Titel X. Von der Gewähr der Verfassung.

Außerdem wurden 10 Edikte als numerierte Beilagen — ohne besonderen Eingang und Schluß — erlassen, und zwar:

I. Edikt über das Indigenat (i. S. von Staatsangehörigkeit), GBl. 141;

II. Religionsedikt (Edikt über die äußeren Rechtsverhältnisse der Einwohner des Königreichs Bayern in Beziehung auf Religion und kirchliche Gesellschaften, GBl. 149, mit Anhang I [über das

Konkordat mit Pius VII.], GBl. 397, und II [Protestantenedikt]), GBl. 437;

III. Edikt über die Freiheit der Presse und des Buchhandels, GBl. 181;

IV. Edikt, die staatsrechtlichen Verhältnisse der vormals reichsständischen Fürsten, Grafen und Herren betreffend, GBl. 189;

V. Edikt über den Adel im Königreich Bayern, GBl. 213;

VI. Edikt über die gutsherrlichen Rechte und die gutsherrliche Gerichtsbarkeit, GBl. 221;

VII. Edikt über die Familienfideikommisse, GBl. 277;

VIII. Edikt über die Siegelmäßigkeit (betraf gewisse Vorrechte auf dem Gebiet der Justiz zugunsten des Adels und der Mitglieder der höheren bürgerlichen Stände; durch die späteren Justizgesetze von 1848 an sukzessive aufgehoben), GBl. 325;

IX. Edikt über die Verhältnisse der Staatsdiener (dieses beruhte auf der Hauptlandespragmatik über die Dienstverhältnisse der Staatsdiener vom 1. Januar 1805, der ersten epochemachenden Regelung des Staatsdienstes in Deutschland; das Edikt wurde erst durch das geltende Beamtengesetz vom 16. August 1908, GVBl. 581, abgelöst), GBl. 335;

X. Edikt über die Ständeversammlung, GBl. 349.

3. Das Jahr 1848 brachte vor allem die Aufhebung der gutsherrlichen Gerichtsbarkeit, die übrigens nur mehr Zivilgerichtsbarkeit gewesen war, und eine einschneidende Änderung der Bildung der Ständeversammlung. Bei dem besonderen verfassungsrechtlichen Interesse, das gerade der Gestaltung der Volksvertretung zukommt, sollen hier über deren Entwicklung einige Worte im Zusammenhang gesagt werden.

Die Ständeversammlung nach der Verfassung von 1818 bestand aus zwei Kammern, der Kammer der Reichsräte und der Abgeordneten. Während die erstere im wesentlichen unverändert blieb, hat die Volkskammer mehrfache Wandlungen in demokratischer Richtung erfahren.

Die Abgeordnetenkammer von 1818 setzte sich aus fünf Klassen von Mitgliedern zusammen und zwar in folgender Art:

1. Ein Achtel wurde durch Vertreter des adeligen Grundbesitzes, der nicht unmittelbar der I. Kammer angehörte, gebildet.

2. Ein weiteres Achtel bildete die Vertretung der selbständigen Pfarrer, wobei $^2/_3$ den katholischen, $^1/_3$ den protestantischen zufiel.

3. Das zweite Viertel kam der Vertretung der Städte und Märkte,

4. das dritte und vierte Viertel, also die Hälfte, den Abgeordneten der nicht adeligen Landeigentümer zu.

5. Außerdem hatte jede der drei Landesuniversitäten einen Abgeordneten zu entsenden.

Die Wahl war nur in den meist privilegierten aus der kleinsten Mitgliederzahl bestehenden Klassen 1 und 5 unmittelbar, dagegen in den übrigen Klassen mittelbar durch Wahlmänner. Alle Wahlen waren öffentlich mit unterschriebenen Stimmzetteln.

An dieser Modalität ebenso wie an der mittelbaren Wahl wurde auch noch bei der Reform des Jahres 1848 (Gesetz vom 4. Juni, GBl. 77) festgehalten. Im übrigen brachte dieses Gesetz das allgemeine Wahlrecht mit Zensus: direkte Steuerleistung, Wohnsitz oder Ansässigkeit mit Grundbesitz im Wahlbezirk. Das aktive Wahlrecht stand den Volljährigen zu, während das passive Wahlrecht für die Wahlmänner an das 25., für die Abgeordneten an das 30. Lebensjahr geknüpft war. Auf 31500 Seelen sollte ein Abgeordneter entfallen.

Das Jahr 1867 brachte für die Wahlen zum deutschen Zollparlament das allgemeine, unmittelbare, geheime, gleiche Wahlrecht. Es war natürlich, daß dadurch starke Bestrebungen auf Einführung des gleichen Systems auch für den bayerischen Landtag ausgelöst wurden. Sie stießen auf einen zähen Widerstand der beati possidentes, dem gegenüber erst das Gesetz vom 21. März 1881, GVBl. 203, mit der Einführung der geheimen Abstimmung einen gewissen Erfolg erzielte. Dagegen blieb die mittelbare Wahl bestehen.

Eine durchgreifende Reform erfolgte erst durch das Gesetz vom 9. April 1906, GVBl. 131, welches die unmittelbare Wahl brachte. Als Erfordernis für das Wahlrecht wurde das 25. Lebensjahr, die Entrichtung einer direkten Staatssteuer seit einem Jahr, die bayerische Staatsangehörigkeit mit der gleichen Dauer festgesetzt. Es bestand also gleiches, unmittelbares, geheimes Wahlrecht mit einem geringfügigen Zensus.

4. Von allergrößter Bedeutung für die staatsrechtliche Stellung Bayerns war der Eintritt in das neuerstandene Deutsche Reich, wodurch das Königreich seine Selbständigkeit aufgab und als Gliedstaat in eine bundesstaatliche Gemeinschaft trat. Die Darstellung des rechtlichen Hergangs und der sich daran knüpfenden Folgen ist naturgemäß von außerordentlichem Interesse. Aber es handelt sich dabei um so schwierige rechtstheoretische Fragen, und diese setzen die Klarstellung der bundesstaatsrechtlichen Beziehungen im Beharrungszustand voraus, daß ihre Behandlung auf eine spätere Stelle verschoben werden muß (vgl. unten § 14). Hier sei nur erwähnt, daß aus Anlaß dieser grundlegenden staatsrechtlichen Umgestaltung eine formelle Änderung der Verfassungsurkunde nicht stattgefunden hat.

5. Viel Staub hat seinerzeit die Frage aufgewirbelt, ob eine Beendigung der Regentschaft bei Lebzeiten des dauernd regierungsunfähigen Königs und die Thronbesteigung des Kronanwärters verfassungsmäßig zulässig sei. Sie wurde durch das Gesetz vom 4. November 1913, GVBl. 757, in der Weise gelöst, daß im Falle einer Reichsverwesung wegen eines körperlichen und geistigen Gebrechens, bei der nach Ablauf von zehn Jahren keine Aussicht auf den Wiedereintritt der Regierungsfähigkeit bestehe, der Regent die Regentschaft für beendigt und den Thron für erledigt erklären könne. Von diesem Recht hat der letzte König tatsächlich Gebrauch gemacht.

6. Nach den Verfassungsgesetzen war das Königreich Bayern rechtlich ein konstitutioneller Staat mit ausgesprochener Übergewichtsstellung des Herrschers. Wenn man dagegen die tatsächliche politische Gestaltung ins Auge faßt, so muß man feststellen, daß der Landtag einen außerordentlich starken Einfluß hatte. Erklärt wird diese Kräfteverschiebung vor allem durch die Schwächung des Königtums der Verfassungsära infolge der Regierungsunfähigkeit mehrerer Herrscher und die dadurch bewirkte lange Regentschaft. Die Minister waren in viel höherem Grade, als dies der rechtlichen Lage entsprach, bei ihrer Geschäftsführung auf die Zustimmung des Landtags angewiesen, wobei — man kann wohl sagen naturgemäß — der Schwerpunkt bei der Volkskammer lag. Jedenfalls bestand in keiner Beziehung eine als unerträglich empfundene Beeinträchtigung der Rechte der Volksvertretung. Von dieser Seite war die Revolution in Deutschland und insbesondere ihr Ausbruch gerade in Bayern keinesfalls begründet.

§ 4.

Die Vorgeschichte der geltenden Verfassung.

Schrifttum: Die Einleitung der von Piloty besorgten Ausgabe der Verfassungsurkunde, München 1919; wieder abgedruckt im Jahrbuch des öff. R. 1920, 129 ff.; Franz August Schmitt, Die neue Zeit in Bayern, Polit. Zeitfragen, München 1919; derselbe, Die Zeit der zweiten Revolution in Bayern, ebenda; Doeberl, Sozialismus, soziale Revolution, sozialer Volksstaat 1920; Gerstl, Die Münchener Räte-Republik, Polit. Zeitfragen, München 1919; Neurath, Bayerische Sozialisierungserfahrungen, Wien 1920; Die Attentate im Bayerischen Landtag, München 1920; Müller (Meiningen), Aus Bayerns schwersten Tagen, Berlin 1923.

1. Am 7. November 1918 begann die deutsche Revolution in München. Als ein Bruch der Grundlagen der bisherigen Rechtsordnung ist sie juristischer Betrachtung unzugänglich (vgl. Bundesstaat 148 ff.). Nur eine politische Betrachtung ist möglich. Man mag über Revolutionen oder Staatsstreiche, über Monarchie oder Republik denken wie man will, von einem objektiv wissenschaftlichen Standpunkt aus entscheidend ist jedenfalls für die Beurteilung dieser Revolution die Beantwortung der Frage: Hat sie im gegebenen historischen Moment dem deutschen Volk geschadet oder genützt?

Ist aber auf diese objektiv wissenschaftliche Fragestellung auch eine objektiv wissenschaftliche Beantwortung möglich? Man wird zugeben müssen, daß hier Bedenken erhoben werden können. Auf die Gefahr hin, einer subjektiven Stellungnahme beschuldigt zu werden, soll hier doch der Ansicht Ausdruck gegeben werden, daß die Novemberrevolution dem deutschen Volk einen schweren Schaden zugefügt hat. Denn einmal hat sie uns vollkommen wehrlos gemacht, und dann hat sie zu einer außerordentlichen Erschütterung der inneren Ordnung geführt. Die Hoffnung naiver Menschen auf die Versprechungen unserer Feinde, nicht mit dem deutschen Volk Krieg zu führen, ist jedenfalls kläglich gescheitert.

2. Nun der äußere Hergang. Am 2. November erging ein Handschreiben des Königs, daß die Minister zugleich vom Vertrauen des Landtags getragen sein sollten (Bayer. Staatsanzeiger Nr. 256). Damit war der Übergang zum parlamentarischen System eingeleitet. Die Neubildung der Regierung kam aber nicht mehr zustande. Am 7. November wurde nach einer großen Demonstration auf der Theresienwiese in München ein Arbeiter- und Soldatenrat nach russischem Muster gebildet. Dieser wählte am folgenden Tage eine aus Unabhängigen und Mehrheitssozialisten bestehende revolutionäre Regierung unter dem Vorsitz des Unabhängigen Kurt Eisner. Der Landtag wurde am Weitertagen gehindert. Am 9. November übergaben die alten Minister die Amtsgeschäfte an die neuen; an diesem Tage war die Umwälzung im ganzen Reiche eingetreten.

Am 13. November erfolgte eine Erklärung des Königs aus Schloß Anif bei Salzburg, woselbst dieser Zuflucht gesucht hatte: „Nachdem ich infolge der Ereignisse der letzten Tage nicht mehr in der Lage bin, die Regierung weiterzuführen, stelle ich allen Beamten, Offizieren und Soldaten die Weiterarbeit unter den gegebenen Verhältnissen frei und entbinde sie des mir geleisteten Treueides" (Bayer. Staatsanzeiger Nr. 266). Darauf erging folgender Beschluß: „Der Ministerrat des Volksstaates Bayern nimmt den Thronverzicht Ludwig III. zur Kenntnis" (Bayer. Staatsanzeiger Nr. 266). Von einem solchen war allerdings mit keinem Wort die Rede.

Im Gesetz- und Verordnungsblatt tritt der Umschwung in folgender Weise zutage. In Nr. 79 vom 16. November S. 1231 ist eine Verordnung der Regierung des Volksstaates Bayern vom Vortage abgedruckt: „Die bisher durch Verfassung, Gesetze und Verordnungen dem König persönlich vorbehaltenen Entscheidungen und Verfügungen werden von den Ministern innerhalb ihrer Geschäftskreise erlassen. Die Sanktion der Gesetze und die Ausübung des Begnadigungsrechtes in Fällen der Todesstrafe sind dem Ministerrat vorbehalten."

3. Die revolutionäre Regierung war zunächst darauf bedacht, möglichst rasch eine neue Volksvertretung zu schaffen. Es sollte ein neuer Landtag auf den Grundlagen des Erfurter sozialdemokratischen Programms von 1891 gebildet werden.

Am 5. Dezember erging dazu die Wahlproklamation (GVBl. 1255). Das Wahlrecht wurde allen männlichen und weiblichen bayerischen Staatsangehörigen, die das 20. Lebensjahr zurückgelegt hatten, ausgenommen den Entmündigten und den der bürgerlichen Ehrenrechte Verlustigen, eingeräumt. Wählbar waren alle Wahlberechtigten, die das 25. Lebensjahr überschritten hatten. Die Wahl wurde auf Sonntag, den 12. Januar 1919, anberaumt.

Zur Durchführung wurde seitens des mehrheitssozialdemokratischen Ministers des Innern Auer die Wahlordnung vom 7. Dezember, GVBl. 1257, erlassen. Ihre Einleitung spricht den bezeichnenden Gedanken aus, wenn auch an der Umwälzung nur ein Teil der Bevölkerung beteiligt gewesen sei, soll doch von der Neuordnung kein Volksteil ausgeschlossen werden. Das bedeutete also die Ablehnung einer Klassendiktatur in aller Form. Aufgabe des neuen Landtags sollte es sein, ein neues Landtagswahlgesetz und eine neue Verfassung zu schaffen sowie die unbedingt notwendigen Finanz- und sonstigen Gesetze zu beschließen. Der neue Landtag war also in erster Linie als Konstituante gedacht. Die Regierung drückte gleichwohl ihre Überzeugung aus, daß der Landtag zur Lösung seiner Aufgabe nicht weniger als zwei Jahre (!) benötigen werde.

Als Grundsätze für die Wahl wurden aufgestellt: das allgemeine, gleiche, geheime, unmittelbare Wahlrecht, die Gleichstellung der Frauen mit den Männern, die Verhältniswahl. Zum Zwecke der letzteren sollte das ganze Land einen einzigen Wahlkreis bilden. 163 Abgeordnete waren in einem Wahlgang in den bisherigen Wahl= als Stimmkreisen zu wählen. Weitere 17 Sitze sollten auf die einzelnen Wahlvorschläge nach dem Verhältnis der gesamten Stimmenzahl verteilt werden. Der neue Landtag bestand somit aus 180 Mitgliedern.

4. Inzwischen schritt die Regierung aber an die sofortige Berufung eines provisorischen Nationalrates, der das zu wählende Parlament vorläufig ersetzen sollte. Wie verworren aber die politische Lage war, geht daraus hervor, daß dieser Nationalrat auf einer vollkommen anderen Grundlage gebildet wurde. Er bestand nämlich aus Delegierten der 3 Räte (Arbeiter=, Soldaten=, Bauernräte) und außerdem aus von der Regierung ernannten Vertretern der übrigen Berufsstände, darunter auch aus einer Reihe von bürgerlichen Mitgliedern, die sich z. T. lebhaft an den Verhandlungen beteiligten. Das war also ein Räteparlament in aller Form. Deutlich trat damit von vornherein der Zwiespalt in den beherrschenden politischen Strömungen zutage. Der provisorische Nationalrat hielt seine erste Sitzung am 13. Dezember, seine letzte am 4. Januar. In dieser vertagte er sich selbst auf unbestimmte Zeit, um nie mehr zusammenzutreten.

Erwähnt soll noch werden, daß zur Bekämpfung gegenrevolutionärer Pläne ein besonderes Untersuchungsgericht als Nationalgerichtshof eingesetzt wurde. Aus dem provisorischen Nationalrat gewählt, sollte dieser Gerichtshof die spruchreifen Fälle an die Schwurgerichte überweisen (VO. vom 31. Dezember 1918, GVBl. 1287). Von einer Funktion dieses Gerichtshofes ist nichts bekannt.

5. Noch in einer anderen Richtung setzte sich die Regierung mit ihrem eigenen politischen Konzept in Widerspruch. Beherrscht von einem unklaren Konglomerat demokratischer, radikalsozialistischer und diktatorischer Ideen wartete sie die Verfassungsberatung durch den Landtag nicht ab. Vielmehr erließ sie aus eigener Machtvollkommenheit ein provisorisches Staatsgrundgesetz vom 4. Januar 1919, GVBl. 1.

Den einzelnen Paragraphen geht eine lange Einleitung voraus. In ihr offenbart sich der Geist ihres Verfassers Eisner in so markanter Weise, daß sie im Wortlaut wiedergegeben werden soll:

„Der Weltkrieg hat den Zusammenbruch der politischen und wirtschaftlichen Ordnung herbeigeführt. Das entrechtete, von der Entscheidung über seine Lebensfragen ausgesperrte Volk wurde von schrankenlos herrschenden Gewalten in Krieg und Untergang getrieben. In der Stunde höchster Not aber raffte sich dieses ohnmächtige Volk auf, zertrat in gewaltiger revolutionärer Erhebung das schuldige System der

Vergangenheit und riß die Macht an sich. Das politisch ohnmächtige Volk wurde durch die Revolution das freieste.

Das bayerische Volk ist in der Befreiung Deutschlands vorangegangen. Es ist entschlossen, als ein kraftvolles, selbsttätiges Glied in einigem Verein deutscher Staaten und im Geiste des kommenden Völkerbundes zu wirken, der die Menschheit zu friedlicher gemeinschaftlicher Arbeit für alle Zeiten zusammenschließt.

Die Vergangenheit ist tot. Auf neuen Wegen ringt das Volk um die Gestaltung seines Schicksals. Daß dieses Volk in seiner Gesamtheit frei über die Bedingungen und Formen seines Lebens entscheidet, ist das unantastbare ewige Grundgesetz der bayerischen Republik. Seine Herrschaft soll nicht in der Anwendung leerer äußerlicher Rechte bestehen, sondern in der unmittelbaren und unablässigen Mitarbeit an den Angelegenheiten des Staates und in der gesetzlich verbürgten Macht, den Volkswillen jederzeit durchzusetzen. Diese lebendige Demokratie vollzieht und vollendet sich in den freien Organisationen des Volkes wie im Landtag und ganz besonders in der Volksabstimmung, die den Zweck und die Wirkung hat, die Übereinstimmung zwischen dem Willen des Volkes und seinen Vertretungen in Regierung und Landtag zu sichern.

Die uneingeschränkte Herrschaft des Volkes, die gewaltige Kraft der Massen kann aber nur dann in schöpferische Leistung umgesetzt werden, wenn alle mit Kopf und Hand Arbeitenden im Staate durchdrungen sind von der einheitlichen Erkenntnis der Staatsziele und der Klarheit über die Mittel ihrer Erreichung. Aus der völligen Zerrüttung der alten Verhältnisse kann nur die soziale Neuordnung herausführen. Die neue Demokratie kann ihre Lebensfähigkeit und ihr Daseinsrecht nur in dem Grade beweisen, als es ihr gelingt, in ruhiger organisierender Arbeit den sozialen Neubau der Gesellschaft von Grund aus zu verwirklichen.

In einem umfassenden Verfassungswerk sollen die Grundsätze der sozialistischen Republik zur Darstellung gelangen. Bis zur Vollendung dieser Aufgabe, die dem von der revolutionären Regierung einberufenen Landtag obliegt, bleibt das folgende vorläufige Staatsgrundgesetz in Kraft, das die unerläßlichen Grundsätze der künftigen Verfassung festlegt und solange die gültige provisorische Verfassung der Republik Bayern darstellt, bis die endgültige Verfassung zustande gekommen ist."

An diese Ausführungen schließen sich 18 Punkte als Gesetzestext an. Sie sind im Anhang abgedruckt. Offenbar stammen sie aus einer anderen Feder; denn von sozialistischem Geist ist darin wenig zu spüren, vielmehr werden die bekannten demokratischen Grundsätze wiedergegeben: höchste Staatsgewalt beim Volke, Ausübung unmittelbar durch Abstimmungen und Wahlen der Staatsbürger, aber auch durch die in der Verfassung eingesetzten Organe, weitester Umfang des aktiven Staatsbürgerrechts, Wahl des aus einer Kammer bestehenden Landtags auf Grund des breitesten Wahlrechts, Sicherung der Freiheitsrechte, des Eigentums, der Gleichheit vor dem Gesetz, Aufhebung aller Vorrechte, Verteilung der öffentlichen Lasten nach der Leistungsfähigkeit, Trennung von Staat und Kirche jedoch unter Ablösung der kirchlichen Rechte, Weltlichkeit des Unterrichts, freie staatsbürgerliche Betätigung der Beamten unter Wahrung ihrer bisherigen Rechte.

Einzelne Bestimmungen werden dabei noch ausdrücklich als Programmsätze ohne unmittelbare rechtliche Kraft bezeichnet (vgl. Punkt 18). Aber der rein phraseologische Charakter der aufgestellten Grundsätze geht noch weit darüber hinaus. Denn von der Volksabstimmung ist praktisch nur in einem Fall die Rede, in dem es sich um Konflikte zwischen Regierung und Landtag handelt. Nach Punkt 7 soll nämlich das Gesamtministerium das Recht haben, Beschlüsse des Landtags innerhalb 4 Wochen dem Referendum zu unterbreiten. Die Volksabstimmung entscheidet dann zwischen beiden Faktoren; derjenige, gegen den sie sich wendet, hat vom Schauplatz zu verschwinden und ist durch Neubildung bzw. Neuwahl zu ersetzen.

Dem Landtag steht der Anstoß zu dieser Volksentscheidung nicht zu. Überhaupt ist seine rechtliche Stellung vollkommen im Unklaren gelassen, während dem Gesamtministerium ausdrücklich die oberste vollziehende Gewalt zugeschrieben ist (Punkt 6). Aber dies Übergewicht des Ministeriums geht noch weiter. „Bis zur endgültigen Erledigung des Verfassungsentwurfes, der" — allerdings — „dem Landtag sofort nach seinem Zusammentritt vorgelegt werden muß, übt die revolutionäre (!) Regierung die gesetzgebende und vollziehende Gewalt aus."

Erst aus diesem Satze geht die wirkliche Machtlage hervor. Die Volksvertretung war zunächst nur zu einem Scheindasein bestimmt.

Zu erwähnen ist noch, daß die Zugehörigkeit Bayerns zum Reich — „den Vereinigten Staaten Deutschlands (Deutsches Reich)" — ausdrücklich ausgesprochen wurde.

6. Eisner war ein durchaus verschwommener und schwimmender Politiker ohne jeden festen Willen und klaren Kurs. Über diese Mängel konnte der ihm von seinen Freunden nachgerühmte Idealismus selbstverständlich nicht hinweghelfen. Naturgemäß nahmen die radikalen Strömungen zu, die Kommunisten traten immer mehr in den Vordergrund. Oft und oft versuchte Eisner ihnen entgegenzutreten, aber im entscheidenden Moment, sobald sich in einer Münchener Volksversammlung ein stark kommunistischer Unterton bemerkbar machte, gab er immer wieder nach. Der „Volksführer" ließ sich durch das Volk führen, auf dessen „Seele" er ängstlich „horchte". Der Gegensatz zwischen den Mehrheitssozialdemokraten und den Unabhängigen verschärfte sich von Tag zu Tag, die letzteren gerieten immer stärker in Abhängigkeit von den Kommunisten.

Und nun der Ausfall der Wahlen! Von den 180 Sitzen fielen nicht weniger als 100 auf die rein bürgerlichen Parteien (bayerische Volkspartei 66, Deutschdemokraten 25, Nationalliberale und konservative Mittelpartei 9). Von dem Rest erntete den Löwenanteil die Mehrheitssozialdemokratische Partei mit 62 Sitzen, 15 fielen dem Bauernbund zu, während die Partei Eisners im ganzen 3 Sitze aufbrachte. Es war damit klar, daß die überwiegende Mehrheit des bayerischen Volkes der revolutionären Bewegung vollkommen ferne stand.

So war die politische Atmosphäre mit den größten Spannungen geladen. In der revolutionären Regierung bestand von Anfang an eine starke Antipathie zwischen den Unabhängigen und den Mehrheitssozialisten. Die ersteren schwankten zwischen der Demokratie und dem Kommunismus, der die Klassenherrschaft in der russischen Form der Diktatur des Proletariats auf seine Fahne geschrieben hatte. Die Mehrheitspartei dagegen, die die Revolution nur widerwillig mitgemacht hatte, stand ausgesprochen auf demokratischem Boden und war durch diese Grundanschauung mit den bürgerlichen Parteien verbunden, mit denen sie bereits während des Krieges durch die Bildung der Reichstagsmehrheit zusammengegangen war. Den Prüfstein für die weitere Entwicklung mußte so die Stellung des Landtages bilden.

7. Die nächste Folgezeit war durch den Kampf um den Landtag ausgefüllt. Der Minister des Innern Auer benützte eine vorübergehende Abwesenheit Eisners, um den Landtag auf den 21. Februar einzuberufen. Es war nun die Meinung verbreitet, daß Eisner, um sich an der Macht zu behaupten, dem Landtag nicht die entscheidende Rolle einräumen werde. Die politische Leidenschaft stieg bis zur Siedehitze. Eisner wurde auf dem Weg zum Landtag erschossen, ein Attentat auf Auer und andere Landtagsmitglieder folgte. Der Landtag wurde mit Gewalt an der Weitertagung verhindert. Die sog. zweite Revolution trat in Erscheinung. Der aus Arbeitern, Soldaten und Bauern gebildete „Zentralrat" rückte in den Vordergrund. Schließlich einigte man sich vorläufig auf die Bildung eines rein sozialistischen Ministeriums mit dem Mehrheitssozialdemokraten Hoffmann an der Spitze, dem auch die bürgerlichen Parteien ihre Unterstützung zusagten. Verabredetermaßen fand eine kurze Session des Landtages statt, in der ein vorläufiges Staatsgrundgesetz (vom 17. März, GVBl. 109) an Stelle des Eisnerschen Oktrois beschlossen wurde. (Siehe Anhang). Dieses zweite

„vorläufige" Staatsgrundgesetz anerkannte ausdrücklich die gesetzgebende Gewalt des Landtages (§ 6) und räumte diesem auch das Recht ein, den Vorsitzenden des Ministeriums zu wählen. Er sowie die übrigen von ihm zu berufenden Minister wurden auf das Vertrauen des Landtags verwiesen und für die Führung ihrer Amtsgeschäfte dem Landtag verantwortlich gemacht (§ 8). Damit war formell die demokratisch-parlamentarische Republik verfassungsmäßig hergestellt.

8. Noch aber war tatsächlich der Gegensatz zwischen den aktiven radikalen Elementen, die auf die Errichtung der Räterepublik drängten, und den demokratisch orientierten Strömungen nicht ausgetragen. Als Bedingung für das Kompromiß, das zu der Tagung des Landtags geführt hatte, war ausgemacht worden, daß der Landtag selbst eine weitgehende Machtübertragung an die Regierung vorzunehmen habe. In diesem Sinne erging das Ermächtigungsgesetz vom 28. März 1919, GVBl. 112, welches ein Programm sozialer Maßnahmen aufstellte und dem Ministerium die Befugnis einräumte, zur Durchführung dieses Programms auch G e s e t z e zu erlassen. Auf Grund dieser Ermächtigung ist beispielsweise das tief in die bisherige Ordnung einschneidende Gesetz über die Selbstverwaltung vom 22. Mai 1919, GVBl. 239, erlassen worden. Außer dem Ermächtigungsgesetz verabschiedete der Landtag unter dem gleichen Datum auch das Übergangsgesetz, welches die Rechtskontinuität herzustellen hatte, das Gesetz über die Aufhebung des Adels, über die Lehen und über die Aufhebung der Familienfideikommisse (GVBl. 114 und 115).

Durch das Ermächtigungsgesetz hatte sich der Landtag selbst depossediert und zugleich die Macht des Zentralrates anerkannt, der von ihm die Beschränkung auf ein Scheindasein gefordert hatte. Dieses Zeichen der Schwäche führte naturgemäß zu einer Kräftigung der radikalen Elemente. Bald holten sie zu einem neuen entscheidenden Schlag aus. Der Landtag sollte am 8. April zu einer kurzen Tagung zusammentreten. Dagegen legte der Zentralrat sein Veto ein. Der Landtag fügte sich zunächst, da ihm keine Machtmittel zu Gebote standen; die Münchener kommunistisch unterwühlte Garnison hatte seinen Schutz ausdrücklich abgelehnt. Trotz oder gerade wegen dieser Nachgiebigkeit schritten die Kommunisten zur Tat. Am 7. April erfolgte in München die Ausrufung der Räterepublik; man nannte das die dritte Revolution.

Das Ministerium Hoffmann und der Ältestenausschuß des Landtags zogen sich in das sichere Bamberg zurück. Am 13. April versuchte die regierungstreue „republikanische Schutztruppe" die Räterepublik zu stürzen; der Versuch mißlang. Und nun wurde in einer sog. vierten und letzten Revolution auch die kurzlebige gemäßigte Räterepublik, die „Scheinräterepublik", von den Kommunisten strengst russischer Observanz gestürzt und die wahre Räterepublik, die reine Diktatur des Proletariats mit allen Requisiten wie roter Armee, Revolutionstribunal usw. errichtet. Dieses System konnte es aber dank der Abneigung des besonneren Teils der Arbeiterschaft zu einer inneren Festigung nicht bringen. Es behauptete sich nur durch äußeren Terror und rohe Gewalt — der abscheuliche Geiselmord war eine seiner letzten Taten — durch kurze Zeit. Die Bamberger Regierung und das übrige Deutschland bereitete seine Niederwerfung vor. Mit Hilfe der durch den Reichswehrminister Noske bereitwilligst beigestellten Truppen und der württembergischen Freiwilligenorganisationen erfolgte um die Wende des April-Mai die gewaltsame Befreiung Münchens.

§ 5.

Die Entstehung der geltenden Verfassung.

Schrifttum: Piloty, Verfassungsurkunde, Einleitung; derselbe, Jahrb. d. öff. R. 1920, 129 ff.

1. In München wurde die Aufgabe der Wiederherstellung geordneter Zustände und die Sicherung für die Zukunft den militärischen Stellen unter der Oberleitung des Reichstruppenbefehlshabers übertragen. Regierung und Landtag blieben zunächst in dem ruhigen Bamberg. Dort wurde die Verfassung beraten und erledigt.

Der Entwurf war noch im Auftrag Eisners durch den damaligen Geheimen Rat von Graßmann und den Professor Piloty in Würzburg — die beiden Neubearbeiter des Seydelschen Staatsrechts — verfaßt worden. Die Vorlage erfolgte am 28. Mai 1919 (Beilage 126). Er wurde dem Verfassungsausschuß überwiesen. Die Referenten wurden von allen drei großen Parteien beigestellt; als eigentlicher Referent fungierte Ackermann (Sozialdemokrat), als erster Korreferent Held (Bayerische Volkspartei), als zweiter Korreferent Professor Piloty (Demokrat). Zunächst fand eine sorgfältige erste Lesung vom 16. Juni bis 24. Juli statt, in der unter zahlreichen Änderungen in sachlicher Beziehung auch eine vollkommene Neuredaktion in formeller Beziehung vorgenommen wurde. Daran schloß sich im Ausschuß die zweite Lesung am 31. Juli, 1. und 11. August (Beilage 324 und 382).

Der Bericht des Verfassungsausschusses, datiert vom 5. August (Beilage 330), mit Nachtrag vom 11. August (Beilage 360) wurde in der Vollversammlung in einer einzigen Sitzung vom 12. August beraten und beschlossen (Beilage 377). Der Schwerpunkt der parlamentarischen Arbeit lag also hier — wie so oft — vollkommen beim Ausschuß.

Nach § 7 Abs. 3 des vorläufigen Staatsgrundgesetzes vom 17. März 1919, GVBl. 109, kam gegenüber den Beschlüssen des Landtags, die zum Zustandekommen des endgültigen Staatsgrundgesetzes gefaßt werden, die Anrufung des Referendums durch die Regierung nicht in Frage; war der Landtag doch, wie erwähnt, als Konstituante gedacht. Somit war an sich der Text der Verfassung am 12. August endgültig bestimmt; so auch ausdrücklich § 95 II der Verfassungsurkunde. Die Ausfertigung und Verkündigung durch den Landtagspräsidenten und das Gesamtministerium — schon im Sinne des § 62 I der Verfassungsurkunde, der eigentlich noch nicht in Kraft war — erfolgte unter dem Datum des 14. August 1919 in dem Gesetz- und Verordnungsblatt Nr. 58 vom 15. September S. 531; an diesem letzteren Tag ist die Verfassung gemäß ihres § 95 in Geltung getreten.

2. Allerdings stimmt der verkündete Text mit dem am 12. August vom Landtag beschlossenen nicht wörtlich überein. Das erklärt sich folgendermaßen: Zur Zeit der Beschlußfassung über die Verfassungsurkunde im Landtag lag der fertige Text der Reichsverfassung, die ja gleichzeitig in Weimar beraten wurde, noch nicht vor. Man wollte nun vermeiden, daß die bayerische Verfassung von vornherein in einzelnen Punkten mit der Reichsverfassung in Widerspruch stände und soweit in ihrer Geltung modifiziert würde. Deshalb ersuchte die Regierung um Ermächtigung, „an der Verfassungsurkunde . . . diejenigen Berichtigungen . . . . vorzunehmen, welche durch die letzte Artikulierung der Reichsverfassung . . . . erforderlich sind . . . . Die Staatsregierung verpflichtet sich, diese Berichtigungen im Einvernehmen mit den betreffenden Referenten oder dem ständigen Ausschusse vorzunehmen." Diesem Antrage wurde nun mit Beschluß vom 14. August (Beilage 384) zugestimmt. Nach der Verfassung selbst, die allerdings damals noch nicht galt, wäre ein solcher Beschluß eine Verfassungsänderung gewesen (§ 3 II) und hätte dementsprechend behandelt werden müssen.

Auf Grund dieser Ermächtigung wurde in der Sitzung des ständigen Ausschusses vom 1. September 1919 die endgültige Redaktion der Verfassungsurkunde vorgenommen (vgl. Beilage 438). Der tatsächliche Hergang entsprach dabei durchaus nicht der erteilten Ermächtigung. Ein amtlicher Vorschlag der Regierung wurde nicht unterbreitet. Vielmehr machte der Regierungskommissär Dr. von Graßmann mündlich einige Abänderungsvorschläge, auf Grund deren dann beschlossen wurde. Hierbei beschränkte man sich im wesentlichen auf wenige formale Änderungen und ging jeder sorgfältigen Prüfung der meritorischen Übereinstimmung beider Gesetze ängstlich aus dem Wege. Der Regierungskommissär erklärte dann, daß das Konzept, wie es in der Sitzung beschlossen wurde, in die Druckerei gehen und nach Durchsicht der Korrekturen durch ihn in den nächsten Tagen erscheinen werde.

3. Es braucht hier nicht näher dargelegt werden, daß dieser Vorgang in formaler Beziehung keineswegs korrekt war. Denn nach dem Beschluß des Landtages hätte die Regierung als solche im Einvernehmen mit dem ständigen Ausschuß, nicht der ständige Ausschuß im Einvernehmen mit einem Regierungskommissär die Schlußredaktion vornehmen sollen. Das ist wegen der Verantwortungsfrage nicht ganz gleichgültig. Ferner wäre es Sache der Regierung gewesen, die endgültige Ausfertigung vorzunehmen und den Verkündungsbefehl zu erlassen. Statt dessen fand eine endgültige Ausfertigung überhaupt nicht statt.

Des weiteren stimmen auch die am Schlusse des verkündeten Textes angegebenen Daten nicht. Es heißt in § 95 II: „Vorstehende Verfassung ist am 12. August 1919 durch den Landtag beschlossen worden." Die Schlußredaktion fand aber, wie wir gesehen haben, erst am 1. September 1919 durch den ständigen Landtagsausschuß statt. Unterschrieben ist die Verfassung: „Bamberg, den 14. August 1919." Dieses Datum bezieht sich indes nach Aussage Graßmanns auf die Unterfertigung des nicht berichtigten Textes. Da aber der Wirksamkeitsbeginn nach § 95 I durch den Tag der Verkündigung im Gesetz- und Verordnungsblatt bestimmt wird, sind diese Schönheitsfehler, über die übrigens im Ausschuß ausdrücklich gesprochen wurde, ohne daß eine richtige Lösung gefunden worden wäre, praktisch ohne Belang.

4. Viel schwerwiegender ist es, daß in sachlicher Beziehung nur halbe Arbeit geleistet wurde. Da eine sorgfältige Vergleichung des Wortlauts der bayerischen Verfassungsurkunde mit jenem der Reichsverfassung unterblieb, ergeben sich, wie sich noch später zeigen wird, eine ganze Reihe meritorischer Unstimmigkeiten. Die Folge davon ist, daß der Zweck des Berichtigungsverfahrens, die Herstellung des vollen Einklangs beider Verfassungen, nicht erreicht wurde. So blieb es der Wissenschaft und Rechtsprechung überlassen, nachträglich diese Aufgabe zu lösen. Wir werden sehen, daß dabei nicht in allen Punkten ein unbedingt sicheres Ergebnis gewonnen werden kann.

§ 6.

Die Rechtsgültigkeit der Verfassung.

Schrifttum: Nawiasky, Bundesstaat 148ff., 163ff.; Walter Jellinek, Revolution und Reichsverfassung im Jahrb. d. öff. R. 1920 S. 7; Kelsen, Die Verfassung Deutschösterreichs ebenda 247ff.; Merkl, Die Verfassung der Republik Deutschösterreich, Wien 1919, 1ff.

1. Ist die neue Verfassung rechtsgültig? Das ist natürlich eine Vorfrage, die gelöst sein muß, bevor die durch die Verfassung geschaffene Neuordnung dargestellt wird.

Gewiß! Geht man von dem vorläufigen Staatsgrundgesetz vom 17. März 1919 aus, so können keine Zweifel bestehen. Denn die neue Verfassung ist auf dem Wege und in den Formen zustandegekommen, wie es dort vorgesehen ist.

Wie steht es aber mit dem vorläufigen Staatsgrundgesetz? Dieses ist zweifellos revolutionären Ursprungs. Es beruht also auf einem Rechtsbruch.

Der Übergang von einer Staatsform zur andern, z. B. von der Monarchie zur Republik, im Wege Rechtens ist durchaus möglich. Es müssen nur die alten Gewalten in der durch die frühere Verfassungsordnung vorgeschriebenen Form der Umgestaltung zugestimmt haben. Ein solches Verfahren gehört übrigens nicht nur den luftigen Höhen der Theorie an, es gibt auch historische Beispiele dafür und zwar gerade solche aus der jüngsten Vergangenheit. In zwei deutschen Gliedstaaten, in Schwarzburg-Rudolstadt und Schwarzburg-Sondershausen, hat ein solcher legitimer Übergang stattgefunden. (Vgl. Rosenthal im Jahrbuch des öffentlichen Rechts 1920, woselbst auch der Text des Schwarzburg-Rudolstädter Gesetzes abgedruckt ist.

2. In Bayern war es anders. Die Neuordnung ist nicht auf dem durch die frühere Ordnung vorgesehenen Wege erfolgt, es erging kein verfassungsänderndes Gesetz unter Beschluß beider Kammern und Sanktion des Königs.

Auch wenn man, wie das revolutionäre Ministerium, die Abdankung des Königs als gegeben annehmen wollte, so wäre doch nur die Thronfolge eröffnet gewesen. Ein ausdrücklicher Verzicht des Thronfolgers hat aber niemals stattgefunden.

Doch auch abgesehen davon war von einer Einhaltung des Rechtsweges nicht einmal die Rede. Die neuen Machthaber beriefen sich, wie wir gesehen haben, einfach auf die tatsächliche Gewalt, sie dachten gar nicht daran, etwa unter Ausschaltung des Trägers der Krone, der sich zurückgezogen hatte, wenigstens mit Hilfe der anderen verfassungsmäßig berufenen Organe die Neuordnung durchzuführen. Ohne Wahrung jedes Scheines wurden vielmehr alle zuständigen Faktoren absichtlich beiseite geschoben.

3. So fehlt es an jeder Kontinuität. Damit ist aber gesagt, daß die Neuordnung vom Standpunkt der früheren Rechtsordnung aus ungültig ist. Denn der Maßstab der Gültigkeit von neuen Rechtsnormen läßt sich einzig und allein aus den Vorschriften der bestehenden Rechtsordnung über die Schaffung neuen Rechts gewinnen. Es müssen die Bedingungen erfüllt sein, die in diesen Vorschriften für die Entstehung neuen Rechts aufgestellt sind. Die Berufung auf irgendwelche politischen Grundsätze kann vielleicht eine moralische, soziale oder politische Rechtfertigung für eine Neugestaltung abgeben, niemals dagegen eine rechtliche.

Daher ist es auch keine juristische Rechtfertigung, daß die neue Rechtsordnung vom Willen des ganzen Volkes getragen worden sei. Man argumentiert so: Durch die Wahlausschreibung wurde das Volk aufgerufen, eine Vertretung zu wählen, um die neue Verfassung zu beschließen. Da die Wahlen tatsächlich auf dieser Grundlage erfolgt seien, sei eine legitime Grundlage für den Verfassungsbeschluß geschaffen worden. So sei zunächst das vorläufige Staatsgrundgesetz vom 17. März 1919 entstanden und dann weiter, entsprechend den Bestimmungen dieses Gesetzes, die neue Verfassung.

Wie wenig tragfähig der hier verwendete Gedanke der Volkssouveränität übrigens ist, zeigt sich am besten an dem neuen Verfassungsrecht selbst. Das neue Recht stellt überall den Satz von dem Ursprung der Staatsgewalt aus dem Volke an vorderste Stelle. Nichtsdestoweniger hat das Volk als juristischer Faktor nur ein ganz beschränktes Tätigkeitsfeld, es kann rechtlich nur unter den Voraussetzungen und in den Angelegenheiten seinen Willen geltend machen, welche in der Verfassung selbst genau umschrieben sind.

Unterstützt wird die vorerwähnte Argumentation durch die Theorie der gelungenen Revolution. Das Recht beruht danach auf der Anerkennung der Volksgesamtheit, bzw. der diese vertretenden Volksmehrheit. Indem diese den Akt der Revolution anerkennt, stellt sie die gesuchte Rechtsgültigkeit her. Dabei spielt eine gewisse Analogie zur Entstehung des Gewohnheitsrechts nach der herrschenden Lehre eine Rolle. Es sei zwar keine longa consuetudo gegeben, aber die opinio necessitatis, die Anerkennung der bindenden Kraft.

Jedoch diese ganze Lehre von der Entstehung des Gewohnheitsrechts hält kritischer Prüfung nicht stand. Ein Gewohnheitssatz ist nicht um deswillen ein Rechtssatz, weil beide geforderten Elemente tatsächlich gegeben sind, sondern nur um deswillen, weil die Rechtsordnung — gleichgültig ob ausdrücklich oder implizite — bestimmt, daß ein Rechtssatz auf diese Weise entstehen kann. Die tatsächlichen Vorgänge sind niemals als solche Quelle der Rechtsbildung, sondern einfach Erfüllung der Voraussetzungen, an die die Rechtsordnung die Rechtsbildung knüpft.

Dazu kommt in einer unmittelbaren Demokratie noch ein besonderer — regelmäßig nicht beachteter — Gesichtspunkt. Träger des Gewohnheitsrechtes im Gegensatz zu dem gesetzten Recht soll nach der herrschenden Lehre das Volk sein. In dem Augenblick aber, in dem das Volk als Staatsorgan in die Verfassung eingebaut ist, kommt seine Tätigkeit rechtlich nur unter den Voraussetzungen und in den Formen in Betracht, welche die Verfassung vorsieht. Es kann daher auch nur eine rechtsetzende Funktion des Volkes unter den positiv geregelten Voraussetzungen und in den positiv geregelten Formen der Volksgesetzgebung in Betracht kommen, eine rechtsetzende Funktion des Volkes „von wilder Wurzel" scheidet vollkommen aus.

Die Theorie von der gelungenen Revolution ist übrigens auch nicht folgerichtig durchführbar. Wie steht es mit einem zeitlich begrenzten Gelingen, wie mit dem Gelingen auf begrenztem Gebiet? Es ist z. B. behauptet worden, die Münchener Räterepublik sei nicht gelungen, weil sie mit der Prätension aufgetreten sei, für ganz Bayern zu gelten. Als ob es nicht auch sonst die Inanspruchnahme einer Herrschaft, einer Staatsgewalt über den Bereich ihrer tatsächlichen Wirksamkeit hinaus gäbe, als ob nicht jeder Staat den Geltungsanspruch seiner Rechtsmacht nach eigenem Befinden bestimme; man denke doch nur an die innerstaatliche Regelung des sog. internationalen Privatrechts u. dgl. Ein anderes verwandtes Beispiel: die episcopi in partibus infidelium.

Weitere Schwierigkeiten ergeben sich in bezug auf die Umgrenzung des Einwirkens der gelungenen Revolution auf das frühere Recht. Ist das ganze Recht beseitigt oder sind es nur Teile davon? Gewöhnlich wird behauptet, das alte Recht sei nur insoweit aufgehoben, als die neue politische Ordnung grundsätzlich von der alten abweicht. Insbesondere sei das bürgerliche Recht intakt geblieben. Nur das öffentliche Recht, insbesondere das Staatsrecht und das Strafrecht, soweit dabei die Stellung und der Schutz der abgesetzten politischen Faktoren einerseits, der neugebildeten andererseits betroffen würden, seien berührt. Das ist scheinbar einleuchtend und einfach. In Wirklichkeit ist aber die Grenze schlechterdings nicht bestimmbar. Auch das bürgerliche Recht enthält wichtige Punkte, die die soziale Stellung der Faktoren im Staate berühren: man denke an die Eigentumsordnung, insbesondere auch an das gebundene Eigentum, das Erbrecht, das Arbeitsrecht; die Revolution war doch eine sozialistische! Dann das Strafrecht: sind die Hochverratsbestimmungen aufgehoben? So wurde in den Münchener Standgerichtsprozessen nach Niederwerfung der Räterepublik seitens der Angeklagten behauptet; denn sonst müsse der Staatsanwalt die Mitglieder der Regierung anklagen!

4. So kommt man zum Ergebnis: Durch die Revolution ist ein Sturz der ganzen bisherigen Rechtsordnung erfolgt, ihre Kontinuität unterbrochen worden. Um aus diesem Chaos, diesem rechtlichen Nichts zu einer Ordnung zu gelangen, bedarf es der Wiederherstellung der Rechtskontinuität. Dies kann allerdings möglicherweise stillschweigend geschehen, es ist kein ausdrücklicher Akt unentbehrlich. Etwa indem die neue Rechtsordnung von dem Fortbestand der alten Behörden als selbstverständlicher Voraussetzung ausgeht, ohne ihnen durch neue Rechtsnormen ein anderes Verhalten vorzuschreiben, und so anerkennt, daß sie nach den alten Normen vorzugehen haben. Darin liegt dann eine Bestätigung der alten Rechtssätze. Aber gleichwohl hat sich in bezug auf ihre Geltung ein grundsätzlicher Wandel vollzogen, ihre Rechtsgrundlage ist vollständig geändert: sie gelten jetzt kraft der neuen, nicht mehr kraft der alten Rechtsordnung, es hat eine Aufnahme des alten in das neue Recht, eine Rezeption stattgefunden.

5. Die vielen Unklarheiten, die sich so ergeben, erheischen aber dringend ausdrücklicher Klarstellung. Das ist die Aufgabe der sog. Übergangsgesetze, wie sie nach der Umwälzung im Reich und den Einzelstaaten im Frühjahr 1919 ergangen sind. Die bayerische Verfassungsurkunde gedenkt ausdrücklich des — bereits oben S. 14 erwähnten — Übergangsgesetzes vom 28. März 1919, GVBl. 113. Der Wichtigkeit halber seien seine maßgebenden Bestimmungen im Wortlaut angeführt:

§ 1. „Die bisherigen Gesetze und Verordnungen bleiben in Kraft, soweit ihnen nicht dieses Gesetz oder das vorläufige Staatsgrundgesetz entgegensteht."

§ 2. „In Kraft bleiben oder treten auch die von der Provisorischen Regierung seit dem 7. November 1918 erlassenen und verkündigten Verordnungen. Ein Verzeichnis dieser Verordnungen ist dem Landtag innerhalb der Frist von einem Monat nach dem Inkrafttreten dieses Gesetzes vorzulegen. Das Verzeichnis ist im Gesetz- und Verordnungsblatt zu veröffentlichen; Verordnungen, die in diesem Verzeichnis fehlen, treten mit dieser Veröffentlichung außer Kraft."

Die Bekanntmachung des Verzeichnisses, datiert vom 28. April 1919, erfolgte zunächst ganz ungesetzlich nur im Bayerischen Staatsanzeiger, erst auf vielfaches Drängen am 18. August 1919 im GVBl. 401. (Die Folge dieser Nachlässigkeit war, daß in der Zwischenzeit auch die in dem Verzeichnis fehlenden Verordnungen weiter galten).

Daran knüpft nun § 94 der Verfassungsurkunde an:

„Alle Gesetze, welche vor dem 7. November 1918 in Bayern in Geltung standen, behalten ihre Gültigkeit, sofern sie nicht mit Bestimmungen dieser Verfassung oder mit den durch das Übergangsgesetz vom 28. März 1919 (GVBl. 113) bestätigten Anordnungen der Provisorischen Regierung in Widerspruch stehen . . ."

Wichtig ist nun der weitere Satz:

„Die hiernach fortgeltenden Gesetze werden, auch wenn sie bisher Verfassungsgesetze waren, als einfache Gesetze behandelt."

Auf diese Weise ist in Bayern der rechtliche Zusammenhang mit dem früheren Zustand wiederhergestellt worden. Daß es sich dabei um eine Rezeption des alten Rechts handelt, zeigt sich besonders deutlich aus dem soeben angeführten Schlußsatz des § 94 der Verfassung. Da die Weitergeltung der alten Normen auf dem neuen Recht beruht, steht es diesem ohne weiteres offen, die formelle Gesetzeskraft der bisherigen Verfassungsgesetze abzuändern. (Schließlich ist noch zu erwähnen, daß für die Zeit vom Inkrafttreten des Übergangsgesetzes bis zum Geltungsbeginn der Verfassungsurkunde das vorläufige Staatsgrundgesetz vom 17. März 1919 für das ordnungsgemäße Entstehen der Rechtsnormen maßgebend war; § 94 sieht dies als so selbstverständlich an, daß er davon überhaupt nicht spricht.)

6. Die Herstellung der Kontinuität vom Standpunkt der neuen Ordnung aus kann sonach keinem Zweifel unterliegen. Nicht so vom Standpunkt der alten Ordnung aus. Denn von dieser führt nach wie vor keine Brücke hinüber.

Wer sich daher konsequent auf den Standpunkt der alten Ordnung stellt, kann logischerweise unbedingt die Rechtsgültigkeit der neuen Ordnung, insbesondere also auch der neuen Verfassung, leugnen. Indes ist zweierlei zu beachten:

1. Wer sich konsequent auf den Standpunkt der alten Ordnung stellt. Wer dagegen die neue Ordnung auch nur zum Teil anerkennt, z. B. soweit sie ihm günstig ist, erkennt sie ganz an. Denn die Rechtsordnung ist ein formal geschlossenes System, dessen Teile nicht auseinandergerissen werden können. Darin liegt für die Anhänger des alten Systems die große Schwierigkeit. Das Leben geht fort und mit ihm das Bedürfnis nach rechtlicher Regelung. Wer wäre imstande, sich dieser Tatsache zu entziehen? Und so müssen sich fast alle den neuen Verhältnissen fügen. In dieser soziologischen Erscheinung wurzelt die soziologische — nicht juristische — Begründung der Theorie von der gelungenen Revolution.

2. Die politischen Verhältnisse haben sich durch die Umwälzung grundlegend geändert. Die Umgestaltung des öffentlichen Lebens hat andere Machtverhältnisse geschaffen, insbesondere aber auch tief in das politische Bewußtsein der Menschen eingegriffen. Eine einfache Rückkehr der alten Zustände ist daher ausgeschlossen. Diese Wandlung kann von keiner Seite ignoriert werden. In diesem Zusammenhang ist es beispielsweise sehr interessant, daß der Kronprinz von Bayern in der Auslieferungsfrage die „Souveränität" des Landtages ausdrücklich anerkannt hat.

7. Mit der Feststellung der Kontinuität des heutigen mit dem früheren Recht ist über die Frage der Identität des heutigen mit dem früheren Staat noch nichts unbedingt Zwingendes ausgesagt. Wenn beispielsweise ein siegreicher Staat sich einen unterlegenen gewaltsam einverleibt und dabei kraft positiver Bestimmung im Gebiete des einverleibten das frühere Recht fortgelten läßt, besteht zweifellos Kontinuität des Rechts bei Disparität des Staates. Die Übernahme des objektiven Rechts des früheren Königreichs Bayern durch den neuen Freistaat Bayern sagt also noch nichts Zuverlässiges über die Identität beider aus (vgl. u. a. Schönborn, Staatensukzessionen im Handb. d. Völkerr. II).

Die Frage der Staatsidentität ist ein außerordentlich schwieriges rechtstheoretisches Problem, dessen eingehende Erörterung hier nicht möglich ist. Im „Bundesstaat" (153 ff.) wurde der Nachweis versucht, daß für die Frage der Identität allein der positive, ausdrückliche Wille der Rechtsordnung maßgebend sein kann. Ferner wurde dargelegt, daß Identität und Gesamtrechtsnachfolge dann gleichbedeutend sind, wenn der Gesamtnachfolger von vorneherein keine anderen Rechte und Pflichten aufweist, als sie der Rechtsvorgänger hatte.

Wenn man diese Auffassung zugrunde legt, kann es keinen Zweifel daran geben, daß der Freistaat Bayern der Gesamtrechtsnachfolger des Königsreichs Bayern, und da er im Augenblick seines Entstehens keine anderen Rechte und Pflichten als jenes hatte, mit ihm identisch ist. Diese Anschauung kommt in allen rechtserheblichen Dokumenten der revolutionären und nachrevolutionären Zeit in klarster Weise zum Ausdruck. Man vergleiche die Erklärung des Ministerrats über den Thronverzicht (oben S. 9), die Verordnung vom 15. November 1918 über die Erlassung der bisher dem König vorbehaltenen Staatsakte (S. 9), das Eisnersche Staatsgrundgesetz (beispw. Eingang: „Bayern" — das bestehende Bayern — „ist eine Republik" oder Z. 16: „Die Rechte der Beamten bleiben unangetastet"), das vorläufige Staatsgrundgesetz vom 17. März 1919 (§ 17: „Die Rechte der Beamten bleiben unangetastet"), endlich die geltende Verfassung § 1 I S. 2: „Die bisherigen Landesteile Bayerns in ihrem Gesamtbestande bilden das Staatsgebiet" i. V. mit § 1 I S. 1: „Bayern ist ein Freistaat" — also in beiden Sätzen „Bayern" ohne jede Unterscheidung —, weiter § 94: „Alle Gesetze, welche vor dem 7. November 1918 in Bayern in Geltung standen . . .".

§ 7.

Die Gliederung der Verfassung.

1. Die Verfassungsurkunde besteht aus 95 Paragraphen, die in elf Abschnitte gegliedert sind, der Überschrift, dem Vorspruch, dem Schluß. Zu allen Punkten einige Bemerkungen.

2. Die Überschrift lautet: „Verfassungsurkunde des Freistaates Bayern". Man könnte zunächst annehmen, daß alle Bestimmungen verfassungsrechtlichen Charakters in dem so überschriebenen Gesetz enthalten sein müßten. Die Folge wäre, daß es außerhalb der Urkunde keine Verfassungsgesetze gäbe und daß weiter jede Änderung der Normen der Urkunde durch Richtigstellung ihres Textes zu erfolgen hätten. Es wären dann alle materiellen Verfassungsvorschriften auch formell Vorschriften der Verfassungsurkunde.

Eine solche Regel ist aber in der Verfassung selbst nicht aufgestellt. § 92 schreibt nur für „Änderungen an dieser Verfassung" eine erhöhte Mehrheit im Landtag, § 10 eine erhöhte Mehrheit bei

Volksbegehren und Volksentscheidungen vor. Demgemäß sind Verfassungsänderungen ohne Änderungen des Textes der Verfassungsurkunde möglich. Solche sind auch tatsächlich erfolgt, vgl. Landeswahlgesetz vom 12. Mai 1920, GVBl. 195. Weiter gibt es aber auch Verfassungsgesetze, die selbständig neben der Verfassung stehen, diese also inhaltlich erweitern — so ausdrücklich §§ 10 III, 72, 94 der Verfassungsurkunde —; vgl. das Gesetz vom 14. August 1919, GVBl. 554, über die Dauer des gegenwärtigen Landtags, die Novelle hiezu vom 18. Mai 1920, GVBl. 259, das oben angeführte Landeswahlgesetz vom 12. Mai 1920, kraft dessen § 79 — hierüber Näheres unten § 24 —, die Novelle zum Landeswahlgesetz vom 21. Juli 1921, GVBl. 393, das Gesetz vom 6. November 1919, GVBl. 783, über die Vereidigung der öffentlichen Beamten. Solche ergänzende Verfassungsgesetze teilen dann die erhöhte formelle Gesetzeskraft der Verfassungsurkunde, vgl. §§ 10 II und III, 72 der Verfassungsurkunde, während der Wortlaut des § 92 darauf keine Rücksicht nimmt. Man kann also zwischen formellem Verfassungsrecht, d. i. der Text der Verfassungsurkunde, und materiellem Verfassungsrecht, d. s. die nicht in die Verfassungsurkunde übernommenen Verfassungsrechtsnormen, unterscheiden. (Näheres insbesondere auch über den Unterschied zwischen verfassungsändernden und Verfassungsgesetzen und über das Verfahren vgl. unten § 21 Z. 9 und § 46.)

3. Der Vorspruch (die Präambel) lautet:

„Das bayerische Volk hat durch den am 12. Januar und 2. Februar 1919 gewählten Landtag dem Freistaate Bayern diese Verfassung gegeben.“

Dieser Satz enthält eine Fiktion. Das Volk wird hier als Verfassungsgesetzgeber erklärt, während es tatsächlich an der Schaffung der Verfassung unbeteiligt war. Nicht einmal die fertige Verfassung wurde der Volksabstimmung unterzogen, wie das z. B. in Baden der Fall war. Durch § 7 III des vorläufigen Staatsgrundgesetzes vom 17. März 1919 war die Volksabstimmung gerade bezüglich der Verfassung ausdrücklich ausgeschlossen worden.

Der Vorspruch der Verfassungsurkunde will durch diese Fiktion den Gedanken der Repräsentation des Volkes durch die Volksvertretung zum Ausdruck bringen. Indem das Volk sich eine Vertretung wählt, um in seinem Namen zu handeln, handelt es durch die Vertretung selbst. Der Vorspruch der Reichsverfassung vom 11. August 1919 führt gar das Volk als Handelnden auf, ohne seine Repräsentation durch die Nationalversammlung auch nur zu erwähnen; von dieser ist erst im Schlußartikel 181 die Rede.

Der Vorspruch der Verfassungsurkunde ist aber weiter auch so gefaßt, als ob es sich um einen aus freiem Entschluß des bayerischen Volkes hervorgegangenen Akt handeln würde. Tatsächlich ging der Anstoß von der Revolutionsregierung aus, indem diese das Volk zur Wahl eines verfassunggebenden Landtags aufforderte. Die Konstruktion des rechtlichen Zusammenhangs ist also die, daß das Volk durch Befolgung der Aufforderung der Regierung sich den Auftrag an den verfassunggebenden Landtag zu eigen gemacht habe.

So soll der neuen Verfassung die geweihte Grundlage des souveränen Volkswillens unter die Füße gestellt werden. In formalrechtlicher Beziehung sind diese Redewendungen allerdings ohne jede Bedeutung. Wie es aber materiell mit der Durchführung der Volkssouveränität in der Verfassung steht, darüber ist später zu handeln.

Der Vorspruch der Verfassung ist endlich noch in anderer Beziehung bedeutungsvoll, nämlich unter dem Gesichtspunkt der Stellung Bayerns im Reich. Indem das b a y e r i s c h e V o l k als Verfassungsgesetzgeber auftritt, stellt es sich vollkommen gleichberechtigt neben das d e u t s c h e V o l k, das die Weimarer Verfassung erlassen hat. Der Gedanke der Gleichstellung von Bundesstaat und Einzelstaat, über den noch wiederholt zu sprechen ist, tritt hier in prägnantester Form in Erscheinung (vgl. „Der föderative Gedanke" 143 f.).

4. Am S c h l u s s e der Verfassung steht der Satz: „Vorstehende Verfassung ist am 12. August 1919 durch den Landtag beschlossen worden". Dann folgen das Datum: „Bamberg, den 14. August 1919" und die Unterschriften und zwar links: „Im Namen des Landtages: Name, Präsident" und rechts: „Das Gesamtministerium: Namen".

Die meritorische Unrichtigkeit dieser amtlichen Bescheinigung über das Zustandekommen der Verfassung wurde bereits oben S. 17 besprochen. Die Form der Unterfertigung entspricht bereits dem allerdings noch nicht in Kraft getretenen § 62 I der Verfassungsurkunde.

Zu erwähnen ist noch, daß am Schlusse der Verfassungsurkunde von dem Willen des Volkes keine Rede mehr ist. Die Reichsverfassung bringt an der entsprechenden Stelle den Gedanken der Repräsentation des deutschen Volkes durch seine Nationalversammlung, der in ihrem Vorspruch nicht enthalten war, zum Ausdruck. Daß in beiden Verfassungen das endgültige Zustandekommen durch den betreffenden Beschluß des Vertretungskörpers gewissermaßen feierlich betont ist, hat aber seinen guten Grund. Es sollte damit der Wandel der Dinge gegenüber der früheren Rechtslage scharf dokumentiert werden.

5. Die elf Abschnitte der Verfassungsurkunde tragen folgende Überschriften: 1. „Staat, Staatsgebiet, Staatsgewalt". 2. „Staatsbürgerschaft". 3. „Grundrechte". 4. „Gewissensfreiheit, Religionsgesellschaften, Schule". 5. „Selbstverwaltung, Stiftungen". 6. „Landtag a) Wahl, Mitgliedschaft, Geschäftsgang, Auflösung, b) Aufgaben, Rechte". 7. „Staatsverwaltung a) Ministerium, b) Behörden, Staatsdienst". 8. „Gesetzgebung, Staatshaushalt". 9. „Heerwesen". 10. „Verkehrswesen". 11. „Schluß- und Übergangsbestimmungen".

Man kann nicht behaupten, daß hier ein streng logischer Aufbau vorliegen würde. Schon der anders gestaltete Aufbau des Regierungsentwurfes (Beilage 126) war in dieser Beziehung nicht mustergültig. Der praktische Nachteil der eigenartigen Gliederung des Stoffes liegt darin, daß vielfach die Zusammenhänge vollkommen zerrissen sind und so ihre richtige Konstruktion ziemlich erschwert ist. Diese Schwierigkeit hat übrigens nicht erst die Ausleger der Verfassung betroffen; es wird sich vielmehr zeigen, daß die Redaktoren selbst ihr nicht selten unterlegen sind. Denn es sind einerseits eine ganze Reihe von Unstimmigkeiten in das Gesetz gelangt, die sich wohl nur aus dem Mangel an Übersichtlichkeit erklären lassen, andererseits ergeben sich aus dem Zusammenhalt räumlich getrennter Vorschriften logisch unabweisliche Folgerungen, an die bei der Beschlußfassung zweifellos nicht gedacht wurde.

§ 8.

Hilfsmittel des Schrifttums zum bayerischen Staatsrecht.

Zunächst kommen die gesetzgeberischen Materialien zur Verfassungsurkunde in Betracht und zwar: die Regierungsvorlage Beilage 126, die Verhandlungen des Verfassungsausschusses 1. Lesung Beilage 324, 2. Lesung Beilage 382, Ausschußbericht Beilage 330, Nachtrag hiezu Beilage 360, Beschluß der Vollversammlung Beilage 377, Ermächtigung der Regierung zur Berichtigung des beschlossenen Textes Beilage 384, Sitzung des besonderen Ausschusses (endgültige Fassung des Textes) Beilage 438.

Ausgaben der Verfassungsurkunde liegen vor von Piloty in Schweitzers Textausgaben 1919, die den Charakter eines sehr bedeutsamen kleinen Kommentars hat, Oeschey, Textausgabe, München 1919, Held, München 1919. Vgl. ferner die kurze Charakterisierung der Verfassung durch Piloty, Jahrb. d. öffentl. Rechts 1920, 151 f., dann die Aufsätze von Woerner in der BayGemZtg. 1919—21.

Eine systematische Bearbeitung des neuen Rechts fehlt noch. Dagegen sind manche Einzelfragen in den verschiedenen juristischen und verwandten Zeitschriften behandelt worden. Eine sehr wertvolle Monographie bildet Rothenbücher, Die Stellung des Ministeriums nach bayerischem Verfassungsrecht, München 1922.

Was das ältere Schrifttum anlangt, so kommt es nur soweit in Betracht, als die neue Verfassung den Gegenstand nicht selbst regelt. Denn im übrigen haben sich die Grundlagen vollständig verschoben. Zu erwähnen sind hier vor allem die großen Arbeiten von Seydel, Bayerisches Staatsrecht, 1. Aufl. in 7 Bdn. 1884—94, 2. Aufl. in 4 Bdn. 1896, 3. Aufl. in 2 Bdn. neubearbeitet von Piloty und Graßmann 1913, ferner das kleinere Staatsrecht des Königreichs Bayern im Handbuch d. öffentl. Rechts 1. Aufl. 1888, 3. Aufl. 1903. Vgl. auch Piloty, Ein Jahrhundert bayerischer Staatsrechtsliteratur 1908 in der Festgabe für Laband.

II. Teil.

Der äußere Aufbau des bayerischen Staates.

§ 9.

Das Staatsgebiet.

Schrifttum: Seydel-Piloty § 44; Laband §§ 21—23; **Nawiasky**, Die Bestimmungen der Reichsverfassung über die Gebietsgewalt der Länder in Hirths Annalen 1919 1 ff.; Derselbe, Bundesstaat 10 ff., 19, 132 ff., 154; Preuß, Artikel 18 der Reichsverfassung 1922; Lucas im Arch. d. öff. R. 42 Bd. 50 ff. und 43. Bd. 200 ff.; Henrich, Theorie des Staatsgebietes, Wien 1922.

1. § 1 I Satz 2 der Verfassungsurkunde lautet:

„Die bisherigen Landesteile Bayerns in ihrem Gesamtbestande bilden das Staatsgebiet."

Dazu verlangt § 92 Satz 2 für Beschlüsse des Landtags auf Änderungen am Staatsgebiet, die bei Verfassungsänderungen vorgeschriebene Zweidrittelmehrheit der gesetzlichen Mitgliederzahl, sofern es sich nicht um „bloße Grenzregelungen" handelt.

Hiernach könnte man zunächst annehmen, daß jede Gebietsänderung nach § 1 I Satz 2 auch eine Verfassungsänderung bedeute. Dann wäre aber das Erfordernis der erhöhten Mehrheit nach § 92 S. 1 von selbst gegeben. Aus der Tatsache, daß § 92 S. 2 die Änderungen am Staatsgebiet besonders erwähnt, muß nun das Gegenteil geschlossen werden: Gebietsänderungen, abgesehen von Grenzregelungen unterliegen zwar im Landtag dem Erfordernis der gleichen Stimmenmehrheit wie Verfassungsänderungen, trotzdem sind sie keine Verfassungsänderungen.

Eine weitere einschlägige Bestimmung enthält § 77 I Z. 3, wonach „Gesetze über Grenzregelungen" von der Volksentscheidung ausgenommen sind. Aus dieser Vorschrift folgt einerseits, daß für solche Grenzregelungen der Weg des formellen Gesetzes vorgeschrieben ist, nicht etwa Akte der Regierung genügen, andererseits, daß bei eigentlichen Gebietsänderungen ein Volksentscheid nicht ausgeschlossen sein soll. (So auch Piloty 175). Ein solcher Volksentscheid ist dann nicht wie der Landtagsbeschluß durch das Erfordernis erhöhter Mehrheit erschwert. Denn, wie wir sahen, ist eine Verfassungsänderung nicht gegeben; aber auch eine Analogie zu der Bestimmung des § 92 S. 2 ist in § 10 nicht zu finden.

Wäre Bayern ein selbständiger Staat, so wäre durch die angeführten Verfassungsbestimmungen die größtmögliche Festigkeit seines räumlichen Bestandes erreicht. Tatsächlich ist aber Bayern kein selbständiger Staat, sondern „Mitglied des Deutschen Reiches" (§ 1 I S. 1). Es erhebt sich nun die Frage, ob sich aus dieser Mitgliedschaft Folgerungen für die räumliche Stabilität des Staates ergeben.

2. Die neue Reichsverfassung enthält tatsächlich Bestimmungen über Änderungen des Gebiets der Länder. Hiebei ist zwischen Grenzveränderungen gegenüber dem Ausland und solchen im Innern des Reichs zu unterscheiden.

Zunächst der erstere Fall. Nach RV. Art. 78 III sind bezügliche Vereinbarungen mit fremden Staaten Reichssache. Normalerweise muß der Weg der Reichsgesetzgebung beschritten werden; Regierungsvereinbarung genügt, sofern es sich um bloße Berichtigung der Grenzen unbewohnter Gebietsteile handelt; letztere werden sich regelmäßig mit den bayerischen Grenzregelungen decken.

Diesen Rechtsakten des Reichs muß aber in jedem Fall die Zustimmung des beteiligten Landes vorausgehen: „nach Zustimmung des beteiligten Landes" (Anschütz 143; a. M. Wenzel, Juristische Grundprobleme 491 f.). Die Form der Zustimmung richtet sich dann nach der Landesverfassung, in Bayern also nach den oben angeführten Regeln. Eine besondere Frage ist die, ob diese Zustimmung ein Erfordernis für die Gültigkeit der Akte nach außen oder nur im Binnenverhältnis bedeutsam ist. (Im ersteren Sinn z. B. Wenzel, Juristische Grundprobleme 500, Giese 205, Wolgast, Die auswärtige Gewalt des Deutschen Reiches, Archiv d. öffentl. Rechts N. F. 5 H. 1, 33.) Über diese Frage wird im Zusammenhang mit der Rechtsstellung des Landtags zu handeln sein (vgl. unten § 21 Z. 13).

Im Fall der Grenzverschiebung nach außen ist demgemäß dem selbständigen Willen des Landes seine Stellung gewahrt.

Man muß annehmen, daß das Erfordernis der vorgängigen Zustimmung des Landes auch für den Fall von Friedensverträgen gilt. Denn eine bezügliche Einschränkung wird in RV. Art. 78 III nicht gemacht.

Man hat aber nun vielfach in Art. 45 II, wonach Friedensschluß durch Reichsgesetz erfolgt, eine lex specialis erblicken wollen, die der lex generalis des Art. 78 III vorgehe; demgemäß sei bei Friedensverträgen zu Gebietsveränderungen die Zustimmung des beteiligten Landes überflüssig. (Vgl. z. B. Anschütz 143, Giese 205, Stier-Somlo, Verfassung des Freistaates Preußen 50.) Diese

Argumentation hält aber schärferer Prüfung nicht stand. Zunächst handelt es sich in dem ganzen Art. 45 nur um die Abgrenzung der Zuständigkeit der Reichsorgane. Wenn für Friedensschluß Reichsgesetz verlangt wird, ist damit nur gesagt, daß in diesem Fall im Gegensatz zu Art. 45 I und III alle jene Faktoren in Betracht kommen, die bei der formellen Reichsgesetzgebung in Frage stehen. Die gleichen Faktoren sind übrigens auch nach Art. 78 III in der Regel, sofern es sich nämlich nicht um bloße Grenzberichtigungen handelt, berufen. Nichts gesagt ist aber in Art. 45 über das Verhältnis der Reichsgewalt zu den Landesstaatsgewalten. Daher wird es auch von keiner Seite in Zweifel gezogen, daß Art. 45 III, wonach „Verträge mit fremden Staaten, die sich auf Gegenstände der Reichsgesetzgebung beziehen, der Zustimmung des Reichstags bedürfen", die Bestimmung des Art. 78 III nicht aufhebt, wonach derartige Vereinbarungen, wenn sie die Veränderung der Reichsgrenzen betreffen, erst nach Zustimmung des beteiligten Landes abgeschlossen werden dürfen. Wenn dem aber so ist, so bildet Art. 78 III die lex specialis gegenüber Art. 45 III als einer lex generalis, nicht umgekehrt. Das hat dann u. a. in der eben besprochenen Frage die besondere rechtliche Bedeutung, daß nicht einfache Zustimmung des Reichstags genügt, sondern daß vielmehr ein formelles Reichsgesetz erforderlich ist, nebenbei bemerkt mit der Folge, daß die Beschlußfassung des Reichstags auch durch Volksentscheid ersetzt werden kann. Mit welcher Logik könnte nun das Verhältnis zwischen Art. 78 III und Art. 45 II anders beurteilt werden? Lege non distinguente nec nostrum est distinguere. Die Modifikation ist in diesem Fall ja noch geringer, weil beide Gesetzesstellen in gleicher Weise formelles Reichsgesetz verlangen.

Gegenüber dieser Beweisführung aus dem positiven Gesetz kann auch nicht etwa, wie das wohl mitunter unbewußt oder halb unbewußt geschieht, auf die allgemein rechtstheoretische Erwägung zurückgegriffen werden, daß im Bundesstaat die verfassungsmäßige Zuweisung der Vertretungsbefugnis an den Bund zugleich für die Glieder die Pflicht schafft, die Vertretungsakte des Bundes anzuerkennen und durchzuführen (vgl. z. B. Bundesstaat 117). Denn einmal greift diese allgemein rechtstheoretische Erwägung eben nur insoweit Platz, als es an ausdrücklichen Normen fehlt. Dann aber handelt es sich im konkreten Fall gar nicht um die Frage einer Verpflichtung der Gliedstaaten als Folge der dem Bunde im Verhältnis nach außen eingeräumten Zuständigkeit, sondern um die Feststellung einer

Bedingung für die Willensbildung des Bundes bei Ausübung seiner unbestrittenen Befugnis. Daß übrigens auch schon vor Erlaß der Reichsverfassung beim Versailler Friedensvertrag die Zustimmung Preußens zu den Gebietsabtretungen und die Zustimmung Preußens und Bayerns zu der Übertragung der Regierungsgewalt im Saargebiet an den Völkerbund erforderlich gewesen wäre, wurde in der Leipziger Zeitschrift XIII. Jahrg. Nr. 18 darzulegen versucht.

3. Mit dieser sorgfältigen Achtung der Gebietsrechte der Gliedstaaten im Verhältnis nach außen kontrastiert die mangelnde Rücksicht auf diese grundlegenden Rechte im Verhältnis nach innen aufs schärfste. Auf die politischen Beweggründe dieser Regelung kann hier nicht eingegangen werden; vgl. darüber z. B. Grundgedanken der Reichsverfassung 61 ff., Der föderative Gedanke 152 f. Hier sind nur die Rechtsnormen in Kürze darzustellen; eine eingehende Erörterung gehört in ein System des Reichsstaatsrechts.

Art. 18 der RV. enthält die einschlägigen Vorschriften. Danach ist zu allen dort vorgesehenen Gebietsänderungen der Gliedstaaten (Länder) Reichsgesetz erforderlich. Dabei werden drei Fälle unterschieden:

a) Einfaches Reichsgesetz genügt, wenn die beteiligten Länder zustimmen (Art. 18 II). In diesem Fall ist also der verfassungsmäßig erklärte Wille des Gliedstaats gegeben — in Bayern bedarf es nach obigem im Landtag Zustimmung der für Verfassungsänderungen vorgeschriebenen Mehrheit.

In dieser Form ist tatsächlich der Anschluß Coburgs an Bayern erfolgt: vgl. einerseits das bayerische Gesetz vom 16. Juni 1920, GVBl. 335 — die sonst übliche Berufung in der Verkündigung des Gesetzes auf Beschluß des Landtags mit Zweidrittelmehrheit, die tatsächlich vorhanden war, da das Gesetz einstimmig beschlossen wurde (Sten. Bericht 45. Sitzung vom 11. März 1920 S. 526), fehlt allerdings —, dann die coburgische Bekanntmachung vom 12. Mai 1920, GS. 92, endlich das Reichsgesetz vom 30. April 1920, RGBl. 842.

b) Einfaches Reichsgesetz genügt ferner aber auch — nach Ablauf der bis zum 14. August 1921 dauernden Sperrfrist (Art. 167) —, wenn auf Antrag der wahlberechtigten Bevölkerung eines Gebietsteiles eine Volksabstimmung sich für die Gebietsveränderung ausspricht. In diesem Fall wird der entgegenstehende Wille des Gliedstaates als solcher nicht berücksichtigt (Art. 18 III).

Ein darauf gerichteter Antrag erfordert die Unterstützung von einem Drittel der Wahlberechtigten des Gebietes, der Beschluß drei

Fünftel der abgegebenen, mindestens aber die absolute Mehrheit der berechtigten Stimmen. Sofern es sich nicht um eine Exklare handelt, die räumlich isoliert ist, muß ohne Rücksicht auf die Größe des Trennstücks stets der ganze mittelbare Verwaltungsbezirk — in Bayern der Kreis — an der Abstimmung teilnehmen; dadurch sind Separationsbestrebungen kleinerer Sprengel bewußtermaßen erheblich erschwert.

Außerdem ist noch verlangt, daß „ein überwiegendes Reichsinteresse" es „erheischt" (Art. 18 III). Diesem Erfordernis ist nach Art. 18 I S. 1 genügt, wenn die zu bewirkende Änderung in der Gliederung der Länder „der wirtschaftlichen und kulturellen Höchstleistung des Volkes dient", ein Maßstab, den anzuwenden Sache der an der Reichsgesetzgebung beteiligten Faktoren ist.

Weitere Einzelheiten besonders bezüglich des Verfahrens sind in Art. 18 IV—VI — allerdings noch nicht erschöpfend — geregelt. Die letzten Ergänzungen enthält das Gesetz vom 8. Juli 1922, RGBl. 545, zur Ausführung des Art. 18 der RV.

c) In allen sonstigen Fällen, also wenn eines der beteiligten Länder dagegen ist und auch die Bevölkerung des in Frage kommenden Gebietes kein Verlangen äußert, kann das Reich zwar allein handeln, aber es bedarf der Form eines verfassungsändernden Gesetzes (Art. 18 I S. 2).

4. Durch diese Vorschriften hat das Reich die Möglichkeit, gegen Bayerns Willen über dessen Gebiet zugunsten anderer deutschen Einzelstaaten zu verfügen. Die Gebietsgewalt des Landes ist also in der Richtung nach innen praktisch aufgehoben. Nebenbei bemerkt ist der für diese Ordnung maßgebende Gesichtspunkt kein eigentlich unitaristischer. Denn das Reich kann durch derartige Maßnahmen seinen unmittelbaren Herrschaftsbereich nicht erweitern, nur einen Herrschaftswechsel zwischen den einzelnen Gliedstaaten herbeiführen (vgl. Der föderative Gedanke 153).

Theoretisch steht die Sache noch etwas anders. Von einer Aufhebung der Gebietsgewalt schlechthin wäre dann zu sprechen, wenn der Wille Bayerns bei dieser Regelung ganz ausgeschaltet gewesen, ihm also sein Verfügungsrecht gewaltsam genommen worden wäre. So steht es aber nicht.

Die Geltung der Reichsverfassung in Bayern beruht nicht einseitig auf dem sie verkündenden Reichsgesetz vom 11. August, RGBl. 1383, sondern ebensosehr auf der bayerischen Verfassungsurkunde, die in zahlreichen Bestimmungen (insbesondere §§ 1 I, 2, 3, Vorbemerkung zu 17—19 und 20—21, 57 I, 69 IV, 72) die Reichsverfassung ausdrücklich anerkannt hat (Näheres hierüber unten § 14 Z. 4 und 7 f.). Damit ist aber auch das Verfügungsrecht des Reiches über das bayerische Staatsgebiet gemäß Art. 18 RV. anerkannt und beruht also auf dem Willen des bayerischen Staates (vgl. auch unten § 13 Z. 7).

Vorausgesetzt natürlich, daß Art. 18 RV. gültig ist; denn nur dann ist er von der oben besprochenen Anerkennung mitumfaßt. Diese Gültigkeit steht aber nicht außer Zweifel. Das Gesetz über die vorläufige Reichsgewalt vom 10. Februar 1919, RGBl. 169, bestimmte in § 4: „Die künftige Reichsverfassung wird von der Nationalversammlung verabschiedet. Es kann jedoch der Gebietsstand der Freistaaten nur mit ihrer Zustimmung abgeändert werden." Danach fehlte es der Nationalversammlung an der Vollmacht, durch Bestimmungen der Reichsverfassung in die Gebietsgewalt der Gliedstaaten gegen deren Willen einzugreifen, und es ist nicht abzusehen, mit welchem Rechte sie sich dieser Beschränkung auf dem Umweg über Normativbestimmungen, wie sie Art. 18 I, III—VI enthält, hätte entledigen können. (Vgl. den oben angeführten Aufsatz in Annalen 1919 S. 1 ff.)

Dieser Auffassung kann auch nicht durch Hinweis auf die parlamentarische Vorgeschichte des § 4 des Gesetzes über die vorläufige Reichsgewalt entgegengetreten werden. Bei der 1. Lesung des Entwurfes erklärte der Regierungsvertreter Dr. Preuß nach dem Sten. Bericht (Bd. 326 S. 14) tatsächlich zu § 4 I 2. Satz, der bestimmt: „Es kann jedoch der Gebietsstand der Freistaaten nur mit ihrer Zustimmung geändert werden" folgendes:

> „Das heißt, die Einzelstaaten sollen sicher sein können, daß nicht einfach durch Beschluß der Nationalversammlung ohne ihren Willen eine Neueinteilung der Landkarte von Deutschland jetzt ohne weiteres stattfindet. M. H., ich glaube, diese Einräumung kann gemacht werden, weil das Gegenteil ja doch nicht durchführbar wäre. Sie können nicht ohne weiteres und mit einem Federstrich glatt jetzt etwa durch Beschluß der Nationalversammlung gegen den Willen der betroffenen Einzelstaaten die Gebiete verschieben. Aber die endgültigen Bestimmungen darüber, wie für die vermutlich notwendigen territorialen Umgruppierungen der Rechtsweg sein soll, ist natürlich der definitiven Verfassung vorbehalten, die Ihrer endgültigen Beschlußfassung unterliegt."

Danach deckt sich also die Inanspruchnahme der Befugnis zur Regelung der Gebietsfragen durch die Nationalversammlung allein gelegentlich der Verabschiedung der endgültigen Verfassung sicherlich mit der Anschauung vor Dr. Preuß. Aber es geht aus der weiteren Beratung durchaus nicht hervor, daß diese Anschauung auch von dem

Haus zu der seinigen gemacht worden ist; denn es ist über diesen Punkt in der ganzen Debatte gar kein Wort verloren worden. Bei der zweiten Beratung nahm Abg. Dr. Heim (Sten. Ber. S. 21) gegen die Ermächtigung der Nationalversammlung durch § 4 zur selbständigen Verabschiedung der Verfassung ganz allgemein Stellung, im übrigen wurde nur immer wieder von allen Seiten der provisorische Charakter des Gesetzes betont, der der endgültigen Regelung in keiner Weise vorgreife. So erwiderte beispielsweise das Mitglied der Reichsregierung Ebert auf die Erklärung des bayerischen Gesandten namens der drei süddeutschen Staaten, daß diese von der Voraussetzung ausgingen, die Annahme des Gesetzes greife der Entscheidung über die Sonderrechte der einzelnen Freistaaten nicht vor, ausdrücklich, daß die Reichsregierung dieser Auffassung zustimme.

Die Abstimmung über den § 4 kann also beim besten Willen nicht anders gedeutet werden, als daß die Nationalversammlung den Paragraph so beschlossen hat, wie er tatsächlich lautet. Und nach seinem Wortlaut hätte der 2. Satz des 1. Absatzes doch sonst gar keinen Sinn, wenn er nicht dem selbständigen Beschluß der Nationalversammlung über die Reichsverfassung im allgemeinen das Zustimmungsrecht der Einzelstaaten zu Abänderungen ihres Gebietsstandes im besonderen gegenüberstellen würde.

5. Abgesehen von der Frage der Gültigkeit des Art. 18 RV. ist noch ein weiterer Zweifel zu besprechen, nämlich der nach den Fällen seiner Anwendung. Ausdrücklich ist in Art. 18 nur von Änderungen des Gebiets von Ländern und Neubildung von Ländern die Rede. Diese Ausdrücke decken aber nicht alle in Betracht kommenden Möglichkeiten, denn die Einverleibung eines Gliedstaates in einen anderen und die gänzliche Aufteilung eines Landes unter mehrere vorhandene stehen außerhalb; von einer „Neubildung" kann zweifellos hier nicht die Rede sein; aber auch von einer „Gebietsänderung" kann man wohl nur dann sprechen, wenn sie sich zwischen den bestehenden Staaten vollzieht, ohne ihren Bestand zu berühren (vgl. Annalen 1919 insbesondere S. 6 ff.).

Man könnte also beide Fälle nur durch ausdehnende Auslegung unter den Art. 18 subsumieren. Eine solche Auslegung wäre aber nur dann am Platze, wenn es sich um eine allgemein gültige Regel, nicht um eine Sondernorm handelte. Nun ist aber das letztere der Fall. Denn im Bundesstaat ist zwar zweifellos eine doppelte Gebietsgewalt gegeben, die Gebietsgewalt des Bundes und der einzelnen Glieder. Die Gebietsgewalt des Bundes ist aber an inneren Gebietsverschiebungen der Gliedstaaten nicht beteiligt, denn sie wird dadurch nicht geändert. Soweit daher nicht andere Gesichtspunkte eingreifen, wie etwa die Rechtsnormen über die Organisation der Bundesgewalt, versteht sich ein Einfluß des Bundes auf solche innere Verschiebungen nicht von selbst (Bundesstaat 133 f.). Nun scheiden gerade nach der neuen Reichsverfassung organisatorische Gesichtspunkte aus, weil die deutschen Einzelstaaten in ihrer Individualität nirgends aufgezählt sind, insbesondere der Art. 61 über die Zusammensetzung des Reichsrats, des Vertretungsorgans der Länder bei der Bildung des Reichswillens, reine Normativbestimmungen enthält. So kommt man schließlich zum Ergebnis, hier eine Lücke des Art. 18 festzustellen, durch welche die freie Gebietsgewalt der Gliedstaaten unangetastet zum Vorschein kommt (vgl. Bundesstaat 187). Demgemäß wäre für den hier besonders interessierenden Fall, die Einverleibung Coburgs in Bayern, die Zustimmung durch Reichsgesetz nicht erforderlich gewesen. (Vgl. meine Ausführungen in den Münch. Neuest. Nachrichten Nr. 502 von 1919.)

6. Eine bisher nicht erörterte Frage ist die, ob Bayern in Zukunft Gebiet erwerben könnte, das außerhalb des Deutschen Reiches bliebe.

Zunächst vom Standpunkt der Reichsverfassung. Maßgebend ist hier Art. 2 S. 1: „Das Reichsgebiet besteht aus den Gebieten der deutschen Länder". Es ist nicht ganz klar, ob hier der im Augenblick des Inkrafttretens der Reichsverfassung gegebene, oder der jeweilige Gebietsbestand der Länder gemeint ist. Nimmt man das erstere an, so kann es auch Einzelstaatsgebiet geben, das nicht zum Reich gehört, nach dem Vorbild des südmainischen Gebiets von Hessen zur Zeit des Norddeutschen Bundes. Nimmt man das letztere an, so fällt jeder einzelstaatliche Gebietserwerb unter Art. 78 III RV. Aber auch bei der ersteren Annahme ergibt sich ein Zustimmungsrecht des Reiches. Denn Art. 78 I und II monopolisiert die auswärtige Vertretung für das Reich und bindet selbst die vorgesehene Ausnahme, den Abschluß von „Verträgen mit auswärtigen Staaten in Angelegenheiten, deren Regelung der Landesgesetzgebung zusteht" — hier wäre ein solcher Fall gegeben — an die Zustimmung des Reichs.

Entscheidend für die Beantwortung der oben aufgestellten Alternative ist eine andere Bestimmung der Reichsverfassung, nämlich Art. 110 I S. 2: „Jeder Angehörige eines Landes ist zugleich Reichsangehöriger". Danach kann es keine außerhalb des Reichsverbandes bleibenden Landesangehörige und damit auch kein außerhalb bleibendes Landesgebiet geben (Annalen S. 3 f., Giese 54 III).

Aber auch vom Standpunkt der bayerischen Verfassung kommt man zu dem gleichen Ergebnis. Denn § 1 läßt kein Staatsgebiet zu, das von der Mitgliedschaftsstellung Bayerns im Reich ausgenommen wäre.

§ 10.

Die Einteilung des Staatsgebiets.

Schrifttum: Seydel-Piloty 45 f., 395 ff. und die dort angegebenen Schriften; Denkschrift über die Vereinfachung und Verbilligung der Staatsverwaltung, Beil. 2911 v. 1922.

1. Die Einteilung des Staatsgebiets in Bayern ist durch die Gliederung der allgemeinen Verwaltungsbehörden bestimmt und hat jeweils deren Schicksal geteilt. Es sind zu unterscheiden die höheren Verwaltungsbezirke, die die Bezeichnung Kreise oder Regierungsbezirke führen, und die unteren oder äußeren Verwaltungsbezirke, die früher als Distrikte, jetzt als Bezirke schlechthin bezeichnet werden. Die sog. kreisunmittelbaren Städte, d. s. diejenigen, bei denen die staatliche Aufsicht durch die Kreisregierungen ausgeübt wird, stehen außerhalb des Bezirkes als staatliche Verwaltungssprengel, sie können aber, müssen nicht innerhalb des Bezirks als Selbstverwaltungskörper bleiben (SelbstverwaltungsG. vom 22. Mai 1919, GVBl. 239, Art. 17 II).

2. Die Errichtung einer Kreisregierung erfolgte zuerst für die Rheinpfalz durch die Allerhöchste Verordnung vom 18. August 1816, RGBl. 564. Durch die Kgl. Verordnung vom 2. Februar 1817, RGBl. 49, „die Bildung und Einrichtung der obersten Stellen des Staats betreffend", wurde die Einteilung des Landes in acht Kreise grundsätzlich festgelegt (Punkt VI). Die Gebiete dieser Kreise, die zunächst nach französischem Vorbild durch Flußnamen (Isarkreis, Unter Donaukreis usw.) bezeichnet waren, sind das erstemal durch die Kgl. Verordnung vom 20. Februar 1817, RBl. 113, abgegrenzt worden. Die Einrichtung der acht Kreisregierungen erfolgte durch die Kgl. Verordnung vom 27. März 1817, RBl. 233, und wurde dann durch die Kgl. Verordnung vom 17. Dezember 1825, RJBl. 1049, weitergebildet. Durch Kgl. Verordnung vom 29. November 1837, RGBl. 793, wurde aus geschichtlich-nationalen Gründen unter gleichzeitiger Änderung der Gebietseinteilung eine Neubenennung der acht Kreise unter Verwendung der alten Stammesnamen durchgeführt und so entstanden die gegenwärtigen geltenden Benennungen der Kreise:

I. Oberbayern, II. Niederbayern, III. Pfalz, IV. Oberpfalz und Regensburg, V. Oberfranken, VI. Mittelfranken, VII. Unterfranken und Aschaffenburg, VIII. Schwaben und Neuburg. Die letzte Neueinteilung des Gebiets der Kreise erfolgte im Zusammenhang mit der Durchführung des Reichsgerichtsverfassungsgesetzes durch die Kgl. Verordnung vom 19. Juni 1879, GVBl. 665. Zu bemerken ist noch, daß nach dem Landrätegesetz vom 28. Mai 1852, GBl. 269, Art. 15 k, 33 a, vor Änderung der Kreiseinteilung der Landrat (jetzt Kreistag), in dringenden Fällen der Landratsausschuß (jetzt Kreisausschuß) gutachtlich zu hören ist.

3. Die geltende Einteilung der äußeren Verwaltungssprengel ist wesentlich jüngeren Datums, sie hängt mit der Durchführung der Trennung der Rechtspflege von der Verwaltung zusammen und ist im Vollzuge des Gerichtsverfassungsgesetzes vom 10. November 1861 durch die Kgl. Verordnung vom 24. Februar 1862, RBl. 409, „die Einrichtung der Distriktsverwaltungsbehörden betreffend", geschaffen worden. Diese Verordnung ist noch heute teilweise in Geltung. § 1 bestimmt, daß die Regierungsbezirke diesseits des Rheins in Verwaltungsdistrikte eingeteilt werden und für jeden dieser Distrikte ein Bezirksamt als Verwaltungsbehörde bestellt wird. Die einer Kreisregierung unmittelbar untergeordneten Städte sind von der Einteilung zu einem Bezirksamt ausgenommen. Die Angleichung der pfälzischen Organisation erfolgte durch die Kgl. Verordnungen vom 19. April 1862, RBl. 631, und vom 25. Januar 1862, RBl. 81. Eine Änderung der Sprengeleinteilung wurde durch die oben angeführte Kgl. Verordnung vom 19. Juni 1879, GVBl. 665, gelegentlich der Ausführung des Reichsgerichtsverfassungsgesetzes vorgenommen. Teilweise ersetzt wurden die erwähnten Bestimmungen ohne eine hier interessierende sachliche Änderung durch die Kgl. Verordnung vom 21. Dezember 1908, GVBl. 1121, „über die Bezirksämter"; dieser Verordnung ist auch eine „Übersicht über die Einteilung des Königreichs in Bezirksämter" beigegeben.

Bezüglich der Begutachtung der Änderung der Verwaltungsdistrikte durch den Landrat (Kreistag), bzw. den Landratsausschuß (Kreisausschuß) gilt die gleiche Bestimmung wie bezüglich der Änderungen der Regierungsbezirke.

Zu erwähnen ist noch, daß die Organisation der Distrikte als Selbstverwaltungskörper mit der Einteilung der staatlichen Distriktsverwaltungsbehörden nicht vollkommen übereingestimmt hat. Art. 1 des Distriktsratsgesetzes vom 28. Mai 1852, GBl. 245, bestimmte nämlich, daß im rechtsrheinischen Bayern jeder Amtsbezirk einer Distriktsverwaltungsbehörde, in der Pfalz jedoch jeder Kanton eine Distriktsgemeinde zu bilden habe, und ferner, daß im Falle einer Zusammenlegung von Verwaltungsdistrikten die alten Distriktsgemeinden getrennt weiter bestehen könnten. Die kreisunmittelbaren Städte waren nach Art. 35 des Gesetzes von der Bildung der Distriktsräte ausgenommen.

4. Durch das Selbstverwaltungsgesetz vom 22. Mai 1919, GVBl. 239, wurden an dieser Organisation einige unbeträchtliche Änderungen vorgenommen. Gemäß Art. 11 wurden ab 1. Januar 1920 „die zu einem Bezirksamt gehörigen mehreren Distrikte zu einem einzigen Bezirk vereinigt". Weiter wurde die Bezeichnung „Distriktsgemeinde" durch „Bezirk" ersetzt (Art. 1 II). Dieser Ausdruck wird fortab auch für den staatlichen Verwaltungsdistrikt verwendet, das Gesetz spricht daher stets von „Bezirksverwaltungsbehörde" statt wie bisher „Distriktsverwaltungsbehörde" (Art. 17 I, 23 I). Durch Art. 17 wurde dem Ministerium das Recht übertragen, Gemeinden mit mehr als 5000 Einwohnern, bei einer Seelenzahl von weniger als 10000 mit Zustimmung der Gemeindevertretung, zu unmittelbaren Städten zu erheben. Dabei kann auch bestimmt werden, ob diese Gemeinden aus dem Bezirksverband als Selbstverwaltungskörper auszuscheiden oder darin zu verbleiben haben.

5. Die Zahl der Bezirksämter beträgt dermalen 164, die Zahl der unmittelbaren Städte 59.

6. Über künftige Änderungen der Sprengeleinteilung des Staatsgebiets enthält die neue Verfassung keine ausdrückliche Vorschrift. Mit Rücksicht auf den traditionellen Zusammenhang der Verwaltungsorganisation mit der Bezirkseinteilung sind aber zweifellos die Bestimmungen über den Aufbau der Behörden maßgebend. Dafür enthält § 46 die Norm, daß sie nach wie vor durch Verordnungen und zwar des Gesamtministeriums (§ 61 Z. 6) zu erfolgen hat. Jedoch sind diese Verordnungen regelmäßig dem Landtag zur vorgängigen Genehmigung vorzulegen. Nur in dringenden Fällen kann das Gesamtministerium solche Verordnungen unter Vorbehalt der nachträglichen Bestätigung des Landtags erlassen (§ 46 S. 2).

Es ist also unbeschadet des Zustimmungsrechtes des Landtags kein formelles Gesetz erforderlich. Vielmehr erfolgt die Regelung formell und materiell durch die Regierung. Das hat die praktische Wirkung, daß zwar der sachliche Einfluß der Volksvertretung gegeben ist, die im einzelnen jedoch nicht unwichtige textliche Feststellung Sache des Ministeriums ist.

Diese Verordnungen sind ausdrücklich als Verwaltungsverordnungen bezeichnet (§§ 61 Z. 6, 75). Richtiger wären sie, vor allem soweit es sich um Behörden mit Befehls- und Zwangsbefugnissen handelt, also in unserem Fall, als Rechtsverordnungen zu klassifizieren, da es sich um ergänzende Stücke zu allgemein-verbindlichen Rechtsnormen handelt. (Vgl. auch §§ 21 Z. 11, 43 Z. 7.) Sachlich ist diesem Gesichtspunkt übrigens dadurch Rechnung getragen, daß derartige Verordnungen im Gesetz- und Verordnungsblatt bekannt gemacht werden müssen (VU. § 75).

Übrigens gedenkt die Verfassung auch ausdrücklich der Möglichkeit, solche Bestimmungen im Wege eines formellen Gesetzes zu erlassen, indem sie „Gesetze, die sich auf die Einrichtung von Behörden . . . beziehen“, in § 77 I Z. 4 von der Volksentscheidung ausnimmt.

Fraglich kann schließlich noch sein, ob auch die Änderung der Sprengelgrenzen der Bezirke ohne Berührung ihres Bestandes unter die Vorschrift des § 46 fällt. Man wird die Frage bejahen müssen, da es sich um eine „Veränderung von Behörden“ handelt; denn der Sprengel ist ein wesentliches Individualisierungsmerkmal der Behörde (a. M. Rothenbücher, Ministerium 16).

§ 11.

Die Stellung der ehemals coburgischen Gebietsteile.

1. Die gesetzgeberischen Akte, durch welche die Einverleibung Coburgs in Bayern erfolgt ist, sind oben S. 32 angeführt. Durch die beiderseitigen Landesgesetze wurde der Staatsvertrag beider Regierungen vom 14. Februar 1920 „über die Vereinigung Coburgs mit Bayern“ samt Schlußprotokoll vom gleichen Tage genehmigt. Durch bayerisches Gesetz vom 16. Juni 1920, GVBl. 344, wurde dann noch einem Zusatzprotokoll vom 1. Juni 1920, durch Gesetz vom 14. Dezember 1920, GVBl. 493, einem weiteren Zusatzprotokoll vom 18. Juni 1920 zugestimmt.

Die Vereinigung als solche wurde konstitutiv durch § 1 des Reichsgesetzes, der Zeitpunkt ihres Inkrafttretens gemäß § 3 des Reichsgesetzes durch eine im Einvernehmen mit der bayerischen Regierung erlassene Verordnung des Reichspräsidenten vom 21. Juni 1920, RGBl. 1329, und zwar mit 1. Juli 1920 bestimmt. Im Staatsvertrag § 22 war für das letztere eine Verordnung der bayerischen Regierung in Aussicht genommen worden.

2. Zur Durchführung der Vereinigung waren eine Reihe von Überleitungsvorschriften erforderlich. Hiefür enthalten der Staatsvertrag, das Schlußprotokoll und die beiden Zusatzprotokolle eine Reihe von grundsätzlichen Vorschriften. Über einen Punkt aber, nämlich die Erwerbung der bayerischen Staatsangehörigkeit, die schon in § 3 des Staatsvertrags geregelt war, enthält auch das Reichsgesetz in § 2 Vorschriften, die im einzelnen etwas von § 3 des Staatsvertrages abweichen. Diese reichsgesetzlichen Bestimmungen wurden offenbar mit Rücksicht auf die ausschließliche Gesetzgebungszuständigkeit des Reichs über die Staatsangehörigkeit nach Art. 6 Z. 3 der RV. als notwendig erachtet.

Die Bestimmungen über die Staatsangehörigkeit gehen dahin, daß durch die Vereinigung alle sachsen-coburg-gothaischen Staatsangehörigen die bayerische Staatsangehörigkeit erwerben, wenn sie entweder

a) am Tage der Vereinigung Wohnsitz oder Aufenthalt in Bayern oder im coburgischen Gebiet haben oder

b) ohne solche Ansässigkeit ein Aufnahmsdokument (Aufnahme- oder Einbürgerungsurkunde, Staatsangehörigkeitsausweis, Heimatschein) durch eine coburgische Staats- oder Stadtbehörde ausgestellt erhalten hatten, oder

c) durch Geburt, Legitimation, Eheschließung der Staatsangehörigkeit einer unter a und b fallenden Person folgen.

3. Die Vereinigungsabmachungen enthalten u. a. eine Reihe von Grundsätzen, wonach für das frühere coburgische Gebiet eine gewisse Selbständigkeit in bezug auf Verwaltungseinrichtungen für eine gewisse Dauer oder zeitlich unbeschränkt gesichert werden soll. Es erhebt sich nun zunächst die grundsätzliche Frage, ob diese Sicherung tatsächlich vom Rechtsstandpunkt erzielt worden ist.

Das wäre der Fall, wenn die bezüglichen Vorschriften für die bayerische Gesetzgebung in der Weise bindende Kraft besäßen, daß sie einseitig nicht geändert werden könnten. Eine solche Kraft wohnt aber den Bestimmungen des Staatsvertrags im allgemeinen nicht inne. Von den Ausnahmen soll nachher die Rede sein. Wenn bayerische Gesetze eine anderweitige Regelung treffen, als sie im Staatsvertrag vereinbart worden ist, so sind diese Gesetze gültig und daher maßgebend. Es besteht nämlich keinerlei Rechtsnorm, die der Gültigkeit derartiger Gesetze im Wege stände.

Drei Ausnahmen sind ausdrücklich vorgesehen. Erstens dürfen nach § 7 II des Staatsvertrages Veräußerungen des Coburgischen Domänenvermögens nur mit Zustimmung des von Coburg für Übergangsfragen bestellten Ausschusses und nach Ablauf der zweijährigen Übergangszeit mit Zustimmung des Vorstandes der Coburger Landesstiftung erfolgen. Zweitens können nach Punkt V des Schlußprotokolls die bayerischen Grundbestimmungen über Sparkassen nicht auf die Sparkassen Coburgs ohne deren Zustimmung erstreckt werden. Drittens kann nach Punkt IV des Schlußprotokolls eine schiedsgerichtliche Feststellung des Verwaltungsgerichtshofes über die vom bayerischen Staat gewünschte Abfindung der etwaigen Zuschußleistung an das Landkrankenhaus in Coburg vor Ablauf von fünf Jahren nach der Vereinigung ohne Zustimmung der Gegenseite nicht beantragt werden. Da der Staatsvertrag samt den zugehörigen Protokollen durch die bezüglichen Gesetzesbeschlüsse formelle Gesetzeskraft erhalten hat, haben auch diese Zustimmungsklauseln mit ihrer teilweise zeitlichen Unbeschränktheit formelle Gesetzeskraft erlangt und können infolgedessen nicht geändert werden. Man müßte höchstens annehmen, daß die bayerische Verfassung eine solche Selbstbeschränkung der Gesetzgebung nicht zuließe; ein positiver Anhaltspunkt hiefür besteht indessen nicht.

Übrigens binden diese Ausnahmen selbstverständlich nur die bayerische Gesetzgebung. Sollte etwa die Reichsgesetzgebung sich zuständigerweise des Gegenstands bemächtigen, so würde die Bindung nach dem Grundsatz, daß Reichsrecht Landrecht bricht (RV. Art. 13 I), dahinfallen.

Die drei Ausnahmen beweisen aber andererseits auch, daß in allen übrigen Fällen eine Bindung der bayerischen Gesetzgebung nicht bewirkt worden ist. Die coburgischen Unterhändler haben es versäumt oder für überflüssig gehalten, sich eine rechtliche Bestandsgarantie für die vereinbarten Sondernormen zu verschaffen. Das hätten sie entweder durch die Festlegung ähnlicher Zustimmungsrechte, wie in den beiden Ausnahmefällen, erreichen können. Oder sie hätten dafür Sorge tragen müssen, daß eine bezügliche Bestimmung in das Reichsgesetz über die Vereinigung aufgenommen worden wäre. Jetzt fehlt es übrigens, abgesehen von allem, nicht nur an einem Rechtssubjekt oder auch bloß einem Organ, das die coburgischen „Rechte" geltend machen könnte, sondern es ist ebensowenig eine Instanz gegeben, die im Streitfall anzurufen wäre.

So ist die Dauer der Vereinbarungen nur mit moralisch-politischen Sicherungen umgeben, von denen allerdings bis zum Beweis des Gegenteils angenommen werden muß, daß sie genügen. Jedenfalls haben sie sich bei dem Gesetz vom 22. März 1921, GVBl. 96, über die Errichtung eines Landgerichts in Coburg bewährt, indem die Zuweisung mehrerer aus dem Bamberger Landgerichtssprengel abzutrennender Amtsgerichte gegen den Wunsch der stärksten Landtagspartei aus Loyalitätsgründen beschlossen wurde.

4. Änderungen der Vereinigungsvereinbarungen, die aus diesen oder jenen Gründen erforderlich werden und auch, was hier angenommen werden soll, wegen ihrer Notwendigkeit auf Seite der ehemals Coburger Bevölkerung keinem Widerstand begegnen sollten, können aber grundsätzlich nur im Wege der Gesetzgebung getroffen werden. Regierungsmaßnahmen sind also, soweit die Vereinbarungen dies nicht selbst vorsehen, ausgeschlossen.

Dabei ergibt sich nun wieder die Frage, ob einfaches oder Verfassungsgesetz erforderlich ist. Wie oben S. 32 hervorgehoben wurde, war nach bayerischem Verfassungsrecht zu der Gebietsänderung durch die Einverleibung Coburgs die für Verfassungsänderungen vorgesehene Mehrheit im Landtag notwendig und auch tatsächlich gegeben. In der Kundmachung des Gesetzes fehlt aber im Gegensatz zu der sonst üblichen Praxis der ausdrückliche Hinweis auf die Erfüllung dieser Bedingung. Da wir nun oben S. 29 gesehen haben, daß Getiebsänderungen an sich nicht als Verfassungsänderungen anzusehen sind, gelangt man zu dem Ergebnis, daß dem Gesetz über den Vereinigungsvertrag formelle Verfassungsgesetzeskraft nicht zukommt. Tatsächlich sind auch den Gesetzen über die Zusatzprotokolle, die sich selbst als „Abänderung des Gesetzes über die Vereinigung . . . .“ bezeichnen, trotz einstimmiger Annahme keine Bemerkungen über die erhöhte Mehrheit bei der Beschlußfassung beigefügt.

5. Inhaltlich enthalten die Vereinbarungen Regelungen der verschiedensten Natur:

a) Bezüglich der Gesetzgebung wird bestimmt, daß die bayerische Verfassung sofort in Kraft tritt (§ 5), während die gewöhnlichen Coburger Gesetze und Verordnungen zunächst in Geltung bleiben (§ 6 I). Neue bayerische Gesetze und Verordnungen gelten naturgemäß ohne weiteres, auch sofern sie bestehendes Coburger Recht ändern. Im übrigen ist vor der Aufhebung oder Abänderung der coburgischen Gesetze und Verordnungen während einer zweijährigen Übergangszeit in der Regel der von Coburg bestellte Ausschuß für Übergangsfragen zu hören (§ 6 II). Bezüglich der bayerischen Gemeindegesetzgebung ist als Einführungszeitpunkt der 31. Dezember 1921 mit gewissen konkreten Ausnahmen festgestellt (Schlußprotokoll II und III; vgl. Gesetz vom 22. Juli 1921, GVBl. 383).

Zur Durchführung dieser Bestimmungen ermächtigt das Gesetz vom 18. Dezember 1920, GVBl. 498, die einzelnen Ministerien, die älteren bayerischen Landesgesetze im coburgischen Gebiet einzuführen; eine analoge Ermächtigung für ältere Verordnungen enthält die Verordnung des Gesamtministeriums vom 25. März 1921, GVBl. 132. Gebrauch gemacht wurde von diesen Ermächtigungen beispielsweise durch die Bekanntmachungen vom 5. März 1921, GVBl. 67 (Bergrecht), vom 26. März 1921, GVBl. 235 (Justizgesetze), vom 14. April 1921, GVBl. 253 (Verwaltungsrecht), vom 11. April 1921, GVBl. 293 (Landwirtschaft), vom 27. April 1921, GVBl. 299 (Beamtenrecht, Vermessungsrecht, Kosten- und Stempelrecht), vom 27. April 1921, GVBl. 307 (Notariats- und Grundbuchrecht), vom 20. Mai 1921, GVBl. 324 (Schulwesen) usw. Weiter ermächtigt das Gesetz vom 10. Dezember 1921, GVBl. 7 von 1922, die Ministerien, bei der Einführung bayerischer Gesetze daran Änderungen vorzunehmen und Übergangsvorschriften zu erlassen sowie coburgische Gesetze aufzuheben und abzuändern.

b) Bezüglich der Teilnahme von Vertretern der Coburger Bevölkerung am Landtag ist für die Zeit des Übergangs besonders vorgesorgt (Vertrag § 4, erstes Zusatzprotokoll), ebenso bezüglich der Kreis- und Bezirkstage (zweites Zusatzprotokoll). Das Landeswahlgesetz vom 12. Mai 1920, GVBl. 195, wurde durch Gesetz vom 21. Juli 1921, GVBl. 393, entsprechend geändert.

c) Die Eingliederung in die allgemeine bayerische Verwaltungsorganisation vollzog sich in der Weise, daß der Hauptteil von Coburg dem Kreis Oberfranken, das getrennte Amt Königsberg dem Kreis Unterfranken angeschlossen wurde. Im einzelnen sind noch nähere Bestimmungen vorgesehen (§ 2). Zur Durchführung ergingen die Verordnung des Gesamtministeriums vom 28. Juni 1920, GVBl. 351, ferner die Bekanntmachung vom 30. September 1920, GVBl. 434.

d) Bezüglich der Sonderverwaltungszweige sind eine ganze Reihe von Vereinbarungen getroffen, die teils die Organisation (§§ 7, 14, 15, 16, 17, 18, Schlußprotokoll VIII), teils die Sicherung der Fürsorge der Regierung für den Bestand und die Weiterentwicklung coburgischer Einrichtungen (§§ 7, 8, 10, 11, 19, 20, Schlußprotokoll I, IV, V, VI, X, XI) zum Gegenstand haben. Zu ihrer Durchführung erging beispielsweise das Gesetz vom 27. August 1921, GVBl. 405, über die Bildung des Krankenhausverbandes Coburg, vom 18. Januar 1922, GVBl. 11, über den Übergang der Landrentenbank in Coburg an die Bayerische Staatsbank.

e) Die Sicherstellung der coburgischen Staatsbeamten (§ 9, Schlußprotokoll VII) und Notare (Schlußprotokoll XII) ist vereinbart.

f) Endlich sind nähere Bestimmungen über die Gerichtsorganisation getroffen (§§ 12, 13). Zu ihrer Durchführung erging das Gesetz vom 22. März 1921, GVBl. 94, über die Aufhebung der Gemeinschaftsverträge, und das oben erwähnte Gesetz vom gleichen Datum, GVBl. 96, über die Errichtung eines Landgerichts in Coburg, ferner das Gesetz vom 30. März 1921, GVBl. 251 (Aufhebung der Gemeinschaft mit Thüringen in bezug auf Oberverwaltungsgericht und Oberversicherungsamt).

§ 12.

Die Staatsform.

Schrifttum: Georg Jellinek, Allgemeine Staatslehre 644 ff.; Rehm, Allgemeine Staatslehre 176 ff.; Seydel-Piloty § 14; Bernatzik, Republik und Monarchie, Freiburg 1892; Nawiasky, Grundgedanken 26 ff.; W. van Calker, Die staatlichen Herrschaftsformen, Handb. d. Politik I 150 ff.

1. Bayern ist eine Republik, ein „Freistaat", wie die Verfassungsurkunde sagt (Überschrift, Vorspruch, § 1 I S. 1). In einer anderen Wendung erklärt § 2 S. 1: „Die Staatsgewalt geht von der Gesamtheit des Volkes aus." Damit ist der Gedanke der Volkssouveränität ausgesprochen. (Allerdings gibt es auch Monarchien von Volkes Gnaden.)

Bayern ist in der gewaltsamen Einführung der republikanischen Staatsform den anderen Einzelstaaten und dem Reich vorausgegangen. Nunmehr ist diese Staatsform durch die Reichsverfassung obligatorisch geworden (Art. 17 I S. 1).

2. Es gibt sehr verschiedenartige Abarten der republikanischen Staatsform. Die aristokratische Republik war durch die Verfassung der drei Hansestädte bereits dem deutschen Staatsrecht vor 1918 bekannt. Die russische Revolution hat die auf dem System einer konzentrisch aufgebauten Vertretung der Wirtschaftskörper mit Beschränkung auf Kopf- und Handarbeiter beruhende Sowjetrepublik — Räterepublik — geschaffen. Die demokratische Republik fußt auf der Gleichberechtigung aller Staatsbürger und kennt sowohl die Form der unmittelbaren Ausübung der Staatsgewalt durch diese — unmittelbare Demokratie — als auch die Ausübung der Staatsgewalt durch von den Staatsbürgern gewählte Vertretungskörper — mittelbare oder repräsentative Demokratie. Auch die

Räterepublik hat eine Repräsentativverfassung, nur ist das Prinzip der Bildung der repräsentativen Organe ein ganz eigenartiges.

In den ersten Zeiten der deutschen Revolution war in den amtlichen Dokumenten oft von sozialer oder sozialistischer Republik die Rede. Soweit dabei nicht der Gedanke einer Vorherrschaft des Proletariats als Unterton mitklang, sollte mit diesen Eigenschaftswörtern entweder das sozialpolitische Programm oder die sozialistische Tendenz der Revolution betont werden.

3. § 2 der Verfassungsurkunde bestimmt nun: „Die Staatsgewalt geht von der Gesamtheit des Volkes aus. Sie wird nach den Bestimmungen dieser Verfassung und der Verfassung des Deutschen Reiches unmittelbar durch die Staatsbürger und mittelbar durch die in dieser Verfassung eingesetzten Organe ausgeübt.“ Daraus folgt, daß wir es mit einer demokratischen Republik zu tun haben, in der unmittelbare und mittelbare Volksherrschaft mit einander verbunden sind. Später wird sich zeigen, daß der politische Schwerpunkt bei der Volksvertretung ruht.

Nun aber die rechtliche Bedeutung dieser Sätze. Sie ist am besten dadurch charakterisiert, daß die Streichung des ganzen § 2 gar keine Folgen nach sich zöge. Denn sowohl die Befugnisse der Staatsbürgerschaft wie der anderen Staatsorgane wurzeln nicht in diesen theoretischen Sätzen, sondern in den einzelnen positiven Vorschriften der Verfassung. Insbesondere muß mit aller Schärfe betont werden, daß auch das Volk, m. a. W. die Staatsbürgerschaft, von der in thesi alle Staatsgewalt ausgeht, nicht in der Lage ist, unter Beiseiteschiebung der Verfassung und der von dieser eingesetzten Organe die Ausübung der Staatsgewalt ohne weiteres in die Hand zu nehmen. Auch das Volk kann nur die Befugnisse ausüben, die ihm die Verfassung zugesteht. Die Grundlage aller staatsrechtlichen Tätigkeit ist eben die Verfassung und nur diese.

Aber auch als Auslegungbehelf kommt dem § 2 keinerlei Bedeutung zu etwa in dem Sinne, daß im Zweifel die Vermutung zugunsten der Rechte der Staatsbürgerschaft sprechen würde. Denn § 3 I enthält eine ausdrückliche Rechtsvermutung zugunsten des Landtags.

So handelt es sich nur um einen rechtlich belanglosen politischen Grundsatz; auch die Unterscheidung zwischen der Wurzel, dem „Ausgehen“ der Staatsgewalt und ihrer „Ausübung“ — sei es unmittelbar, sei es mittelbar — ist ein rein politischer Gedanke der Volkssouveränität bzw. der Repräsentation.

Übrigens ist die Fassung des § 2 am Schlusse nicht einwandfrei.

Die Staatsgewalt wird „mittelbar" nicht nur durch die „in dieser Verfassung", sondern auch durch die in der Reichsverfassung „eingesetzten Organe ausgeübt".

4. Worin besteht nun das Wesen der Republik? Wodurch unterscheidet sie sich von der Monarchie?

Wie in den „Grundgedanken der Reichsverfassung" 27 ff. angedeutet, läßt sich ein juristisches Unterscheidungsmerkmal nicht aufzeigen. Der Gedanke der Vielherrschaft im Gegensatz zur Einherrschaft (Seydel, z. B. Grundzüge einer allgemeinen Staatslehre, oder Seydel-Piloty 77 ff.) trennt die absolute Monarchie von jeder Form beschränkter Herrschaft. Denn auch in der konstitutionellen Monarchie steht der Wille der Volksvertretung juristisch gleichwertig neben dem Willen des Monarchen, gerade die wichtigste Staatsfunktion, das Gesetz, bedarf der freien Zustimmung beider Faktoren. Auch die Unterscheidung nach der Art der obersten Willensbildung, in der Monarchie durch einen physischen Willen, in der Republik durch einen juristischen Willen, d. h. durch die mit Hilfe von Rechtsnormen durchgeführte Zusammenfassung einer Mehrheit von physischen Willen zu einer rechtlichen Willenseinheit (Georg Jellinek, Staatslehre 66 ff.) versagt gegenüber der Bildung des Gesetzeswillens in der konstitutionellen Monarchie. Wenn endlich der Unterschied darin bestehen soll, daß in der Monarchie das Staatsoberhaupt ein Recht auf sein Amt habe, das in der Republik fehle (Bernatzik, Republik und Monarchie), so ist zu beachten, daß auch die republikanischen Funktionäre ein Recht auf ihre Stellung, u. U. sogar auch eine Anwartschaft darauf haben können (z. B. die Anwartschaft des gewählten Präsidenten vor Beginn seiner Funktionszeit, die Anwartschaft des Vizepräsidenten für den Fall des Wegfalls des Präsidenten).

Alle diese unhaltbaren Theorien haben den Grundgedanken gemein, daß ein Staatsoberhaupt im juristischen Sinne gegeben sein müsse. Fragt man nun aber nach der rechtlichen Bedeutung dieses Staatsoberhauptes, so bekommt man eine ganz unbefriedigende Antwort. „Es müsse eine Stelle vorhanden sein", so formuliert Georg Jellinek, Die herrschende Lehre (a. a. O. 540), „die den Staat in Tätigkeit setzt und erhält und die oberste Entscheidungsgewalt besitzt." Sonst sei eine Lähmung des ganzen Staates möglich. Wenn nun aber in der konstitutionellen Monarchie das Volk einen Wahlstreik inszeniert, ist dann nicht auch der Staat vollkommen gelähmt, da ja die Erlassung von Gesetzen in rechtlicher Form unmöglich ist?

Das „Staatsoberhaupt" kann doch von Rechts wegen nur soweit tätig werden, als die Rechtsordnung, die Verfassung, ihm eine Tätigkeit zuweist. In diesem Rahmen ist also nicht das Staatsoberhaupt, sondern die Verfassung maßgebend. Versagt die Verfassung aber oder versagt ein anderes der durch die Verfassung berufenen Organe, so wird im politischen Leben über die Verfassung, d. h. über die Rechtsordnung, in das metajuristische Gebiet hinübergegriffen. Darin zeigt sich doch klar, daß das „Staatsoberhaupt" rechtlich überhaupt keine besondere Bedeutung besitzt, sondern erst zu Hilfe gerufen wird, wenn die Rechtsordnung aufhört. Rechtlich sind vielmehr alle unmittelbar auf der Verfassung beruhenden Organe, deren Willen durch einen anderen Willen verfassungsmäßig nicht ersetzt werden kann, gleich hochgestellt, gleich notwendig. Will man aus repräsentativen Gründen einem dieser Organe die Bezeichnung als „Staatsoberhaupt" beilegen, so handelt es sich also um einen politisch, nicht rechtlich bestimmten Begriff.

Was von dem Staatsoberhaupt im allgemeinen gilt von dem Monarchen im besonderen. Die Monarchie unterscheidet sich von der Republik nicht durch rechtliche Kriterien, sondern durch politische Merkmale. Man spricht von ihr dann, wenn „der Schwerpunkt der staatlichen Macht oder wenigstens ein hervorragender Anteil daran in der Hand einer Person — dies die überwiegende Regel — ruht, die erstens durch familienrechtliche oder erbrechtliche Tatsachen bestimmt ist, zweitens auf Lebensdauer ihr Amt versieht und drittens für ihre amtlichen Handlungen unverantwortlich ist. Die Republik ist dadurch gekennzeichnet, daß der Schwerpunkt der staatlichen Macht auf eine Mehrheit von Personen verteilt ist, die durch andere auf Zeit berufen werden und die Verantwortung für ihre Amtshandlungen tragen. Eine unbedingt scharfe Grenze läßt sich hier — wie meistens auf politischem Gebiete — nicht ziehen, es kommt eben nicht auf scharfgeschliffene logische Begriffe, sondern auf anschauliche Typen an" (Grundgedanken 28 f.).

5. Das Beispiel der beiden Schwarzburg hat uns gezeigt, daß der Übergang von einer Staatsform zur andern sich ohne weiteres auf verfassungsmäßigem Wege vollziehen kann. Es besteht daher rechtlich kein unübersteigbares Hindernis dagegen, daß aus dem Freistaat Bayern wieder ein Königreich Bayern wird. Nur kann dieser Umbildungsprozeß sich nicht auf dem Wege einer bayerischen Verfassungsänderung allein vollziehen, es müßte vielmehr eine Änderung des Art. 17 RV. vorausgehen. Auch diese ist auf legalem

Wege durchaus möglich. Die jetzige obligatorische republikanische demokratische Staatsform in allen deutschen Einzelstaaten im Zusammenhang mit der republikanischen Staatsform des Reichs ebenso wie die Notwendigkeit gleichzeitiger Änderung derselben beruht politisch auf dem Grundsatz der Homogenität der einzelnen Regierungen im Bundesstaat, wie er auch im nordamerikanischen und Schweizer Staatsrecht festgelegt ist und im früheren Deutschen Reich praktisch verwirklicht war. (Vgl. Der föderative Gedanke 151 f.)

§ 13.

Die Stellung Bayerns im Reich.

Schrifttum: Nawiasky, Grundgedanken; derselbe, Bundesstaat und die dort angeführten Schriften; derselbe, Der föderative Gedanke; Jacobi, Einheitsstaat oder Bundesstaat 1919; Koelreutter, Bundesstaat oder Einheitsstaat im „Tag" vom 11. November 1920; Nawiasky, Dasselbe im „Tag" vom 30. Dezember 1920; für das frühere Recht Seydel-Piloty 71 ff.; Laband §§ 7—13.

a) Die rechtliche und politische Stellung im Reich.

1. § 1 I S. 1 lautet: „Bayern ist ein Freistaat und Mitglied des Deutschen Reichs."

Danach ist Bayern einerseits ein Staat, andererseits entbehrt dieser Staat der vollen Selbständigkeit und gehört einer Staatenverbindung an.

Die Staatlichkeit Bayerns wird in der neuen Verfassung mit aller Schärfe betont. Abgesehen von der angeführten Bestimmung sei beispielsweise verwiesen auf die Überschriften der Abschnitte 1: „Staat, Staatsgebiet, Staatsgewalt", 2. „Staatsbürgerschaft", 7. „Staatsverwaltung", 8. „Gesetzgebung, Staatshaushalt", ferner auf die §§ 2—5, 6—8, 10—12 usw.

An anderen Stellen wird der Ausdruck „Land" verwendet, so z. B. in § 1 II „Landesfarben", überall „Landtag", § 62 „Landesgesetze".

2. Auch die Reichsverfassung spricht bald von „Ländern", bald von „Staaten". Es überwiegt zwar die Bezeichnung „Länder", so beispielsweise in der Überschrift des 1. Hauptteils I. Abschnitt: „Reich und Länder", in Art. 5 „Landesangelegenheiten", „Organe der Länder", „Landesverfassungen", in Art. 11 „Landesabgaben", in Art. 13 „Landrecht", in Art. 14 „Landesbehörden" usw.

Aber ebenso wird auch der Ausdruck „Staat" verwendet, z. B. in Art. 5: „Die Staatsgewalt .... in Landesangelegenheiten", in

Art. 17: Die „freistaatliche" Verfassung der Länder, in Art. 110: „Die Staatsangehörigkeit im Reich und in den Ländern". Ferner verwendet der 2. Hauptteil den Ausdruck „Staat" überall dann, wenn er Reich und Länder gemeinsam, z. B. im Gegensatz zu den Gemeinden, bezeichnen will (vgl. Art. 109 V, 119 II und III, 120, 122 I, 131 I, 133 I, 135 usw.).

3. Landesrecht und Reichsrecht stimmen also darin überein, daß sie die Mitglieder des Reichs bald als Staat, bald als Land bezeichnen. Beide Ausdrücke sind demnach gleichbedeutend verwendet; im Sinne der offiziellen Terminologie ist die Staatlichkeit der Länder jedem Zweifel entrückt.

Indes sind das nur Worte. Wie steht es mit der Sache? Sind die Glieder des Reiches wirklich Staaten im Rechtssinn?

Für die Beantwortung dieser Frage ist entscheidend, ob das Deutsche Reich nach seiner neuen Verfassung ein Bundesstaat oder ein Einheitsstaat ist. Die nach der alten Reichsverfassung mögliche Auffassung als Staatenbund (Seydel in seinen mehrfach angeführten Schriften, ferner Kommentar zur Verfassungsurkunde für das Deutsche Reich, 2. Aufl., 1897, scheidet jetzt vollkommen aus. Ebenso braucht in diesem Zusammenhang die Frage nach der rechtlichen Konstruktion des Bundesstaates nicht ausführlich erörtert werden, da nach allgemeiner Auffassung die Zugehörigkeit zu einem Bundesstaat die Glieder ihrer Staatlichkeit nicht beraubt; vgl. über das Bundesstaatsproblem einerseits meine Arbeit: „Der Bundesstaat als Rechtsbegriff" 1920, andererseits Kelsen, Das Problem der Souveränität und die Theorie des Völkerrechts 1920.

4. In Verfolgung des Gedankens, daß die Staatsgewalt sich dadurch von allen anderen rechtlichen Gewalten unterscheidet, daß sie unabgeleitet ist, auf sich selbst beruht, Quelle ihrer eigenen Rechte ist, kommt meine angeführte Schrift zu der Staatsdefinition: „Staat ist der Träger des in einer Rechtsordnung erscheinenden Willens" (S. 16). Da sich nun nach den weiteren Untersuchungen die Gliedstaaten zu einem Bundesstaat dadurch zusammenschließen, daß ein übereinstimmender Ausschnitt ihrer Rechtsordnungen zusammengefaßt die Rechtsordnung des Bundesstaates darstellt, ergeben sich folgende Begriffsbestimmungen: „Bundesstaat ist das Subjekt eines Willens, der in dem gemeinsamen Ausschnitt einer durch diesen Ausschnitt verbundenen Mehrheit von Rechtsordnungen erscheint . . . . Demgegenüber sind dann die Gliedstaaten eines Bundesstaates die Subjekte verschiedener in ihren Rechtsordnungen erscheinender Willen, dadurch verbunden, daß ein bestimmter Ausschnitt ihrer Rechtsordnungen eine besondere gemeinsame Rechtsordnung darstellt“ (S. 28).

Charakteristisch für die Erscheinung eines Bundesstaates ist also eine Mehrheit von Rechtsordnungen, die sich komplementär ergänzen, die Rechtsordnung des Bundes und die Rechtsordnungen der einzelnen Gliedstaaten, jede auf ein bestimmtes sich gegenseitig ausschließendes Zuständigkeitsgebiet eingeschränkt, wobei die Zuständigkeit der einzelnen Gliedstaaten sachlich (im wesentlichen) übereinstimmt, dagegen räumlich geschieden ist.

Der Staatscharakter der Glieder des Reichs und damit der bundesstaatliche Charakter des letzteren selbst beantwortet sich also danach, ob die Glieder eine eigene — in ihrer sachlichen Zuständigkeit allerdings beschränkte — Rechtsordnung besitzen, m. a. W. eine eigene unabgeleitete Gesetzgebungskompetenz haben. Diese Frage ist hier im besonderen für Bayern zu prüfen.

5. Nach § 44 der bayerischen Verfassungsurkunde hat „der Landtag das Recht der Gesetzgebung und übt es nach den Bestimmungen der Verfassung aus“. § 3 bestimmt: „Dem Landtag steht die Ausübung aller Rechte der Staatsgewalt zu, die nicht durch diese Verfassung . . . . der Staatsbürgerschaft . . . vorbehalten sind.“ § 10: „Volksbegehren können . . gerichtet werden . . auf Erlaß, Abänderung und Aufhebung von Gesetzen . . .“ § 76 III: „Wird das Volksbegehren vom Landtag abgelehnt oder mit Veränderung angenommen, so ist es der Volksentscheidung zu unterbreiten.“

Sonach besteht nach der bayerischen Verfassung zweifellos ein eigenständiges Recht der Gesetzgebung, das durch Landtag oder Volk ausgeübt wird. Eingeschränkt ist dieses Gesetzgebrauchsrecht im übrigen nach § 3 nur noch durch den allgemeinen Hinweis auf die Rechte der Staatsgewalt, die nach der Verfassung des Deutschen Reichs anderen Organen zur Ausübung vorbehalten sind. (Nebenbei bemerkt ist die Fassung des § 3 I — ebenso wie die des § 2, vgl. oben S. 46 f. — insofern ungenau, als sie von den nach der RV. zur Ausübung der Staatsgewalt berufenen Organen nur die Staatsbürgerschaft, die Behörden und die Verbände der Selbstverwaltung erwähnt.)

Den gleichen Standpunkt nimmt aber auch die Reichsverfassung ein. „Die Staatsgewalt wird in Reichsangelegenheiten durch die Organe des Reichs auf Grund der Reichsverfassung, in Landesangelegenheiten durch die Organe der Länder auf Grund der Landesverfassungen ausgeübt“ (Art. 5). Im Sinne dieser klaren Scheidung befaßt sich die Reichsverfassung grundsätzlich nur mit der Festlegung der Grenzen für die Gesetzgebungszuständigkeit des Reichs (Art. 6—12) und der näheren Regelung der Reichsgesetzgebung (insbesondere im 1. Hauptteil 5. Abschnitt). Die Regelung der Landesgesetzgebung dagegen wird als eine Domäne der Landesverfassungen betrachtet.

Sowohl nach der bayerischen als nach der Reichsverfassung ist also Bayern ein Staat im Rechtssinn, das Deutsche Reich demnach ein zusammengesetzter Staat, ein Bundesstaat.

6. Die herrschende Auffassung vom Staat begnügt sich nicht mit dem Erfordernis einer eigenen Rechtsordnung. Es werden vielmehr drei Begriffselemente aufgestellt: Staatsgewalt, Staatsgebiet, Staatsvolk (vgl. Jellinek, Staatslehre 394 ff.). Mitunter wird auch auf den Besitz eigener Organisationsgewalt besonderes Gewicht gelegt (Jellinek, Staatslehre 489 ff.). Wenn auch alle diese Elemente, abgesehen von der Staatsgewalt, sehr anfechtbar sind (vgl. Bundesstaat 18 ff., 89), so soll gleichwohl im folgenden geprüft werden, ob sie in bezug auf die staatsrechtliche Stellung Bayerns im Reich gegeben sind.

Was zunächst die Staatsgewalt oder — das ist gleichbedeutend — die Herrschaft anlangt, so erscheint sie in erster Linie in der Gesetzgebung. Davon war bereits die Rede. Will man auch Verwaltung und Rechtsprechung nicht nur als Ausführung der Rechtsordnung und daher dieser untergeordnet (vgl. unten § 41), sondern als unmittelbaren Ausdruck der Herrschaft und darum der Gesetzgebung gleichgeordnet betrachten, so ist darauf zu verweisen, daß beide Funktionen dem bayerischen Staate zu eigenem Rechte zustehen. In der bayerischen Verfassung wird die Staatsverwaltung im 7. Abschnitt durchaus selbständig geregelt, die Reichsverfassung überläßt ihr in Art. 14 im allgemeinen sogar die Ausführung der Reichsgesetze. Die Gerichte sind in der Landesverfassung ausdrücklich als Staatsgerichte erklärt (§ 5) und in den §§ 69—72 in ihrer grundsätzlichen Stellung geordnet. Die Reichsverfassung aber verkündet in Art. 103: „Die ordentliche Gerichtsbarkeit wird durch das Reichsgericht und durch die Gerichte der Länder ausgeübt“.

7. Vom Staatsgebiet war bereits oben in § 8 ausführlich die Rede. Es wurde dort festgestellt, daß die bayerische Gebietsgewalt im Verhältnis nach innen durch Art. 18 RV., dessen Gültigkeit allerdings in Frage gezogen wurde, stark gemindert worden ist. Im Verhältnis nach außen hat Art. 78 III RV. diese Gebietsgewalt materiell voll anerkannt, formell allerdings die Vertretungsbefugnis des Reiches ausgesprochen. In grundsätzlicher Richtung ist hier noch zu sagen, daß das Gebiet als räumliche Unterlage der Staatsgewalt oder genauer als räumliche Zuständigkeitssphäre der normalen Staatsbehörden (Bundesstaat 11) im Bundesstaat sowohl für die Zentralgewalt als auch für die Gliedstaatsgewalten rechtlich von wesentlicher Bedeutung ist und daher Gebietsveränderungen der Gesetzgebung beider Teile unterliegen. Das bedingt für den Bund, in unserem Fall für das Reich, ein selbstverständliches Mitbestimmungsrecht bei Verschiebungen der Grenzen nach dem Ausland; die Regelung dieser Mitbestimmung, ob als Genehmigung einzelstaatlicher Verfügungen durch das Reich oder als Vertretungsbefugnis des Reichs unter Zustimmung des beteiligten Einzelstaates, ist nebensächlich und Gegenstand praktisch-politischer Erwägung. Dagegen stellt sich die Einwirkung des Reichs auf Gebietsänderungen nach innen hin als positivrechtliche Anomalie dar. Daß diese Anomalie, die einseitig durch den einen der beiden Beteiligten, das Reich, nach der grundsätzlichen Gestaltung der Verhältnisse im Bundesstaat nicht rechtswirksam statuiert werden könnte — immer ihre Gültigkeit vorausgesetzt —, kraft der Anerkennung der Reichsverfassung durch die bayerische Verfassung auch auf dem Willen Bayerns beruht, wurde oben S. 34 dargetan. Bayern hat eben dem Reich nach dieser Richtung eine Blankovollmacht ausgestellt.

8. Während die Reichsverfassung das **Volk**, von dem nach Art. 1 II die Staatsgewalt ausgeht, im Vorspruch als „das **deutsche Volk**" näher bestimmt, erklärt die bayerische Verfassung an ihrem Eingang „das **bayerische Volk**" als den Urheber der Verfassung. So stellen es beide Gesetze von vornherein nicht auf die Gesamtheit der der Staatsgewalt Unterworfenen, sondern auf einen engeren Kreis von Personen ab, die zu dem konkreten Staat in einem besonderen Verhältnis stehen und um deswillen als **Staatsangehörige** (Reichsangehörige) bezeichnet werden; RV. Art. 110, dann 112 II, bayer. VU. §§ 13, 14, 15, 68, 93. Die bayerische Verfassung unterscheidet ebenso ausdrücklich zwischen bayerischer Staatsangehörigkeit (14, 15) und Reichsangehörigkeit (68), wie die Reichsverfassung wörtlich von der „Staatsangehörigkeit im Reich und in den Ländern" spricht. Die beiden Staatsvölker lassen sich also deutlich voneinander trennen.

RV. Art. 110 ordnet nun an: „Die Staatsangehörigkeit im Reich und in den Ländern wird nach den Bestimmungen eines Reichsgesetzes erworben und verloren. Jeder Angehörige eines Landes ist zugleich Reichsangehöriger." Damit ist die bezügliche Gesetzgebung vom Reich monopolisiert, wie das übrigens bereits im alten Reich der Fall war. Wenn Art. 6 Ziff. 3 die Staatsangehörigkeit als Gegenstand der ausschließlichen Reichsgesetzgebung aufzählt, so ist damit diese Regelung von Erwerb und Verlust gemeint. Der rechtliche Inhalt der Staatsangehörigkeit dagegen oder richtiger ausgedrückt, die Rechte und Pflichten, die an die Voraussetzung der Staatsangehörigkeit anknüpfen, sind auf das Gesamtgebiet der Rechtsordnung zerstreut und unterliegen demgemäß je nach der Materie, um die es sich handelt, bald reichs- bald landesgesetzlicher Ordnung.

Von besonderer Bedeutung sind die Rechte der Staatsangehörigen in bezug auf ihre Teilnahme an der Ausübung der Staatsgewalt. Die bayerische Verfassung bezeichnet die grundsätzlich dazu Berufenen, für die als einziges Erfordernis die Vollendung des zwanzigsten Lebensjahres aufgestellt ist, als Staatsbürger und regelt den rechtlichen Inhalt der Staatsbürgerschaft — der Ausdruck wird übrigens vornehmlich im Sinne von Gesamtheit der Staatsbürger verwendet — vor allem in dem ihr eigens gewidmeten 2. Abschnitt.

Aber auch die Reichsverfassung greift in diesen Gegenstand ein. Art. 110 II bestimmt: „Jeder Deutsche hat in jedem Land des Reichs die gleichen Rechte und Pflichten wie die Angehörigen des Landes selbst.“ Dieser Satz ist von ungeheurer Tragweite. Wenn er nämlich tatsächlich seinem vollen Wortsinn nach rechtswirksam ist, so bedeutet er auf den ersten Blick nicht mehr und nicht weniger, als daß die Einzelstaatsangehörigkeit praktisch fast jede Bedeutung verloren hat. Denn er stellt die reichsdeutschen Nichtstaatsangehörigen in jedem Gliedstaat den eigenen Staatsangehörigen auch in bezug auf alle politischen Rechte vollkommen gleich.

Es ist hier nicht der Ort, die Entstehungsgeschichte und rechtliche Tragweite der Stelle eingehend zu untersuchen; das muß einem anderen Zusammenhang vorbehalten bleiben (vgl. unten § 35 Z. 6—8). Es sei hier vorweg nur darauf verwiesen, daß die Anreihung des Art. 110 II an die ausdrückliche Unterscheidung der Reichs- und Landesangehörigkeit in Art. 110 I den Schluß nahelegt, die zweite Stelle müsse so ausgelegt werden, daß die erste einen positiven Sinn behält. Dieser Erfolg wird aber dann erreicht, wenn man Art. 110 II streng auslegt. Diese Vorgangsweise führt nun zu folgendem Ergebnis:

Überall dort, wo es sich nicht um ausgesprochene Rechte und Pflichten handelt, sondern wo die Staatsangehörigkeit beispielsweise nur als Voraussetzung für Rechtsverhältnisse in Frage kommt, behält sie ihre volle Bedeutung. Insbesondere trifft das für Akte der Staatsbehörden zu, denen keine subjektiven Rechte der Einzelnen gegenüberstehen, also z. B. bei der Aufnahme in den Staatsdienst, bei der Gewährung von Unterstützungen, Verleihung von Stiftungsgenüssen u. dgl.

So erweist sich also letzten Endes, daß die Einzelstaatsangehörigkeit nicht ganz auf eine reine Formsache eingeschränkt worden ist, wenn sie auch an Bedeutung sehr wesentlich eingebüßt hat.

Hier liegt übrigens einer der Fälle vor, in denen der Berichtigungsausschuß (vgl. oben S. 16) seine Aufgabe sehr mangelhaft erfüllt hat. In der Verfassungsurkunde sind fast durchweg die besonderen Rechte der bayerischen Staatsangehörigen ohne Rücksicht auf die erörterten Bestimmungen der Reichsverfassung stehengeblieben. Es wird sich zeigen, daß infolgedessen die Feststellung, was eigentlich Rechtens ist, nicht in allen Punkten vollkommen einwandfrei erfolgen kann (vgl. unten § 35).

9. Wenn man die bayerische Verfassung für sich betrachtet, so ist in derselben die staatliche Organisation grundsätzlich im 1. Abschnitt, in den Einzelheiten im 2., 6. und 7. Abschnitt geregelt. Es läßt sich beweisen, daß im Zeitpunkt der Entstehung der Verfassung eine irgendwie abweichende Ordnung auch dann nicht getroffen worden wäre, wenn der Art. 17 RV. seine Schatten noch nicht vorausgeworfen hätte. Die eigentliche Bedeutung des Art. 17 liegt also darin, daß er Bayern eine Änderung seiner Verfassung nur innerhalb der von ihm aufgestellten Schranken freistellt. Von der republikanischen Staatsform, dem breitesten Wahlrecht unter Gleichstellung der Geschlechter, der Verhältniswahl, dem Einkammersystem oder wenigstens dem Übergewicht der Volksvertreterversammlung, der parlamentarischen Regierung kann nicht abgegangen werden. Es ist daher klar, daß die Organisationsgewalt Bayerns in sehr wesentlichen Punkten beschränkt ist. Immerhin besteht noch ein ziemlich beträchtliches Maß von Bewegungsfreiheit, da über die Einrichtung der Spitze des Staates — Präsident, Direktorium, Übertragung dieser Funktion an die Regierung —, über die Organisation der Regierung — Stellung des Erstministers, Kollegialsystem, Berufung der Minister, Stellvertretung —, über mittelbare und unmittelbare demokratische Einrichtungen usw. Normativvorschriften nicht bestehen.

Grundsätzlich muß übrigens gesagt werden, daß es sich nicht halten läßt, gerade in dem eigenen Organisationsrecht ein Wesensmerkmal des Staates gegenüber den Selbstverwaltungskörpern erblicken zu wollen, da es doch durchaus denkbar wäre, daß die Staatsgesetzgebung den Kommunalverbänden die weitestgehende Organisationsfreiheit überträgt, wie sie ja regelmäßig ihnen in dieser Richtung wenigstens ein gewisses Maß von Bewegungsfreiheit zugesteht; bezüglich der bayerischen Gemeindegesetzgebung vgl. beispielsweise Art. 6, 26 des Gesetzes über die Selbstverwaltung vom 22. Mai 1919, GVBl. 239. Auch ist der staatliche Charakter der Schweizer Kantone und der einzelnen Unionsstaaten niemals in Frage gezogen worden, obwohl beide Bundesverfassungen ihre Organisation in wesentlichen Punkten bindend festlegen. Die sog. Organisationsgewalt ist eben rechtlich weiter nichts als ein bestimmtes Gebiet des Gesetzgebungsrechtes; sowie andere Gebiete fehlen können, ohne den Staatscharakter eines politischen Gemeinwesens aufzuheben, so kann auch diese Zuständigkeit der Gesetzgebung ganz oder teilweise entzogen sein.

10. Zusammenfassend ist also zu sagen, der bayerische Staat hat trotz seiner Eingliederung in den Reichsverband Staatsgewalt, Staatsgebiet, Staatsvolk, staatliche Organisationsgewalt. Aber in allen diesen Beziehungen bestehen von Reichs wegen Beschränkungen. Diese Erscheinung ist indes als solche keine Besonderheit des neuen deutschen Staatsrechts, sie war auch schon nach der Verfassung von 1871 gegeben, sie findet sich in der Schweiz und in Nordamerika, m. a. W. sie ist einfach eine Folge der Zugehörigkeit Bayerns als Gliedstaat zu einem Bundesstaat. Es ist schlechterdings unmöglich, an die Glieder eines zusammengesetzten Staatsgebildes nach allen Richtungen hin denselben Maßstab anzulegen wie an einen selbständigen Einheitsstaat; denn sie bilden eben kein für sich bestehendes Ganze, sie sind Teile einer Gemeinschaft, die erst als solche mit einer selbständigen Einheit vergleichbar ist. Dabei ist aber noch wohl zu beachten, daß auch der Zentralstaat, der sog. Bundesstaat, ebensowenig ein für sich bestehendes Ganze darstellt, sondern selbst wieder nur ein Teil ist, und daher ebenfalls in mannigfacher Beziehung grundlegende Beschränkungen aufweist. Erst die Einzelstaaten und der Zentralstaat zusammengenommen bilden die volle staatliche Gemeinschaft, zu der sie sich, keiner dem anderen untergeordnet, sondern in gegenseitiger Beschränkung gleichgeordnet, zusammenschließen (Bundesstaat 29 f.).

11. Das politische Bild, das dieser rechtlichen Gestaltung gegenübersteht, kann allerdings wesentlich abweichende Züge aufweisen. Der rechtlichen Gleichheit muß durchaus keine politische

Gleichheit entsprechen. Denn vom politischen Standpunkt aus handelt es sich nicht um formale Beziehungen, deren Inhalt von nebensächlicher Bedeutung ist, sondern um die realen Machtverhältnisse, auf deren Gehalt alles ankommt. Unter diesem Gesichtspunkt freilich muß festgestellt werden, daß nach der heutigen Verfassungslage das Schwergewicht der Macht ganz auf der Seite des Reichs liegt. Denn den Einzelstaaten fehlt gegenwärtig die Möglichkeit einer wirklich selbständigen Politik vollständig. Von dem Verhältnis nach außen ganz zu schweigen, sind sie auch in ihrem inneren Leben durch die Ausweitung der Gesetzgebungszuständigkeit des Reichs, durch seine Verfügungsmacht über ihr Gebiet, die von ihm bestimmten Normativvorschriften über ihren politischen Aufbau, durch die Abgrenzung ihrer Staatsangehörigen und die weitgehende Gleichstellung der landfremden Reichsangehörigen, die Übernahme des Heerwesens, der Verkehrsverwaltung, der wichtigsten Stücke des Finanzwesens auf das Reich durchaus unselbständig geworden (Grundgedanken 44 ff.).

Gleichwohl wäre es unrichtig, den Ländern in politischer Beziehung die Eigenschaft von staatlichen Gemeinwesen abzusprechen, sie zu höchstentwickelten Selbstverwaltungskörpern zu degradieren. Wenn sie auch, wie gesagt, eine wirklich selbständige Politik nicht führen können, sind sie doch noch immer eigene politische Zentren geblieben. In dem Bereich ihrer allerdings eingeschränkten Zuständigkeit haben sie ihre vom Reiche unabhängige Leitung, ihre besondere Verwaltung, ihre selbständige Kontrolle darüber durch eigene politische Vertretungskörper der Bevölkerung, ihre von unmittelbarer fremder Überwachung freien Finanzen, kurzum eine Sphäre von politischer Bewegungsfreiheit behalten, wie sie bei den höchstentwickelten Selbstverwaltungskörpern niemals zu finden ist. Es wäre übrigens durchaus verfehlt, anzunehmen, daß die kleineren Einzelstaaten im früheren Reich jemals Träger einer wirklich selbständigen Politik gewesen wären (ebensowenig übrigens wie die Schweizer Kantone oder die nordamerikanischen Gliedstaaten). Auch sie hatten ja nur eine im Vergleich zu selbständigen Staaten sehr beschränkte Bewegungsfreiheit, und es handelt sich demgegenüber nach der heutigen Verfassungslage nur um ein weiteres Minus, nicht um ein aliud. Stärker betroffen sind nur die größeren deutschen Einzelstaaten, insbesondere Preußen, Bayern und die Mittelstaaten, aber auch bei ihnen kann nur von der erheblicheren Größe des Minus gesprochen werden. (Vgl. hierüber: „Der föderative Gedanke 144 f.“ und den oben angeführten Aufsatz im „Tag“.)

12. Um die Stellung Bayerns im Reich im einzelnen sowohl nach der rechtlichen als nach der politischen Seite klarzustellen, bedürfte es einer genauen Darlegung der Rechte und Pflichten bzw. des Einflusses und der Abhängigkeit der Länder gegenüber dem Reich. Dazu wäre eine eingehende Betrachtung der Reichsverfassung und nicht nur dieser selbst, sondern auch der sie ergänzenden Reichsgesetze erforderlich; insbesondere käme es auch auf die nähere Prüfung des Fortbestehens der auf einfachen Gesetzen beruhenden Sonderrechte Bayerns (beispielsweise Reichsgesetz vom 30. Juni 1913, RGBl. 495, über die Einführung des Unterstützungswohnsitzgesetzes in Bayern §§ 37 und 56 II) und der Bedeutung der neugeschaffenen (Staatsvertrag über den Übergang der Post- und Telegraphenverwaltung an das Reich, RGBl. 1920, 643, Staatsvertrag über den Übergang der Staatseisenbahnen auf das Reich, RGBl. 1920, 773, Wehrgesetz vom 23. März 1921, RGBl. 329 §§ 12 und 14) an. Die Erörterung der Rechte des Reichsrates, des Vertretungsorgans der Länder bei der Gesetzgebung und Verwaltung des Reichs, würde keinesfalls genügen, wobei noch zu bemerken ist, daß die Stellung des Reichsrates gerade durch die Bestimmungen zahlreicher mit der Reichsverfassung in gar keiner näheren Beziehung stehender Reichsgesetze ziemlich stark über das ihr verfassungsmäßig zugedachte Maß hinausgehoben wird. Es ist wohl klar, daß die nähere Untersuchung der rechtlichen und politischen Stellung der Länder im heutigen Reich, so verlockend eine solche Aufgabe auch wäre, nicht in der Darstellung eines Einzelstaatsrechts im Vorbeigehen gelöst werden kann. Einige Hauptgesichtspunkte sind in dem Aufsatz „Der föderative Gedanke" hervorgehoben worden. (Vgl. neuerdings auch Bilfinger, Der Einfluß der Einzelstaaten auf die Bildung des Reichswillens, 1923.)

b) Änderungen der rechtlichen Stellung Bayerns gegenüber dem Reich.

13. Wenn Bayern nach den vorausgegangenen Betrachtungen rechtlich und politisch ein Staat und zwar ein in seiner Selbständigkeit beschränkter Staat ist, ist schließlich noch zu prüfen, ob an diesen beiden Momenten, Staatlichkeit, Unselbständigkeit, von Rechts wegen eine Änderung Platz greifen kann und zwar einmal in der Richtung, daß Bayern aufhört ein Staat zu sein, dann in der Richtung, daß Bayern aufhört, ein unselbständiger Staat zu sein, d. h. volle Selbständigkeit erlangt.

a) Die Aufgabe der bayerischen Staatlichkeit wäre zunächst im Wege des freiwilligen Zusammenschlusses mit anderen deutschen Gliedstaaten möglich. Hiefür käme von Seite der Reichsverfassung Art. 18 II, also einfaches Reichsgesetz, von Seite der bayerischen Verfassung §§ 10 und 92, Verfassungsänderung im Wege des Volksbegehrens, der Volksabstimmung oder eines Landtagsbeschlusses in Betracht.

b) Gegen den Willen Bayerns könnte seine Aufhebung als Staat entweder durch Zuweisung an andere deutsche Einzelstaaten oder durch Umwandlung in sog. reichsunmittelbares Gebiet in Frage gezogen werden. Im letzteren Fall würde es sich entweder darum handeln, daß die Mediatisierung Bayerns isoliert erfolgen soll oder daß sich das Reich als Ganzes in einen Einheitsstaat verwandelt.

α) Nach der oben S. 35 gegebenen Auslegung des Art. 18 RV. ist die Einverleibung eines Gliedstaates in einen anderen oder die Aufteilung eines Gliedstaates unter mehrere andere nicht vorgesehen. Hiezu müßte erst eine Änderung der Reichsverfassung erfolgen. Dagegen stände einer Vereinigung Bayerns mit anderen z. B. süddeutschen Staaten zur Neubildung eines größeren Gliedstaates durch verfassungsänderndes Reichsgesetz nach Art. 18 I S. 2 nichts entgegen. Der Fall des Volksbegehrens nach Art. 18 III kommt um deswillen nicht in Betracht, weil Art. 18 IV und V nur von Bewohnern des „abzutrennenden Gebiets“ spricht; die Bevölkerung müßte daher ihrem Zusammenschlußwillen erst im Rahmen des bayerischen Staates nach § 10 VU. zum Durchbruch verhelfen; dann würde es sich aber um eine Neubildung mit Willen Bayerns handeln.

β) Die isolierte Mediatisierung Bayerns durch Umwandlung in Reichsland ist bei Bestand des Art. 2 RV. ausgeschlossen; nur kraft des Selbstbestimmungsrechts der Bevölkerung neuaufgenommene Gebiete können nach Art. 2 reichsunmittelbar werden.

γ) Durch Umwandlung des Reichs in einen Einheitsstaat würde auch Bayern seine Staatlichkeit einbüßen. Eine solche Umwandlung ist von Rechts wegen möglich und würde beispielsweise in der Form erfolgen können, daß das Reich seine Zuständigkeit auf das Gesamtgebiet des staatlichen Lebens ausdehnt. Hiefür wäre nur der Weg einer Änderung der Reichsverfassung zu beschreiten. Da Bayern selbst mit der Reichsverfassung auch die Möglichkeit ihrer Änderung vorbehaltlos anerkannt hat, könnte es rechtlich keinerlei Einspruch erheben.

Schon im alten Reich befanden sich die meisten Gliedstaaten in dieser Lage. Nur jene, die verfassungsmäßige Sonderrechte besaßen — und dazu gehörte auch Bayern —, waren nach Art. 78 II durch das Erfordernis ihrer Zustimmung zur Aufgabe ihrer Sonderrechte vor ihrer eigenen Aufhebung geschützt und besaßen so ein absolutes Existenzrecht, allerdings mit einem hinsichtlich der staatlichen Zuständigkeit äußerst beschränkten sachlichen Geltungsumfang. Abgesehen aber hievon konnten 14 Stimmen im Bundesrat nach Art. 78 I jede Verfassungsänderung verhindern. Jetzt sind diese verfassungsmäßigen Sonderrechte verschwunden; den auf einfachen Gesetzen beruhenden Sonderrechten (vgl. oben S. 58) aber kommt eine gleiche Durchschlagskraft kaum zu. (Vgl. hierüber Laband I 110 ff. und die dort angeführten Schriftsteller; eine endgültige Entscheidung soll noch vorbehalten bleiben.) Jedoch auch das absolute Veto der 14 Stimmen ist weggefallen; der Reichsrat hat nur ein aufschiebendes Einspruchsrecht, das letzten Endes zur Volksentscheidung führt (Art. 76 i. V. m. 74). Es käme daher auf die zentralistische oder föderalistische Gesamtstimmung des deutschen Volkes an.

14. Für die Erlangung der vollen Selbständigkeit Bayerns kommen zwei Möglichkeiten in Betracht, einmal die Auflösung des Reichs, dann der Austritt Bayerns aus dem Reich.

a) Die Auflösung des Reichs wäre auf dem gleichen Wege möglich wie seine Umbildung zum Einheitsstaat, nur müßte dieser Weg in umgekehrter Richtung gegangen werden. Wenn das Reich durch verfassungsändernden Beschluß seine ganze Zuständigkeit aufgäbe oder m. a. W. seine Verfassung aufhöbe, dann würden alle Gliedstaaten frei, und, da die Einschränkung ihrer Zuständigkeit unter der Bedingung besteht, daß das Reich die komplementäre Zuständigkeit an sich nimmt, wäre ihre Vollzuständigkeit und damit ihre Vollstaatlichkeit hergestellt (Bundesstaat 39, 172). Hervorzuheben ist, daß neben diesem Weg der Änderung der Reichsverfassung durch die nach dieser berufenen Faktoren, also Reichstag oder Reichsvolk, ein anderer nicht in Frage kommt, daß also beispielsweise eine Einigung sämtlicher Gliedstaaten nicht ausreichen würde. Politisch wäre es übrigens mit Rücksicht auf das übereinstimmende Wahlrecht zum Reichstag und den Landtagen ganz ausgeschlossen, daß die maßgebenden Faktoren im Reich und in der Gesamtheit der Länder zu einer verschiedenen Stellungnahme gelangen könnten.

b) Ein Austritt Bayerns aus dem Reich mit Zustimmung des letzteren wäre theoretisch im Wege beiderseitiger

Verfassungsänderungen durchführbar. Im Reich müßte vor allem Art. 2, in Bayern die §§ 1, 2 und 3 geändert werden.

c) Gibt es nun aber auch die Möglichkeit eines Austrittes Bayerns gegen den Willen des Reichs? Wäre es etwa rechtlich zulässig, daß Bayern einseitig die Bestimmungen seiner Verfassung, wonach es Mitglied des Reichs ist, insbesondere also die §§ 1, 2 und 3, aufhebt?

Die Frage ist zu verneinen. Denn durch die Zugehörigkeit eines Gliedstaates zu einem Bundesstaat entsteht zwischen beiden Teilen ein kompliziertes Verhältnis gegenseitiger Rechte und Pflichten, denen sich kein Teil einseitig entziehen kann, sofern dies nicht ausdrücklich positivrechtlich vorgesehen ist.

Davon ist aber in dem positiven deutschen Bundesstaatsrecht keine Rede. Im Gegenteil ist für alle Fälle dafür gesorgt, daß die Pflichten beider Teile erfüllt, ihre Rechte geachtet werden. Was auf der einen Seite die Pflichten der Länder und die ihnen entsprechenden Rechte des Reichs anbelangt, so beruft Art. 48 I RV. den Reichspräsidenten, „wenn ein Land die ihm nach der Reichsverfassung oder den Reichsgesetzen obliegenden Pflichten nicht erfüllt, ... es dazu mit Hilfe der bewaffneten Macht anzuhalten". Aber auch die Anrufung einer gerichtlichen Instanz ist u. U. vorgesehen, so nach Art. 13 II bei Meinungsverschiedenheiten über die Vereinbarkeit landesrechtlicher Vorschriften mit dem Reichsrecht, nach Art. 15 III bei Meinungsverschiedenheiten über Mängel bei Ausführung von Reichsgesetzen, so nach Art. 19 I allgemein bei öffentlichrechtlichen Streitigkeiten zwischen dem Reich und einem Land. Was andererseits die Rechte der Länder und die entsprechenden Pflichten des Reichs betrifft, so bestimmt der eben genannte Art. 19 I RV., daß „über Streitigkeiten nicht privatrechtlicher Art . . . zwischen dem Reich und einem Lande . . . . auf Antrag eines der streitenden Teile der Staatsgerichtshof für das Deutsche Reich" entscheidet, „soweit nicht ein anderer Gerichtshof des Reichs zuständig ist. Der Reichspräsident vollstreckt das Urteil des Staatsgerichtshofs". Sonach besteht keine Lücke, durch die etwa der Gedanke eines Rücktrittsrechtes, einer Sezession eindringen könnte.

Diese Bestimmungen sind zwar formell in der Reichsverfassung enthalten, sie sind aber kraft der Bezugnahme der Landesverfassung auf die Reichsverfassung zugleich Bestandteil des bayerischen Rechts oder, anders ausgedrückt, sie beruhen ebensosehr auf dem Willen Bayerns wie auf dem des Reichs. Daher versagt auch etwa ein Hinweis auf die hier vertretene grundsätzliche Theorie von der Gleichstellung zwischen Gliedstaaten und Bund, Ländern und

Reich vollständig. Denn diese formelle Gleichstellung wird dadurch nicht berührt, daß auf ihr materiell ein Übergewicht des Reichs aufgebaut worden ist; gerade so wenig wie, um einen natürlich nur cum grano salis verwertbaren privatrechtlichen Vergleich heranzuziehen, ein Vertrag, der dem einen der beiden Vertragsteile das tatsächliche Übergewicht sichert, ihre grundsätzliche rechtliche Gleichheit aufhebt.

Übrigens führt auch, von dem positiven deutschen Recht abgesehen, die allgemeine Lehre von der Gleichordnung der Gliedstaaten mit dem Bundesstaat keineswegs zu einem Rücktritts- oder Sezessionsrecht der Gliedstaaten. Gewiß, die gegenseitigen Rechtsbeziehungen sind danach als Beziehungen zwischen Staaten zwischenstaatlicher, d. h. völkerrechtlicher Natur. Aber es handelt sich dabei um eine sog. engere völkerrechtliche Gemeinschaft, die ihr eigenes in den beiderseitigen Verfassungen festgelegtes Sonderrecht hat. In diesem Sonderrecht ist kein Raum für eine clausula rebus sic stantibus, auf die etwa ein einseitiger Austritt gegründet werden könnte. (Vgl. Bundesstaat 98 f., ferner 99—108).

§ 14.

Die rechtlichen Grundtatsachen der deutschen Staatsgemeinschaft.

Schrifttum: Laband, Staatsrecht I 36 ff. und die dort angeführten Schriftsteller; Nawiasky, Bundesstaat 41 ff., 139 ff., 149—165 ff.; vgl. u. a. auch Binding, Zum Werden und Leben der Staaten 1920; Pohl, Die Entstehung des belgischen Staates und des Norddeutschen Bundes 1905.

a) Der Eintritt Bayerns in das Reich.

1. Die Vollständigkeit erfordert nun noch in diesem Zusammenhang ein kurzes Eingehen auf eine Materie, die eigentlich in den geschichtlichen Teil gehört hätte, sich dort aber ohne längere theoretische Erörterungen nicht hätte behandeln lassen und darum zurückgestellt werden mußte (oben S. 7): den Eintritt Bayerns in das Reich. Die vorausgegangene Betrachtung hat uns nunmehr mit den rechtlichen Grundtatsachen des Bundesstaatsverhältnisses, die zwar nicht ex professo, aber da und dort implizite behandelt wurden, so weit vertraut gemacht, daß die bedeutenden Schwierigkeiten des Gegenstandes verhältnismäßig leichter überwunden werden können. Gleichzeitig dient diese Betrachtung aber dazu, das Verständnis für die eigenartige Struktur des Bundesstaates weiter zu vertiefen, so daß es auch systematisch gerechtfertigt erscheint, hier am Schlusse zu behandeln, was an sich eher am Anfang erwartet worden wäre.

2. Durch den sog. Versailler Vertrag vom 23. November 1870 samt zugehörigem Schlußprotokoll vom gleichen Tag (vgl. Bundesgesetzblatt von 1871 S. 9), „betreffend den Beitritt Bayerns zur Verfassung des Deutschen Bundes" kamen der König von Preußen im Namen des Norddeutschen Bundes und der König von Bayern überein, einen ewigen Bund zu schließen, für den gleichzeitig eine bestimmte Verfassung festgelegt wurde. Zur Durchführung der Vereinbarung wurde von Seite des Norddeutschen Bundes einerseits der Vertrag samt anhängender Verfassung nach erfolgter Zustimmung des Bundesrates und Reichstages im Bundesgesetzblatt vom 31. Januar 1871, 9 ff. verkündet, während von bayerischer Seite auf Grund der Zustimmung des Landtages die Kgl. Deklaration vom 30. Januar 1871, GBl. 149, „die deutschen Bündnisverträge betreffend", erging. (Von den auf den Beitritt Württembergs, Badens und Hessens bezüglichen Rechtstatsachen wird hier abgesehen.)

3. Die rechtliche Bedeutung dieser Akte ist eine doppelte, eine völkerrechtliche und eine innerstaatsrechtliche. Einerseits wurde völkerrechtlich die durch den Versailler Vertrag übernommene Verpflichtung zur Vornahme der für die Bundesgründung erforderlichen staatsrechtlichen Schritte beiderseits vollzogen. Soweit sich der Inhalt des Vertrags in der Vornahme dieser Schritte erschöpfte, war damit zugleich der Vertrag als solcher durch Erfüllung erloschen. Ob und inwieweit er darüber hinausging und daher noch fernere Geltung besaß, wird später zu prüfen sein (vgl. S. 65). Andererseits wurde innerstaatsrechtlich seitens der Beteiligten eine Änderung ihrer Verfassungen im Sinne einer Einschränkung derselben zu dem Zwecke und unter der Bedingung durchgeführt, daß der neue Bund sich des freigegebenen Stücks ihrer Staatsgewalt bemächtige und damit ins Leben trete. Hiebei bestand insofern ein bedeutsamer Unterschied auf beiden Seiten, als Bayern als selbständiger Staat für sich selbst zu handeln hatte, während der Norddeutsche Bund kraft des Art. 79 seiner Verfassung (BGBl. von 1867, 1 ff.) zugleich die Rechtslage seiner sämtlichen Mitglieder bestimmte.

In letzterer Beziehung bedarf es noch einer etwas näheren Betrachtung des Sachverhaltes. Der angeführte Art. 79 sah vor, daß der Eintritt der süddeutschen Staaten oder eines derselben in den Bund im Wege der einfachen Bundesgesetzgebung erfolgen solle. Es war also eigentlich an eine Erweiterung des Norddeutschen Bundes gedacht. Tatsächlich aber erfolgte expressis verbis die Gründung eines neuen Bundes, des deutschen Bundes, zu dem sich die süddeutschen Staaten und der Norddeutsche Bund zusammenschlossen. Hiebei war nämlich nach dem Wortlaut der vereinbarten Verfassung nicht etwa an die Aufrechterhaltung eines engeren Bandes zwischen den norddeutschen Staaten gedacht, vielmehr sollten diese als Einzelne Glieder des neuen Bundes werden. Der bayerische Vertrag nennt daher auch in Punkt I als Kompaziszenten „Die Staaten des Norddeutschen Bundes". Die in Art. 79 vorgesehene Ermächtigung zur Erweiterung des Norddeutschen Bundes wurde also auch als ausreichend für sein Aufgehen in einer erweiterten neuen Bundesgemeinschaft angesehen. Theoretisch besehen stellt sich die Schaffung des Deutschen Reiches nicht als Eintritt der süddeutschen Staaten in den bestehenden Norddeutschen Bund, sondern als Schaffung eines neuen Bundesstaates aus den süddeutschen Einzelstaaten und dem norddeutschen Bundesstaat dar. (Vgl. Bundesstaat 171, a. M. Laband I 41 und die dort angeführten Schriftsteller.)

Das Deutsche Reich war aber durch die oben angeführten Akte noch nicht gegründet worden, es war vielmehr nur der Raum für seine Gründung geschaffen worden. Denn wenn ein Staat eine auf sich selbst beruhende, nicht weiter ableitbare Rechtsmacht darstellt, kann er nicht auf Grund einer fremden Rechtsordnung zur Entstehung gelangen, sondern nur zugleich mit seiner eigenen Rechtsordnung ins Leben treten (Bundesstaat 136 ff.). Die Gründung des Reichs erfolgte also dadurch, daß die in den Gründungsverträgen vorgesehenen Organe mit Beziehung auf die verabredete Verfassung tatsächlich ins Leben traten. Die Neuredaktion der Verfassung, die durch das Reichsgesetz vom 16. April 1871, BGBl. 63, verkündet wurde, bedeutet dann einen Gesetzgebungsakt der bereits bestehenden Reichsgewalt.

4. Sonach war die Rechtsgrundlage des Reichs im speziellen Verhältnis zu Bayern eine zweifache; sie bestand einerseits in der durch die Erlassung einer Verfassung gemäß den getroffenen Vereinbarungen durch das neugegründete Reich bedingten Einschränkung der bayerischen Verfassung, andererseits in der diese Bedingung erfüllenden mit der Reichsgründung ins Leben getretenen und dann neuredigierten Reichsverfassung selbst. Das Reich beruhte also im Verhältnis zu Bayern sowohl auf dem auf seinen Bestand gerichteten Willen Bayerns als auf dem auf seinen eigenen Bestand gerichteten Willen des Reichs. Ergänzend kamen hiezu dann noch die gleichgerichteten Willen der übrigen Einzelstaaten.

5. Nunmehr die Frage der Fortdauer des Versailler Vertrags. Ihre Beantwortung hängt davon ab, wie weit sein Inhalt über die Vornahme der Reichsgründung gemäß der vereinbarten Verfassung hinausging. Das war nun in zweifacher Richtung der Fall. Einmal enthält der Abschluß eines ewigen Bundes die Verpflichtung, nicht nur das Bundesverhältnis ins Leben zu rufen, sondern auch dauernd aufrechtzuerhalten. Wenn daher eben festgestellt wurde, daß der rechtliche Bestand des Reichs auf dessen Willen, auf dem Willen Bayerns und auf dem Willen der anderen Einzelstaaten beruhte, so war der Wille Bayerns und der anderen Einzelstaaten zwar nicht in bezug auf die Reichsverfassung als solche, wohl aber in bezug auf das Bundesverhältnis durch den Versailler Vertrag — der nicht zum Norddeutschen Bund gehörenden Staaten durch die entsprechenden anderen Verträge — noch besonders gebunden. Der Unterschied zwischen beiden Rechtsgrundlagen besteht also darin, daß in letzterer Beziehung nur die Einzelstaaten, in ersterer aber außerdem noch das Reich als Träger des Rechtsverhältnisses in Frage kommen.

Zweitens enthält aber der Versailler Vertrag noch eine Reihe von Abmachungen, die in die Reichsverfassung nicht aufgenommen wurden, so z. B. die Bestimmungen des Schlußprotokolls Punkt II über die Ausübung der politischen Rechte, IV über das Immobiliarversicherungswesen, VII die Vertretung der Reichsgesandten in Verhinderungsfällen durch die bayerischen Gesandten, VIII die Vergütung für die Entlastung der Reichsgesandten durch die Tätigkeit der bayerischen Gesandten, IX die Vertretung Preußens im Bundesratsvorsitz bei Verhinderungsfällen durch bayerische Vertreter usw. (Laband I 36 ff., Bundesstaat 41 ff., 139 ff.).

b) Die Revolution in bundesstaatsrechtlicher Beziehung.

6. Es wurde oben (S. 18 ff.) dargelegt, daß jede gelungene Revolution einen vollkommenen Bruch der bestehenden Rechtsordnung bedeutet, die dadurch ganz beiseite geschoben wird. Selbst wenn man diese scharfe Konsequenz nicht ziehen will, so muß man doch wenigstens zugeben, daß das Verfassungsrecht von Grund auf zerstört wird. Im Bundesstaat bedeutet dies aber, besonders wenn die Umwälzung den Bund und die Gliedstaaten ergreift, eine gänzliche Auflösung der Bundesrechtsordnung.

Wir sahen, daß die Geltung der Bundesstaatsverfassung fortdauernd auf dem sie tragenden gegenseitig bedingten Willen des Bundes einerseits, der Glieder andererseits beruht. Diese Bedingung auf Seite der Gliedstaaten geht dahin, daß die Bundesstaatsgewalt das ihr überlassene Gebiet für ihre Rechtsordnung tatsächlich in Anspruch nimmt und dauernd ausfüllt. Wenn nun aber das Gliedstaatsrecht durch Revolution zerstört ist, so ist damit auch derjenige Teil zerstört, in dem der bedingte Wille auf Tragung der Bundesstaatsgemeinschaft zum Ausdruck kommt. Und wenn das Bundesstaatsrecht einer Revolution zum Opfer gefallen ist, so ist damit auch derjenige Teil gefallen, der die Zuständigkeit des Bundes und damit ein ausschlaggebendes Element der Zusammenfassung der Gliedstaaten zum Gegenstand hat. M. a. W. eine gelungene Revolution im Bundesstaat zerstört diesen selbst.

7. Die deutsche Revolution vom November 1918 hat nun dieses Vernichtungswerk besorgt. Dem oben S. 8ff. besprochenen rechtlichen Zusammenbruch des bayerischen Staates steht der rechtliche Zusammenbruch des Reichs zur Seite. Was auf diesem Trümmerfeld an staatsrechtlicher Neubildung entstehen konnte, war durch die bisher erörterte Rechtsentwicklung in keiner Weise bedingt. Denn nicht nur das eine Tragsystem des Reiches, die bisherige bayerische Verfassung und die bisherige Reichsverfassung war zu einem rechtlichen Nichts geworden, auch das andere Tragsystem, die auf dem Versailler Vertrag beruhende Bundesverpflichtung, war zerrissen.

Es wäre also durchaus möglich gewesen, daß der staatsrechtliche Neubau Bayerns seine eigenen Wege gegangen wäre. Es bestand keinerlei Rechtsverpflichtung, an die alten Bundesverhältnisse anzuknüpfen, umsoweniger, als ja das alte Reich ein „ewiger" Bund der Fürsten gewesen war, deren Rechtsstellung man radikal beseitigt hatte. Wenn trotzdem gleich die erste bayerische Notverfassung, Eisners Werk, keinen Augenblick zögerte, die Zugehörigkeit Bayerns zum Reich zu proklamieren, so offenbarte sich hierin die unbesiegbare Macht des nationalen Gedankens, der die Einheit des deutschen Volkes als erste Grundbedingung der Zukunft jeder Erörterung entzog. Auf dieser metajuristischen Basis beruht die Erneuerung des Deutschen Reichs.

8. Wenn man die Reichsverfassung allein betrachtet, so bringt ihr Vorspruch die These zum Ausdruck, daß „das deutsche Volk, einig in seinen Stämmen" — also ohne jede Bezugnahme auf seine

Staaten — „sich diese Verfassung gegeben" habe. Wäre dieser Satz wirklich allein die Rechtsgrundlage der heutigen Verfassungszustände, dann wäre das Reich kein Bundesstaat mehr, sondern ein Einheitsstaat. Daß dem nicht so ist, wurde oben S. 49 ff. ausführlich erörtert. So bleibt hier nur übrig, darauf zu verweisen, daß die Rechtsgrundlage des Reichs nicht nur in der Reichsverfassung als solcher gefunden werden kann, sondern daß neben ihr rechtlich gleichwertig die Landesverfassungen stehen. Das Rechtsverhältnis Bayerns zum Reich ruht also auch nach heutigem Staatsrecht auf doppelter Grundlage, auf der Reichsverfassung einerseits, auf der Landesverfassung andererseits. Darin besteht vollkommene Übereinstimmung mit dem Staatsrecht von 1871. Auch heute enthält die bayerische Verfassung die Bestimmung, daß ihrem wichtigsten Organe, „dem Landtag die Ausübung aller Rechte der Staatsgewalt zusteht, die nicht durch diese Verfassung oder die Verfassung des Deutschen Reichs" anderen Organen „vorbehalten sind" (§ 3). Es ist dieselbe bedingte Überlassung staatlicher Zuständigkeiten an das Reich wie ehedem. Dagegen hat die früher daneben bestandene gegenseitige Bindung der Einzelstaaten durch die Versailler Verträge kein Seitenstück mehr; man darf wohl annehmen, daß die Reichstreue aller Teile gerade in der Revolution und unter der Last des Gewaltfriedens ihre Feuerprobe bestanden hat.

9. Während, wie oben S. 21 erwähnt, die Rechtskontinuität mit der Vergangenheit im Reich und in Bayern im allgemeinen durch ausdrückliche Aufrechterhaltung des bisherigen Rechts hergestellt wurde, ist auf dem Gebiet der Verfassung beiderseits ein vollkommener Neubau aufgeführt worden. Die staatsrechtlichen Akte, die 1870/71 die Grundlagen des Deutschen Reichs geschaffen und, wie wir sahen, z. T. auch weiter getragen haben, besitzen daher heute nur mehr historisches Interesse. Dies gilt sowohl von der alten Reichsverfassung, die überdies durch Art. 178 I der neuen RV. ausdrücklich als aufgehoben erklärt wurde — mit Ausnahme einiger Bestimmungen, denen im Übergangsstadium eine vorübergehende Fortdauer eingeräumt war wie Art. 169 und 170 III —, als auch von dem Versailler Vertrag von 1870, den die Umwälzung, soweit er noch neben der alten Reichsverfassung weitergalt, den Boden unter den Füßen wegzog. Auch inhaltlich hätten übrigens diese seinerzeit weitergeltenden Bestimmungen (vgl. S. 65) im neuen Recht keinerlei Anwendungsmöglichkeit.

§ 15.

Die Hoheitszeichen des bayerischen Staates.

Schrifttum: Seydel-Piloty 81.

1. Die Verfassungsurkunde enthält nur eine Bestimmung über die Landesfarben. Nach § 1 II sind sie, wie bisher, weiß und blau.

Über Wappen und Siegel sind keinerlei neue Bestimmungen getroffen. Das bisherige Wappen war das Kgl. Wappen, das gleiche gilt von dem Siegel. Die Bestimmungen hierüber sind in der Kgl. Verordnung vom 18. Oktober 1835, RBl. 889, enthalten. (Vgl. Weber, Neue Gesetz- und Verordnungs-Sammlung III 40 und Anhangband 577.) Vorläufig werden das alte Wappen und die alten Siegel unter Weglassung der Krone verwendet.

2. Es ist nun die Frage, in wessen Zuständigkeit die Feststellung der neuen Hoheitszeichen fällt. Danach richtet sich dann auch die Form der Regelung. Ist das Ministerium zuständig oder der Landtag, ist Verordnung oder Gesetz erforderlich? Die neue Verfassung gibt keinen ausdrücklichen Anhaltspunkt. Es muß daher nach allgemeinen Gesichtspunkten entschieden werden.

Maßgebend ist, welche rechtliche Wirkung sich an die Feststellung der Hoheitszeichen knüpft. Zunächst einmal bringt der Gebrauch der Hoheitszeichen zum Ausdruck, daß es sich bei dem betreffenden Akt, Gebäude, Fahrzeug usw., an dem das Zeichen angebracht ist, um eine vom Staate ausgehende Willenskundgebung, einen ihm zugehörigen Gegenstand u. dgl. handelt. Ein solches Herkunfts- oder Eigentumszeichen zu bestimmen, wäre an sich Sache der Verwaltung. Weiter handelt es sich aber auch um den besonderen Schutz, den diese Zeichen genießen sollen, also um das Verbot der unbefugten Verwendung, die Befugnis der Staatsbehörden, gegen solchen Gebrauch einzuschreiten, Strafbestimmungen u. dgl. Hiezu ist jedenfalls, weil es sich um allgemein verbindliche Rechtsnormen handelt, Gesetz erforderlich.

Nun besteht eine strafgesetzliche Norm in § 360 Z. 7 RStGB. Danach wird mit Geldstrafe bis zu 150 (jetzt 1500) Mark oder mit Haft bestraft: „wer unbefugt die Abbildung . . . . . von Landeswappen gebraucht." Darin ist auch bereits materiell das Verbot des Gebrauchs und die polizeiliche Befugnis zum Einschreiten gegen Mißbrauch enthalten.

Sonach sind weitere gesetzliche Vorschriften nicht unbedingt erforderlich, wenn es auch angezeigt sein mag, wie bezüglich der Landesfarben eine verfassungsmäßige Regelung getroffen wurde, hier zum mindesten eine gesetzliche Ordnung vorzunehmen.

Im Reich wurde das neue Wappen durch Bekanntmachung der Reichsregierung vom 11. November 1919, RGBl. 1877, die neuen Flaggen durch Verordnung des Reichspräsidenten vom 11. April 1921, RGBl. 483, die Dienstsiegel durch Erlaß des Reichspräsidenten vom 30. März 1922, RGBl. 329, bestimmt.

III. Teil.

Der innere Aufbau des bayerischen Staates.

Erster Abschnitt.

A. Allgemeines.

§ 16.

Die Grundlagen.

Schrifttum: Nawiasky, Grundgedanken 26 ff., 65 ff., 92 ff.; Rothenbücher, Ministerium bes. 56 ff., 66 ff.; Schelcher, Das parlamentarische System, Arch. d. öff. R. 41, 257 ff.; Blume, Wesen und Aufgabe der Parlamente, Handb. d. Politik I 336 ff.; derselbe, Die Bedeutung der Parteien, ebenda 346 ff.; vgl. auch Redslob, Die parlamentarische Regierung in ihrer wahren und ihrer unechten Form 1918 (ich halte die geistreichen Konstruktionen Redslobs nebenbei bemerkt vielfach für durchaus gekünstelt).

1. Der Gedanke der Teilung der Gewalten nach der von Montesquieu im Esprit des lois vorgezeichneten Formulierung hat in teilweise veränderter Gestalt im 19. Jahrhundert in den monarchisch-konstitutionellen Verfassungen Deutschlands Eingang gefunden. Während auf dem Gebiet der Rechtspflege die Unabhängigkeit der Gerichte, verbunden mit der Trennung der Justiz von der Verwaltung, mehr oder weniger rein durchgeführt wurde, trat an Stelle der Gleichstellung von Legislative und Exekutive durch gegenseitige Unabhängigkeit das System der Gleichstellung durch gegenseitige Abhängigkeit. Denn bei der Gesetzgebung wurde überall die Beschlußfassung der Volksvertretung an die Zustimmung des Monarchen gebunden, bei der Verwaltung regelmäßig der Monarch auf die Gegenzeichnung und damit auf das Einverständnis von Ministern verwiesen, die in gewissem Umfang der Volksvertretung verantwortlich und durch die parlamentarische Budgetbewilligung von ihr abhängig waren.

2. Der Übergang zur republikanischen Staatsform hätte an sich dieses Verhältnis von Gesetzgebung, Verwaltung und Rechtspflege nicht unbedingt ändern müssen, wie das Beispiel der nordamerikanischen Union beweist. Aber die Richtung der Revolution war so sehr gegen die durch dieses System verbürgte verhältnismäßige Selbständigkeit der Regierung gerichtet, daß ihre grundsätzliche Unterordnung unter die Volksvertretung außer jeder Erörterung stand, sofern überhaupt an der repräsentativen Demokratie festgehalten werden sollte. Wie unsere verfassungsgeschichtlichen Betrachtungen gezeigt haben, hatte der demokratisch-parlamentarische Gedanke allerdings zunächst einen schweren Kampf nicht so sehr mit der unmittelbaren Volksherrschaft als mit dem bolschewistischen Rätesystem zu bestehen, aus dem er schließlich im wesentlichen als Sieger hervorging; nur auf wirtschaftlich-sozialem Gebiet hat sich die Räteorganisation der Idee nach behauptet.

3. Seit der Einführung des allgemeinen, gleichen, unmittelbaren und geheimen Wahlrechts im Norddeutschen Bund und im neuen Deutschen Reich war auch das **Volk** in die staatsrechtliche Arena eingerückt und zu einem politisch mitbestimmenden Faktor geworden. Die süddeutschen Einzelstaatsverfassungen, insbesondere auch Bayern (vgl. oben S. 6), waren allmählich diesem Vorbild gefolgt, und so war hier neben den sonstigen obersten Staatsorganen auch das Volk in Gestalt der Wählerschaft aufzuzählen. Wenn dies regelmäßig unterblieb, so wird dafür wohl der Umstand ausschlaggebend gewesen sein, daß mit dem Ablauf des Wahltages die rechtliche Betätigung des Volkes beendet war, während in der übrigen Zeit die Volksvertretung allein in Erscheinung trat.

Die unmittelbar von der Bevölkerung selbst getragene Staatsumwälzung hat naturgemäß die politische Stellung des Volkes in theoretischer und praktischer Beziehung außerordentlich gehoben. In ersterer Richtung mußte das Volk als Urquelle der neuen Rechtsbildung angesehen werden, an Stelle der Fürstensouveränität trat die Volkssouveränität. In praktischer Hinsicht aber wurde einmal der unmittelbaren staatsrechtlichen Betätigung des Volkes durch Einführung der Volksgesetzgebung neben der parlamentarischen Gesetzgebung ein grundsätzlich ganz neues Gebiet zugeführt, neben das Wahlrecht wurde das Stimmrecht gestellt. Dann aber wurde auch der Wert des bisher besessenen Wahlrechts wesentlich erhöht. Denn die parlamentarische Regierungsform bedeutet das Hervorgehen oder Abhängigsein der Staatsleitung von der Volksvertretung und vermittels dieser von ihrem Vollmachtgeber, dem Volk selbst. So gewinnt die Wählerschaft einen wichtigen politischen Einfluß auf die Regierung und Verwaltung, wie er vordem nicht bestanden hat.

4. Der politische Aufbau einer parlamentarisch-demokratischen Republik läßt sich schematisch am besten durch das Bild einer dreistufigen, sich stark verjüngenden Pyramide anschaulich machen. Die breite Grundlage bildet das durch Wahl und Abstimmung politisch in Erscheinung tretende Volk, die zweite mittlere Stufe wird durch die vom Volk berufene Volksvertretung dargestellt, bei der regelmäßig auf mehrere tausend oder zehntausend Einwohner ein Vertreter entfällt, und die dritte, oberste Stufe oder Spitze verkörpert sich in der auf der Volksvertretung fußenden, aus wenigen Einzelpersonen bestehenden parlamentarischen Regierung Dieser Aufbau ist auch normativ in Art. 17 I der RV. für alle deutschen Länder festgelegt.

Betrachtet man das gegenseitige Verhältnis dieser drei Stufen der politischen Pyramide näher, so hat es zunächst den Anschein, als ob es sich dabei auch um eine stufenweise Abhängigkeit der aufeinander fußenden Glieder des Baues handeln würde. „Die Staatsgewalt geht von der Gesamtheit des Volkes aus“ (VU. § 2 I). „Sie wird . . . . unmittelbar durch die Staatsbürger und mittelbar durch die“ vom Volk durch die „Verfassung eingesetzten Organe“ — insbesondere den Landtag — „ausgeübt“ (§ 2 II und 3). „Das Gesamtministerium . . . . wird vom Landtag bestellt und ist diesem verantwortlich“ (§ 4). So liegt der oberste bestimmende politische Wille, die „Souveränität“ beim Volk, der Landtag ist nur berufen, diesen Willen auszuführen und überträgt seine Aufgabe, die er wegen seiner Vielköpfigkeit nicht selbst im einzelnen erfüllen kann, auf die von ihm eingesetzte und überwachte Regierung.

5. Wollte man sich mit dieser sozusagen offiziellen Darstellung der politischen Gestaltung begnügen, so bliebe man von einer Erkenntnis der wirklichen Verhältnisse sehr weit entfernt. Gewiß! In der Demokratie geht ein mächtiger Strom politischer Willensbestrebungen von unten nach oben, und er bricht sich nicht, wie in der konstitutionellen Monarchie, an einer aus selbständigen Quellen hervorspringenden Willensrichtung von Seite der Spitze des Staatsbaues her. Aber — um noch im Bilde zu bleiben — das Geschiebe, das der Strom in seinen Wassern vorwärts trägt, setzt sich, zur Masse geworden, ab und ragt in seinen weiteren Lauf hinein, nunmehr sein Gefälle und seine Richtung mitbestimmend. Oder, unbildlich gesprochen, der Weg der politischen Willensbildung in einem demokratischen Staat ist nicht nur durch die Anschauungen der Wählermassen bestimmt, die in die Volksvertretung Gewählten stellen selbst tätig mitwirkende Faktoren dar, und auch die Männer, die in der Regierung sitzen, sind nicht sklavische Vollstrecker gegebener Aufträge, sondern Träger eigener Entschlüsse. So darf man sich auch die reine Demokratie nicht vorstellen als eine Übertragung des mechanischen Gesetzes der sich fortstoßenden Kugeln auf das politische Gebiet, sondern als ein Wechselspiel seelischer Kräfte, wie es für jede gesellschaftliche Erscheinung kennzeichnend ist.

Die maßgebenden Gesetze aber gehen auf die soziologische Erfahrungstatsache zurück, daß sich in jeder gesellschaftlichen Gruppe eine Minderzahl von Führern absondert, denen die Mehrzahl der Geführten gegenübersteht. Zwischen beiden Teilen besteht ein Verhältnis gegenseitigen Aufsichangewiesenseins, gegenseitiger Abhängigkeit. Die Masse braucht die Führer, welche ihre dumpf empfundenen Bedürfnisse zu klaren Zielen des Handelns formulieren, die Führer sind auf die vertrauensvolle Gefolgschaft der Masse angewiesen, um sie für die Verwirklichung der von ihnen aufgestellten Ziele in Bewegung zu setzen. In einem wirtschaftlich, kulturell entwickelten und darum gesellschaftlich gegliederten Volk gibt es nun keine allen gemeinsame Bedürfnisgestaltung, die sich in einheitliche Zielsetzung fassen ließe; vielmehr besteht eine Mehrheit voneinander abweichender Richtungen, die sich gegenseitig sondern und ihre getrennte Organisation von Führern und Geführten ausbilden. Sofern es sich hiebei um Einflußnahme auf die Gestaltung der Verhältnisse im Staat handelt, bezeichnet man die verschiedenen Gruppierungen als politische Parteien. Die politische Partei ist sonach das Organisationsprinzip eines Volkes nach der Seite seiner Betätigung im Staatsleben.

6. Das Staatsvolk tritt also an die Ausübung der staatlichen Macht nicht in ungegliederter Gleichstellung aller seiner Angehörigen heran, sondern in der durch die Parteigestaltung bestimmten Gruppenbildung. Es entsendet demgemäß bei den Wahlen in die Vertretungskörper nicht nach individuellen Gesichtspunkten ausgesuchte Vertrauenspersonen, sondern die Führer der politischen Parteien oder sonstige von diesen vorgeschlagene Bewerber. So ist von vornherein das Verhältnis zwischen Wählern und Gewählten ein solches zwischen Geführten und Führern, und die Gewählten sind zwar genötigt, sich das Vertrauen ihrer Gefolgschaft zu erhalten, aber anderseits kommt ihnen von vornherein ein gewisses Maß von Selbständigkeit zu, das ja auch von ihren Anhängern geradezu erwartet wird.

In vollkommen entsprechender Weise gestaltet sich auch das Verhältnis zwischen Volksvertretung und Regierung. Wieder sind es die

Führer, hier die höheren Führer, oder die von ihnen ausgesuchten Personen, aus denen die Regierung gebildet wird, und wieder müssen diese Fühlung mit ihren Vertrauensgebern und selbständige Entschlußkraft vereinigen. Sie sind nicht etwa nur darauf angewiesen, die Wünsche der hinter ihnen stehenden Partei oder Parteigruppe zu erfüllen, sie können auch ihrerseits je nach der politischen Lage Gefolgschaft verlangen und durch das Mittel der Rücktrittsdrohung erzwingen. So ist auch hier ein gegenseitiges Abhängigkeitsverhältnis gegeben.

Aber diese Wechselbeziehungen beschränken sich nicht nur auf die jeweils auschließenden Stufen der politischen Pyramide, sie springen auch über das Mittelglied hinweg. Die Wählerschaften haben zwar keinen unmittelbaren Anteil an der Regierungsbildung, aber die Parteifraktionen müssen auf die Stimmung der Masse ihrer Anhänger bei der Auswahl der Minister Rücksicht nehmen. Andererseits hängt der Erfolg einer Partei bei der Bevölkerung nicht nur von der Haltung der Fraktionsmitglieder in der Volksvertretung, sondern ebensosehr von der Tätigkeit der zu der Partei in Beziehung stehenden Minister ab, und diese sind daher oft in der Lage, um nur eine Seite herauszugreifen, die Unterstützung der von ihnen befolgten Politik aus dem Grunde zu fordern, weil sie nur dann Erfolge erzielen können, die schließlich seitens der Wählerschaft der Partei gutgeschrieben werden.

7. Es war notwendig, diese politischen Andeutungen, die natürlich kein erschöpfendes Bild zu geben vermögen, hier einzuschalten. Einmal aus dem allgemeinen Grunde, daß die juristisch-formale Betrachtung stets einer politisch-materiellen Ergänzung bedarf. Das vielfach mißbrauchte Schlagwort von der formalen Demokratie wird sofort auf seine Nebensächlichkeit zurückgeführt, wenn man die lebendigen Kräfte ins Auge faßt, die dieser äußeren Form einen machtvollen Inhalt geben. *Die Demokratie erweist sich*, nicht ideologisch, sondern realistisch betrachtet, *nicht als jene Gestaltung des Staatslebens, in der das Volk als politische Einheit herrscht, sondern als jene, in der die Herrschenden aus dem Volk als politischer Einheit hervorgehen.* Den Gegensatz dazu bildet die Oligarchie als eine politische Gestaltung, in der die Führer von vorneherein einer beschränkten Schicht entstammen.

Ein besonderer Grund für die vorausgegangenen Ausführungen liegt aber noch weiter darin, daß sonst auch die rein rechtliche positive Ordnung nicht verstanden werden könnte.

8. Dies zeigt sich sofort, wenn wir die einleitenden Vorschriften des 1. Abschnittes der Verfassung, die die Grundlagen des Staatsbaus festlegen sollen, nicht rein theoretisch-abstrakt, wie vorhin S. 72 sondern in ihrem lebendigen Zusammenhang ins Auge fassen. Der Gedankengang ist folgender. Nach Formulierung der republikanischen Staatsform, der Mitgliedschaft zum Deutschen Reich und Festsetzung der Landesfarben (§ 1) verkündet § 2 die Volkssouveränität, „der die Ausübung der Staatsgewalt teils unmittelbar durch die Staatsbürgerschaft, teils mittelbar durch die in dieser Verfassung eingesetzten Organe" gegenübersteht. Die Mischung von unmittelbarer und mittelbarer Demokratie ist also programmatisch scharf zum Ausdruck gebracht. Die zur mittelbaren Ausübung der Staatsgewalt vorgesehenen Organe sind der Landtag (§ 3), das Ministerium (§ 4) und die Gerichte (§ 5). Von letzteren kann in diesem Zusammenhang abgesehen werden; so bleibt also Landtag und Regierung. Beider Stellung ist nun durchaus nicht ganz in dem Rahmen gehalten, der dem grundsätzlichen formalen Schema entspricht.

9. Zunächst wird die Stellung des Landtags außerordentlich verstärkt. „Dem Landtage steht die Ausübung aller Rechte der Staatsgewalt zu, die nicht durch diese Verfassung oder die Verfassung des Deutschen Reiches der Staatsbürgerschaft, den Behörden oder den Verbänden der Selbstverwaltung vorbehalten sind." Danach spricht also die Vermutung zugunsten der Zuständigkeit des Landtags. Scheint dies zunächst auch nur eine rein technische Regel zu sein, so entpuppt sich doch darin bei näherer Überlegung ein politisches Prinzip von größter Tragweite. Vor allem ist auf diese Weise die „Souveränität" des Volkes praktisch beseitigt. Denn das Volk hat es jetzt nicht mehr in der Hand, darüber zu bestimmen, welche Beschlüsse über Staatsangelegenheiten es „unmittelbar" vornehmen will; sondern sein Wirkungskreis ist in der Verfassung festgelegt, ganz ebenso wie die Zuständigkeit der übrigen politischen Faktoren, die in dem vorausgegangenen § 2 noch eben als „durch die Verfassung eingesetzte Organe zur mittelbaren Ausübung der Staatsgewalt" charakterisiert worden waren. M. a. W. das Volk wird auf dem Umweg über die gehobene Stellung des Landtags selbst zum Staatsorgan „degradiert" und noch dazu zu einem Organ mit weniger bevorzugtem Wirkungskreis. Der Landtag rückt somit an die erste Stelle vor. Seine Stellung wird weiter noch dadurch befestigt, daß die grundsätzliche Unübertragbarkeit seiner „Rechte und Aufgaben" ausgesprochen wird, „soweit diese Verfassung nichts anderes vorsieht" (§ 3 II).

Diese dominierende Stellung des Landtags, die in der praktisch-politischen Auffassung zu dem Schlagwort von der „Souveränität" des Landtags geführt hat — vgl. z. B. die oben S. 23 angeführte Kundgebung des ehemaligen Kronprinzen — ist nur verständlich aus den tatsächlichen politischen Verhältnissen heraus, die, wie unsere bezügliche Betrachtung gezeigt hat, die politische Führerschaft und darum auch die politische Führung vom Volk in die Volksvertretung verlegen. Sie knüpft außerdem auch an die frühere Entwicklung in Bayern an, die dem Landtag schon längst ein starkes Übergewicht im Staatsleben verschafft hatte (vgl. S. 7), was heute schon vielfach ganz in Vergessenheit geraten ist. Nach der Niederwerfung der Räterepublik, die es besonders auf die Beseitigung des Landtags abgesehen hatte, waren die Parteien noch eigens darauf bedacht, dessen Stellung in jeder Richtung zu sichern und zu stärken. Übrigens werden wir dem Weiterwirken der früher herrschenden Auffassungen auch sonst in der neuen Verfassung immer wieder begegnen.

10. Auch die Stellung der Regierung erfährt in den einleitenden Verfassungsbestimmungen eine nicht zu übersehende Abwandlung. Sie wird, dem formalen Schema entsprechend, „von dem Landtage bestellt und ist diesem verantwortlich" (§ 4 S. 2). Auch darin ist nichts besonderes zu sehen, daß erklärt wird: „Das Gesamtministerium ist die oberste vollziehende . . . Behörde des Staates" (§ 4 S. 1). Aber daneben wird es auch als die „oberste leitende Behörde des Staates" bezeichnet (ebenda), und diese leitende Stellung rückt es aus der Unterordnung gegenüber dem Landtag heraus.

Auch hier muß zunächst nochmals auf unsere allgemeine politische Betrachtung verwiesen werden. Die oberste Führerschaft lernten wir als naturgemäße Aufgabe der Regierung im parlamentarischen Staat kennen. Doch kommen noch ganz andere Momente in Betracht. U. a. spielt wieder die Erinnerung an die Rolle der Regierung im alten Staat kräftig herein. Aber abgesehen davon steckt hier ein allgemeines staatsorganisatorisches Problem. In jedem Staat gibt es gewisse besonders bedeutsame Funktionen, die ihrer Natur nach von dem Wechsel der politischen Strömungen unberührt sind oder doch besser unberührt bleiben. Hieher gehört beispielsweise die solenne Vertretung nach außen, die Vornahme gewisser Maßnahmen in Notfällen u. dgl. In diesem organisatorischen Bedürfnis liegt die Wurzel für die Forderung eines „Staatsoberhauptes", gegen deren übliche Hinübernahme auf das juristische Gebiet oben Stellung genommen wurde, während der Begriff als politischer keinem Einwand unterliegt (vgl. S. 47 f.). Für diese Funktionen kann nun auch in der Republik ein besonderes Organ aufgestellt werden, der Präsident, dem dann im wesentlichen die gleiche Stellung zukommt, wie dem Fürsten in der parlamentarischen Monarchie. Ob dem Präsidenten dann noch darüber hinaus ein weiterer Einfluß auf die Staatsleitung zugebilligt wird, ist eine Frage für sich. Es liegt aber nahe, ein solches notwendigerweise von der Parteipolitik mehr oder weniger losgelöstes Organ auch noch mit sonstigen Aufgaben zu betrauen, für die eine möglichst unparteiische Lösung geboten erscheint. Das bedeutet dann natürlich sachlich eine entsprechende Schwächung des Einflusses der Parteien, die formal in einer gewissen Minderung der Rechte des Parlamentes oder der parlamentarischen Regierung zum Ausdruck kommt.

Die letztere Erwägung war ausschlaggebend, warum in Bayern und den übrigen deutschen Gliedstaaten von dem Typus der Präsidentschaftsrepublik abgesehen wurde. Der Art. 17 der RV. wäre nicht im Wege gestanden. Daneben waren noch einerseits finanzielle Rücksichten andererseits das Bestreben maßgebend, dem Reichspräsidenten keine Rivalen in Gestalt von Staatspräsidenten an die Seite zu stellen. Einzelne deutsche Staaten, deren Verfassungen den Titel eines Staatspräsidenten vorsehen, verwenden diesen Ausdruck nur als Bezeichnung für ihren Ministerpräsidenten, so Württemberg (§ 26), Baden (§ 52) und Hessen (Art. 37), dem damit vor allem eine repräsentative Aufgabe zugewiesen werden soll.

Die besprochenen Funktionen müssen also von der parlamentarischen Regierung mit versehen werden, die dabei als kollegiales „Staatsoberhaupt" fungiert. In Anlehnung an die französische Verfassungsgeschichte nennt man ein Kollegium mit den Funktionen des Staatschefs Direktorium und daher kann man auch von Direktorialfunktionen sprechen. Wir werden also bei Besprechung der rechtlichen Stellung der bayerischen Regierung zweckmäßigerweise zwischen ministeriellen und Direktorialbefugnissen zu unterscheiden haben.

11. In neuerer Zeit haben sich Bestrebungen gezeigt, diesen einfachen Bau der Verfassung umzugestalten. Es handelt sich dabei nicht um einen vollkommenen Neubau, sondern um gewisse Anbauten und zwar hauptsächlich um zwei. Einmal wird die Aufstellung eines außerhalb des Ministeriums stehenden Staatspräsidenten, der durch Volkswahl berufen werden soll — Vorbild Reichspräsident —, und dann die Einrichtung einer zweiten berufsständigen

Kammer gefordert. Man sieht daraus, daß der Landtag und die Regierung bei den Anhängern der Reform an Vertrauen eingebüßt haben. Ein Eingehen auf diese Vorschläge ist aber erst nach einer genaueren Betrachtung der Grundlinien des geltenden Verfassungsbaues am Platze. (Vgl. unten § 19).

§ 17.

Die Grundlinien des Verfassungsbaues.

Schrifttum: Rothenbücher, Ministerium bes. S. 36, 56 ff., 66 ff.; Beyerle, Parlamentarisches System oder was sonst? München 1921; Erich Kaufmann, Die Regierungsbildung in Preußen und im Reich, Westmark I 205 ff.; Koelreutter, Parlamentarismus und berufsständische Idee, „Tag" 20. Jan. 1921; derselbe, Das parlamentarische System in den deutschen Landesverfassungen 1921.

1. Bevor die Verfassungsbestimmungen über die Stellung der obersten Staatsorgane näher dargelegt werden, empfiehlt es sich, in großen Zügen ein Gesamtbild des Staatsbaus zu entwerfen, wie er positivrechtlich gestaltet ist, damit die Tragweite und das gegenseitige Verhältnis des Einzelnen von vornherein ins richtige Licht gestellt ist.

2. Von den drei Faktoren: Volk, Volksvertretung, Regierung, steht, wie sich bereits gezeigt hat, der Landtag im Mittelpunkt des ganzen Gebäudes. Es ist dementsprechend darauf abgesehen, ihm einerseits das größte Maß von Selbständigkeit, andererseits die größte Fülle politischen Einflusses einzuräumen.

Im Sinne der landtäglichen Unabhängigkeit liegt zunächst sein Selbstversammlungsrecht (§ 30 I, II), sein Vertagungs- und Selbstauflösungsrecht (§§ 30 III, 31). Dazu kommt eine mit Rücksicht auf den fortdauernden politischen Gärungsprozeß verhältnismäßig lange Wahlperiode von vier Jahren (§ 27), ebenso übrigens wie im Reich und den meisten größeren Einzelstaaten. Auch, wenn der Landtag nicht versammelt ist, sowie nach Beendigung seiner Funktion durch Zeitablauf oder Auflösung, wirkt wenigstens ein besonderer Ausschuß zu seiner fortwährenden Vertretung (§ 30 III), obwohl doch das Ministerium selbst gleichsam ein Ausschuß der Landtagsmehrheit ist. Gewiß wird so auch die Minderheit an der Überwachung der Staatsleitung beteiligt; aber ausschlaggebend wird dieser Gesichtspunkt für die Einrichtung kaum gewesen sein, vielmehr handelt es sich einfach um ein Überbleibsel des alten Gegensatzes zwischen Volksvertretung und konstitutioneller Regierung, vielleicht übrigens auch um einen Ansatz für eine durchgreifende, auf Kräfteersparung gerichtete Parlamentsreform.

Der Landtag bestimmt weiter sein Funktionieren durch eine selbst gegebene, als seine innere Angelegenheit betrachtete Geschäftsordnung (§ 28 I) und bestellt sich seine Organe (§ 28 I).

In dieses nur durch den eigenen Willen des Landtags bestimmte Funktionieren sind Eingriffe von dritter Seite nur in zwei Punkten vorgesehen. Einmal kann eine außerordentliche Tagung durch das Gesamtministerium oder durch Volksbegehren herbeigeführt werden (§ 30 I). Dann ist eine vorzeitige Auflösung durch Volksbegehren und -Abstimmung möglich (§ 30 IV). Aber die Bedingungen hiefür sind erheblich erschwert, das Stimmerfordernis sogar größer wie für Verfassungsänderungen; der Landtag läßt sich eben nicht leicht beiseite schieben. Darum wurde auch das im Regierungsentwurf vorgesehene Recht des Ministeriums, einen Volksentscheid über die Auflösung herbeizuführen, gestrichen.

3. Von den Aufgaben und Befugnissen des Landtags ist zunächst das Recht der Gesetzgebung (§ 44) einschließlich der Verfassungsgesetzgebung zu erwähnen (§ 92). In letzterer Beziehung ist nur ein erhöhtes Stimmerfordernis verlangt, nämlich Zweidrittelmehrheit der gesetzlichen Mitgliederzahl. Für den Wegfall der starken Garantien gegen allzurasche Änderungen der Grundlagen der staatsrechtlichen Ordnung, wie sie früher in dem Zustimmungsrecht der I. Kammer und der Krone gegeben waren, bietet also nur der Umstand dürftigen Ersatz, daß nach Lage der innerpolitischen Verhältnisse eine sehr breite Koalition erforderlich ist. Auch die Volksgesetzgebung ist, wie wir bald sehen werden (unten Punkt 7), der Mitwirkung und dem Einfluß des Landtags unterworfen. Nicht folgerichtig ist dabei nur, daß der Landtag nicht selbst eine Volksabstimmung über ein von ihm angenommenes Gesetz herbeiführen kann, wenn er das Bedürfnis dazu empfindet; nicht folgerichtig vor allem aus dem Grunde, weil er doch durch Selbstauflösung seine gesamte Tätigkeit dem Urteil des Volkes unterstellen kann.

Dem Landtag steht ferner zu die Genehmigung aller Staatsverträge (§ 50) und der Behördeneinrichtung (§ 46). Endlich sind ihm die obersten Beschlüsse in bezug auf die Staatsfinanzen übertragen: die Genehmigung des Haushaltsplans (§§ 48, 79), der Steuern (§ 80), aller sachlich neuen Anlehen (§ 47 I), der staatlichen Bürgschaften (§ 47 I), der Schuldentilgung (§ 47 II), der

Veräußerung des staatlichen Grundstockvermögens (§ 47 III), der vollzogenen Gebarung (§§ 49, 84, 85).

Gehört all dies zum herkömmlichen Inventar der Rechte der Volksvertretung, so kommt die grundsätzlich veränderte staatsrechtliche Lage vor allem in dem bestimmenden Einfluß auf die Staatsregierung zum Ausdruck. Der Ministerpräsident wird vom Landtag gewählt (§ 58 I), die einzelnen Minister werden im Einvernehmen mit dem Landtag bestellt (§ 58 I); ebenso die politischen Stellvertreter der Minister, die Staatssekretäre (§ 58 II). Das Ministerium ist bei seiner Amtsführung auf das Vertrauen Landtags angewiesen, das ihm jederzeit entzogen werden kann (§ 59); allerdings nicht durch einfachen Tagesordnungsbeschluß, sondern durch besondere förmliche Abstimmung bei Erfordernis der absoluten Mehrheit der gesetzlichen Mitgliederzahl (§ 55 IV). In diesem Punkt zeigt sich wieder eine Reminiszenz der alten Zeit, in der die Minister nicht einfach Vertrauensmänner der Mehrheit waren und daher das Ministerstürzen eine besondere Sensation bedeutete. Außerdem ist Rechenschaftsforderung (§ 54) und bei Gesetzwidrigkeiten das historische Mittel der Ministeranklagen (§ 56) vorgesehen.

Aber der Landtag begnügt sich nicht mit der Einsetzung und Entfernung der leitenden Stelle der Verwaltung, er sichert sich auch sonst einen weitgehenden Einfluß auf sie; wieder zeigt sich das aus den früheren Verhältnissen übernommene Mißtrauen gegen die eigenen Vertrauensmänner. So ist die Einsichtnahme in den Gang der Verwaltung durch beauftragte Mitglieder des Landtags (§ 52 I), das Recht der Untersuchung mit unmittelbarer Heranziehung der staatlichen und Selbstverwaltungsbehörden (§ 52 II) aufgenommen.

Alles zusammen eine ungeheure Fülle von Macht über den ganzen Staat!

Umso bedeutsamer sind die Gegengewichte in den beiden anderen obersten politischen Faktoren, Ministerium und Staatsvolk.

4. Das Ministerium ist von der stolzen Höhe des Eisnerschen Staatsgrundgesetzes herabgestürzt, selbst gegenüber dem Staatsgrundgesetz vom 17. März 1919 erheblich geschwächt. Man wollte sich gegen eine Regierungsdiktatur ebenso wie gegen die Rätediktatur sichern. Gleichwohl ließ sich die Selbständigkeit der obersten Staatsbehörde nicht ganz unterdrücken, um die Direktorialbefugnisse kam man nicht hinweg. Es ist eine ganze Reihe von Punkten, die hier hervorzuheben sind.

Zunächst handelt es sich um gewisse vorläufige Akte, die aus Gründen des Funktionierens des staatlichen Apparats dem Ministerium überlassen sind. Hierher gehört die Ermächtigung, wenn der Etat nicht rechtzeitig zustande kommt, einen vorläufigen Etat zu beschließen und eine vorläufige Steueranordnung zu erlassen (§ 80 II, III), ferner die Befugnis zur Erlassung organisatorischer Verordnungen gegen nachträgliche Genehmigung (§ 46), weiter das Notverordnungsrecht (§ 61 Z. 7).

Von erheblicher Wichtigkeit war die durch die Reichsverfassung, wenn auch nicht ganz überholte, so doch in ihrer wesentlichen Bedeutung stark herabgesetzte Befugnis zur vorübergehenden Aufhebung der Grundrechte ohne vorherige oder nachträgliche Genehmigung des Landtags (§ 64), wobei man sich also mit der normalen Verantwortung der Regierung begnügte.

Am bedeutungsvollsten aber sind die Fälle, in denen das Ministerium offen gegen Beschlüsse des Landtags Front machen kann. Dies ist in drei Fällen zulässig. Einmal im Interesse der Staatsfinanzen. Ist nach der ursprünglichen Idee des Budgetrechtes die Regierung der fordernde und die Volksvertretung der versagende Teil, so hat die demokratische Entwicklung dazu geführt, daß es populär geworden ist, gewisse Ausgaben zu bewilligen, unpopulär, sie abzulehnen. So haben sich die Rollen umgekehrt, und das Ministerium muß dafür sorgen, daß das Gleichgewicht im Staatshaushalt bewahrt wird. Zu diesem Zwecke räumt ihm die Verfassung nach württembergischem Muster (Württ. Verf. § 49) das Recht des Einspruches gegen die Erhöhung oder Neueinstellung von Ausgaben ein mit der Wirkung, daß nunmehr in neuerlicher Beratung eine Zweidrittelmehrheit für das Festhalten an dem ursprünglichen Beschluß erforderlich wird (§ 81).

Zweitens hat die Regierung ganz allgemein das Recht, gegen alle Gesetzesbeschlüsse des Landtags, sofern sie überhaupt dem Volksentscheid unterliegen, diesen herbeizuführen (§ 77 II). Es müssen allerdings besonders geartete politische Verhältnisse sein, in denen sich das Ministerium gegen den Willen der Mehrheit der Volksvertretung, von der es doch abhängig ist, aufbäumen kann, zumal ihm, wie wir gesehen haben, das Schreckmittel des Auflösungsrechtes — wenn auch nur im Wege dazu herbeigeführter Volksabstimmung — vorenthalten ist. Auch besteht gar kein verfassungsrechtliches Hindernis, daß die Mehrheit mit einer Mißtrauenskundgabe antwortet, die nach anderen deutschen Einzelstaatsverfassungen (z. B.

Sächs. Verf. Art. 27 III) in diesem Falle ausgeschlossen ist. Noch im vorläufigen Staatsgrundgesetz vom 17. März 1919 (§ 7) war die Anrufung des Volksentscheids in dem zur Erörterung stehenden Fall zu einer politischen Kraftprobe ausgestaltet, indem je nach dem Ausfall der Abstimmung entweder das Ministerium oder der Landtag gehen mußte. Davon ist jetzt nicht mehr die Rede. Es tritt also hier eine auffallende Unklarheit in der verfassungsrechtlichen Stellung der Regierung zutage; einerseits soll sie einen selbständigen Willen haben dürfen, andererseits sind ihr ernsthafte Mittel versagt, auf ihm zu bestehen. Eine gleiche Unsicherheit des Urteils hat sich auch in der Ablehnung des Vorschlags gezeigt, dem Ministerium das Einspruchsrecht gegen Beschlüsse des Landtags wegen gesetzestechnischer Fehler einzuräumen (vgl. meinen Vorschlag in Nr. 264 der Münch. Neuest. Nachr. vom 8. Juli 1919). Da die Korrektur durch die I. Kammer fortgefallen ist und außerdem im Landtag für Gesetze grundsätzlich nur zwei Lesungen vorgesehen sind (§ 28 III), wäre ein solches harmloses Abhilfsmittel, wie es auch andere deutsche Verfassungen enthalten (z. B. Sächs. Verf. Art. 35, Thüringen § 31, Mecklenburg-Schwerin § 44, Hamburg Art. 53), sehr am Platze gewesen. Aber man witterte hier einen unzulässigen Eingriff in die Funktionen des Landtags. (Vgl. Beilage 330 S. 3 links unten.)

Der dritte Fall einer Möglichkeit offener Stellungnahme gegenüber dem Landtag ist die Erhebung des Verfassungsstreites vor dem Staatsgerichtshof (§ 70 I). Dadurch ist die Regierung in die Lage versetzt, ihre verfassungsmäßigen Rechte vor einem unabhängigen Forum zu verteidigen. Aber auch in diesem Fall ist es dem Landtag nicht verwehrt, den Appell an das Recht durch einen politischen Gewaltakt zu beantworten, indem er ein förmliches Mißtrauensvotum beschließt.

Zu all diesen rechtlichen Mitteln, ihren Standpunkt zu vertreten, kommt endlich noch ein politisches Mittel, das, richtig gehandhabt, die verhältnismäßig stärkste Waffe in der Hand des Ministeriums ist: die bereits (S. 74) erwähnte Drohung mit dem Rücktritt. Dadurch kann die Regierung im entscheidenden Augenblick die hinter ihr stehenden Parteien zu einer Vertrauenskundgabe zwingen. Es ist sehr interessant, daß die Verfassung die Bedeutung dieses politischen Aktes — vielleicht ohne klare Erkenntnis — in scharfer Weise zum Ausdruck gebracht hat. In § 59 II S. 2 steht an erster Stelle: „Sie“ — die Minister — „können jederzeit von ihrem Amte zurücktreten"; und erst daran schließt der Satz an: „sie müssen zurücktreten, wenn ihnen das Mißtrauen des Landtags ausgesprochen wird."

Auch die besprochene Bezeichnung als „oberste leitende Behörde des Staates" (§ 4) ist nicht nur von theoretischer Bedeutung. Es handelt sich vielmehr, wie sich noch zeigen wird (vgl. § 32), um eine in Zweifelsfällen praktisch werdende Zuständigkeitsnorm, durch die die Stellung der Regierung in gewissen Fällen gehoben wird.

Die den Direktorialbefugnissen gegenüberstehenden ministeriellen Rechte bedürfen in diesem Zusammenhang keiner näheren Erörterung. Es sei nur kurz darauf verwiesen, daß die Aufrechterhaltung der rechtlichen Grundlagen des berufsmäßigen Beamtenverhältnisses in der VU. (§§ 67 II u. III, 68 II; siehe auch Art. 129 RV.; vgl. unten § 52 Z. 3 und 4) im Rahmen der Staatsverwaltung ein gewisses Gegengewicht gegen eine einseitige Ausnützung der politischen Macht durch das notwendigerweise parteimäßig zusammengesetzte Ministerium bildet. Das Berufsbeamtentum bleibt so gewissermaßen der ruhende Pol in der Erscheinungen Flucht, sorgt für einen stetigen Gang der staatlichen Maschine und bietet einige Gewähr, daß nach Gesetz und Sachlichkeit verfahren wird. (Vgl. meine Ausführungen in der Zschr. f. Rechtspfl. 1919, 263 ff.) Wie weit es übrigens zu einem selbständigen Machtfaktor werden kann, ist eine recht interessante Frage, auf die jedoch hier nicht näher einzugehen ist.

5. Die politische Stellung der Regierung hängt nun nicht nur von der rechtlichen Gestaltung ihres Verhältnisses zur Volksvertretung, sondern auch von ihrer inneren Geschlossenheit ab. Denn durch deren Maß ist der Nachdruck bestimmt, mit welchem sie ihren Standpunkt auch gegenüber dem Parlament vertreten kann, und danach richtet sich dann die konkrete Gestaltung der gegenseitigen Abhängigkeit, die nach unseren allgemeinen Betrachtungen zwischen beiden Faktoren grundsätzlich gegeben ist. Aus diesem Grunde muß auch die innere Organisation des Gesamtministeriums an dieser Stelle besprochen werden.

Die geltenden deutschen Verfassungen kennen sehr verschiedene Formen der Kabinettsgestaltung. Auf dem einen Flügel steht die Reichsverfassung und, ihrem Muster nachgebildet, die preußische und besonders die sächsische Verfassung mit starker Übergewichtsstellung des Regierungschefs. Er setzt sein Kabinett zusammen und entfernt ihm nicht mehr genehme Mitglieder (letzteres in Preußen nicht ausdrücklich ausgesprochen; im Reich muß formell Verfügung des Reichspräsidenten auf Antrag des Reichskanzlers erfolgen). Er bestimmt ferner die Richtlinien der Politik in einer für die anderen bindenden Weise; Kollegialbeschlüsse der Gesamtheit und Einzelverantwortung der Ressortchefs kommen nur im Rahmen der festgelegten Richtlinien in Betracht (RV. Art. 53, 56, Preuß. V. Art. 45, 46, Sächs. V. Art. 26, 29). So prägt der Kabinettschef dem Ministerium den Stempel seiner Persönlichkeit auf und tritt mit einer festgeschlossenen Regierung vor die Volksvertretung hin.

Auf dem anderen Flügel steht die badische Verfassung und ihr folgend beispielsweise diejenigen von Thüringen und Anhalt mit strenger Kollegialstellung der unmittelbar vom Landtag gewählten Regierungsmitglieder, während der Erstminister im wesentlichen auf den geschäftlichen Vorsitz und die Repräsentation beschränkt ist (Bad. Verf. §§ 52, 55, Thür. §§ 35, 45, 46, Anhalt §§ 27 ff.).

Zwischen beiden gegensätzlichen Typen gibt es zahlreiche Abschattierungen, die von einem Pol zum andern hinüberführen.

In Bayern wird der Ministerpräsident vom Landtag mit absoluter Mehrheit der gesetzlichen Mitgliederzahl gewählt. Er besetzt dann die übrigen Ministerien auf Grund einer von ihm aufgestellten Vorschlagsliste im Einvernehmen mit dem Landtag (§ 58 I). Eine Enthebung der Einzelminister auf Veranlassung des Regierungschefs ist nicht vorgesehen. In der Geschäftsführung kommt dem Ministerpräsidenten im allgemeinen nur der Vorsitz und Stichentscheid zu (§ 62), während die Beschlußfassung beim Gesamtministerium liegt (§§ 4, 57 I, 61, 62, 63). Demgemäß wird sogar der mit der Stellvertretung des Kabinettschefs betraute Minister nicht von diesem selbst, sondern durch das Kollegium bestimmt (§ 58 IV). Dem Ministerpräsidenten ist dann noch in einzelnen besonderen Punkten eine gewisse Vorzugsstellung eingeräumt (z. B. § 62 III, Beratung durch Beamte aller Ministerien und Privatpersonen). In reinen Ressortangelegenheiten sind die Einzelminister selbständig (§ 61 Z. 2).

Man wird nicht sagen können, daß hier ein klares Konzept zugrunde liegt. Ansätze zu einer Übergewichtsstellung des Vorsitzenden mischen sich mit prägnanten Anerkennungen des Kollegialprinzips. Jedenfalls ist es nicht darauf abgesehen, dem Kabinett durch Betonung der verfassungsrechtlichen Stellung seines Leiters ein selbständiges Auftreten gegenüber dem Landtag nahezulegen.

6. Alles in allem hat also die Verfassung dem Landtag in der Regierung kein besonders starkes Gegengewicht geschaffen. Die

Reichsregierung beispielsweise ist dem Reichstag gegenüber verfassungsrechtlich viel besser gestellt. Wie steht es nun mit dem anderen obersten politischen Faktor, dem Volk?

7. Zunächst ist hervorzuheben, daß, abgesehen von den Wahlen, das Volk kein notwendiges Organ des politischen Lebens ist. Die Staatsmaschine funktioniert, ohne daß die Staatsbürgerschaft irgendein Rädchen in Bewegung setzen muß. In dieser Beziehung ist es ganz wie in dem alten Staat. Die feierliche Verkündung der Volkssouveränität hat also wesentlich nur eine dekorative Bedeutung; auch für die Verfassungsgesetzgebung ist, wie im Reich und in den meisten deutschen Einzelstaaten — ausgenommen nur Baden (§ 23 der Verf.) und mit einer Einschränkung Hessen (Art. 13 der Verf.) — die Mitwirkung des Volkes nicht geboten.

Dagegen ist es dem Volk überlassen, aus eigenem Antrieb in mannigfacher Weise in das Räderwerk einzugreifen. In einem allerdings, wie sich gezeigt hat, wenig praktischen Fall — Anrufung des Volksentscheids gegen Gesetzesbeschlüsse des Landtags nach § 77 II — hat es auch die Regierung in der Hand, die Staatsbürgerschaft in Bewegung zu setzen. Dagegen ist dem Landtag diese Möglichkeit unlogischerweise benommen; wünscht er, ein Gesetz der Volksabstimmung zu unterstellen, so bleibt ihm nur der Umweg eines Ersuchens an die Regierung offen.

Der Einfluß des Volkes auf das Funktionieren des Landtags durch das Verlangen nach einer außerordentlichen Tagung und durch Beschluß seiner vorzeitigen Auflösung wurde bereits besprochen. Im übrigen steht dem Volk nur ein Anteil an der Gesetzgebung zu, Befugnisse auf dem Gebiet der Verwaltung und Rechtsprechung, auch soweit die Bestimmungsgewalt des Landtags reicht, sind nicht vorgesehen. Es ist jedoch zu beachten, daß die formelle Gesetzgebung sich grundsätzlich jedes Gegenstands bemächtigen und das Volk auf diesem Wege seine Befugnisse beliebig erweitern kann.

In der Gesetzgebung steht dem Volke nach der Verfassung sowohl die sog. Initiative, also das Recht, Gesetze vorzuschlagen und ihre Beschließung zu erzwingen, als auch das Referendum, d. h. das Recht über Gesetzesbeschlüsse des Landtags zu entscheiden, zu; im letzteren Fall ist genauer von Referendumsinitiative zu sprechen, da es sich ja um einen Anstoß auf Herbeiführung der Volksabstimmung handelt. Die Verfassung nennt die Initiative „Volksbegehren" (§ 10 I) wie im Reich, das Referendum „Volksentscheidung" (§ 10 III) gegenüber dem Ausdruck „Volksentscheid" der RV. (Art. 73).

Das Volksbegehren ist durch die Verfassung nicht allzu erleichtert; bei einfachen Gesetzen muß sich ein Zehntel der Stimmberechtigten, bei Verfassungsgesetzen ein Fünftel beteiligen (§ 10 II). Andererseits ist die Volksabstimmung nicht allzu erschwert; es genügt Beteiligung der doppelten Zahl der Antragsteller (ein Fünftel bzw. zwei Fünftel), von denen bei einfachen Gesetzen die Hälfte, also nicht wesentlich mehr als die Antragsteller, bei Verfassungsgesetzen zwei Drittel, also im ganzen vier Fünfzehntel, d. h. weniger als ein Drittel der Stimmberechtigten für den Vorschlag stimmen müssen (§ 10 III).

Die Volksbeschlüsse sind nun stets in Beziehung zum Landtag gebracht. Während der letztere niemals von sich aus auf das Volk angewiesen ist, kommt das Volk in keinem Fall um den Landtag herum. Jedes Volksbegehren muß vielmehr zunächst dem Landtag vorgelegt werden, der seine verfassungsmäßige Zulässigkeit zu prüfen und meritorisch darüber abzustimmen hat (§§ 10 II, 76 I). Der maßgebende Gedanke ist wohl der, daß sonst ja keine offizielle Beratung des Entwurfes stattfinden kann; denn im Schoße eines Millionenvolkes ist diese sachlich und technisch — örtliche Dezentralisation! — gänzlich ausgeschlossen. Tritt der Landtag nun dem Volksbegehren ohne Änderung bei, so ist die Sache damit in der Regel erledigt, die Volksabstimmung entfällt als überflüssig (§ 76 III). Nimmt der Landtag den Entwurf nicht unverändert an, so kommt es zur Abstimmung, wobei der Landtag einen Gegenentwurf unterbreiten kann (§ 76 III).

Eine besondere Vorliebe bringt die Verfassung der tatsächlichen Durchführung der Volksabstimmung allerdings nicht entgegen. Denn kommt eine rechtsgültige Abstimmung über einen Landtagsbeschluß nicht zustande, z. B. wegen ungenügender Beteiligung, so gilt der Landtagsbeschluß für bestätigt (§ 77 III).

Ferner offenbart sich die Abneigung gegen die Volksabstimmung besonders deutlich in drei wichtigen Beziehungen. Einmal wird die Wiederholung erschwert. Abgelehnte Volksbegehren dürfen erst binnen Jahresfrist, waren sie auf eine Verfassungsänderung gerichtet, gar erst nach drei Jahren wiederholt werden (§ 77 IV). Dagegen ist es umgekehrt dem Landtag weder verwehrt, einen durch Volksabstimmung angenommenen Gesetzentwurf seinerseits wieder durch ein gegenteiliges Gesetz aufzuheben, noch ein durch Volksabstimmung abgelehntes Gesetz wieder aufzugreifen. Endlich sind eine ganze

Reihe von Gesetzen der Volksentscheidung überhaupt entzogen: die wichtigsten Fälle sind die Steuergesetze, Organisations- und Besoldungsgesetze; dann aber alle Gesetze ohne jede Einschränkung, die der Landtag als dringend bezeichnet (§ 77 I). Durch die letztere Bestimmung hat es der Landtag vollkommen in der Hand, dem Referendum den Boden abzugraben.

Kein Zweifel, der bayerische Verfassungsgesetzgeber steht der unmittelbaren Volksgesetzgebung sehr skeptisch gegenüber, und es wird wohl auch wenige Menschen geben, die sich auf absehbare Zeit von dieser neuen politischen Betätigungsmöglichkeit des Staatsvolkes besonders viel versprechen. Man denke doch nur an den großen Apparat, der da in jedem Einzelfall aufgeboten werden muß, an die ins Riesenhafte gehende Agitation, an die Erhitzung der Leidenschaften der Massen, wenn es sich um Dinge handelt, für die überhaupt Interesse besteht. Um eine regelmäßige Erscheinung des politischen Lebens kann es sich sonach dabei nicht handeln, es wird immer bei Ausnahmsfällen bleiben.

Diese praktischen Erwägungen muß man im Auge behalten, wenn man nach der theoretischen Bedeutung der Verfassungsbestimmungen über die Volksgesetzgebung fragt. Trotz aller Einschränkungen und Erschwerungen muß man nämlich feststellen, daß es das Volk rechtlich in der Hand hat, gegen den Willen des Landtags jedes Gesetz zu erzwingen und jedes Gesetz zu verhindern. Auch die als dringlich beschlossenen Gesetze können im Wege eines Volksbegehrens wieder aufgehoben werden. Überhaupt kann eine Verfassungsinitiative alle Einschränkungen der unmittelbaren Volksgesetzgebung radikal beseitigen. Umgekehrt kann der Landtag Gesetze gegen den Willen des Volkes weder erzwingen noch verhindern. Daraus folgt aber, daß das Volk, wenn auch nicht ein notwendiges und normales Organ der Gesetzgebung, so doch ihr oberstes Organ ist, indem sein Wille letzten Endes der entscheidende ist. So behält formalrechtlich die sog. „Volkssouveränität" letzten Endes doch Recht. Allerdings hat ihre Bestandfestigkeit einen wunden Punkt; es fehlt nämlich an einer Bestimmung, welche es dem Landtag verwehrt, durch ein als dringend erklärtes Verfassungsgesetz die gesamten Rechte des Volkes gleichsam durch einen erlaubten Staatsstreich radikal abzuschaffen.

8. Die bayerische Verfassung wurde in einer Zeit beraten und beschlossen, in der dem „Rätegedanken" eine sehr aktuelle Rolle zugefallen war. Es müßte wundernehmen, wenn er daher in gar keiner Weise auf das Gesetz abgefärbt hätte. Aber ebenso klar ist es nach allem, was wir gesehen haben, daß ihm ein wesentliches Betätigungsgebiet nicht vorbehalten bleiben konnte. In dem Abschnitt „Selbstverwaltung" hat er ein bescheidenes Plätzchen gefunden. „Die Bildung von berufsständischen Vertretungen zur Wahrnehmung der wirtschaftlichen und sozialen Aufgaben aller schaffenden Kreise des Volkes erfolgt durch Gesetz" (§ 24 I). Diesen Vertretungen wird das Recht der Antragstellung in gesetzgeberischer Beziehung an den Landtag, in sonstiger Beziehung an die staatlichen und gemeindlichen Verwaltungsbehörden zugedacht (§ 24 II). Von irgendeinem entscheidenden Einfluß ist keine Rede.

Übrigens hat sich die Reichsverfassung in Art. 65 VI dieses Gegenstands zum größten Teil bemächtigt (vgl. hiezu unten S. 96).

§ 18.

Die politische Wirklichkeit.

Schrifttum: Rothenbücher, Ministerium 66 ff.

1. Im Vorausgegangenen wurde der Grundplan der Verfassung geschildert. Was hat nun das praktische Leben daraus gemacht? Es ist allerdings nur eine sehr kurze Spanne Zeit, auf die wir bis jetzt zurückblicken können. Denn was bedeuten 3¼ Jahre im Leben eines Volkes! Immerhin ist oft gerade die anfängliche Entwicklung für die weitere Gestaltung bedeutungsvoll. Darum ist wenigstens eine auf das wesentliche beschränkte Betrachtung geboten.

Kurz gesagt, der Grundplan der Verfassung ist bisher noch keineswegs zu voller Verwirklichung gelangt. Es ist vielleicht nicht zu scharf formuliert, wenn man behaupten wollte, er sei von den wenigsten, an denen seine Umsetzung in das Leben gelegen ist, vollkommen richtig verstanden worden. Denn wir können bei allen in Betracht kommenden Faktoren des politischen Lebens Erscheinungen und Auffassungen feststellen, die auf grundlegende Mißverständnisse hinweisen. Es gilt dies sowohl von dem Volk wie von seiner Vertretung und der Regierung.

2. Die Bevölkerung, die in jahrzehntelanger Gewöhnung das „Regieren" als einen an bestimmte fachliche Vorkenntnisse geknüpften Beruf akademisch gebildeter Beamter angesehen hat, in dessen Ausübung man sich als guter Staatsbürger ebensowenig einzumischen habe als in die Tätigkeit der Verwaltungs- und Gerichtsbehörden, betrachtet die eingetretene Änderung vielfach noch nicht als die Befreiung von einer politischen Vormundschaft, sondern einfach als die Zulassung weniger gutqualifizierter Mitbewerber um die obersten Stellen im Staat. Daß es jetzt mit an der Bevölkerung liegt, durch Gebrauch ihres Wahlrechtes für die Regierung zu sorgen, die sie braucht oder verdient, daß die leitenden Männer Fleisch von ihrem eigenen Fleisch sind, daß jeder zu seinem Teil dafür mitverantwortlich ist, was an diesen Stellen geschieht, dafür fehlt das Verständnis noch in erheblichem Maße. Auch die Grundtatsache, daß in einem parlamentarisch-demokratischen Staate keine andere Möglichkeit für die Bildung der Regierung besteht, als das Mehrheitsprinzip, und daß man sich daher der Mehrheit solange fügen muß, als es nicht gelungen ist, sie durch eine andere zu ersetzen, ist noch nicht in alle Köpfe eingedrungen. Es fehlt in weiten Schichten eben die Erkenntnis, daß die neue Gestaltung im Grunde genommen nichts anderes ist, als die Erweiterung des Selbstverwaltungsgedankens, an den man sich in kleineren örtlichen Kreisen längst gewöhnt hat, auf die große staatliche Gesamtheit. Während man es beispielsweise in der Gemeinde als unerträglich empfinden würde, von durch fremden Willen bestellten Organen geleitet zu werden, fühlt man im Staat noch immer das Bedürfnis, von „oben" mit starker Hand geführt zu werden. Besonders merkwürdig ist dabei, daß bei uns das Vorwalten der genossenschaftlichen Gesinnung bei den alten Germanen ebenso zum unbestrittenen geistigen Besitzstand jedes Gebildeten gehört, wie die Entwicklung des Herrschaftsgedankens und der unbeschränkten Macht der Magistratur in der spätrömisch-orientalischen Geisteswelt von Byzanz. Und doch wird allen Ernstes behauptet, die Führung durch einen starken von außen kommenden Willen sei ein autochthones Bedürfnis gerade des deutschen Volkes! Dabei wird — nebenbei bemerkt — vollkommen übersehen, daß bei demjenigen Teil des Volksganzen, bei dem die politische Entwicklung ihren Weg ungebrochen seit der germanischen Zeit bis auf unsere Tage genommen hat, weil sich dort fremde Einflüsse nicht behaupten konnten, nämlich in der deutschen Schweiz, der genossenschaftliche Sinn von ehedem gradlinig in die demokratische Auffassung von heute ausmündet. So gründlich hat der Polizeistaat bei uns sein Werk besorgt, daß wir ihn auch heute noch, wo seine Aufgabe längst erfüllt ist, innerlich nicht los geworden sind.

3. In anderer Weise zeigt sich die Verkennung der Grundgedanken des heutigen Staatswesens in dem Wirkungsbereich der Volksvertretung. Wir sahen schon, wie das in dem Wesen der

Gewaltenteilung des konstitutionellen Systems begründete Mißtrauen der Volksvertretung gegenüber der Regierung da und dort in den Einrichtungen der Verfassung selbst weiterhin festgehalten worden ist. Darüber hinaus aber gebärden sich die einzelnen Abgeordneten sowohl wie die Parteifraktionen immer wieder so, als ob es die Hauptaufgabe des Parlamentes sei, in alle Schlupfwinkel des von der Regierung geleiteten staatlichen Behördenapparates hineinzuleuchten, Aufklärungen zu fordern, die Selbständigkeit der verantwortlichen Beamten einzuengen, bindende Beschlüsse über die Führung der Verwaltung zu fassen, Einzelheiten festzulegen usw. Besonders die Etatsberatung wird mit einer solchen Gründlichkeit und einem solchen Zeitaufwand vorgenommen, daß der Staatshaushalt niemals rechtzeitig zustande kommt und dadurch sein Hauptzweck, eine Ordnung in der Verwaltung der finanziellen Mittel des Staates zu verbürgen, in sein Gegenteil, die Verhinderung jeder ordentlichen Wirtschaftsführung, verwandelt wird. Die Grundeinstellung der Mitglieder des Landtages ist immer noch dieselbe wie in der früheren Kammer der Abgeordneten, nur kann sie sich jetzt, da alle Hemmungen des konstitutionellen Systems weggefallen sind, schrankenlos ausleben. (Vgl. auch unten §§ 58 Z. 2, 59 Z. 2.)

Umgekehrt tritt das Bewußtsein, daß die heutige Regierung eine parlamentarische ist, die von vornherein Anspruch auf das Vertrauen der Volksvertretung bzw., genauer gesagt, ihrer Mehrheit besitzt, nur sehr unvollkommen in Erscheinung. Regierungsmitglieder, insbesondere die Chefs der Regierung, werden mitunter durch die Parteien selbst gestürzt, die sie entsendet haben, obwohl in einem Atemzug behauptet wird, daß sie das volle Vertrauen der Partei genießen (besonders kraß im Fall Lerchenfeld im Herbst 1922). Die Bindung der Regierung an die kleinsten Einzelheiten des Etats muß geradezu Mitleid erregen, Personalfragen, die ganz in die Sphäre der ministeriellen Entscheidung und Verantwortung fallen, beispielsweise in Ernennungs- und Begnadigungsangelegenheiten, werden im Hause und vor allem in den Ausschüssen bis in alle Einzelheiten erörtert, wobei oft die Angehörigen der Partei, welcher der Minister entstammt, ebenso mitwirken, wie die Angehörigen der Opposition, bei denen ja ein gewisses Mißtrauen durchaus verständlich ist.

Andererseits wird — vor allem in formeller Beziehung — der Regierung mitunter eine Stellung zugebilligt, auf die sie nach den neuen Verfassungsverhältnissen gar keinen Anspruch hat. So kommt es vor, daß der Präsident Angriffe einzelner Abgeordneter gegen das Ministerium, die beispielsweise dessen Glaubwürdigkeit in Frage ziehen, als unzulässig zurückweist, obwohl doch für die Opposition nicht die geringste Verpflichtung besteht, der von ihren politischen Gegnern berufenen Regierung auch nur ein Mindestmaß von Vertrauen entgegenzubringen. Nicht nur in einem Fall ist sogar ein Minister namens der Regierung, — nicht etwa, wie das selbstverständlich zulässig ist, zur Abwehr von gegen sie gerichteten Anwürfen —, sondern gleichsam als Hüter der öffentlichen Moral gegenüber Landtagsmitgliedern aufgetreten, obwohl der Abgeordnete doch nur von dem Hause selbst zur Verantwortung gezogen werden kann usw.

4. Im allgemeinen allerdings — und damit kommen wir zur Stellung der Regierung gegenüber den Grundgedanken der Verfassung — kann man nicht behaupten, daß das Ministerium sich der Stützen, die ihm die Verfassung gewährt, voll bewußt geworden ist. Sehr häufig betrachtet es sich — bequemerweise — einfach als Vollzieher der Beschlüsse des Landtags. Es kommt nur sehr selten vor (vgl. einen solchen Fall unten § 21 Z. 11 u. 12), daß ein Minister auf die verfassungsmäßigen Rechte der obersten „leitenden Behörde" mit Nachdruck verweist. Ein Gebrauchmachen von dem Recht, die Volksabstimmung anzurufen, gegen Ausgabenerhöhungen Stellung zu nehmen, den Staatsgerichtshof anzurufen usw., hat noch niemals stattgefunden. So ist von dieser Seite bisher kein ernstlicher Versuch unternommen worden, dem Landtag die grundlegenden Änderungen seines verfassungsmäßigen und politischen Verhältnisses zur Regierung klar zu machen und auf diese Weise der vorher geschilderten parlamentarischen Überflutung einen Damm entgegenzusetzen.

Diese Schwäche der Regierung — ein anderer Ausdruck würde den wahren Sachverhalt beschönigen — hat ihren tieferen Grund in einer allgemeinen Erscheinung des noch in den Kinderschuhen steckenden deutschen Parlamentarismus (vgl. zum folgenden auch Rothenbücher 75). Bisher haben sowohl im Reich wie in den meisten deutschen Ländern die eigentlichen Parteiführer wenig Neigung gezeigt, selbst in die Frontstellung der Regierung einzurücken. Sie erachten offenbar die rückwärtige Linie der Parteidirigierung als einen viel sichereren, der feindlichen Einwirkung weniger ausgesetzten politischen Standort und lassen daher den Parteigrößen zweiten und dritten Ranges oder gar den der Partei nahestehenden Beamten oder Persönlichkeiten des Berufs- und Wirtschaftslebens gerne den Vortritt. Die Folge ist, daß die Regierung und die hinter ihr stehende Mehrheit keine unbedingt festgeschlossene Phalanx bilden, daß demgemäß die Regierung, wenn sie ihre Beschlüsse faßt, nicht unter allen Umständen, auf ihre eigene Gefolgschaft rechnen kann und daher unsicher bleiben muß, und daß andererseits die Regierungsparteien in der Lage sind, ihren eigenen Vertrauensmännern, wenn dies eine — vielleicht — überkluge Taktik gebietet, ein Bein zu stellen. Auf diese Weise kommt ein gewisses Moment der Unaufrichtigkeit in das System, welches schwere Schäden nach sich ziehen muß.

§ 19.

Die weitere Entwicklung.

Schrifttum: Schäffer, Ein bayerischer Staatspräsident, Pol. Zeitfr. 4 Jg. 1; Tatarin-Tarnheyden, Die Berufsstände 1922.

1. Es kann nicht Aufgabe dieser Darstellung sein, zu prüfen, ob die Voraussetzungen dafür gegeben sind, daß die geschilderten, zum größten Teil als Fortwirkungen der nahen Vergangenheit erkennbaren Hindernisse für das richtige Einspielen des neuen Verfassungsapparates allmählich behoben werden. Nur soviel sei behauptet, daß dafür eine gewisse innere Wahrscheinlichkeit angenommen werden kann, falls nicht Einflüsse von außen her dazwischentreten. Denn die in einem Verfassungsbau enthaltenen Triebkräfte haben im allgemeinen die Tendenz, im Laufe der Zeit zur Wirksamkeit zu gelangen. Bisher aber hat die dargestellte, verständlicherweise nicht befriedigende Auswirkung der neuen Ordnung noch nicht zu dem Versuch geführt, den immanenten Kräften des Apparates freien Spielraum zu verschaffen. Es reifte vielmehr, wie bereits erwähnt (S. 77), der Gedanke, durch eine Umgestaltung der Maschine den erkannten Übelständen auf andere Weise zu steuern. So erklärt sich die Forderung nach Schaffung eines selbständigen Staatspräsidenten und einer berufsmäßigen Kammer. Darauf soll nun noch etwas näher eingegangen werden.

2. Daß der Aufstellung eines selbständigen Staatspräsidenten von Reichsverfassungs wegen nichts entgegensteht, wurde bereits betont (S. 77). Ebenso, daß ein solcher Staatspräsident dem Reichspräsidenten eine gewisse Rivalität bieten würde (ebenda). Ob dieses Bedenken gegenüber der zweifellosen Tatsache einer stärkeren Betonung der Staatlichkeit Bayerns zurückgestellt werden sollte, ist eine Wertungsfrage, die je nach der politischen Grundeinstellung verschieden beantwortet werden kann. Man könnte diese Frage gewissermaßen als die außenpolitische Seite der Sache bezeichnen.

Nun die innenpolitische (vgl. hiezu auch **Rothenbücher** 80[1]).

Der Staatspräsident ist in erster Linie als Gegengewicht gegen die Volksvertretung gedacht. Er soll etwa mit dem Recht ausgestattet werden, den Landtag aufzulösen und das Ministerium einzusetzen und abzuberufen; ferner kommt noch die Anrufung des Volksentscheids gegen Landtagsbeschlüsse in Betracht. Sein Vorbild ist also der Reichspräsident, der nach dem Plan der Reichsverfassung die gleiche Stellung gegenüber dem Reichstag hat. Darum ist auch für den Staatspräsidenten unmittelbare Volkswahl ins Auge gefaßt; nur so kann er vom Landtag unabhängig sein.

Zweifellos kann ein Staatspräsident auf diese Weise dem Landtag in gewisser Beziehung ein Paroli bieten, man braucht nur die funktionelle Stellung des Reichspräsidenten zu vergleichen (s. Grundgedanken 71 f., 76 ff.). Überdies können die Fehler, die bei der Ausstattung des Reichspräsidenten gemacht wurden (ebenda 80) leicht vermieden werden.

3. Aber es wäre durchaus verfehlt, sich einer übertriebenen Vorstellung von dem *möglichen Einfluß des Staatspräsidenten* hinzugeben. Ein Diktator, die Sehnsucht vieler unklaren Köpfe, kann aus ihm nicht werden. Der Schwerpunkt der politischen Geschäftsführung könnte keinesfalls an ihn übergehen. Denn Art. 17 RV. macht das System der parlamentarischen, vom Vertrauen des Landtags getragenen Regierung obligatorisch.

Infolgedessen wäre der Staatspräsident bei allen Akten an die Gegenzeichnung, d. h. an die Zustimmung des auf die Landtagsmehrheit gestützten Ministeriums gebunden. Ohne diese Gegenzeichnung würde nebenbei bemerkt die Stellung des Präsidenten selbst die eines konstitutionellen Monarchen weit überragen — vgl. den amerikanischen Präsidenten! Wie angedeutet, könnte vielleicht die Landtagsauflösung und die Anrufung der Volksentscheidung davon ausgenommen werden. Aber das sind keine Mittel des politischen Tagesgebrauchs, sondern nur Waffen für Ausnahmsfälle. Die normale Tätigkeit des Staatspräsidenten könnte sich also nicht viel von der eines parlamentarischen Monarchen unterscheiden. (Eine solche Machtverteilung würde übrigens der **Redslob**schen Auffassung „Der parlamentarischen Regierung in ihrer wahren Form" entsprechen.)

Allerdings käme es auf die Stärke der Persönlichkeit an. Denn eine kräftige Persönlichkeit könnte immerhin auf die Tätigkeit des Ministeriums insofern einen gewissen Einfluß ausüben, als sie nicht alle Anträge desselben vorbehaltlos annehmen würde; dabei wird vorausgesetzt, daß der Staatspräsident mit einer eigenen Verantwortlichkeit ähnlich jener des Reichspräsidenten ausgestattet werden soll, auf die er sich gegebenenfalls berufen könnte (vgl. Grundgedanken 82 ff.).

Aber gerade daraus wächst eine gewisse Schwierigkeit hervor. Für die laufende Geschäftsführung ist das Ministerium dem Landtag verantwortlich, und zwar ist diese Verantwortlichkeit eine sehr aktuelle, die jederzeit durch ein Mißtrauensvotum geltend gemacht werden kann. Wird das Ministerium sich also vom Staatspräsidenten allzuviel dreinreden lassen können? Die Konfliktsgefahr liegt zutage.

4. Hier zeigt sich nun, daß der Staatspräsident nicht nur leicht in einen Gegensatz zum Landtag, was möglicherweise von vornherein gewünscht wird, sondern auch in einen G e g e n s a t z z u m M i n i s t e r i u m geraten kann. Seine Rechte werden ja dadurch abgerundet werden müssen, daß man dem Ministerium gewisse Befugnisse nimmt und ihm überträgt. Welche Rückwirkungen ergeben sich nun daraus auf die Stellung der Regierung?

Diese wird zweifellos geschwächt. An der bisherigen verfassungsmäßigen Stellung des Ministeriums wird seine allzugroße Abhängigkeit vom Landtag beklagt. Wird diese dadurch gemildert werden, daß dazu noch eine gewisse Abhängigkeit vom Staatspräsidenten tritt? Die Frage ist, wie gestellt, schon beantwortet. Eine doppelte Abhängigkeit ist keine geminderte.

Was von dem Ministerium im allgemeinen gilt, gilt von dem Ministerpräsidenten im besonderen. Er wird vor allem zu Schaden kommen. Und gerade seine Stellung wird doch als reformbedürftig im Sinne einer Stärkung angesehen. Es liegt nahe, daß er bestrebt sein wird, den Einfluß des Staatspräsidenten möglichst auszuschalten. So ist es nicht ausgeschlossen, daß beide Funktionäre ständig im Kampfe liegen. Dabei darf man nicht übersehen, daß Bayern ein kleiner Staat ist, der für zwei leitende Funktionäre nicht genügend Beschäftigung aufweist.

5. Und dann noch eines. Es besteht gewiß die Möglichkeit, daß der Staatspräsident nicht auf Grund einer Kompromißkandidatur aller großen Parteien, sondern auf Grund der Kandidatur einer bestimmten Parteienkoalition gewählt wird. Tritt dies ein, so fehlt ihm das nötige Ansehen, das er für seine Stellung als Gegengewicht gegen Landtag und Ministerium braucht; der eigentliche Zweck der Einrichtung ist dann aber vereitelt. Gehört er nämlich der gleichen Gruppe an, wie die Landtagsmehrheit selbst, so wird er bei den Angehörigen der Gegenparteien wenig Vertrauen genießen, er wirkt dann nur als Verstärkung des Mehrheitsprinzips. Gehört er einer anderen Gruppe an, etwa einer, die früher die Mehrheit hatte, so verschärfen sich die bereits betonten Konfliktsgefahren. Der Staatspräsident kann demgemäß seine Aufgabe nur dann richtig erfüllen, wenn er gänzlich außerhalb der Parteien steht.

6. Man sieht, es sind unendlich schwierige Probleme, die sich mit der Einfügung eines Staatspräsidenten in den Verfassungsbau verbinden. Sie werden von den eifrigen Verfechtern der Ideen meist gar nicht aufgeworfen, geschweige denn gewürdigt. Ein typisches Beispiel dafür ist die oben angeführte Schrift von Schäffer. Daß diese Schwierigkeiten lösbar sind, wurde oben angedeutet. Aber das Bild, das sich dann ergibt, sieht einigermaßen anders aus, als die Vorstellung, die sich mit dem Vorschlag meist verbindet.

7. In der Sitzung des Ausschusses für Verfassungsfragen vom 12. Dezember 1922 (Beil. 3122 enthält einen Auszug aus der Verhandlungsschrift) wurde ein Antrag Schäffer-Hilpert mit einfacher Mehrheit angenommen, der die Staatsregierung ersucht, einen Gesetzentwurf vorzulegen über die Schaffung eines vom Volk gewählten Staatspräsidenten mit dem Recht der Vertretung Bayerns nach außen, der Ausfertigung und Verkündung der Staatsverträge und Gesetze, der Vorlage der Ministerliste an den Landtag, der Beamtenernennung und des Straferlasses für einzelne Personen. Ob ein solcher Entwurf die für Verfassungsänderungen erforderliche Zweidrittelmehrheit des Landtags erhalten kann, erscheint nach den Erklärungen der Fraktionen im Ausschuß sehr fraglich. Siehe jetzt auch Sten. Ber. 953 ff.

8. Auch die Forderung einer berufsständischen Kammer ist gegen den Landtag gerichtet. Dagegen scheidet hier eine Schwächung des Ministeriums aus. Denn das in Art. 17 RV. aufgestellte Prinzip der Abhängigkeit der Landesregierung vom Vertrauen der Volksvertretung schneidet die Möglichkeit ab, einer anderen Kammer einen entscheidenden Einfluß auf das politische Schicksal des Ministeriums zu gewähren (gl. A. Anschütz 57).

Zunächst kann es überhaupt fraglich sein, ob die Einrichtung einer solchen Kammer reichsverfassungsmäßig zugelassen ist. Art. 17 RV. verlangt: „Die Volksvertretung muß in allgemeiner, gleicher, unmittelbarer und geheimer Wahl von allen reichsdeutschen Männern und Frauen nach dem System der Verhältniswahl gewählt werden“. Auf diese Weise läßt sich eine berufsständige Kammer zweifellos nicht bilden (gl. A. Piloty 92). Es kommt daher nur die Möglichkeit in Betracht, daß man sich einen solchen Vertretungskörper nicht als Teil der Volksvertretung, sondern als einen außerhalb, neben ihr stehenden Faktor denkt. (Auf die Bezeichnung kommt es dabei natürlich nicht an; man mag immerhin den Ausdruck „Kammer“ gebrauchen.)

Das Vorbild böte der preußische Staatsrat, dessen Organisationsprinzip allerdings ein anderes, die Vertretung der Provinzen, ist. Seine Rechte sind nach dem Muster des Reichsrats gestaltet: Gutachten zu Regierungsvorlagen, Gesetzesanträge beim Landtag, Einspruch gegen Gesetzesbeschlüsse, der bei Zweidrittelmehrheit des Landtages wirkungslos bleibt, bei schwächerer Mehrheit aber durchdringt, falls der Landtag nicht den Volksentscheid anruft, absolutes Einspruchsrecht gegen Ausgabenerhöhungen durch den Landtag, Herbeiführung eines Volksentscheides über die Landtagsauflösung, Informationsrecht über den Gang der Verwaltung, Anspruch auf Gehör bei Erlaß von Ausführungsverordnungen und organisatorischen Vorschriften u. dgl. m. (Vgl. Stier-Somlo, Verfassung des Freistaats Preußen 1921 und Das Preußische Verfassungsrecht 1922; Waldecker, Die Verfassung des Freistaates Preußen 1921.)

Eine ähnliche Stellung könnte auch einem berufsständischen Vertretungskörper eingeräumt werden. Nur wäre noch auf einen anderen Gesetzeskomplex, nämlich die Arbeiter- und Wirtschaftsräte nach Art. 165 RV., Rücksicht zu nehmen. Denn diese sind der landesgesetzlichen Regelung ausdrücklich entzogen (165 VI). Das Zuständigkeitsfeld dieser Räte ist die wirtschaftlich-soziale Gesetzgebung und Verwaltung; dagegen kommen ihnen politische Aufgaben nicht zu. Aber auch die ersteren Funktionen beschränken sich grundsätzlich auf Fragen, die das Reich als Ganzes berühren. So ließe sich, ohne daß hier im einzelnen näher darauf eingegangen werden kann, eine Kollision dieser Räte mit einem berufsständischen Vertretungskörper im Rahmen der Landesverfassung zweifellos vermeiden.

9. Die Einfügung eines solchen Organes in den politischen Aufbau des Staates hätte sicherlich die Folge einer gewissen Abschwächung des Einflusses der rein politischen Faktoren, und, wenn seine Zuständigkeiten richtig abgegrenzt würden, könnte dieses wohl nicht unerwünschte Ergebnis ohne Schaffung störender Konfliktsmöglichkeiten erzielt werden. Aber auch hier darf man sich übertriebenen Erwartungen nicht hingeben. Eine durchgreifende Entpolitisierung des staatlichen Apparates von dieser Seite her kommt keinesfalls in Frage; die politischen Kräfte *sind* da und wirken und *müssen* auch da sein und wirken. Es könnten nur daneben auch nichtpolitische, wirtschaftliche, soziale, kulturelle Einflüsse zu stärkerer Geltung gebracht werden. (Vgl. auch Rothenbücher 82.)

Allerdings besteht keine unbedingte Gewähr dafür, daß die berufsständische Vertretung sich auch tatsächlich nach diesen Richtungen einstellt. Es ist im Gegenteil nicht unmöglich, daß sie sich selbst politisiert, indem die Berufsvertreter sich einfach — wenigstens bei ihrer Stellungnahme zu gewissen Fragen — nach politischen Parteien gruppieren. Anlaß dazu ergibt sich von selbst daraus, daß der Vertretungskörper jedenfalls nicht nur mit Fragen von berufsständischem Interesse, sondern mit allgemein politischen Angelegenheiten befaßt werden wird. Diese lassen sich natürlich nur von politischen Gesichtspunkten aus behandeln. Tritt aber eine solche Politisierung tatsächlich ein, so sind Reibungen mit dem Landtag unvermeidlich, besonders wenn die Stimmenverteilung in beiden Körperschaften voneinander abweicht. Die in der berufsständischen Vertretung benachteiligten Parteien werden die Verschiebung des politischen Gleichgewichts als im Widerspruch mit der tatsächlichen Gruppierung der Bevölkerung aufs schärfste bekämpfen und das Ansehen des anderen Vertretungskörpers mit allen Mitteln zu untergraben suchen. Das Endergebnis wäre statt einer Milderung eine Verschärfung der politischen Gegensätze und Reibungsflächen.

10. Mit diesen Erwägungen ist zugleich auf das schwierigste Problem der berufsständischen Vertretung, die zahlenmäßige Berücksichtigung der einzelnen Berufsgruppen, verwiesen. Die Zusammensetzung des Reichswirtschaftsrates beispielsweise bietet kein geeignetes Vorbild, weil bei einem rein wirtschaftlich-sozialen Vertretungskörper das Gewicht der wirtschaftlichen Interessen entscheidend ist, während es bei einem Vertretungsorgan mit allgemein politischen Aufgaben auch auf die ziffernmäßige Stärke der einzelnen Gruppen ankommt. Die Lösung der Organisationsfrage wird sich daher wegen der beteiligten Interessengegensätze kaum ohne schwere politische Kämpfe erreichen lassen.

11. Alles in allem lassen sich zweifellos die beiden Forderungen auf Umbau der Verfassung nach Überwindung gewisser Schwierigkeiten verwirklichen. Ob dabei die Erwartungen ihrer Befürworter auch nur teilweise entsprechend erfüllt werden können, ist eine andere Frage. Jedenfalls wird aber selbst bei Durchführung der angestrebten Änderungen das große Problem nach wie vor darin gelegen sein, daß es allen beteiligten Faktoren gelingt, sich von unzutreffenden Anschauungen über das Wesen des parlamentarisch-demokratischen

Staates freizumachen und in seinen eigentlichen Sinngehalt einzudringen. Ob unter diesem Gesichtspunkt die grundsätzliche Beibehaltung des überaus einfachen und durchsichtigen Systems der Bamberger Verfassung etwa unter Ausgestaltung der Stellung des Ministeriums — Hebung des Ministerpräsidenten, aufschiebender Einspruch der Regierung gegen Gesetzesbeschlüsse, Anrufung der Volksentscheidung über die Auflösung des Landtags durch das Ministerium, Ausschluß der Mißtrauenskundgabe in den Fällen, in denen die Regierung von ihren selbständigen Rechten Gebrauch macht u. dgl. — nicht der empfehlenswertere Weg wäre, mag immerhin zum Schlusse zur Erwägung gestellt werden.

Zweiter Abschnitt.

B. Der Landtag.

§ 20.

Die äußere Rechtsstellung des Landtags.

Schrifttum: Laband, Staatsrecht § 32; Seydel-Piloty § 47; G. Jellinek, Staatslehre 566 ff.; Rieker, Die rechtliche Natur der modernen Volksvertretung 1893; Lukas, Die rechtliche Stellung des Parlaments 1901; Kelsen, Hauptprobleme 450 ff.; Jan, Das Hausrecht des Bayerischen Landtags, in Blättern f. administr. Praxis 1921, 97 ff.

1. Wie unsere allgemeine Betrachtung gezeigt hat und die Einzelerörterung bestätigen wird, ist der Landtag mit einer Fülle von Befugnissen ausgestattet, die ihm eine große rechtlich bestimmte Macht in die Hand geben. Wir werden dann weiter sehen, daß er über eine ausgebildete Organisation verfügt, die ihn in den Stand setzt, einen rechtserheblichen Willen zu äußern und so von der ihm eingeräumten Macht durch seine Willensakte beliebigen Gebrauch zu machen. Was liegt näher, als in ihm das Subjekt eines selbständigen rechtlich bedeutsamen Willens, ein Rechtssubjekt zu erblicken, dessen nähere Charakterisierung als eine zu der Kategorie der sog. juristischen Personen gehörige Korporation sich von selbst darbietet?

Das Unzutreffende dieser Schlußfolgerung ergibt sich aber sofort, wenn wir die gleichen Maßstäbe auf die übrigen höchsten verfassungsrechtlichen Faktoren anwenden. Auch beim Gesamtministerium und der Staatsbürgerschaft können wir eine ähnliche Konzentration rechtlich festgelegter Machtbefugnisse und eine zu deren

Gebrauch befähigende rechtserhebliche Willensbildung feststellen. Wir kämen auf diese Weise dazu, jedem der obersten Organe des Staates die Stellung eines Rechtssubjektes beizulegen und so die Staatspersönlichkeit selbst zu zerreißen und aufzulösen. Mit dem Staate aber fiele auch seine Rechtsordnung, die er mit seinem Willen trägt (vgl. oben S. 50), zusammen, unser Betrachtungsgegenstand würde uns unter den Händen zerfließen.

2. Diese Erwägung führt uns mit Notwendigkeit dazu, das einigende Band aufzusuchen, das die nebeneinanderstehenden Teile zusammenhält. Wir können es nur darin finden, daß die Tätigkeiten, die von den verschiedenen Willenszentren aus entfaltet werden, nicht diesen selbst endgültig rechtlich zugeschrieben werden, sondern durch sie hindurchgeführt, auf einen gemeinsamen, einheitlichen Punkt bezogen werden. M. a. W. wir müssen annehmen, daß die einzelnen in Betracht stehenden politischen Faktoren nicht in eigenem Namen, kraft eigenen Rechts handeln, sondern für ein anderes Rechtssubjekt, das uns sofort im Staate gegeben ist. So kommen wir dazu, hier statt von mehreren selbständigen Rechtssubjekten, von mehreren zusammengehörigen Organen eines Rechtssubjektes zu sprechen. Diese Reihe von Andeutungen mag hier genügen — da eine eindringende Betrachtung weit über den gesteckten Rahmen führen müßte —, um auszusprechen, daß der Landtag kein Rechtssubjekt, sondern ein Staatsorgan, wie andere ist; einige weitere Bemerkungen werden übrigens noch im Zusammenhang mit der Einteilung der Staatsfunktionen zu machen sein (vgl. unten § 40 Z. 8). In Konsequenz dessen muß dann weiter gesagt werden, daß überall dort in der Verfassung und auch sonst, wo der Kürze und plastischen Ausdrucksweise zuliebe von Rechten der Volksvertretung die Rede ist, technisch korrekt von Zuständigkeiten des Landtags gesprochen werden muß.

Hiebei ist allerdings das Wort „Zuständigkeit" in einem weiteren Sinn gebraucht. In einem engeren Sinn verwendet man den gleichen Ausdruck, wenn man nicht die Machtvollkommenheit, die Befugnis zu gewissen Akten zum Ausdruck bringen will, sondern nur die rechtliche Möglichkeit zur Erlangung von Befugnissen. Man kann dann auch genauer von Zuständigkeitseignung, Kompetenzfähigkeit oder von Fähigkeit schlechthin sprechen.

3. Die Erkenntnis der rechtlichen Natur des Landtags als eines Staatsorgans erleichtert vor allem auch das Verständnis für die Bedeutung der Einheit der Einrichtung trotz regelmäßigen periodischen Abbrechens seiner Tätigkeit und trotz des in von vornherein vorgesehenen Zwischenräumen erfolgenden Wechsels aller seiner Mitglieder. Wenn auch die rechtliche Erklärung der letzteren Erscheinung — des Mitgliederwechsels — bei Festhaltung des Korporationsbegriffes keine sonderlichen Schwierigkeiten geboten hätte, so würde doch die erstere Erscheinung — das Intermittieren der Tätigkeit — in einem auffallenden Widerspruch mit der allgemein vertretenen Lehre stehen, daß das rechtliche Leben einer Körperschaft von den Veränderungen in ihrem Mitgliederstand vollkommen unberührt bleibt. Denn im Gegensatz dazu löst das Ende der Wahlperiode des Landtags eine Reihe von tiefeinschneidenden Wirkungen auf das rechtliche Schicksal der in seinem Schoße vorbereiteten, noch nicht zum letzten Abschluß gelangten Arbeiten aus, diese ganze Tätigkeit gilt einfach als rechtlich nicht mehr vorhanden und verschwindet wie in einer Versenkung; die neugewählte Versammlung muß noch einmal von vorne beginnen, als ob bisher gar nichts geschehen wäre, es fehlt jede Brücke, die den Zusammenhang zwischen dem Landtag der zu Ende gegangenen und der neu beginnenden Wahlperiode herstellen würde: sog. Diskontinuität der Legislaturperioden. In dem politischen Sprachgebrauch hat das auch dazu geführt, daß man zwischen dem „alten" und dem „neuen Landtag" als zwischen zwei sich getrennt gegenüberstehenden Erscheinungen unterscheidet, die in vollem Gegensatz zueinander stehen. Danach spricht man nicht von einem Landtag, sondern geradezu von einer Mehrheit von Landtagen. In vielen Verfassungen greift diese Zerreißung der Kontinuität sogar innerhalb derselben Wahlperiode gegenüber den einzelnen Tätigkeitsabschnitten, den sog. Sessionen oder Tagungen, durch Diskontinuität der Sitzungsperioden, obwohl hier eine Änderung der Zusammensetzung des Vertretungskörpers nicht erfolgt.

Legt man dagegen den Organbegriff zugrunde, so tauchen solche Schwierigkeiten von vornherein gar nicht auf. Denn die Individualität eines Organs ist einfach durch den sachlichen Kreis der ihm zugewiesenen Zuständigkeiten bestimmt, hinter dem nicht nur die handelnden Persönlichkeiten, sondern auch die rechtlichen Schicksale der von diesen entfalteten Tätigkeiten vollkommen verschwinden. Gerade das Intermittieren der Funktionen ist eine regelmäßige Erscheinung der Organe, die niemals eine ununterbrochene Aktivität entfalten. Ein Gericht beispielsweise bleibt seiner Zuständigkeit nach dasselbe Gericht ohne Rücksicht darauf, daß seine Senate periodisch neugebildet werden und ihre Sprüche untereinander in gar keinem rechtlichen Zusammenhang stehen. Dieses Beispiel gibt uns übrigens eine sehr geeignete Analogie zur Beleuchtung unseres Falles. Die Landtagsversammlungen der einzelnen Wahlperioden verhalten sich zum Landtag als einheitlicher Einrichtung etwa wie die entscheidenden Gerichte zu den Gerichtsbehörden, bei und aus denen sie gebildet werden. (Vgl. Laband, Staatsrecht des Deutschen Reiches § 88.)

4. Von den mannigfachen Einteilungsgründen, die gegenüber den Staatsorganen in Betracht kommen, sind für die nähere Charakterisierung der Rechtsstellung des Landtags vor allem folgende Unterscheidungen bedeutsam: normgebende und normvollziehende, selbständige und unselbständige, abhängige und unabhängige, primäre und sekundäre, einfache und zusammengesetzte Staatsorgane. Eine tiefergreifende Untersuchung über Sinn und Bedeutung dieser Gliederungen könnte nur im Rahmen einer allgemeinen Staatsrechtslehre vorgenommen werden. Dort wären u. a. auch die Bedenken darzulegen, die gegen die hier nicht berücksichtigte Einteilung in unmittelbare und mittelbare Organe sprechen. Im folgenden müssen daher wieder Andeutungen genügen.

a) Der Landtag ist in den Hauptfällen seiner Wirksamkeit ein normgebendes Staatsorgan, da er durch seine Willensakte Rechtsnormen schafft. Infolgedessen ist er grundsätzlich nicht Adressat von Rechtsnormen. Inwieweit völkerrechtliche oder ihnen gleichstehende bundesstaatsrechtliche Verbindlichkeiten zur Erlassung (inner-) staatlicher Gesetze Pflichten des Landtags zur Schaffung von Rechtsnormen begründen, soll hier außer Betracht bleiben. Abgesehen von derartigen Verbindlichkeiten ist der Landtag als Normgeber rechtlich nicht gebunden. Insbesondere enthalten die Sätze über das Gesetzgebungsverfahren keine Verpflichtung, kein Sollen des Landtags, sondern nur ein Können. D. h. ihre Nichtbeachtung löst keine Sanktionen aus, sondern bewirkt nur eine Vereitelung der gewollten Rechtswirkungen; es kommt einfach keine bindende Rechtsnorm zustande. Ganz anders bei den normvollziehenden Staatsorganen; diese sind zur Ausführung der Rechtsnormen verpflichtet, gegensätzliches Handeln ist Rechtsverletzung, gegen die durch Zwang oder Strafe reagiert wird.

Der grundsätzliche Unterschied, daß der Wille der normgebenden Organe nicht durch Pflichten gebunden wird, sondern durch die Schaffung neuer Normen nur Bedingung für die Entstehung von

Pflichten anderer Organe ist, während die normvollziehenden Organe gerade durch die sie verpflichtenden Normen charakterisiert sind, hat einzelne Theoretiker zu der Lehre veranlaßt, die Normgebung an sich stünde überhaupt außerhalb des Rechtssystems, sei eine rein gesellschaftliche Tatsache (Kelsen, Hauptprobleme 465 ff.). Wenn man aber den Organbegriff in dem weiten Sinne faßt, daß er ganz allgemein die Subjekte der Bildung des Staatswillens in sich begreift, läßt sich auch das normgebende Organ bei voller Erkenntnis seiner Eigenart in diese Kategorie einbeziehen.

b) Während im alten Staatsrecht der Landtag regelmäßig als unselbständiges Staatsorgan auftrat, da sein Wille allein die beabsichtigte Rechtsnorm nicht erzeugte, sondern erst mit dem Willen des Monarchen zusammentreffen mußte, ist der Landtag des neuen Staatsrechts in den meisten Fällen selbständiges Staatsorgan. Denn durch seine endgültigen Beschlüsse kommt normalerweise das staatliche Gesetz zustande. Eine Mitwirkung anderer Faktoren ergibt sich bei der Gesetzgebung nur im Falle des Referendums. Unter besonderen Umständen ist der Landtag aber auch heute noch nur unselbständiges Organ, so z. B., wenn er seine Genehmigung zum Erlaß organisatorischer Verordnungen der Regierung (§ 46) zu geben hat.

c) Schon der Schwerpunkt der Wirksamkeit des Landtags auf gesetzgeberischem Gebiet begründet seine Eigenschaft als unabhängiges Organ; er ist an Weisungen anderer Stellen nicht gebunden. Dies gilt insbesondere auch gegenüber dem Volk. Die Staatsbürgerschaft ist zwar berufen, die persönliche Zusammensetzung des Landtags durch die Wahlen zu bestimmen, aber die Abgeordneten sind nach dem in allen repräsentativ-demokratischen Verfassungen der Neuzeit geltenden und auch in der VU. § 35 I ausdrücklich aufgenommenen Grundsatz „an Aufträge der Wähler nicht gebunden". Ist das Staatsvolk mit der Tätigkeit des Landtags nicht einverstanden, so bleibt ihm keine andere Möglichkeit, als eine Auflösung und Neuwahl des Landtags herbeizuführen (§ 30 IV) oder durch Volksbegehren oder Referendumsinitiative die Rechtsbildung selbst in die Hand zu nehmen (§§ 10 I, 76 III, 77 II).

d) Man hat die Volksvertretung als sekundäres gegenüber dem Volk als primärem Organ bezeichnet, weil die erstere von dem letzteren eingesetzt sei, um seine Interessen und seinen Willen im staatlichen Apparat zur Geltung zu bringen (z. B. Jellinek, Allgemeine Staatslehre 546). Die Unabhängigkeit des Landtags von der Staatsbürgerschaft benimmt dieser Gegenüberstellung jede rechtliche Bedeutung. Der Landtag leitet seine Organstellung durchaus nicht mittelbar von der Wahl seiner Mitglieder durch das Volk, sondern unmittelbar aus der Verfassung selbst ab. Dieser Sachverhalt kommt in der VU. § 2 insofern richtig zum Ausdruck, als es dort heißt: „Sie (die Staatsgewalt) wird ... durch die Staatsbürger und ... durch die in dieser Verfassung eingesetzten Organe ausgeübt". Noch schärfer lautet diese Fassung des § 3: „Dem Landtage steht die Ausübung aller Rechte der Staatsgewalt zu, die nicht durch die Verfassung ... der Staatsbürgerschaft, den Behörden oder den Verbänden der Selbstverwaltung vorbehalten sind." Danach stehen sich Landtag und Volk rechtlich vollkommen gleichgeordnet gegenüber, indem beide unmittelbar auf der Verfassung fußen. Die Unterscheidung zwischen primärem und sekundärem Organ hat also für ihr gegenseitiges formales Rechtsverhältnis keinerlei Bedeutung. Sie bringt nur einen materiellen, politischen Gedanken zur Geltung, indem sie den obenbezeichneten tieferen Beweggrund für die Einführung einer Volksvertretung hervorkehrt: eine Versammlung zu schaffen, die geeignet ist, den Interessen und Bestrebungen der breiten Schichten der Bevölkerung im staatlichen Apparat Berücksichtigung zu verschaffen. In diesem politischen Sinne sind daher auch die Beisätze „unmittelbar" vor „durch die Staatsbürger", „mittelbar" vor „durch die in dieser Verfassung eingesetzten Organe" in dem oben wiedergegebenen Text des § 2 VU. zu bewerten.

e) Dem gleichen Gedankenkreis gehört auch die Bezeichnung des Parlaments als „repräsentatives" Organ zu (z. B. Jellinek, Staatslehre 582 ff.). Es soll damit zum Ausdruck gebracht werden, daß die Volksvertretung einerseits, ihrer Bezeichnung entsprechend, das Volk vertritt, daß diese Vertretung andererseits aber eine absorbierende ist, daher das Volk nicht etwa noch einmal neben oder an Stelle seiner Vertretung handelnd auftreten kann.

Auch diese Auffassung ist in das Gebiet der politischen Motivbetrachtung zu verweisen; sie hat sich mit der Zähigkeit einer liebgewordenen Vorstellung auch in die VU. hinübergerettet und zwar in der alt überkommenen Formel: „Die Mitglieder des Landtags sind Vertreter des gesamten Volkes" (§ 35; ähnlich RV. Art. 21 S. 1). Daß diese Formel in eine Zeit des Verhältniswahlrechtes, in der die Wahl der Abgeordneten durch die einzelnen Parteien zum Organisationsgrundsatz erhoben ist, nicht mehr paßt, wurde ganz übersehen; die Nachbarschaft der Ablehnung des imperativen Mandats (anschließender Satz des § 35 I), die mit dem Repräsentationsprinzip in einem gewissen inneren Zusammenhang steht, ließ offenbar über die schon gar nicht mehr zutreffende Fassung hinübergleiten.

f) Der Landtag ist seiner inneren Struktur nach ein zusammengesetztes und zwar ein kollegial zusammengesetztes Organ. Er besteht aus gleichberechtigten Mitgliedern, den Landtagsabgeordneten. Durch das Zusammenwirken derselben führt er die ihm übertragenen Aufgaben aus, bildet insbesondere im Rahmen seiner Zuständigkeit den staatlichen Willen.

Damit nun aus der Vielheit der Einzelwillen eine einheitliche Willenskundgebung hervorgehen kann, bedarf es einer bestimmten Organisation und eines bestimmt geordneten Verfahrens. Solange dem Landtag als Vertreter des demokratischen Prinzips der König als Vertreter des autokratischen Prinzips gegenüberstand, machte sich der Gegensatz beider Prinzipien auch in der Regelung der Organisation und des Verfahrens geltend und führte zu einem Ausgleich auf der mittleren Linie, dergestalt, daß zwar dem Landtag auf der einen Seite innerhalb eines gewissen Rahmens weitgehende Selbständigkeit, sog. Autonomie, eingeräumt, auf der anderen Seite aber der Rahmen selbst durch beiderseits vereinbarte Normen in bindender Weise festgelegt wurde. Mit dem Wegfallen des Gegenpols infolge der Staatsumwälzung gelangte nunmehr der Selbständigkeitstrieb des Landtags zu ungehemmter Auswirkung, und so ist bei der Neuregelung der Organisation und des Verfahrens das größte Gewicht auf die möglichste Ausgestaltung der Autonomie gelegt worden. In diesem Sinne ordnet VU. § 28 I S. 1 an: „Der Landtag bestimmt durch eine Geschäftsordnung seine Einrichtungen, seinen Geschäftsgang, seine Disziplin und Gliederung". Damit sind die wichtigsten Vorschriften ganz in sein Ermessen gestellt. Über die rechtliche Bedeutung dieses Satzes vgl. unten § 25 Z. 6.

5. Gegen die Leugnung der Rechtspersönlichkeit des Landtags und seine Auffassung als Staatsorgan könnte vielleicht vorgebracht werden, daß er in gewissen Fällen nach außen in der Rolle eines selbständigen Rechtsträgers auftritt, der von dem Staat als Rechtssubjekt deutlich geschieden ist. So spricht z. B. § 29 VU. von den Landtagsbeamten, deren Bestellung, Besoldung, Entlassung, Dienstverhältnis und Dienstbeaufsichtigung durch die Geschäftsordnung des Landtags geregelt werden soll. Diese Beamten sind dadurch in einen scharfen Gegensatz zu den Staatsbeamten gestellt und es läge nahe, anzunehmen, daß der Gegensatz sich in erster Linie auf die Verschiedenheit des Dienstherrn bezieht. In ähnlicher

Weise wird auch von einer selbständigen Ausgabengebarung des Landtags für seine eigenen Zwecke gesprochen (GO. § 7 III).

Gleichwohl fungiert der Landtag bzw. sein Vorstand in beiden Fällen nur als Staatsorgan. Die Ausgaben des Landtags sind im Staatshaushaltsplan enthalten und werden nur, statt von einer anderen Behörde, durch den Landtag selbst verwaltet. Ebenso werden die beim Landtag verwendeten Beamten aus Mitteln des Staates besoldet und ihre Rechtsansprüche richten sich gegen den Staat. Sie sollen nur dem Einfluß der Regierung vollkommen entzogen werden. Daß dieses Ergebnis auch bei Einreihung in die allgemeine Gruppe der Staatsbeamten unter Festsetzung des Ernennungsrechtes und der Dienstgewalt der Landtagsbehörde hätte erreicht werden können, wurde offenbar nicht bedacht. Nunmehr bestimmt übrigens Art. 18 des Beamtenbesoldungsgesetzes vom 2. Juni 1920, GVBl. 275: „Die Landtagsbeamten haben die Rechte und Pflichten der Staatsbeamten. Ihre Anstellung erfolgt auf Vorschlag des Vorstandes des Landtags durch das Ministerium des Innern."

Ein anderer Fall, in welchem der Landtag in selbständiger rechtlicher Rolle auftritt, ist der Verfassungsstreit vor dem Staatsgerichtshof (§ 70 I). Hier kommt ihm zweifellos prozessuale Rechtsfähigkeit zu und er steht dem staatlichen Gerichtshof in dieser Eigenschaft selbständig gegenüber. Aber die gleiche Stellung wird auch von dem Gesamtministerium eingenommen, ohne daß man daraus einen Schluß auf seine sonstige Rechtspersönlichkeit ziehen würde. Nun muß man nur bedenken, daß die Anwendung der Prozeßform auch sonst angewendet wird, um Gegensätze zwischen zwei verschiedenen Staatsorganen in genau geregeltem Verfahren vor einem unparteiischen Forum austragen zu lassen. Es sei z. B. auf die Kompetenzkonflikte zwischen Gerichten und Verwaltungsbehörden (§ 69 III), auf die Anfechtung verwaltungsbehördlicher Entscheidungen vor dem Verwaltungsgerichtshof u. dgl. verwiesen. Aus der Zuerkennung der Prozeßfähigkeit in diesen Sonderfällen darf offenbar auf die allgemeine Rechtsstellung der betreffenden Faktoren nicht geschlossen werden; aber es hat auch nichts auf sich, wenn man ihnen in dem angegebenen beschränkten Umfang Rechtsfähigkeit und damit Rechtssubjektivität zusprechen will.

6. Der Landtag ist nach seiner ganzen Stellung ein besonders geartetes Staatsorgan von der allergrößten Bedeutung, sein gutes Funktionieren daher von erheblichster Wichtigkeit. Es muß demgemäß dafür gesorgt werden, daß seine Tätigkeit möglichst ungestört vor sich gehen kann.

a) Zunächst greift hier der Schutz des gemeinen Strafrechts ein. Schwere Strafe verhängt § 105 RStGB. gegen das Unternehmen der Sprengung des Landtages, der Nötigung zur Fassung oder Unterlassung von Beschlüssen, der gewaltsamen Entfernung der Mitglieder aus seiner Mitte. § 106 bestraft die gewaltsame oder durch Bedrohung mit einer strafbaren Handlung vorgenommene Hinderung eines Landtagsmitglieds, sich an den Ort der Versammlung zu begeben oder zu stimmen, § 339 III wendet gleiche Strafe gegenüber Beamten schon an, wenn es sich nicht um Gewalt oder Drohung, sondern um Mißbrauch der Amtsgewalt oder Androhung eines bestimmten Mißbrauchs desselben handelt. § 197 macht die Beleidigung einer gesetzgebenden Versammlung im Gegensatz zur Beleidigung anderer Rechtssubjekte zum Gegenstand der amtlichen Anklage, die keines Antrages, sondern nur der Ermächtigung der beleidigten Körperschaft bedarf. §§ 107, 108, 109 verfolgen Delikte gegen Wahl- und Stimmrecht mit erheblichen Strafen. Ergänzende Vorschriften trifft das Landeswahlgesetz in Art. 17—21 (vgl. unten § 24 Z. 18).

b) Üble Erfahrungen der Nachrevolutionszeit führten zu besonderen Schutzbestimmungen für die Gebäude der Volksvertretungen. Das Reichsgesetz vom 8. Mai 1920, RGBl. 909, über die Befriedung der Gebäude des Reichstags und der Landtage verbietet grundsätzlich Versammlungen unter freiem Himmel und Umzüge innerhalb des sog. befriedeten Bannkreises, der durch die Landesregierung im Einvernehmen mit dem Landtagspräsidenten bestimmt wird und stellt die Zuwiderhandlung unter entsprechende Strafe (§§ 1—3). Eine weitere Strafbestimmung wird für vorsätzliche Übertretung der Anordnungen getroffen, die der Landtagspräsident über das Betreten des Landtagsgebäudes oder über das Verhalten in dem Gebäude erlassen hat (§ 4). Der befriedete Bannkreis des bayerischen Landtags ist durch die Bekanntmachung vom 13. Juli 1920, GVBl. 364, bestimmt.

Dagegen besteht keinerlei Vorschrift, wonach das Landtagsgebäude als solches ein der staatlichen Polizei- oder richterlichen Gewalt entzogener Bereich wäre, sofern es sich nicht um die gleich zu besprechende Beschränkung von Durchsuchungen und Beschlagnahmen handelt. Eine dem Art. 28 RV. entsprechende Übertragung der Polizeigewalt neben dem Hausrecht an den Landtagspräsidenten ist nirgends normiert (vgl. hiezu Jan a. a. O.).

c) Auf der anderen Seite wird die Tätigkeit der einzelnen Abgeordneten in weitgehendem Umfang der Geltendmachung einer Verantwortung durch Gerichte und Verwaltungsbehörden entzogen. Schon das RStGB. (§ 11) hatte den Gedanken verwirklicht, daß der Abgeordnete wegen seiner Abstimmung oder einer in Ausübung seines Berufes getanen Äußerung außerhalb des Hauses nicht zur Verantwortung gezogen werden dürfe. RV. Art. 36 hat diese Bestimmung, wie dies die alte RV. Art. 30 schon für die Reichstagsmitglieder getan, auch für die Mitglieder der Landtage zum Verfassungsgrundsatz erhoben. Durch diese Vorschrift ist die wirkliche Unabhängigkeit der Verhandlungen des Landtags ermöglicht. Eine wesentliche Ergänzung ist in Art. 38 durch die Einräumung eines Zeugnisverweigerungsrechtes und durch ein Beschlagnahmeverbot für Schriftstücke, m. a. W. durch die Anerkennung eines Berufsgeheimnisses für Abgeordnete geschaffen worden. In Zusammenhang damit steht das Verbot der Vornahme von Durchsuchungen oder Beschlagnahmen in den Räumen eines Landtags ohne Zustimmung des Präsidenten (Art. 38 II).

Außerdem ist dafür gesorgt, daß die Landtagsmitglieder nicht durch Verfügungen der öffentlichen Behörden ihrer Tätigkeit entzogen werden dürfen. So schreibt RV. Art. 39 I vor, daß Beamte und Angehörige der Wehrmacht zur Ausübung ihres Amtes als Abgeordnete keines Urlaubs bedürfen; nach Art. 39 II ist sogar den Bewerbern um einen Sitz in der Körperschaft ein Anspruch auf Gewährung eines zur Vorbereitung ihrer Wahl erforderlichen Urlaubs gegeben. Ferner dürfen Abgeordnete ohne Genehmigung des Landtags, solange sie sich am Ort der Versammlung aufhalten, nicht an einem anderen Ort als Zeuge oder Sachverständiger vernommen werden (BU. § 39 III, RStPO. §§ 49, 72, ZPO. §§ 382, 402). Noch viel weiter geht Art. 37 RV., der es verbietet, während der Tagung Abgeordnete ohne Genehmigung der Volksvertretung in Strafuntersuchung zu ziehen, zu verhaften oder sonst in ihrer persönlichen Freiheit zu beschränken, sofern sie nicht auf frischer Tat ertappt werden, und außerdem dem Hause das Recht gibt, falls ein solcher Schritt außerhalb der Tagung erfolgt ist, die Aufhebung der Maßnahme für die Dauer der Tagung zu verlangen.

Alle angeführten Bestimmungen sind in erster Linie im Interesse des ungestörten Funktionierens der gesetzgebenden Körperschaften getroffen. Sie kommen natürlich ebensosehr den Abgeordneten selbst zugute. Es ist daher nicht von ausschlaggebender Bedeutung, ob es sich dabei um Rechte der Volksvertretung an sich oder ihrer Mitglieder handelt (a. A. vgl. für viele Laband, Staatsrecht I, 329), ebenso wie die Prüfung der Frage, ob dem Staatsbürger ein Wahlrecht um seinetwillen oder dem Staate zuliebe gewährt wird, wenig Wert besitzt. Denn alle sog. subjektiven öffentlichen Rechte erklären sich nur aus dem Zusammenfallen der Einzel- und Gesamtinteressen. Es kann daher kein stichhaltiger Einwand dagegen erhoben werden, die Einzeldarstellung der hier aufgezählten Bestimmungen auf die Besprechung der Rechtsstellung der Abgeordneten zu verweisen (unten § 27 Z. 8—10).

§ 21.

Die Zuständigkeit des Landtags, a) im allgemeinen und auf dem Gebiete der gesetzgebenden Gewalt.

Schrifttum: Seydel-Piloty § 47.

1. Die grundlegende Bestimmung des § 3 I VU. haben wir bereits kennen gelernt.

„Dem Landtage steht die Ausübung aller Rechte der Staatsgewalt zu, die nicht durch diese Verfassung oder die Verfassung des Deutschen Reiches der Staatsbürgerschaft, den Behörden oder den Verbänden der Selbstverwaltung vorbehalten sind."

Vorweg ist hier auf eine Ungenauigkeit der Fassung hinzuweisen; die obersten Organe der Reichsgewalt, der Reichstag, der Reichsrat, die Reichsregierung, der Reichspräsident und das Reichsvolk sind versehentlich nicht genannt (vgl. oben S. 51).

Nach der angeführten Bestimmung ergibt sich die Zuständigkeit des Landtags durch Subtraktion der seitens der Verfassungsurkunde allen anderen Organen zugewiesenen Kompetenzen von der Gesamtstaatsgewalt des bayerischen Staates, wobei die letztere durch die Zuständigkeit des Reichs nach der Reichsverfassung negativ bestimmt ist. Einerseits kann also der Landtag nicht über die Verfassung hinaus, ist ihren Vorschriften vielmehr geradeso unterworfen wie alle übrigen staatsrechtlichen Faktoren. Andererseits spricht aber im Zweifel die Vermutung zugunsten des Landtags.

Eine solche Zuständigkeitsregel ist von großem Wert. Sie hilft von vornherein über eine Anzahl von Fragen hinweg, wie sie bei anderen Verfassungen, denen eine ähnliche Norm fehlt, z. B. bei der Reichsverfassung, entstehen können. Aber man muß auch ihre beiden Seiten genau betrachten. Dies wird besonders angesichts des Umstandes praktisch, daß im bayerischen Recht eine Vorschrift über das Nachfolgeverhältnis der neuen verfassungsrechtlichen Faktoren gegenüber den alten vollkommen fehlt. U. a. ist nicht bestimmt, auf wen die verschiedenen auf Überlieferung oder besonderen Einzelgesetzen beruhenden Funktionen des Königs übergegangen sind, soweit diese

Funktionen durch die neue Verfassung nicht ausdrücklich einem bestimmten Organ zugewiesen sind. Letzten Endes kommt hier nach § 3 I immer die Zuständigkeit des Landtags in Betracht, wenn sich nicht eine verfassungsrechtliche Bestimmung aufzeigen läßt, die auf ein anderes Organ verweist. Als eine derartige Bestimmung ist beispielsweise der § 4 zu bewerten, der das Gesamtministerium als „oberste vollziehende und leitende Behörde des Staates" bezeichnet (ein Anwendungsfall s. unten § 32). Immerhin wird man das früher in weitem Umfang anerkannte Dispensations- und Gnadenrecht des Königs in Verwaltungssachen nicht ohne weiteres der obersten leitenden Behörde zuschreiben dürfen, soweit es sich dabei um ein Abgehen von gesetzlicher Vorschrift handelt. (Vgl. auch Seydel, BStR. III, 558; Dyroff, Annalen 1889, 876.) Bezüglich der Nachfolge in das Kgl. Verordnungsrecht vgl. unten § 31 Z. 7.

Der Grundregel des § 3 I fügt die Verfassung in § 3 II die weitere Norm bei: „Die dem Landtag zustehenden Rechte und Aufgaben sind unübertragbar, soweit diese Verfassung nichts anderes vorsieht." Dadurch wird die rechtliche Bindung des Landtags außerordentlich verstärkt. Wie er nicht in den Bereich der übrigen Faktoren übergreifen darf, darf er ihren Bereich auch nicht eigenmächtig erweitern; es steht ihm also kein selbständiges Delegationsrecht zu.

Solche verfassungsmäßige Übertragungen landtäglicher Rechte sind nun bloß an vier Stellen vorgesehen:

a) Die Betrauung eines Landtagsausschusses für die zwischen zwei Tagungen liegende Zeit mit bestimmten Befugnissen (§ 30 III S. 2); man kann von einem Zwischentagungsausschuß sprechen. Welcher Art diese Befugnisse sein können, darüber unten § 23 Z. 7, vgl. auch § 27 Z. 10;

b) die Einsetzung eines ständigen Ausschusses für die Zeit nach Beendigung der Landtagsfunktion durch Ablauf der Wahldauer oder Auflösung „zur Wahrung der Rechte der Volksvertretung"; darüber Näheres § 23 Z. 7;

c) die Übertragung der Wahlprüfung an einen Gerichtshof (§ 33); vgl. unten §§ 22 Z. 8, 24 Z. 19;

d) die Zulassung von Rechtsverordnungen — also Schaffung von Rechtsnormen — durch das Gesamtministerium oder einzelne Minister, aber nur auf Grund gesetzlicher Ermächtigung im Einzelfall, ebenso die Zulassung von Notverordnungen durch das Gesamtministerium (§ 61 Z. 7). Zu beachten ist, daß danach für die Zukunft die Übertragung des Verordnungsrechtes an die Unterbehörden nur durch Verfassungsänderung möglich ist (vgl. unten § 30 Z. 4).

Alle anderen landtäglichen Funktionen sind unübertragbar; insbesondere kann es nicht mehr vorkommen, wie es unmittelbar vor dem Inkrafttreten der Verfassung der Fall war, daß die Schlußredaktion von Gesetzen an die Regierung übertragen wird (Landtagsbeschluß vom 14. August 1919, Beil. 384, bezüglich der Verfassungsurkunde; ferner Art. 82 des Schulbedarfsgesetzes vom 14. August 1919 S. 489). Auch wäre ein ähnliches Verfahren, wie es im Reich durch Gesetz vom 6. Februar 1921, RGBl. 139, bezüglich des Übergangswirtschaftsrechtes, vorgesehen ist, wonach die Reichsregierung mit Zustimmung des Reichsrates und eines Reichstagsausschusses Bestimmungen mit Gesetzeskraft erlassen kann, nach der geltenden bayerischen Verfassung unmöglich, da die Ermächtigung zu Rechtsverordnungen nur an das Gesamt- oder ein Fachministerium übertragen werden kann, eine parlamentarische Mitwirkung also grundsätzlich ausgeschaltet wäre.

Ob sich der Verfassungsgesetzgeber allerdings der vollen Tragweite des § 3 VU. bewußt war, ist eine andere Frage.

2. Im einzelnen lassen sich die Aufgaben und Befugnisse des Landtages, die seine Zuständigkeit ausmachen, mit Rücksicht auf die der Verfassung zugrunde liegenden Auffassung von der Einteilung der Staatsfunktionen am besten nach dem System der Gewaltenteilung darstellen. Zugleich ergibt sich übrigens aus der Beteiligung des „gesetzgebenden Körpers" an allen drei Funktionen, wie wenig die Gewaltenteilung als solche wirklich durchgeführt worden ist.

3. Nach § 44 hat der Landtag „das Recht der G e s e t z g e b u n g und übt es nach den Bestimmungen der Verfassung aus". Dieses Recht ist durch die Volksgesetzgebung (unten §§ 37—39) eingeschränkt.

Was bedeutet in diesem Zusammenhang „Gesetzgebung"? Offenbar soviel wie Erlassung f o r m e l l e r Gesetze, d. h. von Staatsakten solenner Natur, die den Namen „Gesetze" führen und nur wieder durch neue derartige Akte aufgehoben werden können, also sog. formelle Gesetzeskraft besitzen. Denn bezüglich der m a t e r i e l l e n Gesetze, unter welcher Bezeichnung man alle Arten von Rechtsnormen versteht, ist in § 74 I ausdrücklich bestimmt, daß sie nur „im Wege der Gesetzgebung" — also durch formelles Gesetz — „erlassen, rechtsverbindlich erläutert, abgeändert oder aufgehoben werden" können. Dieser Satz wäre vollkommen überflüssig, wenn „das Recht der Gesetzgebung" in § 44 nicht die Schaffung formeller Gesetze betreffen würde. Auch § 75 stellt

Gesetze und Rechtsverordnungen gegenüber, unterscheidet also nach dem formellen Gesichtspunkt.

4. Über die Begriffe formelles und materielles Gesetz wird noch näher zu sprechen sein (vgl. unten § 43). Hier ist nur zu fragen, welche Staatsakte formeller Gesetzesform bedürfen. Erwähnt wurden bereits die materiellen Gesetze nach § 74. Wörtlich heißt es an dieser Stelle: „alle für die Einwohner des Staates verbindlichen Rechtsvorschriften, welche die Freiheit der Person oder das Vermögen betreffen." Dieser Beziehungssatz scheint also eine Einschränkung auszudrücken; nicht alle Rechtsvorschriften sind gemeint, sondern nur eine Auswahl, die einem alten, in der Entstehungszeit des Rechtsstaats formulierten Gedanken entspricht. Schon die alte bayerische Verfassung bestimmte in Titel VII § 2: „Ohne den Beirath und die Zustimmung der Stände des Königreichs kann kein allgemeines neues Gesetz, welches die Freyheit der Personen oder das Eigenthum der Staats-Angehörigen betrifft, erlassen, noch ein bestehendes abgeändert, authentisch erläutert oder aufgehoben werden." Die Abstammung der neuen Fassung von dieser Stelle liegt zutage.

Bei näherer Überlegung aber erweist sich der anscheinend beschränkende Beziehungssatz als pleonastisch. Es gibt im allgemeinen keine Rechtsnorm, die nicht in die Freiheit des Einzelnen eingreift. (So auch schon Seydel, BayStR. III 573; Dyroff, Annalen 1889, 833 ff.) Denn entweder schafft sie Pflichten, dann ist der Eingriff gegeben. Oder sie schafft Rechte, dann steht ein verpflichtetes Rechtssubjekt gegenüber, in dessen Bereich eingegriffen wird; das gilt auch von den sog. absoluten Rechten, bei denen nur im Gegensatz zu den sog. relativen Rechten der Kreis der Verpflichteten unbestimmt ist. Höchstens, wenn der Staat oder ein anderes öffentliches Rechtssubjekt verpflichtet ist, könnte man das Fehlen eines Eingriffes in die Freiheit annehmen.

Aber auch aus den Bestimmungen der Verfassung selbst läßt sich die Zuständigkeit des Landtags zur Erlassung aller materiellen Rechtsnormen erschließen. Wie bereits erwähnt, stellt § 75 die Gesetze und Rechtsverordnungen in einen Gegensatz und faßt sie, wie aus der für beide vorgeschriebenen Bekanntmachung im Gesetz- und Verordnungsblatt hervorgeht, als die einzigen oder wenigstens wichtigsten Quellen des materiellen Rechts auf. Da nun Rechtsverordnungen nach § 61 z. T. nur auf Grund gesetzlicher Ermächtigung erlassen werden können, ist als normale Entstehungsform eines Rechtssatzes das formelle Gesetz vorausgesetzt. Von der gleichen Annahme geht offenbar auch § 50 aus: „Sie (Staatsverträge) sind, wenn sie Rechtssätze enthalten, hinsichtlich ihres Rechtsinhaltes als Gesetze zu beschließen." Ein Unterschied in Bezug auf die nähere Art des Rechtsinhaltes wird hier nicht gemacht.

Anwendungsfälle der Regel, daß alles materielle Recht entweder der Form des Gesetzes bedarf oder auf eine durch formelles Gesetz erteilte Ermächtigung zurückgeführt werden muß, sind noch in zahlreichen Stellen der Verfassung zu finden, so in § 74 II (Abgaben und Steuern), in § 14 I (Einschränkungen der Aufenthalts- und Niederlassungsfreiheit), in § 20 (Einschränkungen der Freiheit der Kunst, der Wissenschaft und ihrer Lehre).

5. Abgesehen von der Bindung des materiellen Rechts an die Gesetzesform sind noch eine Reihe von Staatsakten durch besondere Verfassungsvorschrift auf die formelle Gesetzgebung verwiesen, so z. B. der Beschluß über die zur Deckung des Staatshaushalts nach den bestehenden Steuergesetzen zu erhebenden Steuern, das sog. Finanzgesetz (§ 80 I), die Gewährung genereller Straferlässe, der sog. Amnestien (§ 51 I), die Einrichtung der Gerichte (§ 5), Änderungen des Simultangebrauches der Kirchen und Friedhöfe (§ 19 IV), die Zuweisung neuer Aufgaben und Lasten an die Gemeinden und Gemeindeverbände (§ 22 I), die Regelung des Gemeindewahlrechts (§ 23), die Bildung von berufsständischen Vertretungen (§ 24 I), die Ermächtigung des Ministeriums zur Veräußerung von Grundstockvermögen (§ 47 III), die Regelung der Ministerbesoldung (§ 60 I) und gewisser Teile des Beamtenrechts (§§ 67 III, 68 II, 69 I), die nähere Regelung gewisser grundsätzlich in der Verfassung vorgesehener Einrichtungen wie des Verfahrens bei Volksabstimmungen (§ 10 IV), des Verfahrens vor dem Staatsgerichtshof (§ 70 IV), der Zuständigkeit und des Verfahrens in der Verwaltungsrechtspflege (§ 71 III). Vgl. auch § 43 Z. 8.

6. In allen Fällen, in denen formelles Gesetz ausdrücklich vorgeschrieben ist, ist damit zugleich die Erteilung der Ermächtigung zu Rechtsverordnungen zwecks Regelung der Materie als Ganzes ausgeschlossen. Jedoch wird man annehmen dürfen, daß die Überweisung von Einzelfragen zu einer ergänzenden Regelung im Verordnungswege gemäß § 60 Z. 7 nicht unzulässig sein soll.

7. Formelles Gesetz kommt aber nicht nur in Frage, wenn die Verfassung für die Regelung einer Materie die Gesetzesform vorschreibt — *obligatorische Gesetzesform* —, die Gesetzgebung kann sich vielmehr auch aus eigenem Antrieb eines Gegenstandes bemächtigen, der an sich auf diesen Weg nicht angewiesen ist — fakultative Gesetzesform. Diese Fähigkeit des formellen Gesetzes, jeden beliebigen Gegenstand zu regeln, wird in der heutigen verfassungsrechtlichen Lehre als selbstverständlich angenommen. Deswegen ist davon in der Verfassungsurkunde auch ausdrücklich keine Rede, das „Recht der Gesetzgebung" (§ 44) begreift diese Fähigkeit gewissermaßen selbstverständlich in sich.

Im Wege der fakultativen Gesetzgebung kann übrigens auch eine obligatorische Gesetzgebung geschaffen werden. Abgesehen von der Grundregel, daß einmal formal gesetzlich Geordnetes nur wieder durch formelles Gesetz geändert oder aufgehoben werden kann, besteht nämlich die Möglichkeit, daß ein Gesetz bezüglich weiterer Ergänzungen auf ein noch zu erlassendes zweites Gesetz verweist. Auch in diesem Fall ist dann die Wahl eines anderen Weges ausgeschlossen.

Ausnahmen von der fakultativen Gesetzesform bestehen nach zwei Richtungen. Einmal kann die Verfassung eine andere Form der Regelung einer Frage anordnen; hieher gehört beispielsweise die Erlassung der Geschäftsordnung des Landtags, die auf einen einfachen Beschluß des Hauses verwiesen ist (§ 28 I S. 1). Weiter kann in der Verfassung die Zuständigkeit anderer als der an den Gesetzesbeschlüssen beteiligten Organe vorgesehen sein. Dann handelt es sich um einen Vorbehalt zugunsten dieser Organe, der nach § 3 I die Zuständigkeit des Landtags und damit auch den Weg der formellen Gesetzgebung ausschließt (Rothenbücher 22 ff.). Ein solcher Fall könnte in dem Organisationsrecht des Gesamtministeriums nach § 46 VU. erblickt werden, wenn nicht eine andere Bestimmung der Verfassung (§ 77 I Z. 4) störend eingriffe; Näheres hierüber S. 118.

8. Hat es nun überhaupt im republikanischen Staatsrecht noch einen Sinn, an dem Begriff des formellen Gesetzes festzuhalten? Der Grundgedanke dafür war doch, im monarchisch-konstitutionellen Staatsrecht die Mitwirkung und damit den Einfluß der Volksvertretung zu sichern. Bei der heutigen Stellung derselben ist eine solche Gewähr gewiß nicht mehr nötig. Das formelle Gesetz hat also seine hervorragende politische Bedeutung eingebüßt.

Aber ohne jeden rechtlichen Wert ist der Begriff auch heute nicht. Drei Punkte sind hervorzuheben. Erstens sieht der Weg der formellen Gesetzgebung nicht nur eine Tätigkeit des Vertretungskörpers, sondern u. U. auch anderer Organe vor, so z. B. die Überprüfung durch Volksentscheid auf Grund eines Volksbegehrens oder

Veranlassung des Gesamtministeriums (§ 77 II). Die Verweisung einer Sache auf das formelle Gesetz bedeutet daher zugleich grundsätzlich die Berufung dieser Organe zur Ausübung ihrer Rechte. Zweitens ist für das Zustandekommen eines formellen Gesetzes außer der Beschlußfassung noch die Vornahme weiterer Akte vorgeschrieben, nämlich die Ausfertigung und Verkündigung (§ 62 I), sowie die Bekanntmachung (§ 75). Drittens kann die Tätigkeit gewisser Organe auf die Mitwirkung bei formellen Gesetzen beschränkt sein, so bezüglich der Staatsbürgerschaft bei Volksbegehren und Volksentscheidungen (§§ 10 I Z. 1 und 2, 76 II). Das bedeutet dann, daß andere Staatsakte verfassungsrechtlich gar nicht Gegenstand der Tätigkeit dieser Organe sein können.

Gegenüber dem formellen Gesetz steht der einfache Beschluß des Landtags, wie er beispielsweise für seine Geschäftsordnung vorgeschrieben ist (§ 28).

9. Zur formellen Gesetzgebung gehört dann auch die Verfassungsgesetzgebung. Das Verfassungsgesetz steht dem „einfachen" Gesetz gegenüber. Über die politische Seite der Sache wurde bereits oben gesprochen (vgl. S. 79). Wie wir in anderem Zusammenhang sahen (S. 24 f.), spricht die VU. in erster Linie nicht von Verfassungsgesetzen schlechthin, sondern nur von Änderungen der Verfassung (§§ 10 I Z. 1, 92). An anderen Stellen aber wird auch von „Verfassungsgesetzen" gesprochen (§ 10 III, 72, 94). Solche Verfassungsgesetze können nämlich nicht nur Änderungen der Verfassung im engeren Sinne, sondern auch Erweiterungen der Verfassung enthalten, indem sie Bestimmungen zum Gegenstand haben, die bisher in der Verfassungsurkunde nicht berührt worden sind. Aber derartige Erweiterungen sind doch zugleich auch Änderungen der Verfassung im engeren Sinn; denn diese umfaßt jetzt außer den bisherigen noch andere Bestimmungen.

Wird auf solche Weise ein Unterschied zwischen Bestimmungen der Verfassungsurkunde und anderer Verfassungsgesetze nicht gemacht, so kann andererseits u. U. auch zwischen beiden differenziert werden. Man spricht dann von der Verfassungsurkunde im formellen Sinn und anderen materiellen Verfassungsgesetzen (vgl. S. 25). Für das Gesetzgebungsverfahren jedoch ist diese Unterscheidung bedeutungslos. Es ist nämlich nirgends gesagt, daß Änderungen an Rechtssätzen der Verfassungsurkunde nur durch Berichtigung ihres Textes vorgenommen werden dürfen. Erforderlich sind vielmehr nur die erhöhten Beschlußziffern.

Zu erwähnen ist in diesem Zusammenhang weiter noch, daß verfassungsändernde Gesetze durchaus nicht immer selbst Verfassungsgesetze in dem Sinne sein müssen, daß sie nunmehr wieder nur durch Verfassungsänderung aufgehoben werden können. Es ist vielmehr durchaus möglich, daß die geänderte frühere Verfassungsvorschrift künftig als einfache Gesetzesvorschrift weiter besteht (Näheres § 46 Z. 3).

Die Praxis hat nun im Gegensatz zum Reichsrecht eine bestimmte Form für alle verfassungsändernden und Verfassungsgesetze in Fortführung des früheren Verfahrens ausgebildet, nämlich die ausdrückliche Berufung im Eingang des Gesetzes auf die Beschließung der verfassungsändernden Bestimmungen mit der vorgeschriebenen erhöhten Mehrheit. Daraus folgt aber, daß im Gesetzestext enthaltene Vorschriften, die mit einem Verfassungsgesetz im Widerspruch stehen, ohne durch eine solche ausdrückliche Erklärung gedeckt zu sein, ungültig sind.

Beispiele von einzelnen außerhalb der Verfassungsurkunde stehenden Verfassungsgesetzen siehe oben S. 25. Die näheren Bestimmungen über das Verfahren der Verfassungsgesetzgebung werden später besprochen werden (vgl. unten § 46).

10. Im Zusammenhang mit der Gesetzgebungsbefugnis des Landtags steht seine Mitwirkung bei dem Zustandekommen von Gesetzen durch Beschluß des anderen hiefür in Betracht kommenden Faktors, des Staatsvolkes. Alle Volksbegehren müssen nach §§ 10, 76 dem Landtag unterbreitet werden, der nach §§ 45, 76 darüber Beschluß zu fassen hat. Erst dann kommt eine Volksentscheidung über das Begehren in Frage. Die Anordnung der Volksentscheidung in diesem Fall ist ebenfalls Sache des Landtags (§ 45 verb. „unterbreitet“); jedoch kommt dabei nach Maßgabe des Landeswahlgesetzes die Mitwirkung der Regierung in Betracht. In dem Fall des von der Regierung veranlaßten Referendums oder der Referendumsinitiative ist ein Beschluß des Landtags selbstverständliche Voraussetzung (§ 77 II). Nach Art. 72 LWG. hat der Landtag endlich nach Abschluß des Verfahrens die Rechtswirksamkeit der Volksentscheidungen festzustellen. Über das einzelne vgl. unten §§ 37—39.

11. Weiter ist die Mitwirkung des Landtags bei der Organisation der staatlichen Behörden hervorzuheben. Die Einrichtung der Gerichte muß durch formelles Gesetz erfolgen (§ 5 S. 3). Dagegen überträgt die Verfassung die Einrichtung der Verwaltungsbehörden grundsätzlich dem Gesamtministerium (§§ 46, 61 Z. 6, 75), das damit an Stelle des Königs tritt. Jedoch ist als Regel vorhergehende Genehmigung, nur in dringenden Fällen nachträgliche Bestätigung des Landtags vorgeschrieben (§ 46). Die Mitwirkung des Volkes ist in beiden Fällen ausgeschlossen (§ 77 I Z. 4 i. V. m. § 10 Z. 2). Die VU. gebraucht in § 46 den Ausdruck „Behörden oder Stellen", ohne daß darin ein sachlicher Unterschied zu erblicken wäre (Rothenbücher 17).

Über die organisatorischen Verordnungen sind nähere Ausführungen geboten. Sie sind in §§ 61 Z. 6 und 75 ausdrücklich als Verwaltungsverordnungen bezeichnet. Diese Terminologie ist allerdings nicht glücklich. Denn unter Verwaltungsverordnungen versteht man gemeinhin solche allgemeine Anordnungen im Bereich der Vollziehung, die an die Adresse der Beamten oder von in einem besonderen Gewaltverhältnis stehenden Personen gerichtet sind (s. unten § 53 Z. 12). Diese Adresse liegt aber bei organisatorischen Verordnungen nur dann vor, wenn es sich um Dienstbehörden oder ähnlich geartete Stellen handelt. Sind die Behörden dagegen zum Rechtsverkehr mit den Staatsbürgern bestimmt, insbesondere wenn es sich um die Ausübung von Befehl und Zwang handelt, ist es üblich, von Rechtsverordnungen zu sprechen. Hiefür ist dann noch der weitere Gesichtspunkt maßgebend, daß diese Verordnungen ihrem rechtlichen Gehalt nach Ergänzungsvorschriften der materiellen Gesetze sind; denn durch sie wird beispielsweise die Vorschrift, daß der Staatsbürger einem behördlichen Befehl Folge zu leisten verpflichtet ist, durch die nähere Bestimmung der Provenienz dieses Befehls konkretisiert. Übrigens trägt die Verfassungsurkunde diesen theoretischen Erwägungen immerhin insofern Rechnung, als sie in § 75 die Kundmachung der organisatorischen Verordnungen ohne jeden Unterschied, also auch wenn sie sich nur auf Dienstbehörden beziehen, in der gleichen Art wie bei Gesetzen und Rechtsverordnungen vorschreibt. Vgl. zu der Frage noch unten §§ 43 Z. 7, 53 Z. 16; ferner oben S. 40.

12. Über den Umfang des Genehmigungsrechtes des Landtags sind gelegentlich der Vorlage eines Verordnungsentwurfs über Schulpflege, Schulleitung und Schulaufsicht im Juli 1921 Meinungsverschiedenheiten zwischen Regierung und einer Landtagsmehrheit, die sich nicht mit der Koalitionsmehrheit deckte, entstanden. (Vgl. Sten. Ber. 1921, 511 ff.; hiezu Rothenbücher, Ministerium 15 ff., im wesentlichen mit der im folgenden dargelegten Auffassung übereinstimmend.) Der Unterrichtsminister Dr. Matt vertrat den Standpunkt, daß die Genehmigung sich nur auf jenen Teil des

Entwurfes beziehe, welcher die staatliche Behördenorganisation zum Gegenstand habe, die Vertreter der Mehrheit, daß die Verordnung als Ganzes der Beschlußfassung des Landtags unterliege. M. E. war grundsätzlich das Recht auf Seite der Regierung; auf die Frage, ob im konkreten Fall materiell die Regelung der Schulpflege als genehmigungsbedürftig anzusehen war, soll dabei nicht eingegangen werden. Daß die Regierung im Recht war, ergibt sich schon daraus, daß sie es ja auch ohne weiteres in der Hand gehabt hätte, den Inhalt der Verordnung in zwei Teile zu zerlegen und dementsprechend zwei getrennte Verordnungen zu entwerfen, wobei dann das selbständige Recht des Ministeriums bezüglich der einen Verordnung keinem Zweifel unterliegen würde. Die Mehrheit beschloß im Sinne der ungeteilten Genehmigungspflicht und zwar in der Bedeutung, daß der Landtagsbeschluß die Regierung auch bezüglich des an sich nicht genehmigungspflichtigen Teilinhalts binde.

Damit entsteht dann sofort eine weitere Frage. Welche rechtliche Bedeutung hat denn überhaupt die Beschlußfassung des Landtags über solche Verordnungsentwürfe? Zunächst ist hervorzuheben, daß Inhalt des Beschlusses nur die Genehmigung oder ihr Gegenteil, die Nichtgenehmigung, sein kann; die Lage ist in dieser Beziehung dieselbe wie bei Staatsverträgen. Im Falle der Genehmigung ist die Regierung berechtigt — nicht verpflichtet —, die Verordnung zu erlassen, im Gegenfall ist sie dazu nicht berechtigt.

Wie steht es nun mit Beschlüssen des Landtags, die inhaltliche Änderungen verlangen und die Genehmigung nur unter der Bedingung ihrer Berücksichtigung erteilen? Zunächst könnte man sagen, daß die Genehmigung zu dem vorgelegten Entwurf nicht erteilt wurde, also Nichtgenehmigung gegeben ist. Demgemäß ist dann die Regierung nicht b e r e c h t i g t, ihren Entwurf zu verkünden. Von einer V e r p f l i c h t u n g, die Abänderungsbeschlüsse zu berücksichtigen, kann natürlich keine Rede sein, es handelt sich in dieser Richtung nur um unverbindliche Wünsche. Wenn nun aber die Regierung sich diesen Wünschen fügen will? Muß sie dann für den entsprechend umgeänderten Entwurf neuerlich um Genehmigung ansuchen? Das darf doch wohl als überflüssig angesehen werden; man kommt also dazu, in dem Beschluß des Landtags neben der Ablehnung der Vorlage eine Genehmigung unter einer Bedingung zu erblicken, die nunmehr erfüllt ist.

Nun der berührte Fall der landtäglichen Beschlußfassung über Punkte, die an sich gar nicht der Genehmigung unterliegen. Auch hier wäre zunächst eine Ablehnung der Genehmigung der Vorlage gegeben. Aber dieser Ablehnung kommt keine rechtliche Bedeutung zu, da die Erteilung der Genehmigung gar nicht erforderlich ist. Infolgedessen ist auch die Beisetzung der Bedingung gegenstandslos. Die Regierung kann vielmehr rechtsverbindlich verkünden, da hiefür gar kein Erfordernis fehlt. Eine Berufung auf die Analogie der Staatsverträge kommt hier nicht mehr in Betracht. Denn Staatsverträge bilden gegenüber dem fremden abschließenden Staat eine untrennbare Einheit, können also aus diesem besonderen Grunde nicht geteilt werden. Eine Verordnung aber, die neben organisatorischen Bestimmungen noch andere Vorschriften enthält, kann, wie wir sahen, beliebig geteilt werden. Der Standpunkt der Landtagsmehrheit läßt sich daher nicht halten. Die Regierung hat es also an sich nach ihrem freien Ermessen in der Hand, die nicht organisatorischen Bestimmungen der Verordnung ohne Rücksicht auf die Landtagsbeschlüsse selbständig zu verkünden. Andererseits steht aber nichts im Wege, daß der Landtag aus dieser Nichtbeachtung seiner Wünsche politische Konsequenzen zieht und der Regierung das Mißtrauen mit allen damit verknüpften Rechtswirkungen ausspricht.

Es kommt aber nach den positiven verfassungsrechtlichen Bestimmungen noch ein anderer Weg in Betracht; die Streitfrage kann ihres politischen Charakters entkleidet und auf das Rechtsgebiet hinübergespielt werden. Dazu dient das Mittel der formellen Verfassungsstreitigkeit vor dem Staatsgerichtshof, das in § 70 I VU. vorgesehen ist. Der Minister wies ausdrücklich darauf hin, indem er betonte, daß die Verfassung die Zuständigkeitsabgrenzung zwischen Landtag und Regierung bindend geregelt habe und daß das Gesamtministerium daher verfassungsmäßig verpflichtet sei, seine Zuständigkeit zu wahren. Offenbar dachte er an die Erhebung des Verfassungskonfliktes von Regierungs wegen. Es wäre aber ebensogut möglich, daß das Ministerium, wie oben besprochen, seine Verordnung rechtsverbindlich verkündet und dem Landtag die Erhebung des Verfassungsstreites überläßt.

Die Landtagsmehrheit suchte dem Einwand des Ministers in anderer Weise zu begegnen. Sie faßte den Beschluß, die Staatsregierung aufzufordern, nunmehr einen Gesetzentwurf über den Gegenstand vorzulegen. Damit tauchte wieder eine ganz neue Frage auf, die uns besonders interessieren muß. Ist ein solches Gesetz ohne Änderung der Verfassung überhaupt zulässig? Die Frage wäre glatt zu verneinen, wenn in der Verfassung nur von Organisationsverordnungen die Rede wäre. Dann könnte ein Organisationsgesetz nur als verfassungsänderndes Gesetz erlassen werden. Nun spricht aber die Verfassung an einer Stelle, nämlich in § 77 I Z. 4, auch von „Gesetzen, die sich auf die Einrichtung von Behörden beziehen" und nimmt sie von der Volksentscheidung aus. Dabei fehlt jeder unmittelbare Anhaltspunkt, ob hier nur an Gerichtsorganisationsgesetze gemäß § 5 VU. gedacht ist. Somit läßt sich die Möglichkeit nicht von der Hand weisen, daß auch Verwaltungsbehörden gesetzlich organisiert werden. (In diesem Punkte a. A. Rothenbücher 22.) Tatsächlich hat dann auch die Regierung nachgegeben und so ist das Gesetz vom 1. August 1922, GVBl. 385, über Schulpflege, Schulleitung und Schulaufsicht zustande gekommen.

13. Als Gegenstand der legislativen Zuständigkeit des Landtags kommt endlich seine Mitwirkung bei den Staatsverträgen in Betracht. Diese unterliegen der Genehmigung des Landtags. Ein Unterschied in bezug auf ihren Inhalt besteht hiebei nicht, auch diejenigen Verträge, die an sich ihrem ganzen Umfang nach in die Zuständigkeit der Verwaltung fallen würden, sowie Teile anderer Verträge, bei denen die Verwaltungskompetenz gegeben wäre, sind an die Zustimmung des Landtags gebunden; in RV. Art. 45 III dagegen ist die Zustimmung des Reichstages auf solche Verträge beschränkt, die sich auf Gegenstände der Reichsgesetzgebung beziehen. Der Landtag kann dabei allerdings nur im ganzen genehmigen oder ablehnen, ein Einfluß auf die inhaltliche Gestaltung kommt ihm nicht zu.

Sofern der Staatsvertrag Rechtssätze enthält, ist er „hinsichtlich seines Rechtsinhalts als Gesetz zu beschließen" (§ 50). Der Sinn dieses Satzes ist nicht ganz klar. Zunächst unterliegt es keinem Zweifel, daß für die Beschlußfassung im Landtag über die betreffenden Bestimmungen die Vorschriften gelten, die für die Erledigung von Gesetzesvorlagen bestehen. Um irgendwelche bemerkenswerte Besonderheiten handelt es sich dabei allerdings nicht. Die Verfassung schreibt nur eine mindestens doppelte Lesung in der Vollversammlung vor (§ 28 III); alles andere enthält die Geschäftsordnung. Es läßt sich nun nicht recht denken, daß bei dieser Beschlußfassung die einzelnen Teile eines Staatsvertrags je nach ihrer rechtlichen Bedeutung getrennt werden sollten. Denn über die Ausfertigung der Staatsverträge enthält § 62 I einheitliche Vorschriften; sie erfolgt gemeinsam durch den Landtagspräsidenten und den Ministerpräsidenten. Das gleiche gilt von der Verkündigung, die für alle Staatsverträge obligatorisch ist (§ 62 I). Worin soll also da die Sonderstellung des Rechtsatzinhalts zum Ausdruck kommen? Nun bliebe noch die Möglichkeit übrig, daß der Titel „Gesetz“ gewählt werden müßte. Aber das könnte doch nur für einen Staatsvertrag als Ganzes erfolgen.

Wahrscheinlich hat die zur Erörterung stehende Bestimmung die Bedenken vor Augen, die in der deutschen Staatsrechtsliteratur gegen die übliche Form der Kundmachung der Staatsverträge des Reichs durch einfache Einrückung des Vertragstextes in das Reichsgesetzblatt erhoben worden sind. Es soll zum Ausdruck gebracht werden, daß die Beschlußfassung des Landtags den in einem Staatsvertrag enthaltenen Rechtssätzen gesetzliche Kraft verleihen will. Damit sind dann alle Zweifel über ihre Verbindlichkeit nach innen behoben. Die übliche Form ist die, daß ein Gesetz erlassen wird, wodurch der Staatsvertrag als Ganzes genehmigt wird; vgl. Gesetz vom 19. März 1920, GVBl. 152, über den Übergang der Post- und Telegraphenverwaltung Bayerns an das Reich, vom 30. März 1920, GVBl. 173, über den Übergang der bayerischen Staatseisenbahnen auf das Reich, vom 16. Juni 1920, GVBl. 335, über die Vereinigung des Freistaates Coburg mit dem Freistaat Bayern, vom 23. September 1921, GVBl. 489, über den Übergang der bayerischen Wasserstraßen auf das Reich. Abweichend hievon ist bei dem Staatsvertrag mit Preußen über die Ausführung von Grundstückszusammenlegungen in den vormals coburgischen Landesteilen einerseits ein besonderes „Gesetz“ vom 13. Dezember 1922, GVBl. 693, erlassen worden, das in Art. 1 die Genehmigung des Vertrags ausspricht, und andererseits der Vertrag selbst gesondert ausgefertigt und bekannt gemacht worden (GVBl. 694). Ferner wurde der Staatsvertrag zwischen Bayern und Thüringen über die Gemeinschaftsverträge über das Arbeitshaus Eisenach und die Landes-Heil- und Pflegeanstalt in Hildburghausen unter Berufung auf die thüringische Genehmigung und die Genehmigung des Bayerischen Landtags einfach mit der Formel bekannt gemacht: „Er wird hiemit ausgefertigt“ (GVBl. 14 von 1923). Die Praxis scheint also jetzt auf die gesonderte Ausfertigung und Verkündigung der Staatsverträge besonderen Wert zu legen.

Schließlich ist noch zu erwähnen, daß die an sich gegebene Möglichkeit, die als Gesetz zu beschließenden Vertragsteile der Volksentscheidung zu unterwerfen, durch § 77 I Z. 2 ausdrücklich ausgeschlossen ist.

14. Die Selbständigkeit des Landtags gegenüber Staatsverträgen ist nun noch durch die RV. Art. 78 II erheblich eingeschränkt. Danach können zwar die Länder „in Angelegenheiten, deren Regelung der Landesgesetzgebung zusteht", mit auswärtigen Staaten Verträge schließen. Aber diese Verträge bedürfen der Zustimmung des Reichs, und zwar gemäß Art. 45 I des Reichspräsidenten unter Gegenzeichnung des Reichskanzlers oder eines Reichsministers (Art. 50). Von dieser Zustimmung, mag sie nun vorausgehen oder nachfolgen, hängt ihre Rechtsgültigkeit ab. Frei sind die Länder nur bezüglich der Staatsverträge mit anderen deutschen Staaten oder mit dem Reich selbst; in letzterem Fall ist übrigens die Zustimmung des Reichs als Vertragsgegner gegeben (s. die obigen Beispiele). Auch Verträge mit dem päpstlichen Stuhl können nicht als solche mit einem auswärtigen Staat angesehen werden. Der Sonderfall der Verträge über Grenzänderungen wurde bereits oben S. 30 ff. erörtert.

15. Die in der Literatur des Staatsrechts oft erörterte Frage, ob die landtägliche Genehmigung Erfordernis des Zustandekommens oder nur der inneren Verbindlichkeit von Staatsverträgen ist, hat keine ausdrückliche Regelung gefunden. Sie ist im ersteren Sinn zu beantworten; denn es kann wohl nicht als Wille der Verfassung angesehen werden, die Möglichkeit eines Konfliktes mit den anderen vertragsschließenden Staaten bei Versagung der landtäglichen Genehmigung als Verfassungseinrichtung festzulegen.

Dazu tritt noch folgende allgemeine Erwägung. Wenn man auch annehmen mag, daß das Völkerrecht grundsätzlich von der Repräsentation der einzelnen Staaten durch ihre „Staatsoberhäupter" ausgeht, so liegt doch selbst in einer solchen Regel eine Verweisung auf das innere Staatsrecht; denn nur nach diesem ist bestimmt, wer „Staatsoberhaupt" ist, wer den Staat zu repräsentieren hat. Nun kann die Repräsentationsbefugnis nach dem inneren Staatsrecht auch auf mehrere Staatsorgane verteilt sein, in welchem Falle dann gewissermaßen nach außen mehrere oberste Stellen, Oberhäupter, bestehen, deren Zuständigkeit sich nach der betreffenden Zuständigkeitsordnung richtet. Es bedeutet logisch nur einen weiteren Schritt, wenn man an eine Kompetenzbestimmung denkt, nach der mehrere Organe zu gemeinsamem Handeln berufen sind. Auch diese Bestimmung muß völkerrechtlich maßgebend sein. Es liegt nun aber gar nichts anderes als ein derartiger Fall vor, wenn neben der

Regierung auch der Landtag verfassungsmäßig zur Mitwirkung berufen ist.

16. Das Erfordernis der Genehmigung von Staatsverträgen durch den Landtag beraubt das Gesamtministerium nicht jeder Möglichkeit selbständiger Abmachungen mit anderen Staaten. Vielmehr sind staatliche Verträge, die nicht die Form von solennen Staatsverträgen besitzen, ohne Zustimmung des Landtags durchaus möglich. Man spricht in diesem Fall von Verwaltungsvereinbarungen.

Der Unterschied beider Rechtsinstitute ist im wesentlichen ein äußerlicher. Verwaltungsvereinbarungen werden formlos von Verwaltung zu Verwaltung geschlossen, regelmäßig handelt es sich um Abkommen der Ressortbehörden. Bei Staatsverträgen ist die gegenseitige Beziehung der beteiligten Staaten als solcher ausdrücklich betont. Darum genügen für die ersteren auch die Unterschriften der Verwaltungsstellen, während für die letzteren die Unterzeichnung durch die obersten Repräsentanten des Staats gefordert wird. Inhaltlich können sich Verwaltungsvereinbarungen naturgemäß nicht auf Normen beziehen, die zu Rechtssätzen erhoben werden sollen. Dagegen können Staatsverträge, wie bereits oben erwähnt wurde, auch reinen Verwaltungsinhalt besitzen. Daß nach bayerischem Recht Verwaltungsvereinbarungen zulässig sind, ergibt sich aus der allgemeinen Berufung des Ministeriums zur Vertretung Bayerns nach außen einerseits (§§ 57 I, 61 Z. 3), aus der Beschränkung der Mitwirkung des Landtags auf solenne Staatsverträge andererseits (§§ 50, 62 I. Vgl. unten § 29 Z. 2).

Bezüglich der Zustimmung des Reichs zu Verwaltungsvereinbarungen mit auswärtigen Staaten enthält die RV. keine ausdrückliche Vorschrift. Der Grundgedanke des Art. 78 aber, die auswärtige Verwaltung beim Reich zu zentralisieren, spricht auch in diesem Fall für das Zustimmungserfordernis; bei strenger Wortauslegung käme man nämlich sogar zu einer Verneinung der Zulässigkeit solcher Vereinbarungen, da Art. 78 I mit seinem Monopol der Reichsverwaltung die Regel, 78 II mit der Zulassung von Verträgen „in Angelegenheiten, deren Regelung der Landesgesetzgebung zusteht“, die Ausnahme bildet. (Vgl. auch unten § 29 Z. 2.) Der Ausschluß der Verwaltungsvereinbarungen war aber keineswegs beabsichtigt (vgl. Poetzsch, Giese, Anschütz zu RV. Art. 78). Das kompetente Reichsorgan wird der betreffende Ressortminister sein.

§ 22.

Die Zuständigkeit des Landtags, b) auf dem Gebiete der vollziehenden Gewalt.

Schrifttum: Rothenbücher, Ministerium bes. 47 ff.

1. Wenn man Gesetzgebung und Vollziehung einander gegenüberstellt, gehört auch die Rechtspflege zu dem letzteren Gebiet; denn es handelt sich dabei um die Anwendung, den Vollzug der Gesetze (s. unten § 41). Von der Rechtspflege abgesehen, kann man die Aufgaben und Befugnisse des Landtags nach folgenden Gesichtspunkten gliedern: a) Einsetzung der obersten Vollzugsbehörde, b) Überwachung derselben im allgemeinen, c) Überwachung in finanzieller Beziehung. Daran schließt sich dann d) die Zuständigkeit auf dem Gebiet der Rechtspflege.

2. a) Einsetzung der obersten Vollzugsbehörde. Schon in dem einleitenden § 4 ist ausgesprochen, daß das Gesamtministerium vom Landtag bestellt wird. Das Nähere regelt § 58 I. Danach wählt die Vollversammlung des Landtags den Ministerpräsidenten mit den Stimmen der Mehrheit der gesetzlichen Mitgliederzahl; er muß also mindestens 79 Stimmen erhalten (solange Coburg 3 Abgeordnete entsendet — vgl. unten § 23 Z. 1) — sind 80 Stimmen erforderlich). Dann unterbreitet der Gewählte dem Landtag eine Vorschlagsliste für die übrigen Ministerien und besetzt diese im Einverständnis mit dem Landtag. Bei Erledigung einzelner Ministerien wird in gleicher Weise verfahren. Der formale Vorgang ist danach nicht ganz klar. Sind die Bestimmungen wörtlich zu nehmen, so muß die Vollversammlung über die Liste abstimmen; doch gilt hiebei das gewöhnliche Stimmerfordernis, Mehrheit der abgegebenen Stimmen bei Anwesenheit der Mehrheit der gesetzlichen Mitgliederzahl. Dem Sinne nach würde auch eine Vereinbarung mit den Mehrheitsparteien ohne förmliche Abstimmung genügen. In der Praxis wurde bisher von dem gewählten Ministerpräsidenten die mit den Mehrheitsparteien vereinbarte Ministerliste dem Landtag mitgeteilt und hierauf ohne Erörterung das Einverständnis des Hauses durch den Landtagspräsidenten festgestellt. In formeller Beziehung geht die Ernennung der Ressortminister vom Ministerpräsidenten aus.

Zur Ergänzung des Ministeriums sind Staatssekretäre als ständige politische Stellvertreter einzelner Minister vorgesehen. Ihre Ernennung — und Entlassung — erfolgt auf Vorschlag des betreffenden Ministers durch das Gesamtministerium im Einverständnis mit dem

Landtag (§ 58 II); auch hier ergeben sich ähnliche Fragen wie bei der Bestellung der Ressortminister.

3. b) Überwachung der Regierung im allgemeinen. Schon § 4 kennzeichnet die Stellung der Regierung grundsätzlich dadurch, daß das Gesamtministerium dem Landtag verantwortlich ist. § 59 II S. 1 präzisiert dies dahin, daß auch die Minister als Einzelne und die Staatssekretäre dieser Verantwortung unterliegen. Nach § 53 hat demgemäß der Landtag „das Recht, das Gesamtministerium oder einzelne Minister zur Verantwortung zu ziehen". Ergänzend sind hier auch die Staatssekretäre anzuführen; doch ist deren Stellung im einzelnen nicht ganz klar geregelt, was sich z. T. daraus erklärt, daß die VU. ihre rechtlichen Beziehungen zum Landtag gegenüber der Regierungsvorlage in einzelnen Punkten ausgebaut hat, ohne aber daraus die vollen Folgerungen zu ziehen. Die Staatssekretäre müssen daher besonders betrachtet werden.

Wie weit sich aus der Gesamtverantwortlichkeit auch eine Einzelverantwortlichkeit ergeben kann, wird noch gelegentlich berührt werden (vgl. S. 127).

Die Mittel, die dem Landtag zu Gebote stehen, um die ministerielle Verantwortlichkeit geltend zu machen, sind von der Verfassung in ein theoretisches System gebracht (§§ 53—56). Es werden parlamentarische und gerichtliche Mittel unterschieden. Erstere zerfallen in das ordentliche parlamentarische Mittel der Rechenschaftsforderung (§ 54) und das außerordentliche parlamentarische Mittel der Kundgabe des Mißtrauens (§ 55). Dem steht als das gerichtliche Mittel die Ministeranklage gegenüber (§ 56).

Einwandfrei ist dieses System keineswegs. Denn es wird dadurch der Anschein erweckt, als ob es sich in jedem Fall um ein Verschulden handeln würde, über das der Landtag gleichsam zu Gericht sitzt. Dieses Verhältnis mag vielleicht noch bei der Rechenschaftsforderung zutreffen und trifft sicherlich bei der förmlichen Anklage zu. Es ist aber durchaus nicht gegeben oder muß wenigstens nicht gegeben sein, wenn eine Mißtrauenskundgebung in Frage steht. Denn die Frage des Vertrauens des Landtags oder genauer der Landtagsmehrheit zur Regierung als Ganzes oder zu einzelnen ihrer Mitglieder ist eine rein politische Frage. Deckt sich die politische Auffassung der Mehrheit mit der der Regierung, so kann die letztere auf das Vertrauen und darum auf die Gefolgschaft der ersteren rechnen. Damit ist dann die Voraussetzung dafür gegeben, daß sie im Amte bleibt und die Geschäfte des Landes leitet. Fehlt dieser

Einklang, dann kann das Gesamtministerium oder der einzelne Minister keine erfolgreiche Tätigkeit entfalten und muß daher gehen. Der Gesichtspunkt der Verantwortung spielt dabei eine ganz nebensächliche Rolle. Das gegenseitige Verhältnis ist daher viel richtiger gefaßt, wenn es heißt: „Die Minister bedürfen zu ihrer Amtsführung des Vertrauens des Landtags" (§ 59 I S. 1). „Sie können jederzeit von ihrem Amte zurücktreten, sie müssen zurücktreten, wenn ihnen das Mißtrauen des Landtags ausgesprochen wird" (§ 59 II S. 2). Die Umdeutung der Lösung des Vertrauensverhältnisses in eine Art von Disziplinarmittel läßt sich nur als ein Rudiment der konstitutionellen Theorie erklären, wonach die Volksvertretung der Regierung als mißtrauiges Kontrollorgan gegenübergestellt ist.

4. Nunmehr zu den Einzelheiten.

α) „Der zur Rechenschaft geforderte Minister hat sich im Landtag persönlich zu verantworten" (§ 54 S. 2). Es findet also eine Art Verhör statt. Je nach dessen Ausfall, wird die Mehrheit ihre Beschlüsse fassen. Dies das „ordentliche parlamentarische Mittel" der Verantwortlichmachung! Welcher Minister, der etwas auf sich hält, wird sich eine solche schulbubenartige Behandlung gefallen lassen? Er wird entweder sofort von seinem Rücktrittsrecht Gebrauch machen (nach Analogie des § 55 III S. 1) oder die Vertrauensfrage stellen, d. h. ein ausdrückliches Vertrauensvotum verlangen. Dann spielt die Angelegenheit aber auf das Gebiet des Mißtrauensvotums hinüber, von dem gleich die Rede sein wird.

Viel praktischer als dieses von vornherein das gegenseitige Verhältnis vergiftende Verhör ist das einfache Verlangen der Auskunfterteilung. „Jeder Minister ist verpflichtet, dem Landtag auf Verlangen über die Verwaltung seines Geschäftskreises Auskunft zu geben" (§ 65 IV), das sog. Interpellationsrecht (R o t h e n b ü c h e r 47 bringt dieses Recht mit der Rechenschaftsforderung in einen rechtlichen Zusammenhang). Traut man der Geschäftsführung nicht, so steht außerdem die Untersuchung, das Enquete-Recht zu Gebote (§ 52 II).

β) „Die K u n d g a b e d e s M i ß t r a u e n s" wird, wie wir sahen, als das „a u ß e r o r d e n t l i c h e (!) p a r l a m e n t a r i s c h e M i t t e l" der Verantwortlichmachung bezeichnet (§ 55 I). In dieser Klassifizierung steckt die ganze Verkennung der veränderten politischen Situation. Und unter folgerichtiger Festhaltung des zugrunde liegenden Gedankenfehlers wird das Verfahren zu einer Haupt- und Staatsaktion ausgestaltet. In Staaten mit eingelebtem Parlamentarismus wird einfach über eine Tagesordnung abgestimmt. Jeder weiß sofort, um was es sich handelt. Die bayerische Verfassung verlangt einen förmlichen Prozeß. Zunächst muß ein Antrag eingebracht werden, den mindestens 30 Abgeordnete unterstützen müssen; er kann sich gegen das Gesamtministerium oder einzelne Minister richten. Dieser Antrag ist dem Ministerpräsidenten sofort schriftlich mitzuteilen; er muß innerhalb 5 Tagen zur Beratung gebracht werden (§ 55 I, II). Also rasch, aber doch ohne Übereilung! „Die Minister müssen zur Verhandlung über die gegen sie gerichteten Mißtrauensanträge persönlich erscheinen, wenn sie nicht vorher zurücktreten" (§ 55 III S. 1). Dabei kann es sich um den Antrag einer kleinen Minderheit handeln! „Erscheinen sie nicht, so kann in ihrer Abwesenheit" — also in contumaciam — „beraten und beschlossen werden" (§ 55 III S. 2). „Der Beschluß ist gültig, wenn mindestens die Mehrheit der gesetzlichen Mitgliederzahl zustimmt. Er ist eingehend zu begründen" (§ 55 IV) wie ein Disziplinar- oder Strafurteil. Bei Nichteinhaltung der geschilderten Formen ist Erhebung des Verfassungsstreites nach § 70 I möglich. — Es steht aber natürlich nichts im Wege, daß die Landtagsmehrheit einfach ihrer Unzufriedenheit mit der Geschäftsführung des Ministeriums beschlußmäßig Ausdruck gibt und dieses daraus die gegebene Folgerung zieht.

γ) „Das gerichtliche Mittel der Geltendmachung der Ministerverantwortlichkeit ist die Anklage vor dem Staatsgerichtshofe" (§ 56 I S. 1). Es handelt sich hier um ein altes Requisit der konstitutionellen Theorie, welches dazu dienen soll, einem Machtmißbrauch der von der Volksvertretung unabhängigen ersten Gehilfen des Fürsten entgegenzutreten, wobei es ganz ausnahmsweise in die Hand der Volksvertretung gelegt war, die Entfernung der Schuldigen aus dem Rate der Krone zu erzwingen. So hat es sich fortgeerbt hinüber in die Zeit der unbedingten Abhängigkeit der Minister von dem Parlament, aus dem sie hervorgehen. Die Reichsverfassung kennt es, die preußische und fast alle übrigen deutschen Einzelstaatsverfassungen. Nur die sächsische Verfassung hat diesen Anachronismus bewußtermaßen über Bord geworfen.

Gegenstand der Anklage ist, „daß ein Minister in Ausübung seines Amtes durch Handlungen oder Unterlassungen die Verfassung oder ein Gesetz vorsätzlich oder grobfahrlässig verletzt hat" (§ 56 I S. 2). Es wird also objektive und subjektive Rechtswidrigkeit gefordert, Gefährdung des Staatswohls auch mit Vorbedacht genügt nicht. Der Ausdruck „Gesetz" umfaßt hier auch die Gesetze im materiellen Sinn, die ja letzten Endes stets auf formellen Gesetzen beruhen, betrifft ferner nicht nur das Landesrecht, sondern auch das Reichsrecht (ebenso Piloty 129). Unter „Verfassung" ist wohl auch die Reichsverfassung einbegriffen.

In Ausübung des Amtes muß sich der Rechtsverletzer befunden haben; also genügt ein Fehltritt gelegentlich der Amtsausübung nicht. Eigentlich sollte der Fall juristisch gar nicht möglich sein. Denn nur der gesetzmäßige Akt erfüllt die Erfordernisse der Zurechnung von dem Täter auf das Amt, den Staat. Der gesetzwidrige Akt fällt aus diesem Bereich heraus, ist daher an sich nicht rechtsgültig, sondern nichtig. Aber es geht hier so, wie auch sonst auf dem Gebiet der amtlichen Tätigkeit; es wird kraft positiver Vorschrift über Fehler hinweggesehen, es handelt sich gewissermaßen um nachgiebiges Recht. Doch so eng ist der Deliktstatbestand nicht einmal gemeint. Das zeigt sich sofort bei den negativen Akten, den Unterlassungen. Wie sollen diese, wörtlich genommen, in Ausübung des Amtes möglich sein? Es liegt doch Nichtausübung vor. Gedacht ist wohl daran, daß der Minister kraft der Verfassung oder des Gesetzes zu einer amtlichen Handlung verpflichtet war und sie versäumt hat. Und so muß man auch bei den positiven Akten daran denken, daß eine Verpflichtung zu einem bestimmten Handeln bestand und aus Vorsatz oder grober Fahrlässigkeit anders gehandelt wurde. Ob die getadelte Handlung als Amtsakt oder nicht als Amtsakt zu qualifizieren war, bleibt unerheblich. M. a. W. es muß sich um Handlungen oder Unterlassungen drehen, die eine klar ausgesprochene Beziehung auf die Amtsstellung haben, die ohne diese Stellung gar nicht in Frage kämen.

Ein besonderer Fall ist die Teilnahme der einzelnen Minister an Beschlüssen des Gesamtministeriums (vgl. unten § 31 Z. 8). Der Einzelminister ist für dessen Beschlüsse verantwortlich, 1. soweit er dafür gestimmt hat, 2. soweit er zwar dagegen gestimmt hat, aber sich dem Beschluß gefügt hat, indem er im Amte blieb, 3. soweit er an der Beschlußfassung nicht teilgenommen hat, aber durch sein Verbleiben im Amte ihm stillschweigend beigetreten ist (ebenso Rothenbücher 33).

Groß ist die Erschwerung des Antrags auf Erhebung der Anklage, noch größer die des Beschlusses. Mindestens 50 Abgeordnete, nicht viel weniger als ein Drittel des Hauses, müssen den Antrag stellen, zwei Drittel, wie bei Verfassungsänderungen, für ihn stimmen (§ 56 II i. V. m. 92); über das nähere Verfahren vgl. unten § 25 Z. 5. Die Entscheidung ruht beim Staatsgerichtshof (§§ 56 I S. 1, 70 I). Im Falle des Schuldspruchs wird auf Entfernung aus dem Amte erkannt, falls nicht schon vorher freiwilliger Rücktritt erfolgt ist (§ 56 III). Das Verfahren ist unabhängig von dem Schicksal des

Landtags, der den Anklagebeschluß gefaßt hat; es geht weiter trotz seiner Vertagung oder seinem Ende durch Auflösung oder Ablauf der Wahldauer (§ 56 IV). Das Nähere ist in dem Gesetz über den Staatsgerichtshof geregelt und wird unten (§ 55 Z. 3—10) besprochen werden (vgl. auch § 32 Z. 4).

δ) Wir sahen oben, daß die Mittel, die dem Landtag für die Geltendmachung der Verantwortlichkeit des Gesamtministeriums oder einzelner Minister zur Verfügung gestellt werden, in eine systematische Ordnung gebracht sind. Danach könnte man vermuten, daß alle Mittel sich sowohl auf das Kollektivum wie auf das Individuum beziehen. Davon ist aber ausdrücklich nur bei der Mißtrauenskundgabe die Rede (§ 55 I). Daß die Ministeranklage nur den Einzelnen als Person treffen kann, liegt in ihrer strafprozessualartigen Natur. Zweifelhaft könnte man bei der Rechenschaftsforderung sein, ob nämlich die allgemeine Regel des § 53 I oder ein argumentum e contrario aus § 55 I anwendbar ist. Aber § 59 S. 2 spricht so deutlich von dem einzelnen Minister, daß das Gesamtministerium ausscheidet.

5. Nun zur Stellung der Staatssekretäre. Bei der materiellrechtlichen Umschreibung der Stellung der obersten Staatsfunktionäre in § 59 sind die Staatssekretäre den Ministern grundsätzlich gleichgestellt. Bei den formellrechtlichen Bestimmungen der §§ 53 bis 56 geschieht ihrer keine Erwähnung. Darin liegt die Schwierigkeit der Ermittlung dessen, was rechtens ist.

Materiellrechtlich gilt folgendes. Die Regel, daß die Minister zu ihrer Amtsführung des Vertrauens des Landtages bedürfen, ist auch auf die Staatssekretäre ausgedehnt, „soweit sie in Vertretung der Minister selbständig handeln“ (§ 59 I S. 2). Soweit sie also im Auftrag handeln, kommt das Vertrauensverhältnis ebensowenig in Frage, wie bei den anderen Beamten eines Ministeriums. Weiter werden die Staatssekretäre den Ministern auch darin gleichgestellt, daß sie für ihre Amtsführung dem Landtag verantwortlich sind (§ 59 II S. 1). Dieser Satz muß aber doch wohl ebenfalls auf den Fall des selbständigen Handelns eingeschränkt werden; sofern der Staatssekretär also im Auftrag handelt, entfällt seine unmittelbare Verantwortlichkeit gegenüber dem Landtag. Er ist eben nicht als kontrollierender Vertrauensmann der Volksvertretung, sondern als politisches Hilfsorgan des Ministers gedacht. Die Staatssekretäre können wie die Minister jederzeit von ihrem Amte zurücktreten (§ 59 II S. 2); in diesem Fall kommt es auf die selbständige

Tätigkeit nicht an. „Sie müssen zurücktreten, wenn ihnen das Mißtrauen des Landtags ausgesprochen wird" (§ 59 II S. 2); hier beginnt der Zweifel ob die Mißtrauenskundgabe unbeschränkt oder nur insofern erfolgen kann, als sie selbständig gehandelt haben. Das letztere würde dem in § 59 I enthaltenen Gedanken entsprechen; das erstere entspricht dem Wortlaut des § 59 II S. 2 und korrespondiert mit ihrem jederzeitigen Rücktrittsrecht. Ferner macht sich in diesem Sinne die Erwägung geltend, daß die Mißtrauenskundgabe gegenüber dem Gesamtministerium auch die Staatssekretäre von ihrem Platz entfernen muß (vgl. unten § 32 Z. 4).

Formellrechtlich regelt § 53 in Ausführung des Satzes von dem Recht des Landtags, das Ministerium zur Verantwortung zu ziehen, die einzelnen dazu dienenden Mittel. Da die Verantwortlichkeit grundsätzlich für die Staatssekretäre die gleiche ist, könnte man auf die Zulässigkeit aller drei Mittel auch gegenüber den Staatssekretären schließen. Nur lassen aber die Bestimmungen des § 56 über das „gerichtliche Mittel" der Ministeranklage, in denen von den Staatssekretären keine Rede ist, nach ihrer ganzen Fassung eine ausdehnende Auslegung nicht zu (ebenso Piloty 129; a. A. Rothenbücher 26, 52); so hat auch das Gesetz über den Staatsgerichtshof vom 11. Juni 1920, GVBl. 323, die Rechtslage aufgefaßt und daher die Staatssekretäre unbehelligt gelassen (vgl. § 2 Z. 1). Bei den sog. „parlamentarischen Mitteln", Rechenschaftsforderung und Mißtrauenskundgabe, begegnet eine ausdehnende Auslegung keinen Schwierigkeiten. Wollte man davon absehen, so würde auf die ausdrückliche Erklärung des landtäglichen Mißtrauens gegenüber einem Staatssekretär nicht das erschwerte prozeßartige Verfahren des § 55 Anwendung finden, sondern einfacher Beschluß genügen, so daß die Staatssekretäre gegenüber der Volksvertretung eine viel prekärere Stellung hätten als die Minister. Wenn nun aber das „außerordentliche parlamentarische Mittel" der Mißtrauenskundgabe Anwendung findet (so auch Piloty 127), so ist nicht abzusehen, warum das „ordentliche parlamentarische Mittel" der Rechenschaftsforderung ausgeschlossen bleiben soll (übereinstimmend Piloty 137 Z. 5). In beiden Fällen ergibt sich noch die Schwierigkeit der Abgrenzung des Tatbestands der Verantwortlichkeit; an sich sollte man nur an das selbständige Auftreten denken, aber die notwendige Rückwirkung der Mißtrauenserklärung gegenüber dem Gesamtministerium auf die Stellung der Staatssekretäre verlangt eine Erweiterung.

6. Die Verfassung begnügt sich nicht damit, dem Landtag das

Recht zu geben, die obersten Staatsfunktionäre und dadurch mittelbar die ganze Staatsverwaltung zu überwachen, sie räumt der Volksvertretung vielmehr in gewissem Umfang das Recht ein, unmittelbar in das Triebwerk der Verwaltungsmaschine Einblick zu nehmen. Verhältnismäßig harmlos ist die Befugnis, Landtagsmitglieder mit der Einsichtnahme in die Einrichtungen und Unternehmungen der Staatsverwaltung, insbesondere der Staatsschuldenverwaltung zu betrauen (§ 52 I). Denn dabei ist vorausgehende Verständigung des Ministeriums vorgeschrieben; es dürfen also keine Überfälle stattfinden. Die Einsicht schließt einen Eingriff aus; das ist schon aus Rücksichten auf die Wahrung der Verantwortlichkeiten der Beamten gegenüber den ihnen vorgesetzten Ministern notwendig. Immerhin kann diese Inspektion auch zu einem Akt des Mißtrauens werden; denn Verständigung der Minister ist nicht gleichbedeutend mit Herstellung eines Einverständnisses.

Viel durchgreifender ist das Recht der Untersuchung (§ 52 II). Dieses Recht bezieht sich an sich auf Tatsachen aller Art, ist also nicht auf das Gebiet der Verwaltung beschränkt. Das Vorbild, die englischen parlamentarischen Untersuchungen hatten vornehmlich wirtschaftliche und soziale Verhältnisse und Zustände zum Gegenstand; in diesen Fällen steht die Beziehung zwischen Parlament und Regierung nicht in Frage. Aber die Enquete kann sich ebensogut auf Verwaltungstatsachen im weitesten Umfang beziehen und, da die staatlichen und Selbstverwaltungsbehörden gehalten sind, den Weisungen des Untersuchungsausschusses zu folgen, kann über den Kopf der Minister hinweg, in die intimsten Vorgänge der Staatsverwaltung hineingeleuchtet werden. Aus diesem Grunde ist hier ein sehr wichtiges Mittel der Überwachung der Amtstätigkeit der Minister gegeben. (Vgl. Zweig, Die parlamentarische Enquete nach deutschem und österreichischem Recht, Ztschr. f. Politik 1913 S. 265 ff.) Das Einzelne ist später zu erörtern (vgl. unten § 26).

7. c) Die Überwachung der Regierung in finanzieller Beziehung führt uns wieder auf das Gebiet alter parlamentarischer Traditionen, die unmittelbar an die Verhältnisse im ständischen Staat anknüpfen. Das immer wieder zutage tretende Geldbedürfnis der Fürsten hat diese in Abhängigkeit von der Steuerbewilligung der Landstände gebracht und daran entwickelte sich deren Einfluß auf die Verwendung der bewilligten Mittel. Wo es den Fürsten nicht gelang, ihrer Stände schließlich Herr zu werden, wurde deren Position immer stärker und führte allmählich zum Übergewicht der sie ablösenden Volksvertretung, zum parlamentarischen System. Wo die Fürstenmacht sich durchzusetzen vermochte und zum absoluten Regiment gelangte, da war der finanzielle Punkt doch wieder einer der wichtigsten Einbruchsstellen der neuentstandenen Verfassungsbewegung. So wurde überall das alte Geldbewilligungsrecht zu einer entscheidenden Mitwirkung bei Aufstellung des staatlichen Gebarungsplans und bei Überwachung seiner Einhaltung fortgebildet, das Budgetrecht der Volksvertretung zu dem wichtigsten Instrument ihres Einflusses auf die ganze Staatspolitik und Staatsverwaltung (vgl. auch unten § 58).

Diese geschichtliche Entwicklung macht es verständlich, daß auch in der parlamentarischen Demokratie an den alten Einrichtungen grundsätzlich nichts geändert wurde. Neben der Einwirkung auf die Bildung und den Fortbestand der Regierung, neben Interpellationsrecht, Enquete und der mehr theoretischen Ministeranklage ist das parlamentarische Etatsrecht auch heute noch eines der stärksten Mittel für die praktische Geltendmachung des Einflusses der Volksvertretung auf das gesamte Staatsleben geblieben. Wie bereits früher bemerkt wurde (vgl. S. 81), hat sich allerdings die Richtung dieser Einflußnahme insofern etwas verschoben, als es den politischen Parteien nicht mehr so sehr darauf ankommt, die der Staatsverwaltung zur Verfügung gestellten Mittel möglichst knapp zu halten, sondern vielmehr darauf, die Wünsche ihrer Wählerkreise möglichst vollständig zu erfüllen. Dadurch ist die Regierung in die Lage des Zurückhaltenden, die Volksvertretung in die des Fordernden gedrängt worden. In den geltenden Verfassungsbestimmungen hat diese teilweise Veränderung bereits ihren Niederschlag gefunden.

Die staatsfinanziellen Vorschriften der Verfassungsurkunde müssen im Zusammenhang noch eingehender dargestellt werden (unten §§ 56 ff.). Hier ist daher nur eine kurze Übersicht unter dem besonderen Gesichtspunkt der Überwachung der Regierung durch den Landtag geboten. Die Verfassungsurkunde hat auch gerade in demselben Sinne einen Teil der bezüglichen Bestimmungen herausgegriffen und in den 6. Abschnitt „Landtag, b) Aufgaben und Rechte" eingestellt.

Zunächst wird das Genehmigungsrecht des Landtags zu jeder neuen Anleihe, „welche die Erhöhung des bisherigen Schuldenstandes des Staates an Kapital oder Verzinsung bewirkt" festgestellt (§ 47 I). Sog. Konversionen, d. h. Ermäßigungen des Zinsfußes, sind, soweit sonst keine rechtlichen Hindernisse bestehen, der Regierung unbenommen. Formelles Gesetz ist für die Anleihen nicht vorgeschrieben, ebensowenig aber ausgeschlossen und auch Volksbegehren und -entscheidungen sind zulässig (§ 77 I e contrario). Den Anleihen sind Staatsbürgschaften gleichgestellt (§ 47 I a. E.). Auch der Schuldentilgungsplan unterliegt sowohl hinsichtlich seiner Aufstellung als seiner Änderung der landtäglichen Genehmigung (§ 47 II). Fast alle diese Bestimmungen sind einfach dem alten Verfassungsrecht entnommen (vgl. VU. Titel VII §§ 11, 13).

Ist so der Volksvertretung ein entscheidender Einfluß auf die Gestaltung des passiven Staatsvermögens eingeräumt, so entspricht dem eine gleiche Mitbestimmung über das aktive Vermögen. Eine Wertverminderung des Grundstockvermögens durch (freiwillige) Veräußerungen ist überhaupt verfassungsrechtlich unzulässig. Veränderungen durch einzelne Veräußerungen, deren Erlös stets wieder angelegt werden muß, bedürfen in jedem Fall der Genehmigung des Landtags, sei es nun durch einfachen Beschluß, sei es durch Erteilung formellgesetzlicher Ermächtigungen (§ 47 III).

Neben dem Einfluß auf die Vermögenslage des Staates steht die Mitbestimmung in bezug auf die laufende Gebarung. Der vom Gesamtministerium vorzulegende Haushaltsplan ist alljährlich vom Landtag zu beschließen (§ 48); damit ist die frühere zweijährige Gebarungsperiode beseitigt und die unmittelbare Mitwirkung der Volksvertretung an der Führung der Staatsfinanzen verstärkt. Der tatsächliche Gebarungserfolg bildet ebenfalls alljährlich einen Gegenstand der Prüfung und Beschlußfassung, wobei ein Vermögens- und Schuldennachweis unterbreitet werden muß (§ 49).

8. d) Stellung des Landtags gegenüber der Rechtspflege. Grundsätzlich besteht für die Volksvertretung ein noli me tangere gegenüber der Justiz. Darin kommt die Unabhängigkeit der Gerichte nach dieser Seite hin zum Ausdruck (§ 5). Zum Überfluß wird noch bestimmt: „Anhängige Strafsachen und strafrechtliche Untersuchungen können weder durch den Landtag noch durch . . . . gehemmt werden." (§ 69 VI). Es gibt also keine sog. Abolition (vgl. auch § 51 Z. 9). Allerdings bleiben von dieser Regel die oben S. 107 erwähnten Fälle unberührt, in denen der Landtag die Aufhebung einer Haft oder eines Strafverfahrens gegen seine eigenen Mitglieder verlangt (§ 39 II). — Eine positive Tätigkeit auf dem Gebiet der Rechtspflege entfaltet der Landtag bei der Entscheidung über die Gültigkeit von Wahlen, da die vorgesehene Übertragung an einen Gerichtshof nicht erfolgt ist (§ 33; vgl. S. 109, 159), und bei Amnestien, für die förmliches Gesetz vorgeschrieben ist (§ 51 I). Die sachliche Legitimation ist dadurch gegeben, daß bei allgemeinen Straferlässen gleichsam das Gesetz für die Vergangenheit in weitem Rahmen teilweise oder gänzlich aufgehoben wird. Dabei wird allerdings kein Unterschied gemacht, ob es sich um Reichs- oder Landesgesetze handelt, vielmehr entscheidet herkömmlich die reichs- oder landesbehördliche Natur der ersten Instanz (vgl. StPO. §§ 484, 485; Laband, Staatsrecht § 93).

§ 23.

Die Zusammensetzung und Gliederung des Landtags.

a) Zusammensetzung.

1. Die Zahl der Landtagsabgeordneten ist in der Verfassung nicht festgesetzt. Es war nur der Grundsatz aufgestellt worden, daß auf je 40000 Landeseinwohner nach der letzten Volkszählung ein Abgeordneter, auf einen Rest von mehr als 20000 ein weiterer Abgeordneter treffen sollte (§ 26 II S. 3, 4). Als es zur Beratung des Wahlgesetzes kam, erschien diese Zahl als zu groß sowohl mit Rücksicht auf die Aktionsfähigkeit der Vertretung als auch mit Rücksicht auf die Kosten. Man einigte sich auf einen Schlüssel von 50000 und ermittelte so zunächst eine Ziffer von 142 Sitzen. Aus später (S. 148) zu erörternden Gründen wurden noch weitere 15 Sitze für die sog. Landesabgeordneten dazugeschlagen, so daß man auf 157 Abgeordnete kam (LWG. Art. 41 in der Fassung des Ges. vom 21. Juli 1921, GVBl. 393, Art. 42). Da Coburg nach dem Vereinigungsvertrag statt der seiner Bevölkerungsziffer entsprechenden Zahl von 2 zunächst 3 Abgeordnete zu entsenden hat, ergibt sich eine vorübergehende Erhöhung auf insgesamt 158 Landtagsmitglieder (vgl. S. 149).

2. Die Mitglieder des Landtags werden durch Wahlen der Staatsbürgerschaft bestimmt. Die Wahl erfolgt wie überall nicht auf unbestimmte Dauer. Vielmehr findet periodisch und zwar alle vier Jahre eine vollständige Neuwahl statt (§ 27). Dadurch soll erreicht werden, daß die Zusammensetzung der Volksvertretung immer wieder in Einklang mit der Stimmung der Bevölkerung gebracht wird. Der Zeitraum von vier Jahren wurde nach wiederholten Schwankungen mit Rücksicht auf die gleiche Abgrenzung der Wahlzeit des Reichstags (RV. Art. 23) bestimmt.

Da dem Landtag unter den obersten Faktoren des Staates die wichtigste Rolle zukommt, weil er das normale und notwendige Organ der Gesetzgebung ist, muß dafür vorgesorgt sein, daß er, wenn auch nicht ständig versammelt, so doch jederzeit zusammenberufen werden kann. Diesem grundlegenden Bedürfnis trägt die Verfassung durch die Vorschrift Rechnung, daß der Landtag vor Ablauf seiner Dauer neu zu wählen ist (§ 27). Dadurch ist erreicht, daß die neugewählte Versammlung ihre Tätigkeit sofort nach Abtreten der alten aufnehmen kann. Eine Störung dieser geschlossenen Ordnung tritt dagegen im Fall der Auflösung sei es durch Volksentscheidung (§ 30 IV) oder eigenen Beschluß des Landtags (§ 31) ein. Denn der Beschluß muß sofort vollzogen werden (§ 30 V), während die Neuwahlen so anzuordnen sind, daß die Einberufung — soll heißen der Zusammentritt so auch Piloty 106) — binnen 60 Tagen erfolgen kann. So ergibt sich immerhin ein zweimonatiges Interregnum.

b) Zeitliche Gliederung.

3. Durch die periodische Gesamterneuerung des Landtags tritt eine Zerlegung der Landtagstätigkeit in bestimmte in sich abgeschlossene Zeiträume ein, die man als Legislaturperioden bezeichnet. Ihre Dauer entspricht in der Regel der vorgeschriebenen vierjährigen Wahlperiode, es wird daher auch von Wahldauer gesprochen. Gerechnet wird die Wahldauer vom Tag der Wahl, nicht von dem der amtlichen Bekanntmachung des Wahlergebnisses oder gar vom Tag des Zusammentritts, so daß sie mit dem Vortag der vierjährigen Wiederkehr des Kalenderjahres der Wahl endet (Piloty 97; vgl. auch Wortlaut der VU. § 27). Im Falle der Auflösung greift eine entsprechende Verkürzung Platz. Ohne besondere Beziehung auf die Wahldauer verwendet man die Ausdrücke Funktionsperiode, Funktionsdauer, Landtagsdauer, Dauer der Landtagsversammlung.

Mit dem Ablauf der Landtagsdauer endet die Tätigkeit der Landtagsversammlung. Was bis zu diesem Zeitpunkt nicht endgültige Gestalt gewonnen hat, verliert jede rechtliche Bedeutung, der alte Landtag kann seinen ganz neu zusammengesetzten Nachfolger nicht binden (Diskontinuität der Legislaturperioden). Diese Regel gilt als so selbstverständlicher parlamentarischer Rechtsgrundsatz, daß sie gar nicht ausdrücklich ausgesprochen ist. Sie wird einfach vorausgesetzt, indem von der einzelnen Landtagsversammlung als „Landtag" schlechthin gesprochen wird (z. B. §§ 27, 28 I S. 2, 30 III S. 3 usw.). Eine weitere Folgerung ist die Wahl des Vorstandes auf die Landtagsdauer (§ 28 I S. 2).

4. Es ist aber nicht möglich, daß der Landtag während dieser ganzen Zeit versammelt ist, tagt. Das hätte zur Voraussetzung, daß die Abgeordneten ihren Privatberuf aufgeben; abgesehen davon bliebe ihnen auch keine Zeit zu außerparlamentarischer politischer Tätigkeit, insbesondere zur Fühlungnahme mit ihren Wählern. Aus diesem Grunde ist die Funktionszeit des Landtags in weitere Abschnitte zerlegt, zwischen die sich Perioden der Unterbrechung der landtäglichen Tätigkeit, Landtagspausen, einschieben. Die so gebildeten voneinander getrennten Funktionsabschnitte nennt man Tagungen (§ 30), auch Sessionen oder Sitzungsperioden.

Die Verfassung unterscheidet ordentliche und außerordentliche Tagungen (§ 30 I). Die ordentliche Tagung findet regelmäßig in jedem Jahre statt. Nach der Verfassung könnten in einem Jahre auch mehrere ordentliche Tagungen erfolgen (§ 30 I verb. „mindestens"). Kalendermäßig fallen die regelmäßigen Tagungen wirklich auf zwei Jahre, sie beginnen gewöhnlich im Herbst und dauern bis in den Sommer des nächsten Jahres. Infolgedessen kommen auf jedes bürgerliche Jahr normal zwei Tagungen. Das ist aber nicht gemeint, wenn von der jährlichen Tagung gesprochen wird; hiebei ist vielmehr die Verteilung der Tagungsmonate auf das bürgerliche Jahr gleichgültig.

Auch die Beziehung auf das Rechnungsjahr — 1. April bis 31. März (§ 78) — spielt keine unmittelbare Rolle. Wohl aber kommt ihr eine mittelbare Bedeutung zu. Denn der Beschluß des Haushaltsplans ist eine der wichtigsten Aufgaben des Landtags, und dieser Plan muß naturgemäß vor Beginn der Gebarungsperiode festgestellt sein, weil er die Grundlage für die ganze Staatsverwaltung bildet. Daraus ergibt sich also, daß eine ordentliche Tagung nicht „mindestens", sondern grundsätzlich einmal jährlich stattfindet. Die ganze Wahlperiode zerfällt daher regelmäßig in vier ordentliche Tagungen (Piloty 97).

Die ordentliche Tagung muß jährlich vor dem 1. Oktober beginnen, an welchem Tage der Haushaltsplan für das kommende Rechnungsjahr spätestens vorgelegt werden soll (§ 79 II). Bisher befindet sich Regierung und Landtag als Folge der Revolution und der Räterepublik noch arg im Rückstand; der Voranschlag für das bereits am 1. April 1921 begonnene Rechnungsjahr 1921/22 wurde erst im Oktober 1921 zusammen mit jenem für 1922/23 vorgelegt. Daß dieser Voranschlag in dem ganzen Halbjahr bis Ende der Gebarungsperiode noch nicht durchberaten war, kann allerdings nicht mehr entschuldigt werden (vgl. § 59 Z. 9).

5. Eine außerordentliche Tagung findet in den Pausen zwischen den ordentlichen Sessionen im Bedürfnisfalle statt. Die Einberufung kann entweder durch den Landtagsvorstand (s. u. Z. 10) oder durch das Gesamtministerium beschlossen oder durch 50 Landtagsmitglieder oder durch ein Fünftel der Staatsbürgerschaft beantragt werden (§ 30 I S. 2); der Vollzug obliegt dem Landtagspräsidenten (§ 30 II S. 1).

6. Die Tagung wird durch Landtagsbeschluß beendet; die Verfassung spricht hier von einem Recht des Landtags (§ 30 III S. 1). Es soll damit betont werden, daß die Regierung keine Möglichkeit besitzt, den Landtag nach Hause zu senden. Selbstverständlich hat ein Volksbeschluß über die Auflösung des Landtags Schluß der Tagung zur Folge (§ 30 IV, V). Formell erfolgt die Schließung in jedem Fall durch den Präsidenten (§ 30 II S. 1 u. V).

7. Für die Zeit der Unterbrechung der Versammlung des Landtags von dem Schluß einer Tagung bis zum Beginn der neuen bleibt der Landtagsvorstand in Funktion (§ 28 I S. 2). Die Verfassung sorgt aber noch für eine besondere Vertretung des Landtags in politischer Beziehung durch Berufung eines besonderen Ausschusses, der von der Vollversammlung bestellt und „mit bestimmten Befugnissen betraut" wird (§ 30 III S. 2) — Zwischentagungsausschuß. Eine ähnliche Einrichtung ist auch für die Zeit nach Ablauf der Landtagsdauer oder nach seiner Auflösung vorgesehen, nämlich ein „ständiger" Ausschuß „zur Wahrung der Rechte der Volksvertretung" (§ 30 III S. 3).

Es wurde schon hervorgehoben (S. 78), daß diese Ausschüsse eigentlich einen Anachronismus darstellen, da die Regierung ja ebenfalls aus dem Landtag hervorgegangen ist, daß aber die Vertretung der Minderheit ihnen immerhin eine gewisse politische Bedeutung verschafft. Es ist also der Gedanke aus der letzten konstitutionellen Zeit festgehalten worden, daß der Regierung auch während der Unterbrechung der Tätigkeit der Volksvertretung nicht volle politische Bewegungsfreiheit eingeräumt, vielmehr einer besonderen Vertretung des Parlaments ein Mitbestimmungsrecht gewährt werden soll.

Dieser politische Zweckgedanke muß hier herausgeschält werden, weil sonst die rechtliche Stellung der beiden Ausschüsse nicht näher bestimmt werden kann. Dem Ausschuß zwischen den Tagungen sollen „bestimmte Befugnisse" eingeräumt werden. Was für Befugnisse sind damit gemeint? Zweifellos können sie nur aus dem Kreis der Rechte des Landtags entnommen, herausgeschnitten sein, womit zugleich gesagt ist, daß es sich nur um Teilermächtigungen, nicht um eine Generalvertretung handelt. Es liegt hier also ein Fall des § 3 II VU. vor (vgl. oben S. 109).

Die Auswahl der zu übertragenden Befugnisse ist dem Landtag für jeden einzelnen Fall überlassen. Aber man wird gleichwohl nicht annehmen dürfen, daß diese Auswahl sachlich ganz unbeschränkt ist. Soll der Ausschuß das Recht bekommen können, Gesetze zu erlassen, dem Ministerium das Vertrauen zu entziehen, bei Volksbegehren und Volksentscheidungen an Stelle des Landtags einzugreifen und dgl. m.? Das ist offenbar nicht gemeint. Beschlüsse z. B., die gegenüber der Bevölkerung rechtsverbindlich sind, sollen doch wohl nicht an Stelle des Landtags von seinem Auszug gefaßt werden können. Man wird auch den § 30 III kaum als die lex specialis gegenüber den Verfassungsbestimmungen über das Stimmverhältnis im Landtag, z. B. § 34 (einfache Mehrheit bei Anwesenheit der Hälfte), § 92 (Zweidrittelmehrheit bei Verfassungsänderungen) oder über die doppelte Lesung von Gesetzentwürfen in der Vollversammlung nach § 28 III ansehen können. Dafür besteht übrigens auch nicht die mindeste Notwendigkeit; denn stellt sich das Bedürfnis unvorhergesehen heraus, so kann entweder rasch eine außerordentliche Tagung einberufen oder der Weg der Ausnahmsverordnung nach Art. 48 IV RV. oder der Notverordnung nach § 61 Z. 7 S. 2 VU. beschritten werden. Auch in anderen dringenden Fällen sieht die Verfassung vor, daß der Landtag nicht durch seinen Ausschuß, sondern durch das Ministerium allein ersetzt wird, z. B. bei dringenden Änderungen der Behördenorganisation (§ 46 S. 2), bei nicht rechtzeitigem Beschluß des Haushaltsplans (§ 80 II u. III). Ebenso wird man in den sonstigen Fällen, die ein bestimmtes Verfahren in der Vollversammlung vorschreiben oder besondere Stimmerfordernisse aufstellen, wie z. B. Wahl des Ministerpräsidenten (§ 58 I), Mißtrauensvotum (§ 55), Ministeranklage (§ 56), Wahl der Mitglieder zum Staatsgerichshof (§ 70 II), Auflösung des Landtags (§ 31), Änderungen am Staatsgebiet (§ 92 S. 2) die Möglichkeit einer Vertretung der Vollversammlung durch den Ausschuß verneinen müssen. Es kann sich also nur um die Geltendmachung des Standpunktes der Fraktionen gegenüber der Regierung in rein politischen Fragen handeln. So decken sich die „bestimmten Befugnisse“ des Zwischentagungsausschusses mit der Aufgabe der „Wahrung der Rechte der Volksvertretung“ des ständigen Ausschusses dem Anwendungsgebiet nach und der Unterschied besteht eigentlich nur darin, daß die Ermächtigungen des letzteren allgemein festgelegt sind, während bei dem ersteren von Fall zu Fall die Abgrenzung erfolgen soll. (Im wesentlichen gl. A. Piloty 103f. und Rothenbücher 54, der als Höchstausmaß der übertragbaren Befugnisse jene des Untersuchungsausschusses nach § 52 II ansieht.)

Warum dann zwei verschiedene Ausschüsse verfassungsmäßig vorgesehen sind, da sie doch die gleiche Aufgabe zu erfüllen haben, ist nicht erfindlich. Verstehen läßt es sich nur daraus, daß ursprünglich allein der Zwischentagungsausschuß vorgesehen war, während der ständige Ausschuß erst nachträglich eingefügt wurde (vgl. Beil. 360 Z. 4). RV. Art. 35 II kennt nur einen derartigen Ausschuß — neben dem besonderen Ausschuß für auswärtige Angelegenheiten — und überträgt ihm generell die „Wahrung der Rechte der Volksvertretung gegenüber der Reichsregierung". Und entsprechend sucht auch die Geschäftsordnung des Landtags beide Ausschüsse zu verschmelzen: „Der Landtag setzt zur Wahrung der Rechte der Volksvertretung für die Zeit nach Ablauf seiner Dauer oder nach seiner Auflösung einen Ständigen Ausschuß ein. Für die zwischen zwei Tagungen liegenden Zeit wird der Ständige Ausschuß mit bestimmten Befugnissen betraut." Übrigens spricht VU. § 43 selbst von den Verhandlungen und Beschlüssen „des nach § 30 Abs. III gebildeten Ausschusses"; die Einfügung des zweiten Ausschusses blieb unbeachtet.

Ein kleiner offenbar auf Übersehen beruhender Unterschied in der rechtlichen Stellung beider Ausschüsse betrifft ihre Stellung in bezug auf die strafprozessuale Immunität und die Einvernahme ihrer Mitglieder als Zeuge oder Sachverständiger (vgl. unten § 27 Z. 10).

8. Die Verfassung enthält keinerlei Bestimmungen über die rechtliche Wirkung des Tagungsschlusses auf das Schicksal der noch nicht erledigten Beratungsgegenstände — Frage der Kontinuität oder Diskontinuität der Sessionen im Gegensatz zu der gleichen Frage bei den Legislaturperioden. Nur in bezug auf die Stellung der Landtagsmitglieder, die sog. (prozessuale) Immunität, ergeben sich nach § 39 bestimmte, später (§ 27) zu erörternde Folgerungen. Die alte bayerische Verfassung unterschied in Titel VII § 31 die Vertagung und die Schließung der Landtagsversammlung. Daran knüpfte sich die Auffassung, daß die Schließung die vollständige Beendigung der Landtagsgeschäfte zur Folge habe und daher bei dem Wiederzusammentritt eine Neukonstituierung erfolgen und alle nicht erledigten Vorlagen neu eingebracht werden müßten (Diskontinuität der Sessionen), während im Falle der Vertagung nur eine Unterbrechung stattfinde und demgemäß beim Wiederzusammentritt am alten Punkt fortgefahren werde. Es erhebt sich nun die Frage, ob diese Unterscheidung bzw. die an die förmliche Schließung geknüpften Rechtsfolgen auch für das geltende Verfassungsrecht bedeutsam sind.

Zunächst ist festzustellen, daß eine förmliche Unterbrechung der Verhandlungen, also eine Vertagung im alten Sinne, weder in der Verfassung noch in der Geschäftsordnung vorgesehen ist (so auch Piloty 103). Es gibt also nur abgeschlossene Tagungen; zulässig ist natürlich eine tatsächliche Unterbrechung der Landtagsarbeit durch Anberaumung der nächsten Sitzung auf später oder durch Überlassung dieser Anberaumung an die Organe des Landtags (GO. § 24 II). Aber mit der „Vertagung" im alten Sinn ist das nicht zu vergleichen, die Beendigung der Tagung könnte nur der früheren Schließung zur Seite gestellt werden. Da ergeben sich aber sofort gewichtige Unterschiede.

Die Wahl des Vorstandes erfolgt nämlich nach § 28 I S. 2 VU. (entgegen § 39 I S. 3 der Regierungsvorlage) und ebenso die Wahl der organisationsgemäß vorgesehenen regelmäßigen Landtagsausschüsse nach § 10 II GO. auf die ganze Dauer des Landtags. In bezug auf die Konstituierung geht also die neue Verfassung bewußt einen entgegengesetzten Weg. Daraus wird man aber auch für den zweiten Punkt, die Verhandlungen, auf eine grundsätzlich andere Auffassung schließen dürfen. (Nicht klar Piloty 103).

Diese Abkehr von der Vergangenheit entspricht ja nur den veränderten politischen Grundlagen. Früher hatte der König im Falle eines politischen Konflikts ein Interesse daran, der Tätigkeit des Landtags u. U. Stillstand gebieten zu können, ohne durch die Auflösung die mit der Neuwahl verbundene Steigerung der politischen Leidenschaften herbeizuführen; wenn er dann nach einiger Zeit die Kammer zu vollkommener Neuaufnahme ihrer Tätigkeit zusammenrief, mochte über den alten Streitpunkten bereits Gras gewachsen sein. Ein solches Eingriffsrecht eines außenstehenden politischen Faktors in die Beratungen der Volksvertretung wird heute abgelehnt. Welchen Sinn soll es aber dann noch haben, an die aus eigenem Antrieb erfolgende Aussetzung der Landtagstätigkeit Wirkungen zu knüpfen, die den bisherigen Arbeitserfolg nutzlos zerstören? Wenn die neue Reichsverfassung an einer derartigen Einrichtung zwar nicht ausdrücklich festhält, aber für ihre Ableitung im Wege der Auslegung Anhaltspunkte gibt (Art. 27, vgl. Anschütz 77), so sind dabei offenbar die tieferen politischen Zusammenhänge nicht erkannt worden.

Die Praxis des bayerischen Landtags steht auf dem Standpunkt der Kontinuität, in dem sie die in einer Tagung nicht erledigten

Gegenstände auf die nächste Tagung übernimmt (vgl. beispw. Präsidialvortrag in der Eröffnungssitzung der ordentl. Tagung 1919/20, Sten. Ber. S. 2ff., ferner Geschäftsbericht des Präsidenten am Ende der Tagung, Sten. Ber. S. 433 f.).

c) Organische Gliederung.

9. Der Landtag bildet ein Kollegium, eine Versammlung: Einkammersystem. M. E. ist diese Ordnung schon durch RV. Art. 17 I S. 2 zwingend vorgezeichnet. Wenn es dort heißt: „Die Volksvertretung muß in allgemeiner, gleicher, unmittelbarer Wahl von allen reichsdeutschen Männern und Frauen nach den Grundsätzen der Verhältniswahl gewählt werden", so kann ich mir trotz der Ausführungen im Verfassungsausschuß der Nationalversammlung (Protokolle des Verfassungsausschusses Bd. 336 der Reichstagsdrucksachen 110ff.) nicht vorstellen, wie danach eine Wahl zweier auf demselben Prinzip beruhender und doch verschiedener Kollegien möglich sein soll. Etwas anderes ist es dagegen, wenn der Volksvertretung ein anderer Ausschuß mit beschränkten Rechten zur Seite gestellt werden soll, wie das beim preußischen Staatsrat geschehen ist; auf diese Weise wäre auch die Schaffung einer berufsständigen Vertretung möglich (vgl. oben S. 95 f.).

Der Landtag ist also zunächst die Vollversammlung aller seiner Mitglieder und, wenn vom Landtag schlechthin die Rede ist, muß im Zweifel die Vollversammlung darunter verstanden werden. Daher kommt hier auch die Regel von der Unübertragbarkeit der Befugnisse des Landtags in VU. § 3 II in Frage. Gewiß! § 28 I S. 1 sieht vor, daß der Landtag durch seine Geschäftsordnung seine Einrichtungen, seinen Geschäftsgang, seine Disziplin und Gliederung bestimmt. Aber hierin liegt keinerlei Ermächtigung, in denjenigen Fällen, in denen es sich um nach außen objektives Recht schaffende Akte, also um „Ausübung der Staatsgewalt" handelt, ohne ausdrückliche Verfassungsvorschrift eine Machtübertragung vorzunehmen. Daher ist ja auch die Einsetzung des Zwischentagungs- und des ständigen Ausschusses verfassungsmäßig vorgesehen.

10. Das Kollegium bedarf einer näheren Gliederung einmal unter dem Gesichtspunkt der Leitung und der Vertretung nach außen, dann unter dem Gesichtspunkt der Arbeitsteilung. Dem ersten Zweck dienen der Vorstand, die Fraktionen und der Ältestenrat, dem letzteren die Landtagsausschüsse.

Der Vorstand setzt sich aus dem Landtagspräsidenten, dem ersten und zweiten Stellvertreter, dem ersten, zweiten, dritten und vierten Schriftführer zusammen (VU. § 28 I S. 2, GO. § 3). Alle Funktionäre werden auf die ganze Dauer des Landtags aus seiner Mitte gewählt, Grundsatz der Selbstorganisation. Dabei ist die Berücksichtigung der einzelnen Parteien nach der Zahl ihrer Mitglieder fester Brauch. Nähere Bestimmungen über den Wahlvorgang enthält die GO. (§ 4).

Der Präsident ist der wichtigste Funktionär des Landtags. Er vertritt ihn nach außen und leitet seine Tätigkeit nach innen (GO. § 5). Die Vertretung nach außen kommt in der sehr zweckmäßigen Vorschrift zum sinnfälligen Ausdruck, daß der Landtagspräsident an der Ausfertigung der Gesetze und Staatsverträge als Repräsentant der Volksvertretung neben den Repräsentanten der Staatsregierung teilnimmt (§ 62 I). Die Leitung des Landtags zeigt sich vor allem in seiner Berufung, Eröffnung und Schließung (§ 30 II S. 1), in der Führung des Vorsitzes bei den Verhandlungen und der Wahrung der Ordnung und Disziplin sowohl gegenüber den Mitgliedern als den Zuhörern (GO. §§ 5, 28—31).

Von einer Polizeigewalt des Präsidenten im Landtagsgebäude, wie sie in der früheren Gesetzgebung vorgesehen war — vgl. Art. 7 des Ges. vom 19. Januar 1872, GBl. 173 — und wie sie auch jetzt durch RV. Art. 28 dem Reichstagspräsidenten zuerkannt ist, spricht die VU. ausdrücklich nicht. Aber gewisse reichsrechtliche Vorschriften räumen ihm eine derartige Stellung ein. So bestimmt RV. Art. 38 II, daß eine Durchsuchung oder Beschlagnahme in den Räumen des Landtags nur mit Zustimmung des Präsidenten erfolgen kann. Man wird annehmen müssen, daß er auch selbst zu ihrer Anordnung berechtigt ist. Welchem Zweck die Durchsuchung oder Beschlagnahme dienen soll und von welcher Behörde sie ausgeht, ist gleichgültig, insbesondere beschränkt sich der Vorbehalt der Zustimmung des Präsidenten nicht auf gegen Mitglieder des Landtags gerichtete Akte (zweifelnd Jan in den BlAdmPr. 1921, 108). Ferner hat das oben (S. 106) erwähnte Gesetz über die Umfriedung der Gebäude des Reichstags und der Landtage vom 8. Mai 1920, RGBl. 909, eine Strafandrohung gegen vorsätzliche Übertretung der Anordnungen ausgesprochen, „die der Präsident .... eines Landtages über das Betreten des Gebäudes oder über das Verhalten in dem Gebäude erläßt" (§ 4). Sie beziehen sich in erster Linie auf das Verhalten des Publikums, nicht der Abgeordneten, im Landtagsgebäude. Daraus muß ein Recht des Präsidenten zu derartigen Anordnungen abgeleitet werden. Darüber hinaus gehen die polizeilichen Befugnisse des Präsidenten jedoch nicht (vgl. oben S. 106; s. auch Jan a. a. O.).

Im Falle der Verhinderung wird der Präsident durch die Vizepräsidenten, dann die Schriftführer der Reihe nach vertreten (GO. § 5 II). Als selbständige Aufgaben obliegen den Schriftführern gewisse technische Funktionen wie Verzeichnung der Wortmeldungen, Namensaufruf, Stimmenzählung u. dgl. (GO. § 6). Die Verhandlungsschriften werden durch die beamteten Landtagsstenographen aufgenommen.

Der Vorstand als Kollegium ist die für die äußeren Geschäfte des Landtags zuständige Verwaltungsbehörde. Ihm obliegt die Bestellung, Besoldung und Entlassung sowie die Regelung des Dienstverhältnisses und der Dienstbeaufsichtigung der Landtagsbeamten, soweit durch Gesetz nichts anderes bestimmt ist, sowie die Aufnahme, Entlassung und Entlohnung der Angestellten des Landtags (VU. § 29, GO. § 7 II). Auf Grund des § 29 VU. hat nunmehr Art. 18 des Beamtenbesoldungsgesetzes die Zuständigkeit des Staatsministeriums des Innern bestimmt, das allerdings in gewissem Umfang an die Vorschläge des Landtagsvorstandes gebunden ist (vgl. oben S. 104 f.). Dem Vorstand obliegt ferner der Vollzug der Ausgabenverwaltung des Landtags (GO. § 7 III) und die Unterstützung der Geschäftsführung des Präsidenten (GO. § 5 III). In letzterer Beziehung ist jedoch zu bemerken, daß die verfassungsmäßigen Aufgaben und Befugnisse des Landtagspräsidenten auch durch ihn selbst nur der Beratung, niemals der endgültigen Beschlußfassung des Vorstandes unterstellt werden können.

Die Funktionsdauer des Vorstandes und seiner Einzelorgane ist durch den Ablauf der Legislaturperiode begrenzt. Ein Hinausgreifen über diese Zeit bis zur Neuwahl des Präsidiums, wie RV. Art. 27 vorsieht, kennt die VU. nicht (vgl. GO. § 3). (Jedoch ist eine bezügliche Änderung in Vorbereitung.) Die Aufgaben des Vorstandes nach Beendigung der Funktionsdauer des Landtags gehen also auf den ständigen Ausschuß über.

11. Der Schwerpunkt der Geschäftsführung in politischer Beziehung liegt nicht beim Vorstand, sondern beim Ältestenrat. Dieser stellt die Vereinigung der Fraktionsführer dar, und damit ist seine politisch entscheidende Rolle klar gekennzeichnet. Getreu der Vogelstraußpolitik gegenüber dem Begriff der Partei nimmt die Verfassung an sich von dem Vorhandensein des Ältestenrates gar keine Notiz. Erst die neueste Geschäftsordnung läßt seine überragende Bedeutung einigermaßen zur Geltung kommen.

Der Ältestenrat besteht aus dem Präsidenten des Hauses samt

seinen Stellvertretern und den von den Fraktionen entsendeten — nicht wie die GO. sagt „nach Vereinbarung zu bestimmenden" — Mitgliedern. „Er unterstützt und berät den Präsidenten in der Leitung der Geschäfte des Landtags" (GO. § 9). Besonders hervorgehoben ist seine Tätigkeit bei der Bestimmung von Zeit und Tagesordnung einer Sitzung und bei der Wiedereinberufung des Landtags (GO. §§ 28, 29). Eine ähnliche Mitwirkung steht ihm aber bei allen Fragen von politischer Bedeutung zu.

Die Fraktionen sind parlamentarische Vereinigungen von mindestens fünf Mitgliedern. Nach ihrer Stärke bestimmt sich ihre Reihenfolge und ihr Anteil an den Stellen des Vorstandes, des Ältestenrates, der Ausschüsse, der Ausschußvorsitzenden, Ausschußschriftführer und deren Stellvertreter (GO. § 8).

12. Die Landtagsversammlung ist viel zu groß, um alle Angelegenheiten, die an den Landtag kommen, selbst von Anfang bis zu Ende behandeln zu können. Eingehende sachliche Beratungen sind nur in kleinerem Kreise möglich. Außerdem wäre es ganz unwirtschaftlich, wenn alle Abgeordneten sich eingehend mit dem Studium jedes Gegenstandes befassen würden. Dann ist es auch im Interesse der Zeitersparnis geboten, mit der Durcharbeitung mehrerer Verhandlungsthemata gleichzeitig nebeneinander zu beginnen. Der Grundsatz der Arbeitsteilung mit all seinen Vorteilen und Folgeerscheinungen fordert also auch gegenüber der Gesetzgebungsmaschine sein Recht. So kommt es in jeder Volksvertretung zur Bildung einer Reihe von Abteilungen, die jede ein verkleinertes Spiegelbild der Vollversammlung bilden sollen und diese entweder durch Übernahme der Vorbereitung und Vorberatung wichtiger Beschlüsse oder durch endgültige Erledigung minder wichtiger Sachen entlasten. Es sind das die parlamentarischen Ausschüsse.

Die bayerische Verfassung gedenkt dieser Ausschüsse durch Aufnahme der Vorschrift, daß in ihnen die Minderheiten verhältnismäßig vertreten sein müssen (§ 42), eine außerordentlich wichtige Bestimmung, die beispielsweise in der Reichsverfassung kein Gegenstück hat, obwohl dieser Grundsatz schon im alten Reichstag stets befolgt wurde. Im übrigen überläßt es die Verfassungsurkunde der Geschäftsordnung, die näheren Anordnungen zu treffen (§§ 28 I S. 1, 42 a. A.). Nur die Stellung des Zwischentagungs-, des ständigen Ausschusses und der Untersuchungsausschüsse ist von Verfassungs wegen geregelt (§§ 30 III, 52 II).

Die GO. sieht abgesehen von den beiden letzteren sechs auf Landtagsdauer gewählte Ausschüsse vor. Es sind dies der Ausschuß 1. für die Geschäftsordnung, 2. für Wahlprüfungen, 3. für den Staatshaushalt, 4. für Aufgaben wirtschaftlicher Art, 5. für Eingaben und Beschwerden, 6. für Verfassungsfragen (GO. § 10 II). Sonstige Ausschüsse werden nach Bedarf gebildet. Die Zahl der Mitglieder, eventuell der Ersatzmänner, wird jedesmal bestimmt, die Besetzung erfolgt auf Vorschlag der Fraktionen nach Verhältnis ihrer Stärke durch die Vollversammlung. Allen Abgeordneten kommt in der Regel das Recht zu, den Ausschußsitzungen ohne Rede- und Stimmrecht anzuwohnen (GO. §§ 9 I, 10 V, 11, 12).

Die Ausschüsse haben grundsätzlich die Aufgabe, die Verhandlungsgegenstände für die Vollversammlung vorzuberaten (GO. § 10 I), in minderwichtigen Fällen obliegt ihnen auch die endgültige Erledigung (GO. § 22 I S. 2). Eine Sonderstellung nimmt der Zwischentagungs- und der ständige Ausschuß ein, da sie ja zur Vertretung des nicht versammelten Landtags bestimmt sind.

§ 24.

Die Wahl des Landtags.

Schrifttum: Jan, Wahlrecht und Volksabstimmungen im Jahrb. d. öff. R. Bd. X; derselbe, Das bayerische Landeswahlgesetz, Textausgabe mit Anm. 1920; Beil. 707 der Landtagsschriften Tagung 1919/20, insbesondere die Begründung zum Entwurf eines Landeswahlgesetzes; Beil. 1351, Verhandlungen des Ausschusses 1. Lesung, Beilage 1376 dass. 2. Lesung, Beilage 1377, Zusammenstellung der Regierungsvorlage und der Beschlüsse; zu dem Problem des Verhältniswahlrechts vgl. auch Smend, Die Verschiebung der konstitutionellen Ordnung durch die Verhältniswahl in der Festgabe für Bergbohm 1919.

a) Grundsätze.

1. „Der Landtag wird durch allgemeine, gleiche, geheime und unmittelbare Wahl nach dem Grundsatz des Verhältniswahlrechtes gebildet". So legt die Verfassung in § 26 I, übereinstimmend mit Art. 17 I S. 2 RV., die Grundzüge der Landtagswahl fest. „Allgemein" bedeutet, daß keine Gruppe ausgeschlossen sein soll, „gleich", daß irgendwelche Abstufungen des Wahlrechts nach dem Gewicht der Stimmen unzulässig sind, „geheim", daß die Stimmabgabe in einer ihrem Inhalt nach unkontrollierbaren Weise erfolgt, und „unmittelbar", daß die Wähler ihren Stimmzettel ohne Dazwischenkunft von Vermittlern, sog. Wahlmännern, auf die einzelnen Bewerber oder Bewerberlisten ausstellen. Nimmt man noch das Lebensalter von 20 Jahren hinzu, so hat man die Grundsätze, die das Erfurter Programm der sozialdemokratischen Partei Deutschlands aufgestellt hat.

b) Das aktive Wahlrecht.

2. Das aktive Wahlrecht war in der Verfassung so geordnet, daß jeder Staatsbürger, d. h. jeder bayerische Staatsangehörige „ohne Unterschied der Geburt, des Geschlechtes, des Glaubens und des Berufes . . ., welcher das zwanzigste Lebensjahr vollendet hat“ (§ 6), wenn er seit mindestens sechs Monaten seinen Wohnsitz in Bayern hatte (§ 8), wahlberechtigt war. Art. 17 I S. 2 der RV. hat aber das Wahlrecht zu den Landtagen allen reichsdeutschen Männern und Frauen eingeräumt (vgl. hierüber unten § 35 Z. 6 ff.) und demgemäß hat das Landeswahlgesetz vom 12. Mai 1920, GVBl. 195, das Erfordernis der bayerischen Staatsangehörigkeit und der Seßhaftigkeit fallen gelassen. An Stelle der letzteren wird verlangt, daß die Wahlteilnehmer „sich nicht bloß vorübergehend oder nur gelegentlich in Bayern aufhalten“ (Art. 1). In der Durchführungsverordnung, der sog. „Landeswahlordnung“ vom 12. Mai 1920, GVBl. 241, wird dann erklärt: „Als nicht bloß vorübergehender Aufenthalt gilt ein solcher, dessen Ende zunächst nicht abzusehen ist, oder der, wenn sein Ende sich von vornherein voraussehen läßt (z. B. bei Studenten), dann wenigstens auf einige Dauer, also nicht bloß auf wenige Tage oder Wochen berechnet ist. Ein gelegentlicher Aufenthalt zu bestimmten Zwecken (Erholung, Geschäfte, Besuche usw.) wird in der Regel als nur vorübergehender anzusehen sein“ (§ 4). Bindend ist diese Umschreibung naturgemäß nicht.

Hervorzuheben ist, daß das Wahlalter unter dem Normalalter der Volljährigkeit (nach BGB. § 21 wird diese mit Vollendung des 21. Lebensjahres erreicht) steht. Infolgedessen werden Personen, die nach der Annahme des geltenden Rechts ihre eigenen Angelegenheiten nicht selbständig wahrnehmen können, als berufen angesehen, auf die öffentlichen Angelegenheiten selbsttätig Einfluß zu nehmen. Eine merkwürdige Folge dieser Unstimmigkeit wird später hervorgehoben werden (vgl. S. 146).

Die Ausübung des Wahlrechts hat grundsätzlich am Wohnsitz (§ 8 der Verf.) bzw. Aufenthaltsort (LWG. Art. 1) zu erfolgen; es wird also eine territoriale Beziehung des Wahlberechtigten zu Bayern vorausgesetzt. Ausnahmsweise wird aber angeordnet, daß an sich wahlberechtigte bayerische Staatsbeamte und Arbeiter in Staatsbetrieben, die ihren dienstlichen Wohnsitz in andern Ländern des Deutschen Reichs oder in an Bayern grenzenden auswärtigen Staatsgebieten haben, sowie die Angehörigen ihres Hausstandes in eine Wählerliste oder Wahlkartei der nächstgelegenen bayerischen Gemeinde einzutragen sind (LWG. Art. 9). Fraglich ist, ob diese Personengruppen im engen oder weiteren Sinn aufzufassen sind, d. h. ob die Begünstigung nur Bediensteten des bayerischen Staates oder auch Reichsbediensteten bayerischer Staatsangehörigkeit zugedacht ist; im ersteren Fall würde das Eisenbahn-, Post- und Zollpersonal, auf das es doch in erster Linie abgestellt war, wegen der Verreichlichung dieser Zweige ausfallen.

3. Zu diesen positiven Erfordernissen der Wahlberechtigung treten negative. Es darf nicht Ausschluß vom Stimmrecht, Ruhen desselben oder Behinderung in seiner Ausübung vorliegen. Alle drei Hinderungsgründe sind dem Reichswahlgesetz vom 27. April 1920, RGBl. 627, entnommen und auch im einzelnen wörtlich ebenso formuliert. Der Ausschluß vom Wahlrecht hebt dieses ganz auf und wirkt demgemäß auch auf das passive Wahlrecht zurück. Ruhen und Behinderung dagegen berühren nur die Ausübung des aktiven Wahlrechts, stehen aber der passiven Wahl nicht im Wege. Ein rechtlicher Unterschied zwischen dem Ruhen und der Behinderung ist nicht zu erkennen, die abweichende Bezeichnung entspringt offenbar nur Gründen des Dekorums.

a) Ausschluß vom Wahlrecht wird bewirkt durch Mangel der erforderlichen Selbständigkeit, nämlich Entmündigung, vorläufige Vormundschaft oder Pflegschaft wegen geistiger Gebrechen — für diese Begriffe ist das bürgerliche Recht maßgebend (BGB. §§ 6, 1896, 1906, 1910); als Kuriosum ist zu erwähnen, daß auch Personen vor vollendetem 21. Lebensjahr diese Ausschließungsgründe in der Regel nicht anwendbar sind, weil die betreffenden Rechtsinstitute nur Volljährige betreffen — ferner durch Mangel der erforderlichen Würdigkeit, nämlich Verlust der bürgerlichen Ehrenrechte durch rechtskräftigen Richterspruch (LWG. Art. 2 I). Die Verfassung sprach nicht vom Ausschluß vom Wahlrecht, sondern von Ausschluß von seiner Ausübung (§ 9).

b) Die Ausübung des Stimmrechts ruht für Soldaten, d. h. Offiziere und Mannschaften, nicht Beamte, während der Dauer der Zugehörigkeit zur Wehrmacht (LWG. Art. 2 II; vgl. auch Wehrgesetz vom 23. März 1921, RGBl. 329, § 36 III). Die Wehrmacht soll in ihrer inneren Geschlossenheit nicht durch Parteigegensätze gefährdet werden.

c) Behinderung in der Ausübung des Stimmrechts wird bewirkt durch Unterbringung in einer Heil- oder Pflegeanstalt wegen

Geisteskrankheit oder Geistesschwäche, durch Straf- und Untersuchungshaft, durch Verwahrung infolge gerichtlicher oder polizeilicher Anordnung; Schutzhaft aus politischen Gründen ist ausgenommen (LWG. Art. 2 III, IV). Daß hier Mißbräuche möglich sind, muß zugegeben werden.

4. In formaler Beziehung endlich ist die Ausübung des Wahlrechts durch die amtliche Feststellung der Berechtigung bedingt, die durch Eintrag in eine Wählerliste oder Wahlkartei oder Ausstellung eines Wahlscheins erfolgt (LWG. Art. 4); Näheres hierüber unter Punkt 15 c. Dadurch soll erreicht werden, daß jeder Wähler nur einmal an einem Orte seine Stimme abgeben kann (Art. 3).

c) Das passive Wahlrecht.

5. Das passive Wahlrecht hat die aktive Wahlberechtigung zur Voraussetzung; es darf also kein Ausschluß vorliegen, während Ruhen oder Behinderung nicht im Wege steht; Straf-, Untersuchungshaft und Verwahrung kann ja für den Gewählten durch Verlangen des Landtags aufgehoben werden (RV. Art. 37 III, VU. § 39 II), bei Geisteskrankheit oder Geistesschwäche wollte man offenbar ohne gerichtliche Feststellung Mangel der Wählbarkeit nicht aussprechen und rechnete wohl auch mit der Besonnenheit der Wählerschaft.

Außer dem aktiven Wahlrecht wird noch verlangt:

a) Vollendung des 25. Lebensjahres (VU. § 26 II, LWG. Art. 44),

b) Reichsangehörigkeit seit mindestens Jahresfrist (LWG. Art. 44; VU. § 26 II hatte bayerische Staatsbürgerschaft verlangt, was mit Art. 110 II RV. — Gleichberechtigung aller Deutschen in jedem Lande — unvereinbar war; vgl. unten § 35 Z. 6 ff.).

c) Aufenthalt seit mindestens einem Jahr in Bayern (LWG. Art. 44).

d) Das Wahlsystem.

6. Das Wahlsystem ist in der Verfassung nur insofern festgelegt, als entsprechend der bindenden Vorschrift des Art. 17 der RV. Verhältniswahl vorgeschrieben ist (VU. § 26 I). Das nähere System der Verhältniswahl, es gibt deren eine unendliche Zahl, ist verfassungsmäßig nicht bestimmt. Es war nur an einer nunmehr außer Kraft getretenen Stelle gesagt, daß auf je 40000 Landeseinwohner nach der letzten Volkszählung und auf einen Rest von mehr als 20000 ein Abgeordneter zu wählen sei (VU. § 26 II).

7. Bei der ersten Wahl nach der Umwälzung — am 12. Januar und 2. Februar 1919 — war das ganze Land als ein Wahlkreis behandelt worden, während die alten Wahlkreise nur als Stimmkreise fungierten. Der Wähler gab einem Bewerber, bei den alten Wahlkreisen mit zwei Sitzen zwei Bewerbern seine Stimme (sog. „einnamige Wahl" im Gegensatz zur Listenwahl). Die auf zum gleichen Wahlvorschlag gehörige Bewerber gefallenen Stimmen wurden zusammengezählt (Listenkonkurrenz) und die zunächst zu vergebenden 163 Sitze den einzelnen Listen nach Maßgabe der erzielten Parteistimmen unter Zugrundelegung des Hagenbach-Bischoffschen Verteilungsverfahrens — Berechnung der Verteilungszahl durch die um 1 vermehrte Anzahl der Sitze; sodann Division der Parteistimmensummen durch diese Zahl und dadurch Feststellung des Mandatsanspruchs der einzelnen Parteien — zugewiesen. Innerhalb der Liste erfolgte die Zuteilung der Sitze an die einzelnen Bewerber nach der Größe der von jedem einzelnen aufgebrachten Stimmenziffer. Außerdem wurden 17 Sitze den einzelnen Parteien nach Maß ihrer Gesamtstimmenzahl zur freien Verteilung als Landesmandate zugewiesen, um ihnen so Gelegenheit zu geben, die nicht in den einzelnen Bezirken in den Wahlkampf getretenen Führer in den Landtag zu entsenden.

Dieses System hatte zwei große Vorteile: Die unbedingte zahlenmäßige Gerechtigkeit in der Verteilung der Sitze auf die Parteien unter restloser Verwertung aller abgegebenen Stimmen und die größtmögliche Freiheit der Wähler in bezug auf die Auswahl der Männer ihres Vertrauens unter den von den Parteien vorgeschlagenen Kandidaten. Dazu kam in technischer Beziehung die Einfachheit der Stimmabgabe, die sich äußerlich nicht von der früheren Mehrheitswahl in Wahlkreisen unterschied. Ein wesentlicher Nachteil war die Lockerung des Zusammenhangs zwischen den einzelnen Bezirken und den Gewählten, da diese ihre Stimmen aus dem ganzen Lande bezogen und bei dem Nachrücken als Ersatzmänner u. U. in ganz anderen Wahlkreisen zu Hause waren als ihre Vorgänger. Auch konnten bei einer Stimmhäufung innerhalb einer Partei auf besonders beliebte Personen Bewerber mit ganz geringen Stimmenzahlen zum Zuge kommen, die hinter dem Stimmenerfolg durchgefallener Bewerber anderer Parteien weit zurückblieben. Schließlich wurde über das „Wildern" mandathungriger Kandidaten in fremden Werbebezirken und das „Stimmhamstern" kleiner Parteien im ganzen Lande Klage geführt.

8. Die Regierungsvorlage eines Landeswahlgesetzes vom 17. Dezember 1919 (s. oben unter Schrifttum) hielt im wesentlichen an dem System der ersten Wahl fest, wurde aber vom Landtag in wichtigen Punkten beiseite geschoben. Nach ziemlich heftigen Kämpfen kam dann das geltende Landeswahlgesetz vom 12. Mai 1920, GVBl. 195, zustande. Hiebei wurden auch eine Reihe von Verfassungsbestimmungen mit der durch § 92 VU. vorgeschriebenen Mehrheit geändert, das Landeswahlgesetz selbst aber in Art. 79 als Verfassungsgesetz erklärt. Allerdings muß diese Erklärung als rechtlich unwirksam angesehen werden, weil im Eingang des Gesetzes unter den mit der erhöhten Mehrheit beschlossenen Artikeln der Art. 79 selbst nicht aufgezählt ist (vgl. S. 114 und unten § 46). Nun könnte vielleicht gesagt werden, daß § 92 VU. nur von Änderungen an der Verfassung spricht, wir haben aber gesehen, daß auch die Erlassung neuer Verfassungsrechtssätze unter diese Norm fällt (oben S. 114).

Das Landeswahlgesetz betrifft wie die Regierungsvorlage auch die Volksbegehren und Volksentscheidungen, wovon erst später (unten §§ 37ff.) die Rede sein wird. Eine Novelle ist unter dem 21. Juli 1921, GVBl. 393, ergangen; sie hat einige geringfügige technische Änderungen und außerdem die Wahl in Coburg zum Gegenstand; sie ist nach Eingang und Wortlaut der Art. 2 ordnungsgemäß als Verfassungsgesetz kundgemacht.

9. Das geltende Gesetz hält an der Unterscheidung zwischen zu wählenden und Landesabgeordneten fest. Es gibt 142 zu wählende (Art. 41 in Fassung der Novelle) und 15 zu ernennende (Art. 42) Abgeordnete, zusammen also 157. Da Coburg nach dem Vereinigungsvertrag § 4 bzw. dem ersten Zusatzprotokoll 3 statt künftig 2 Abgeordnete zu entsenden hat, erhöht sich die Gesamtzahl die Sitze für die 1920 begonnene Wahlperiode vorübergehend auf 158. Diese Zahlen haben sich aus einer Berechnung ergeben, bei der für 50000 Einwohner ein Abgeordneter und auf rund 10 Wahlabgeordnete ein Landesabgeordneter zugrunde gelegt wurden.

10. Für die eigentliche Wahl wird das ganze Land entsprechend den Regierungsbezirken in acht Wahlkreise eingeteilt; für eine Übergangszeit — erste Wahl nach August 1921 — gilt Coburg als neunter Wahlkreis (Art. 41, Novelle Art. 1 Z. 6), während dann die Eingliederung der ehemals coburgischen Landesteile in die Wahlkreise Ober- und Unterfranken Platz greift. Jedem Wahlkreis wird gesetzlich eine feste Zahl von Sitzen zugewiesen; sie sind auf Grund der Volkszählungsergebnisse so ermittelt, daß eine gleichmäßige Verteilung nach der Einwohnerzahl stattfindet. Oberbayern als volksreichster Kreis beispw. erhält 32, Oberpfalz als kleinster 12 Mandate,

Coburg für die Übergangszeit 2; nach der Übergangszeit gehen diese 2 Sitze auf den Wahlkreis Oberfranken über.

Die Wahlkreise sind von Gesetzes wegen in Stimmkreise eingeteilt (Art. 43, Anlage zum LWG.) und zwar in ebensoviele, als auf sie Sitze entfallen; jedem Stimmkreis entspricht also grundsätzlich ein Abgeordneter; die Stimmkreise haben eine annähernd gleiche Einwohnerzahl, dem Verteilungsschlüssel entsprechend um 50000 herum. Die Bedeutung dieser Stimmkreise liegt nicht in einer Verwendung als Grundlage des Verteilungsverfahrens; dafür können nur die Wahlkreise in Betracht kommen, da ja erst auf diese mehrere Sitze entfallen. Sie dienen vielmehr einer eigentümlichen Beschränkung in der Freiheit der Stimmgebung; man kann seine Stimme bei sonstiger Ungültigkeit nur entweder namentlich einem für den Stimmkreis aufgestellten Bewerber oder ohne Namen einer Liste als solcher geben — „Stimmkreisbindung" (Art. 51, 53 Z. 5). Danach besteht also nur eine Art negativer Stimmfreiheit; man darf sich zwar keinen Bewerber aus der Parteiliste aussuchen, aber man kann den Parteikandidaten ablehnen und nur für die Partei als solche stimmen. Durch die Ausschaltung nicht für den Stimmkreis aufgestellter Bewerber soll eine möglichst klare Beziehung zwischen Wählern und Gewählten hergestellt werden, es ist also auf die Betonung der örtlichen Zusammengehörigkeit abgestellt; aus diesem Grund darf auch jeder Bewerber nur für verschiedene Stimmbezirke eines Wahlkreises aufgestellt werden (Art. 46 IV). Hervorzuheben ist noch, daß der Ausdruck „Partei" ängstlich vermieden ist. Es ist dies ein immer wieder zutage tretendes Überbleibsel aus der alten Staatsauffassung, die in den Parteien grundsätzlich etwa dem Staate Feindliches, weil seine Einheit Störendes, nicht den Ausdruck der soziologisch notwendigen Gliederung der Wählerschaften erblickt hat.

Ein besonderer Nachteil des ganzen Systems ist seine Starrheit. Die Einteilung in Stimmkreise und die Zuweisung der Mandatezahl an die Wahlkreise muß entsprechend der Bevölkerungsbewegung fortlaufend korrigiert werden, soll anders nicht im Laufe der Zeit eine Störung der Verhältnismäßigkeit eintreten. Nicht einwandfrei ist auch die Zumessung der Abgeordnetenziffer an die Wahlkreise nach der Einwohnerzahl, weder die Wahlberechtigung noch die Wahlbeteiligung ist maßgebend; die Ausschaltung des letzteren Faktors erfolgte zugunsten des flachen Landes, auf dem die Teilnahme an der Wahl durch die größeren Entfernungen vom Wahllokal erschwert ist. So bestimmt sich in jedem Wahlkreis die Stimmenziffer, auf die ein

Abgeordneter entfällt, ganz selbständig und daher von den andern abweichend; infolgedessen kann es vorkommen und ist vorgekommen, daß eine Partei mit kleinerer Gesamtstimmenzahl im ganzen Lande als eine andere mehr Abgeordnete erhält als diese.

11. Die Aufteilung der Sitze erfolgt nun nach dem sog. System Luppe-Perrucchi in nachstehender Weise. Zunächst wird für jeden Wahlkreis die Gesamtzahl der abgegebenen gültigen Stimmen ermittelt. Aus dieser Zahl wird dann durch Division mit der um 1 vermehrten Zahl der Sitze die Verteilungszahl berechnet (Art. 54); der Divisor beträgt also beispw. im Wahlkreis Oberbayern 32 + 1 = 33. Mit der Verteilungszahl wird dann in die von jeder Partei (Wahlvorschlag) erzielte Gesamtstimmenzahl dividiert und so der Mandateanspruch der Parteien ermittelt. Die Gesamtstimmenzahl der verschiedenen Wahlvorschläge ergibt sich aus der Summe der in den einzelnen Stimmkreisen für die Bewerber, die zu dem gleichen Kreiswahlvorschlag gehören, und der für den Vorschlag als solchen ohne Bezeichnung von Bewerbern abgegebenen Stimmen (Art. 54 II).

Beispiel:

Zu vergeben 32 Sitze, Divisor 33, Gesamtzahl der gültigen Stimmen 330000, Verteilungszahl = 10000.

Partei	Gesamtstimmenzahl	Sitze	Reststimmen
A	189629	18	9629
B	109979	10	9979
C	30392	3	392
Summe	330000	31	

Daher unverteilt 1 Sitz. Die unverteilten Sitze und die nichtverwerteten Reststimmen werden für alle Wahlkreise des Landes zusammengefaßt und dem sog. Restverteilungsverfahren unterzogen (Art. 54 III); davon weiter unten.

Zunächst aber die Zuweisung der einzelnen Sitze innerhalb der Wahlvorschläge. Maßgebend ist die größere Zahl der auf den Bewerber in allen Stimmkreisen, für die er zulässigerweise aufgestellt war, gefallenen Stimmen; bei Stimmengleichheit entscheidet das Los (Art. 57 I, IV). Hier zeigt sich der oben besprochene Einfluß der Wähler; sie können einen ihnen nicht genehmen von der Partei für ihren Stimmkreis aufgestellten Kandidaten dadurch zurückdrücken, daß sie ihm ihre Stimme verweigern und sie nur als Listenstimme abgeben. Dagegen würde die Stimmabgabe für einen anderen parteizugehörigen, nicht im Stimmkreis aufgestellten Bewerber ihre Stimme ungültig machen (Art. 53 I Z. 5). Gewiß ein recht bescheidenes Maß von Einfluß auf die Auswahl der Kandidaten! Sollte es ausnahmsweise vorkommen, daß ein Kreiswahlvorschlag weniger Bewerber aufweist, als er Sitze erhalten hat, so sind diese Sitze für die übrigen Kreiswahlvorschläge der Partei zu verwerten (s. unten).

Im Restverteilungsverfahren werden zunächst einerseits die unverteilten Sitze, andererseits die unverwerteten Reststimmen für das ganze Land summiert. Mittels Division der letzteren Summe durch die um 1 vermehrte Zahl der Restsitze wird die Restverteilungszahl gewonnen. Bei dem Verteilungsverfahren nehmen nun alle Kreiswahlvorschläge, die durch das gleiche Kennwort, gewöhnlich die Parteibezeichnung, ihre Zusammengehörigkeit erweisen, als ein „Gesamtwahlvorschlag" teil, indem alle auf sie gefallenen Reststimmen summiert werden. Kreiswahlvorschläge, denen ein gemeinsames Kennwort fehlt, konkurrieren als „Einzelwahlvorschläge". Mittels Division durch die Restverteilungszahl wird der Restsitze-Anspruch der Gesamtwahlvorschläge bzw. Einzelwahlvorschläge ermittelt (Art. 55 I). Bleiben jetzt noch Sitze unvergeben, so werden sie nach Maßgabe der größten Stimmreste verteilt (Art. 55 III). Ergeben sich bei der Division durch die Restverteilungszahl oder infolge gleicher Stimmreste konkurrierende Ansprüche und würde durch ihre gleiche Beteilung die Zahl der verfügbaren Sitze überschritten, so werden diejenigen Vorschläge bedacht, deren in Betracht kommende Bewerber die größte Stimmenzahl aufweisen; bei Stimmengleichheit entscheidet das Los (Art. 57 III).

Die bei der Restverteilung an die einzelnen Gesamtwahlvorschläge vergebenen Sitze werden den zugehörigen Kreiswahlvorschlägen mit den größten Stimmresten zugewiesen (Art. 55 II). Innerhalb der Kreiswahlvorschläge kommen dann die noch nicht befriedigten Bewerber mit der größten Stimmenzahl zum Zug (Art. 57 I). Anders wird in dem oben erwähnten Ausnahmsfall, daß ein Kreiswahlvorschlag mehr Sitze erhalten hat, als er Bewerber aufweist, verfahren. Hier gehen diese Sitze auf die noch nicht bedachten Bewerber der zu dem gleichen Gesamtwahlvorschlag gehörigen übrigen Kreiswahlvorschläge über, die für ihre Person am meisten Stimmen erhalten haben (Art. 57 II). Wenn dieser Ausnahmsfall mit der Restverteilung zusammenfällt, können sich dann gesetzlich nicht gelöste Schwierigkeiten ergeben. Sind schließlich keine unbedachten Bewerber auf einem Wahlvorschlag mehr da, so bleiben die ihm noch zustehenden Sitze unbesetzt (Art. 52 II S. 2).

12. Nun sind noch die **Sitze für die Landesabgeordneten** zu verteilen. Dies geschieht in der Weise, daß die Gesamtzahl aller im ganzen Lande abgegebenen gültigen Stimmen, dividiert durch 16, d. h. die um 1 vermehrte Anzahl dieser Sitze, als Verteilungszahl berechnet und mit ihrer Hilfe der Anteil der Gesamtwahlvorschläge und der isolierten Einzelwahlvorschläge ermittelt wird (Art. 58 I, II). Sind danach noch nicht alle Mandate vergeben, so wird wieder mittels Division der Gesamtstimmenzahl jeder Partei durch die um 1 vermehrte Zahl der ihr zugewiesenen Sitze ermittelt, welcher Wahlvorschlag den größten Anspruch auf den nächsten noch freien Sitz hat und dieses Verfahren wird fortgesetzt, bis alle Sitze verteilt sind (Art. 58 III). Zwischen gleichen Ansprüchen entscheidet erforderlichenfalls das Los (Art. 58 IV).

Die Benennung der Landesabgeordneten geschieht durch die Vertrauensmänner der einzelnen Wahlvorschläge, also durch die Parteiführer, die jedoch dabei an die auf einem Wahlvorschlag enthaltenen, noch nicht gewählten Bewerber gebunden sind (Art. 58 V). Unterbleibt die rechtzeitige Benennung, so werden die betreffenden Sitze nicht besetzt (Art. 58 VI).

13. Zur **Würdigung** dieses Wahlsystems ist — abgesehen von der bereits gerügten Starrheit der Verteilung der Sitze auf die einzelnen Kreise und der damit in Zusammenhang stehenden, von Zufälligkeiten abhängigen Ungleichheit in der für die Erlangung der Sitze erforderlichen Stimmenzahl, von den ungenügenden Ansätzen eines Einflusses der Wähler auf die Auswahl der Bewerber — noch auf die mangelnde Folgerichtigkeit und die Undurchsichtigkeit des Verteilungsverfahrens zu verweisen. Der hauptsächlichste Vorzug ist die starke Betonung der örtlichen Zusammenhänge zwischen Wählern und Gewählten und dementsprechend die Notwendigkeit größerer Rücksichtnahme der Parteien auf die lokalen Schattierungen ihrer Wähler; diese Tendenz wird noch dadurch unterstützt, daß die Wahlvorschläge nicht zentral, also von den Landesparteileitungen, sondern nach Regierungsbezirken von den Kreisparteistellen ausgehen. Andererseits aber sorgt die Einrichtung der Landesabgeordneten, daß auch die obersten Parteiinstanzen nicht zu kurz kommen. Immerhin ist zu beachten, daß die gleichen Ergebnisse auch durch ein einfacheres und weniger versteiftes System erreichbar gewesen wären und daß die technischen Mängel des Systems die Festhaltung des Grundgedankens im einzelnen oft in Frage stellen (vgl. z. B. S. 157). Dagegen ist der Einwand, daß die Berufsgruppen, die sich vielfach in dünner

Schichtung über das ganze Land verbreiten, bei der Aufstellung der Bewerberlisten zu kurz kämen, aus dem Grunde nicht so gewichtig, weil die Wahlen ja im Interesse eines besseren Funktionierens der Vertretungskörper, große, geschlossene, aktionsfähige Fraktionen zustande bringen sollen. Immerhin war es merkwürdig, daß gerade die Anhänger der berufsständischen Vertretung sich dieses Argumentes bedient haben. Auch der Hinweis auf die geringeren Chancen der Frauenkandidaturen kann nicht ausschlaggebend sein, weil er einfach von der gegebenen Tatsache ausgeht, daß die Frau sich ihre tatsächliche politische Gleichbewertung noch nicht errungen hat.

c) Das Wahlverfahren.

14. Die Durchführung der Wahl erfordert abgesehen von der bereits erörterten Verteilung der Sitze ein in allen Einzelheiten genau geregeltes Verfahren. Dieses Wahlverfahren läßt sich für eine übersichtliche, nur die wichtigsten Punkte hervorhebende Darstellung einteilen in die Wahlvorbereitung, die Wahlhandlung, die Feststellung des Wahlergebnisses, sonstige Wahlvorschriften und die Wahlprüfung.

15. Zunächst von der Wahlvorbereitung.

a) Über die Anordnung der Wahl — bei Zutreffen der rechtlichen Voraussetzungen — bestimmt die Verfassung, daß das Gesamtministerium oder der von ihm damit betraute Minister zuständig ist (§ 65 V). Der Wahltag muß auf einen Sonntag oder allgemeinen öffentlichen Ruhetag festgesetzt werden (Art. 33 I). Im übrigen ist nichts Näheres vorgeschrieben, so daß für den Fall, als der Landtag nicht selbst einen Beschluß über den Wahltag faßt, dieser durch das Ministerium festzulegen ist.

Allerdings ist dessen Ermessen in enge Grenzen gebannt. Endigt der Landtag durch Ablauf seiner normalen Wahldauer, so muß dafür vorgesorgt werden, daß sein Nachfolger unmittelbar nach diesem Termin zusammentreten kann. Da nun § 30 II S. 2 die Einberufung binnen 17 Tagen nach dem Tage der amtlichen Feststellung des Wahlergebnisses vorschreibt, muß zu dieser Zeitspanne die erfahrungsgemäß für die Ermittlung des Wahlresultates erforderliche Zeit hinzugeschlagen und die so errechnete Summe von Tagen von dem Ende der Funktionsdauer abgezogen werden. Der nächstvorausgehende Sonn- oder allgemeine Ruhetag ist der späteste Termin, an dem die Wahl erfolgen muß. Andererseits darf die Neuwahl auch nicht viel früher angesetzt werden, da es der Regierung nicht zusteht, die Aktionsfähigkeit des alten Landtags dadurch mittelbar zu verkürzen, daß seine Autorität durch das Vorhandensein eines anders zusammengesetzten Nachfolgers leidet. Ist dagegen dem Landtag durch Auflösung ein vorzeitiges Ende gesetzt worden, so bemißt sich der späteste Termin für die Neuwahl durch Abzug der nach dem Vorausgehenden zu berechnenden Zeit von dem sechzigsten Tag nach der Auflösung (§ 32).

b) Die Anordnung der Wahl hat die Folge, daß sofort für deren Zwecke eine eigene Wahlbehördenorganisation ins Leben gerufen werden muß.

α) Für jeden Wahlkreis wird ein Kreiswahlleiter samt Vertreter bestellt (Art. 5 I). Er bildet zusammen mit den Vertrauensmännern der bei ihm angemeldeten Kreiswahlvorschläge den Kreiswahlausschuß (Art. 6 I).

β) Landeswahlleiter ist der Präsident des Verwaltungsgerichtshofs (Art. 5 II). Er bildet zusammen mit den Vertrauensmännern der Gesamtwahlvorschläge, die von den Vertrauensmännern der zusammengehörigen Kreiswahlvorschläge bezeichnet werden, den Landeswahlausschuß (Art. 6 II).

Die Wahlbehörden stehen also unter der Kontrolle aller am Wahlkampf beteiligten Parteien, da sie sich ja hauptsächlich aus ihren Vertretern zusammensetzen. Überdies sind ihre Verhandlungen öffentlich (Art. 6 IV). So ist von vornherein jedem Mißtrauen der Weg verbaut.

γ) Für die technische Durchführung der Wahl sind noch zahlreiche, rein örtliche Wahlbehörden erforderlich, vor denen sich die unmittelbare Stimmabgabe vollzieht. Es sind das die Wahlvorstände. Sie bestehen aus einem behördlich bestellten Wahlvorsteher und seinem Vertreter, sowie einem Schriftführer und drei bis sechs Beisitzern, die von dem Wahlvorsteher aus den Stimmberechtigten berufen werden (Art. 31, 32). Nach der Wahlordnung § 34 I „ist darauf Bedacht zu nehmen, daß nach Möglichkeit die im Stimmbezirk vertretenen Parteien daran beteiligt sind“. Hier wäre nach Analogie der Wahlausschüsse eine zwingende gesetzliche Vorschrift am Platze. Denn die Wahlvorstände sind Behörden mit Entscheidungsrecht; sie entscheiden nämlich „über alle bei der Abstimmung sich ergebenden Anstände sowie, vorbehaltlich der endgültigen Entscheidung des Landtags, über die Gültigkeit der Stimmzettel“ (Art. 37, 56 I); sie stellen ferner das Stimmergebnis fest (Art. 52).

Die Wahlvorstände haben einen festumgrenzten Sprengel, den Stimmbezirk, der von dem weit größeren Stimmkreis wohl zu unterscheiden ist. Der Stimmkreis, der, wie wir gesehen haben, für die Aufstellung der Wahlbewerber und die Bindung der Wähler bei der Stimmabgabe an die angemeldeten Kandidaten bedeutsam ist, spielt bei der Organisation der Wahlbehörden keine Rolle. Die Stimmbezirke sollen möglichst klein sein, höchstens 2500 Einwohner umfassen, so daß nicht viel über 1000 Wähler für sie in Betracht kommen; Näheres Art. 30 I—IV.

c) Die Schaffung der Wahlunterlagen ist den Gemeinden aufgetragen. Sie müssen für jeden Stimmbezirk Wählerlisten oder Wahlkarteien anlegen, die alle Stimmberechtigten zu enthalten haben (Art. 7). Diese Wahlunterlagen, die für die Ausübung des individuellen Wahlrechts von größter rechtlicher Bedeutung sind (siehe oben S. 147), werden einem Auslege- und Berichtigungsverfahren unterzogen. Die Auslegefrist läuft vom 21. bis zum 14. Tage vor der Wahl (Art. 10). Nach der Auslegung ist eine Änderung von Amts wegen nicht mehr zulässig. Innerhalb der Auslegungsfrist sind Einsprüche bei sonstigem Ausschluß einzulegen (Art. 11). Sie können sich — das Gesetz sagt darüber nichts — sowohl auf die Eintragung Nichtberechtigter wie auf die Nichteintragung Berechtigter beziehen. Nicht bestimmt ist ferner, wer den Einspruch erheben kann, ob jedermann aus der Wählerschaft oder nur diejenigen, für die die betreffende Wählerliste in Betracht kommt, weiter, sofern es sich um Nichteintragung Berechtigter handelt, ob nur diese selbst oder auch andere Interessenten. Das sind bedenkliche Lücken, die durch Auslegung nur sehr willkürlich gestopft werden können. Falls die Gemeindebehörde dem Einspruch nicht Folge gibt, entscheidet die Aufsichtsbehörde (Art. 11). Nähere Vorschriften über das Verfahren, insbesondere auch die Beiziehung der Betroffenen fehlen, wir sehen, eine recht oberflächliche Behandlung dieser wichtigen Rechtsbehelfe!

An Stelle der Eintragung in eine Wählerliste oder Wahlkartei kann unter besonderen Umständen die Ausstellung eines Wahlscheins treten. Dies trifft zu:

α) bei unverschuldeter Versäumnis der Einspruchsfrist — mit Gültigkeit für den Stimmbezirk des Aufenthaltsorts (Art. 14);

β) bei nachträglichem Wechsel des Aufenthaltsortes — mit Gültigkeit für den Stimmbezirk des neuen Aufenthaltsortes (Art. 15);

γ) bei Abwesenheit vom gewöhnlichen Aufenthaltsort am Abstimmungstag aus zwingenden Gründen und bei Behinderung in der Bewegungsfähigkeit durch körperliche Leiden oder Gebrechen — mit Gültigkeit für ganz Bayern (Art. 16).

d) Die Wahlen erfolgen auf Grund amtlich angemeldeter Wahlvorschläge. Diese sind, wie bereits betont, für die Wahlkreise aufzustellen und zwar durch mindestens 50 Wähler. Jeder Vorschlag muß ein Kennwort, gewöhnlich ist das der Parteiname, aufweisen, wodurch eine automatische Zusammenfassung der mit dem gleichen Kennwort versehenen Kreiswahlvorschläge für das ganze Land im Restverteilungsverfahren und bei der Berechnung des Anspruches auf die Landesabgeordneten möglich wird. Dagegen ist die freie Verbindung verschiedener Parteilisten, sog. Listenverbindung, wegen der als schädlich verurteilten Wahlkompromisse abgelehnt worden.

Ein Wahlvorschlag darf höchstens soviel Bewerber enthalten als Abgeordnete im Kreise zu wählen sind; dies, obwohl die nicht gewählten als Ersatzmänner gelten. Hat also beispw. eine Partei sämtliche Sitze des Wahlkreises bekommen, so müssen ausscheidende Abgeordnete durch Kandidaten parteizugehöriger Wahlvorschläge für andere Kreise ersetzt werden; damit wird dann der so stark betonte örtliche Zusammenhang wieder gelockert. Aber infolge der Stimmkreisbindung war die Beschränkung der Bewerberzahl auf die Zahl der Stimmkreise nicht zu umgehen. Die Bewerber dürfen nur für einen Wahlkreis und einen Wahlvorschlag, innerhalb des Wahlkreises aber für mehrere Stimmkreise aufgestellt werden. Die Wahlvorschläge sollen einen Vertrauensmann bezeichnen; fehlt es daran, so gelten die Unterzeichner der Reihenfolge nach als Vertrauensmänner. Über die Zulassung und Gültigkeit der Vorschläge wird amtlich durch den Kreiswahlausschuß ohne Rechtszug entschieden; die als gültig anerkannten werden amtlich veröffentlicht und dürfen dann nicht mehr zurückgezogen werden (LWG. Art. 46—50; LWO. §§ 28—32).

16. Die Wahlhandlung vollzieht sich grundsätzlich unter Kontrolle der Öffentlichkeit (Art. 34). Die Stimmabgabe ist geheim; sie erfolgt durch Stimmzettel, die in amtlich abgestempelten Umschlägen persönlich abgegeben werden (Art. 35, 36). Die Beschaffung der Stimmzettel ist Sache der Wähler, praktisch also der Parteien (Art. 39 I). Alle Einzelheiten sind eingehend in §§ 33—42 der LWO. geregelt. Insbesondere ist auch vorgesehen, daß in Zweifelsfällen eine Ausweisleistung seitens der Wähler verlangt werden kann (LWO. § 38 II).

Zur Sicherung der Abstimmungsfreiheit sind besondere Vorschriften getroffen, die, obwohl sie z. T. nicht unmittelbar die Stimmabgabe betreffen, hier im Zusammenhang erwähnt werden sollen. Diese Bestimmungen treten als Ergänzung zu den Strafdrohungen des RStrGB. über Wahlverhinderung (§ 107), Wahlfälschung (§ 108), aktive und passive Wahlbestechung (§ 109) — vgl. hierüber z. B. Frank, Kommentar 215 ff. — hinzu. Die Verhinderung oder Störung öffentlicher Wahlversammlungen durch Tätlichkeiten oder Androhung solcher, wird mit Geldstrafe oder Haft gestraft (Art. 21). Bestechung und Nötigung der Abstimmenden hat Ungültigkeit der Abstimmung der dabei Beteiligten zur Folge (Art. 19). Den Behörden des Staates, der Gemeinden und der Körperschaften des öffentlichen Rechtes ist es untersagt, die Abstimmung in irgendwelcher Weise zu beeinflussen oder das Abstimmungsgeheimnis zu verletzen (Art. 20); eine besondere Sanktion ist dafür nicht vorgesehen. Die Gemeinden müssen dafür sorgen, daß am Wahltage Stimmzettel aller Parteien vor den Wahlräumen zu ungehinderter Empfangnahme durch die Wähler aufgelegt werden können (Art. 18). In Durchführung von Art. 160 RV. ist vorgeschrieben, daß den Wahlberechtigten, die in einem öffentlichen oder privaten Dienst- oder Arbeitsverhältnis stehen, die zur Stimmabgabe und zur Ausübung der in Frage kommenden Ehrenämter nötige freie Zeit ohne Abzug am Lohn oder Gehalt gegeben werden muß (Art. 17).

Nach Schluß der Stimmabgabe (vgl. Art. 33 II) stellt der Wahlvorstand die Zahl der insgesamt, für die einzelnen Vorschläge, für die einzelnen Bewerber abgegebenen Stimmen fest (Art. 52). Er entscheidet über die Gültigkeit der Stimmzettel (Art. 37). „Ungültig sind Stimmzettel: 1. die nicht in einem amtlich abgestempelten oder in einem gekennzeichneten Umschlag übergeben worden sind, 2. die nicht die vorgeschriebene Beschaffenheit haben, 3. die mit Kennzeichen versehen sind, 4. die nicht neben der Person des Gewählten auch das Kennwort des zugehörigen Wahlvorschlags enthalten, 5. die an Stelle des für den Stimmkreis aufgestellten Bewerbers einen anderen Namen enthalten, 6. die außer der Bezeichnung des Gewählten und dem Kennworte des zugehörigen Wahlvorschlags einen weiteren Inhalt haben, 7. aus denen der Gewählte nicht unzweifelhaft zu erkennen ist, 8. denen ein Druck- oder Schriftstück beigefügt ist. Mehrere in einem Umschlag enthaltene gleichlautende Stimmzettel gelten als eine Stimme. Wenn sie verschieden lauten, sind sämtliche ungültig." (Art. 53 und Novelle Art. 1 Z. 4). Der äußere Hergang ist in der Wahlordnung §§ 43—47 genau geregelt. Das Ergebnis ist nach der Feststellung zu verkünden, die Akten sind im Wege der Bezirksverwaltungsbehörde an die Kreiswahlleiter einzusenden (LWO. §§ 45, 46, 48).

Für Kranken- und Pflegeanstalten gelten besondere Vorschriften (LWG. Art. 38, LWO. § 42).

17. Die Feststellung des Wahlergebnisses ist zunächst Sache des Kreiswahlausschusses, bezüglich der Reststimmen des Landeswahlausschusses; letzterer verteilt auch die Landesmandate. Alles erfolgt, wie bereits betont, in öffentlicher Sitzung. Die materiellen Grundsätze wurden unter Punkt 11 und 12 besprochen. Die Wahlleiter haben die Gewählten sofort zu verständigen und zur Erklärung über die Annahme aufzufordern. Nichterklärung binnen 8 Tagen, Annahme unter Vorbehalt oder Verwahrung gilt als Ablehnung. Der Landeswahlleiter gibt die Namen aller Gewählten und der Nichtgewählten, auf deren Wahlvorschläge Sitze entfallen sind, als Ersatzmänner öffentlich bekannt. Die Wahlakten gehen schließlich an den Landtag (LWG. Art. 54—60, LWO. §§ 48—54).

Die Feststellung der Ersatzmänner bei Ablehnung oder Erledigung eines Sitzes ist Sache des Landeswahlleiters. Maßgebend für die Reihenfolge ist die erreichte Stimmenzahl der berufenen nicht gewählten Bewerber. Eine Ersatzwahl findet also nicht statt. Scheidet ein Landesabgeordneter aus, so hat eine neue Benennung durch den Vertrauensmann zu erfolgen (Art. 61).

18. Sonstige Wahlvorschriften. Die Kosten sind in der Weise verteilt, daß für die Bereitstellung der Abstimmungsräume und der sonst für die Abstimmung nötigen Gegenstände, ferner für die erforderlichen amtlichen Bestätigungen die Gemeinden, für die übrigen Kosten der Staat aufzukommen hat. Für die Ausübung der Ehrenämter wird keine Vergütung gezahlt (Art. 39, 75).

Findet die Landtagswahl gemeinsam mit einer Reichstagswahl statt, so sind im allgemeinen die Reichsvorschriften maßgebend (LWG. Art. 74, LWO. §§ 57—62). Die Verbindung mehrerer Wahlen hat den großen Vorzug, das Aufgebot von politischem Kraftaufwand und die fieberhafte Erregung der großen Wählermassen auf eine kurze Periode zu konzentrieren und während der übrigen Zeit eine ruhigere Atmosphäre für die positive Arbeit der Vertretungskörper zu schaffen. Hiebei ist es von Wichtigkeit, daß die Wahlperioden möglichst übereinstimmen, damit nicht in der Pause stattfindende Wahlen bei starken Verschiebungen der Ergebnisse gegenüber der letzten Wahl sofort Bestrebungen der erfolgreichen Parteien auf Auflösung auch der anderen Vertretungen entfesseln und so deren ruhige Tätigkeit stören.

19. Die Wahlprüfung ist nach § 33 VU. Sache des Landtags; er kann sie einem Gerichtshof übertragen. Von diesem Recht hat der Landtag keinen Gebrauch gemacht, vielmehr seine eigene Zuständigkeit gesetzlich festgelegt (Art. 62). Demzufolge ist künftighin die Übertragung der Wahlprüfung an einen Gerichtshof nicht mehr durch einfachen Landtagsbeschluß, sondern nur mehr durch formelles Gesetz möglich. Dabei darf wohl angenommen werden, daß die Bestimmung des Art. 62 LWG., bezüglich deren Beschluß mit erhöhter

Mehrheit nicht festgestellt ist, keine verfassungswidrige Einengung des freien Übertragungsrechtes bedeutet (vgl. oben S. 109).

Wahlbeanstandungen können durch die Wahlberechtigten binnen bestimmter Frist, in der Regel ein Monat nach Eröffnung des Landtags, erhoben werden (Art. 63). Wenn die Wahlbeanstandung Erfolg hat, kann es zu Nachwahlen oder zu Wiederholungswahlen kommen.

Eine Nachwahl findet statt, wenn das Wahlergebnis in einem ganzen Wahlkreis für ungültig erklärt worden ist. Der Kreiswahlausschuß hat dann das Wahlergebnis für den Kreis, der Landeswahlausschuß für die Stimmreste bzw. Restsitze und die Landesmandate neu festzustellen. Bei diesem Anlaß kann es dann auch zum Ausscheiden von Abgeordneten, deren Wahlvorschläge bei der ersten Wahl zu gut abgeschnitten haben, nach näherer gesetzlicher Bestimmung kommen (Art. 64).

Eine Wiederholungswahl findet statt, wenn das Ergebnis nur in einzelnen Stimmbezirken ungültig und für das Gesamtwahlergebnis bedeutsam ist. Hiebei werden die alten Wahlunterlagen und Wahlvorschläge zugrunde gelegt. Die Wahlergebnisse im Kreis und im ganzen Land müssen dann nach den neuen Stimmenzahlen berichtigt werden.

In gleicher Weise ist vorzugehen, wenn in einzelnen Stimmbezirken eine gewaltsame Verhinderung der Wahl stattgefunden hat. In diesem Fall kann auch auf Antrag des Kreiswahlausschusses bereits vor dem Zusammentritt des Landtages das Staatsministerium des Innern mit Zustimmung des Landeswahlausschusses einschreiten (Art. 65).

§ 25.

Die Tätigkeit des Landtags.

Schrifttum: Seydel-Piloty §§ 65, 66; Perels, Das autonome Reichstagsrecht 1903; Hatschek, Das Parlamentsrecht des Deutschen Reiches 1915.

a) Zusammentritt.

1. Die Einberufung des Landtags ist grundsätzlich von der Regierung unabhängig gemacht; sie beruht auf dem Grundsatz des Selbstversammlungsrechtes. Das erstemal nach der Neuwahl ist er durch seine drei an Jahren ältesten Mitglieder einzuberufen (§ 30 II S. 2), die durch den Landeswahlleiter nach Feststellung des Wahlergebnisses von dieser Eigenschaft zu verständigen sind (LWG. Art. 60 II). Im

Falle ihrer Untätigkeit wird man annehmen müssen, daß der Zusammentritt alsbald ohne besondere Einladung rechtsgültig erfolgen kann.

Zu den folgenden Tagungen, mögen sie nun ordentliche oder außerordentliche sein, erfolgt die Einberufung formell durch den Landtagspräsidenten (§ 30 II S. 1). Der Präsident ist hiezu verpflichtet, wenn die materiellen Voraussetzungen gegeben sind. Für die ordentliche Tagung ist der 1. Oktober der letzte Termin (s. oben S. 135). Ein früherer Zeitpunkt kann nach Verständigung oder auf Verlangen des Ältestenrates gewählt werden (GO. § 29 II). Auch in diesen Fällen ist der Ausdruck Selbstversammlung am Platze. Weigert sich der Präsident, so treten der Reihenfolge nach die beiden Vizepräsidenten und die vier Schriftführer an die Stelle (GO. § 5 II). Weitere Möglichkeiten kommen politisch ernsthaft kaum in Betracht.

Bei außerordentlichen Tagungen auf Grund eines Beschlusses des Vorstandes, des Gesamtministeriums oder eines Antrags von 50 Mitgliedern bzw. eines Fünftels der Staatsbürgerschaft (§ 30 I S. 2) ist der Präsident verpflichtet, binnen angemessener Frist die Einberufung vorzunehmen.

Die Einberufung des Landtags für den Fall, daß eine nicht rechtlich, aber praktisch bedeutsame Unterbrechung der Landtagstätigkeit durch Überlassung der Bestimmung der nächsten Sitzung an den Ältestenrat oder den Präsidenten stattgefunden hat, gehört eigentlich nicht in diesen Zusammenhang. Sie erfolgt formell durch den Landtagspräsidenten.

b) Ende.

2. Der Landtag beendigt seine Tätigkeit im Falle des Ablaufes seiner Dauer oder im Falle der Auflösung. Sein Funktionieren hat damit allerdings immer noch nicht gänzlich aufgehört. Zwar bleibt der Vorstand nicht im Amte wie beispw. beim Reichstag (RV. Art. 27), aber der ständige Ausschuß tritt in Funktion (vgl. oben S. 142).

Eine Art von Beendigung der aktiven Tätigkeit tritt auch mit Schluß der Tagung ein; hier bleibt jedoch der Vorstand und der Zwischentagungsausschuß in Wirksamkeit. Auch andere Ausschüsse kommen in Frage.

Im einzelnen gilt folgendes. Über den Ablauf der Dauer ist nicht mehr viel zu sagen; die Berechnung des Endtermins erfolgt kalendermäßig mit Beziehung auf den Wahltag (s. oben S. 134). Der

Präsident hat den Landtag spätestens an diesem Tage zu schließen (§ 30 II S. 1). Früherer Schluß bedarf ausdrücklicher Beschlußfassung der Vollversammlung (GO. § 29 I gilt nämlich auch hier).

3. Die Auflösung erfolgt durch eigenen Beschluß mit Zustimmung von mehr als der Hälfte der gesetzlichen Mitgliederzahl, also an sich mit derselben Mehrheit wie für ein Mißtrauensvotum, wobei aber zwei Drittel dieser Zahl anwesend sein müssen (§ 31 S. 2). Welchem Zweck die Anwesenheitsziffer dienen soll, da sie doch für die Beschlußziffer gleichgültig bleibt, ist nicht verständlich (auch nicht nach den Ausführungen von Piloty Beilage 324 S. 175). Praktisch erhöht sich einfach das Stimmerfordernis auf die volle Anwesenheitsziffer, da die Gegner der Auflösung ja nur den Saal verlassen müssen. Das Erfordernis stimmt also mit dem für Verfassungsänderungen überein.

Geht der Auflösungsantrag von der Staatsbürgerschaft aus, so muß das Begehren durch mindestens ein Fünftel der Stimmberechtigten gestellt sein (§ 30 IV S. 1); also ebenso wie bei Verfassungsänderungen!

Fraglich ist, ob das Volksbegehren auch dadurch erledigt werden kann, daß der Landtag nunmehr selbst nach § 31 seine Auflösung beschließt. Man wird die Frage ohne Hinweis auf die Analogie der unveränderten Annahme eines durch Volksbegehren beantragten Gesetzentwurfes (§ 76 III S. 4) bejahen müssen, weil auch ein gegenteiliger Ausfall der Volksentscheidung nichts mehr ändern könnte.

Kommt es zur Volksentscheidung, so ist die Beteiligung von mindestens der Hälfte der Stimmberechtigten und eine Mehrheit von mindestens Zweidritteln der abgegebenen Stimmen zugunsten der Auflösung erforderlich (§ 30 IV S. 2). Es muß sich also formell ein volles Drittel der Staatsbürgerschaft gegen den Landtag ausgesprochen haben. In Wirklichkeit aber müssen die Landtagsgegner sogar die absolute Mehrheit der Stimmberechtigten aufbringen, da die Landtagsfreunde einfach Stimmenthaltung üben werden. Eine weitere Besonderheit des Falles liegt noch darin, daß hier praktisch Geheimhaltung der Abstimmung unmöglich ist, weil einfach die Tatsache der Beteiligung an der Abstimmung Auskunft über den Willen des Abstimmenden gibt.

Die Auflösung des Landtags durch Volksabstimmung ist also außerordentlich erschwert, weit über die Herbeiführung einer Verfassungsänderung hinaus; dort ist ja nur Beteiligung von zwei Fünfteln und Zweidrittelmehrheit der abgegebenen Stimmen erforderlich (§ 10 III), es genügen also vier Fünfzehntel.

Ist diese beinahe bis zur praktischen Unmöglichkeit gehende Erschwerung sachlich berechtigt?

Man muß diese Frage bejahen. Indem die Verfassung die normale Funktionsdauer des Landtags — entgegen der auf drei Jahre lautenden Regierungsvorlage — auf vier Jahre festgelegt hat, wollte sie dem Vertretungskörper eine etwas länger bemessene Tätigkeitsfrist setzen, um ihm eine ruhige, sachliche Wirksamkeit zu ermöglichen. Soll nun dieser Grundgedanke durch eine große politische Aktion einzelner Parteien in besonderen Fällen gestört werden können, so wird der Erfolg solchen Beginnens mit Recht von vornherein unter die allerschwersten Bedingungen gestellt. Es müssen schon ganz ungewöhnliche politische Vorgänge stattgefunden haben, daß ein derartiges Aufgebot politischer Kraft zustande gebracht werden kann. Ob aber der Landtag dann nicht lieber von seinem Selbstauflösungsrecht Gebrauch macht?

Sehr viel politische Weisheit steckt also in dieser Verfassungsvorschrift nicht (vgl. auch Piloty 104); wahrscheinlich sollte hier nur eine Verbeugung vor dem Recall des Rätesystems gemacht werden.

Über eine Reihe von Einzelfragen wird in späterem Zusammenhang noch zu sprechen sein (vgl. unten § 38 Z. 3 und 4).

4. Schluß der Tagung wird durch den Präsidenten ausgesprochen (§ 30 II S. 1). Materiell muß ein Beschluß des Landtags gegeben sein (§ 30 III S. 1). Die Landtagsmitglieder, die nicht dem Vorstand oder dem Zwischentagungsausschuß angehören, treten außer Funktion und verlieren auch auf die Zeit bis zum Wiederzusammentritt ihren besondern Schutz vor den Beschränkungen der persönlichen Freiheit (s. unten § 27 Z. 10). Ihre Mitgliedseigenschaft dauert aber fort, sie können jederzeit z. B. durch Anberaumung einer außerordentlichen Tagung wieder zusammenberufen werden. Auch die bisher geleistete Arbeit geht dem Landtag, wie wir sahen (S. 138 ff.), keineswegs verloren. Es liegt also von Rechts wegen keine Beendigung, sondern nur eine Unterbrechung der normalen Tätigkeit des Landtags vor.

c) Gegenstand der Tätigkeit.

5. Die Tätigkeit des Landtags wird angeregt durch Anstoß aus seiner Mitte, von Seite der Staatsregierung, der Staatsbürgerschaft, der berufsständischen Vertretungen (§ 24 VU.) und einzelner Personen. Sofern es sich nicht um Anregungen aus der Mitte des Hauses handelt, müssen sie schriftlich eingereicht werden; „ein Empfang von Abordnungen oder Bittstellern durch den Landtag oder die Ausschüsse findet nicht statt"

(GO. § 45 II S. 3), offenbar damit sich nicht gewaltsame Einwirkungen geltend machen können wie in der ersten nachrevolutionären Zeit.

Sachlich sind die Verhandlungsgegenstände durch die oben (§§ 21 und 22) besprochene Zuständigkeit des Landtags bestimmt. In formaler Beziehung unterscheidet die GO. Gesetzvorlagen einschließlich der Volksbegehren, Anträge, Eingaben und Beschwerden, Interpellationen, kurze Anfragen, Ministeranklagen, Verfassungsstreitigkeiten.

α) Gesetzvorlagen können durch die Staatsregierung, die Staatsbürgerschaft, die nach VU. § 24 legitimierten berufsständigen Vertretungen, endlich durch 15 Mitglieder des Landtags in Form von Anträgen eingebracht werden (GO. §§ 13 I, II, 17 I). Sie sind auf Antrag der Staatsregierung sofort in der Vollversammlung zu beraten oder — gegebenfalls nach einer allgemeinen Erörterung — an einen Ausschuß zu verweisen (GO. § 13 VIII). Sie müssen sofort in Druck gelegt und an die Mitglieder und die zuständigen Ministerien verteilt werden (GO. § 13 IX). Außerdem schreibt VU. § 28 IV vor, daß Gesetzentwürfe und der Haushaltsplan allgemein zugänglich gemacht werden müssen; Zweck: Kritik durch die Öffentlichkeit, eine sehr dankenswerte Einrichtung, die aber in der Praxis dadurch entwertet wird, daß man Auflegen zur Einsichtnahme im Landtag als ausreichend erachtet (so auch Piloty 99 Anm. 5).

In der Vollversammlung müssen mindestens zwei Lesungen stattfinden (VU. § 28 III), wozu die allgemeine Erörterung vor der Verweisung an einen Ausschuß nicht zählt (GO. § 14 I). Jede Lesung zerfällt in eine allgemeine und eine besondere Erörterung — Generaldebatte und Spezialdebatte —, die aber auch verbunden werden können. Abänderungsanträge sind schriftlich zu stellen. Bei der zweiten Lesung findet zum Schluß eine Abstimmung über die Gesetzvorlage als ganzes statt (Näheres GO. § 14).

β) Anträge zerfallen in solche geschäftlicher Natur über Beratungsgegenstände und selbständige Anträge. Soweit letztere nicht Gesetzentwürfe beinhalten (siehe unter α), genügt einmalige Lesung. Ein Antrag, über den der Landtag Beschluß gefaßt hat, darf während der gleichen Tagung dem Gegenstand und Inhalt nach nicht wiederholt werden (GO. § 20).

γ) Eingaben und Beschwerden, die mit Verhandlungsgegenständen in Verbindung stehen, werden mit diesen zusammen behandelt, sonstige gehen an den dafür bestehenden Ausschuß. Sie sind von der Beratung überhaupt ausgeschlossen, wenn sie anonym sind, grobe Beleidigungen enthalten, eine im Rechtszug noch nicht ausgetragene Sache betreffen, ihrem Gegenstand nach gerichtlicher oder verwaltungsrichterlicher Entscheidung unterliegen, ferner, wenn bereits über gleichartige beschlossen worden ist oder wenn sie sachlich verspätet, d. h. nach Abschluß der bezüglichen Beratung eingebracht worden. In die Vollversammlung kommen sie nur, wenn der Ausschuß dies beschlossen hat oder 15 Abgeordnete Antrag stellen. Sonst entscheidet der berufene Ausschuß endgültig. Die Gesuchsteller oder Beschwerdeführer werden von dem Beschluß verständigt, die Mitglieder durch eine Zusammenstellung in Kenntnis gesetzt (GO. §§ 21 und 22).

Nach GO. § 21 IV können die Eingaben folgende Bewertung erfahren:

a) Überweisung an die Regierung zur Berücksichtigung, zur Würdigung, als Material oder zur Kenntnisnahme;
b) Erklärung als erledigt durch Erklärung der Regierung oder Landtagsbeschlüsse;
c) Übergang zur Tagesordnung oder Erklärung als ungeeignet zur Beratung in der Vollsitzung.

δ) Interpellationen richten sich an die Staatsregierung; sie machen das Auskunftsrecht des Landtags über die Verwaltung des Geschäftskreises der einzelnen Minister nach VU. § 65 IV geltend. Sie müssen durch 15 Mitglieder schriftlich unter Begründung eingereicht werden. Falls die Fragesteller nicht mit einer Verschiebung einverstanden sind, müssen sie auf die Tagesordnung der nächsten oder übernächsten Sitzung gestellt werden. Der Minister kann erklären, ob und wann er antworten kann oder aus welchen Gründen dies unmöglich ist. Dann können 25 Mitglieder eine sofortige Erörterung beantragen; dies gilt auch für den Fall der Ablehnung der Antwort. Zulässig sind Anträge, die auf eine Stellungnahme des Landtags abzielen (GO. § 23).

ε) Kurze Anfragen, die reine Tatsachen zum Gegenstand haben, unterliegen einer einfacheren Behandlung. 5 Abgeordnete genügen zu ihrer Einbringung, sie werden der Regierung zur schriftlichen Beantwortung zugeleitet. Erfolgt binnen drei Wochen keine schriftliche Antwort, so werden sie in jeder Woche an einem Sitzungstag auf die Tagesordnung der Vollversammlung gesetzt, verlesen und mündlich beantwortet; jedoch darf die Behandlung die Dauer der ersten Stunde nicht überschreiten. Eine Besprechung oder Antragstellung ist unzulässig. Im übrigen werden die Landtagsmitglieder auf unmittelbaren Verkehr mit der Regierung verwiesen (GO. § 24).

ζ) Anträge auf Ministeranklagen (oben S. 126 ff.) müssen zunächst in der Vollversammlung einer allgemeinen Beratung unterzogen werden und gehen dann an den Verfassungsausschuß, der als Untersuchungsausschuß fungiert. Gelangt der Ausschuß zu einem einstimmigen Beschluß, so kommt die Sache in die Vollversammlung ohne näheren Bericht, sonst müssen je ein Berichterstatter und ein Mitberichterstatter schriftlich und mündlich referieren. Die beschlossene Anklage geht an den Vorsitzenden des Staatsgerichtshofs, wobei drei Beauftragte des Landtags seine Rechte im Verfahren gemeinsam und einheitlich geltend zu machen haben (GO. § 25). Über das weitere Verfahren vgl. unten § 55 Z. 3—10.

η) Die Erhebung von Verfassungsstreitigkeiten kann auf Antrag von 15 Mitgliedern nach Vorbereitung durch den Verfassungsausschuß nur in der Vollversammlung beschlossen werden. Hiebei werden als Fälle bezeichnet: Verfassungsstreitigkeiten mit dem Reich — offenbar nach RV. Art. 13 II über Zweifel oder Meinungsverschiedenheiten, ob eine landesrechtliche Vorschrift mit dem Reichsrecht vereinbar ist, nach RV. Art. 15 III über Meinungsverschiedenheiten wegen Mängel bei Ausführung der Reichsgesetze, nach RV. Art. 19 I über Gegensätze nichtprivatrechtlicher Art; es handelt sich, genau besehen, mindestens in den beiden ersten Fällen, um eine Aufforderung des Landtags an die Regierung, die Angelegenheit anhängig zu machen —, ferner Verfassungsstreitigkeiten mit der bayerischen Landesregierung, nicht mit der Staatsbürgerschaft (a. A. Piloty 163) nach VU. § 70 I, endlich Verfassungsstreitigkeiten mit der Regierung eines anderen Landes, womit anscheinend die „Streitigkeiten nichtprivatrechtlicher Art zwischen verschiedenen Ländern" nach RV. Art. 19 I gemeint sind (GO. § 26). Über das Verfahren vor dem bayerischen Staatsgerichtshof nach § 70 vgl. unten § 55 Z. 21—27.

d) Gang der Verhandlungen in der Vollversammlung.

6. In der ersten Sitzung jeder Legislaturperiode erfolgt zunächst die Konstituierung des Landtags. Der Alterspräsident, d. h. das an Lebensjahren älteste Mitglied des Hauses, an seiner Stelle gegebenenfalls das zweitälteste eröffnet die Sitzung und veranlaßt die Wahl des Landtagsvorstandes (GO. §§ 1, 3). Damit ist der Landtag funktionsfähig geworden.

7. Die Vollsitzungen sind grundsätzlich öffentlich (VU. § 28 II S. 1). Auf Antrag des Vorstandes, von 15 Mitgliedern, einem Minister oder dessen Bevollmächtigten kann Ausschluß oder Beschränkung der Öffentlichkeit beschlossen werden (GO. § 27 S. 2). Auch für Mitteilungen und Verhandlungen, die Geheimhaltung erfordern, können die Vertreter der Staatsregierung nur Antrag auf Ausschluß der Öffentlichkeit stellen (VU. § 28 II S. 3), die Beschlußfassung steht in jedem Fall bei der Vollversammlung — Autonomie des Landtags.

Wahrheitsgetreue Berichte über Verhandlungen in den öffentlichen Sitzungen auch der Ausschüsse bleiben von jeder Verantwortung frei (RV. Art. 30, womit die engeren Fassungen von § 12 RStrGB. und § 38 VU. aufgehoben bzw. beiseite geschoben sind).

Alle Verhandlungen und Beschlüsse der Vollversammlung sowie der Ausschüsse zwischen den Tagungen und Legislaturperioden sind nach § 43 VU. im Wortlaut allgemein zugänglich zu machen. Eine einschränkende Auslegung im Sinne der Beschränkung auf öffentliche Verhandlungen und Beschlüsse ist wohl selbstverständlich.

8. Über die Verhandlung und insbesondere die Beschlußfassung der Vollversammlung des Landtags enthält die Verfassungsurkunde einige nähere Vorschriften. Der Schwerpunkt liegt indes in der G e s c h ä f t s o r d n u n g des Landtags. Der bereits oben (S. 104) erwähnte § 28 I S. 1 VU. sagt darüber: „Der Landtag bestimmt durch eine Geschäftsordnung seine Einrichtungen, seinen Geschäftsgang, seine Disziplin und Gliederung". Eine große Reihe bezüglicher Einzelvorschriften haben wir bereits kennen gelernt und werden wir noch kennen lernen. Hier interessiert zunächst die grundsätzliche rechtliche Bedeutung dieses Satzes.

Das Gesetz vom 19. Januar 1872, GBl. 173, hatte eingehende Bestimmungen über den Geschäftsgang des Landtags erlassen und nur innerhalb dieses Rahmens eine Autonomie der damaligen beiden Kammern vorgesehen. Dieses Gesetz wurde durch Gesetz vom 21. Mai 1919, GVBl. 253, ausdrücklich aufgehoben, ohne durch neue gesetzliche Vorschriften ersetzt zu werden. An Stelle derselben sollte vielmehr ein zunächst vollkommen freier Beschluß des Landtags treten. Grundlage dafür war ein Regierungsentwurf, der gleich bei der ersten Tagung des nachrevolutionären Landtags eingebracht und mit zahlreichen Änderungen als Geschäftsordnung vom 21. Mai 1919, Beil. 101, zum Beschluß erhoben wurde. Die Verfassungsurkunde baute im allgemeinen auf dieser Geschäftsordnung auf, berührte sie jedoch immerhin in einigen Punkten von geringerer Bedeutung. Der Landtag sah sich daher genötigt, trotz der ihm durch den oben abgedruckten § 28 I S. 1 VU. eingeräumten Freiheit seine erste Geschäftsordnung einer Überprüfung zu unterziehen, und so wurde die GO. vom 1. Juni 1920, Beil. 1551, beschlossen. Diese wurde dann durch Beschluß vom

9. März 1923 unter Änderung einzelner Punkte in sachlicher Beziehung einer im wesentlichen redaktionellen Änderung unterzogen (vgl. Antrag des Ausschusses Beil. 3370, der unverändert angenommen wurde).

Soweit der äußere Tatbestand. Rechtlich handelt es sich darum, daß an Stelle eines formellen Gesetzes ein einfacher interner Beschluß des Landtags getreten ist, der nicht amtlich kundgemacht ist und durch einen gleichartigen Beschluß abermals ohne amtliche Bekanntmachung wieder geändert werden kann. Nun enthält dieser als rein innere Angelegenheit des Vertretungskörpers aufgefaßte Willensakt eine Reihe von überaus wichtigen Bestimmungen, die nach außen hin und zwar in weitestem Umfang rechtliche Wirkungen ausüben. Von allem anderen abgesehen braucht hier nur auf das Gesetzgebungsverfahren verwiesen werden. Die näheren Vorschriften über das rechtsgültige Zustandekommen der obersten Staatswillensakte sind der Festlegung durch Rechtsnorm einfach entzogen worden. Falls daher die Frage aufgeworfen wird, ob Sätze, die im äußeren Gewande von bindenden Rechtsnormen auftreten, auch ihrer inneren rechtlichen Kraft nach als solche zu betrachten sind, ist man darauf angewiesen, Maßstäbe dafür aus nicht allgemein veröffentlichten Aktenstücken zu gewinnen. Gewiß ein sehr unerfreulicher Zustand.

Es ist kaum anzunehmen, daß die Verfassungsgesetzgeber sich dieser Folgeerscheinungen voll bewußt waren. Ihnen kam es offenbar, wie schon oben S. 104 angedeutet, darauf an, die neu ermöglichte Übergewichtstellung des Landtags nach allen Richtungen zur Geltung zu bringen. Und da die Selbständigkeit der Kammern im alten System nur auf dem Gebiet ihrer Geschäftsordnungsautonomie in Erscheinung treten konnte, so lag es für sie nahe, das Heil in der möglichsten Ausdehnung dieser Autonomie zu suchen. Dabei wurde dann wieder vollständig übersehen, daß man auch bei Verweisung des Gegenstandes auf das Gebiet des formellen Gesetzes das gleiche Ergebnis hätte erzielen können, da ja auch auf diesem Gebiet die volle Herrschaft der Volksvertretung zum Durchbruch gekommen war. Wenn es aber darauf angekommen wäre, die unmittelbare Volksgesetzgebung auszuschließen, so wäre dieses Ergebnis durch einfache Aufnahme des Falles in den Katalog der von der Volksabstimmung ausgenommenen Gegenstände erreicht worden. So ist die juristische Sauberkeit und Zweckmäßigkeit auch auf diesem Gebiete das Opfer mangelhafter Einsicht und Umsicht geworden.

Auch nach der RV. (Art. 26) gibt sich der Reichstag seine Ge=

schäftsordnung selbst. Jedoch ist sie wenigstens durch Bekanntmachung des Reichsministers des Innern im RGBl. II 1923 S. 101 veröffentlicht worden.

9. Nach der GO. obliegt dem Präsidenten die Eröffnung, Leitung und Schließung der Sitzung. Er schlägt Zeit und Tagesordnung der nächsten Sitzung vor; erhebt sich Widerspruch, so entscheidet die Vollversammlung. Sie kann auch die Festsetzung der Zeit und Tagesordnung dem Ältestenrat oder dem Präsidenten überlassen (§ 28).

Kein Mitglied darf ohne Worterteilung durch den Präsidenten sprechen. Für die Reihenfolge der Redner ist die Anmeldung beim Schriftführer maßgebend, soweit nicht der Präsident aus sachlichen Gründen Abweichungen anordnet. Außerhalb der angemeldeten Reihenfolge darf nur das Wort zur Geschäftsordnung auf 5 Minuten erteilt werden (§ 32 I—V).

Für die Teilnahme der Regierungsvertreter an den Verhandlungen trifft VU. § 65 I—III Bestimmung. Die Minister haben das Recht, jederzeit im Landtag zu erscheinen und ihre Vorlagen zu vertreten; sie können diese durch Bevollmächtigte vertreten lassen. Beschluß des Gesamtministeriums kann einen Minister auch mit der Vertretung der Vorlagen eines anderen Ressorts betrauen. Die Minister oder ihre Bevollmächtigten haben das Recht, jederzeit das Wort zu den Vorlagen, die sie vertreten, zu verlangen, jedoch darf nach GO. § 32 VII ein Redner in seinem Vortrag nicht unterbrochen werden. Ferner können sie verlangen, daß ein Gegenstand zunächst zur Ausschußberatung verwiesen wird. Schließlich müssen sie auch zu jedem andern Gegenstand auf ihr Begehren gehört werden. Nach § 14 V GO. steht ihnen zu, formelle Abänderungsanträge zu stellen, über die abgestimmt werden muß. Über die Unterordnung der Regierungsvertreter unter die Sitzungsgewalt des Präsidenten, wie sie RV. Art. 33 IV vorsieht, ist nichts bestimmt.

Das Ablesen von Reden ist unstatthaft; ausgenommen sind Regierungsvertreter und Berichterstatter, offenbar weil sie mitunter genau formulierte Erklärungen abgeben müssen. Normalerweise ist von der Rednertribüne aus zu sprechen. Die an sich unbeschränkte Redezeit kann durch Landtagsbeschluß beschränkt werden; das gleiche gilt von der Rednerzahl. Der Präsident kann einen Redner, der vom Verhandlungsgegenstand abschweift, auf diesen verweisen und nach zweimaliger erfolgloser Verweisung das Wort entziehen. Gegen diese Maßregel ist Berufung an die Vollversammlung gestattet (§§ 33—36).

Anträge auf Schluß der Beratung sind durch mindestens 15 Mitglieder schriftlich zu stellen (§ 37). Nach Schluß der Beratung werden nur noch ein Antragsteller, der Berichterstatter und die Regierungsvertreter gehört; jedoch kann nach den Ausführungen der letzteren auf Antrag nur eines Mitglieds die Beratung wieder eröffnet werden (§ 32 VI—VII). Handelt es sich um Berichtigung bestimmter Behauptungen oder um Abwehr persönlicher Angriffe, die durch die vorliegende Tagesordnung veranlaßt worden sind, so ist das Wort auch noch nachträglich zu erteilen. Dies steht endlich im Ermessen des Präsidenten, wenn es sich um persönliche Bemerkungen und Anfragen dreht, die sich auf die Tätigkeit eines Mitgliedes beziehen und mit der Tagesordnung nicht zusammenhängen (§ 38).

10. An die Beratung schließt sich die Abstimmung. Der Präsident formuliert die Fragen in der Weise, daß über sie alternativ mit Ja oder Nein abgestimmt werden kann. Erhebt ein Mitglied Einwendungen, so entscheidet die Vollversammlung. Auf Verlangen ist über einzelne Teile eines Antrags oder einer Gesetzvorlage getrennt abzustimmen. Abänderungsanträge sind in der Weise zur Abstimmung zu stellen, daß über den weitestgehenden zuerst beschlossen wird (§ 39).

Die Stimmabgabe erfolgt normal durch Aufstehen und Sitzenbleiben; im Zweifel findet Gegenprobe oder endlich namentliche Abstimmung statt. Letztere kann auch von 30 Mitgliedern verlangt werden und ist für die Schlußabstimmung über Gesetzvorlagen relativ obligatorisch, indem nur davon abgesehen werden kann, sofern niemand widerspricht. Die namentliche Abstimmung erfolgt in der Reihenfolge des Alphabets durch „Ja“, „Nein“ oder „Ich enthalte mich“; die Stimmabgabe wird in den stenographischen Bericht aufgenommen (§§ 41, 42).

Ausgeschlossen von der Teilnahme an der Abstimmung sind Mitglieder bei Entscheidung über 1. ihre Mitgliedsberechtigung, 2. Beschwerden anderer Mitglieder gegen ihre Person oder ihre Beschwerden gegen andere Mitglieder, 3. sonstige ihre Person betreffende Angelegenheiten (§ 43).

Grundsätzlich ist zur Beschlußfähigkeit des Landtags die Anwesenheit von mehr als der Hälfte der Mitglieder erforderlich — sog. „Quorum“ (VU. § 34). Jedoch gilt der Landtag als beschlußfähig, solange nicht das Gegenteil infolge namentlicher Abstimmung oder besonderen Verlangens festgestellt ist. Bei ermittelter Beschlußunfähigkeit bestimmt der Präsident nach eigenem Ermessen Zeit und Tagesordnung der nächsten Sitzung (§ 44).

Zur Gültigkeit eines Beschlusses ist in der Regel die einfache Mehrheit der abgegebenen Stimmen ausreichend (VU. § 34). Stimmenthaltungen werden also nicht gezählt; Stimmengleichheit bedeutet Ablehnung (GO. § 40 S. 2). Für gewisse Fälle schreibt aber die Verfassung eine erhöhte (qualifizierte) Mehrheit, mitunter auch eine erhöhte Anwesenheitsziffer vor. Diese Fälle sind:

1. Mehrheit der gesetzlichen Mitgliederzahl bei der Wahl des Ministerpräsidenten (§ 58 I S. 3) und Mißtrauenskundgabe gegenüber den Ministern (§ 55 IV);

2. Zweidrittelmehrheit der Anwesenden bei der Wahl der Mitglieder zum Staatsgerichtshof (§ 70 II) und bei Aufrechterhaltung von Etatserhöhungen oder Neueinstellungen in den Etat gegen den Widerspruch des Ministeriums (§ 81); da das Quorum Eins über die Hälfte der gesetzlichen Mitgliederzahl beträgt, macht in diesen Fällen die erforderliche Mindeststimmenzahl etwas über ein Drittel der Gesamtheit aus;

3. Zweidrittelmehrheit der gesetzlichen Mitgliederzahl bei Verfassungsänderungen und Änderungen am Staatsgebiet, die nicht einfache Grenzregelungen sind (§ 92), ferner bei Ministeranklagen (§ 56 II S. 2);

4. Mehrheit der gesetzlichen Mitgliederzahl unter Anwesenheit von mindestens zwei Drittel bei Selbstauflösung (§ 31); jedoch kommt dieses Erfordernis praktisch auf Zweidrittelmehrheit der gesetzlichen Mitglieder hinaus (vgl. oben S. 162).

11. Über die Disziplin bestimmt GO. § 30, daß der Präsident verpflichtet ist, die Ruhe in den Sitzungen aufrechtzuerhalten. Gröbliche Verletzungen der Ordnung durch Mitglieder ziehen den Ordnungsruf des Präsidenten nach sich, nach zweimaligem Ordnungsruf kann einem Redner das Wort entzogen werden. Wegen besonders gröblicher Störung der Ordnung des Hauses kann der Präsident ein Mitglied von der Sitzung ausschließen. Verläßt dieses nicht sofort den Sitzungssaal, so wird die Sitzung unterbrochen oder aufgehoben. Der Landtag kann das Mitglied auf die Dauer bis zu fünf Sitzungstagen von den Sitzungen ausschließen; bei wiederholter Weigerung, den Anordnungen des Präsidenten zu folgen, kann die Ausschließung auf zehn Sitzungstage ausgedehnt werden. Ausschluß von den Sitzungen schließt auch die Teilnahme an Ausschußverhandlungen aus. Gegen die Maßnahmen des Präsidenten ist Berufung an das Haus zulässig, das in der nächsten Sitzung ohne Beratung entscheidet. Gegenüber den Zuhörern besteht das Verbot, Zeichen des Beifalls oder der Mißbilligung zu geben. Nötigenfalls können Zuwiderhandelnde entfernt oder die Tribünen ganz geräumt werden; bei Räumung der Tribünen ist zugleich Unterbrechung oder Aufhebung der Sitzung möglich. Entstehen im Landtag Unruhen, die den ruhigen Fortgang der Verhandlungen unmöglich machen, so kann der Präsident die Sitzung auf bestimmte Zeit aussetzen oder aufheben (GO. §§ 30, 31).

12. Über alle Verhandlungen und Beschlüsse der Vollversammlung sind stenographische Berichte aufzunehmen, da diese, ebenso wie der Haushaltsplan, die Staatsrechnungen, der Vermögens- und Schuldenstand des Staats im Wortlaut allgemein zugänglich zu machen sind (VU. § 43).

e) Ausschußverhandlungen.

13. Die vorausgegangenen Erörterungen haben die große Bedeutung der Ausschüsse immer wieder zutage treten lassen. Ergänzend ist hier zu bemerken, daß der tatsächliche Schwerpunkt der Landtagstätigkeit nicht in der Vollversammlung, sondern in den Ausschüssen zu suchen ist. Die Gründe liegen vor allem in der bedeutend geringeren Mitgliederzahl, die eine eingehende sachliche Beratung überhaupt erst möglich macht, und in der damit zusammenhängenden Verstärkung des sachlichen Interesses und der aktiven Teilnahme der Ausschußmitglieder. So kommt es, daß die eigentlichen Entscheidungen fast immer in den Ausschüssen fallen, während der Vollversammlung in der Regel nur eine Überprüfung und Abänderung einzelner Punkte übrig bleibt. Um Beispiele anzuführen, umfaßt der stenographische Bericht über die Beratung der Verfassungsurkunde im Ausschuß in der 1. und 2. Lesung nicht weniger als 393 Seiten, während die Vollversammlung mit 22 Seiten abgetan ist; beim Landeswahlgesetz machen die Ausschußverhandlungen 311 Druckseiten, die Beratung in der Vollversammlung 32 Druckseiten aus, usf. usf.

14. Über die Bildung der Ausschüsse wurde bereits das Nötige gesagt (S. 143 f.). Sie konstituieren sich durch Wahl eines Vorsitzenden und eines Schriftführers sowie deren Stellvertreter. Praktisch sind die Stellen der Vorsitzenden in der Regel durch Vereinbarung der Fraktionen verteilt (vgl. GO. § 91).

Die Ausschüsse sind bei Anwesenheit der Mehrheit ihrer Mitglieder beschlußfähig; im allgemeinen entscheidet einfache Mehrheit der abgegebenen Stimmen. Entsprechend dem Erfordernis eingehender sachlicher Beratung wird regelmäßig für jeden Gegenstand ein Berichterstatter und ein Mitberichterstatter bestimmt, die mündlich referieren. Für den Gang der Beratung ist die Geschäftsordnung des Hauses sinngemäß maßgebend. Jedoch paßt sich der Ausschuß hiebei naturgemäß der Eigenart und Wichtigkeit der Verhandlungsgegenstände an. Danach bestimmt sich beispw. die Zahl der Lesungen, die Einteilung in allgemeine und besondere Erörterung, die Gliederung nach Abschnitten oder Paragraphen der Vorlage, stenographische Aufnahme der Verhandlungen usw. An den Verhandlungen nehmen die Regierungsvertreter grundsätzlich teil. Ein unmittelbarer Verkehr mit anderen Behörden, Körperschaften und Privatpersonen ist ebenso wie für den Landtag als solchen nicht gestattet. Jedoch haben die Ausschüsse das besondere Recht, mündliche oder schriftliche Gutachten von Sachverständigen einzuholen. Diese Gutachten sind freiwillig und werden nach Bestimmung des Landtagsvorstandes vergütet.

Nach Abschluß der Beratungen erfolgen die Abstimmungen, die häufig für die Beschlüsse der Vollversammlung tatsächlich präjudiziell sind. Für deren Beratung wird ein Berichterstatter gewählt, der regelmäßig mündlich, auf besonderen Beschluß aber schriftlich zu referieren hat; im letzteren Fall erfolgt Drucklegung und Verteilung des Berichts (GO. §§ 12, 45).

Die Ausschußverhandlungen sind im Gegensatz zu denjenigen der Vollversammlung grundsätzlich nicht öffentlich, nur die Landtagsmitglieder sind, wenn nicht im Ausschuß oder Plenum anders beschlossen wird, berechtigt, den Sitzungen anzuwohnen. Der Landtagspräsident und seine Stellvertreter haben in jedem Ausschuß beratende Stimme (GO. § 12 III—V).

15. Eine besondere Stellung nehmen der ständige Ausschuß (einschließlich des Zwischentagungsausschusses) und die Untersuchungsausschüsse ein. Über jene wurde bereits gesprochen (S. 136 ff.). Bezüglich der letzteren enthält VU. § 52 II einige grundlegende Vorschriften, die noch zu erwähnen sind.

Diese Ausschüsse, deren Tätigkeit mit der „Untersuchung von Tatsachen" näher präzisiert ist, wobei es sich selbstverständlich nur um bestimmte Tatsachen handeln kann — vgl. Beschluß des Staatsgerichtshofes des Deutschen Reichs vom 12. Januar 1922, $\frac{2/1921}{13}$ in einem Württemberger Fall —, müssen vom Landtag auf Antrag eines Fünftels seiner Mitglieder ernannt werden. Es bleibt ihnen überlassen, ob sie die Untersuchungen selbst durchführen oder staatliche und Selbstverwaltungsbehörden damit betrauen wollen. Im letzteren Fall sind die Behörden ihnen zur Folgeleistung verpflichtet. In diesem Sinne hat die Staatsregierung ganz richtig den darauf bezüglichen § 42 (jetzt 46) GO. allgemein bekannt gemacht (Bekanntmachung vom 7. Juli 1920, GVBl. 365; die bereits vor Inkrafttreten der Verfassung ergangene Anweisung vom 30. Mai 1919, GVBl. 280, dagegen, in der aus der neuen Geschäftsordnung des Landtags das Recht der Ernennung von Untersuchungsausschüssen und der Inanspruchnahme der staatlichen und gemeindlichen Behörden mitgeteilt worden war, beruhte auf einer Verwechslung von formellem Gesetz und einfachen Landtagsbeschluß, der durch keine gesetzliche Ermächtigung getragen war. Diese Anweisung konnte daher nur die Verwaltungsbehörden kraft der Dienstgewalt, nicht dagegen Gerichte und Selbstverwaltungsbehörden binden). Auf die Tätigkeit der ersuchten Behörden finden die Vorschriften der Strafprozeßordnung sinngemäße Anwendung.

Das gleiche gilt aber auch für den Fall, daß der Ausschuß die Erhebung selbst durchführt. Seine Mitglieder haben dann beispw. die Stellung von richterlichen Beisitzern, die Personen, die sie vernehmen, jene von Zeugen. Ausdrücklich sind die gesetzlichen Vorschriften zum Schutze des Brief-, Post-, Telegraphen- und Fernsprechgeheimnisses gegenüber dem Ausschuß aufrechterhalten. Alle näheren Bestimmungen über das Verfahren werden auf die GO. des Landtags verwiesen. Diese läßt es aber mit dem Grundsatz bewenden, daß, soweit nicht gesetzliche Vorschriften in Frage kommen, die Ausschüsse selbst über das Verfahren bestimmen. Zum Schlusse sei nur darauf aufmerksam gemacht, daß die Normen der RV. über die Untersuchungsausschüsse des Reichstags im einzelnen ziemlich stark abweichen.

Die Einsetzung von Untersuchungsausschüssen ist ein sehr wichtiges Minderheitsrecht, worüber im folgenden Paragraphen noch zu sprechen ist.

§ 26.

Die Rechte der Minderheiten.

1. Die Rechte des Landtags sind praktisch Rechte der Landtagsmehrheit, die ganze darin zum Ausdruck kommende Machtfülle steht also einer Koalition von Parteien zu, während die Oppositionsparteien daran keinen Teil haben. Die Gefahr einer einseitigen Parteiherrschaft ist daher gegeben, besonders weil die Gegengewichte des alten Staates, der Monarch mit seiner Regierung und die erste Kammer gefallen sind. Damit gewinnt natürlich das Problem, auch der Landtagsminderheit einen Einfluß auf die Leitung der Geschicke des Staates zu gewährleisten, eine erhöhte Bedeutung.

2. Diesem Grundgedanken trägt schon die Verhältniswahl Rechnung. Sie ermöglicht von vornherein eine Zusammensetzung des Vertretungskörpers, in der alle politischen Richtungen nach Maß ihrer Anhängerschaft zur Geltung kommen, sie erschwert auch gleichzeitig die Bildung erdrückender Mehrheiten.

Die Rechtsstellung der Minderheiten ist aber noch weiter durch eine ganze Reihe von besonderen Einrichtungen ausgebaut. Der Landtagsvorstand geht zwar aus Mehrheitswahlen hervor (GO. § 4); aber die Praxis hat dazu geführt, daß auch die Oppositionsparteien Berücksichtigung finden (jetzt GO. § 8 II). Ausdrücklich gesichert ist auch ihre Stellung im Ältestenrat, der ja aus den Vertretern aller Fraktionen besteht, und in den Ausschüssen. Schon die Verfassung ordnet an, daß durch die Geschäftsordnung für eine verhältnismäßige Vertretung der Minderheiten in den Ausschüssen zu sorgen ist (§ 42). Dementsprechend hat GO. § 9 I Bestimmung getroffen. Auf diesem Wege ist auch der Opposition in dem Zwischentagungs- und ständigen Ausschuß, in dem Wahlprüfungsausschuß und in den Untersuchungsausschüssen von vornherein die Teilnahme gesichert.

3. Darüber hinaus können die Minderheiten in gewissem Umfang einen bestimmenden Einfluß auf die Tätigkeit des Landtags nehmen. Zunächst einmal kommt schon ihre negative Einwirkungsmöglichkeit in all den oben S. 171 angeführten Fällen in Betracht, in denen erhöhte Mehrheiten vorgeschrieben sind; solche Erschwerungen sind ja gerade um deswillen vorgesehen, um eine Vergewaltigung stärkerer Minderheiten in den wichtigsten Fragen des politischen Lebens zu verhindern. Dann aber kommen die zahlreichen Bestimmungen der Geschäftsordnung in Betracht, die einer gewissen Anzahl von Abgeordneten bestimmte Befugnisse einräumen; denn dabei handelt es sich durchaus nicht nur um die Gestaltung der Mitgliedschaftsrechte der Einzelnen schlechthin, wie man nach der Bestimmung der BU. § 36: („Jeder Abgeordnete hat nach Maßgabe der Geschäftsordnung das Recht, Anträge zu stellen") annehmen könnte, sondern ebensosehr um die Rechte der Parteien, insbesondere auch der kleineren Fraktionen. Beispiele solcher Vorschriften: Gewöhnliche Anträge, die nicht Gesetzentwürfe zum Gegenstand haben (§ 17 i. V. m. § 15 II), und Geschäftsordnungsanträge (§ 16) können von jedem Einzelmitglied gestellt werden; kurze Fragen stehen 5 Mitgliedern zu (§ 24); 15 Mitglieder können Gesetzesanträge stellen (§ 13 II), die Verhandlung von Eingaben und Beschwerden in der Vollversammlung verlangen (§ 22), Interpellationen einbringen (§ 23), Änderung der Tagesordnung widersprechen (§ 28 III), Anträge auf Erhebung von Verfassungsstreitigkeiten stellen (§ 26 II) — durch das Interpellationsrecht von 15 Abgeordneten wird die Verpflichtung der Minister, dem Landtag Auskunft zu geben (§ 65 IV VU.), in ein Minderheitsrecht verwandelt; 30 Abgeordnete können namentliche Abstimmung erzwingen (GO. § 41 I S. 3) sowie ein Mißtrauensvotum gegen das doch von der Mehrheit gestellte Ministerium beantragen, und auf Grund dieses Antrags muß dann das ganze Verfahren durchgeführt werden (VU. § 55 II); auch die Untersuchungsausschüsse stellen ein Minderheitsrecht dar, da sie auf Antrag von einem Fünftel der Mitglieder, also gegenwärtig von 32 Abgeordneten, eingesetzt werden müssen (VU. § 52 II S. 1) — damit ist der Minderheit die Möglichkeit in die Hand gegeben, unter Beiseiteschiebung der Minister in deren ganze Verwaltungstätigkeit hineinzuleuchten. Schließlich kann eine starke Minderheit von 50 Abgeordneten auch die Ministeranklage wenigstens zur Beratung stellen (VU. § 56 II). Eine gleich starke Opposition kann sogar eine außerordentliche Tagung erzwingen (VU. § 30 I S. 2).

4. Die praktische Bedeutung dieser Vorschriften wäre allerdings in Frage gestellt, wenn die Minderheit auf das loyale Vorgehen der Mehrheit angewiesen wäre und keine Möglichkeit besäße, gegen rechtswidrige Handlungen der Mehrheit eine unparteiliche Instanz, etwa den Staatsgerichtshof, anzurufen. Die bayerische Verfassung sieht eine solche Möglichkeit nicht vor und auch das Durchführungsgesetz vom 11. Juni 1920, GVBl. 323, kennt eine bezügliche Legitimation der Minderheit nicht (vgl. §§ 2 Z. 3 u. 49). Hier greift indessen Art. 19 I RV. ein und eröffnet den Weg zum S t a a t s g e r i c h t s h o f f ü r d a s D e u t s c h e R e i c h (vgl. unten § 55).

5. Schließlich ist zu erwähnen, daß in der Tagung 1922/23 seitens der Mehrheitsparteien — allerdings erfolglose — Versuche gemacht wurden, die Rechte der Minderheiten einzuschränken. Einmal wurde beantragt, durch entsprechende Änderung des § 92 VU. die für Verfassungsänderungen erforderliche Mehrheit von Zweidrittel der gesetzlichen Mitgliederzahl auf Zweidrittel der Anwesenden bei Anwesenheitserfordernis von Zweidrittel der gesetzlichen Mitgliederzahl (wie in RV. Art. 76 I S. 2) — also auf vier Neuntel — herabzudrücken. Dann sollte das Recht der Einfünftel-Minderheit auf Einsetzung von Untersuchungsausschüssen durch Änderung des § 52 II VU. (hier abweichend von RV. Art. 34) auf ein Antragsrecht reduziert werden. Beide Anträge wurden begreiflicherweise von der in ihren Befugnissen bedrohten Minderheit zu Fall gebracht (vgl. Beil. 468 und 3306 sowie Sten. Ber. 969 ff.).

§ 27.

Die Rechtsstellung der Landtagsmitglieder.

Schrifttum: Laband, Staatsrecht §§ 37, 38; Seydel-Piloty § 60; Giese, Grundriß 52 ff.

1. § 35 I **VU.** bestimmt: „Die Mitglieder des Landtags sind Vertreter des gesamten Volkes und an Aufträge der Wähler nicht gebunden. Sie können ihre Rechte nur selbst ausüben."

Aus diesem Satz geht zunächst hervor, daß die Abgeordneten ein eigenes, höchstpersönliches Recht auf ihre Stellung haben. Die Wahl, der sie die Stellung verdanken, erschöpft ihre rechtliche Wirkung also in der Berufung, sie schafft kein dauerndes Rechtsverhältnis zwischen Wählern und Gewählten nach dem Muster eines Auftrages. Insbesondere gibt es auch kein Rückberufungsrecht nach Art der ständischen Verfassung und des recall im bolschewistischen System. Unberührt bleibt natürlich der politische Zusammenhang; wir sahen, daß das neue bayerische Wahlrecht darauf den größten Wert legt. Aber dieser Zusammenhang entbehrt jedes rechtlichen Schutzes. Wenn daher ein Wahlbewerber der Wählerschaft gegenüber die bestimmtesten Verpflichtungen eingegangen ist, und mag das sogar schriftlich geschehen sein, so sind sie durchaus nur moralischer Natur. Rechtlich ist der Abgeordnete daran nicht im mindesten gebunden, ja es steht ihm beispw. sogar ohne weiteres frei, seine Parteizugehörigkeit zu wechseln; er riskiert damit nur politische Anfeindungen, rechtlich bleibt er ungeschoren. Die Wählerschaft kann daher selbst von einer Erklärung, wonach der Abgeordnete auf ihr Verlangen sein Mandat niederlegen werde, nicht den mindesten juristischen Gebrauch machen.

Es hat das seine guten Gründe. Ein Parlament, dessen Angehörige unausgesetzt unter dem Druck der Wählerschaft stünde, wäre zu einer ruhigen sachlichen Arbeit unfähig. Die Tätigkeit in der Volksvertretung bringt es mit sich, daß ganz andere Einblicke in die Bedürfnisse des Staatslebens gewonnen werden, als dies dem Außenstehenden möglich ist. Vor allem zeigt sich, daß eine Richtung fast nie in der Lage ist, ihre Ziele unbekümmert um die anderen Meinungen zu verfolgen. Es müssen fortlaufend Kompromisse geschlossen werden, sonst kommen Mehrheitsbeschlüsse einfach nicht zustande. Wie ungünstig eine allzustarke Rücksicht auf die Stimmungen der Wählerschaften wirkt, zeigt sich häufig gegen Ende der Wahlperiode. Diese Erfahrung hat in Staaten mit entwickeltem Parlamentarismus geradezu zu der Regel geführt, daß die Volksvertretung niemals ihre Funktionsdauer voll erfüllen dürfe, sondern stets ein unvorhergesehenes vorzeitiges Ende nehmen müsse. Dafür, daß die Fäden zur Wählerschaft nicht abreißen oder allzu stark gelockert werden, sorgt schon die Einrichtung der periodischen Neuwahlen. Aber eine gewisse Bewegungsfreiheit und Ruhe ist unerläßlich.

Unbeschadet dieser Feststellungen soll jedoch durchaus nicht behauptet werden, daß die Loslösung des Abgeordneten von seiner Wählerschaft, so wie sie positivrechtlich durchgeführt ist, in jeder Beziehung befriedigen kann. Das erwähnte Recht zu beliebigem Parteiwechsel steht sicherlich mit dem System der Verhältniswahl, in welchem der Gewählte seine Stellung ausschließlich seinen Wählern verdankt, in einem krassen Widerspruch. Dabei handelt es sich übrigens nur um einen Einzelfall aus dem ganzen Fehlerkomplex, der sich aus der Nichtanerkennung der politischen Partei in unserem öffentlichen Recht ergibt.

2. Die Stellung der Abgeordneten ist also nicht die von Vertretern. Dies gilt nicht nur im Verhältnis zu ihren Wählern, sondern auch — entgegen dem angeführten Wortlaut der Verfassung — im Verhältnis zum „gesamten Volk". Denn die vorgesehene Vertreterschaft äußert sich rechtlich in gar keiner Beziehung. Der Satz hat also rein politische Bedeutung, es ist der Repräsentationsgedanke, wie er oben S. 103) erörtert worden ist. Der Abgeordnete ist daher auch nicht Organ, wie das vielfach behauptet wird (z. B. Georg Jellinek, Staatslehre 545, 583). Dies schon um deswillen nicht, weil seine Willenserklärung für sich allein niemals Staatswillen bedeutet. Es wäre ja auch undenkbar, daß der Abgeordnete A, der mit „Nein" stimmt, den Staat in derselben Angelegenheit ebenso vertreten soll, wie sein Kollege B, der mit „Ja" votiert. Erst die Abstimmung des ganzen Kollegiums kann Staatswillen schaffen. Ob man den Einzelnen als Teilorgan bezeichnen will, ist eine rein terminologische Frage.

3. Der Abgeordnete hat demgemäß ein eigens subjektives Recht auf seine Abgeordneteneigenschaft, auf seine Mitgliedschaft am Hause (BU. § 41 I a. A.). RV. Art. 39 I spricht geradezu von der „Ausübung ihres Amtes". Der Ausdruck unterliegt auch sachlich keinem Bedenken. Denn welcher grundsätzliche Unterschied besteht zwischen einem Mitglied der Volksvertretung und einer Selbstverwaltungskörperschaft? Beide sind Träger eines Ehrenamtes.

Die Abgeordnetenstellung genießt auch wie jedes andere subjektive Recht entsprechenden Schutz. Der Natur der Sache nach sind im allgemeinen nicht die normalen Rechtsschutzorgane zur Gewährung dieses Schutzes berufen. Auch dem sonst in öffentlichen Rechtsfragen zuständigen Verwaltungsgerichtshof ist diese Aufgabe nicht anvertraut. Das Nähere wird später besprochen werden (s. unten Z. 10 und 11).

4. Das Recht auf die Mitgliedschaft wird durch die Berufung und ihre Annahme begründet. Die Grundlage für die Berufung bildet die Wahl. Nach Feststellung ihres Ergebnisses haben die Wahlleiter die Gewählten von der Wahl zu verständigen und sie aufzufordern, sich binnen acht Tagen beim Landeswahlleiter über die Annahme der Wahl zu erklären (LWG. Art. 59 I). Eine Prüfung des passiven Wahlrechtes ist dabei nicht vorgesehen; es muß daraus gefolgert werden, daß hiefür nur das Wahlprüfungsorgan, also der Landtag, zuständig ist. Die Annahme muß fristgemäß, vorbehaltslos und ohne Verwahrung erfolgen, sonst wird Ablehnung angenommen (LWG. Art. 59 II). Das durch Berufung und Annahme begründete Recht auf die Landtagsmitgliedschaft ist insofern noch bedingt, als die Wahlprüfung sowohl aus Gründen, die in der Person des Wählers liegen, wie auch wegen Änderung des Wahlergebnisses zu einer Aufhebung führen kann (vgl. oben S. 159).

Im Fall der Erledigung eines Abgeordnetensitzes ist der auf Grund des Wahlergebnisses bestimmte Ersatzmann zur Mitgliedschaft berufen (LWG. Art. 61). Auch hier muß Annahme hinzutreten. Da das Gesetz darüber schweigt, sind die Bestimmungen für die eigentliche Wahl sinngemäß anzuwenden.

5. Die bereits oben (S. 107) erwähnte Erleichterung der Wahlbewerbung für bestimmte Personengruppen bedarf noch näherer Besprechung. RV. Art. 39 II gibt Beamten und Angehörigen der Wehrmacht, die sich um einen Sitz im Landtag bewerben, Anspruch auf den zur Vorbereitung der Wahl erforderlichen Urlaub. BU. § 35 II präzisiert diesen Anspruch in doppelter Beziehung: Einmal muß die Bewerbung „auf Grund eines nach gesetzlicher Vorschrift eingereichten Wahlvorschlags" erfolgen; sonst könnte ja die Ausschreibung einer Wahl zur Inszenierung eines Streikes durch Auftreten aller öffentlichen Organe als Wahlbewerber ausgenützt werden. Dann ist der Urlaubsbeginn mit der Einreichung des Wahlvorschlages zeitlich bestimmt. Andererseits ist auch der Personenkreis klarer umfaßt bzw. erweitert. Es handelt sich danach um Beamte, Angestellte und ständige Arbeiter des Staates, der bürgerlichen Gemeinden — Gegensatz zu religiösen Gemeinden —, und der Gemeindeverbände sowie um Heeresangehörige. Privatangestellte kommen nicht in Frage; auch RV. Art. 160 greift nicht ein, da es sich nicht um „Wahrnehmung staatsbürgerlicher Rechte" oder „Ausübung übertragener öffentlicher Ehrenämter" handelt. Warum die nichtständigen Arbeiter des Staates benachteiligt sind, ist nicht recht einzusehen. Unter „Staat" ist hier sowohl Reich wie Länder zu verstehen.

Hat nun die Bestimmung RV. Art. 39 II neben der ausführlicheren bayerischen Vorschrift noch eine rechtliche Bedeutung? Sie hat es, sofern die Reichsvorschrift auch außerhalb Bayerns gilt. Das ist natürlich von wesentlicher Bedeutung.

6. Die Mitgliedschaft erlischt, abgesehen von dem Fall des Todes, durch

1. Ablauf der Landtagsdauer; Ausnahme für die Mitglieder des ständigen Ausschusses;
2. Auflösung; gleiche Ausnahme;
3. Verzicht. Er ist schriftlich gegenüber dem Landtagspräsidenten zu erklären und ist unwiderruflich. Als Verzicht gilt auch die Annahme eines öffentlichen Dienstes in einem mit Bayern (!) im Kriege befindlichen Staat;
4. Wegfall der Wählbarkeit;
5. rechtskräftige strafgerichtliche Aberkennung der Rechte aus öffentlichen Wahlen;
6. Ungültigkeitserklärung der Wahl oder sonstiges Ausscheiden beim Wahlprüfungsverfahren;
7. nachträgliche Änderung des Wahlergebnisses.

Die Verlustfälle sind in § 41 VU. in Verbindung mit dem unter Verfassungsänderungsmehrheit beschlossenen Art. 45 LWG. geregelt.

Die Wahl zum Reichspräsidenten, die den Verlust der Reichstagsmitgliedschaft bewirkt, hat auf die Landtagszugehörigkeit keinen Einfluß (RV. Art. 44 e contr.).

7. Der rechtliche Inhalt der Landtagsmitgliedschaft entspricht dem Rechtsinhalt sonstiger Ehrenämter. Er umfaßt das Recht zur Ausübung der zugehörigen Funktionen einerseits, das Recht auf gewisse Vergütungen und sonstige materielle Leistungen andererseits.

Unter den Funktionen steht die Teilnahme an den Landtagsverhandlungen im Vordergrund (VU. § 35 II S. 1 a. E.); das Einzelne bestimmt die Geschäftsordnung. Wenn VU. § 36 das Antragsrecht besonders erwähnt, so ist damit nur ein nicht einmal entscheidender Punkt willkürlich herausgegriffen. Wollte man alle hieher gehörigen Befugnisse aufzählen, so müßte man einen Streifzug durch die ganze GO. unternehmen. Das ist um so weniger erforderlich, als das meiste bereits im Zusammenhang der Landtagstätigkeit angeführt wurde. Hervorgehoben soll hier nur werden, daß ein zeitweiser Ausschluß von der Teilnahme an den Landtagsverhandlungen nur bei gröbsten Ordnungsverletzungen vorgesehen ist (oben § 25 Z. 11).

8. Die mit der Ausübung eines Amtes verbundenen Befugnisse sind regelmäßig so aufgefaßt, daß sie an den Normen des gemeinen Rechts ihre Schranke finden. Insbesondere sind die Vorschriften des Strafrechts und des zivilistischen Deliktsrechts im Zweifel auch für die öffentlichen Funktionäre bindend. Sofern daher die Rechtsordnung diese Bindungen nicht will, muß sie dies ausdrücklich erklären. Von dieser Möglichkeit ist nun gegenüber der Tätigkeit der Abgeordneten ausgiebig Gebrauch gemacht worden.

a) Vor allem kommt die sog. materielle oder berufliche Immunität der Landtagsmitglieder in Frage. RV. Art. 36, von dem bereits S. 106 die Rede war, bestimmt: „Kein Mitglied des Reichstags oder eines Landtags darf zu irgend einer Zeit wegen seiner Abstimmung oder wegen der in Ausübung seines Berufs getanen Äußerungen gerichtlich oder dienstlich verfolgt oder sonst außerhalb der Versammlung zur Verantwortung gezogen werden." Strafrechtlich liegt hier ein sog. persönlicher Strafausschließungsgrund vor (Beling, Grundzüge des Strafrechts 6. Aufl. 58, Frank, Kommentar 35). Aber die Reichweite des Rechtssatzes ist noch erheblich größer. Jede Art behördlicher Geltendmachung einer Verantwortlichkeit für das immune Verhalten ist unzulässig, insbesondere auch Zivilurteil, Strafurteil auf Grund von Privatanklage, ehrengerichtliche, polizeiliche Verfolgung usw.; selbst die Ministeranklage scheidet aus, dies aber aus dem besonderen Grunde, weil nur die Abgeordnetentätigkeit durch die Immunität geschützt ist. Im einzelnen ist noch Folgendes zu bemerken: Es fehlt jede zeitliche Schranke, der Schutz überdauert also die Abgeordneteneigenschaft. Ein Verzicht des Abgeordneten ist unzulässig. Verantwortlich gemacht werden kann der Täter ausschließlich durch das Haus selbst nach Maßgabe seiner Geschäftsordnung, nach bayerischem Recht also nur durch den Präsidenten, wenn dieser im Berufungsfall durch die Versammlung gedeckt wird.

Als Zweck der Bestimmung wurde oben (S. 107) die Sicherung der Unabhängigkeit der Landtagsverhandlungen bezeichnet. Dieser Zweck wird gewiß erreicht. Ob aber auf der anderen Seite nicht übers Ziel geschossen wird? Man bedenke: ein Privatmann, der durch einen Abgeordneten böswilligerweise in seiner Ehre, seinem Ruf, seinem Kredit geschädigt worden ist, kann weder eine strafgerichtliche Ahndung noch eine Verurteilung zum Schadensersatz herbeiführen. Ein schwacher Trost ist es nur, daß Verteidigung durch Notwehr (StGB. § 53) oder

Gegenäußerung zur Wahrnehmung berechtigter Interessen (StGB. § 193) zulässig bleibt.

b) Eine weitere Ausnahme vom gemeinen Recht ist die, wie erwähnt, durch RV. Art. 38 I erfolgte Gewährung eines Zeugnisverweigerungsrechts an die Reichs- und Landtagsabgeordneten „über Personen, die ihnen in ihrer Eigenschaft als Abgeordneten Tatsachen anvertrauen, oder denen sie in Ausübung ihres Abgeordnetenberufs solche anvertraut haben, sowie über diese Tatsachen selbst". Folgerichtig ist auch die Aufforderung zur Herausgabe und die Beschlagnahme von Schriftstücken, soweit sie sich auf solche Tatsachen beziehen, gegenüber den Abgeordneten verboten (RV. Art. 38 I S. 2, Anschütz 94).

c) Eine dritte hieher gehörige Bestimmung ist die Befreiung von der Verpflichtung, um einen Urlaub zur Teilnahme an den Landtagsverhandlungen zu bitten (RV. Art. 39 I). Wie im Fall des Urlaubsanspruches zum Zwecke der Wahlbewerbung (oben S. 179) geht VU. § 35 II S. 1 teilweise darüber hinaus, gilt aber soweit nur im bayerischen Landesbereich.

9. In den vorerwähnten Bestimmungen wird wiederholt der Ausdruck „Abgeordnetenberuf" gebraucht, und er kehrt auch an anderen Stellen wieder. Es erhebt sich nun die Frage, ob diese Bezeichnung mit dem Begriff „Amt" eines Abgeordneten zusammenfällt oder eine weitere Tätigkeitssphäre umschließt. Die Antwort ist begreiflicherweise von sehr erheblicher Bedeutung. Denn das Maß von Bewegungsfreiheit oder Rücksichtnahme, das den Mandatsträgern zugebilligt wird, erfährt bei Annahme der weiteren Auslegung eine ganz außerordentliche Ausdehnung. Denkt man nur an die „amtliche" Tätigkeit, so handelt es sich lediglich um das Auftreten in der Vollversammlung, den Ausschüssen, dem Vorstand und dem Ältestenrat. Schon alle Besprechungen in den Wandelgängen, in den Fraktionssitzungen, in den Geschäftszimmern der Behörden sind nicht mehr gedeckt. Dagegen fallen, wenn man die weitere Auslegung annimmt, nicht nur diese Gelegenheiten, sondern auch das ganze Auftreten in der breiten Öffentlichkeit, in Parteisitzungen und Parteiversammlungen, bei Vorträgen, in der Presse, in den Rahmen der privilegierten Tätigkeit. Die Bedenken, die oben in bezug auf die straf- und deliktsrechtliche Immunität geäußert wurden, kehren dann natürlich in verstärktem Maße wieder.

Vielleicht war es gerade dieser Punkt, der für die herrschende Lehre bestimmend war, sich für die einschränkende Auslegung zu entscheiden, obwohl damit der gegen die Gestaltung der Immunität an sich gerichteten Kritik keineswegs Rechnung getragen ist. Als Hauptargument wird allerdings der Mangel eines Rechtsverhältnisses zwischen dem Abgeordneten und seinen Wählern angeführt (Anschütz 91). Jedoch ist dieser Grund wenig stichhaltig. Denn daraus, daß der Abgeordnete nicht verpflichtet ist, seinen Wählern Rede und Antwort zu stehen, kann man doch nicht schlüssig folgern, daß er als Privatperson handelt, wenn er es rechtlich freiwillig dennoch tut. Wer würde beispw. annehmen, daß ein Rechtsanwalt, der freiwillig und unentgeltlich Rechtsauskünfte erteilt, ein Arzt, der in dieser Weise Kranke behandelt, hiebei nicht in Ausübung seines Berufs tätig wird? Wie in den eben angeführten Fällen muß auch sonst als Auslegungsregel gelten, daß die Ausdrücke der Gesetze, wenn sich nicht besondere Anhaltspunkte dagegen ergeben, im Sinne des gewöhnlichen Lebens zu verstehen sind.

Wendet man dieses Rezept in unserem Fall an, so kann ein Zweifel kaum noch bestehen. Wenn beispw. ein Abgeordneter zu seinen Wählern spricht, so wird ein normal denkender Mensch füglich keinen Augenblick annehmen, daß der Redner nicht als Abgeordneter, sondern als Privatperson auftritt. Man kann wirklich nicht anders sagen, es offenbart sich in der gegenteiligen Lehre einfach eine engherzige Voreingenommenheit gegen die Lebensbedingungen der parlamentarisch-politischen Tätigkeit; denn es bedeutet eine vollkommene Verkennung dieser Bedingungen, wenn die „berufsmäßige" Tätigkeit der Abgeordneten auf sein Reden oder Schweigen im Hause eingeschränkt wird.

War diese Auffassung schon früher verfehlt, so ist sie jetzt einfach unhaltbar geworden. In der parlamentarischen Republik ist die Politisierung des Staatsvolkes eine grundlegende Erscheinung, der fortdauernde Zusammenhang zwischen Wählern und Gewählten, anders ausgedrückt, Parteiangehörigen und Parteiführern, gehört, wie oben (S. 72 ff.) angedeutet, zu den Wesenszügen des ganzen lebendigen Organismus.

Daraus sind übrigens auch schon positive verfassungsrechtliche Folgerungen gezogen worden, die jeden Zweifel ausschließen. Wenn RV. Art. 38 I den Mitgliedern des Reichstags und der Landtage ein Zeugnisverweigerungsrecht einräumt „über Personen, die ihnen in ihrer Eigenschaft als Abgeordneten Tatsachen anvertrauen, oder denen sie in Ausübung ihres Abgeordnetenberufes solche anvertraut haben", so ist es doch sonnenklar, daß der in Frage stehende Gedankenaustausch nicht in Ausübung einer Funktion im

Hause erfolgt sein kann, sondern im Privatgespräch erfolgt sein muß. Man könnte geradezu von einer authentischen Interpretation des Begriffs „Abgeordnetenberuf" sprechen. (Die angesichts der reichsrechtlichen Vorschrift übrigens nicht mehr in Betracht kommende bayerische Bestimmung — VU. § 37 II — spricht nur davon, daß ein Abgeordneter „in dieser Eigenschaft" gehandelt hat, besagt aber damit dasselbe). Schließlich kann auch darauf verwiesen werden, daß die Einräumung des Anspruchs auf freie Benützung der staatlichen Verkehrsmittel an die Landtagsmitglieder für die ganze Dauer der Legislaturperiode (VU. § 40; vgl. auch RV. Art. 40) jeder Berechtigung entbehren würde, wenn die Tätigkeit außerhalb des Hauses nicht als Zubehör des Berufes zu erachten wäre.

Was nun im besonderen die Bedenken gegen die sachliche Immunität in diesem erweiterten Anwendungsgebiet anlangt, so ist zu beachten, daß nicht jede Äußerung, die ein Abgeordneter bei seiner politischen Tätigkeit fallen läßt, unbedingt „in Ausübung seines Berufes" getan ist. Sie kann nach Lage des Falles auch nur gelegentlich der Berufsausübung erfolgt sein (so offenbar auch Piloty 110 f.). Ob diese Unterscheidung nicht vielleicht auch gegenüber den Reden im Parlament angebracht wäre?

10. Das Recht des Abgeordneten auf Ausübung seiner Funktionen muß sich, wie bereits oben (S. 178) angedeutet, als Recht offenbaren durch den besonderen Schutz, den es genießt. Von dem strafrechtlichen Schutz gegen Hinderung der Abgeordneten, sich an den Ort des Landtags zu begeben oder zu stimmen, war bereits (S. 106) die Rede. Weiter gehören in diesen Zusammenhang Bestimmungen, die den öffentlichen Behörden gewisse Maßnahmen gegenüber den Abgeordneten untersagen, weil sie dadurch der Ausübung ihrer Funktionen entzogen werden. Man kann hier nicht eigentlich von Rechten oder einem Rechtsschutz der Landtagsmitglieder sprechen, weil diese Verbote zur Disposition des Landtags gestellt sind, also durch dessen Beschluß auch gegen ihren Willen aufgehoben werden können. Es handelt sich um die oben (S. 107) erwähnte Beschränkung der Einvernahme als Zeuge und Sachverständiger einerseits, um die sog. strafprozessuale Immunität andererseits. Beiden Rechtsinstituten ist übrigens noch weiter gemeinsam, daß ihre Wirksamkeit auf die Zeit der Tagung eingeschränkt ist.

Zu dem Verbot, Mitglieder des Landtags während der Tagung, solange sie sich am Ort der Versammlung aufhalten, ohne Genehmigung des Hauses an einem andern Ort als Zeuge oder Sachverständige zu vernehmen (VU. § 39 III), ist hier zu bemerken, daß diese Bestimmung für alle bayerischen Behörden ohne Unterschied der Kategorie gilt, während für die außerbayerischen Behörden nur die besonderen rechsrechtlichen Vorschriften (StPO. §§ 49, 72, ZPO. §§ 382, 402) in Betracht kommen. VU. § 39 IV dehnt das Verbot ausdrücklich auf Mitglieder des Zwischentagungsausschusses, sowie alle sonstigen zwischen zwei Sessionen versammelten Ausschüsse, dagegen merkwürdigerweise nicht auch auf den ständigen Ausschuß aus (vgl. Piloty 112 f.). In diesen Fällen ist die Erteilung der Genehmigung Sache des betreffenden Ausschusses.

Die prozessuale Immunität der Landtagsabgeordneten erstreckt sich zufolge ihrer Regelung durch die RV. (Art. 37) auf das ganze Reichsgebiet. Sie besteht darin, daß auf die Dauer der Sitzungsperiode jede Strafverfolgung, Verhaftung oder andere Beschränkung der persönlichen Freiheit, sofern die letztere die Ausübung des Abgeordnetenberufes beeinträchtigt, grundsätzlich ausgeschlossen ist. Damit ist beispw. auch die Zustellung eine Privatanklage, ferner Strafvollstreckungshaft, Zeugniszwangshaft, Schutzhaft, zwangsweise Vorführung, Aufenthaltsbeschränkung getroffen. (Die nicht mehr geltende Vorschrift VU. § 39 I umfaßte nur die Fälle der Verhaftung und Strafverfolgung). Die Berufsausübung ist wieder in dem oben (S. 182 ff.) festgestellten weiten Umfang zu verstehen; wann eine Beeinträchtigung derselben in Frage kommt, ist quaestio facti. Hervorzuheben ist, daß der Grund der beabsichtigten Zwangsmaßnahmen vollkommen gleichgültig ist, es muß nicht der geringste Zusammenhang mit der Abgeordnetentätigkeit bestehen; es kann sich also z. B. um die Verfolgung schwerster gemeiner Verbrechen handeln; man spricht daher auch von einer „außerberuflichen" Immunität. Eine Ausnahme von der Immunität ist nur für den Fall vorgesehen, daß eine Festnahme bei Ausübung einer (strafbaren) Tat oder spätestens im Laufe des folgenden Tages stattfindet.

Aber auch, wenn eine der angeführten Zwangsmaßnahmen zulässigerweise außerhalb der Tagung erfolgt ist, kann der Landtag ihre Aufhebung für die Dauer der Tagung verlangen (RV. Art. 37 III); dadurch kann beispw. selbst die Unterbrechung einer Strafvollstreckungshaft erzwungen werden.

Auch diese Bestimmungen sind für Bayern auf die Mitglieder aller Ausschüsse, die in der Zeit zwischen zwei Tagungen des Landtags versammelt sind, ausgedehnt (§ 39 IV).

11. In den bisher behandelten Normen handelt es sich nicht um den eigentlichen Schutz des subjektiven Rechts der Landtagsmitgliedschaft, sondern um die Abwehr von Störungen oder Gefährdungen seiner Ausübung. Nach der üblichen Auffassung würde man also von Reflex objektiven Rechts zu sprechen haben. Es fehlt nun aber auch nicht an unmittelbaren Rechtsschutzmitteln. Was zunächst die Begründung der Abgeordnetenstellung anbetrifft, so kann ein nicht als gewählt Erklärter, der Anspruch auf einen Sitz erhebt, die Wahl beanstanden und dadurch eine amtliche Prüfung durch den dafür zuständigen Landtag herbeiführen (LWG. Art. 62, 63).

Sofern ein Abgeordneter sich durch die Handhabung der Geschäftsordnung beschwert fühlt, insbesondere auch, wenn ihm durch Wortentziehung, Ordnungsruf oder Ausschluß von der Sitzung die Ausübung seines Rechtes auf freies Wort geschmälert wird, steht ihm die Berufung an das Haus offen, das dann endgültig entscheidet (GO. § 31 III). Wenn endlich ein Eingriff einer Behörde in die Abgeordnetenrechte unter Verletzung der Verfassung erfolgt ist, und beim Ministerium vergeblich um Abhilfe nachgesucht wurde, steht der Weg der Verfassungsbeschwerde beim Staatsgerichtshof offen (VU. § 93 I). Dieser letztere Rechtsbehelf stellt den Landtagsmitgliedern ein allgemeines Schutzmittel für ihre Rechte zur Verfügung.

12. Die Rechte der Landtagsmitglieder auf materielle Leistungen umfassen einmal den Anspruch auf freie Benützung der staatlichen Verkehrsmittel auf die ganze Landtagsdauer und dann auf Entschädigung (VU. § 40). Zur Sicherung des ersteren Anspruchs ist im Schlußprotokoll zum Staatsvertrag wegen Übergangs der einzelstaatlichen Eisenbahnen auf das Reich zu § 21 unter Z. 1 bedungen worden, daß das Reich den Mitgliedern der gesetzgebenden Körperschaften der Länder in dem bisherigen Umfang Freifahrt gewährt (GVBl. S. 186 von 1920).

Über die Entschädigung der Abgeordneten war zunächst auf Grund einer Ermächtigung des Landtags durch den Geschäftsordnungsausschuß das Gesetz vom 22. März 1919, GVBl. 97, erlassen worden. Nach der damaligen Rechtslage wird gegen die Zulässigkeit einer derartigen Delegation des Gesetzgebungsrechtes kein Einwand erhoben werden können; heute wäre ein ähnlicher Vorgang rechtlich unmöglich. Nunmehr gilt das Gesetz vom 16. September 1920, GVBl. 427, mit Abänderungen durch Gesetz vom 17. Februar 1921, GVBl. 26, vom 10. Dezember 1921, GVBl. 587, vom 10. Juni 1922, GVBl. 339, vom 7. Dezember 1922, GVBl. 655.

Der Abgeordnete erhält während der Tagung des Landtags eine monatlich im vorhinein fällige Aufwandentschädigung samt Teuerungszulage; letztere entfällt für die Dauer der Verbüßung von Freiheitsstrafen. Außerdem gebührt den Mitgliedern der Ausschüsse, des Vorstandes und des Ältestenrates für jede Sitzung und jeden Reisetag ein Taggeld. Das Taggeld entfällt für die Tage der Vollsitzungen. Der Präsident bekommt zudem eine weitere besondere Entschädigung (Art. 1).

Von diesen Vergütungen wird für jede unentschuldigte Versäumnis einer Vollsitzung sowie für die Dauer der Verbüßung von Freiheitsstrafen ein Betrag für den Tag abgezogen. Als Entschuldigung gelten Krankheit, höhere Gewalt, Geschäfte im Auftrag des Landtags unter der Voraussetzung rechtzeitiger Meldung, ferner Teilnahme an einer anderen Voll- oder Ausschußsitzung am gleichen Tage (Art. 2).

Sind die Landtagsabgeordneten zugleich Mitglieder des Reichstags, so entfällt die Aufwandsentschädigung aus der bayerischen Staatskasse für die Zeit der Zahlung der Reichsentschädigung (Art. 3). Für den bisher nicht vorgekommenen, aber möglichen Fall der Mitgliedschaft zu mehreren Landtagen ist nichts vorgekehrt.

Maßgebend für die Feststellung der Abzüge sind die Erklärungen der Abgeordneten, den also voller Glaube geschenkt wird (Art. 4).

Verzicht auf die Aufwandentschädigung — offenbar auch auf die Tagegelder — ist unzulässig. Der Anspruch darauf ist nicht übertragbar. Im Todesfalle kann der hinterbliebene Ehegatte ohne Nachweis des Erbrechts die Auszahlung der bereits angefallenen Bezüge verlangen (Art. 6). Die näheren Bestimmungen über den Vollzug sind gemäß Art. 7 des Gesetzes in der GO. (§ 47 und Anlage) getroffen. Hervorzuheben ist, daß während einer Urlaubsbewilligung ein Abzug nur insofern erfolgt, als er auch ohne Urlaub Platz greifen würde, und daß über Streitfragen durch den Vorstand möglichst unter Mitwirkung eines kleinen Ausschusses endgültig entschieden wird.

Der Grundgedanke für die Gewährung der Aufwandsentschädigung besteht darin, daß auch Vermögenslose in der Lage sein sollen, eine Tätigkeit als Abgeordneter auszuüben, ohne die Kasse ihrer Partei in Anspruch nehmen zu müssen. In Betracht kommt weiter der Gesichtspunkt, daß die staatliche Entschädigung die sklavische Abhängigkeit von der Partei mindert (vgl. Michels, Zur Soziologie des Parteiwesens in der modernen Demokratie 1911 S. 112). Es handelt sich also um ein demokratisches Prinzip, das sich in Deutschland allerdings nur langsam hat durchringen können.

13. Öffentlichen Amtsrechten stehen regelmäßig auch Amtspflichten zur Seite. Dies gilt auch für die Funktionen der Abgeordneten Immerhin überwiegen in ihrer rechtlichen Stellung die Befugnisse und Ansprüche, ebenso wie ja auch bei dem Landtag als Ganzem die Seite der Rechte gegenüber den Pflichten im Vordergrund steht (S. 101). Solche Pflichten ergeben sich vor allem aus der Geschäftsordnung. Hervorzuheben ist die Pflicht zur Wahrung der Ordnung, gegen deren Verletzung allerdings nur durch das Mittel des Tadels in Form eines Ordnungsrufes und durch Ausschluß von den Sitzungen reagiert wird. Ferner kann man von einer Präsenzpflicht des Abgeordneten sprechen, insofern er zur Entschuldigung seines Fernbleibens von Vollversammlungen verbunden ist. Aus diesem Grunde bedarf es auch regelmäßig für den Fall freiwilliger Abwesenheit förmlicher Urlaubserteilung durch den Präsidenten (GO. § 47). Nichteinhaltung dieser Verpflichtung führt allerdings nur zu materiellen Nachteilen durch Abzüge von der Aufwandsentschädigung. Eine Pflicht zur aktiven Teilnahme an den Landtagsarbeiten kann nicht angenommen werden, insbesondere besteht auch eine Verbindlichkeit zur Abstimmung nicht. Der Gefahr des Mißbrauchs der Abgeordnetenstellung ist durch besondere Rechtsnormen nicht vorgebaut; es kommen nur die allgemeinen Strafrechtssätze in Frage. Dagegen kennt das bayerische Recht die sachlich außerordentlich zweckmäßige Einrichtung einer der Ministeranklage nachgebildeten Klage vor dem Staatsgerichtshof gegen Abgeordnete wegen Bestechlichkeit oder Verletzung der Schweigepflicht über in geheimer Sitzung mitgeteilten Tatsachen nicht, wie sie beispw. in der Verfassung von Mecklenburg-Schwerin § 39 und Anhalt § 23 vorgesehen ist.

Dritter Abschnitt.

C. Das Ministerium.

§ 28.

Die allgemeine Rechtsstellung des Ministeriums.

Schrifttum: Rothenbücher, Ministerium bes. 56 ff.

1. „Das Gesamtministerium ist die oberste vollziehende und leitende Behörde des Staates" (§ 4 S. 1). „Dem Gesamtministerium obliegt die Leitung der gesamten Staatsverwaltung" (§ 57 I). So steht dem Träger der gesetzgebenden Gewalt, dem Landtag, ein Träger der vollziehenden Gewalt, das Gesamtministerium, gegenüber.

Daß dieses Gesamtministerium ebensowenig ein Rechtssubjekt ist, wie der Landtag, bedarf keines Beweises mehr. Wir wissen, es handelt sich um ein Staatsorgan, dessen Tätigkeit auf den Staat zurückbezogen wird (vgl. S. 99). Es besteht auch insofern Gleichheit mit dem Landtag, als eine Mehrheit von Personen, ein Kollegium, gegeben ist, dessen Zusammensetzung immer wieder einem Gesamtwechsel unterliegt, nur daß die Zeitabschnitte nicht satzungsgemäß festgelegt sind. Und wie man den Ausdruck Landtag nicht nur für die Institution als solche, sondern auch für die einzelnen Landtagsversammlungen verwendet, so daß es in diesem Sinne eine Vielzahl von Landtagen gibt (S. 100), ebenso spricht man von Gesamtministerium als der konkreten Vereinigung von Männern an der Spitze der Staatsverwaltung und stellt das eine Ministerium dem andern gegenüber; vgl. ausdrücklich das Recht des Landtags, „das Gesamtministerium zur Verantwortung zu ziehen" (§ 53 S. 1 und ähnlich § 59 II S. 1), die Kundgabe des Mißtrauens gegenüber dem Gesamtministerium (§ 55 I), die Weiterführung der Geschäfte bis zur Bildung eines neuen Ministeriums (§ 66 I) usw.

2. Besteht in den angeführten Punkten eine weitgehende Parallele zwischen Ministerium und Landtag, so zeigt sich andererseits ein tiefgreifender Unterschied in bezug auf die Selbständigkeit ihrer beiderseitigen Stellung. Das Ministerium ist, wie wir bereits eingehend kennen gelernt haben (vgl. S. 80, 123 ff.), in vielfacher Beziehung vom Landtag abhängig, während ein gleichartiges Verhältnis zwischen Landtag und Staatsbürgerschaft nicht annähernd in Frage kommt. Allerdings liegt der Sachverhalt nicht etwa so, daß die Zuständigkeiten und Befugnisse des Ministeriums jeweils durch den Landtag bestimmt würden; sie sind vielmehr von vornherein in der Verfassung ausgemessen und könnten nur mit dieser geändert werden. Aber der Landtag ist dafür maßgebend, welche Männer dazu berufen sind, die festgelegten Zuständigkeiten auszuüben, indem er sowohl die Wahl wie die Abberufung in der Hand hat, und er kann auf diese Weise auch auf die Art ihrer Geschäftsführung bestimmend Einfluß nehmen.

Von einer eigentlichen rechtlichen Unterordnung kann immerhin nicht gesprochen werden, es handelt sich vielmehr um eine politische Abhängigkeit. Nirgends ist vorgesehen, daß der Landtag dem Ministerium einzelne rechtlich bindende Weisungen, also Befehle erteilen kann. Denn Gesetzesbeschlüsse können normalerweise nicht unter diesem Gesichtspunkt in Frage kommen, da sie doch nur unter ganz besonderen Verhältnissen konkrete Einzelakte zum Gegenstand haben. Und selbst wenn dies der Fall ist, liegt der Grund der rechtlichen Verbindlichkeit nicht an dem Willen des Landtags an sich, sondern an der Natur des Gesetzes, für dessen Zustandekommen übrigens noch weitere Faktoren in Frage stehen. Andere Beschlüsse des Landtags aber haben nach außen keine rechtlich bindende Wirkung, soweit sie diese nicht etwa einer gesetzlichen Verweisung entnehmen. (Vgl. z. B. § 47 III S. 2, unten § 56, § 47 I unten § 57). Daran ändert auch der Wortlaut des § 57 nichts, wonach dem Gesamtministerium u. a. auch „der Vollzug aller .... Beschlüsse des Landtags" obliegt, da dadurch keine neue Unterordnung begründet, sondern nur zum Ausdruck gebracht werden soll, daß der Landtag nur für die Beschlußfassung, dagegen nicht für die Ausführung der ihm zufallenden Beschlüsse zuständig ist (vgl. auch Piloty 132[3]; Rothenbücher 5 f.). Die GO. und die landtägliche Praxis sind sich dieser Rechtslage allerdings nicht immer bewußt. So ist die tatsächlich gegebene Abhängigkeit nur eine mittelbare Folge der mannigfachen Befugnisse des Landtags, durch deren Gebrauch er es in der Hand hat, den Männern der Regierung das amtliche Leben sauer zu machen oder abzukürzen. Dabei ist es noch wesentlich, daß immer nur die jeweiligen Amtsträger, nicht die Institution als solche betroffen wird. Wenn daher beispw. aus der ganzen Haltung des Landtags eine gewisse Willensrichtung hervorgeht, so liegt die Sache auch rein politisch betrachtet, durchaus nicht etwa von vornherein so, daß eine neugebildete Regierung sich daraus eine Richtschnur machen müßte. Vielleicht wird ihr ja ein ganz anderes Maß von Vertrauen geschenkt als ihrer Vorgängerin.

Es zeigt sich hier deutlich die Notwendigkeit, die doppelte Verwendung des Ausdrucks Regierung oder Gesamtministerium stets im Auge zu behalten, um Gedankenvermischungen zu vermeiden. Wie unendlich nahe sie in diesem Falle liegen, zeigt schon der oben teilweise angeführte § 4 VU. in seinem ganzen Text: „Das Gesamtministerium ist die oberste vollziehende und leitende Behörde des Staates. Es wird von dem Landtag bestellt und ist diesem verantwortlich." Im ersten Satz ist hier die Institution, im zweiten das jeweilige Kollegium gemeint.

3. In dieser losen vorwiegend politisch betonten Gestaltung des Verhältnisses der einzelnen Regierung im Gegensatz zu der straffen Umgrenzung der rechtlichen Stellung des Ministeriums als verfassungsmäßiger Einrichtung tritt ein weiterer bedeutsamer Unterschied gegenüber der Behandlung des Landtags zutage. Denn dieser ist nicht nur in seiner Eigenschaft als dauerndes Organ, sondern auch als zeitlich abgegrenzte Versammlung Gegenstand einer scharf umrissenen rechtlichen Regelung, wie sich besonders aus den genauen Vorschriften über die Tagung und die Wahlperiode mit ihren juristischen Folgeerscheinungen ergibt. Demgegenüber bestehen beispw. keinerlei Rechtssätze über die Diskontinuität der einzelnen Kabinette; die Vorlagen, die das abgetretene Ministerium beim Landtag eingebracht hat, werden an sich einfach weiterverhandelt, wenn sie nicht durch einen ausdrücklichen Akt zurückgezogen werden, die Interpellationen gelten ohne weiteres als an die neue Regierung gerichtet, das Budget ist ihr bewilligt usw. Auch darüber besteht keinerlei Verfassungsvorschrift, daß nach einer Neuwahl das alte Ministerium von selbst zurücktreten müßte, um der neuen Landtagsversammlung freie Hand für die Bildung einer Regierung nach ihrer Wahl zu geben. Es ist einfach der Gestaltung der politischen Verhältnisse überlassen, ob sich jetzt eine Änderung vollziehen muß oder nicht.

4. Aus dem Vorausgegangenen erhellt, daß das Ministerium ein ganz eigenartiges Gebilde darstellt, in dem sich rechtliche und politische Gesichtspunkte mannigfach kreuzen, so daß man zu einem richtigen Verständnis nur durch Berücksichtigung beider Betrachtungsweisen gelangen kann. Entstanden ist die Einrichtung in der Zeit des Übergangs von der absoluten zur beschränkten Monarchie, als es sich um die Lösung des Problems handelte, eine Verbindung zwischen dem für seine Person unverantwortlichen Haupt der vollziehenden Gewalt und der zur Überwachung der vollziehenden Gewalt berufenen Volksvertretung zu schaffen. Die Lösung wurde durch die Zwischenschaltung eines Faktors gefunden, der einerseits von dem Chef der Exekutive zu seiner Unterstützung bestellt, andererseits der Legislative verantwortlich gemacht wurde. So ergab sich von vornherein eine gewisse absichtliche Zwitterhaftigkeit der Stellung, die auch in der Formulierung der maßgebenden Rechtssätze zum Ausdruck kommen mußte.

Zunächst wurde der Minister einerseits in die Kategorie der Staatsdiener eingereiht und als solcher der Befehlsgewalt des obersten Dienstherrn unterstellt. Andererseits aber wurde er dazu berufen, die empfangenen Befehle gegenzuzeichnen und so für ihre Rechts- und Verfassungsmäßigkeit einzustehen, so daß ihm das Recht der Prüfung und bei negativem Ausfall derselben das Recht der Ablehnung des Vollzugs eingeräumt werden mußte. Damit war aber seine rechtliche Unterordnung unter den Monarchen im wesentlichen negiert; denn die Gegenzeichnung setzt Zustimmung voraus und Zustimmung bedeutet Gleichberechtigung. Politisch jedoch blieb seine Abhängigkeit insofern bestehen, als der Monarch den Minister selbst zu wählen und abzusetzen hatte.

Ähnliche Diskrepanzen ergaben sich aber auch nach der Seite der Volksvertretung hin. Grundsätzlich wurde der Minister dieser gegenüber als verantwortlich erklärt. Die Verantwortlichkeit aber gewann in den meisten Staaten Rechtsform nur durch die Einrichtung der Ministeranklage wegen Rechts- oder Verfassungsverletzungen, in manchen Staaten auch wegen Gefährdung des Staatswohls, mittels deren das Parlament in die Lage versetzt wurde, gegebenenfalls die Absetzung eines Ministers herbeizuführen. Dagegen bestand eine eigentliche rechtliche Unterordnung gegenüber der Volksvertretung nicht, Befehle hatte der Minister von ihr nicht zu empfangen. Wohl aber ergab sich eine tatsächliche, politische Einflußmöglichkeit der Legislative auf die Exekutive aus ihrem Budgetrecht einerseits und aus dem Erfordernis gesetzlicher Grundlage für die Tätigkeit der Verwaltung auf den wichtigsten Gebieten des wirtschaftlichen und gesellschaftlichen Lebens andererseits.

Um das Bild zu vervollständigen, ist noch zu erwähnen, daß der Minister nicht nur zwischen den Monarchen und die Volksvertretung, sondern auch zwischen den Monarchen und die Verwaltung eingeschaltet wurde. Der ganze Behördenapparat erhielt eine Gliederung in nebeneinanderstehende Dienstzweige, deren jeder in seiner obersten Spitze einem Minister unterstellt wurde, so daß der Monarch nur über die Minister mit den Staatsbehörden in Kontakt treten konnte (das sog. Ministerialsystem in der Verwaltung).

Für die Rechtsstellung der Minister war also Kontrasignatur der Akte des Monarchen und Überordnung über den Verwaltungsapparat mit Verantwortlichkeit für beides wesentlich. Eine weitere Spezialisierung ergab sich dann, je nachdem das bisher geschilderte System des freien Ernennungs- und Entlassungsrechts des Monarchen beibehalten wurde, sog. konstitutionelles System, oder die politische Abhängigkeit von der Krone im wesentlichen aufgehoben und durch die Ausgestaltung der Abhängigkeit von der Volksvertretung ersetzt wurde. Dies geschah im sog. parlamentarischen System durch die Bindung des Monarchen an den Willen des Parlaments in bezug auf Berufung und Enthebung der Minister. Dadurch war dann das tatsächliche Schwergewicht der politischen Abhängigkeit des Ministers ganz nach der Seite der Volksvertretung verschoben worden.

5. Für die Stellung der Minister in der Republik ist zunächst entscheidend, ob das Präsidentschafts- oder das Direktorialsystem gewählt ist. Die Präsidentschaftsrepublik kann genau so gestaltet sein wie die parlamentarische Monarchie; dann tritt einfach an die Stelle der erblichen Krone der gewählte Präsident, der formal als Chef der Vollziehung figuriert, aber infolge der Gegenzeichnung durch die von der Parlamentsmehrheit abhängigen Minister und infolge der Überordnung derselben über den Verwaltungsapparat praktisch ausgeschaltet ist — Hauptbeispiel: Frankreich. Eine andere Form der Präsidentschaftsrepublik, in der nach dem Grundsatz der Teilung der Gewalten der Präsident wirklich die oberste Leitung der Vollziehung besitzt und dabei der Volksvertretung unabhängig gegenübersteht, hat eine einzig dastehende Verwirklichung in der Nordamerikanischen Union gefunden. In der Direktorialrepublik liegt die Leitung des Staates in der Hand eines Kollegiums, das dann zugleich die Funktionen der Minister führt. Hier kommt von den beiden charakteristischen Merkmalen der Ministerstellung die Gegenzeichnung in Wegfall, es bleibt nur die Überordnung über den Verwaltungsapparat mit der Verantwortlichkeit für diesen.

Da, wie bereits erörtert wurde (S. 77), in Deutschland im Reich ein Präsident an die Spitze gestellt wurde, während sich die Länder mit einem Ministerium begnügt haben, so weist das erstere den Charakter der Präsidentschaftsrepublik, die letzteren die Natur von Direktorialrepubliken auf. Äußerlich liegt bei den Ländern die Sache umgekehrt wie bei dem gewöhnlichen Typus der Direktorialrepublik, indem nicht das Direktorium zugleich als Ministerium, sondern das letztere zugleich als Direktorium fungiert. In der Sache ist darin aber kein Unterschied zu finden.

Vergleicht man nun die ministerielle Direktorialrepublik mit der parlamentarischen Monarchie, so besteht Übereinstimmung zwischen beiden Typen in bezug auf die rechtliche Verantwortlichkeit der Minister gegenüber der Volksvertretung für den Verwaltungsapparat und in bezug auf ihre politische Abhängigkeit von dieser. Dagegen unterscheiden sich beide dadurch, daß die Tätigkeit der Ernennung und Entlassung der Minister an Stelle des im Sinne des Parlaments handelnden Monarchen der Volksvertretung selbst zufällt, während die übrigen Akte der Krone grundsätzlich auf die Minister übergehen. Aus diesem eigenartigen Zusammenfließen heterogener Befugnisse in der Hand des Ministeriums verbunden mit der Nachfolge in die Zwitterhaftigkeit der Rechtslage der vollziehenden Gewalt gegenüber der Volksvertretung ergibt sich jene unscharfe schillernde Stellung des Ministeriums, die oben (S. 191 f.) festgestellt werden mußte.

6. Die positivrechtliche Ordnung der Verantwortlichkeit des Ministeriums in Bayern wurde bereits früher (S. 124 ff.) vorwiegend nach ihrer formalen Seite betrachtet. Erst nach den vorausgegangenen Erörterungen ist es möglich, sie nach ihrem Gegenstand näher ins Auge zu fassen. Es empfiehlt sich jedoch zur Vermeidung einer allzuweit gehenden Zersplitterung des Stoffes diese Darstellung mit derjenigen der Verantwortlichkeit der Einzelminister zu verbinden und daher zu verschieben (vgl. unten § 32 Z. 6).

7. Wenn man die oben für die Art der Organeigenschaft des Landtags aufgeworfenen Fragen nunmehr auch für das Ministerium stellt, so ist zunächst zu bemerken, daß es sich um ein normvollziehendes Organ handelt. Diese Klassifizierung trifft vom juristischen Standpunkt aus auch für die freieste Tätigkeit der Regierung zu, denn sie steht rechtlich unter dem Gebot der bestmöglichen Erfüllung der vorgezeichneten Staatszwecke, sie vollzieht also zum mindesten diese Norm selbst. Über diese Frage, die ja mit dem Problem des freien Ermessens zusammenhängt, wird übrigens noch später zu reden sein (vgl. unten § 41 Z. 8).

Die Eigenschaft als selbständiges oder unselbständiges Organ läßt sich dem Gesamtministerium ebensowenig ein für allemal zuerkennen wie dem Landtag. In der Vollziehung handelt das Ministerium in der Regel als selbständiges Organ, dies gilt auch von seiner Verordnungszuständigkeit, abgesehen von den Organisatorischen Verordnungen nach § 46 VU.; bei der Ausfertigung der Gesetze dagegen ist die Regierung mit dem Landtagspräsidenten verkoppelt, also unselbständig.

Die Frage der Abhängigkeit wurde bereits im Verhältnis zum Landtag besprochen (§ 28 Z. 2). Wir fanden, daß die zweifellos gegebene Abhängigkeit vom Landtag wesentlich auf politischem Gebiet gelegen ist. Ein weiteres einschlägiges Problem ist die Abhängigkeit der Landsregierung von der Reichsregierung. Dieses muß wegen seiner besonderen Natur und Wichtigkeit für sich besprochen werden (s. unten Pkt. 8).

Wie steht es mit der primären oder sekundären Natur des Ministeriums? Zunächst scheint die letztere auf der Hand zu liegen, da ja das Ministerium vom Landtag bestellt wird. Aber es muß hier wieder auf die Unterscheidung zwischen der Institution und ihrer Besetzung im Einzelfall hingewiesen werden. Mit den Zuständigkeiten der Einrichtung an sich steht es im Grunde genau so, wie mit den Befugnissen des Landtags, sie beruhen unmittelbar auf der Verfassung, der Landtag ist gar nicht berechtigt, ohne Änderung der Verfassung davon etwas zu nehmen; und Verfassungsänderungen sind nicht nur Sache des Landtags. Denkt man dagegen an die einzelnen Träger der ministeriellen Stellung, so kann man immerhin sekundären Charakter annehmen. Ähnlich steht es mit der Repräsentation des Staates durch die Regierung. Dort, wo diese auf Verfassungsbestimmungen beruht (§§ 57 I, 61 Z. 3), hat es keine Bedenken, den Ausdruck zu verwenden, ohne daß damit aber eine wesentliche Einsicht in die Sache gewonnen wäre.

Daß das Gesamtministerium endlich ein kollegial zusammengesetztes Organ darstellt, bedarf keiner grundsätzlichen Ausführung mehr. Die Einzelheiten erheischen noch nähere Darstellung (vgl. unten § 31 Z. 8 und 9).

8. Nun noch die Stellung der Landesregierung zur Reichsregierung. Vorweg ist die gelegentlich vorgetragene Behauptung, daß die Landesregierung für die Übereinstimmung ihrer Geschäftsführung mit den Richtlinien der Reichspolitik verantwortlich sei (Piloty 140), abzulehnen; es sei denn, daß von der nicht ausgesprochenen Voraussetzung ausgegangen wird, die Landtagsmehrheit habe die von ihr gestellte Regierung in diesem Sinne festgelegt. Das Verhältnis beider Teile wird überhaupt nicht in der Landesverfassung, sondern in der Reichsverfassung geregelt.

Maßgebend ist Art. 15 RV., der von der Reichsaufsicht handelt (vgl. hierüber Triepel, Die Reichsaufsicht 1917). Eine eingehende Erörterung ist im Rahmen einer Darstellung des Landesrechts nicht möglich, nur die obersten Gesichtspunkte haben hier Platz.

Der Reichsregierung steht das Recht der Aufsicht über die Länder in demselben Umfang zu, in welchem die Zuständigkeit des Reichs zur Gesetzgebung gegeben ist, mag es sich nun um ausschließliche, konkurrierende, Bedarfs- oder Grundgesetzgebung (RV. Art. 6—11) handeln. Soweit das Reich von seiner legislativen Befugnis noch keinen Gebrauch gemacht hat — nach Triepel sog. selbständige Aufsicht —, erstreckt sich die Überwachung auf die Wahrung der Reichsinteressen, ohne daß aber ein Recht zu unmittelbaren Eingriffen gegeben ist. Soweit Reichsgesetze ergangen sind — nach Triepel sog. abhängige Aufsicht —, betrifft die Überwachung die Durchführung der Gesetze. Ihrer Handhabung dient das Recht der Reichsregierung, allgemeine Anweisungen für die Tätigkeit der Landesbehörden zu erlassen. Daraus folgt, daß Aufträge im Einzelfall nicht zulässig sind. Unter Landesbehörden sind an dieser Stelle sowohl die mit der Landesregierung zusammenfallenden „Landeszentralbehörden“, als auch die untergeordneten Behörden zu verstehen. In unserem Zusammenhang ist vor allem hervorzuheben, daß der Reichsregierung also im allgemeinen kein Recht der konkreten Befehlsgebung an die Landesregierungen zukommt.

Jedoch schafft Art. 15 III eine Ausnahme. Es ist dort bestimmt, daß die Landesregierungen verpflichtet sind, „auf Ersuchen der Reichsregierung Mängel, die bei der Ausführung der Reichsgesetze hervorgetreten sind, zu beseitigen“. Da das „Ersuchen“ der Reichsregierung eine „Verpflichtung“ der Landesregierungen begründet, handelt es sich der Sache nach in diesem Fall um ein Befehlsrecht der ersteren gegenüber der letzteren. Wohl zu beachten ist dabei aber, daß ein unmittelbares Befehlsrecht des Reichs gegenüber den die Mängel verursachenden Unterbehörden nicht eingeräumt ist. Diese Auftragsbefugnis gleicht dem Anweisungsrecht der Staatsbehörden gegenüber den Selbstverwaltungskörpern. Haben doch auch die Einzelstaaten auf dem Gebiet der Reichsgesetzgebung mit Gliedstaatsvollzug eine den Selbstverwaltungsorganen analoge Stellung (Bundesstaat 63 f.).

Allerdings besteht auch gegenüber diesem, auf ein bescheidenes Gebiet begrenzten Befehlsrecht eine sehr einschneidende und praktisch bedeutsame Beschränkung. Ergeben sich nämlich Meinungsverschiedenheiten, so können beide Teile die Entscheidung des Staatsgerichtshofes oder eines anderen durch Reichsspezialgesetz bestimmten Gerichts anrufen. Die volle Tragweite dieser Bestimmung ist bestritten. M. E. kann die Landesregierung durch die Anrufung des zuständigen Gerichts die Durchführung der Anweisung des Reichs hinausschieben, so daß die Reichsexekutive nach Art. 48 I zunächst nicht in Frage kommt (Der föderative Gedanke S. 154). Wollte man diese Folgerung nicht ziehen, sondern eine unbedingte Gehorsamspflicht der Landesregierung annehmen, so wäre nicht erfindlich, warum auch der Reichsregierung der Beschwerdeweg zum Staatsgerichtshof eröffnet ist; es kann doch nicht gut an eine Alternativbefugnis, entweder auf der alsbaldigen Beseitigung des bestrittenen Mangels zu bestehen oder die Sache vor ein gerichtliches Forum zu bringen, gedacht sein.

Ein weiteres Mittel der Reichsaufsicht nach Art. 15 II S. 2 besteht in der Ermächtigung der Reichsregierung, Beauftragte zu den Landeszentralbehörden, also den Landesregierungen, und, wenn diese zustimmen, auch zu den unteren Landesbehörden zu entsenden, die dort nach dem Rechten zu sehen haben. Ein unmittelbares Befehlsrecht ist diesen Reichsbeauftragten aber nicht eingeräumt.

Sonach ergibt sich, daß die Landesregierungen auf dem Gebiet der Reichsgesetzgebungszuständigkeit in gewissem Umfang von der Reichsregierung rechtlich abhängig, d. h. ihr untergeordnet sind. Aber der Grad und das Maß dieser Unterstellung ist doch sehr bescheiden und vorsichtig abgegrenzt. Über das Gebiet der Reichsgesetzeskompetenz hinaus dagegen besteht nicht die leiseste Unterordnung der Landesregierungen unter die Reichszentrale. Ergeben sich diesbezüglich Meinungsverschiedenheiten, so kann nur eine streitmäßige Austragung vor einem obersten Gericht nach Art. 19 I, gegebenenfalls nach Art. 13 II stattfinden. (Vgl. zu dieser ganzen Materie die Kommentare zur RV. Art. 15, z. B. Anschütz 49 ff., Giese 71 ff., Poetzsch 45 ff.)

§ 29.

Die direktoriale Zuständigkeit des Ministeriums.

Schrifttum: Rothenbücher, Ministerium bes. 4 ff.; Menzel, Zur Lehre von der Notverordnung 1908 in der Festgabe für Laband; Henle, Das Notverordnungsrecht nach Art. 48 RV., BayZfR. 1921, 275 ff.; Gmelin, Der Ausnahmszustand, Handb. d. Politik III 156 ff.; Schmitt-Dorotič, Die Diktatur 1921.

1. Die direktoriale Zuständigkeit des Ministeriums ist formal dadurch charakterisiert, daß hier Funktionen zu erfüllen sind, die in anderen Staaten einem besonderen Organ, das gewöhnlich als Staatsoberhaupt bezeichnet oder angesehen wird, zustehen. Sachlich ist mit diesen Funktionen häufig ein gewisses Maß von Selbständigkeit vor allem gegenüber der Volksvertretung verknüpft. Schließlich spielt dabei noch praktisch eine andere Erwägung eine gewisse Rolle, der Gedanke nämlich, daß in besonderen Lagen die Staatsregierung doch letzten Endes für das Wohl des Landes verantwortlich ist, mag auch im normalen Verlauf ihre parlamentarische Abhängigkeit noch so stark betont werden.

2. Zunächst ist die Vertretung des Staates nach außen zu erwähnen. „Dem Gesamtministerium obliegt . . . die Vertretung Bayerns gegenüber dem Reiche, den einzelnen Staaten des Reiches und den auswärtigen Mächten im Rahmen der Verfassung des Deutschen Reichs" (§ 57 I). „Das Gesamtministerium vertritt Bayern gegenüber dem Reich und anderen Staaten, soweit diese Geschäfte nicht einem besonderen Ministerium übertragen sind" (§ 61 Z. 3). Einschlägig ist weiter die Bestimmung des Art. 63 I S. 1 RV., wonach die Länder im Reichsrat durch Mitglieder ihrer Regierungen vertreten werden.

Aus diesen Sätzen folgt, daß die Vertretung nach außen grundsätzlich in die Zuständigkeit des Gesamtministeriums fällt, soweit sich keine Abweichungen einerseits aus der Reichsverfassung andrerseits aus Selbsteinschränkung ergeben.

a) Die Reichsverfassung hat als Ausnahme von der grundsätzlichen Reichszuständigkeit für die auswärtige Verwaltung (Art. 78 I), „in Angelegenheiten, deren Regelung der Landesgesetzgebung zusteht", den Ländern das Recht zum Abschluß von Verträgen gelassen, diese Verträge aber an die Zustimmung des Reichs gebunden. Man muß erweiternd auslegen, daß solche Verträge auf dem Gesamtgebiet, dessen Regelung der Landesgesetzgebung zusteht, gestattet sind, mag die einzelne Angelegenheit nun zum Wirkungskreis der Landeslegislative oder Landesexekutive gehören. In diesem Rahmen ist also das Gesamtministerium nach Maßgabe der Verfassungsurkunde zuständig. Wie wir gesehen haben, trifft dies grundsätzlich für Verwaltungsvereinbarungen in allen Stadien ihres Werdegangs, für solenne Staatsverträge, soweit nicht der Landtag in Aktion zu treten hat, zu (oben S. 119 ff.). Da dem Landtag nun nach § 50 VU. die Genehmigung der Staatsverträge obliegt, ist das Ministerium zu Vorverhandlungen bis zum vorläufigen Abschluß berufen. Dann tritt das parlamentarische Beratungsstadium ein und, wenn dieses zur Genehmigung geführt hat, die Ausfertigung (Ratifikation) und Verkündung, woran nach § 62 I der Ministerpräsident und gleichberechtigt neben ihm der Landtagspräsident beteiligt sind. Über die rechtliche Bedeutung der Mitwirkung des Landtags im Verhältnis nach außen vgl. oben S. 121 f.

Auf Verträge mit anderen deutschen Staaten, mit dem Reich und dem päpstlichen Stuhl, der ja kein auswärtiger Staat ist, treffen die Beschränkungen der Reichsverfassung nicht zu (vgl. S. 121). Die Vertretung gegenüber dem Papst ist in der bayerischen Verfassung unter den Zuständigkeiten des Gesamtministeriums nicht erwähnt. Abgesehen von einem Analogieschluß von den oben angeführten Paragraphen wird man sie auch aus § 4 S. 1 VU. ableiten können.

b) Nach VU. § 58 III S. 2 sind alle Geschäfte der Staatsverwaltung nach Maßgabe der Gesetze unter die Einzelministerien aufzuteilen. Danach beruht die in § 61 Z. 3 vorgesehene Zuweisung der Vertretung des Staates nach außen an ein besonderes Ministerium auf dem eigenen Beschluß des Gesamtministeriums. In erster Linie handelt es sich um das Ministerium des Äußeren, von dessen seinerzeit erörterten Aufhebung bis auf weiteres abgesehen wurde. Daneben können auch die Fachministerien in Betracht kommen; ein einschlägiger Fall ist der Staatsvertrag zwischen den Freistaaten Preußen und Bayern über die Ausführung von Grundstückszusammenlegungen in den vormals coburgischen Landesteilen vom 15. September 1922, GVBl. 694, welcher bayerischerseits durch das Staatsministerium für Landwirtschaft abgeschlossen wurde. Hinter dieser Vertretungszuständigkeit der Einzelministerien steht aber noch die allgemeine Regel des § 61 Z. 2 S. 3, wonach das Gesamtministerium stets befugt ist, die Entscheidung über einzelne Angelegenheiten an sich zu ziehen, soferne sie von allgemeiner politischer Bedeutung sind. Das ist natürlich bei einer Koalitionsregierung u. U. von wesentlichem Interesse.

3. Zu den Direktorialzuständigkeiten gehört ferner der Einfluß auf das Funktionieren des gesetzgebenden Körpers. Im allgemeinen ist ja dessen Autonomie im weitesten Maß gesichert worden (vgl. S. 78 f.). In bezug auf die äußeren Bedingungen seines Wirkens ist nur vorgesehen, daß das Gesamtministerium seine Einberufung zu einer außerordentlichen Tagung verlangen kann (§ 30 I S. 2). Dagegen ist eine Vertagung oder Schließung durch die Regierung nicht vorgesehen, auch das Recht, über die Auflösung eine Volksentscheidung herbeizuführen — § 40 IV der Regierungsvorlage — ist gestrichen worden. Die Anordnung der Neuwahlen im Fall der Auflösung oder des Ablaufes der Legislaturperiode kann wohl als eine Aufgabe der Vollziehung angesehen werden, wenn auch die Auffassung als Direktorialbefugnis vertretbar ist (Einzelheiten vgl. oben S. 154 f.).

Auch die sachliche Tätigkeit des Landtags wird durch das Ministerium in mancherlei Weise beeinflußt, ohne daß sich die einzelnen Arten der Einwirkung scharf nach dem Gesichtspunkt der Direktorial- und der ministeriellen Zuständigkeit auseinanderhalten ließen. Besonderes Interesse besitzt die Stellung der Regierung gegenüber der gesetzgebenden Funktion der Volksvertretung, so daß auf diesen — bereits wiederholt an verschiedenen Stellen berührten — Gegenstand etwas näher einzugehen geboten ist.

Das Ministerium hat das Recht der Gesetzesinitiative (§§ 61 Z. 8, 76 I S. 1) und kann seine Vorlagen in jeder wünschenswerten Weise im Landtag vertreten (vgl. oben S. 169). Auch zu jedem von irgendeiner anderen Seite eingebrachten Entwurf kann das Ministerium Stellung nehmen. Da der Regierung in ihrer Ministerialbeamtenschaft die ersten Sachkenner zur Verfügung stehen, ist der tatsächliche Einfluß der Regierung auf die Gestaltung des neuzuschaffenden Rechts ein ausschlaggebender. Die eigentlichen Gesetzesredaktoren stammen nicht aus der Mitte der Gesetzgebenden Körperschaft, sondern aus den Amtsstuben der „obersten Vollzugsbehörde".

Formell allerdings tritt diese überragende sachliche Stellung stark in den Hintergrund. Denn ein eigentliches Mitbestimmungsrecht auf den Ablauf des Gesetzgebungsprozesses ist dem Ministerium nicht eingeräumt. Hat der Landtag über einen Gesetzentwurf einmal endgültig abgestimmt, so ist er auf das Einverständnis der Regierung in positiver Hinsicht nicht angewiesen. Gelegentlich der Ausfertigung des beschlossenen Gesetzestextes, die dem Ministerium im Verein mit dem Landtagspräsidenten übertragen ist (§ 62 I) (s. unten § 44 Z. 8), können nur juristische Mängel in bezug auf das Verfahren und die materiellrechtliche Zulässigkeit eingewendet werden. Der Vorschlag, dem Ministerium das Recht zu geben, gesetzestechnische Bedenken sachlicher Natur geltend zu machen, wurde, wie bereits erwähnt, abgelehnt (vgl. S. 82). Dagegen kann das Ministerium gegen Gesetzesbeschlüsse des Landtags, die nicht auf Grund eines Volksbegehrens gefaßt wurden, die Volksentscheidung anrufen, sog. Regierungsreferendum. Hievon soll gleich noch etwas näher die Rede sein. Vorweg ist aber hervorzuheben, daß dem Regierungsreferendum nur eine negative Funktion — Verhinderung des landtäglichen Gesetzesbeschlusses — zukommt. Dagegen ist es dem Ministerium versagt, eine etwa vom Landtag abgelehnte Regierungsvorlage oder einen Gegenentwurf zu den Beschlüssen des Landtags der Volksentscheidung zu unterbreiten.

Das Regierungsreferendum gehört zweifellos zu den Direktorialbefugnissen. Denn damit stellt sich die Regierung durch selbständigen Entschluß in bewußten Gegensatz zur Volksvertretung. Allerdings ist diese Befugnis dadurch ihrer vollen Wirkungsmöglichkeit beraubt, daß kein Hindernis für den Landtag besteht, mit einem Mißtrauensvotum zu antworten und so den Rücktritt der Regierung zu erzwingen (vgl. oben S. 81). Und wenn auch in solchem Falle die Anrufung der Volksentscheidung nicht automatisch aufgehoben wird, so wird doch die neugebildete Regierung in aller Regel veranlaßt sein, den Akt ihrer Vorgängerin wieder rückgängig zu machen, soweit das noch technisch möglich ist (vgl. unten § 39 Z. 19; a. M. Rothenbücher 12, der den Ablauf der Volksabstimmung für unaufhaltsam erklärt). Immerhin mag dann, im Falle die Sympathieen breiterer Schichten der Bevölkerung auf Seite der Regierungsmaßnahme sind, die Initiative von diesen aufgenommen, u. U. sogar ein Antrag auf Auflösung des Landtags gestellt werden.

Die Anrufung der Volksentscheidung durch das Ministerium kann innerhalb eines Zeitraums von drei Monaten erfolgen (VU. § 22 II i. V. m. LWG. Art. 22). Sie ist ausgeschlossen, wenn der Landtag das Gesetz als dringend erklärt hat (§ 77 I Z. 6) oder wenn einer der anderen Fälle vorliegt, in denen die Volksentscheidung nicht zulässig ist (§ 77 I Z. 1—5). In einem dieser Fälle (Z. 1) steht unter gewissen Voraussetzungen ein anderer Weg offen, von dem nunmehr zu sprechen ist. (Näheres über das Regierungsreferendum unten § 38 Z. 14 und 18).

Im Interesse der Sparsamkeit, deren Wahrung aus Gründen der parlamentarischen Entwicklungsgeschichte (vgl. S. 81, 131) durch die Verfassung der Regierung anvertraut ist, kann das Gesamtministerium verlangen, daß Beschlüsse des Landtags auf Erhöhung der Ausgaben des Haushaltsplans oder auf Einstellung nicht vorgesehener Ausgaben einer erneuten Beratung unterzogen werden. Hiefür ist dem Landtag eine Überlegungsfrist von 14 Tagen aufgenötigt, sofern das Ministerium nicht auf eine Verkürzung eingeht. Es handelt sich dabei um ein suspensives Veto mit der Wirkung, daß nunmehr eine erhöhte Mehrheit von zwei Dritteln der Anwesenden — bei einem Quorum von mehr als der Hälfte der gesetzlichen Mitgliederzahl (§ 34) — erforderlich ist, um den ersten Beschluß aufrechtzuerhalten. Die Mindeststimmenzahl beträgt also ein Drittel der gesamten Abgeordneten (§ 81; vgl. oben S. 171).

4. Ganz unter den eingangs hervorgehobenen Gesichtspunkt, daß das Ministerium in Fällen der „Staatsnot" die eigentlich berufene Stelle ist, gehören die Bestimmungen über die Sorge für den Bestand und die Sicherheit des Staates.

„Das Gesamtministerium wacht über die Sicherheit des Staates. Es hat bei drohender Gefahr die Maßnahmen zu ergreifen, welche die Ruhe und Ordnung im Innern sichern oder gegenüber der Gefahr eines Angriffes von außen unmittelbar erforderlich sind. Zu diesem Zwecke kann es vorübergehend die verfassungsmäßigen Grundrechte ganz oder teilweise außer Kraft setzen." (§ 64 I).

„Um einer augenblicklichen dringenden Gefahr zu begegnen, kann das Gesamtministerium über die bewaffnete Macht verfügen und die erforderlichen Anordnungen treffen" (§ 64 II).

„Die bewaffnete Macht darf zur Erhaltung der inneren Sicherheit und gesetzlichen Ordnung nur einschreiten, wenn die polizeilichen Zwangsmittel hiefür unzureichend sind und die zuständige bürgerliche Behörde in gesetzmäßiger Form das Aufgebot an die militärische Behörde erläßt" (§ 88).

Wenn man zunächst diese Bestimmungen für sich betrachtet, so wird hier der Regierung eine außerordentlich weitgehende Ermächtigung erteilt, zum Schutz des Staates nach außen und innen tätig zu werden. Dabei ist eine Mitwirkung der Volksvertretung nicht vorgesehen, das Ministerium hat vielmehr ganz freie Hand und unterliegt nur der gewöhnlichen Verantwortlichkeit. Welcher hohe Wert dieser Verantwortlichkeit übrigens beigemessen wird, zeigt sich vor allem in der Abhängigmachung des militärischen Einschreitens von der Anforderung der bürgerlichen Behörden (§ 88). Also ein ungewöhnlich großes Maß von Vertrauen, das ganz aus dem Rahmen der sonstigen Verfassungsvorschriften fällt, dahingehend, daß das Ministerium im Augenblick der Gefahr das Richtige treffen wird.

Allerdings nur für diesen kritischen Zeitpunkt. Eine „drohende Gefahr" muß gegeben sein, die Wehrmacht darf sogar erst bei „augenblicklicher dringender Gefahr" — gewissermaßen im letzten Augenblick — eingesetzt werden.

Wenn nun diese Voraussetzungen zutreffen, so können die Maßnahmen ergriffen werden, „welche die Ruhe und Ordnung im Innern sichern oder gegenüber der Gefahr eines Angriffes von außen unmittelbar erforderlich sind". Die Art der Veranlassungen, die diesen Zwecken dienen, ist sonach in gar keiner Weise beschränkt, insbesondere ist auch die Beachtung irgendwelcher gesetzlicher Vorschriften nicht vorgeschrieben, vielmehr im Gegenteil sogar die vorübergehende Aufhebung der verfassungsmäßigen Grundrechte zugelassen. M. a. W. die Regierung wird mit allen Machtmitteln ausgerüstet, die ihr im Polizeistaat zu Gebote standen. Nur eine Frage erhebt sich: Sind unter „Maßnahmen" nur Vorkehrungen für den Einzelfall gedacht, gewissermaßen solche Akte, die in den Bereich der vollziehenden Gewalt gehören, oder können auch allgemeine Anordnungen getroffen, d. h. neue Rechtsvorschriften erlassen und alte aufgehoben werden? Zutreffendenfalls, dürfen diese Rechtsvorschriften auch strafrechtlichen Inhalt haben oder in die Gerichtsverfassung eingreifen? Das Wort „Maßnahmen" könnte möglicherweise in dem ersteren engeren Sinn ausgelegt werden. Zweifellos ist das nicht. Wählt man aber diese engere Auslegung, so ergibt sich eine stufenweise Erweiterung der Machtvollkommenheit der Regierung, da sie bei Aufgebot der bewaffneten Macht jedenfalls darüber hinaus zu „Anordnungen", also Rechtsvorschriften, ermächtigt wird.

5. Soweit die Verfassungsurkunde. Es ist aber von vornherein klar, daß hier auch das Reichsrecht eingreift. Mindestens müssen die V o r s c h r i f t e n ü b e r d i e W e h r m a c h t einsetzen, da ja die Angelegenheiten der Wehrmacht in bezug auf Gesetzgebung und Verwaltung ganz auf das Reich übergegangen sind (RV. Art. 6 Z. 4 betr. Wehrgesetzgebung, 47 Oberbefehl, 79 Reichsverteidigung).

Einschlägig ist § 17 des Wehrgesetzes vom 23. März 1921, RGBl. 329. Danach hat die Wehrmacht „im Falle öffentlicher Notstände oder einer Bedrohung der öffentlichen Ordnung .... auf Anfordern der Landesregierungen und der von diesen bestimmten Behörden Hilfe zu leisten". Beigefügt ist, daß „das Ersuchen nur ergehen" soll, „wenn die eigenen Kräfte" — Polizei — „nicht ausreichen".

Durch diese reichsrechtliche Vorschrift ist das bayerische Gesamtministerium in die Lage versetzt, von seinen obigen Befugnissen Gebrauch zu machen. Das Wehrgesetz geht nun aber insofern über die VU. § 88 hinaus, als es auch unter besonderen Umständen ein „selbständiges militärisches Einschreiten" vorsieht, dann nämlich, „wenn die Behörden durch höhere Gewalt außerstande gesetzt sein sollten, das militärische Einschreiten herbeizuführen, oder wenn es sich nur um Zurückweisung von Angriffen oder Widersetzlichkeiten gegen Teile der Wehrmacht handelt" (§ 17 II). Diese Vorschrift geht gemäß RV. Art. 13 I der bayerischen Norm vor.

6. Aber nicht nur unter dem Gesichtspunkt des Militärrechts kommen Reichsbestimmungen in Betracht, sondern auch unter polizeirechtlichen Gesichtspunkten. Denn nach RV. Art. 9 hat das Reich, „soweit ein Bedürfnis für den Erlaß einheitlicher Vorschriften vorhanden ist", eine Gesetzgebungszuständigkeit in bezug auf „den Schutz der öffentlichen Ordnung und Sicherheit". Es handelt sich hiebei, wie bei der Bedarfsgesetzgebung überhaupt, um eine konkurrierende Gesetzgebung, für die nach RV. Art. 12 I die Regel gilt: „Solange und soweit das Reich von seinem Gesetzgebungsrecht keinen Gebrauch macht, behalten die Länder das Recht der Gesetzgebung."

Die genaue Berücksichtigung dieser Vorschriften ist deswegen von großer Bedeutung, weil das Reich tatsächlich von seiner Zuständigkeit Gebrauch gemacht hat. RV. Art. 48 II—V greift hier ein.

„Der Reichspräsident kann, wenn im Deutschen Reich die öffentliche Sicherheit und Ordnung erheblich gestört oder gefährdet wird, die zur Wiederherstellung der öffentlichen Sicherheit und Ordnung nötigen Maßnahmen treffen, erforderlichenfalls mit Hilfe der bewaffneten Macht einschreiten. Zu diesem Zweck darf er vorübergehend die in den Artikeln 114 (Freiheit der Person), 115 (Freiheit der Wohnung), 117 (Briefgeheimnis u. dgl.), 118 (freie Meinungsäußerung), 123 (Versammlungsrecht), 124 (Vereinsrecht), 153 (Eigentumsrecht) festgesetzten Grundrechte ganz oder zum Teil außer Kraft setzen" (Art. 48 II).

Es springt sofort in die Augen, daß die hier gegebene Ermächtigung an den Reichspräsidenten sich zum großen Teil mit der Ermächtigung des Gesamtministeriums nach VU. § 64 deckt. Dies trifft insbesondere sowohl für die Voraussetzungen als auch für die Abwehrmittel zu. Wesentliche Unterschiede bestehen zunächst nur nach zwei Richtungen: Die RV. spricht im Gegensatz zur VU. nicht von auswärtigen Gefahren, für die es also im Reich an einem unmittelbar gegebenen Vorbeugemittel gleicher Natur fehlt. Demgemäß bleibt die vorsorglichere bayerische Vorschrift unberührt; nur muß man sich vor Augen halten, daß es sich nicht um Maßnahmen der auswärtigen Politik, sondern um innerstaatliche Maßnahmen gegen die Auswirkungen der auswärtigen Politik handelt (vgl. übrigens S. 210). Andererseits gestattet die RV. nicht die vorübergehende Aufhebung aller Grundrechte schlechthin, sondern nur die ausdrücklich angeführten, so daß beispielsweise die Freizügigkeit, Auswanderung, die Rechte der fremdsprachigen Volksteile, Wahlfreiheit und Wahlgeheimnis, Beschwerderecht, religiöse Rechte, Freiheit der Kunst und Wissenschaft, wirtschaftliche Freiheit, Koalitionsrecht, Recht der Berufsvertretungen nicht berührt werden dürfen. Die unbeschränkte bayerische Ermächtigung kann also, wenn überhaupt, bloß soweit in Betracht kommen, als es etwa Grundrechte gibt, die nur der VU. eigentümlich sind. Wie sich später zeigen wird (unten §§ 34 Z. 8 ff., 35 Z. 9 ff.), kann sonach nur das Aufenthaltsrecht der bayerischen Staatsangehörigen im bayerischen Gebiet (VU. § 13) in Frage kommen (vgl. folgende Seite).

Ein weiterer Unterschied besteht dann in dem Verhältnis zur Volksvertretung. Zunächst muß noch betont werden, daß die Anordnung des Ausnahmezustandes, wie man die Maßnahmen nach Art. 48 II ff. nennt, nur formal vom Reichspräsidenten ausgeht, sachlich aber infolge der Gegenzeichnung (RV. Art. 50) durch den Reichskanzler oder die Reichsregierung beschlossen sein muß. Der Reichspräsident ist nun nach Art. 48 III verpflichtet, seine Anordnungen unverzüglich dem Reichstag mitzuteilen. Der Reichstag kann ihre Außerkraftsetzung verlangen. M. a. W. der Fortbestand des Ausnahmezustandes ist von dem Willen des Reichstags abhängig.

Wenn eine analoge Stellung des bayerischen Landtags nach § 64 VU. nicht vorgesehen ist, obwohl der Regierungsentwurf § 76 I sogar das Erfordernis positiver Genehmigung vorschlug, so erklärt sich das nur aus der an das bisher Besprochene anschließenden Vorschrift RV. Art. 48 IV: „Bei Gefahr im Verzug kann die Landesregierung für ihr Gebiet einstweilige Maßnahmen der in Abs. 2 bezeichneten Art treffen. Die Maßnahmen sind auf Verlangen des Reichspräsidenten oder des Reichstags außer Kraft zu setzen". Bei dem Umstand, daß sich diese reichsrechtliche Ermächtigung vielfach mit der landesrechtlichen deckt, erschien es den Verfassungsgesetzgebern überflüssig, neben die doppelte Reichskontrolle nun noch eine landtägliche zu stellen (Beil. 382 S. 493).

7. Nun ist die Frage näher zu prüfen, in welchem rechtlichen Verhältnis RV. Art. 48 II—IV und VU. § 64 zueinander stehen, soweit es sich um die Aufrechterhaltung von Ruhe und Ordnung im Innern handelt; in bezug auf Abwehr äußerer Gefahren steht die Geltung der bayerischen Bestimmung ja außer Frage (vgl. S. 204).

Man könnte folgendermaßen argumentieren. Das Reich hat das Vorhandensein eines Bedürfnisses für den Erlaß einheitlicher Vorschriften auf diesem Gebiete bejaht und demgemäß von seinem Gesetzgebungsrecht durch Art. 48 Gebrauch gemacht. Dadurch ist das Gesetzgebungsrecht der Länder auf dem ganzen Gebiet ausgeschlossen (arg. e contr. RV. Art. 12 I). Infolgedessen ist § 64 VU., soweit er nicht die Abwehr äußerer Gefahren zum Gegenstand hat, außer Kraft gesetzt.

Demgegenüber ließe sich aber auch der Standpunkt vertreten, daß das Wörtchen „soweit" in RV. Art. 12 I im strengen Sinn auszulegen ist. Bei dieser Auffassung wären dann einzelstaatliche Vorschriften nur soweit unzulässig, als die reichsrechtlichen Bestimmungen reichen oder m. a. W. das Landesrecht wäre soweit beiseite geschoben, als es durch das Reichsrecht gedeckt ist oder mit ihm in Widerspruch steht. Soweit dagegen das Landesrecht darüber hinausgehende, nicht widersprechende Normen enthält, bleibt es unberührt. Praktisch ergäbe sich daraus die Folgerung, daß das Gesamtministerium unbeschadet seiner Verfügungen nach RV. Art. 48 IV daneben mit Berufung auf VU. § 64 besondere bayerische Grundrechte aufheben könnte, wobei dann eine Kontrolle des Reichspräsidenten oder des Reichstags nicht gegeben wäre. Die Ausnützung des § 64 VU. in diesem Umfang wäre auch neben der Anordnung des Ausnahmezustandes durch den Reichspräsidenten möglich.

Für die Entscheidung im Sinne der zweiten Alternative dürfte folgende Erwägung maßgebend sein. Wenn die Reichsverfassung nur dem Reichspräsidenten Ausnahmebefugnisse gemäß Art. 48 II erteilt hätte, so wären die Bestimmungen der bayerischen Verfassung über die Ausnahmebefugnisse des Gesamtministeriums bloß insoweit berührt worden, als die Aufhebung reichsverfassungsmäßiger Grundrechte ausgeschaltet gewesen wäre. Dadurch daß die Reichsverfassung durch Art. 48 IV dem Reichspräsidenten auch die Landesregierungen an die Seite rückt, bezweckt sie, deren Machtkreis zu erweitern, insbesondere auch Bestimmungen der Reichsverfassung zu ihrer Disposition zu stellen. Es war demnach die gesetzgeberische Absicht keinesfalls auf eine Verminderung ihrer Rechte gerichtet. Soweit diese neben dem Art. 48 IV bestehen können, bleiben sie also unberührt.

8. Mit den vorstehenden Erörterungen ist das Problem allerdings noch nicht restlos gelöst. Es muß nämlich noch eine Voraussetzung überprüft werden, die bei Auslegung des Art. 48 RV. gemacht wurde. Es wurde angenommen, daß Abs. II—IV dieses Art. unmittelbar geltendes Recht darstellen. Nun sagt aber der anschließende Absatz V: „Das Nähere bestimmt ein Reichsgesetz." Überall, wenn sonst in der RV. auf nähere Bestimmung durch ein Reichsgesetz verwiesen wird — z. B. in Art. 13 II, 22 II, 41 III, 59, 73 V, 106, 125, 138 I, 146 II, 163 II, 165 VI — ist die Rechtslage die, daß die aufgestellten Grundsätze erst dann rechtliche Wirksamkeit erlangen, wenn das in Aussicht gestellte Gesetz ergangen ist. Es wird also in diesen Fällen nicht geltendes Recht geschaffen, sondern nur das künftig zu schaffende Recht gebunden (sog. Grundsatzbestimmungen). Folgerichtig müßte man auch für den Fall des Art. 48 II—IV das gleiche annehmen. Dann hätten Reichspräsident und Landesregierungen noch gar nicht diese ungeheuer weitgespannten Befugnisse, sondern diese kämen erst nach Erlaß des berufenen Durchführungsgesetzes in Frage.

Für eine solche Auffassung spräche auch der Gesichtspunkt, daß die Einräumung einer derartig weitgespannten Machtvollkommenheit an die Organe der Vollziehung zu der sonstigen Tendenz der Reichsverfassung im schärfsten Widerspruch steht. Diese Bestimmungen schreien ja geradezu nach einer näheren Umgrenzung. Auch ist es höchst merkwürdig, daß bei Annahme der unmittelbaren Geltung das Durchführungsgesetz nur die Wirkung einer späteren Einschränkung haben kann (so auch Anschütz 108), daß also, wie man es auch ausdrücken könnte, zunächst eine Art polizeistaatlichen Zustandes mit von vornherein in Aussicht gestellter nachfolgender Abänderung geschaffen wird.

Gibt man diesen Erwägungen Raum, so muß man annehmen, daß RV. Art. 48 II—IV noch gar nicht in Kraft getreten ist. Demzufolge sind dann auch die früheren Bestimmungen gemäß Art. 178 II S. 1 noch in Wirksamkeit. D. h. es gilt einerseits für das Reich außer Bayern das preußische Belagerungszustandsgesetz vom 4. Juni 1851 mit seinen Ergänzungen bzw. Änderungen, andererseits für Bayern der § 64 VU. ungeschmälert samt den für seinen Vollzug in Betracht kommenden bayerischen Sondergesetzen.

Gegen diese Auffassung könnte vom Standpunkt des Art. 48 höchstens eingewendet werden, daß sein Abs. V nicht nur für den Ausnahmezustand, sondern auch für die Reichsexekution (48 I) in Betracht kommt. Denn auch dieser ist in Abs. III gedacht, insofern der Reichspräsident verpflichtet ist, nicht nur die gemäß Abs. II, sondern auch die gemäß Abs. I getroffenen Maßnahmen dem Reichstag zur Kenntnis zu bringen. Immerhin kann darauf erwidert werden, daß Ausführungsbestimmungen über die Reichsexekution nicht erforderlich sind und auch früher (alte RV. Art. 19) nicht bestanden haben (vgl. auch Anschütz 106).

Die Praxis der Reichsregierung mit Zustimmung des Reichstags und übereinstimmend der bayerischen Regierung mit Zustimmung des Landtags vertreten die im Vorausgegangenen angezweifelte Auffassung von der unmittelbaren Geltung des Art. 48 II—IV (zustimmend Anschütz 107). In merkwürdigem Widerspruch damit steht allerdings das Gesetz vom 30. November 1919, RGBl. 1941, wodurch Bestimmungen der Novelle vom 11. Dezember 1915, RGBl. 813, zum Belagerungszustandsgesetz vom 4. Juni 1851 geändert werden, dieses also als grundsätzlich fortbestehend gilt (vgl. Giese 3. Aufl. 149). Tatsächlich hat der Reichspräsident bereits eine ganze Fülle von Verordnungen auf Grund Art. 48 II erlassen, die meist nur für Teile des Reichsgebietes bestimmt waren, in einzelnen besonders wichtigen Fällen aber das ganze Reichsgebiet betrafen. Zu der ersten Gruppe gehören beispielsweise die Verordnungen vom 11. Januar 1920, RGBl. 41, vom 29. Januar 1920, RGBl. 195, vom 13. Januar 1920, RGBl. 207, vom 22. März 1920, RGBl. 343, usw., zu der zweiten für das ganze Reich geltenden die Verordnungen vom 10. November 1920, RGBl. 1865, betreffend die Stillegung von Betrieben, welche die Bevölkerung mit Gas, Wasser, Elektrizität versorgen, vom 29. August 1921, RGBl. 1239, vom 30. August 1921, RGBl. 1249 und an deren Stelle vom 28. September 1921, RGBl. 1271, alle drei den Schutz der republikanisch-demokratischen Verfassung betreffend, endlich die Verordnungen vom 26. Juni 1922, RGBl. 521 und 523, vom 29. Juni 1922, RGBl. 532 und vom 30. Juni 1922, RGBl. 534, zum Schutze der Republik, die durch das vielumstrittene Gesetz vom 21. Juli 1922, RGBl. 585, zum Schutze der Republik abgelöst wurden. Hiebei wurde also auch der Ausdruck „Maßnahmen" nicht im engeren Sinne von Verfügungen für Einzelfälle aufgefaßt, sondern schlechthin auf Rechtsverordnungen einschließlich solcher strafrechtlicher und gerichtsorganisatorischer Natur bezogen.

Auch die bayerische Regierung hat von dem Art. 48 IV mit der Verordnung vom 4. November 1919, GVBl. 791, die den sog. Ausnahmezustand einführte, in weitem Umfang Gebrauch gemacht (vgl. unten Z. 12) — die Aufhebung erfolgte mit Verordnung vom 6. Oktober 1921, GVBl. 487 — ferner auch die viel angegriffene Verordnung vom 25. Oktober 1920, GVBl. 463, zur Unterdrückung von Schleichhandel und Preistreiberei auf dieser Grundlage erlassen (vgl. zu der letzteren Beling, DJZ. 1920 Sp. 866, zu dem Standpunkt der bayerischen Regierung in der ganzen Frage Mayer, LZ. 1920, 8 ff., Dürr, DJZ. 1920 Sp. 130 ff.).

9. Besonders viel Staub hat dann die Verordnung des bayerischen Gesamtministeriums vom 24. Juli 1922, GVBl. 374, zum Schutze der Verfassung der Republik aufgewirbelt, die — auf Grund von Verhandlungen mit dem Reichspräsidenten und der Reichsregierung — durch die Verordnung des Gesamtministeriums vom 24. August 1922, GVBl. 426, wieder aufgehoben wurde. Diese Verordnung war in mehrfacher Beziehung bemerkenswert. Einmal enthält sie — entgegen der seit dem Einleben des konstitutionellen Staates mit einziger Unterbrechung durch die ersten Akte der revolutionären Regierungen festgehaltenen Übung — am Eingang eine längere Darlegung ihrer Gründe. Dann beruft sie sich neben dem Art. 48 IV RV. auf § 64 VU. und auf die „staatlichen Hoheitsrechte Bayerns". Drittens setzt sie an Stelle einiger Bestimmungen des eben erlassenen Reichsgesetzes zum Schutze der Republik vom 21. Juli 1922 (RGBl. 585), dessen Bestimmungen sie zum größten Teile, nämlich in materiellrechtlicher Beziehung, auch in Bayern für anwendbar erklärt, selbständige Vorschriften über die Zuständigkeit von Verwaltungs- und Gerichtsbehörden sowie über das Verfahren.

Auf den in den Verordnungstext aufgenommenen Motivenbericht braucht nicht näher eingegangen zu werden, da er selbst keine rechtliche Wirksamkeit in Anspruch nimmt. Was die rechtliche Grundlage anlangt, so muß festgestellt werden, daß nur Art. 48 IV RV. in Betracht kommen kann, denn § 64 VU. scheidet aus, weil es sich weder um „die Gefahr eines Angriffes von außen" noch um die Aufhebung von Grundrechten der bayerischen Verfassung handelte, im übrigen aber § 64 VU. neben Art. 48 RV. keine rechtliche Geltung besitzt (vgl. oben S. 203 ff.). Die Berufung auf die „staatlichen Hoheitsrechte Bayerns" aber stünde — falls man überhaupt ein damit wohl zum Ausdruck gebrachtes Staatsnotrecht nicht grundsätzlich in Abrede stellen muß, worauf hier im Vorbeigehen nicht näher eingegangen werden kann — nur dem Landtage oder der Volksgesetzgebung zu, da das Gesamtministerium gemäß § 61 Z. 7 Rechtsverordnungen einschließlich der Notverordnungen nur auf Grund gesetzlicher Ermächtigung erlassen kann.

Somit handelt es sich nur noch um die Frage, ob derartige Vorschriften auf Grund des Art. 48 IV RV. erlassen werden konnten. Daß der Gesetzgeber des Art. 48 IV nicht im Entferntesten daran gedacht hat, eine Landesregierung zu ermächtigen, Maßnahmen zur Wiederherstellung der öffentlichen Sicherheit und Ordnung zu erlassen, falls solche Maßnahmen bereits durch den Reichspräsidenten auf Grund des Abs. II dieses Artikels getroffen bzw. aus der Form einer vom Reichspräsidenten erlassenen Ausnahmeverordnung in die Form eines Aktes der Reichsgesetzgebung übergeführt worden sind, wird nicht bestritten werden. Aber dem könnte immerhin entgegengehalten werden, daß das Gesetz stärker ist als die Absicht des Gesetzgebers und daher maßgebend sein muß, auch wenn sein Inhalt über jene Absicht hinausgeht. Überdies sehe ja die Reichsverfassung selbst vor, daß die Organe des Reichs, Reichspräsident oder Reichstag, wenn sie eine solche Maßnahme einer Landesregierung nicht billigen, ihre Außerkraftsetzung verlangen können.

Entscheidend ist m. E. folgendes. Kann dem Art. 48 IV der Sinn zugeschrieben werden, daß er der Landesregierung ein „Nullifikationsrecht" gegenüber neuen Akten des Reichsgesetzgebers einräumt? Die Frage muß auf solche neue Akte zugespitzt werden, weil die vorübergehende Außerkraftsetzung alter reichsgesetzlicher Bestimmungen nicht in Frage gezogen werden kann — falls man überhaupt entgegen der oben (S. 202) vertretenen Ansicht unter dem Ausdruck „Maßnahmen" auch die Erlassung von Rechtsnormen verstehen will. Ein solches „Nullifikationsrecht" bezieht sich ja immer nur auf neue Gesetze. Diese Frage ist nun für den Bundesstaat dahin zu beantworten, daß ein Nullifikationsrecht der Gliedstaaten gegenüber Bundesgesetzen nur dann angenommen werden kann, wenn es in der Bundesverfassung ausdrücklich vorgesehen ist (Bundesstaat 98 f.). Dieser Tatbestand ist aber in Art. 48 IV auch nicht einmal andeutungsweise enthalten.

Unsere grundsätzlichen Erwägungen führen daher zum Ergebnis, daß die besprochene Verordnung auch auf Art. 48 IV RV. nicht gestützt werden kann und daher keinerlei rechtliche Grundlage besaß.

(Im Sinne der Gültigkeit der Verordnung haben sich beispw. ausgesprochen das bayerische Oberste Landesgericht in einem Beschluß vom 2. August 1922, vgl. Staatsztg. vom 4. August, ferner Marschall von Bieberstein, bayer. Staatsztg. vom 1. August 1922; gegen die Gültigkeit Koelreutter im Roten Tag vom 26. August, Hachenburg, DJZ. 548 von 1922; Piloty, ArchÖffR. 43. Bd., 308 ff.;

Rothenbücher, Fränk. Kurier vom 26. Juli 1922; derselbe in JW. 1922, 248; vgl. auch Joeckle, Bayern und die große politische Krise in Deutschland im Sommer 1922 in den Pol. Zeitfr. 1922 H. 7—11).

10. Zur Ergänzung des § 64 VU. kommen noch drei bayerische Gesetze in Betracht:

a) das Gesetz über den Kriegszustand vom 5. November 1922, GVBl. 1161, mit den Novellen vom 6. August 1914, GVBl. 349, vom 4. Dezember 1915, GVBl. 728 und vom 15. Juli 1916, GVBl. 134;

b) das Gesetz über die Einsetzung von Volksgerichten bei inneren Unruhen vom 12. Juli 1919, GVBl. 365;

c) das Gesetz über außerordentliche Maßnahmen zum Schutze des Freistaates vom 31. Juli 1919, GVBl. 413.

Zu diesen Gesetzen ist folgendes auszuführen:

Zu a: Das Gesetz über den Kriegszustand regelt Ausnahmebestimmungen für den Fall des Krieges und der drohenden Kriegsgefahr. Es wird unterschieden zwischen der Verhängung des Kriegszustandes und der Anordnung des Standrechts. Erstere Maßnahme hat materiellrechtliche Wirkungen, nämlich die Verschärfung von Strafen für gewisse Verbrechen und das Inkrafttreten neuer Strafdrohungen, letztere insbesondere auf Übertretung aller von den obersten Militärbefehlshabern zur Erhaltung der öffentlichen Sicherheit erlassenen Anordnungen. Die Anordnung des Standrechtes hat die Aburteilung gewisser strafbarer Handlungen durch besondere Standgerichte zur Folge, die aus drei Berufsrichtern, zwei Offizieren und zwei Laienbeisitzern bestanden. Während bei Kriegsausbruch über ganz Bayern der Kriegszustand verhängt worden war, blieb die Anordnung des Standrechts auf die Pfalz beschränkt und wurde erst während der Räterepublik auf kurze Zeit für das rechtsrheinische Bayern verfügt (Verordnung vom 25. April 1919, GVBl. 211 und vom 19. Juli 1919, GVBl. 370). Der Kriegszustand wurde dann erst durch die Verordnung vom 4. November 1919, GVBl. 791, aufgehoben.

Die bayerische Regierung scheint nun den Standpunkt zu vertreten, daß Art. 48 RV. durch die Regelung des Ausnahmezustandes für das ganze Reich alle bayerischen Vorschriften, betreffend den Belagerungszustand, darunter auch das Gesetz über den Kriegszustand, aufgehoben habe (vgl. Mayer, LZ. 1920, 8 ff.; Dürr, DJZ. 1920 Sp. 133). Aus dieser Auffassung ergäbe sich dann die Ablehnung der oben vertretenen Anschauung, daß § 64 VU. mindestens für den Fall äußerer Gefahren immer noch in Betracht kommt. Dem ist aber entgegenzuhalten, daß Art. 48 II die Bedingung aufgestellt: „wenn im Deutschen Reiche die öffentliche Sicherheit und Ordnung erheblich gestört oder gefährdet wird", also nur innere Unruhen im Auge hat, ebenso wie ja schon Art. 9 Z. 2. Was im besonderen die Möglichkeit der Verhängung des Standrechts, also die Einsetzung besonderer Gerichte betrifft, ist noch Art. 105 RV. heranzuziehen, der in S. 3 ausspricht: „Die gesetzlichen Bestimmungen über Kriegsgerichte und Standgerichte werden nicht berührt." Danach muß also angenommen werden, daß das Kriegszustandsgesetz, mindestens soweit es sich um die Anordnung des Standrechtes handelt, weitergilt. Das gleiche wird ja auch in dieser Begrenzung für die entsprechenden Bestimmungen des preußischen Belagerungszustandsgesetzes vom 4. Juni 1851 gelehrt (Anschütz 177). Wenn weiter noch der Gesichtspunkt geltend gemacht wird, daß die bayerische Militärhoheit durch die Reichsverfassung aufgehoben worden sei, so ist zu beachten, daß die Verhängung des Kriegszustandes und die Anordnung des Standrechtes gar keine militärische, sondern eine Maßnahme der Strafjustiz und Polizei ist, für die militärische Vorgänge nur Anlaß und Beweggrund bilden.

Schließlich erhebt sich noch die Frage, ob die bereits nach der alten Reichsverfassung (Art. 68) angestrebte, aber tatsächlich nicht zustandegekommene Rechtseinheit in Deutschland unter der Herrschaft der neuen Reichsverfassung nicht erzielt werden kann. Diese Möglichkeit ergibt sich m. E. zwar nicht aus Art. 48 V (Anschütz 177), der ja, wie hervorgehoben, nur innere Unruhen zum Gegenstand hat, wohl aber aus der allgemeinen Gesetzgebungszuständigkeit des Reichs für Strafrecht und Strafprozeß (Art. 7 Z. 2 und 3) und der Bedarfskompetenz nach Art. 9 Z. 2.

11. Zu b: Während das preußische für das außerbayerische Gebiet zum Reichsrecht erhobene Belagerungszustandsgesetz sowohl den Fall äußerer Gefahren wie innere Störungen zum Gegenstand hatte, waren in Bayern seit altersher beide Gebiete getrennt geregelt. Die Rechtsnormen, die auf die äußere Gefahr Bezug nehmen, wurden unter a besprochen. Bezüglich der inneren Unruhen galten bis in die jüngste Zeit im rechtsrheinischen Bayern die Art. 441—456 des bayerischen StGB. von 1813 mit einer kleinen Änderung durch Art. 3 Z. 12 des AG. zur StPO. vom 18. August 1879, in der Pfalz standen noch französische Vorschriften in Wirksamkeit. Die rechtsrheinischen Bestimmungen sahen unter bestimmten Verhältnissen die Anordnung des Standrechtes vor, woran sich materiell- und formellrechtliche Folgen knüpften. Zu den letzteren gehörte, abgesehen von dem Inkrafttreten besonderer strafprozessualer Normen, die Aufstellung von Sondergerichten, ebenfalls „Standrecht" genannt. Die Besetzung dieser Gerichte war die gleiche wie nach dem Kriegszustandsgesetz, da das letztere ja in dieser Beziehung einfach auf dem Gesetz von 1813 fußte.

Als nun nach dem Umsturz infolge der zunehmenden Unsicherheit das Bedürfnis nach einer energischen Strafgerichtsbarkeit nicht mehr abzuweisen war, die gesetzlich vorgesehenen Standgerichte aber wegen ihres militärischen Einschlags nicht in die neuen Verhältnisse zu passen schienen, entschloß sich die provisorische Regierung einfach zur Schaffung eines modernisierten Typus von Standgerichten, die als „Volksgerichte" bezeichnet wurden. Sie waren aus zwei Berufsrichtern und drei Laienrichtern zusammengesetzt, von denen die letzteren ursprünglich unter Mitwirkung der Arbeiter-, Soldaten- und Bauernräte gewählt waren. Das Verfahren war dem standrechtlichen nachgebildet; insbesondere ein Rechtsmittel ausgeschlossen. Nach mannigfachen, teils durch die Verhältnisse, teils durch die Erfahrungen veranlaßten Abänderungen entschloß man sich zu einer gesetzlichen Neuordnung der Materie und so kam das oben angeführte Gesetz vom 12. Juli 1919 zustande (vgl. hiezu Mayer, LZ. 1920, 8 ff.).

Art. 1 dieses Gesetzes ermächtigt das Gesamtministerium, für das ganze Gebiet oder Teile des Freistaats Volksgerichte einzusetzen, „wenn durch hoch- oder landesverräterische Unternehmungen oder durch Verbrechen wider die Ausübung staatsbürgerlicher Rechte, durch Aufruhr, Auflauf oder Landfriedensbruch oder durch das Überhandnehmen von Verbrechen gegen Leben und Eigentum oder die Bildung von Banden zur Begehung solcher Verbrechen die öffentliche Sicherheit, Ruhe und Ordnung derart gestört oder gefährdet werden, daß sie nur durch außerordentliche Maßnahmen erhalten oder wiederhergestellt werden können."

Art. 3 ergänzt das Strafgesetz durch gewisse Strafandrohungen, Art. 4 regelt die Zuständigkeit, Art. 6 bestimmt die Zusammensetzung (aus zwei Berufsrichtern und drei Laienrichtern), Art. 9—18 regelt das Verfahren nach den Grundsätzen der rascheſten Aburteilung der Beschuldigten, aber unter voller Sicherung seiner Verteidigung, Art. 19 normiert für den Schuldspruch Vierfünftelmehrheit; kommt diese weder für noch gegen den Angeschuldigten zustande, so ist die Sache vor das zuständige ordentliche Gericht zu verweisen. Nach Art. 20 gibt es keine Rechtsmittel und keine Wiederaufnahme des Verfahrens, nach Art. 21 hat ein Begnadigungsgesuch in der Regel keine aufschiebende Wirkung.

Dies in groben Umrissen der Inhalt des Gesetzes. Das Nähere gehört in eine Darstellung des Strafprozeßrechts.

Auf Grund des Gesetzes erfolgte durch die Verordnung vom 19. Juli 1919, GVBl. 370, die Einsetzung von Volksgerichten für das ganze rechtsrheinische Bayern.

Nunmehr die Frage, ob dieses Gesetz durch die Reichsverfassung berührt worden ist.

Die bayerische Regierung nimmt übereinstimmend mit ihrer Stellungnahme zum Kriegszustandsgesetz die Aufhebung des Gesetzes durch RV. Art. 48 an, stützt aber gleichzeitig die weitere Wirksamkeit der bereits eingesetzten Volksgerichte auf Art. 178 II RV., wonach „Anordnungen der Behörden, die auf Grund bisheriger Gesetze in rechtsgültiger Weise getroffen waren, . . ihre Gültigkeit bis zur Aufhebung im Wege anderweiter Anordnung oder Gesetzgebung behalten" (vgl. VO. vom 4. November 1919, GVBl. 791, unter A a letzter Absatz, Mayer, LZ. 1920, 8ff., und Dürr, DJZ. 133).

M. E. ist diese Auffassung unhaltbar. Ist das Gesetz über die Volksgerichte aufgehoben, so ist damit das materielle und formelle Recht beseitigt, das diese Gerichte anwenden könnten. Wenn man daher auch ihre Einsetzung durch die oben angeführte Verordnung vom 19. Juli 1919, GVBl. 370, als eine nach Art. 178 III RV. wirksam gebliebene Anordnung ansehen wollte, so hätte das doch nur die Folge, daß die Volksgerichte zwar weiterbestehen, aber mangels Fortgeltung des für sie allein in Betracht kommenden Straf- und Prozeßrechtes keinerlei Tätigkeit entfalten könnten.

Es ist aber gar nicht einzusehen, warum das in Frage stehende Gesetz über die Volksgerichte aufgehoben sein soll. Gewiß! Die Sachlage ist nicht ganz dieselbe wie bezüglich des Kriegszustandsgesetzes. Denn jetzt handelt es sich ausgesprochenermaßen um die „öffentliche Sicherheit, Ruhe und Ordnung", also um den gleichen Gegenstand, den RV. Art. 48 II regelt. Aber gleichberechtigt neben diesem steht ja der bereits oben angeführte Art. 105 S. 3: „Die gesetzlichen Bestimmungen über Kriegsgerichte und Standgerichte werden . . nicht berührt", wenn man so will, als lex specialis neben der lex generalis des Art. 48. Die bayerischen Volksgerichte sind aber nichts anderes als Standgerichte. Es soll zugegeben werden, daß das nach Art. 48 V in Aussicht gestellte Reichsgesetz, wenn es über die im Fall eines Ausnahmszustandes in Tätigkeit tretenden Gerichte Bestimmung trifft, dadurch das bayerische Sonderrecht beseitigen kann, wozu ja auch die gewöhnliche Strafprozeßgesetzgebung imstande wäre. Es läßt sich sogar die Ansicht vertreten, daß der Reichspräsident auf

Grund von Art. 48 II Sondergerichte einsetzen kann, die die bayerischen Volksgerichte verdrängen (vgl. Anschütz 177). Aber solange ein derartiger besonderer rechtsvernichtender Akt nicht erfolgt ist, reicht Art. 48 II und IV allein nicht aus, um diese Wirkung zu erzielen.

Demgemäß ist anzunehmen, daß das Gesetz über die Volksgerichte bis auf weiteres gilt und daß daher auch auf Grund desselben neue Volksgerichte, insbesondere z. B. in Coburg, errichtet werden könnten (a. A. Mayer, LZ. 1920, 8 ff.; Dürr, DJZ. 1920 Sp. 133 und der Justizminister Gürtner nach dem Ausschußbericht in der Landtagssitzung vom 12. Dezember 1922, Sten. Ber. 429).

12. Zu c: Das Gesetz vom 31. Juli 1919, GVBl. 413, über außerordentliche Maßnahmen zum Schutze des Freistaates erteilt dem Gesamtministerium besondere Ermächtigungen auf dem Gebiet der vollziehenden Gewalt. Die Voraussetzungen sind die gleichen wie für die Einsetzung von Volksgerichten (Art. 1). Die Maßnahmen sind nicht unter einem einheitlichen Begriff — Ausnahms- oder Belagerungszustand — zusammengefaßt, sondern nebeneinander aufgeführt, sie können also nach Ermessen einzeln oder zusammen getroffen werden. Vorgesehen ist:

1. die Einsetzung besonderer Beauftragter — ohne Unterscheidung, ob Zivil- oder Militärorgane —, die ermächtigt sind, in den gefährdeten Bezirken vorübergehend Anordnungen zur Erhaltung der öffentlichen Sicherheit zu erlassen; der Ausdruck „Maßnahmen" in § 64 VU. wird also im weiteren Sinne verstanden; die Übertretung solcher Anordnungen oder die Aufforderung zu ihrer Übertretung wird unter Strafe gestellt (Art. 1);

2. die Übertragung der Ausübung der Polizeigewalt und der Verfügung über die staatlichen Verkehrsmittel an besondere Beauftragte, denen die an sich zuständigen Behörden Folge zu leisten haben; die Verantwortlichkeit für die getroffenen Verfügungen trägt der Beauftragte persönlich gegenüber den in Betracht kommenden Ressortministerien, deren Dienstaufsicht er gleichzeitig unterstellt wird (Art. 2);

3. die Ermächtigung besonderer Beauftragter, zur Abwendung einer Gefahr für die Sicherheit des Reiches oder Landes Schutzhaft oder Aufenthaltsbeschränkungen zu verfügen (Art. 3); über die Schutzhaft sind eingehende Vorschriften getroffen (Art. 5—17).

Die verschiedenartigen Befugnisse können auch in der Hand derselben Beauftragten vereinigt werden. Art. 18 erteilt schließlich die Ermächtigung, bei Aufhebung des Kriegszustandes die Fortgeltung einzelner auf Grund des Art. 4 Z. 2 KriegsZustG. durch die Militärbefehlshaber erlassener Anordnungen auszusprechen.

Dieses Gesetz trat am 1. August 1919 in Kraft (Art. 19). Am 14. August begann die Wirksamkeit der RV. und mit ihr des Art. 48 II—IV, wenn man sich nicht auf den Standpunkt stellt, daß das durchführende Reichsgesetz nach Art. 48 V vorerst ergehen müßte. Da nun sowohl Anlaß wie Art der in Aussicht genommenen Maßnahmen durch Art. 48 II—IV gedeckt sind, war das ganze Gesetz — im Gegensatz zu den unter a und c besprochenen — nach 14tägiger Geltung beiseite geschoben. (Eine etwas andere Begründung bei Mayer, LZ. 1920, 8 ff.). Da die Regierung aber an der sachlichen Notwendigkeit der vorgesehenen Ausnahmeverfügungen festhielt, gab sie ihnen nach vorausgegangener Fühlungnahme mit der Reichsregierung einfach die Form einer Verordnung auf Grund des Art. 48 IV RV. — Verordnung vom 4. November 1919, GVBl. 791 — und hielt diese Verordnung unter geringfügigen Änderungen gegenüber mannigfachen Anfeindungen bis zum 15. Oktober 1921 (Verordnung vom 6. Oktober 1921, GVBl. 487), also beinahe zwei Jahre lang, aufrecht.

13. In einem gewissen Zusammenhang mit den unter Z. 4—12 besprochenen Normen über die Sorge für den Bestand und die Sicherheit des Staates steht das Notverordnungsrecht. VU. § 61 Z. 7 S. 2 erklärt: „Das Notverordnungsrecht steht dem Gesamtministerium nach näherer gesetzlicher Bestimmung zu." Hiemit sollte nichts Neues geschaffen, sondern nur die bereits in Art. 9 des Polizeistrafgesetzbuches vom 26. Dezember 1871, GBl. 1871/72 S. 9, vorgesehene Einrichtung beibehalten werden (a. A. Rothenbücher 10). Gleichzeitig war so an Stelle des Königs ausdrücklich die Zuständigkeit des Gesamtministeriums begründet worden, was mit Rücksicht auf § 3 VU. geboten war.

Das Notverordnungsrecht ist in Bayern in sehr engen Schranken gehalten. Gegenstand desselben sind nur polizeiliche Vorschriften mit Strafandrohungen. Vorausgesetzt wird, „1. daß der Landtag nicht versammelt ist, 2. daß die Abwendung einer dringenden Gefahr (für die Sicherheit des Staates oder) für Leben, Gesundheit oder Vermögen der Staatsangehörigen eine solche Vorschrift erfordert, 3. daß in keinem Gesetze eine anwendbare Vorschrift oder die Befugnis zur Erlassung derselben vorgesehen ist"; der eingeklammerte Textteil hat mit Rücksicht auf § 64 VU. und die damit in Zusammenhang stehenden Normen seine Bedeutung verloren, da ja im Ausnahmszustand nach der herrschenden Annahme nicht nur Verfügungen, sondern auch Verordnungen erlassen werden können. Strafandrohungen sind nur zulässig bis höchstens 150 Mark (durch § 1 I S. 2 des Gesetzes vom 21. Dezember 1921, RGBl. 1604, auf 1500 Mark erhöht) oder 30 Tage Haft. Anders wie im Falle des § 64 VU. müssen solche Verordnungen dem Landtag zur Zustimmung vorgelegt werden und treten außer Kraft, wenn diese Zustimmung nicht vor Schluß der Tagung erteilt wird (vgl. zu der Materie Seydel-Piloty § 148).

Hält man das Notverordnungsrecht mit den verfassungsmäßigen Ausnahmsbefugnissen zusammen, so wird man wohl sagen können, daß für alle Eventualitäten hinreichend vorgesorgt ist.

14. Unter die Direktorialbefugnisse ist weiter das Recht zu Straferlassen für einzelne Personen nach § 51 II VU. zu zählen; über allgemeine Straferlasse (Amnestieen) durch den Landtag s. oben S. 132. Das Gesamtministerium kann durch Beschluß hiefür auch die Zuständigkeit der einzelnen Ministerien begründen und hat dies auch durch die Verordnung betreffend die Ausübung des Begnadigungsrechtes vom 10. Oktober 1919, GVBl. 692, mit Ausnahme der Todesstrafe getan. Hiebei ist durch die Bekanntmachung vom 7. November 1919, GVBl. 796, in Disziplinarsachen zur Gewährleistung der Gleichmäßigkeit ein gewisser Einfluß des Justizministeriums gesichert worden.

Dagegen gibt es kein allgemeines verfassungsmäßiges Dispensationsrecht in anderen Angelegenheiten. Nur in bezug auf privatrechtliche Forderungen des Staates ist nach den Grundsätzen der privaten Vermögensverwaltung die Befugnis der zuständigen Behörden, also auch des Ministeriums, zu Ermäßigungen und Nachlässen anzunehmen (vgl. unten § 56). Einen Sonderfall der Dispensation des Gesamtministeriums bildet die fünfjährige Reichsangehörigkeit für die Aufnahme in den öffentlichen Dienst nach § 68 I S. 2.

15. In unseren Zusammenhang gehört ferner die Zuständigkeit des Gesamtministeriums zur Organisation der Verwaltungsbehörden gemäß VU. § 46 unter Zustimmung, in dringenden Fällen nachträglicher Genehmigung, des Landtags. Das einzelne wurde bereits S. 115 ff. besprochen. Zu betonen ist hier, daß das Ministerium in formeller Beziehung die Prärogative des Königs geerbt hat, in inhaltlicher Beziehung aber der Einfluß des Landtags über das durch die Budgetbewilligung gegebene Maß gestärkt worden ist. Denn das landtägliche Mitwirkungsrecht ist von der staatsfinanziellen Wirkung der neuen Einrichtungen vollkommen unabhängig (vgl. auch §§ 43 Z. 7, 53 Z. 16).

16. Gewisse Befugnisse des Ministeriums endlich können halb als Direktorialzuständigkeiten, halb als Aufgaben der Vollziehung angesehen werden. Sie sind jeweils noch in anderem Zusammenhang zu besprechen und seien daher hier nur aufgezählt:

a) die Vorsorge für einen vorläufigen Haushaltsplan und damit zusammenhängend die vorläufige Steueranordnung (§ 80 II und III: vgl. unten § 59 Z. 8);

b) das Recht zur Aufnahme von Anleihen, die eine Herabsetzung des Schuldenstandes an Kapital oder Verzinsung bewirken, sog. Konvertierungen (§ 47 I; vgl. oben § 22 Z. 7 und unten § 57 Z. 3).

17. Für alle Befugnisse des Ministeriums gilt der Grundsatz, daß sie, soweit dies nicht im Einzelfall anders geregelt ist, von dem Willen des Landtags gänzlich unabhängig sind. Dabei bildet es keinen Unterschied, ob es sich um Direktorial- oder ministerielle Ermächtigungen handelt. Damit nun aber das Ministerium in die Lage versetzt ist, seine verfassungsmäßige Zuständigkeit zu wahren, ist ihm das Mittel der Erhebung des Verfassungsstreits vor dem Staatsgerichtshof an die Hand gegeben (§ 70 I). Wie bereits erwähnt (S. 82), kann allerdings der Landtag mit der Mißtrauenskundgabe antworten und so den Rücktritt des Ministeriums herbeiführen. Man muß aber annehmen, daß damit die Anhängigkeit der Streitsache nicht von selbst aufgehoben wird, da ja der Antrag namens des Organs, nicht namens der einzelnen Funktionäre gestellt wurde (a. A. Rothenbücher 12). Die Rechtslage ist wohl die gleiche wie bei einer Ministeranklage (§ 56 IV). Allerdings wird das neue Ministerium in der Regel veranlaßt sein, seinerseits den Antrag zurückzuziehen. Über das Nähere wird später zu sprechen sein (§ 55 Z. 21 ff.).

Die Erhebung des Verfassungsstreites durch das Ministerium wird wohl als eine Direktorialbefugnis aufzufassen sein, da durch seine Zulassung die Regierung dem Landtag als selbständige Hüterin der Verfassung gegenübergestellt wird.

§ 30.

Die eigentlich ministerielle Zuständigkeit.

Schrifttum: Rothenbücher, Ministerium, passim.

1. Die Stellung des Gesamtministeriums als „oberste vollziehende Behörde des Staates" (§ 4), als Träger der „Leitung der gesamten Staatsverwaltung" (§ 57 I) hat eine Reihe bedeutsamer Folgewirkungen. Zunächst spricht die Verfassung ausdrücklich aus, daß ihm alle Staatsbehörden untergeordnet sind (§ 57 II S. 1).

Daraus ergibt sich in hierarchischer Beziehung, daß die Behördenorganisation eine doppelte Krönung statt. Einerseits führt ihre ressortmäßige Gliederung zu einer Mehrzahl von nebeneinanderstehenden Spitzen in Gestalt der einzelnen Fachministerien, andererseits ist auch eine monokratische Zusammenfassung durch das Gesamtministerium gegeben. Das Nähere wird noch zu besprechen sein (unten § 52 Z. 5 ff.). Hier ist hervorzuheben, daß das Gesamtministerium nicht nur in politischer Beziehung, sondern auch rein verwaltungstechnisch nach gewissen Richtungen hin als geschlossene behördliche Einheit in Erscheinung tritt.

Die hierarchische Überordnung des Gesamtministeriums über die Staatsbehörden kann naturgemäß nur soweit gehen, als überhaupt eine Über- und Unterordnung in Frage kommt. Soweit die Behörden rechtlich selbständig sind, besteht auch kein rechtlicher Einfluß der obersten Staatsbehörde. Dies gilt zunächst von der Unabhängigkeit der Rechtsprechung (§ 57 II S. 2), die sich nicht nur auf die Gerichte beschränkt (§ 5), sondern auch die Verwaltungsrechtspflege umfaßt (§ 71 II). Als Folgerung ist bei der ministeriellen Zuständigkeit zur Entscheidung über Verwaltungsbeschwerden ein ausdrücklicher Vorbehalt zugunsten der Gerichte und Verwaltungsgerichte gemacht (§ 61 Z. 5; vgl. hierüber § 51 Z. 14), ferner das Verbot einer Hemmung anhängiger Streitsachen und strafrechtlicher Untersuchungen, also der sog. Abolition ausgesprochen (§ 69 VI; vgl. auch § 51 Z. 8, 9). Abgesehen von der eigentlichen Rechtspflege ist auch die Unabhängigkeit der Tätigkeit des Rechnungshofes verfassungsmäßig anerkannt (§ 57 II S. 2; vgl. unten § 60 Z. 7). Selbstverständlich scheidet in dem angegebenen Umfang auch die ministerielle Verantwortlichkeit aus.

Der grundsätzlichen Überordnung des Gesamtministeriums über die Staatsbehörden entspricht das Recht der Ernennung der Vertreter der Minister — und zwar der Staatssekretäre als politische Vertreter (allerdings unter Zustimmung des Landtags nach § 58 II), der Staatsräte als beamteter Vertreter (vgl. unten § 31 Z. 10) —, sowie der Vorstände der den Ministerien unmittelbar untergeordneten Behörden (§ 61 Z. 4). Die Bestellung der übrigen Beamtenschaft ist den Einzelministern bzw. den von ihnen beauftragten Behörden überlassen (ebenda).

2. Auch die Oberaufsicht über die Selbstverwaltungsbehörden — nicht nur der Gemeinden und Gemeindeverbände, wie § 57 III zu eng sagt — ist Sache des Gesamtministeriums. (In § 57 III wird der Ausdruck „das Ministerium" gebraucht, womit nur das Gesamtministerium gemeint sein kann.) Das Aufsichtsrecht ist nicht unbeschränkt, wie bei den staatlichen Behörden, sondern an gesetzliche Schranken gebunden (§ 57 III). Darin liegt ja die Eigenart der Selbstverwaltung. Die Einhaltung der Schranken wird von der Verwaltungsgerichtsbarkeit überwacht, der gegenüber Rechtsschutzansprüche gegeben sind (§ 22 IV). — Vgl. auch § 52 Z. 14.

3. Zur Durchführung ihrer Aufgaben haben das Gesamtministerium sowie die Einzelministerien zunächst das Recht der Dienstanweisung und der Dienstaufsicht. Die Dienstanweisung kann entweder einen Einzelfall oder eine Mehrzahl von Einzelfällen betreffen, der Dienstbefehl, oder sie kann einen allgemeinen Tatbestand erfassen, die sog. Verwaltungsverordnung. Die Verfassung erwähnt nur einen Sonderfall der letzteren, die allgemeine Verwaltungsverordnung, und beruft zu ihrer Erlassung das Gesamtministerium, wobei insbesondere an organisatorische Vorschriften gedacht ist (§ 61 Z. 6). Näheres s. unten § 53.

Dienstanweisungen konkreter oder allgemeiner Natur können nicht nur an die Staatsbehörden, sondern auch an die Selbstverwaltungsorgane ergehen, soweit ihnen vom Staat Angelegenheiten zur Verwaltung übertragen sind (§ 22 I S. 2).

Die Dienstaufsicht ist den Ressortministerien überwiesen und begreift das Recht der Entscheidung über Beschwerden in sich, soweit nicht die Zuständigkeit der Gerichte oder Verwaltungsrechtspflege in Betracht kommt (§ 61 Z. 5). Auch hier stehen die Selbstverwaltungskörper in bezug auf die sog. übertragenen Angelegenheiten den Staatsbehörden gleich (§ 22 II).

4. Der Durchführung der Gesetze und insofern der Vollziehung dienen auch die sog. Rechtsverordnungen (Näheres unten § 53 Z. 6 ff.). Im Gegensatz zu den nur an den behördlichen Apparat gerichteten Verwaltungsverordnungen schaffen sie materielle Rechtssätze, die die Einzelnen im Staat binden. Insofern stehen sie den Gesetzen gleich und daraus erklärt sich die Scheu, der Regierung eine allgemeine Ermächtigung zu ihrer Erlassung zu erteilen. § 61 Z. 7 sagt daher ausdrücklich: „Rechtsverordnungen können durch das Gesamtministerium oder die einzelnen Minister nur auf Grund gesetzlicher Ermächtigung erlassen werden."

Aus dieser Bestimmung ergibt sich nun eine sehr wichtige, vielleicht von den Verfassungsgesetzgebern nicht bedachte Folgerung. § 74 VU. stellt die Regel auf, daß Rechtsnormen nur im Wege der Gesetzgebung erlassen, abgeändert oder aufgehoben werden können. § 61 Z. 7 gestattet hiervon eine Ausnahme durch Zulassung von Rechtsverordnungen, aber nur zugunsten der Ministerien. Da nun die Gesetzgebung ein Recht des Landtags ist (§ 44) und Rechte des Landtags nur übertragbar sind, soweit die Verfassung es vorsieht (§ 3 II), kann künftighin im Weg der gewöhnlichen Gesetzgebung ein Verordnungsrecht anderer Behörden nicht mehr begründet werden. Bereits bestehende Verordnungsrechte bleiben aber davon gemäß § 94 unberührt; das ist besonders wegen des Polizeiverordnungsrechtes von großer praktischer Bedeutung (Näheres über die Rechtsverordnungen unten § 53).

Eine besondere Frage ist die Nachfolge in das in älteren Gesetzen vorgesehene Königliche Verordnungsrecht; darüber vgl. unten § 31 Z. 7.

5. Zur Durchführung der Staatsverwaltung gehört ferner der Abschluß von Vereinbarungen mit anderen Staaten und zwar dem Reich, den Ländern und auswärtigen Staaten sowie mit dem päpstlichen Stuhl. Soweit es sich um Staatsverträge handelt, ist, wie wir gesehen haben (S. 119 ff.), die Entscheidung des Landtags erforderlich, Verwaltungsvereinbarungen dagegen stehen dem Ministerium, und zwar im Rahmen ihres Wirkungskreises sowohl dem Gesamtministerium wie den Einzelministerien zu (vgl. § 29 Z. 2).

6. Mannigfache Zuständigkeiten erwachsen dem Ministerium aus der Durchführung der Staatsverwaltung in finanzieller Beziehung. Maßgebend ist der Haushaltsplan (§ 61 Z. 1), für dessen Vollzug im einzelnen das Fachministerium, im ganzen das Finanzministerium verantwortlich ist (§ 61 Z. 10 und 11). Das Einzelne ist noch ausführlich zu besprechen (s. unten § 60 Z. 3).

7. Aus unseren ganzen bisherigen Betrachtungen ergibt sich eine ständige Berührung des Gesamtministeriums wie der einzelnen Minister mit dem Landtag. Dabei handelt es sich nicht nur um den Vollzug der Landtagsbeschlüsse (§ 57 I), sondern darüber hinaus um eine mannigfache Mitwirkung an seiner Tätigkeit. Sahen wir doch, daß die Regierung rechtlich und politisch durchaus nicht nur auf eine Hilfstätigkeit gegenüber der Volksvertretung beschränkt ist (S. 76, 80 ff., 197 ff.). Hier sind nur mehr noch einige formelle Bestimmungen, die diese Mitwirkung betreffen, anzuführen.

Die Vorlagen für den Landtag, insbesondere die Gesetzentwürfe, sind von jedem Ministerium für seinen Geschäftskreis zu bearbeiten (§ 61 Z. 9). Sind mehrere Ministerien beteiligt, so müssen sie dabei zusammenwirken. Die Einbringung der Vorlagen dagegen ist stets Sache des Gesamtministeriums, das darüber Beschluß zu fassen hat (§ 61 Z. 8).

Für die weitere Behandlung der Vorlagen wie auch der von Seite des Landtags selbst oder von anderer Seite ausgehenden Anträge ist es wichtig, daß die Minister das Recht haben, an den Landtagsverhandlungen selbst oder durch Bevollmächtigte in intensivster Weise teilzunehmen; das Nähere wurde bereits oben besprochen (S. 169). Als Gegenstück ist ihre weitgehende Auskunftspflicht vorgesehen (oben S. 125, 165, 174).

§ 31.

Die Zusammensetzung und Gliederung des Ministeriums.

Schrifttum: Rothenbücher, Ministerium bes. 25 ff.; Piloty, Recht 1919, 361 ff.

a) Zusammensetzung.

1. Das Gesamtministerium besteht aus dem Ministerpräsidenten und den übrigen Ministern (§ 58 I). Die Zahl der Minister ist verfassungsmäßig nicht bestimmt. Auch aus den sonstigen Rechtsnormen läßt sich eine feste Zahl nicht entnehmen. Dagegen ist eine Höchstzahl von Ministern dadurch gegeben, daß die einzelnen Ministerstellen jeweils festgelegt sind. Denn jeder Minister muß ein Ressort haben, es gibt in Bayern keine „Minister ohne Portefeuille". § 58 III S. 1 BU. sagt: „Jeder Minister hat einen bestimmten Geschäftskreis zu verwalten." D. h. er muß an der Spitze einer Behörde stehen, die als „Ministerium" bezeichnet wird. Auch der Ministerpräsident muß zugleich Ressortminister sein.

Wie wird nun festgelegt, wieviel Ministerien es gibt? BU. bestimmt in § 58 III S. 2 und 3: „Alle Geschäfte der Staatsverwaltung sind nach Maßgabe der Gesetze vom Gesamtministerium unter die Ministerien zu verteilen. Die Verteilung ist im Gesetz- und Verordnungsblatt bekannt zu machen."

Man könnte zunächst versucht sein, daraus abzuleiten, daß das Gesamtministerium die Zahl der Einzelministerien durch einfachen Beschluß festsetzen kann. Dem stehen aber zwei Momente entgegen. Einerseits bedeutet die Aufstellung oder Einziehung eines Ministeriums die „Einrichtung oder Veränderung von Behörden". Eine darauf gerichtete Verordnung unterliegt aber nach § 46 der Genehmigung oder Bestätigung durch den Landtag. Andererseits berührt jede bezügliche Verfügung den Haushaltsplan und muß wieder aus diesem Grunde der Beschlußfassung der Volksvertretung unterzogen werden (§ 79 II). Daraus folgt, daß die Zahl der Ministerien durch Beschlüsse des Landtags und des Gesamtministeriums festgelegt ist.

Dermalen bestehen acht Ministerien:

das Staatsministerium des Äußeren (Verordnung vom 9. Dezember 1825, RBl. 977),

das Staatsministerium der Justiz (ebenso),

das Staatsministerium des Innern (ebenso),

das Staatsministerium für Unterricht und Kultus (Verordnung vom 27. Februar 1847, RBl. 169),

das Staatsministerium der Finanzen (Verordnung vom 9. Dezember 1825, RBl. 977),

das Staatsministerium für Soziale Fürsorge (Verordnung vom 14. November 1918, GVBl. 1232),

das Staatsministerium für Handel, Industrie und Gewerbe (Verordnung vom 3. April 1919, GVBl. 127),

das Staatsministerium für Landwirtschaft (Verordnung vom 1. April 1919, GVBl. 125).

Demgemäß kann es in Bayern einschließlich des Ministerpräsidenten höchstens acht Minister geben; aber die Zahl kann auch geringer sein, indem ein Minister mehrere Ressorts verwaltet, was bisher seit dem Umsturz bis zum Herbst 1922 stets der Fall war. Die Staatssekretäre sind nicht Mitglieder des Gesamtministeriums; auch wenn der Minister, dem sie als ständiger politischer Stellvertreter beigegeben sind (§ 58 II S. 1), zwei Ministerien verwaltet und die Leitung eines derselben seinem Staatssekretär zugewiesen hat, nimmt dieser nicht als vollberechtigtes Mitglied an den Beschlüssen des Gesamtministeriums teil. Nur wenn der Minister selbst verhindert ist, kann der Staatssekretär vertretungsweise seine Stimme führen (vgl. auch unten).

Die Tragweite des § 58 III S. 2 besteht also nicht darin, daß das Gesamtministerium durch eigenen Beschluß neue Ministerien errichten oder alte aufheben kann, sondern nur darin, daß es die Geschäftsverteilung zwischen den gegebenen Ministerien ändern kann, soweit dies „nach Maßgabe der Gesetze" zulässig ist, soweit also keine gesetzlichen oder gesetzesvertretenden Bestimmungen im Wege stehen; vgl. als eine derartige Maßnahme die Verordnung vom 7. August 1920, GVBl. 403, über die Aufhebung des Staatsministeriums für Verkehrsangelegenheiten und die Gliederung der Staatsministerien, und die Bekanntmachung hiezu vom 7. August 1920, GVBl. 405.

2. Aus dem Vorausgegangenen ergibt sich weiter, daß das Gesamtministerium nicht etwa gleich der Gesamtheit der Ministerien, sondern gleich der Gesamtheit der Minister ist; es gleicht in dieser Beziehung der Reichsregierung, die Landesgesetzgebung spricht auch öfters von Staatsregierung, die RV. bekanntlich von Landesregierung (an einer Stelle gebraucht übrigens auch die VU. den Ausdruck „Regierung" — § 61 Z. 8). Seine Mitglieder sind also nicht die Behörden, sondern die Personen. Soll die Gesamtheit der Ministerien als Behörden bezeichnet werden, so muß verfassungsmäßig korrekt entweder von „sämtlichen Ministerien" gesprochen werden oder eine Einzelaufzählung erfolgen. In einem solchen Fall kann auch ein Staatssekretär oder Staatsrat, dem ein Ministerium zur dauernden Verwaltung überwiesen ist, für dieses selbständig zeichnen, während der Minister, dem er beigegeben ist, gleichzeitig nur für das von ihm selbst geführte zweite Ressort unterschreibt.

Die Praxis ist sich über diese staatsrechtlichen Unterschiede durchaus nicht klar. Gewöhnlich wird unrichtigerweise, wenn es sich um Akte des Gesamtministeriums handelt, auch der dauernd mit der Leitung eines Ressorts betraute Staatssekretär oder sogar der tatsächlich an Stelle des Ministers leitende Staatsrat als gleichberechtigtes Mitglied behandelt, so z. B. bei der Ausfertigung von Gesetzen — vgl. GVBl. 1921 S. 2, 26, 31, 34, 60 usw. — oder bei Verordnungen — vgl. GVBl. 1921 S. 15, 27, 85, 102, 107 usw.; ferner wird auch häufig der Fehler gemacht, daß an Stelle der Minister Beamte unterzeichnen, die nicht als Staatsräte bestimmungsgemäß zur Vertretung des Ministers (§ 66 II), sondern nur zur Vertretung des Ministeriums als Behörde berufen sind; vgl. GVBl. 519, 520 v. J. 1921, 345 v. J. 1922; die Rechtsgültigkeit solcher Verordnungen ist zu bezweifeln. Richtig ist beispw. die Unterzeichnung der Verordnung vom 6. Oktober 1921, GVBl. 487, bei der der Ministerpräsident gleichzeitig für das von ihm geleitete Justizministerium unterfertigt hat — allerdings gab es damals keinen Staatssekretär; richtig behandelt sind beispw. die Erlasse sämtlicher Staatsministerien (GVBl. 1921 S. 373, 377, 378, 399, 545). Eine besonders krasse Verwechslung liegt in der Verordnung vom 27. März 1922, GVBl. 215, über die vorläufigen Haushaltspläne für 1921 und 1922 vor, die von „sämtlichen Staatsministerien" statt verfassungsgemäß vom Gesamtministerium erlassen ist; ebenso in der Verordnung vom 26. April 1922, GVBl. 270, über die Errichtung einer bayerischen Gesandtschaft in Stuttgart, die andererseits korrekt nur 7 Unterschriften trägt; dann in der Verordnung vom 17. Juni 1922, GVBl. 340, über das topographische Büro (vgl. weiter unten Z. 8).

b) Gliederung.

3. Daß die zeitliche Gliederung des Gesamtministeriums keine ähnliche Rolle spielt, wie die zeitliche Gliederung des Landtags, wurde bereits festgestellt (S. 191). Der Grund liegt offenbar in der Vermischung des Gesamtministeriums als konkrete Vereinigung der Träger der Regierung und als verfassungsmäßige Dauereinrichtung, wozu dann noch als dritter Faktor die Verwechslung mit der Gesamtheit der Ministerien als Behörden hinzutritt. In Frage kommt also nur die organische Gliederung.

Es ist zu unterscheiden zwischen dem Gesamtministerium, dem Ministerpräsidenten, den einzelnen Ministern und den einzelnen Ministerien. Hiebei ist die Frage der Zuständigkeit und die des Zusammenwirkens zu erörtern.

4. Grundsätzlich spricht die Vermutung zugunsten der Zuständigkeit der einzelnen Ministerien als Behörden und damit zugleich der einzelnen Minister als deren Leiter. „Das Gesamtministerium erledigt die ihm durch diese Verfassung, die Gesetze und allgemeinen Verordnungen zugewiesenen Aufgaben. Alle übrigen Aufgaben sind . . . von den einzelnen Ministerien zu erfüllen" (§ 61 Z. 2 S. 1 und 2). Unter allgemeinen Verordnungen sind wohl Rechts- und Verwaltungsverordnungen zu verstehen, die, soweit sie nicht aus früherer Zeit stammen, zum größten Teil vom Gesamtministerium ausgehen werden, da ein Einzelministerium kaum in die Lage kommen wird, dem Gesamtministerium Aufgaben zu übertragen. Infolgedessen bestimmt das Gesamtministerium in der Regel seine Zuständigkeit im Rahmen der Gesetze selbst, ist aber natürlich auch an die von ihm selbst erlassenen Zuständigkeitsnormen bis zu ihrer Abänderung gebunden. Eine verfassungsmäßig ausdrücklich festgelegte Regel geht jedoch dahin, daß das Gesamtministerium alle einzelnen Angelegenheiten, die von allgemeiner politischer Bedeutung sind, an sich ziehen kann (§ 61 Z. 2 S. 3). Dadurch ist praktisch die Zuständigkeitsregel in allen wichtigen Fragen in ihr Gegenteil verkehrt.

5. Die einzelnen Fälle, in denen die Verfassung selbst die Zuständigkeit des Gesamtministeriums begründet, sind folgende:

a) Vertretung Bayerns nach außen, soweit nicht ein besonderes Ministerium damit betraut ist (§ 61 Z. 3); daraus folgt u. a. auch die Bestimmung der bayerischen Mitglieder des Reichsrats und die Erteilung ihrer Instruktionen. Nach der Reichsverfassung soll jedes Land durch Mitglieder seiner Regierung vertreten sein, das bedeutet für Bayern durch seine Minister, vielleicht noch Staatssekretäre. Da Bayern 10 Stimmen hat, muß ein Minister mehrere Stimmen führen. Durch die Berufung des Gesamtministeriums zur Bestellung der Vertreter im Reichsrat ist es auch gegeben, daß die Stimmen einheitlich abgegeben werden müssen, da das Gesamtministerium als Einheit die

Verantwortung trägt. Die Einrichtung der stellvertretenden Bevollmächtigten (GO. des Reichsrates vom 20. November 1920 § 6) führt dazu, daß normalerweise diese die Stimmen führen (vgl. zu der ganzen Frage: Der föderative Gedanke 156 f.);

β) Beschlüsse über die Regierungsvorlagen an den Landtag (§ 61 Z. 8);

γ) Ermächtigung eines Ministers zur Vertretung von Vorlagen eines anderen Geschäftskreises gegenüber dem Landtag (§ 65 II);

δ) Herbeiführung der Volksentscheidung gegen Gesetzesbeschlüsse des Landtags (§ 77 II), des Regierungsreferendums; Entgegennahme von Volksbegehren, wenn der Landtag nicht versammelt ist (§ 10 II);

ε) Ausfertigung und Verkündung der Landesgesetze gemeinsam mit dem Landtagspräsidenten (§ 62 I);

ζ) Anordnung von Neuwahlen, wenn die Auflösung des Landtags erfolgt oder die Landtagsdauer abgelaufen ist, soweit das Gesamtministerium nicht einen Minister damit betraut (§ 65 V);

η) Ernennung des Ministers, der den Ministerpräsidenten für die ihm als solchen vorbehaltenen Geschäfte vertritt (§ 58 IV), Ernennung der politischen (§ 58 III) und beamteten Vertreter der Minister, der Staatssekretäre im Benehmen mit dem Landtag (§ 58 III) und der Staatsräte (§ 66 II) ohne dieses Einvernehmen (§ 61 Z. 4);

ϑ) Verteilung der Geschäfte der Staatsverwaltung unter die einzelnen Ministerien (§ 58 III);

ι) Vorlage des Haushaltsplans (§ 48), Beschluß über den vorläufigen Haushaltsplan und die vorläufige Steueranordnung (§ 80 II und III), Einspruch gegen Erhöhung der Ausgaben über den Plan (§ 81), Vorlage der Staatsrechnung (§ 49) und des Prüfungsberichts des Rechnungshofes (§ 84 III);

κ) Sorge für die Sicherheit des Staates gegenüber äußeren und inneren Gefahren (§ 64);

λ) Erlassung der organisatorischen Verordnungen (§ 61 Z. 6), der Notverordnungen, der ausdrücklich zugewiesenen Rechtsverordnungen (§ 61 Z. 7);

μ) Überordnung über alle Staatsbehörden und Selbstverwaltungskörper neben der Überordnung der Fachministerien (§ 57 II und III); daraus folgend Zuständigkeit zur Entscheidung von Zuständigkeitsstreitigkeiten (Kompetenzkonflikten) zwischen Verwaltungsbehörden verschiedener Ressorts;

ν) Ernennung der Vorstände der den Ministerien unmittelbar untergeordneten Behörden (§ 61 Z. 4);

o) Beschluß über Ausnahmen von dem Erfordernis fünfjähriger Reichsangehörigkeit bei Anstellung im Staatsdienst (§ 68 I);

ξ) Begnadigung einzelner Personen, soweit dies Recht nicht den Einzelministern überlassen ist, also bei Todesstrafe (oben S. 216);

π) Entscheidung über Gehaltsvorrückungen und Beförderungsmöglichkeiten sowie Gleichwertigkeit und Gleichartigkeit einer Stelle beim Rücktritt eines Beamter gewesenen Ministers (§ 60 IV in der Fassung vom 9. Januar 1923, GVBl. 12).

6. Die Fälle, in denen die Verfassung die Zuständigkeit der Einzelministerien bzw. der einzelnen Minister ausdrücklich erwähnt, sind folgende:

α) Ernennung der Beamten der Ministerien, abgesehen von den Stellvertretern der Minister, und der übrigen Beamten, abgesehen von den Vorständen der den Ministerien unmittelbar untergeordneten Behörden, mit dem Recht der Übertragung des Ernennungsrechtes an untergeordneten Stellen (§ 61 Z. 4);

β) Dienstaufsicht über die Behörden und Beamten des Dienstzweiges (§ 61 Z. 5);

γ) Erlaß spezieller Verwaltungsverordnungen (§ 61 Z. 6) und von Rechtsverordnungen auf Grund besonderer Ermächtigung (§ 61 Ziff. 7);

δ) Entscheidung über Verwaltungsbeschwerden im Bereich des Ressorts (§ 61 Z. 9);

ε) Bearbeitung der Gesetzentwürfe ihres Geschäftskreises (§ 61 Z. 9);

ζ) Entwurf des Haushaltsplans ihres Geschäftskreises und Verantwortlichkeit für den Vollzug (§ 61 Z. 10); das Finanzministerium hat den Gesamthaushaltsplan aufzustellen und seinen Vollzug zu überwachen (§ 61 Z. 11); daraus erwächst ein entscheidender Einfluß dieser Stelle auf die Gebarung aller übrigen Ressorts (vgl. unten §§ 59 Z. 1, 60 Z. 3).

7. Eine besondere Frage ergibt sich daraus, daß die ältere Gesetzgebung ein besonderes Verordnungsrecht des Königs kennt. Auf wen ist dieses Recht nunmehr übergegangen?

Wie bereits mehrfach betont, regelt die bayerische Verfassung die Rechtsnachfolge nach den obersten Organen des alten Staates nicht. Es muß daher bei jedem Punkt gefragt werden, welchem Faktor hat das neue Recht die früher von einem nunmehr ausgefallenen Organ eingenommene Zuständigkeit übertragen? Man könnte zunächst mit

Rücksicht auf § 31 (vgl. oben S. 108 ff.) an den Landtag denken. Aber dem muß wohl entgegengehalten werden, daß bei der Ermächtigung des Königs zur Erlassung von Rechtsnormen an eine Machtübertragung seitens der Gesetzgebung an das oberste vollziehende Organ gedacht war. Diese Funktion fällt aber heute gemäß § 4 dem Gesamtministerium zu. So wird man zunächst ohne weiteres geneigt sein, diesem die Nachfolge einzuräumen (Rothenbücher 7).

Immerhin ist noch eine andere Gedankenführung möglich. Wie wir gesehen haben, streitet nach § 61 Z. 2 die Vermutung zugunsten der Zuständigkeit des Einzelministeriums gegen das Gesamtministerium. Bei dem königlichen Verordnungsrecht der früheren Zeit handelt es sich nun im wesentlichen um drei Fälle: 1. die Organisatorischen Verordnungen, 2. die Notverordnungen, 3. die Polizeiverordnungen (Polizeistrafgesetzbuch Art. 1). Bezüglich der ersten beiden Verordnungsarten ist in der neuen Verfassung die Zuständigkeit des Gesamtministeriums vorgesehen (vgl. oben S. 225). Also, könnte man schließen, fallen die nicht erwähnten Polizeiverordnungen in den Wirkungskreis der Einzelministerien.

Man wird nicht fehlgehen, wenn man sich dieser Ansicht anschließt. Es läßt sich durchaus nicht behaupten, daß heute das Gesamtministerium überall an die Stelle des Königs als oberstes Organ der Vollziehung getreten sei. Vielmehr stellt die neue Verfassung grundsätzlich das Einzelministerium neben das Gesamtministerium, wie gerade die verfassungsmäßige Zuständigkeitsvermutung zugunsten des ersteren (§ 61 Z. 2) beweist. Ist dem aber so, so entspricht die Aufteilung, die sich bei Anschluß an die zweite Ansicht ergibt, durchaus dem in der Verfassung bewußt und unbewußt befolgten Grundsatz, Fragen von allgemeiner politischer Bedeutung dem Gesamtministerium, Ressortfragen dem Einzelministerium zuzuweisen. Organisationsverordnungen und Notverordnungen bzw. die teilweise an Stelle der letzteren getretenen Ausnahmsverordnungen haben eine allgemeine politische Bedeutung; daher ist für sie die Zuständigkeit des Gesamtministeriums die gegebene. Polizeiverordnungen aber haben in erster Linie Ressortinteresse und dafür ist das Einzelministerium die berufene Stelle. Nimmt eine Polizeiverordnung jedoch ausnahmsweise einen politischen Charakter an, dann steht ja dem Gesamtministerium gemäß § 61 II S. 2 die Befugnis zu, die Entscheidung an sich zu ziehen (vgl. oben S. 224).

Die herrschende Praxis ist gegenteiliger Anschauung und nimmt die Zuständigkeit des Gesamtministeriums an, vgl. beispw. Verordnung über das Gestütswesen vom 16. Februar 1922, GVBl. 171, über Abgabe von Quellstiften in Apotheken vom 24. Februar 1922, GVBl. 193, über Errichtung von Bauten für Umspanner vom 5. Mai 1922, GVBl. 277 u. dgl.

8. Was das Zusammenwirken der einzelnen Faktoren anbetrifft, so ist zwischen dem Gesamtministerium, also der Landes- oder Staatsregierung, auf der einen Seite und der Gesamtheit der Ministerien auf der anderen Seite zu unterscheiden. Handelt es sich um den letzteren Fall, so ergibt sich volle Gleichberechtigung aller acht Stellen und daher mangels entgegenstehender Vorschrift, Notwendigkeit der Einigung aller. Kommt eine solche nicht zustande, so kann die Entscheidung durch das Gesamtministerium als des einheitlich verantwortlichen Organs getroffen werden. Die Frage der Vertretung der einzelnen Ministerien richtet sich nach ihrer inneren Geschäftsordnung, es ist daher durchaus möglich, daß ein nicht zur Vertretung des Ministers als solchen berufener Beamter das Ministerium als Behörde vertritt.

Anders, sofern das Gesamtministerium, die Regierung, zuständig ist. Für diesen Fall bestehen besondere verfassungsmäßige Bestimmungen. Nach § 63 VU. ist das Gesamtministerium eine kollegiale Behörde; in allen Angelegenheiten, über die es zu beschließen hat, entscheidet Stimmenmehrheit der anwesenden Minister. Ist ein Minister an der Teilnahme verhindert, so tritt sein Vertreter an seine Stelle; das gleiche gilt von der Erledigung eines Ministeriums. Die Vertretung kann nur einem (politischen) Staatssekretär oder einem (unpolitischen, beamteten) Staatsrat übertragen werden (§ 66 II).

Wenn ein Minister mehrere Ministerien führt, so hat er gleichwohl nur eine Stimme; die anderweitige Praxis im Ministerium Hoffmann (vgl. Piloty 137 Anm. 9) war fehlerhaft (a. A. Piloty, Recht 1919, 361). Auch ein etwa mit der selbständigen Leitung eines Ministeriums betrauter Staatssekretär oder Staatsrat ist nicht berufen, neben dem Minister zu stimmen. Diese Folgerungen ergeben sich daraus, daß das Gesamtministerium aus der Gesamtheit der Minister, nicht der Ministerien besteht (vgl. oben S. 222). Fraglich kann nur sein, wie es zu halten ist, wenn der mehrere Ressorts leitende Minister an der Beteiligung verhindert ist. Falls für einen solchen Fall keine einheitliche Vertretung vorgesehen ist, bleibt kein Ausweg, als die Vertreter in jedem Ministerium für sich stimmen zu lassen. Es liegt eben dann der gleiche Fall vor, wie wenn ein Ministerium erledigt ist (§ 66 II).

Die Kehrseite der kollegialen Verfassung des Gesamtministeriums ist seine Gesamtverantwortlichkeit (§§ 4 S. 2, 53 S. 1, 59 II a. A.). Geltend gemacht werden kann diese Gesamtverantwortlichkeit allerdings nur durch die Kundgabe des Mißtrauens (§§ 55 I, 59 II S. 2). Sie hat den Rücktritt des Gesamtministeriums zur Folge (ebenda). Mit der Gesamtverantwortlichkeit steht auch die Befugnis in Zusammenhang, die Entscheidung über Angelegenheiten von allgemeiner politischer Bedeutung an sich zu ziehen (§ 61 Z. 2 S. 3). Das Gesamtministerium kann zur Rechenschaft gezogen werden, wenn es von dieser Befugnis keinen Gebrauch gemacht hat. Aus der Gesamtverantwortlichkeit des Gesamtministeriums kann sich auch eine Einzelverantwortlichkeit des Einzelministers ergeben, für die dann auch die anderen Mittel der Geltendmachung der Verantwortlichkeit, insbesondere die Ministeranklage, in Betracht kommen (vgl. oben S. 124 ff., unten § 32 Z. 6).

9. Innerhalb des Gesamtministeriums nimmt der Ministerpräsident eine besondere Stellung ein. Hier zeigt sich wieder die Natur des Gesamtministeriums als Kollegium der Gesamtheit der Minister. Es gibt kein Ministerpräsidium als eigene Behörde, als eigenes Ressort, es gibt vielmehr nur einen Ministerpräsidenten als Person, als Funktionär des Gesamtministeriums. Deswegen muß ja der Ministerpräsident gemäß § 58 III S. 1 ein Fachministerium führen. „Der Ministerpräsident hat den Vorsitz und Stichentscheid im Gesamtministerium und überwacht den Vollzug der Beschlüsse" (§ 62 II). Er hat also grundsätzlich nur die Stellung eines Ersten unter Gleichen. Das zeigt sich besonders auch darin, daß als Vertreter „für die ihm vorbehaltenen Geschäfte" einfach ein anderer Minister durch Beschluß des Gesamtministeriums bestellt wird (§ 58 IV). An dieser grundsätzlichen Stellung ändert auch nichts, daß er bei Staatsverträgen allein für das Ministerium neben dem Landtagspräsidenten auszufertigen und zu verkündigen hat (§ 62 I). Denn hier handelt es sich nur um eine technische Maßregel; die Zahl der Unterschriften soll in diesem Fall nicht zu groß sein, eine sachliche Entscheidung steht ja nicht in Frage, vielmehr nur eine Beurkundungsfunktion. Ebensowenig bedeutsam ist es, daß ein Antrag auf Kundgabe des Mißtrauens, auch wenn sie sich nur gegen einen einzelnen Minister richtet, dem Ministerpräsidenten sofort schriftlich mitzuteilen ist ((§ 55 II); auch hier fungiert er ja nur als Vorsitzender des Gesamtministeriums. Übrigens ist eine gleiche Mitteilung für die beiden anderen Arten der Geltendmachung der Verantwortlichkeit der Einzelminister, für Rechenschaftsforderung und

Ministeranklage, nicht vorgeschrieben. Wohl aber gibt es einzelne Bestimmungen, die die Stellung des Ministerpräsidenten über die eines Ersten unter Gleichen, eines „Erstministers", herausheben.

In Frage kommt hier einmal die Bestimmung, die ihm das Recht gibt, „in allen Staatsangelegenheiten sich durch Beamte aller Ministerien und durch sonstige von ihm hierzu berufenen Personen beraten zu lassen" (§ 62 III). Auf diese Weise kann er u. a. die Schranken der Ressorts durchbrechen und sich unmittelbar bei den Referenten der einzelnen Ministerien über den Kopf der zuständigen Minister hinweg Aufklärungen verschaffen (a. A. Rothenbücher 35). Ferner ist er in die Lage versetzt, eine Art von aus wechselnden Mitgliedern gebildeten Staatsrat ins Leben zu rufen, der ihm persönlich zur Seite steht (Bericht d. Verf.-Aussch., Beil. 330 S. 4).

Viel wichtiger ist sein bereits in den Grundzügen dargelegter Einfluß auf die Bildung der konkreten Regierung (S. 84, 123 f.). Wir sahen, daß der Landtag zunächst den Ministerpräsidenten wählt und zwar mit Zustimmung der Mehrheit der gesetzlichen Mitgliederzahl (§ 58 I S. 2 und 3). Der Ministerpräsident muß also eine unbedingte Mehrheit hinter sich haben, er ist gewissermaßen Vertrauensmann des ganzen Landtags, genauer gesagt, der zur Regierungsmehrheit zusammengeschlossenen Parteienkoalition. Ganz anders vollzieht sich die weitere Regierungsbildung. Hier liegt der entscheidende Vorschlag in der Hand des Erstministers. Er muß zunächst im Einvernehmen mit den Koalitionsparteien eine Ministerliste aufstellen, die dann als Vorschlag für die Vollversammlung gilt. Die Männer, die er vorschlägt, sind also nicht nur die Vertrauenspersonen der Mehrheit, sondern auch die Männer seines Vertrauens. Er bildet sein Kabinett. Deswegen wird auch seitens des Landtags in der Praxis über die Vorschlagsliste gar nicht abgestimmt (vgl. oben S. 123), sondern einfach davon Kenntnis genommen; die formelle Bestellung ist ohnedies Sache des Ministerpräsidenten (§ 58 I S. 5). Wenn es aber tatsächlich zur Abstimmung käme, was verfassungsmäßig durchaus zulässig wäre (§ 58 I S. 4 und 5), so findet diese über die Liste als Ganzes und ohne besonderes Mehrheitserfordernis statt.

Diesem rechtlichen Einfluß des Ministerpräsidenten auf die Ernennung der Minister entspricht kein rechtlicher Einfluß auf ihr Verbleiben. Eine ähnliche Möglichkeit, wie sie die Reichsverfassung dem Reichskanzler zur Verfügung stellt, die Entlassung der Minister zu beantragen (Art. 53), steht dem bayerischen Ministerpräsidenten nicht zu Gebote. Wenn daher ein Minister das Vertrauen des Erstministers eingebüßt hat, ohne daraus von selbst die Folgerungen zu ziehen, so bliebe dem Ministerpräsidenten nichts anderes übrig, als sich entweder damit abzufinden oder selbst seinen Rücktritt zu erklären. Dieser hat dann den Rücktritt aller übrigen Minister zur Folge. Das ist zwar nicht ausdrücklich bestimmt, folgt aber ohne weiteres daraus, daß der neu zu wählende Ministerpräsident eine (neue) Vorschlagsliste über seine Kollegen zu machen hat. Besitzt der Ministerpräsident nach wie vor das Vertrauen der Mehrheit, so wird er einfach wieder gewählt werden und bei der Neubildung den ihm nicht mehr genehmen Partner ausschiffen. Eine andere Möglichkeit wäre auch die, daß der Ministerpräsident eine Mißtrauenskundgebung gegen den betreffenden Minister mittelbar anregt; nur trägt diese, wie oben hervorgehoben (S. 124 ff.), das Odium einer Art von Aburteilung eines Beschuldigten an sich. Jedenfalls kann der Ministerpräsident so oder so sein Ziel nur auf mühsamen und störenden Umwegen erreichen.

Zusammengefaßt läßt sich sagen, daß die überragende Stellung des Ministerpräsidenten sich im wesentlichen in der Bildung der Regierung erschöpft, während gegenüber der einmal gebildeten Regierung nur noch schwache Überbleibsel in Erscheinung treten. Vor allem ist der Ministerpräsident als solcher nicht Vertreter des Gesamtministeriums, weder gegenüber dem Reich noch gegenüber dem Landtag (Rothenbücher 35).

10. Aus der Verfassung ergeben sich einige Bestimmungen über den inneren Aufbau der Einzelministerien, die zum Schluß noch erwähnt werden sollen.

An der Spitze jedes Ministeriums steht ein Minister (§ 58 III S. 1), wobei es zulässig ist, daß ein Mann mehrere Ministerien leitet.

Die Vertretung des verhinderten oder wegen Erledigung der Stelle noch nicht berufenen Ministers kann nur entweder einem anderen Minister oder einem Staatssekretär oder einem Staatsrat übertragen werden. Staatssekretäre sind politische Stellvertreter (vgl. oben S. 123, 128 f.), Staatsräte beamtete. Die Staatssekretäre werden auf Vorschlag des Ministers, den sie vertreten sollen, berufen; es handelt sich also — anders wie bei dem Stellvertreter des Ministerpräsidenten (oben S. 229) — um Vertrauenspersonen des Antragstellers. Auch ihre Entlassung erfolgt auf Vorschlag des Vertretenen. Die Ernennung und Entlassung wird durch das Gesamtministerium im Einvernehmen mit dem Landtag vollzogen (§ 58 II). Die Staatsräte sind Berufsbeamte, sie gehören der obersten Stufe des Personalkörpers an

(Beamtenbesoldungsgesetz vom 2. Juni 1922, GVBl. 275, Anlage 1; vgl. Reindl, BayZfR. 1920, 57). Der Titel entstammt der alten Einrichtung des königlichen Staatsrates, dessen Mitglieder er bezeichnete, hat aber nach der Umwälzung einen vollkommenen Bedeutungswandel vollzogen. Auch die Staatsräte werden vom Gesamtministerium, aber ohne Mitwirkung des Landtags ernannt (§ 61 Z. 4 a. A.).

Das übrige Personal der Ministerien besteht aus Beamten der verschiedenen Kategorien, seine Ernennung ist Sache des betreffenden Ministers (§ 61 Z. 4 S. 2).

§ 32.

Die Rechtsstellung der Minister und Staatssekretäre.

Schrifttum: Rothenbücher, Ministerium bes. 37 ff.

1. Die Minister und Staatssekretäre sind keine Staatsbeamten im Sinne des Beamtengesetzes, wie auch aus VU. § 60 deutlich hervorgeht, sondern staatliche Funktionäre eigener Art, sui generis, deren rechtliche Stellung grundsätzlich in der Verfassung geregelt ist. Aus diesem Grunde findet das Beamtengesetz nicht einmal subsidiär auf sie Anwendung, sondern höchstens in den Fällen, in denen ein besonderer Grund hiefür gegeben ist.

Das Wesentliche des Beamtenrechtsverhältnisses, wie es sich in Deutschland in eigenartiger Entwicklung herausgebildet hat, ist die Vereinigung eines allgemeinen Dienstverhältnisses, auf Grund dessen der Beamte dauernd zur Dienstleistung gegenüber dem Staat verpflichtet ist, und eines besonderen Amtsverhältnisses, das erst dann entsteht, wenn der Staat von dieser Dienstesverpflichtung durch Übertragung eines Geschäftskreises, eines Amtes, Gebrauch macht (Laband, Staatsrecht I § 44). Bei den Ministern und Staatssekretären ist von dieser doppelten Rechtsstellung keine Rede, vielmehr besteht nur ein genau bestimmtes Amtsverhältnis. Ihre rechtliche Lage entspricht also grundsätzlich derjenigen der Träger von Ehrenämtern, deren Rechte und Pflichten ebenfalls nur aus der Übertragung und Übernahme eines bestimmten Amtes fließen. War der einzelne Minister oder Staatssekretär vor seiner Bestellung Staatsbeamter, so müssen besondere Vorkehrungen getroffen werden, um das gegenseitige rechtliche Verhältnis beider Stellungen zu regeln (VU. § 60 II—VI).

2. Für diese Gestaltung des Rechtsverhältnisses der Minister besteht an sich keine sachliche Notwendigkeit. Es ist vielmehr auch der Weg durchaus gangbar, daß ihre Stellung grundsätzlich als solche von Staatsbeamten geordnet und daß nur in einer Reihe von einzelnen, allerdings sehr wichtigen Punkten Abweichendes bestimmt ist; so war beispw. die Stellung der bayerischen Minister nach früherem Recht geregelt (Gesetz vom 4. Juni 1848, GBl. 69) und so ist es noch heute nach Reichsrecht der Fall, da die Reichsminister in die Gruppen des Besoldungsgesetzes (Gesetz vom 30. April 1920, RGBl. 805) eingereiht sind. Doch verdient die grundsätzliche Sonderstellung den Vorzug, da das Schwergewicht der Rechte und Pflichten auf dieser ruht; es mag sich nur empfehlen, gewisse Bestimmungen des Beamtenrechts, insbesondere über die Amtspflichten, auch für die Minister anwendbar zu erklären.

3. Begründet wird die Ministerstellung beim Ministerpräsidenten durch die Wahl des Landtags (§ 58 I S. 2 und 3, vgl. oben S. 123) und die Annahme dieser Wahl, bei den übrigen Ministern durch Ernennung seitens des Ministerpräsidenten auf Grund einer vom Landtag angenommenen Vorschlagsliste (§ 58 I S. 3—5; oben S. 123 und 230), wobei die Bereitwilligkeit des Ernannten rechtliche Voraussetzung ist, bei den Staatssekretären durch Ernennung seitens des Gesamtministeriums auf Vorschlag des Ministers, dem sie beigegeben werden sollen, unter Einverständnis des Landtags (§ 58 II; oben S. 123, 231) und Zustimmung des Ernannten. Eine Pflicht zur Übernahme eines dieser Ämter besteht auch für Staatsbeamte nicht, da es sich nicht um Geltendmachung ihrer dienstlichen Verbindlichkeiten handelt; scheiden sie doch während der Zeit der Ministerschaft oder Stellung als Staatssekretär aus dem Beamtenverhältnis aus.

Eine besondere Frage ist die, ob § 68 I VU., wonach zu einem öffentlichen Amt nur berufen werden kann, wer seit mindestens fünf Jahren die deutsche Reichsangehörigkeit besitzt, Anwendung zu finden hat. Sie ist wohl zu verneinen. Denn die vorgesehene Ausnahme, Beschluß des Gesamtministeriums, kommt nicht in Betracht. Auch steht § 68 in dem Unterabschnitt „b) Behörden, Staatsdienst", während die Bestimmungen über die Minister in Unterabschnitt „a) Ministerium" enthalten sind. Es kann also beispw. ein Deutschbalte bayerischer Minister werden (a. A. Piloty 134; Rothenbücher 38).

4. Als Endigungsgründe kommen in Betracht, abgesehen von Tod, freiwilliger Rücktritt, Mißtrauenskundgabe durch den Landtag, Amtsverlust infolge Schuldigerklärung durch den Staatsgerichtshof, Amtsverlust auf Grund strafgerichtlichen Urteils, Entlassung der Staatssekretäre. Eine Enthebung wegen hohen Alters oder Eintritts körperlicher oder geistiger Unfähigkeit ist nicht vorgesehen. Sollte ein Minister bei Zutreffen eines dieser Gründe nicht selbst zurücktreten, so bliebe nur Mißtrauenskundgabe oder Rücktritt des Ministerpräsidenten (vgl. oben S. 230 f.) übrig, handelt es sich um den Ministerpräsidenten selbst, nur das erstere Mittel. Die Staatssekretäre dagegen können einfach entlassen werden.

Nun zu den einzelnen vorgesehenen Fällen.

a) Das jederzeitige Rücktrittsrecht ist für die Minister und Staatssekretäre ausdrücklich ausgesprochen (§ 59 II S. 2). Eine Genehmigung ist nicht erforderlich. Der Rücktritt ist auch nach Beantragung der Mißtrauenskundgabe (§ 55 III S. 1) und nach Erhebung der Ministeranklage zulässig (§ 56 III S. 2). Der Rücktritt hat normalerweise die Beendigung des Amtsverhältnisses zur Folge. Nur wenn alle Minister zurückgetreten sind, haben sie bis zur Bildung eines neuen Ministeriums die Geschäfte weiterzuführen (§ 66 I).

Der Rücktritt eines Ministers zieht notwendigerweise den Rücktritt seines Staatssekretärs nach sich, da er ja als sein politischer Stellvertreter (§ 58 II) nicht länger im Amte sein kann als der Vertretene. Der Rücktritt des Ministerpräsidenten hat den Rücktritt aller Kollegen zur Folge, damit dem neuen Mann die Bildung seines Kabinetts ermöglicht wird; die übrigen Minister können also nur bis zur Wahl des neuen Ministerpräsidenten im Amt bleiben. Wenn das Gesamtministerium beschließt, zurückzutreten, so gilt dieser Beschluß selbstverständlich für den Ministerpräsidenten, alle übrigen Minister und die etwaigen Staatssekretäre. Praktisch hat der Rücktritt des Ministerpräsidenten und des Gesamtministeriums also die gleiche Wirkung.

b) Die Mißtrauenskundgabe kann sich gegen das Gesamtministerium oder einzelne Minister richten (§ 55 I), ebenso gegen einzelne Staatssekretäre (§ 59 II S. 2). Bezüglich ihrer Geltendmachung gegenüber den Ministern vgl. oben S. 125, bezüglich der Staatssekretäre S. 128 ff. Der Beschluß des Mißtrauens bewirkt nicht von selbst das Ende der Amtsstellung, begründet vielmehr die Pflicht zum Rücktritt (§ 59 II S. 2 a. E.). Richtet er sich gegen das Gesamtministerium, so müssen alle Minister und Staatssekretäre zurücktreten; wird der Ministerpräsident allein herausgegriffen, so ist die Wirkung die gleiche. Erhält ein Minister ein Mißtrauensvotum, so ist dadurch auch sein etwaiger Staatssekretär als politischer Stellvertreter betroffen. Wollen sich die übrigen Minister mit dem durch die Mißtrauenskundgabe berührten solidarisch erklären, so können sie ihrerseits freiwillig zurücktreten.

c) „Wird" bei einer Ministeranklage „der Angeklagte für schuldig befunden, so kann nur auf Entfernung aus dem Amt erkannt werden. War er schon vor dem Urteile zurückgetreten, so ist eine Entscheidung nur über die Schuldfrage zu treffen" (§ 56 III; vgl. unten § 55 Z. 3—10). Daraus ergibt sich, daß die Erhebung der Anklage an sich die Stellung des Ministers noch nicht berührt, insbesondere gibt es keine vorläufige Amtsenthebung. Der Angeklagte kann jedoch freiwillig sein Amt niederlegen, es sei denn, daß alle Minister zurückgetreten sind und daher bis zur Bildung eines neuen Ministeriums die Geschäfte weiterzuführen haben (§ 66 I). Der Schuldspruch bewirkt von sich aus die Beendigung der Ministerstellung, falls sie nicht schon früher eingetreten ist. Zufolge der immer wieder betonten politischen Zusammenhänge zieht die Verurteilung des Ministerpräsidenten den Rücktritt aller übrigen Minister, die Verurteilung eines Ministers den Rücktritt seines etwaigen Staatssekretärs nach sich.

Über den Gegenstand der Ministeranklage vgl. oben S. 126 ff., über das Verfahren unten § 55 Z. 3 ff.

d) Amtsverlust auf Grund strafgerichtlichen Urteils tritt ein bei Verurteilung zu einer Zuchthausstrafe (§ 31 StGB.), Aberkennung der bürgerlichen Ehrenrechte (§ 33 StGB.) oder Aberkennung der Fähigkeit zur Bekleidung öffentlicher Ämter (§ 35 StGB.).

e) Die Entlassung kommt nur gegenüber den Staatssekretären in Betracht. Sie erfolgt auf Vorschlag des Ministers, dem sie beigegeben sind, im Einverständnis mit dem Landtag durch Beschluß des Gesamtministeriums (§ 58 II S. 2; Rothenbücher 14 f., 39 hält das Einverständnis des Landtags nicht für erforderlich, da der Staatssekretär als ständiger politischer Stellvertreter des Ministers nicht gegen dessen Willen im Amte gehalten werden kann. Aber dann wäre auch die Abhängigmachung der Entlassung von einem Beschluß des Gesamtministeriums, bei welchem der betreffende Minister überstimmt werden kann, unhaltbar. Rechtlich liegt der Fall vielmehr so, daß der Minister, dem man das Verbleiben seines Staatssekretärs aufzwingen will, seinen Rücktritt androhen kann). Die Entlassungsgründe sind in keiner Weise festgelegt, es kann sich daher beispw. um rein politische Erwägungen handeln, die mit der Person des Staatssekretärs nicht das Mindeste zu tun haben.

5. Der Minister und Staatssekretär hat während der Dauer seiner Stellung ein Recht auf das von ihm bekleidete Amt und dadurch auf die darin gelegenen Amtsbefugnisse und die damit verknüpften Ansprüche. Auf der anderen Seite stehen seine Amtspflichten. Von diesen sei zuerst die Rede.

Die wichtigste Amtspflicht ist die gewissenhafte Erfüllung aller Aufgaben, die dem Minister oder Staatssekretär in erster Linie durch die Verfassung, dann durch Gesetz, Rechtsverordnung, Verwaltungsvorschrift usw. überantwortet sind. Hieher gehört beispw. die Leitung seines Geschäftszweiges, die Oberaufsicht über die ihm unterstellten Organe einschließlich jener der Selbstverwaltung, die Mitarbeit im Kabinett, die Wahrnehmung der Interessen des Staates nach außen, die vorgeschriebene Tätigkeit gegenüber dem Landtag usw. Stets hat der Minister nach bestem Wissen und Gewissen zu verfahren, hinter all seinen Funktionen steht die Treuepflicht, wie bei jedem öffentlichen Amt, während mit Rücksicht auf die Stellung an der Spitze des Verwaltungsapparats eine Gehorsamspflicht, d. h. die Obliegenheit, bestimmte Befehle zu befolgen, nicht in Frage kommt. Auch das Gesamtministerium ist keine Befehlsstelle für den einzelnen Minister; Beschlüsse, die im Schoße desselben gefaßt werden, haben allerdings bindende Wirkung, aber damit steht es nicht anders wie mit der verpflichtenden Kraft der Rechts- und allgemeinen Verwaltungsnormen.

Eine besondere Verpflichtung, die bei allen öffentlichen Ämtern besteht, ist die Amtsverschwiegenheit; sie dauert ihrer Natur nach auch nach Beendigung des Amtsverhältnisses fort. Sie gilt auch gegenüber der eigenen Fraktion des Ministers (Rothenbücher 44[1]). Ihr wird durch die Prozeßordnungen insofern Rechnung getragen, daß grundsätzlich eine Vernehmung als Zeuge oder Sachverständiger über Umstände, auf die sich die Pflicht zur Amtsverschwiegenheit bezieht, nur mit behördlicher Genehmigung erfolgen darf (ZPO. §§ 376, 402, 408 II, vgl. auch 383 Z. 5, 408 I; StPO. §§ 53, 72, 76 II usw.). Hiebei ist ausdrücklich auch der Minister gedacht (ZPO. § 376, StPO. § 53); an Stelle der Genehmigung durch den Landesherrn tritt die durch das amtierende Gesamtministerium als oberste leitende Behörde des Staates (VU. § 4); gegenüber einem Staatssekretär ist der betreffende Minister vorgesetzte Behörde.

Ähnlich wie bei den eigentlichen Staatsbeamten sind auch für die Minister und Staatssekretäre Beschränkungen ihrer außeramtlichen Tätigkeit vorgesehen. Sie dürfen „ein anderes besoldetes Amt, einen Beruf oder ein Gewerbe nicht ausüben“ (§ 59 III); die Ausdrücke sind hier im Sinn des gewöhnlichen Sprachgebrauchs zu verstehen (etwas anders Piloty 141 und Rothenbücher 42 f.). Besondere Inkomptabilitätsvorschriften dagegen, z. B. über die Unzulässigkeit der Bekleidung einer Aufsichtsratsstelle bei einer Erwerbsgesellschaft, fehlen merkwürdigerweise.

Grundsätzlich ist in bezug auf die Amtspflichten noch zu bemerken, daß die Bestimmungen des Beamtenrechts nicht — auch nicht sinngemäß (a. A. Rothenbücher 42 f.) — in Betracht kommen können.

Schließlich ist zu erwähnen, daß die Minister und Staatssekretäre, da sie zwar nicht Staatsbeamte im Sinne des Beamtengesetzes, wohl aber als Träger eines staatlichen Amtes „öffentliche Beamte" sind, nach RV. Art. 176 auf die Reichsverfassung und nach dem Gesetz vom 6. November 1919, GVBl. 783, auf die bayerische Verfassung zu vereidigen sind.

6. Für die Erfüllung dieser Pflichten sind die Minister und Staatssekretäre verantwortlich, diese Pflichten bilden also den sachlichen Gegenstand ihrer Verantwortlichkeit (vgl. oben S. 194). Die betreffenden Funktionäre haben demgemäß dafür einzutreten, daß ihre eigenen Handlungen und Unterlassungen sowohl als Mitglieder des Kabinetts wie als selbständige Organe den aufgestellten Grundsätzen entsprechen, ferner, daß in dem ihnen anvertrauten Geschäftskreis seitens der an ihre Weisungen gebundenen Personen ebenso verfahren wird. Nur wo ihr Befehlsgebungs- und Aufsichtsrecht endet, z. B. bei der Rechtspflege, der freien Selbstverwaltung, findet auch ihre Verantwortlichkeit ein Ende. Es macht keinen Unterschied, ob es sich um obrigkeitliche oder soziale, um öffentlichrechtliche oder private, um streng gebundene oder nach Zweckmäßigkeitsrücksichten freigestaltete Tätigkeit handelt.

Die Art der Verantwortlichkeit kann wie bei allen öffentlichen Organen grundsätzlich dreifach sein: zivilrechtlich, strafrechtlich, dienstrechtlich. Hiezu kommt noch eine vierte Art der Verantwortlichkeit, die staatsrechtliche. Praktisch spielt nur die letztere und die strafrechtliche Verantwortlichkeit eine Rolle.

Eine privatrechtliche Haftung gegenüber dem Staat ist positivrechtlich nicht besonders normiert. Art. 13 des Beamtengesetzes kommt nicht in Frage (a. A. Rothenbücher 45). So kann es sich nur um das gewöhnliche Deliktsrecht handeln. Die Haftung gegenüber Dritten nach § 839 BGB. ist in Bayern bekanntlich schon durch Art. 60 AG. auf den Staat übernommen worden, ohne für die staatlichen Beamten durch eine andere Haftung gegenüber dem Staat als nach dem Beamtenrecht ersetzt zu werden; letzteres aber kommt in unserem Fall eben nicht in Frage.

Für das Dienststrafrecht der Beamten ist mangels jeden positivrechtlichen Anhalts ebenfalls kein Raum, auch wenn ein Minister oder Staatssekretär früher Staatsbeamter war oder später wieder in ein Beamtenverhältnis zurücktritt.

Die besondere staatsrechtliche Verantwortlichkeit besteht im Verhältnis zum Landtag durch die Pflicht der Rechtfertigung gegenüber Rechenschaftsforderung oder Mißtrauenskundgabe (vgl. oben S. 124 f.).

Die strafrechtliche Verantwortlichkeit endlich ist die allgemeine der Beamtendelikte, da StGB. § 359 den Beamtenbegriff so weit faßt, daß Minister und Staatssekretäre ohne weiteres darunter fallen („alle im Dienste .... eines Bundesstaats auf Lebenszeit, auf Zeit oder nur vorläufig angestellte Personen"). Dazu kommt dann noch für die Minister allein die sonderstrafrechtliche Verantwortlichkeit des § 56 VU. (oben S. 126 ff.).

7. Was die Rechte der Minister und Staatssekretäre betrifft, so steht in erster Linie ihr Recht auf das bekleidete Amt. Dieses kann ihnen, abgesehen von einem der vorgesehenen Fälle, nicht genommen werden. In dem Recht auf das Amt liegt auch das Recht auf die damit verknüpften Funktionen. Werden sie darin von einer Behörde beeinträchtigt, die nicht ihrer Dienstaufsicht untersteht und daher mittels der Dienstgewalt zum Rechten verhalten werden kann, und hat eine Beschwerde an das allen Staatsbehörden übergeordnete Gesamtministerium (§ 57 II S. 1) keinen Erfolg, so steht ihnen der Weg der Verfassungsbeschwerde zum Staatsgerichtshof offen (§ 93 I). Handelt es sich um eine Reichsbehörde, so ist der zuständige Reichsminister anzurufen. U. U. kann sich daraus eine Streitigkeit nicht privatrechtlicher Art zwischen Land und Reich nach Art. 19 I RV. entwickeln. Greift der Landtag in die Rechte der Minister oder Staatssekretäre ein, so kann das Gesamtministerium einen Verfassungsstreit anhängig machen (VU. § 70 I, Gesetz vom 11. Juni 1920, GVBl. 323, § 49).

Unter den Gesichtspunkt des Schutzes der Amtsstellung vor Beeinträchtigung seitens der Behörden gehören auch die Vorschriften der ZPO. § 382 und StPO. § 49, wonach Minister oder Vorstände der Ministerien an ihrem Amtsitze oder, wenn sie sich außerhalb desselben aufhalten, an ihrem Aufenthaltsort als Zeugen oder Sachverständige (ZPO. § 402, StPO. § 72) zu vernehmen sind.

8. „Die Minister haben Anspruch auf Besoldung, die durch Gesetz zu regeln ist. Ruhegehalt und Hinterbliebenenversorgung stehen ihnen nicht zu" (§ 60 I). Das gilt auch gemäß § 60 VI für die Staatssekretäre.

Hiezu ist das Gesetz vom 19. Dezember 1919, GVBl. von 1920 S. 11, teilweise abgeändert durch Gesetz vom 26. Juli 1920, GVBl. 413, vom 23. Mai 1921, GVBl. 337, vom 16. Dezember 1921, GVBl. 4 von 1923, und vom 9. Januar 1923, GVBl. 12, ergangen. Danach gebührt ein fester Jahresbezug, der für die Minister und die Staatssekretäre verschieden bemessen ist und sich nach dem Gesamtbezuge der höchsten Besoldungsgruppe der Staatsbeamten mit einem prozentualen Zuschlag richtet. Hiezu tritt eine nach den gleichen Grundsätzen bemessene Aufwandsentschädigung, bezüglich deren der Ministerpräsident aus den übrigen Ministern herausgehoben ist. Der Ministerpräsident hat außerdem Anspruch auf Bereitstellung einer Dienstwohnung mit Geräteausstattung. Bei auswärtigen Dienstgeschäften werden die Reisekosten und Barauslagen für Verpflegung und Unterkunft ersetzt. Hat ein Minister außer dem Ministerpräsidenten eine Dienstwohnung, so hat er eine Mietentschädigung zu entrichten, die nach den gleichen Grundsätzen wie für Staatsbeamte berechnet wird.

9. Nach Beendigung des Amtsverhältnisses bestehen im allgemeinen weder Ehrenrechte noch finanzielle Ansprüche der Minister und Staatssekretäre. In ersterer Beziehung ist hervorzuheben, daß ein Recht auf den Titel auch mit dem Beisatz „a. D." nicht gegeben ist. In letzterer Beziehung sind notwendigerweise Ausnahmen für den Fall getroffen, daß vor der Bestellung ein Staatsbeamtenverhältnis bestand. Dieses Verhältnis ruht nämlich während der Ministerschaft bzw. Bestellung als Staatssekretär. Die betreffenden Vorschriften sind in § 60 BU. — neue Fassung vom 9. Januar 1923, GVBl. 12 — enthalten.

Stand der Minister (Staatssekretär) im Zeitpunkt seiner Berufung als etatmäßiger Beamter im bayerischen Staatsdienst, so hat er bei seinem Rücktritt Anspruch auf Übertragung einer verfügbaren etatmäßigen Stelle, die seiner früheren gleichwertig und gleichartig ist. Ebenso steht es mit Ministern (Staatssekretären), denen aus früherer etatmäßiger Dienstzeit der Rücktritt in den aktiven Dienst noch offenstand (§ 60 II).

Solange eine solche Stelle oder eine gleichwertige Stelle im Dienste des Reiches, eines Landes oder in einem sonstigen öffentlichen Dienste nicht übertragen wird, besteht für die früheren etatmäßigen bayerischen Beamten und die versorgungsberechtigten Beamten des Reichs, eines anderen Landes oder eines öffentlichen Körpers Anspruch auf Ruhegehalt nach Maßgabe des bayerischen Staatsbeamtenrechts mit einer geringfügigen Abweichung (§ 60 III).

Sowohl bei der Übertragung einer Stelle des aktiven Dienstes wie bei der Gewährung des Ruhegehaltes sind die Gehaltsvorrückungen und Beförderungsmöglichkeiten nach den bayerischen Verhältnissen zu berücksichtigen. Über Zweifel hierüber sowie über die Gleichwertigkeit und Gleichartigkeit einer Stelle entscheidet das Gesamtministerium unter Ausschluß des Rechtsweges (§ 60 IV).

Erhält ein Minister (Staatssekretär) Ruhegehalt oder stirbt er mit Anspruchsberechtigung darauf im Dienste, so erhalten die Hinterbliebenen eine Versorgung nach Maßgabe der bayerischen Bestimmungen, es sei denn, daß die Ehe erst nach dem Rücktritt geschlossen wurde (§ 60 V).

Vierter Abschnitt.

D. Die Staatsbürgerschaft.

§ 33.

Staatsvolk, Staatsangehörige, Staatsbürger im allgemeinen.

Schrifttum: G. Jellinek 406 ff.; Nawiasky, Bundesstaat 8 ff., 125 ff; Rothenbücher, Ministerium 57 ff.

1. Der Begriff „Staatsvolk" wird in einem doppelten Sinne gebraucht. Wenn er von der herrschenden Lehre als Element der Definition des Staates im Rechtssinn verwendet wird (vgl. Jellinek, Staatslehre 183, 394 ff., oben S. 52), so ist darunter die Gesamtheit der an der staatlichen Rechtsordnung als Pflicht- und Rechtssubjekte beteiligten Personen gemeint. Darunter fallen alle, die Adressaten der staatlichen Rechtsordnung sind, insonderheit diejenigen, die sich im Staatsgebiete, dem Zuständigkeitsraum der normalen Staatsbehörden (vgl. oben S. 53), aufhalten. Auf eine irgendwie dauernde Beziehung, auf ein näheres Zugehörigkeitsverhältnis kommt es dabei nicht an. In diesem Sinne spricht beispw. § 26 II VU. von „Landeseinwohnern", §§ 16, 74 VU. und die als Anlage zum LWG. abgedruckte Stimmkreiseinteilung von „Einwohnern". (Daß es auf das Wohnen oder Sichaufhalten nicht immer ankommt, vgl. unten § 35 Z. 3.)

Ein ganz anderer Sinn liegt zugrunde, wenn die Eingangsworte der bayerischen Verfassungsurkunde von dem „bayerischen Volk" sprechen, § 2 die Staatsgewalt „von der Gesamtheit des Volkes" ausgehen läßt, im weiteren Text von „Volksbegehren" und „Volksentscheidungen" (z. B. §§ 7, 10, 76, 77 usw.) die Rede ist. In diesen Zusammenhängen umfaßt das „Staatsvolk" nur einen Teil, einen Ausschnitt der Einwohnerschaft, der an vielen Stellen als „die Staatsbürger" oder die „Staatsbürgerschaft" bezeichnet wird (z. B. §§ 2, 3, Überschrift des 2. Abschnittes, §§ 6, 7, 8 usw.). Es handelt sich dabei um den politisch berechtigten Teil der Einwohnerschaft, um jene Personen, denen der Besitz des „Bürgerrechtes" zuerkannt ist (§ 7), um die Aktivbürger.

Zwischen beide Personenkreise schiebt sich nun noch eine dritte Gruppe von Rechtssubjekten ein, die einerseits, von kleinen Ausnahmen abgesehen, von der Einwohnerschaft umfaßt wird, deren Bestandteil sie bildet, andererseits wieder, wenigstens dem Grundsatze nach, die Staatsbürger umfaßt, die ihr gegenüber einen Bestandteil darstellen, die „Staatsangehörigen" (§§ 13, 14 II, 93). Bei dieser Gruppe ist es nicht auf einen besonderen Kreis von Rechten, sondern auf ein besonderes Zugehörigkeitsverhältnis zum bayerischen Staate abgestellt.

2. Alle drei Personenkreise spielen im Verfassungsrecht eine Rolle. Es gibt Rechtsverhältnisse — um einen ganz allgemeinen Ausdruck zu gebrauchen —, die für alle Einwohner, solche, die nur für die Staatsangehörigen, endlich solche, die nur für die Staatsbürger in Betracht kommen. Handelt es sich soweit um die rechtliche Stellung der zu jedem dieser drei Kreise gehörenden Individuen, so besteht eine Besonderheit bezüglich des engsten Kreises insofern, als dieser rechtlich nicht nur als Sammelbegriff für eine Vielheit von Einzelnen, sondern auch als Abgrenzungsmerkmal für eine Einheit in Frage kommt. Die „Staatsbürgerschaft" ist, wie wir gesehen haben (vgl. oben S. 75, 85 ff.), als solche ein verfassungsrechtlich hochbedeutsamer Faktor, dessen rechtliche Eigenschaft als Staatsorgan näher bestimmt wurde (oben S. 75, 98 f.).

Demgemäß erwächst einer verfassungsrechtlichen Darstellung eine doppelte Aufgabe. Einerseits hat sie die Individualrechtsverhältnisse, um die es sich hier handelt, näherer Prüfung zu unterziehen, andererseits die Rechtsstellung der Staatsbürgerschaft als Staatsorgan zu behandeln. Da nun die Staatsbürgerschaft aus der Gesamtheit der als Staatsbürger qualifizierten Einzelpersonen gebildet wird, ist es geboten, zunächst mit der Betrachtung der Individuen zu beginnen.

§ 34.

Einzel- und juristische Person im Verfassungsrecht.

Schrifttum: G. Jellinek, System der subjektiven öffentlichen Rechte 258 ff.; O. Mayer II § 55; derselbe in der Festgabe für Laband I; Fleiner, Institutionen 137 ff.; Hatschek, Lehrbuch des deutschen und preußischen Verwaltungsrechts 312 ff.; Meurer, Die juristischen Personen nach deutschem Reichsrecht 1901.

a) Die allgemeine Rechtsfähigkeit des Verfassungsrechtes.

1. Wenn das öffentliche Recht von Einwohnern schlechthin spricht, so ist dieser Ausdruck gleichbedeutend mit dem Ausdruck Pflicht- oder Rechtssubjekt (oben S. 240). Die Zuerkennung der Eigenschaft als Pflicht- oder Rechtssubjekt oder, wie man sich gewöhnlich ausdrückt, die Verleihung der Rechtsfähigkeit ist Sache der Rechtsordnung selbst, die es in der Hand hat, den Kreis ihrer Normadressaten selbstherrlich zu bestimmen.

Dabei besteht keinerlei immanenter Grund, daß die Rechtsordnung für alle Rechtsgebiete einheitlich vorgeht. Sie hat vielmehr theoretisch die Möglichkeit und ist auch praktisch den Weg gegangen, für jede Materie gesonderte Vorschriften zu treffen. Um an allgemein Bekanntes anzuknüpfen, sei nur darauf verwiesen, daß die bürgerliche Rechtsfähigkeit der Einzelpersonen im BGB. § 1 ff. ganz anders abgegrenzt ist, als die strafrechtliche Rechtsfähigkeit im RStGB. § 55 ff. Wenn es sich gar um die Rechtssubjektivität der sog. juristischen Personen handelt, so setzt bereits innerhalb der Einzelgebiete des Privatrechtes der Spezialisierungsprozeß ein — man denke doch nur an die juristischen Personen des Handelsrechtes, des Bergrechtes usw., vom Partikularrecht ganz zu schweigen —, während das Kriminalstrafrecht die Straffähigkeit sog. juristischer Personen vollkommen ablehnt.

2. Fragt man sonach, wer im öffentlichen Recht (im engeren Sinn von Staats- und Verwaltungsrecht) als Rechtssubjekt anzusehen ist, so ist man grundsätzlich darauf verwiesen, da es einen sog. allgemeinen Teil des Gesamtgebietes nicht gibt, diese Frage für jede einzelne Materie, also etwa für das Verfassungsrecht, das Gewerberecht, Finanzrecht usw., gesondert zu beantworten. Insbesondere ist die vielfach ohne nähere Begründung vertretene Auffassung, die Bestimmungen des bürgerlichen Rechts seien von Haus aus maßgebend, grundsätzlich abzulehnen. Auf das bürgerliche Recht kann in dieser Frage nur unter der Voraussetzung gegriffen werden, daß sich die

Annahme rechtfertigt, dessen Bestimmungen seien als auch für die betreffende öffentlichrechtliche Materie geltend vorausgesetzt. Es handelt sich dann um das Rechtsinstitut der Verweisung oder, was in diesem Zusammenhang gleichbedeutend ist, der Rezeption, wobei eine stillschweigende Übernahme der ausdrücklichen gleichsteht. Doch ergibt sich von vornherein die nicht zu übersehende Vermutung, daß eine solche stillschweigende Verweisung nur bezüglich der Individualpersonen zutrifft, während die sog. juristischen Personen nicht ohne weiteres über denselben Leisten geschlagen werden können.

3. Wenn nunmehr auf dem Gebiete des bayerischen Verfassungsrechtes die Voraussetzungen der Rechtsfähigkeit bestimmt werden sollen, so kann zunächst bezüglich der Einzelpersonen angenommen werden, daß eine stillschweigende Verweisung auf die Vorschriften des bürgerlichen Rechts vorliegt. Denn § 16, der jedem Einwohner ohne Unterschied die Freiheit der Person und das Eigentum gewährleistet, § 74, der alle für die Einwohner des Staates verbindlichen Rechtsvorschriften an die Form des Gesetzes bindet, § 17, der „jedermann" volle Glaubens- und Gewissensfreiheit zusichert, haben offenbar jedes menschliche Wesen im Auge, ebenso wie dies bei § 1 BGB. der Fall ist, und halten es angesichts dieser Vorschrift, die den Beginn der Rechtsfähigkeit auf den Zeitpunkt der Vollendung der Geburt festlegt, nicht für erforderlich, eine besondere Bestimmung in dieser Beziehung zu treffen. Besonders § 74 denkt ja auch an Privatrechtsnormen und, wenn man diesen Verfassungssatz berücksichtigt, zeigt sich übrigens auch, daß die aufgeworfene Frage nicht ganz müßig ist.

4. Größere Schwierigkeiten bietet die Bestimmung der sog. juristischen Persönlichkeit im Sinne des bayerischen Verfassungsrechtes. Notwendig ist sie einmal aus dem Grunde, weil die verfassungsmäßigen Rechte der Einzelnen möglicherweise auch für juristische Personen in Betracht kommen können; dann aber, weil § 93 „jeder juristischen Person" das Recht der Verfassungsbeschwerde einräumt. Hiebei muß zunächst die Bemerkung gemacht werden, daß die Beantwortung der Frage für den § 93 nicht unbedingt auch für die übrigen Bestimmungen der Verfassung, die nach dem Ergebnis einer genaueren Analyse auch juristische Personen betreffen, maßgebend ist. Vielmehr ist es an sich denkbar, daß für einzelne Bestimmungen eine andere Begriffsabgrenzung in Betracht kommt. Aber § 93 stellt jedenfalls die grundlegende Verfassungsvorschrift über juristische Personen dar. Unter diesem Vorbehalt nun zur Untersuchung des Begriffs im angeführten Paragraphen.

Das Beschwerderecht der juristischen Person über Verfassungswidrigkeiten ist in der 2. Lesung des Verfassungsausschusses eingefügt worden (Verh. d. Verf.-Aussch. II S. 496). Näheres ist aus der Verhandlungsschrift nicht zu entnehmen. So bleiben nur Vermutungen übrig. Diese müssen wohl dahin gehen, daß der Begriff in möglichst weitem Umfang zu fassen ist; Wortlaut: „jede juristische Person".

5. Daher fallen zunächst alle sog. juristischen Personen des bürgerlichen Rechtes, also nach BGB., HGB. und anderen reichsrechtlichen Vorschriften sowie nach bayerischem Landesprivatrecht unter die Norm. Denn an die juristischen Personen des bürgerlichen Rechts ist gewiß zunächst gedacht.

6. Nicht so einfach steht es bezüglich der sog. juristischen Personen des öffentlichen Rechts; dies aus dem Grunde, weil die herrschende Theorie und auf ihr fußend die gesetzgeberische und richterliche Praxis noch vollkommen im Unklaren darüber sind, daß juristische Persönlichkeit und Rechts- und Pflichtfähigkeit, soweit sie nicht Individuen zukommt, identisch sind. Es wird vielmehr sehr häufig angenommen, daß es Rechtserscheinungen gäbe, die juristische Personen κατ' ἐξοχήν seien, während doch die Personeneigenschaft in jedem Fall soweit, aber auch nur soweit reicht, als Rechtspflichten und subjektive Rechte vorgesehen sind, die auf bestimmte Rechtserscheinungen als ihr Subjekt bezogen, ihnen als Subjekt zugeschrieben werden.

BGB. faßt bekanntlich in § 89 „die Körperschaften, Stiftungen und Anstalten des öffentlichen Rechtes" unter dem Oberbegriff der „juristischen Personen des öffentlichen Rechtes" zusammen. Gemeint sind hier aber offenbar nur solche durch dem öffentlichen Recht zuzuzählende Vorschriften geschaffene Gebilde, denen auch auf dem Gebiet des Privatrechts Rechtsfähigkeit eignet, die also, anders ausgedrückt, zugleich juristische Personen des Privatrechts sind. Denn sonst würde beispw. die Haftungsvorschrift des § 31 BGB. auch auf alle Personenvereinigungen, Zweckvermögen, Massen u. dgl. Anwendung finden, die „als solche steuerpflichtig sind" (Reichsabgabeordnung § 86); durch die Normierung ihrer Steuerpflicht werden diese Rechtserscheinungen ja zu juristischen Personen des Steuerrechtes, also des öffentlichen Rechts, während ihnen privatrechtliche Rechtsfähigkeit abgeht. (Vollkommen verfehlt ist die Textierung des § 86 RAO.: „Personenvereinigungen, die als solche steuerpflichtig sind, aber keine eigene Rechtspersönlichkeit besitzen" und „Zweckvermögen und sonstige einer juristischen Person ähnliche Gebilde".

Es gibt also zweierlei juristische Personen des öffentlichen Rechts, solche, die zugleich privatrechtsfähig sind, und solche, bei denen die Privatrechtsfähigkeit fehlt. Wenn man die letzteren als beschränkt rechtsfähig bezeichnen wollte, würde man übersehen, daß bei den als juristische Personen bezeichneten Einrichtungen eine allgemeine, alle Teile des privaten und öffentlichen Rechts umfassende Rechtsfähigkeit überhaupt nicht von Haus aus gegeben sein kann, daß vielmehr auf jedem einzelnen Rechtsgebiet über ihre Eignung, Träger subjektiver Rechte und Pflichten zu sein, besonders bestimmt ist. Übrigens steht es auch mit den juristischen Personen des Privatrechts, sofern es sich um ihre öffentliche Rechtsfähigkeit handelt, nicht anders. Auch diese kommt auf jedem einzelnen Gebiet nur soweit in Frage, als sie positivrechtlich vorgesehen ist.

Welchen juristischen Personen des öffentlichen Rechts soll nun das Beschwerderecht nach § 93 zustehen? Jedenfalls jenen, die im Sinne des § 89 BGB. mit Privatrechtsfähigkeit ausgestattet sind. An diese ist wohl neben den juristischen Personen des Privatrechts in erster Linie mit gedacht.

Es liegt aber kein Anlaß vor, den Kreis so enge zu ziehen. Vielmehr werden unbedenklich auch die nicht privatrechtsfähigen juristischen Personen des öffentlichen Rechts hinzugerechnet werden können. Denn das Beschwerderecht bezieht sich von vorneherein nur auf die Verletzung subjektiver Rechte — heißt es doch: „wenn sie glauben ... in ihrem Recht ... geschädigt zu sein". Daher ist die Beschwerdelegitimation dieser juristischen Personen des öffentlichen Rechts von sich aus über den Bereich ihrer bestimmten öffentlichen Rechtssphäre nicht erstreckt; außerhalb dieses Bereiches kommt ihnen aber die Eigenschaft einer juristischen Person überhaupt nicht zu.

7. Hält man sich dieses Ergebnis vor Augen, so sieht man deutlich, daß die Ausstattung einer Einrichtung mit Rechtsfähigkeit auf irgendeinem Rechtsgebiet sich nicht von selbst auf alle übrigen Rechtsgebiete überträgt. Vielmehr ist die Frage nach der juristischen Persönlichkeit einer Einrichtung für jedes Rechtsgebiet getrennt zu stellen. Wird sie für dieses Gebiet bejaht, so können dort Verletzungen ihrer subjektiven Rechte vorkommen und dadurch das Beschwerderecht nach § 93 begründen; im gegenteiligen Falle scheidet die Möglichkeit von vornherein aus. Ist daher bürgerlichrechtliche Rechtsfähigkeit gegeben, so kann die Verletzung subjektiver Privatrechte Anlaß zur Beschwerde geben. Ist auf einem bestimmten Gebiet des öffentlichen Rechts Rechtsfähigkeit gegeben, so kann die Schädigung der dort vorgesehenen subjektiven öffentlichen Rechte Gegenstand der Beschwerdeführung sein. Ist eine Einrichtung mit bürgerlich- und öffentlichrechtlicher Personeneigenschaft begabt, so kann sich ihre Beschwerde gegen Verletzung beider Rechtssphären richten.

b) Die allgemeinen Rechte des Verfassungsrechtes.

8. Die verfassungsmäßigen Rechte der „Einwohner" werden nach dem Vorbild der französischen Erklärung der „Menschen- und Bürgerrechte" gewöhnlich als Menschenrechte bezeichnet. Man kann sie auch allgemeine Rechte im Gegensatz zu den besonderen politischen oder staatsbürgerlichen Rechten nennen; diese Bezeichnung hat den Vorteil nicht nur für Einzelpersonen, sondern auch für juristische Personen ohne weiteres zu passen. Angesichts der Tatsache, daß die Reichsverfassung in ihrem zweiten Hauptteil unter den Grundrechten und Grundpflichten der Deutschen auch die herkömmlichen Rechte aller Menschen ohne Rücksicht auf ihre Staatszugehörigkeit mitbehandelt hat, war der bayerischen Verfassungsurkunde die Möglichkeit einer erschöpfenden Regelung von vornherein benommen. Wir müssen daher auf torsoartige Bestimmungen gefaßt sein; und auch bezüglich dieser erhebt sich die Frage, wieweit sie neben der Reichsverfassung noch Bestand haben können. Zunächst die einzelnen Verfassungsvorschriften.

9. Die in Betracht kommenden Vorschriften sind im 3. Abschnitt „Grundrechte" und im 4. Abschnitt „Gewissensfreiheit, Religionsgesellschaften, Schule" zu suchen. Der letztere Abschnitt charakterisiert sich selbst als Ausführung der einschlägigen Vorschriften der Reichsverfassung; vgl. Vorbemerkung vor § 17 und vor § 20.

Unter den Grundrechten kommt hier nur § 16 in Frage: „Jedem Einwohner werden die Freiheit der Person und das Eigentum gewährleistet. Einschränkungen können nur nach Maßgabe der Gesetze angeordnet werden." Diese Rechtssätze sind aber bereits in der Reichsverfassung enthalten. Art. 114 bestimmt: „Die Freiheit der Person ist unverletzlich. Eine Beeinträchtigung oder Entziehung der persönlichen Freiheit durch die öffentliche Gewalt ist nur auf Grund von Gesetzen zulässig." Art. 153 I bestimmt: „Das Eigentum wird von der Verfassung gewährleistet. Sein Inhalt und seine Schranken ergeben sich aus den Gesetzen." Sonach ist § 16 VU. ohne jede materiellrechtliche Bedeutung.

Nebenbei bemerkt sind auch die Vorschriften des Art. 114 und 153 I RV. für den heutigen Rechtsstaat, in dem der Grundsatz der Gesetzmäßigkeit der Verwaltung gilt, vollkommen überflüssig; hierüber Näheres unten § 49.

10. § 17 I VU. spricht aus: „Jedermann ist volle Glaubens- und Gewissensfreiheit gewährleistet." Dem entspricht RV. Art. 135 I S. 1 und 2: „Alle Bewohner des Reichs genießen volle Glaubens- und Gewissensfreiheit. Die ungestörte Religionsübung wird durch die Verfassung gewährleistet und steht unter staatlichem Schutz." Der zweite Satz enthält das rechtlich Wesentliche, die äußere Bekenntnisfreiheit. Denn die innere Freiheit ist kein möglicher Gegenstand rechtlicher Regelung. Die bayerische Bestimmung ist wieder materiellrechtlich beiseite geschoben.

Im Anschluß an VU. § 17 I behandelt § 17 II die Entscheidung über die Zugehörigkeit der Kinder zu einer Religionsgesellschaft, § 17 III den Austritt aus einer Religionsgesellschaft. Die Reichsverfassung erhält keine bezüglichen Vorschriften, jedoch bietet Art. 10 Z. 1 dem Reich die Handhabe, „im Wege der Gesetzgebung Grundsätze" aufzustellen „für die Rechte und Pflichten der Religionsgesellschaften". Außerdem kommt die bürgerlichrechtliche Gesetzgebung bezüglich der Erziehung der Kinder in Frage. Auf dieser Grundlage ist das Reichsgesetz vom 15. Juli 1921, RGBl. 939, „über die religiöse Kindererziehung" ergangen. Kraft dessen § 8, der entgegenstehende Bestimmungen der Landesgesetze aufhebt, ist § 17 II VU. außer Kraft getreten. Dagegen blieb § 17 III VU. über den Austritt aus einer Religionsgesellschaft unberührt. Seiner Durchführung dient die Bekanntmachung der Staatsministerien der Justiz, des Inneren, für Unterricht und Kultus und der Finanzen vom 16. Januar 1922, GVBl. 15. Ein näheres Eingehen auf diese Materie ist in unserem Zusammenhang nicht möglich; sie gehört in eine systematische Darstellung des Staatskirchenrechts.

11. § 18 VU. behandelt das Recht der religiösen Gemeinschaften. Zunächst wird bezüglich der Stellung der Einzelpersonen zu den religiösen Gemeinschaften bestimmt: „Die Vereinigung von Religionsgenossen zu gemeinsamer Hausandacht oder zu öffentlichen Kultushandlungen, zu Religionsgesellschaften, Religionsgemeinden oder geistlichen Gesellschaften ist innerhalb der Schranken des Gesetzes freigegeben" (§ 18 I). Art. 137 II S. 1 RV. enthält denselben Grundsatz in mehr programmatischer Prägung: „Die Freiheit der Vereinigung zu Religionsgesellschaften wird gewährleistet." Außerdem kommt noch Art. 124 S. 3 RV. in Betracht, der religiöse Vereine und Gesellschaften dem gemeinen Recht unterstellt. Die bayerische Bestimmung kann hier wegen ihrer ins einzelne gehenden Fassung als ergänzende Ausführungsnorm angesehen werden. Hervorzuheben ist noch, daß die in VU. § 18 I erwähnten „Schranken des Gesetzes" sich nur auf die allgemeinen Rechtsnormen beziehen, nicht etwa religionsrechtliche Sondervorschriften des Landesrechts zulassen wollen (übereinstimmend Piloty 80).

Für die Stellung der religiösen Gemeinschaften als solcher ist folgende Regel aufgestellt: „Bestehende Religionsgesellschaften, Religionsgemeinden oder geistliche Gesellschaften, dann ihre Anstalten, Stiftungen oder sonstige Einrichtungen bleiben rechtsfähig, soweit sie es bisher waren, neue können die Rechtsfähigkeit nach Maßgabe des geltenden Rechtes erwerben" (§ 18 II S. 1). Dieser Satz ist teilweise weiter und sonach fortgeltend — bezüglich der Vergangenheit, ferner der Anstalten, Stiftungen und Einrichtigungen —, teilweise enger und sonach überholt durch Art. 137 IV RV.: „Religionsgesellschaften erwerben die Rechtsfähigkeit nach den allgemeinen Vorschriften des bürgerlichen Rechts." Übrigens zeigt die letztere Fassung klar, daß es sich nur um die privatrechtliche Rechtsfähigkeit handelt.

Bezüglich der öffentlichrechtlichen Rechtsfähigkeit der Religionsgesellschaften als ganzer und der einzelnen Religionsgemeinden wird gesagt, daß denjenigen, „welche die Rechtsstellung von Körperschaften des öffentlichen Rechts besitzen, auch die Besteuerung ihrer Mitglieder auf Grund der bürgerlichen Steuerlisten innerhalb der Schranken des Gesetzes gewährleistet" wird (§ 18 III). Diese Vorschrift hat neben Art. 137 VI RV. materiell keinerlei Bedeutung: „Die Religionsgesellschaften, welche Körperschaften des öffentlichen Rechts sind, sind berechtigt, auf Grund der bürgerlichen Steuerlisten nach Maßgabe der landesrechtlichen Bestimmungen Steuern zu erheben." Andererseits aber regelt RV. Art. 137 V die Voraussetzungen der öffentlichrechtlichen Persönlichkeit ganz allgemein: „Die Religionsgesellschaften bleiben Körperschaften des öffentlichen Rechts, soweit sie solche bisher waren. Anderen Religionsgesellschaften sind auf ihren Antrag gleiche Rechte zu gewähren, wenn sie durch ihre Verfassung und die Zahl ihrer Mitglieder die Gewähr der Dauer bieten." Und Art. 137 VII bestimmt: „Den Religionsgesellschaften werden die Vereinigungen gleichgestellt, die sich die gemeinschaftliche Pflege einer Weltanschauung zur Aufgabe machen."

12. Von den Bestimmungen des § 19 VU. über die Begräbnisplätze kommt in unserem Zusammenhang nur Abs. III in Betracht: „In Friedhöfen, die nur für einzelne Religionsgesellschaften bestimmt sind, ist mangels eines gemeinschaftlichen Begräbnisplatzes die Beisetzung Andersgläubiger unter den für sie üblichen Formen und ohne räumliche Absonderung, erforderlichenfalls nach Anordnung der zuständigen Behörde zu gestatten." Diese Vorschrift, die subjektive Rechte der Angehörigen Verstorbener schafft, ist voll in Geltung, da das Reich Grundsatzbestimmungen über das Bestattungswesen nach Art. 10 Z. 5 RV. bisher nicht erlassen hat.

13. § 20 VU. bestimmt: „Die Freiheit der Kunst, der Wissenschaft und ihrer Lehre wird gewährleistet und kann nur durch Gesetz und nur zur Wahrung der öffentlichen Ordnung, Sicherheit, Gesundheit oder Sittlichkeit beschränkt werden."

Die einschränkenden Bestimmungen des Nachsatzes, die der Einzelgesetzgebung einen bestimmten Rahmen anweisen, sind gegenüber der kurzen Fassung der RV. Art. 142 bedeutsam: „Die Kunst, die Wissenschaft und ihre Lehre sind frei."

14. Endlich enthält § 21 II VU. eine rechtserhebliche Bestimmung, die den Art. 145 I S. 1 RV. ergänzt. Denn wenn es hier lakonisch heißt: „Es besteht allgemeine Schulpflicht", so belehrt uns § 21 II, daß es sich dabei auch um Verbindlichkeiten der Eltern handelt: „Die Erziehungsberechtigten und die Personen, denen Schulpflichtige durch besonderen Auftrag anvertraut sind, sind verpflichtet, diese während der Dauer der gesetzlichen Schulpflicht zum Schulbesuch anzuhalten."

15. Bei einigen der besprochenen verfassungsmäßigen Rechte und Pflichten ist von vornherein von juristischen Personen die Rede (vgl. S. 247). Bezüglich der übrigen, bei denen davon nicht gesprochen wird, ist nunmehr zu prüfen, ob sie auch auf juristische Personen anwendbar sind.

§ 16 VU. betreffend die Gewährleistung von persönlicher Freiheit und Eigentum vor gesetzwidrigen Eingriffen ist der Natur der Sache nach nur bezüglich des Eigentumsschutzes auch auf juristische Personen anwendbar. § 17 I—III betreffend die Bekenntnisfreiheit, die Entscheidung über die Religionszugehörigkeit der Kinder und über den Austritt aus einer Religionsgesellschaft kommt nicht in Frage. Bezüglich des religiösen Vereinigungsrechtes unterscheidet § 18 von vornherein zwischen Einzelpersonen und juristischen Personen (oben Z. 11). Danach stehen die Religionsgesellschaften, Religionsgemeinden, geistliche Gesellschaften, ihre Anstalten und Stiftungen unter einem besonderen verfassungsrechtlichen Schutz. Der Anspruch auf Begräbnis in konfessionellen Friedhöfen nach § 19 kann für juristische Personen wieder nicht in Betracht kommen, da hier naturgemäß nur die Angehörigen oder andere mit dem Toten in näherer persönlicher Beziehung stehende Individuen solche Ansprüche erheben können. Dagegen kann der Schutz der Freiheit von Kunst und Wissenschaft nach § 20 auch solchen juristischen Personen zugute kommen, die künstlerischen und wissenschaftlichen Zwecken obliegen. § 21 endlich betreffend die Schulpflicht der Erziehungsberechtigten scheidet solange aus, als ein Erziehungsrecht juristischer Personen als solcher nicht vorgesehen ist. Hier können nur die Organe von Erziehungsanstalten als Einzelpersonen in Frage kommen.

16. Die im Vorausgegangenen besprochenen, in der Verfassung enthaltenen subjektiven Rechte müssen sich als solche durch den

Rechtsschutz erweisen, der ihnen gewährleistet ist (vgl. z. B. Nawiasky, Postrecht 156 ff.). Dieser Rechtsschutz kann sehr mannigfaltig gestaltet sein, er kann dem Zivilrecht — Haftungsbestimmungen —, dem Strafrecht, dem Verwaltungsrecht angehören, wobei sich diese Gebiete in keiner Weise gegenseitig ausschließen. Aber all das kann in diesem Zusammenhang nicht im einzelnen betrachtet werden. Hier ist nur zu fragen, ob ein besonderer verfassungsrechtlicher Schutz besteht.

Die Antwort ist in § 93 VU. zu suchen, der die Verfassungsbeschwerde behandelt. Bezüglich der persönlichen Beschwerdelegitimation wird an dieser Stelle zwischen Einzel- und juristischen Personen scharf unterschieden. Einzelpersonen steht der besondere Rechtsschutz nur dann zu Gebote, wenn sie Staatsangehörige sind. Trifft diese Voraussetzung aber zu, dann kommt ihnen die besondere Verfassungsbeschwerde auch bei Verletzung allgemeiner Menschenrechte zugute. Der Nichtstaatsangehörige dagegen ist auf die gewöhnlichen Rechtsmittel beschränkt. Bei den Staatsangehörigen handelt es sich, wie später zu zeigen sein wird (unten § 35 Z. 6 ff., Z. 15), nicht nur um bayerische Landesangehörige, sondern um alle Reichsangehörigen.

Anders bei juristischen Personen. Hier spielt ein besonderes rechtliches Zugehörigkeitsverhältnis zum bayerischen Staat, etwa die Staatsangehörigkeit der Mitglieder der juristischen Person, ihrer Mehrheit oder eines Teiles derselben keine Rolle. Es kommt einzig und allein darauf an, ob die Person ihren Sitz in Bayern hat, mag sie auch aus lauter nichtbayerischen oder nichtreichsdeutschen Mitgliedern bestehen. (Das Luftverkehrsgesetz vom 1. August 1922, RGBl. 681, beispw. stellt es in § 2 bezüglich der Nationalität juristischer Personen ebenfalls auf den Sitz im Inland ab; vgl. über die Staatsangehörigkeit juristischer Personen Neumeyer, Zeitschr. f. Völkerr. 1922.) Ist also bei einer juristischen Person der Sitz in Bayern gegeben, so ist damit die Beschwerdelegitimation nach § 93 VU. begründet. Für die konkrete Bestimmung des Sitzes aber ist nach den oben (Z. 6) angestellten Erwägungen bei privatrechtsfähigen juristischen Personen das bürgerliche Recht, für publizistische juristische Personen jene öffentliche Rechtsmaterie maßgebend, in der sie wurzeln.

17. Die Verfassungsbeschwerde ist nach § 93 VU. daran gebunden, daß ein subjektives Recht „unter Verletzung dieser Verfassung" geschädigt worden ist. Hier erhebt sich die Frage, ob auch diejenigen Bestimmungen der Verfassung unter den besonderen Schutz fallen, die durch die Reichsverfassung beiseite geschoben sind. Kommt man zu einem bejahenden Ergebnis, dann erhält die Tatsache der Erwähnung einer auch reichsverfassungsmäßig geschützten Norm in der bayerischen Verfassung eine gänzlich unvermutete Bedeutung. Mag auch materiellrechtlich eine solche Vorschrift angesichts der stärkeren Kraft des Reichsverfassungsrechts unerheblich geworden sein, formellrechtlich kommt ihr eine recht erhebliche Bedeutung zu: eine Verletzung kann die Anrufung des bayerischen Staatsgerichtshofs ermöglichen.

Ein solches Ergebnis wäre von sehr beträchtlicher Tragweite. Denn es ist zu beachten, daß reichsrechtlich eine Beschwerde wegen behördlicher Verfassungsverletzung den einzelnen Rechtssubjekten ausnahmslos versagt ist, — ein schwerer Mangel des Gesetzes vom 9. Juli 1921, RGBl. 905, über den Staatsgerichtshof für das Deutsche Reich, der an sich in Art. 108 RV. nicht im mindesten begründet ist. Der Einzelne, der durch eine Verletzung der Reichsverfassung seitens einer Landesbehörde benachteiligt ist, hat nur die Möglichkeit der Bitte an die Reichsregierung, von ihrer Mängelrüge nach Art. 15 III RV. Gebrauch zu machen, gegebenenfalls bei Meinungsverschiedenheiten zwischen Reichs- und Landesregierung ihrerseits den Staatsgerichtshof gemäß dieser Vorschrift anzurufen. Ein Rechtsschutz*anspruch* ist damit aber nicht gegeben.

Hier öffnet sich also eine Lücke, deren Ausfüllung durch eine bayerische Rechtsnorm möglich und geboten ist. Mag immerhin materiellrechtlich ein in der BU. vorgesehener Rechtsanspruch durch die sich damit deckende Reichsvorschrift beiseite geschoben sein, formellrechtlich besteht kein reichsrechtliches Gegenstück, das ihn verdrängen könnte. Warum soll nun diese formellrechtliche Seite unter den Tisch fallen? Dafür besteht kein zwingender rechtstheoretischer Grund.

18. Als Probe aufs Exempel sei gleich der erste oben besprochene Satz unter die Lupe genommen. „Jedem Einwohner werden die Freiheit der Person und das Eigentum gewährleistet. Einschränkungen können nur nach Maßgabe der Gesetze angeordnet werden" (§ 16 BU.). Daß dieser Satz materiellrechtlich neben Art. 14 und 153 I RV. keine Bedeutung hat, wurde (Z. 9) dargetan. Im Zusammenhang mit § 93 BU. ergibt sich aber der weitere Satz: Jeder Staatsangehörige hat das Recht der Beschwerde an den Staatsgerichtshof, wenn er glaubt, durch die Tätigkeit einer Behörde in seinem Freiheits- oder Eigentumsrecht ohne gesetzliche Grundlage geschädigt zu sein. Diesem bayerischen Verfassungsrechtssatz steht kein Reichsverfassungsrechtssatz gegenüber, angesichts dessen er seinen rechtlichen Wert verlieren würde. Und darum ist dieser Rechtssatz aufrecht geblieben.

Das gleiche Ergebnis wie im Falle des § 16 VU. muß auch bezüglich der Bekenntnisfreiheit nach § 17 I VU., dem religiösen Vereinigungsrecht nach § 18 I, dem Anspruch auf Erwerb der Rechtsfähigkeit durch religiöse Vereinigungen nach § 18 II, dem Anspruch auf Benützung der bürgerlichen Steuerlisten durch religiöse Vereinigungen, die öffentliche Korporationseigenschaft erlangt haben, nach § 18 III, endlich der wissenschaftlichen und künstlerischen Freiheit nach § 20 festgestellt werden. Aus diesem Grunde wurde auch oben wiederholt ausdrücklich nur von der materiellrechtlichen Unheblichkeit des betreffenden Verfassungssatzes gesprochen.

Nur bezüglich eines Punktes können Zweifel bestehen, nämlich bezüglich der Entscheidung über die Bekenntniswahl der Kinder nach § 17 II. Diese Vorschrift ist, wie wir gesehen haben (oben Z. 10), durch § 8 des Reichsgesetzes über die religiöse Kindererziehung strikt aufgehoben worden. Hier handelt es sich also nicht, wie in andern Fällen, um zwei sich nicht widersprechende, sondern sich nur deckende Regeln, vielmehr um zwei sich ausschließende Vorschriften, von denen die eine neben der anderen auch nicht gewissermaßen latent fortbestehen kann. § 17 II VU. muß demnach als gänzlich beseitigt angesehen werden, eine Wiederauferstehung in Verbindung mit § 93 ist daher unmöglich.

19. Allerdings könnte man der im Vorausgegangenen als möglich nachgewiesenen Rechtskonstruktion den Einwand entgegenhalten, daß § 93 VU. die materiellrechtliche Erheblichkeit der Verfassungsvorschrift, deren Verletzung er durch einen besonderen Rechtsbehelf schützen will, voraussetzt. Aber bei einer solchen Auffassung wäre die bayerische Verfassung päpstlicher als der Papst. Denn die Reichsverfassung bietet von sich aus keinerlei Hindernis gegen die Einräumung der Beschwerde vor einem einzelstaatlichen Gericht, sei dies ein allgemeines Verwaltungsgericht oder ein besonders eingerichtetes Verfassungsgericht, wie in unserem Falle. Es besteht auch nicht der mindeste Anlaß für die Annahme, daß die Reichsverfassung durch die Aufnahme einer Bestimmung in den Katalog ihrer Grundrechte die Tendenz verfolgt hätte, die Rechtslage der Einzelnen in den Ländern irgendwie zu verschlechtern.

So kann man an dem oben zunächst hypothetisch aufgestellten Satze festhalten, daß alle in der VU. behandelten Rechte und Pflichten ohne Rücksicht auf ihre materielle Beziehung zu den Normen der

Reichsverfassung unter der Voraussetzung eine selbständige formellrechtliche Bedeutung auf dem Gebiet des Rechtsschutzes besitzen, als ihr Subjekt entweder eine staatsangehörige (reichsangehörige) Einzelperson oder eine in Bayern eingesessene juristische Person ist.

Die näheren Bestimmungen über diesen Rechtsschutz sollen erst in einem späteren Zusammenhang besprochen werden (unten § 55).

§ 35.

Die Staatsangehörigen.

Schrifttum: Laband, Staatsrecht §§ 14—20; Seydel-Piloty §§ 36—39; Nawiasky, Bundesstaat 125 ff.; Wenzel, Juristische Grundprobleme 1920, 152 ff.

1. Die Einzelstaatsangehörigkeit unterlag schon nach Art. 4 Z. 1 der alten Reichsverfassung reichsgesetzlicher Regelung. Daran hält die neue Reichsverfassung fest, indem sie in Art. 6 dem Reich die ausschließliche Gesetzgebung zuschreibt über Z. 3 „die Staatsangehörigkeit". Eine Änderung des bisherigen Zustandes sollte damit nicht geschaffen werden. Hatte sich das Reichsgesetz vom 22. Juli 1913, RGBl. 583, auf die Normierung der Erwerbs- und Verlustgründe der Reichs- und Einzelstaatsangehörigkeit beschränkt, so definiert auch heute Art. 110 I S. 1 RV. den Sinn des Art. 6 Z. 3 durch die Worte: „Die Staatsangehörigkeit im Reiche und in den Ländern wird nach den Bestimmungen eines Reichsgesetzes erworben und verloren." Die Regelung der gesamten Rechtsstellung der Staatsangehörigen wird also für die ausschließliche Reichsgesetzgebung durchaus nicht in Anspruch genommen, es bleibt noch Raum für Landesrecht (vgl. oben S. 53 f.). Das Gesetz von 1913 ist nach wie vor maßgebend; seine nähere Darstellung gehört in das Reichsstaatsrecht. Hier sind nur gewisse Kardinalpunkte zu erwähnen, die für das Landesverfassungsrecht bedeutsam sind.

2. Dieses Gesetz baut die Reichsangehörigkeit in der Regel auf der Einzelstaatsangehörigkeit auf, kennt aber in gewissen Ausnahmsfällen auch eine sog. unmittelbare Reichsangehörigkeit, die von der Einzelstaatsangehörigkeit unabhängig ist. Notwendig ist dieser grundsätzliche Aufbau keineswegs; es könnte ebensogut auch von der Reichsangehörigkeit ausgegangen werden, ja es wäre auch eine vollständige Trennung und Selbständigkeit beider Arten von Staatszugehörigkeit möglich (vgl. Bundesstaat 128 ff.). Daß im alten Deutschen Reich von der Einzelstaatsangehörigkeit ausgegangen und die Reichsangehörigkeit daran angeknüpft wurde, erklärt sich aus dem historischen Prius der Einzelstaaten gegenüber dem Reich. Durch die Revolution ist dieses Zeitverhältnis beseitigt worden, da ja in beiden Teilen ein Neubildungsprozeß vor sich ging (vgl. oben S. 18 ff., 65 ff.). Wenn trotzdem der gleiche Aufbau festgehalten wurde, so zeigt sich hier wieder an einem besonderen Punkte das starke Beharrungsvermögen des föderativen Gedankens (vgl. Der föderative Gedanke S. 157 ff.). Die neue Reichsverfassung begnügt sich aber nicht nur damit, das frühere Staatsangehörigkeitsgesetz weitergelten lassen. Sie hebt vielmehr einen der Tragpfeiler des alten Systems aus der Ebene der gewöhnlichen Gesetzgebung heraus und besiegelt seine Geltung von Verfassungs wegen: „Jeder Angehörige eines Landes ist zugleich Reichsangehöriger." Die Reichsangehörigkeit steht also nach wie vor an zweiter Stelle, die unmittelbare Reichsangehörigkeit behält ihren Ausnahmscharakter.

3. Oben (§ 33 Z. 1) wurde bereits erwähnt, daß es auch Ausnahmen von der Regel gibt, wonach die Staatsangehörigen von der Einwohnerschaft als dem weiteren Begriff mit umfaßt werden. Es handelt sich hiebei um die außerhalb des Staatsgebiets weilenden Staatsangehörigen. Der Schwerpunkt ihrer Rechtsstellung liegt zwar in der Rechtsordnung ihres Aufenthaltsstaates; jedoch gibt es eine Reihe von Rechtssätzen des eigenen Staates, die für sie Geltung beanspruchen (vgl. Bundesstaat 9). Übrigens sei der Vollständigkeit wegen darauf verwiesen, daß die Rechtsordnung eines Staates auch Geltung für außerhalb des Staatsgebietes weilende Nichtstaatsangehörige beanspruchen kann, vgl. die Fälle des sog. Grundsatzes der Weltstrafrechtspflege (RStGB. § 4 Z. 1, Frank, StGB. S. 27 — Bundesstaat 9).

4. Die juristische Bedeutung der Staatsangehörigkeit ist nicht etwa die eines subjektiven Rechts, vielmehr handelt es sich um die rechtliche Voraussetzung für einen besonderen Kreis von Rechten und Pflichten, der seitens des positiven Rechts auf dieses Qualifikationsmoment abgestellt ist. A. a. liegt eine bestimmte rechtliche Fähigkeit vor, die sich von der allgemeinen Rechtsfähigeit durch das Erfordernis weiterer hinzutretender Merkmale abhebt (Bundesstaat 9, 125 f.). Es besteht kein sachliches Bedenken hier von Eigenschaften oder Zuständen, status, zu sprechen. Nur muß man sich darüber klar sein, daß damit keine festbestimmte Rechtslage gemeint sein kann; denn die besondere Rechtslage der Staatsangehörigen wird durch die Summen aller Rechtsnormen bestimmt, die an das Qualifikationselement der Staatsangehörigkeit Rechte oder Rechtspflichten anknüpfen. Darin besteht grundsätzlich keinerlei Unterschied gegenüber dem Begriff des Rechtssubjekts, der ja auch mit dem Begriff der Rechtsfähigkeit — die Rechtspflichtsfähigkeit eingerechnet — zusammenfällt. Um Mißverständnisse auszuschließen, sei nur nochmals darauf aufmerksam gemacht, daß es eine Rechtsfähigkeit an sich nur für den Bereich eines bestimmten Rechtsgebiets gibt (oben § 34 Z. 1). Hier besteht nun allerdings eine praktische bedeutsame Abweichung bezüglich des Staatsangehörigkeitsbegriffs, da dieser für alle sachlichen Rechtsgebiete einheitlich in dem jeweiligen Staatsangehörigkeitsgesetz festgelegt ist; in diesem Punkt liegt eben die juristisch-technische Bedeutung des Gesetzes.

Nach den vorausgegangenen Feststellungen muß der Kreis der Rechtsnormen, die sich als Adressaten an die Staatsangehörigen richten, für jede Rechtsordnung konkret ermittelt werden. Dies soll im folgenden für das bayerische Verfassungsrecht unternommen werden.

5. Die Verfassungsurkunde spricht von Staatsangehörigen oder Bayern in § 6: Voraussetzung des Staatsbürgerrechts, § 13: Verbot der Ausweisung aus dem Staatsgebiet, § 14: Aufenthalts- und Niederlassungsrecht, § 15 I: Gleichheit vor dem Gesetz, § 15 II: Weiterführung der Adelsbezeichnungen nur als Teil des Namens und Verbot der Annahme des von einem andern Staat verliehenen Adels, § 86: Verteidigungspflicht, § 93: Recht der Verfassungsbeschwerde. Ferner sei gleich hier erwähnt, daß der Grundsatz der gleichen Zulassung zu öffentlichen Ämtern in § 12 zwar von Staatsbürgern spricht, offenbar aber die Staatsangehörigen meint und daher ausdehnend auszulegen ist.

Bevor nun auf die nähere Erörterung dieser Verfassungsbestimmungen eingegangen wird, muß zunächst geprüft werden, ob nicht von vornherein hier Vorschriften der Reichsverfassung eingreifen, die bei der Würdigung der bayerischen Vorschriften Berücksichtigung erheischen; vgl. zum folgenden oben S. 53 ff.

6. RV. Art. 110 II bestimmt: „Jeder Deutsche hat in jedem Land des Reichs die gleichen Rechte und Pflichten wie die Angehörigen des Landes selbst."

Auf den ersten Blick möchte man glauben, daß dadurch der Unterschied zwischen Reichs- und Landesangehörigen praktisch aufgehoben ist (so Giese 267 Anm. 6; dagegen Dyroff, BayGemVZ. 1921 S. 269). Es mag zwar noch möglich sein, landesangehörige Reichsdeutsche und landesfremde Reichsdeutsche zu unterscheiden, nachdem Art. 110 I RV. und das durch ihn aufrecht erhaltene Staatsangehörigkeitsgesetz diese Differenzierung vornehmen. Aber diese Unterscheidung scheint doch nur mehr eine dekorative, rein formale Bedeutung zu haben. Ihre Lebensfähigkeit wäre damit stark in Zweifel gezogen.

Daß selbst dem Reichsverfassungsgeber, dessen stark unitaristische Neigung außer Zweifel steht, ein solches Ergebnis nicht bedingungslos vorgeschwebt hat, zeigt eine Bestimmung der Reichsverfassung selbst. Art. 16 S. 1 schreibt nämlich vor: „Die mit der unmittelbaren Reichsverwaltung in den Ländern betrauten Beamten sollen in der Regel Landesangehörige sein." Und im gleichen Sinne bestimmt in Durchführung des Grundsatzes der Berücksichtigung der besonderen landsmannschaftlichen Eigenarten bei der Wehrverfassung nach Art. 79 RV. das Wehrgesetz vom 23. März 1921, RGBl. 329: „In den Ländern sind geschlossene Verbände oder, wo dies nicht möglich ist, kleinere Truppeneinheiten des Reichsheeres zu bilden, bei denen in der Regel Führer und Beamte dem Lande entstammen, die Mannschaften, soweit es der Zustrom an Freiwilligen ermöglicht."

Es kann sonach nicht die Absicht des Art. 110 II RV. sein, jeden rechtlichen Unterschied der Stellung zwischen landesangehörigen und nichtslandesangehörigen Reichsdeutschen aufzuheben.

7. Man könnte zunächst an den Gegensatz zwischen politischen und nichtpolitischen Rechten und Pflichten denken. Diese Unterscheidung war ja nach der alten Reichsverfassung maßgebend. Art. 3 I bestimmte: „Für ganz Deutschland besteht ein gemeinsames Indigenat mit der Wirkung, daß der Angehörige (Untertan, Staatsbürger) eines jeden Bundesstaates in jedem anderen Bundesstaate als Inländer zu behandeln und demgemäß zum festen Wohnsitz, zum Gewerbebetriebe, zu öffentlichen Ämtern, zur Erwerbung von Grundstücken, zur Erlangung des Staatsbürgerrechtes und zum Genusse aller sonstigen bürgerlichen Rechte unter denselben Voraussetzungen wie der Einheimische zuzulassen, auch in Betreff der Rechtsverfolgung und des Rechtsschutzes demselben gleich zu behandeln ist."

Die neue Reichsverfassung hat an Stelle dieser ins Einzelne gehenden Regelung die allgemeine Fassung des Art. 110 II gesetzt. Dem Wortsinn nach fallen nunmehr alle Rechte und Pflichten ohne jede Einschränkung unter das Gleichstellungsprinzip. Man könnte noch versucht sein, einen Anhaltspunkt für eine einschränkende Auslegung aus Art. 17 I S. 2 zu gewinnen, woselbst das Wahlrecht aller reichsdeutschen Männer und Frauen für die Landesvolksvertretungen festgelegt ist. Denn, könnte man folgern, wenn Art. 110 II bereits die volle Gleichberechtigung der landesfremden Reichsangehörigen auch auf politischem Gebiet enthalten würde, wäre die besondere Hervorhebung des Landtagswahlrechtes in Art. 17 vollkommen überflüssig. Muß daher nicht aus dieser ausdrücklichen Erwähnung ein argumentum e contrario abgeleitet werden?

Um diese Frage beantworten zu können, wird sich ein kurzes Eingehen auf den gesetzgeberischen Werdegang der Bestimmung empfehlen.

Im Regierungsentwurf war der Satz beigefügt: „Die Ausübung politischer Rechte kann von dem Besitz der Staatsangehörigkeit abhängig gemacht werden" (Art. 29). Dieser Satz wurde im Verfassungsausschuß gestrichen und die jetzige Fassung (als Art. 109 II) festgestellt. Im Haus wurde der Versuch gemacht, einen ähnlichen Zusatz wieder einzuführen, der Antrag fand aber nicht die Mehrheit, ohne daß indes eine ausdrückliche Gegenäußerung, die den Sinn der Abstimmung außer jeden Zweifel gestellt hätte, erfolgt wäre (Sten. Ber. 57. Sitzg. 1569—71).

Was andererseits die Bestimmung des Art. 17 I S. 2 anbelangt, so entsprang sie der Initiative des Verfassungsausschusses (vgl. Bd. 336 S. 111 ff., 437 ff.). Art. 16 der Regierungsvorlage enthielt über die Staatsangehörigkeit der Landtagswähler nichts. In der Hausberatung wurde auf den Zusammenhang mit Art. 109 (jetzt 110) verwiesen (Sten. Ber. 45. Sitzg. 1255—62). Dort wurde aber die Wiederherstellung der Staatsangehörigkeitsklausel nicht beschlossen.

Nach dieser Entstehungsgeschichte ist wohl für ein argumentum e contrario kein Raum. Dies um so weniger, als die Tendenz der Gesetzgebung offenbar auf die übereinstimmende Umgrenzung des Kreises der in beiden Fällen Berechtigten gerichtet war. Überdies ist noch zu beachten, daß die Reichsverfassung ein technisch viel zu wenig sorgfältig gearbeitetes Gesetz ist, als daß aus solchen kleinen Umstimmigkeiten der Fassung irgendwie ins Gewicht fallende Folgerungen gezogen werden dürften.

Sonach ist daran festzuhalten, daß Art. 110 II die Gleichstellung der landesfremden Reichsangehörigen mit den Landesangehörigen von dem justiz- und verwaltungsrechtlichen Gebiet auf das Gebiet der politischen Rechte ausgedehnt hat (vgl. Anschütz 102, Giese 266).

8. Worin besteht nun aber noch der rechtliche Unterschied beider Personengruppen? Abgesehen von den oben angeführten positiven Bestimmungen muß das Vorhandensein eines solchen Unterschiedes schon aus dem Grunde vermutet werden, weil es doch sehr wenig sinnvoll wäre, im ersten Absatz desselben Artikels die Staatsangehörigkeit im Reich und in den Ländern in aller Form auseinanderzulegen, um im zweiten Absatz sofort alle praktischen Folgerungen daraus wieder zu beseitigen. Aus diesen Erwägungen erscheint eine strenge Auslegung des Gleichberechtigungssatzes gesetzestechnisch geboten (vgl. oben S. 54).

In Art. 110 II ist expressis verbis von gleichen Rechten und Pflichten die Rede. Mit diesen beiden Begriffen sind aber keineswegs alle Rechtsbeziehungen erschöpft, für die das Moment der

Staatsangehörigkeit bedeutsam sein kann. Es kommen vielmehr z. B. auch Fälle in Betracht, in denen die Landeszugehörigkeit Voraussetzung für die Begründung von Rechtsverhältnissen sein kann, ohne daß ein Anspruch oder eine Verpflichtung in Frage steht. Ferner kann es sich um objektives Recht handeln, das nur Anweisungen an die Behörden erteilt, Bindungen derselben ausspricht, ohne dadurch subjektive Rechtsansprüche zu begründen. In derartigen Fällen steht der Wortlaut und nach dem Gesichtspunkt der strengen Auslegung auch der Sinn des Art. 110 II einer partikularrechtlichen Beschränkung auf Landesangehörige nicht im Wege; man denke beispw. an Stiftungen, Stipendien, Freiplätze, verschiedenartige Nutzungen, freiwillige Unterstützung von Minderbemittelten durch Abgabe verbilligter Lebensmittel, Bekleidungsgegenstände, Brennstoffe u. dgl., ferner an Anstellungen, auf die ein Rechtsanspruch nicht gegeben ist, deren Verleihung also nach freiem Ermessen erfolgt. Zu diesen Anstellungen gehört nun auch, was praktisch höchst bedeutsam ist, die Anstellung im öffentlichen Dienst, insbesondere im Staatsdienst, soweit es sich nicht um die ausnahmsweisen Anstellungsansprüche der Militäranwärter handelt.

Hier ist nämlich eine rechtliche Verschiebung gegenüber dem alten Reichsverfassungsrecht eingetreten, die aller Wahrscheinlichkeit nicht beabsichtigt war. Es ist nämlich das Indigenat des Art. 3 I alt. RV. als solches spurlos in der Versenkung verschwunden — Einzelvorschriften haben sich beispw. in Art. 111 RV. über die Freizügigkeit erhalten — und dieses Indigenat machte zwar einerseits vor den staatsbürgerlichen Rechten halt, umschloß aber andererseits nicht nur subjektive Rechte, sondern auch den objektivrechtlichen Grundsatz der Gleichbehandlung. Es ergibt sich also, daß die neue Reichsverfassung durch den in Art. 110 II formulierten Rechtssatz nicht nur Erweiterungen, sondern auch Verengerungen der Rechtslage der Reichsangehörigen in den einzelnen Ländern herbeigeführt hat.

In bezug auf das Sonderbeispiel des Staatsdienstes ist allerdings zu bemerken, daß nicht nur das geltende bayerische Beamtengesetz von früher her als Anstellungserfordernis der etatsmäßigen Beamten Reichsangehörigkeit, nicht Landesangehörigkeit aufstellt (Gesetz vom 16. August 1908, GVBl. 581 Art. 3), sondern daß auch § 68 I VU. für jedes öffentliche Amt mindestens fünfjährige Reichsangehörigkeit verlangt, eine Bedingung, von der nur das Gesamtministerium dispensieren kann. (Vgl. über die nähere rechtliche Bedeutung des § 68 I Reindl, BayGemZ. 1922, 97 ff.) Aber es ist wohl zu beachten, daß die Gleichstellung der Reichsangehörigen in dieser Beziehung nicht mehr wie früher reichsverfassungsmäßig gewährleistet ist, sondern auf freiem Willen des Landesrechts beruht. Daran ändert übrigens auch Art. 128 I RV. nichts, der von der gleichen Zulassung aller „Staatsbürger" zu den öffentlichen Ämtern spricht, da er das Verhältnis der Landesangehörigen zu den Nichtlandesangehörigen gar nicht im Auge hat (vgl. unten Z. 16).

Eine weitere Differenzierungsmöglichkeit ergibt sich aus den Worten: „in jedem Lande". Bei der anzuwendenden strengen Auslegung muß es sich um räumliche, örtliche, mit dem Staatsgebiet zusammenhängende Beziehungen handeln. Demzufolge kann das Landesrecht den Landesangehörigen, soweit es auf solche räumliche Beziehungen nicht ankommt, auch subjektive Rechte einräumen, die es den landesfremden Deutschen nicht gewährt. Ein Beispiel dafür ist das Landtagswahlrecht der bayerischen Staatsbeamten und Staatsarbeiter, die ihren dienstlichen Wohnsitz außerhalb Bayerns haben, nach LWG. Art. 9 (oben § 24 Z. 2). Ähnliche Privilegien kennen beispw. auch das preußische Landtagswahlgesetz vom 3. Dezember 1920, GS. 559, § 11 II, die württembergische Verfassung § 4 III, die badische Verfassung § 3 I.

Eine besonders schwierige Frage ist noch die, wie es mit der an die Staatsangehörigkeit anknüpfende Staatsbürger- und Gemeindebürgereigenschaft steht. Sie wird später genauer geprüft werden (vgl. unten § 36 Z. 12).

9. Nunmehr zu den Bestimmungen der bayerischen Verfassung.

Nach § 13 BU. „kann kein Staatsangehöriger aus dem Staatsgebiet ausgewiesen werden". Hat dieser Satz mit Rücksicht auf RV. 110 II die Bedeutung, daß auch kein Reichsangehöriger ausgewiesen werden darf? Die Beantwortung hängt anscheinend zunächst davon ab, ob man annimmt, daß § 13 BU. ein subjektives Recht auf Nichtausweisung begründet oder ob hier eine objektivrechtliche Bindung der Polizeibehörden ausgesprochen wird (vgl. unten § 36 Z. 12).

Es spricht viel dafür, ein subjektives Aufenthaltsrecht der Staatsangehörigen im Staatsgebiet anzunehmen. Es handelt sich nämlich dabei um einen zur Tradition gewordenen alten Rechtsgedanken, dessen Aufrechterhaltung durch die Einreihung in den Abschnitt über die Grundrechte naheliegt.

Die Annahme dieser Auffassung hat gleichwohl nicht die Folgerung, daß nun auch den landesfremden Reichsangehörigen ein Aufenthaltsrecht in Bayern eingeräumt werden müßte. Dieser an sich gegebenen Folgerung steht nämlich ein besonderer Umstand entgegen (vgl. Dyroff in der BayGemVZ. 1921, 265 ff.). Die Frage des Aufenthalts ist in der Sondervorschrift des Art. 111 RV. geregelt: „Alle Deutschen genießen Freizügigkeit im ganzen Reich. Jeder hat das Recht, sich an beliebigem Orte des Reichs aufzuhalten und niederzulassen .... Einschränkungen bedürfen eines Reichsgesetzes." Dieses Reichsgesetz liegt nun im Freizügigkeitsgesetz vom 1. November 1867, BGBl. 55, vor. Nach § 3 des Gesetzes können bestrafte Personen nach den Landesgesetzen Aufenthaltsbeschränkungen unterworfen werden. Trifft eine solche Aufenthaltsbeschränkung zu oder ist innerhalb der letzten zwölf Monate in irgendeinem Lande Bestrafung wegen wiederholten Bettelns oder wiederholter Landstreicherei erfolgt, so kann auch Landesverweisung ausgesprochen werden. Soweit dann der Grundsatz eingreift, daß eine Landesverweisung gegen Landesangehörige unzulässig ist, beschränkt sie sich auf landesfremde Reichsangehörige und Ausländer. Man kommt also hier auf dem Umweg über die Sondervorschrift des Art. 111 zu dem gleichen Ergebnis wie bei Auffassung des § 13 als objektive Bindung der Behörden.

Soviel in materiellrechtlicher Hinsicht. Formellrechtlich kommt für beide Seiten der Alternative der Schutz der Verfassungsbeschwerde nach § 93 VU. in Frage. Man könnte nur zweifeln, ob für den Fall der objektivrechtlichen Auffassung des § 13 die Landesverweisung allein Beschwerdegegenstand sein kann, weil der Wortlaut des § 93 die Schädigung einer Person „in ihrem Recht" unter Verletzung der Verfassung verlangt, ein subjektives Recht aber in Abrede gestellt wird. Es wird sich später bei systematischer Besprechung der Verfassungsbeschwerde (vgl. unten § 55 Z. 11 ff.) zeigen, daß vom Standpunkt dieses Rechtsinstituts aus die Einreihung der Vorschrift des § 13 in den Abschnitt „Grundrechte" ausreichend ist.

10. § 14 VU. lautet: „I. Jeder Bayer hat das Recht, sich innerhalb des bayerischen Staatsgebietes an jedem Ort aufzuhalten und niederzulassen. Ausnahmen können nur auf Grund Gesetzes angeordnet werden. II. Die Niederlassung darf bayerischen Staatsangehörigen an keinem Ort durch besondere Lasten erschwert werden." Daß diese Vorschrift kraft des Art. 110 II RV. allen Deutschen zugute kommt, ist klar. Übrigens ist Abs. I durch den unter Z. 9 abgedruckten Art. 111 RV. verdrängt. Abs. II hat gegenüber § 1 II des Freizügigkeitsgesetzes vom 1. November 1867, BGBl. 55, keine Bedeutung: „In der Ausübung dieser Befugnisse" — dazu gehört auch die Niederlassung — „darf der Bundesangehörige ... weder .. gehindert oder durch lästige Bedingungen beschränkt werden." In formellrechtlicher Beziehung kommt die Verfassungsbeschwerde nach § 93 VU. in Betracht.

11. § 15 I BU. lautet: „Alle Bayern sind vor dem Gesetz gleich.“ Hier könnte man zweifeln, ob es sich um ein subjektives Recht handelt. Aber die Frage ist gegenüber der Vorschrift des Art. 109 I RV. müßig: „Alle Deutschen sind vor dem Gesetz gleich.“ Die Bedeutung des Satzes ist einmal die, daß die Behörden bei Anwendung der Gesetze keinerlei Unterschiede in Ansehen der Person machen dürfen (Piloty 69, Anschütz 189, Giese 262). Andererseits liegt darin aber auch die Norm für den Gesetzgeber, daß individuelle Bevorzugungen ausgeschlossen sind. Widersprechende Vorschriften des Reichs bedürften zu ihrer Gültigkeit verfassungsändernden Gesetzes, widersprechende Vorschriften der Länder sind ausgeschlossen. Die zweite Bedeutung des Satzes wird gewöhnlich in Abrede gestellt (vgl. Anschütz a. a. O.). Sie ist dennoch u. U. von großer Tragweite; man denke beispw. an die Einräumung einer privilegierten Stellung bestimmter Personen in bezug auf die Anwartschaft auf das Amt eines Staatspräsidenten, wodurch unter formeller Beachtung der zwingenden Vorschriften der Art. 109 III S. 1 und 17 I S. 1 RV. eine quasimonarchische Stellung geschaffen werden könnte.

Verletzungen des Gleichheitsprinzipes können bei Zutreffen der sonstigen Voraussetzungen (vgl. § 55 Z. 11 f.) zur Verfassungsbeschwerde nach § 93 BU. führen.

12. § 15 II BU. lautet: „Der bayerische Adel ist aufgehoben. Bayerische Staatsangehörige, die vor dem 28. März 1919 Adelsbezeichnungen zu führen berechtigt waren, dürfen diese nur als Teil ihres Namens weiterführen. Adelsbezeichnungen werden nicht mehr verliehen. Den bayerischen Staatsangehörigen ist es verboten, die Verleihung des Adels eines anderen Staates anzunehmen.“

Diese Vorschriften lassen ihrem Sinn nach eine Ausdehnung über ihren Wortlaut auf andere Reichsangehörige nicht zu. Insbesondere wird man den gesetzestechnisch möglichen Gedanken nicht ernstlich verfolgen, daß das Verbot der Annahme fremder Adelsverleihungen kraft des Art. 110 II RV. (verb. Pflichten) auch auf in Bayern sich dauernd oder vorübergehend aufhaltende andere Reichsangehörige anzuwenden ist. Denn hier liegt die Beziehung auf die Landeszugehörigkeit im Wesen der Sache, so daß eine Gleichstellung Nichtlandesangehöriger der Natur der Sache widerspräche.

Dagegen betrifft umgekehrt die Aufhebung des bayerischen Adels selbstverständlich alle Personen, die den bayerischen Adel erworben haben, wobei weder die Landesangehörigkeit noch überhaupt die Reichsangehörigkeit irgendeine Rolle spielt.

In die ganze Materie spielt wieder das Reichsverfassungsrecht hinein. Art. 109 III S. 1 bestimmt: „Öffentlich-rechtliche Vorrechte oder Nachteile der Geburt oder des Standes sind aufzuheben". Dieser Vorschrift hat die Aufhebung des bayerischen Adels durch § 15 II S. 1 genügt. Art. 109 III fährt fort: „Adelsbezeichnungen gelten nur als Teil des Namens und dürfen nicht mehr verliehen werden." Dieser positiv geltende Rechtssatz verdrängt § 15 II S. 2 und 3 VU. Selbständige Bedeutung behält § 15 II S. 4 VU. betreffend das Verbot der Annahme des Adels eines anderen Staates. Fraglich bleibt es nur, ob auch der päpstliche Adel betroffen wird.

Wenn die Verfassungsbestimmungen über den Adel auch grundsätzlich einschränkende Tendenz haben, so ist andererseits aber doch die Führung der Adelsbezeichnung als Teil des Namens positiv verfassungsrechtlich anerkannt. Demgemäß kann auch der Schutz des § 93 VU. in Frage kommen. Dies ist angesichts der vielen Streitfragen, die die Adelsaufhebung hervorgerufen hat, nicht ohne Bedeutung. (Vgl. über die Adelsfrage Piloty 69 ff.; derselbe, Recht 1919, 129; v. d. Pfordten, BayGemVZ. 1919, 633 ff.; Neumeyer, Recht 1919, 131, 244; derselbe, BayZfR. 1920, 5 ff.; Schiedermayer, LZ. 1919, 771 ff.; Beling, BayZfR. 1919, 191 ff.; Oeschey, BlAdmPr. 1920, 51 ff.; Mayer, LZ. 1920, 133 ff.; Baring, ebenda 1922, 89 ff.; Graßmann, Recht 1922, 77.)

13. In diesem Zusammenhang soll auch die Bestimmung des § 15 III VU. behandelt werden, obwohl sie an sich mit der Staatsangehörigkeit nichts zu tun hat. Sie lautet: „Titel, die nicht ein Amt, einen Beruf oder einen akademischen Grad bezeichnen, werden nicht mehr verliehen." Diese Vorschrift entspricht einer Norm der Reichsverfassung: „Titel dürfen nur verliehen werden, wenn sie ein Amt oder einen Beruf bezeichnen; akademische Grade sind hierdurch nicht betroffen" (Art. 109 IV).

Die rechtliche Bedeutung des § 15 III VU., der sonach als Ausführungsvorschrift zu Art. 109 IV RV. angesehen werden kann, besteht in einem Verbot an die an sich zuständigen Behörden, ist also eine Verwaltungsvorschrift in Gesetzesform; an die einzelnen Titelempfänger richtet sie sich nicht. Im Gegensatz dazu verbietet Art. 109 IV allen Deutschen, Titel von einer ausländischen Regierung anzunehmen; ob hierunter auch päpstliche Titel zu verstehen sind, ist wieder fraglich. Bedeutungslos ist aber die obige Verwaltungsvorschrift auch für die Einzelnen nicht; denn gleichwohl vorgenommene Titelverleihungen sind rechtlich ungültig. Dieses Schicksal trifft beispw. die von der bayerischen Regierung vorgenommene Verleihung des Justizrats- und Geheimen Justizratstitels an Professoren und Rechtsanwälte, des Titels von Geheimen Regierungsräten und Medizinalräten an Professoren u. dgl. (vgl. über die Materie Piloty 71, Anschütz 191, Giese 264; a. M. Staatsrat Mayer, vgl. Sten. Ber. 1922, 317).

14. Die Vorschrift des § 86 VU., wonach „jeder Bayer zur Verteidigung seines Vaterlandes nach den bestehenden Gesetzen mitzuwirken hat" ist zufolge der durch den Friedensvertrag aufgezwungenen Aufhebung der Wehrpflicht gegenstandslos geworden.

15. Über die Verfassungsbeschwerde im allgemeinen vgl. unten § 55, über die Frage ihrer Anwendbarkeit zum Schutze der Staatsangehörigkeit an sich, ebenda Z. 12. Hier ist nur hervorzuheben, daß das Beschwerderecht gemäß RV. Art. 110 II allen Reichsangehörigen zugute kommt.

16. § 12 VU.: „Die Staatsbürger sind nach Maßgabe der Gesetze zu den öffentlichen Ämtern zuzulassen, wenn sie ihre Befähigung hierfür nachweisen. Nur Tüchtigkeit und Würdigkeit sollen für Verleihung der Ämter maßgebend sein," ist nur ein vorweggenommener Anwendungsfall des § 15 I VU. Daß es nicht auf die Staatsbürgereigenschaft, sondern auf die Staatsangehörigkeit abgestellt ist, geht auch aus § 68 VU. hervor, der fünfjährige Reichsangehörigkeit zur Voraussetzung der Berufung zu öffentlichen Ämtern macht (vgl. oben § 35 Z. 8). Würde § 12 wirklich die Staatsbürgereigenschaft im Auge haben, so würde er Personen vor Vollendung des zwanzigsten Lebensjahres (§ 6 VU.) nicht betreffen, was vollkommen widersinnig wäre. Immerhin ergibt sich aus dem Ausdruck „Staatsbürger" eine weiter unten zu besprechende nicht unerhebliche Folgerung (§ 36 Z. 10).

Seinem Inhalt nach deckt sich § 12 S. 1 VU. mit Art. 128 I RV.: „Alle Staatsbürger ohne Unterschied sind nach Maßgabe der Gesetze und entsprechend ihrer Befähigung und ihren Leistungen zu den öffentlichen Ämtern zuzulassen." Materiellrechtlich kommt der bayerischen Vorschrift also soweit keine Bedeutung zu. Wohl aber stellt § 12 VU. S. 2 eine Ergänzung des Reichsverfassungsgrundsatzes dar.

Die Tragweite der in der Reichsverfassung ausgesprochenen Norm ist aber nun nicht etwa die, daß hier die Gleichstellung aller Reichsangehörigen bei Verleihung der Landesämter festgelegt werden soll, womit dann der Ersatz für das fehlende Indigenat geschaffen wäre. Der Ausdruck „Staatsbürger" weist vielmehr darauf hin, daß nur das Gleichheitsprinzip schlechthin in bezug auf den Zugang zu den Ämtern bindend für Reichs- und Landesrecht ausgesprochen werden wollte.

Andernfalls wäre übereinstimmend mit der sonstigen Textierung von Reichsangehörigen oder Deutschen gesprochen worden. Die gleiche Zulassung bezieht sich also hinsichtlich der Reichsangehörigen nur auf die Reichsämter, während für die Landesämter nur Landesangehörigkeit maßgebend ist (übereinstimmend Giese 295, der allerdings Art. 110 II als anwendbar erklären will; a. A. Anschütz 207; ferner Wolfstieg, Das Beamtenreichsrecht S. 37 f.).

Durch den Grundsatz der gleichen Zugänglichkeit der Ämter für alle Staatsangehörigen werden subjektive Rechte der Einzelnen nicht geschaffen (vgl. oben § 35 Z. 8). Es handelt sich vielmehr einerseits um Normen, die für die Einzelgesetze des Reichs und Verfassungs- sowie einfache Gesetze der Länder maßgebend sind, andererseits um bindende Direktiven für die Anstellungsbehörden, deren freies Ermessen sonach eingeschränkt wird. Immerhin ist zu beachten, daß objektives Recht vorliegt, so daß eine Rechenschaftserteilung nicht nur im Verhältnis zu den vorgesetzten Stellen, sondern u. U. auch gegenüber den Rechtskontrollinstanzen in Frage kommt. Das kann nach bayerischem Verfassungsrecht bei Zutreffen der sonst geforderten Voraussetzungen die Verfassungsbeschwerde nach § 93 VU. rechtfertigen.

Im Widerspruch mit § 12 VU. hat das Staatsministerium für Unterricht und Kultus in einem Erlaß vom 18. April 1922, Nr. 17863, die Zulassungsausschüsse für die juristische Universitätsschlußprüfung angewiesen, den Kandidaten u. a. ausdrücklich bekannt zu geben, „a) daß Kandidaten, welche die bayerische Staatsangehörigkeit nicht . . . durch Abstammung besitzen, in Bayern nur mit Genehmigung des zuständigen Ministeriums zum Vorbereitungsdienste zugelassen werden, b) daß diese Genehmigung regelmäßig nicht erteilt wird . . .". Dieser Erlaß ist soweit natürlich ungültig.

17. Nunmehr erübrigt nur noch eine Untersuchung, ob die auf die Staatsangehörigen bezüglichen Verfassungsvorschriften auch für juristische Personen in Betracht kommen. An sich ist das aus dem Grunde denkbar, weil § 93 VU. offenbar das Moment des Sitzes in Bayern bei juristischen Personen mit der Staatsangehörigkeit bei natürlichen Personen in Parallele stellt, also gewissermaßen die in Bayern beheimateten juristischen Personen als Landesangehörige auffaßt. Darum ist eine Prüfung in bezug auf die einzelnen Bestimmungen am Platz.

Die Frage der Ausweisung kann von vornherein nicht in Betracht kommen, da die bisherige Auffassung dieses Rechtsinstitut auf natürliche Personen beschränkt hat. Bezüglich der Niederlassung könnte es sich nur um Ortsveränderungen oder Filialgründungen handeln, da erstmalige Niederlassung ja erst einen Sitz im Lande begründen würde, somit das Zugehörigkeitsmerkmal vorher nicht gegeben wäre. Es ist aber wohl anzunehmen, daß das ganze Niederlassungsrecht wegen seines traditionellen Zusammenhangs mit der Freizügigkeit auf Einzelpersonen abgestellt ist.

Wohl aber kommt der Grundsatz der Gleichheit vor dem Gesetz, mindestens soweit es sich um die Anwendung des Gesetzes durch die Gerichte und Verwaltungsbehörden handelt, in vollem Umfang in Frage und demgemäß auch der Rechtsschutzanspruch auf Grund der Verfassungsbeschwerde nach § 93 BU. Ob auch bindende Normen für die künftige Gesetzgebung zugunsten der Gleichheit der juristischen Personen anzunehmen sind, erscheint einigermaßen fraglich, ist aber um deswillen wenig erheblich, weil eine ungleiche Behandlung nach persönlichen Gesichtspunkten ja eine Verletzung des Gleichheitsprinzips der Einzelnen beibehalten wurde, die hinter der juristischen Person stehen. Von Adel und Titel kann natürlich keine Rede sein, ebensowenig von der Zulassung zu öffentlichen Ämtern.

§ 36.

Die Staatsbürger.

Schrifttum: Seydel-Piloty § 40; Nawiasky, Bundesstaat 8 ff., 125 ff.

1. § 6 **BU. bestimmt:** „Staatsbürger ist ohne Unterschied der Geburt, des Geschlechtes, des Glaubens und des Berufes jeder Angehörige des bayerischen Staates, welcher das 20. Lebensjahr vollendet hat." Sonach ist das einzige Bestimmungsmerkmal, das zu der Staatsangehörigkeit hinzutreten muß, die Vollendung eines bestimmten Lebensalters. Staatsangehörige, die die Altersgrenze überschritten haben, sind nach bayerischem Verfassungsrecht Staatsbürger.

Daraus ergibt sich weiter, daß man zwar eventuell von einer Staatsangehörigkeit juristischer Personen sprechen kann, daß aber die Staatsbürgereigenschaft bei juristischen Personen ausgeschlossen ist.

Die Staatsbürgereigenschaft ist von der privatrechtlichen Handlungsfähigkeit vollkommen getrennt, sie hat ihre eigenen durchaus selbständig geregelten Erwerbs- und Verlustgründe. Erworben wird die Staatsbürgereigenschaft seitens bayerischer Staatsangehöriger mit der Vollendung des 20. Lebensjahres, seitens Nichtbayern durch die Erlangung der Staatsangehörigkeit unter der Voraussetzung der Erreichung dieses Alters: Der einzige Verlustgrund ist der Verlust der Staatsangehörigkeit.

2. § 6 VU. hebt hervor, daß die Staatsbürgereigenschaft von Geburt, Geschlecht, Glauben und Beruf unabhängig ist. Gewiß liegt der Schwerpunkt dieser negativen Bestimmung in politischen Rücksichten. Es sollte der demokratische Staatsgedanke zur schärfsten Formulierung gelangen. Die Bestimmung ist aber auch rechtlich nicht bedeutungslos. Vor allem ist die Selbständigkeit des Staatsbürgerrechts der Frau hervorzuheben. Während die Staatsangehörigkeit der Frau im allgemeinen eine abhängige ist, da sie an die Staatsangehörigkeit des Mannes anknüpft, leitet die Frau rechtlich ihre Staatsbürgereigenschaft nicht von jener des Mannes ab; praktisch allerdings bleibt ein Zusammenhang bestehen, da der Verlust der Staatsangehörigkeit jenen der Staatsbürgerschaft nach sich zieht.

Weiter ist die ausdrückliche verfassungsmäßige Ablehnung der aufgezählten Unterscheidungsgründe aus dem besonderen Grunde von Bedeutung, weil die Verfassung das Staatsbürgerrecht an sich und das Recht seiner Ausübung unterscheidet. Das Recht der Ausübung ist noch an besondere Voraussetzungen geknüpft. Die negative Bestimmung des § 6 VU. hat nun zur Folge, daß diese besonderen Voraussetzungen nicht in einer Unterscheidung nach den ausdrücklich abgelehnten Momenten bestehen dürfen. Sollte im Einzelfall davon abgegangen werden, so wäre verfassungsändernde Vorschrift erforderlich.

Aber nicht nur die Regelung der besonderen Voraussetzungen der Ausübung des Staatsbürgerrechts ist auf diese Weise in gewissem Umfang gebunden. Die gleichen Beschränkungen gelten auch für alle weiteren Rechtsverhältnisse, die an die Staatsbürgereigenschaft als solche anknüpfen.

3. Die Staatsbürgereigenschaft zieht nach der Verfassung viererlei Konsequenzen nach sich:

a) die Ausübung des Bürgerrechts durch Abstimmung bei Volksbegehren und Volksentscheidungen (Volksgesetzgebung) und bei Wahlen (§ 7 VU.);
b) das Gemeindebürgerrecht (§ 11 VU.);
c) die gleiche Zulassung zu den öffentlichen Ämtern (§ 12 VU.);
d) das passive Landtagswahlrecht (§ 26 II).

4. Wie sich aus Vorstehendem ergibt, versteht die Verfassung unter „Ausübung des Staatsbürgerrechts" die Teilnahme an Abstimmungen und Wahlen (vgl. § 8 S. 1 a. Anf.). Der Ausdruck „Abstimmungen" wird dabei in einem doppelten Sinn gebraucht, in einem weiteren, der die Wahlen mitumfaßt (§ 7), und in einem engeren, der ihnen die Wahlen entgegenstellt (§ 8). Das Landeswahlgesetz verwendet offenbar aus dem gesetzestechnischen Grunde der Vereinfachung der Ausdrucksweise das Wort „Abstimmung" in dem beide Betätigungsarten umfassenden Sinne (vgl. Überschrift vor Art. 1 und den Text der folgenden Artikel).

Nicht ganz klar ist, was an diesen grundlegenden Stellen unter „Wahlen" verstanden wird. § 8 VU. spricht von „den durch diese Verfassung vorgesehenen . . . Wahlen". Ist damit nur die Wahl zum Landtag (§ 26) oder auch die Wahl zu den Vertretungskörpern der Gemeinden und Gemeindeverbände (§ 23) gemeint?

Man wird die Frage angesichts der strikten Fassung bejahen müssen, was aus dem Grunde bedeutsam ist, weil dann die in § 9 VU. festgesetzten Ausschließungsgründe auch für die Teilnahme an den Kommunalwahlen gelten (gl. A. Piloty 57 Anm. 1; Braunwart, BayGemVZ. 1920 S. 477). Damit ist allerdings noch keine volle Gleichheit für das Landtagswahlrecht und das Wahlrecht zu den Gemeinde- und höheren Kommunalvertretungen erreicht. Es können vielmehr für das letztere noch besondere Voraussetzungen geschaffen werden, wie ja der Hinweis des § 23 S. 2 auf ein besonderes Wahlgesetz i. V. mit dem Verbot, die Ausübung des Wahlrechts in den Gemeinden von der Entrichtung einer Gebühr abhängig zu machen (§ 11 II), klar ergibt. Auch die Bestimmung des § 23 S. 1: „Die Wahlen für die Vertretungskörper der Gemeinden und Gemeindeverbände erfolgen nach den Grundsätzen des Landtagswahlrechtes" ändert daran nichts. Denn hier ist nur — übereinstimmend mit der in der RV. Art. 17 II für die örtlichen Gemeinden aufgestellten Regel — auf den Grundsatz der allgemeinen, gleichen, geheimen und unmittelbaren Wahl nach dem Verhältniswahlsystem (§ 26 I) verwiesen, die Einzelheiten sind keineswegs bindend festgelegt. Immerhin kann das Gemeindewahlrecht die allgemeinen Voraussetzungen, die für das Staatsbürgerrecht und seine Ausübung normiert sind, für seinen Bereich nicht ändern.

5. Die besonderen Voraussetzungen, an welche die Verfassung die Ausübung des Staatsbürgerrechts knüpft, sind teils positiver, teils negativer Natur.

a) Positiv ist das Erfordernis eines mindestens sechsmonatigen Wohnsitzes in Bayern (§ 8 I VU.). Dabei ist das Alter der bayerischen Staatsangehörigkeit vollkommen gleichgültig. Auch gebürtige Bayern, deren Altvordern ebenfalls, soweit sich ihre Geschlechterfolge übersehen läßt, bayerisch waren, unterliegen nach dieser Vorschrift der vorgesehenen Wartezeit, wenn sie außerhalb der weißblauen Grenzpfähle ihr Brot verdient haben und wieder in die Heimat zurückgekehrt sind. Umgekehrt begründete ein halbjähriger Besitz der bayerischen Staatsangehörigkeit bei gleichzeitigem Wohnsitz im Lande ohne weiteres Wahl- und Stimmrecht. Diese überragende Bedeutung der Tatsache des Wohnsitzes ist nun aber durch Art. 17 I RV. für das Landtagswahlrecht beseitigt worden. Denn in den dort festgelegten Grundsätzen des Wahlrechtes für die Landesvolksvertretungen ist einerseits von dem Erfordernis einer gewissen Ansässigkeitsdauer keine Rede; andererseits aber muß negativ aus dem zweiten Absatz, der die Abhängigmachung der Wahlberechtigung in der Gemeinde von einer Aufenthaltsdauer bis zu einem Jahr zuläßt, auf seine Unzulässigkeit geschlossen werden.

Das bayerische Landeswahlgesetz hat daraus in radikaler Weise die Folgerungen gezogen. Art. 1 Z. 2 verlangt nur mehr einen nicht bloß vorübergehenden oder nur gelegentlichen Aufenthalt in Bayern (vgl oben § 24 Z. 2). Diese Einschränkung bezieht sich aber nicht nur auf das Landtagswahlrecht, sondern, was reichsrechtlich nicht auferlegt war, auch auf das Stimmrecht bei der Volksgesetzgebung. Somit ist denn § 8 S. 1 VU. selbst geändert, worauf auch in der Eingangsformel des Gesetzes ausdrücklich Bezug genommen ist. Der Satz gilt formell nur mehr für die Gemeindewahlen und -abstimmungen, was aber aus dem Grunde nicht weiter bedeutsam ist, weil § 11 I S. 2 für die Ausübung des Gemeindebürgerrechts selbst wieder sechsmonatigen Wohnsitz fordert.

b) Negativ sind die in § 9 VU. normierten Ausschließungsgründe und zwar

1. Entmündigung, vorläufige Vormundschaft, Pflegschaft wegen geistiger Gebrechen (BGB. §§ 6, 1896, 1906, 1910); nicht volljährige Personen können dadurch nicht getroffen werden, somit alle durch Vollendung des 20. Lebensjahres Staatsbürger gewordenen während des ersten Jahres ihrer Staatsbürgerschaft, wenn sie nicht ausnahmsweise früher nach BGB. §§ 3—5 für volljährig erklärt sind.

2. Verlust der bürgerlichen Ehrenrechte durch strafgerichtliche Verurteilung (RStGB. §§ 32—37).

Das Landeswahlgesetz fügt diesen von der Verfassung festgelegten Ausschließungsgründen noch zwei weitere hinzu, die in die Form des Ruhens und der Behinderung der Ausübung des Stimmrechts bei der Landtagswahl und der Volksgesetzgebung gekleidet sind. Die praktische Bedeutung der anderen Kategorisierung liegt darin, daß im Gegensatz zu dem technischen „Ausschluß" von der Wahlberechtigung das passive Wahlrecht zum Landtag unberührt bleibt; dagegen besteht zwischen den beiden neuen Gründen selbst kein rechtlicher Unterschied (vgl. oben § 24 Z. 3). Die Hinderungsgründe sind:

3. Zugehörigkeit zur Wehrmacht als Soldat (Offizier, Mannschaftsperson, nicht Beamter, LWG. Art. 2 II, vgl. oben § 24 Z. 3);

4. Unterbringung in einer Heil- oder Pflegeanstalt wegen Geisteskrankheit oder Geistesschwäche, Straf- und Untersuchungsgefangenschaft, Verwahrung infolge gerichtlicher oder polizeilicher Anordnung, abgesehen von Schutzhaft aus politischen Gründen (LWG. Art. 2 III und IV; vgl. ebenda).

Beide Erweiterungen sind mit der für Verfassungsänderungen vorgeschriebenen Mehrheit beschlossen worden (vgl. Eingang des Gesetzes). Das Ruhen des aktiven Soldatenwahlrechts folgt überdies aus § 36 III des Wehrgesetzes vom 18. Juni 1921, RGBl. 787, der sich hiebei auf Art. 133 II RV. stützt. Die Aufhebung des Soldatenwahlrechts gilt gemäß des Wehrgesetzes auch für das Gemeindewahlrecht, während die Behinderungsgründe oben unter 4 mit Rücksicht auf die festgestellte Selbständigkeit des Gemeindewahlrechts (vgl. § 36 Z. 4) dafür nicht in Betracht kommen.

6. Bezüglich der Ausübung des Stimm- und Wahlrechts enthält die Verfassung in § 8 S. 2 noch den Grundsatz der Ausübung am Wohnsitz, soweit nicht gesetzlich Ausnahmen vorgesehen sind (Wahlscheine). Die näheren Rechtssätze für die Landtagswahlen wurden bereits oben in § 24 erörtert, jene über die Volksgesetzgebung werden in §§ 37—39 dargestellt werden.

An der ersten Stelle sind auch bereits die positiven Vorschriften über das passive Landtagswahlrecht besprochen worden (vgl. Z. 5). Die Verfassung hatte in § 26 II S. 1 die Wählbarkeit den wahlberechtigten bayerischen Staatsbürgern nach Vollendung des 25. Lebensjahres verliehen. Nunmehr verlangt LWG. Art. 44 außer dem angegebenen Lebensalter mindestens einjährige Reichsangehörigkeit und mindestens einjährigen Aufenthalt in Bayern. Diese Änderungen wurden mit der für Verfassungsänderungen erforderlichen Mehrheit beschlossen. (Vgl. Eingangsformel des LWG.).

7. Das Gemeindebürgerrecht in der Wohnsitzgemeinde ist nach VU. § 11 I eine an keinerlei weitere Voraussetzung gebundene Folge des Staatsbürgerrechts. Dadurch sind die engen Vorbedingungen des alten Gemeindebürgerrechts nach den beiden Gemeindeordnungen vom 29. April 1869 für die Landesteile diesseits des Rheins und für die Pfalz beseitigt worden (vgl. Braunwart und Stöhsel, Die neue bayerische Gemeindegesetzgebung 1919, 74 und Braunwart in der BayGemVZ. 1920 S. 473 ff.). Hervorzuheben ist wieder insbesondere das selbständige Gemeindebürgerrecht der Frauen.

Von dem Gemeindebürgerrecht wird jedoch abermals das Recht seiner Ausübung unterschieden, und durch § 11 I S. 2 VU. an eine mindestens 6monatige Wohnung im Gemeindebezirk geknüpft. (Daß RV. Art. 17 II von „Aufenthalt" in der Gemeinde spricht, wird dem Erfordernis der „Wohnung", des „Wohnsitzes" kaum entgegengehalten werden können (vgl. unten).

Worin besteht nun die Ausübung des Gemeindebürgerrechts? Eine gesetzliche Definition wie beim Staatsbürgerrecht fehlt. In erster Linie wird man an das Gemeindewahlrecht denken und damit zusammenhängend an das Stimmrecht, soweit Abstimmungen des „Gemeindevolkes" in Frage kommen. § 11 II VU. spricht auch anschließend an die Ausübung des Gemeindebürgerrechts von der „Ausübung des Wahlrechtes in den Gemeinden" und verbietet, wie oben (Z. 4) erwähnt, die Forderung der Entrichtung einer Gebühr. Weiter bestimmt dann § 23 VU., daß die Wahlen für die Vertretungskörper der Gemeinden nach den Grundsätzen des Landtagswahlrechts durch Gesetz geregelt werden sollen.

Dieses Gesetz ist nun bereits vor der Verfassung unter dem 15. April 1919, GVBl. 171, ergangen. Dabei wurde das aktive Wahlrecht ohne Beziehung auf das Gemeindebürgerrecht ganz selbständig geregelt und mußte so geregelt werden, weil damals das neue erweiterte Gemeindebürgerrecht der Verfassung noch nicht geschaffen war, vielmehr das alte enge Bürgerrecht der beiden Gemeindeordnungen noch zu Recht bestand. Das mit diesem alten Bürgerrecht verbundene Wahlrecht wurde sogar ausdrücklich aufgehoben (Art. 2 II d. Ges.).

Die Voraussetzungen des Gemeindewahlrechts sind nach Art. 2 dieses Gesetzes a) positiv: α) Vollendung des 20. Lebensjahres, β) Besitz der bayerischen Staatsangehörigkeit, γ) Aufenthalt in der Gemeinde seit 6 Monaten vom Tage der Anmeldung gerechnet; Heeresdienst ersetzt den Aufenthalt; b) negativ; δ) Nichtgegebensein von Entmündigung oder vorläufiger Vormundschaft, ε) Nichtgegebensein des Verlustes der bürgerlichen Ehrenrechte kraft rechtskräftigen Urteils.

Hiezu ist im einzelnen folgendes zu bemerken: α und β entspricht dem Erfordernis der Staatsbürgereigenschaft, γ ist inzwischen verschärft worden, da nunmehr gemäß VU. § 11 I S. 2 Wohnsitz verlangt ist. Hiebei ist zu bemerken, daß RV. Art. 17 II, der von „Aufenthalt" in der Gemeinde spricht, wohl nicht als Gegenargument herangezogen werden kann, weil der Ausdruck an dieser Stelle nicht im strengen Sinn gemeint ist (a. A. Braunwart-Stöhsel 77). Heeresdienst kommt für das passive Wahlrecht der Soldaten und für das aktive und passive Wahlrecht der Militärbeamten in Frage. d) Es fehlen im Vergleich zum Landtagswahlrecht der Ausschließungsgrund der Pflegschaft wegen geistiger Gebrechen, ferner die Fälle der Behinderung (oben Z. 5 b unter 4). Der erstere Ausschließungsgrund gilt aber nunmehr auch für das Gemeindewahlrecht, da er in § 9 Z. 1 VU. festgelegt ist und demgemäß nach unseren früheren Ergebnissen (oben Z. 4) dem Gemeindewahlgesetz vorgeht.

Ebenso wie das Wahlrecht ist auch das Stimmrecht bei Gemeindevolksabstimmungen ohne Zusammenhang mit dem Gemeindebürgerrecht geregelt. Der Grund ist der gleiche. Die betreffenden Normen sind in Art. 29 des Selbstverwaltungsgesetzes vom 22. Mai 1919, GVBl. 239, enthalten und so ebenfalls vor Schaffung der Verfassung ins Leben getreten. Es handelt sich einmal um das Begehren auf vorzeitiger Neuwahl der Gemeindevertretung und dann um die Anregung zur Inangriffnahme bestimmter Unternehmungen und Einrichtungen durch die Gemeindebehörde. In beiden Fällen wird eine bestimmte Anzahl von in den Wählerlisten eingetragenen Gemeindewahlberechtigten für antragsberechtigt erklärt.

Bei der bevorstehenden, wegen der vielen durch die Flickarbeit der Gesetzgebung auf diesem Gebiete geschaffenen Unstimmigkeiten dringend notwendigen Reform des Gemeinderechts wird wieder eine klare Beziehung zwischen Gemeindebürgerrecht und Gemeindewahl- und -stimmrecht hergestellt werden müssen, sei es auch auf dem Wege der gänzlichen Beseitigung des Gemeindebürgerrechts (wie dies der Referentenentwurf eines bayerischen Gemeindegesetzes Art. 188 will).

8. Neben Wahl- und Stimmrecht kommt als Form der Ausübung des Gemeindebürgerrechts im rechtsrheinischen Bayern die Teilnahme an den Nutzungen des Gemeindeguts und der örtlichen Stiftungen, sowie die Benützung der Gemeindeanstalten in Frage (rrhein. GemO. Art. 19 II Z. 3 und 4). Die Vollzugsanweisung zum Selbstverwaltungsgesetz vom 14. Juni 1919, GVBl. 303, § 33 betrachtet diese Bestimmungen allerdings als obsolet. Die Auffassung ist indes bestritten (vgl. Braunwart-Stöhsel 9, 81, 104, 339 und die eingehende Untersuchung bei Braunwart, BayGemVZ. 1920, 473 ff., ferner Helmreich, Bay.-GemVZ. 1919, 530 ff.; Kiefersauer, ebenda, 1921, 270 ff.). Hiebei taucht aber andererseits die Frage auf, ob diese eigenartigen Rechte, die in früheren Verhältnissen wurzeln, nicht von dem neuen Gemeindebürgerrecht gänzlich oder wenigstens insoweit zu trennen sind, daß ihr Erwerb auch künftighin an die Entrichtung einer besonderen Aufnahmegebühr geknüpft werden kann (argumentum e contrario aus § 11 II VU.); sie würden dann dem Kreis der „besonderen Rechte und Pflichten aus dem Gemeindeverbande" zuzurechnen sein, dessen Regelung nach § 11 III VU. auf Spezialgesetz verwiesen ist. Auf diese Fragen kann aber im vorliegenden Zusammenhang nicht näher eingegangen werden (vgl. hierüber Braunwart a. a. O., ferner über die Frage des Einflusses des neuen Gemeindebürgerrechts auf die Zulässigkeit der Ortsverweisung Ziegler, BayGemVZ. 1921, 145 ff. und Dyroff, ebenda 149 ff.).

9. Alles in allem hat das Gemeindebürgerrecht parallel mit seiner Verallgemeinerung an Inhalt wesentlich verloren. Es erweist sich als rechtliche Voraussetzung einer Reihe von Rechten (vgl. unten Z. 11 a. E.), die aber auch ohne diese einheitliche Formulierung ihrer Grundlage erschöpfender Regelung zugänglich sind. Darum die Möglichkeit seiner vollständigen Beseitigung.

Es taucht nun auch die Behauptung auf, daß das neue Gemeindebürgerrecht insofern wenigstens seinem Umfang nach an Bedeutung gewonnen habe, als es die Zugehörigkeit zu den höheren Selbstverwaltungskörpern Bezirk und Kreis, den nach VU. § 23 sog. Gemeindeverbänden, mitumfasse (Piloty 64 unten, Braunwart a. a. O. 474 f.). Diese Auffassung findet aber an den positiven Bestimmungen der Verfassung keine Stütze. Das Gemeindewahlgesetz und das Selbstverwaltungsgesetz haben allerdings, dem § 23 VU. vorauseilend, das unmittelbare Wahlrecht der einzelnen Staatsbürger zur Bezirks- und Kreisvertretung geschaffen, und dieses Wahlrecht deckt sich mit dem Gemeindewahlrecht. Darüber hinaus aber läßt sich ein notwendiger Zusammenhang nicht nachweisen.

10. Die gleiche Zulassung zu den öffentlichen Ämtern nach § 12 VU. betrifft, wie bereits erörtert (§ 35 Z. 5 und 16), nicht eigentlich die Staatsbürger, sondern die Staatsangehörigen. Jedoch ist der gewählte Ausdruck nicht ohne Konsequenzen. Man muß daraus schließen, daß etwa vorhandene Vorschriften, die Vorbedingungen für die Erlangung öffentlicher Ämter aufstellen, welche mit der grundsätzlichen Umgrenzung des Staatsbürgerbegriffs (§ 6 VU.) nicht in Einklang stehen, aufgehoben sind. Die praktische Bedeutung dieses Satzes liegt in der Aufhebung aller partikularrechtlichen Sondervorschriften gegen den Zutritt von Frauen zu den öffentlichen

Ämtern, soweit nicht in dem Moment der Befähigung ein unbedingt wirksamer Ausschließungsgrund vorliegt, man denke z. B. an den Dienst der polizeilichen Vollstreckungsbeamten.

11. Überblickt man nunmehr die einzelnen in der Verfassung an die Staatsbürgereigenschaft geknüpften Folgerungen, so kommt man zu dem Ergebnis, daß für den rechtlichen Gehalt der Staatsbürgerschaft an sich nichts Positives mehr übrig bleibt. Wahl-, Stimmrecht und Wählbarkeit in Staat und Gemeinde, sowie Nutzungsrechte am Gute der letzteren sind nicht mit der Staatsbürgerqualität an sich gegeben, sondern an besondere Voraussetzungen gebunden, die noch hinzutreten müssen. Und so offenbart sich das „Staatsbürgerrecht" selbst als die gemeinsame Voraussetzung einer Reihe weiterer Rechte und Rechtsverhältnisse, als ein rechtlich bedeutsamer Zustand, ein status, genau so wie die Staatsangehörigkeit (vgl. oben § 35 Z. 4), die ihrerseits ja auch die Voraussetzung der Staatsbürgereigenschaft ist. Beide sind ihrer rechtlichen Natur nach gleichartig, die letztere nur durch das Hinzutreten eines Unterscheidungsmerkmals von der ersteren als engerem Begriff geschieden.

Gerade in dieser Geringfügigkeit der Unterscheidung liegt aber die gesetzestechnische und gesetzespolitische Bedeutung des engeren Begriffs; denn damit ist von Verfassungs wegen festgestellt, daß die einheitliche Voraussetzung für die aktive politische Berechtigung im öffentlichen Leben nur ein Mindestmaß von Erfordernissen kennt und kennen soll. Anders ausgedrückt: indem die bayerische Verfassungsurkunde den Begriff des Staatsbürgers neben jenen des Staatsangehörigen setzt und dabei nur ein niedriges Alterserfordernis als Unterscheidungsmerkmal festlegt, bekennt sie sich nicht nur politisch, sondern auch juristisch zu einer demokratischen Staatsordnung. Sie steht mit dieser Art der Kundgebung unter den heutigen deutschen Verfassungen vereinsamt da. Die Reichsverfassung gebraucht ja an vereinzelten Stellen den Ausdruck „Staatsbürger" (z. B. Art. 128 I, 133 I, 134), meint damit aber regelmäßig „Staatsangehörige"; nur wo von „staatsbürgerlichen Rechten" gesprochen wird, ist an aktive politische Rechte gedacht (z. B. Art. 109 II, 136 I und II). Ebenso verfahren die beiden anderen süddeutschen Verfassungen, wenn sie beispw. von dem Wahlrecht der württembergischen oder badischen „Staatsbürger" sprechen, aber die Staatsangehörigen meinen (Württemb. Verf. § 4 III, badische § 3). Auch wo sonst gelegentlich der Ausdruck „Staatsbürger" oder „Bürger" verwendet wird, z. B. in der Verfassung von Mecklenburg-Schwerin (§§ 7, 12, 13 ff.) oder von

Lübeck (Art. 3), geschieht dies nicht in grundsätzlicher Weise. Gewiß stehen die übrigen deutschen Verfassungen inhaltlich ihrer Vorschriften in demokratischer Beziehung nicht hinter der bayerischen zurück, das gleiche sachliche Ergebnis läßt sich ja auf verschiedenem Wege erzielen. Aber gesetzestechnisch bildet die bayerische Verfassung in diesem Punkt eine eigene Klasse, was immerhin hervorgehoben werden muß. (An eine politische Stellungnahme ist damit — um Mißverständnisse zu vermeiden, sei dies ausdrücklich betont — nicht im Entferntesten gedacht.)

Daß das neben dem Staatsbürgerrecht aufgestellte Gemeindebürgerrecht ganz parallel gebaut ist und daher des ersteren rechtliche Natur als status teilt, ist schon angedeutet worden (oben Z. 9).

12. Welchen Einfluß übt nun das in RV. Art. 110 II formulierte Gleichheitsprinzip der Reichsangehörigen in den Ländern auf das bayerische Staatsbürgerrecht aus? Hier erweist sich die Klärung seiner rechtlichen Eigenart als von großer Bedeutung. Die einzelnen Rechte, die an die Staatsbürgereigenschaft als Voraussetzung anknüpfen, müssen nach der Reichsverfassungsvorschrift zweifellos auch den landfremden Reichsangehörigen zuerkannt werden, sofern sie die Voraussetzungen erfüllen, die auch von den bayerischen Staatsbürgern verlangt sind. Dies gilt zunächst vom aktiven Landtagswahlrecht, vom Abstimmungsrecht in staatlichen Angelegenheiten und von der Wählbarkeit für den Landtag, der ja als passives Wahlrecht im Sinne der üblichen Auffassung den Charakter eines subjektiven Rechtes eignet. Das aktive Wahlrecht ist überdies noch durch die Sondervorschrift des Art. 17 I gefordert. Wie wir gesehen haben, hat das Landeswahlgesetz bezüglich des aktiven Wahlrechts in Art. 1, der auch für das Abstimmungsrecht gilt, bezüglich des passiven Wahlrechts in Art. 44 ohne weiteres an Stelle der bayerischen Staatsangehörigkeit die Reichsangehörigkeit gesetzt (vgl. oben § 24 Z. 2 und 5). Die Gleichstellung bezieht sich aber weiter auch auf das aktive und passive Gemeindewahlrecht (vgl. auch RV. Art. 17 II), das Stimmrecht in der Gemeinde und das Recht der Teilnahme an Gemeindenutzungen. Hier ist eine Richtigstellung der abweichenden Gesetzestexte noch nicht erfolgt, was natürlich an der tatsächlichen Geltung der Gleichstellung nichts ändert.

Ist nun das „Staatsbürgerrecht" nicht selbst als subjektives Recht den in Bayern lebenden Reichsangehörigen zugefallen, woraus sich die Folgerung ergäbe, daß es bayerische Staatsbürger gibt, die nicht zugleich bayerische Staatsangehörige sind? Hier ist nun entscheidend, daß wir es gar nicht mit einem subjektiven Recht, sondern mit einer rechtlichen Eigenschaft zu tun haben, auf die die Gleichheitsregel des Art. 110 II RV. nicht zutrifft. Ebenso steht es dann aber auch mit dem innerlich gleichartigen Gemeindebürger„recht", auch dieses entzieht sich der Wirkung des genannten Artikels. Praktisch bedeutsam erweist sich die gezogene Schlußfolgerung natürlich nur in den Fällen, in denen nicht subjektive Rechte oder Pflichten aufgestellt sind, weil dann Art. 110 II RV. wieder durchgreift. Im allgemeinen wird es nun zwar selten vorkommen, daß die freie Verleihung von Unterstützungen oder Nutzungen u. dgl. gerade an die Staatsbürgereigenschaft und nicht an die Staatsangehörigkeit geknüpft ist; in § 12 VU. beispw. wurde ja der Ausdruck „Staatsbürger" im Sinne von „Staatsangehörigen" richtiggestellt (vgl. § 35 Z. 5 und 16). Wohl aber können derartige Fälle leicht bezüglich des Gemeindebürgerrechts vorkommen, das ja seinem Wesen nach eigentlich eine Gemeindeangehörigkeit darstellt.

13. Der besondere verfassungsrechtliche Schutz des § 93 VU. bezieht sich naturgemäß auch auf die Bestimmungen über das Staatsbürgerrecht in dem vollen Umfang, wie wir sie kennen gelernt haben. Soweit es sich dabei um subjektive Rechte handelt, bedeutet ihre Verletzung unmittelbar die geforderte Schädigung „in ihrem Recht". Soweit in einem bestimmten Fall die Staatsbürgereigenschaft oder entsprechend die Gemeindebürgereigenschaft durch eine Behörde verneint worden sind, kann es fraglich erscheinen, ob diese Tatsache an sich die Verfassungsbeschwerde rechtfertigt oder ob eine besondere Schädigung hinzutreten muß. Die somit aufgeworfene Frage, ob § 93 auch einen Schutz des status, des Rechtsstandes, gewährt, wird später im Zusammenhang mit der systematischen Darstellung der Verfassungsbeschwerde berührt werden (vgl. unten § 55 Z. 11 f.). Von vornherein kann hier aber darauf verwiesen werden, daß die Verfassungsbeschwerde Abhilfe nur gegenüber rechtswidriger Tätigkeit einer Behörde verspricht. Daher scheiden die Fälle aus, in denen eine Entscheidung des Landtags angefochten wird, soweit diese Entscheidung reicht. Es handelt sich einmal um die Gültigkeit der Landtagswahlen (§ 33 VU., Art. 37 und 62 LWG.) und dann um die Zulässigkeit und Rechtsgültigkeit der Volksbegehren und Volksentscheidungen (§ 67 I S. 2 VU., Art. 72 LWG.). Die bei dieser landtäglichen Entscheidung behandelten Vorfragen des Wahl- oder Stimmrechts einzelner Personen sind jedoch nicht unbedingt der selbständigen Prüfung durch den Staatsgerichtshof auf Grund einer darauf gerichteten Beschwerde gegen angefochtene Akte von Behörden entzogen.

§ 37.

Die Staatsbürgerschaft als Staatsorgan.

Schrifttum: G. Jellinek, Allgemeine Staatslehre 540 ff., 566 ff.; Nawiasky, Grundgedanken 65 ff.; Gmelin, Referendum, Handb. d. Politik III, 71 ff.; Denkschrift der bayer. Regierung über Volksabstimmung und Volksantrag, abgedruckt bei Piloty 274 ff.; Jan, Wahlrecht und Volksabstimmungen im Jahrb. d. öff. R. Bd. X; Venator, Volksentscheid und Volksbegehren im Reich und in den Ländern, Arch. d. öff. R. 40 ff.

1. Gelegentlich der Untersuchung über die grundsätzliche Stellung des Landtags (oben S. 98 f.) wurde dargetan, daß alle drei höchsten politischen Faktoren der Staatsgewalt: Volk, Landtag, Gesamtministerium Staatsorgane sind, womit nichts anderes zum Ausdruck gebracht wird, als daß die von ihnen ausgehenden Willensakte nicht ihnen selbst als rechtliches Subjekt zugeschrieben, sondern durch sie hindurch geführt und auf einen einheitlichen Willensträger, den Staat, zurückbezogen werden. Ließ sich nun die Konstruktion als Staatsorgan für den Landtag (oben S. 99 ff.) und das Ministerium (oben S. 189) ohne Schwierigkeiten durchführen, so liegt der Sachverhalt bezüglich des Volkes etwas verwickelter.

2. Das äußerliche Bild einer Willensentschließung durch das Volk, sei es im Wege des Volksbegehrens oder der Volksentscheidung, ist durchaus jenem ähnlich, das die Wahlen zur Volksvertretung aufweisen. Die einzelnen politisch berechtigten Glieder des Volkes geben ihre Stimmen in einem bestimmten, genau geregelten Verfahren ab und das Ergebnis dieser Abstimmung wird dann in der vorgeschriebenen Weise verwertet. Vom Standpunkt des einzelnen Teilnehmers an der Abstimmung handelt es sich um die Ausübung eines ihm durch die objektive Rechtsordnung zugebilligten subjektiven Rechts, das vollkommen selbständig neben dem Recht der übrigen Teilnehmer steht. Durch die Ausübung seines Rechtes betätigt sich der Teilnehmer als individuelles Rechtssubjekt, eine Beziehung seiner individuellen Tätigkeit auf einen dahinterstehenden Gesamtakt eines Gesamtrechtssubjektes liegt dem einzelnen Handelnden vollkommen fern. Eine solche Vorstellung würde dem Teilnehmer schon aus dem Grunde geradezu unnatürlich erscheinen, weil er weiß, daß so und soviele der anderen Mitstimmenden einen dem seinen entgegengesetzten Willen äußern, diese entgegengesetzten Einzelwillensakte also doch nur in künstlicher Weise als ein einheitlicher Gesamtwillensakt zusammengedacht werden können. Aus diesem Grunde hat man auch in den üblichen positiven Darstellungen des früheren Staatsrechts die Wahl zur Volksvertretung in aller Regel nicht als Akt eines Staatsorgans betrachtet und folgerichtig in der Aufzählung der obersten Staatsorgane des Volkes als solchen keine Erwähnung getan (vgl. oben S. 71).

3. Nicht so die staatsrechtliche Theorie. Georg Jellinek z. B. ist in eingehender Ausführung (Allgemeine Staatslehre 540 ff., 566 ff.) dafür eingetreten, das Volk als primäres Staatsorgan zu konstruieren. Ohne daß im vorliegenden Zusammenhange auf diese Darlegungen eingegangen oder gar zu ihnen Stellung genommen werden kann, mag der Hinweis darauf genügen, daß in jedem kollegial verfaßten Staatsorgan Willensbildungen durch Mehrheitsbeschlüsse zustande kommen und daher die gegenteilige Richtung der einzelnen Stimmen die Einheit der schließlich rechtlich maßgebenden Beschlußfassung nicht aufhebt. Ohne eine solche Zusammenfassung der einzelnen von einander abweichenden Abstimmungsakte zu einem nach außen geschlossenen Gesamtakt wären zusammengesetzte Organe mit Mehrheitsprinzip gar nicht konstruierbar. Auf welcher rechtlichen Grundlage dabei das einzelne Organmitglied fußt, ob es sich auf einen Auftrag oder ein individuelles Recht stützt, ist sachlich vollkommen gleichgültig.

4. Hält man sich dies vor Augen, so treten die besonderen Schwierigkeiten, die der Auffassung des Volkes als Staatsorgan im Wege stehen, zurück. Denn es zeigt sich, daß sie durchaus nicht größer sind, als wenn es sich um die gleiche Auffassung bezüglich der Volksvertretung und der Regierung, in unserem Falle also des Landtags und des Gesamtministeriums handelt, da für deren Willensbildung ja ebenfalls das Mehrheitsprinzip maßgebend ist.

Auch der Umstand macht keinen Unterschied aus, daß die Zusammensetzung des Volkes von einer Willenskundgebung zur anderen stetem Wechsel unterliegt. Wir haben ja die gleiche Veränderlichkeit bei Landtag (S. 99 ff.) und Gesamtministerium (S. 189) festgestellt. Daß aber das Volk eine noch größere Wandelbarkeit seiner Zusammensetzung aufweist, als Landtag und Gesamtministerium, ist kein rechtlich bedeutsamer, sondern nur ein tatsächlicher Unterschied, der schon in der Verschiedenheit der Zahlenverhältnisse begründet ist. Schließlich ist es auch dem Gebiet der Politik und nicht dem des Rechtes zuzuweisen, wenn eine Erscheinung, die wir oben bezüglich Landtag und Regierung

(S. 100 und 189) festgestellt haben, beim Volke nicht wiederkehrt, nämlich die Gegenüberstellung der einzelnen sich ablösenden Landtagsversammlungen und der einzelnen wechselnden Ministerien. Der Grund hiefür liegt darin, daß das Volk rechtlich als Staatsorgan von vornherein nur in einzelnen in sich abgeschlossenen, gleichsam abgehackten Tätigkeitsäußerungen in Erscheinung tritt, so daß die Vorstellung einer zusammenhängenden Funktion von gewisser Dauer und damit dann eine Reihe von Tätigkeitszeiträumen, -abschnitten gar nicht entstehen kann.

5. Will man parallel zu der Untersuchung bezüglich des Landtags (S. 101 ff.) und des Gesamtministeriums (S. 194 f.) die Art der Organqualität des Volkes näher bestimmen, so liegt die Eigenschaft als normgebendes Organ angesichts der Gesetzgebungsbefugnis auf der Hand. Das Volk ist aber auch normvollziehendes Organ, wenn es wählt, den Landtag einberuft oder auflöst. In aller Regel fungiert das Volk als selbständiges Organ, da es seinen Willen letzten Endes ja immer ohne und gegen den Willen aller übrigen Organe durchsetzen kann (oben S. 87). In den Fällen, in denen das Gesamtministerium die Volksentscheidung anruft (§ 77 II VU.), könnte man an eine unselbständige Organstellung des Volkes denken. Immerhin ist zu beachten, daß das Volk in allen diesen Fällen auch von sich aus ein Referendum verlangen könnte; ganz anders in der Reichsverfassung, die ja die reine Referendumsinitiative nicht kennt und daher das Volk gegenüber Gesetzesbeschlüssen des Reichstags auf das Veto der Reichstagsminderheit nach Art. 72 i. V. m. 73 II, des Reichspräsidenten nach Art. 73 I oder des Reichsrats nach Art. 74 III und 76 II verweist (vgl. Grundgedanken 66 f.). Und wenn man schließlich dem Volk auch bei der Referendumsinitiative unselbständige Organstellung zuschreiben wollte, so ist hiebei zu berücksichtigen, daß an Stelle dieses Mittels ein selbständiges Volksbegehren auf gesetzliche Aufhebung des vom Landtag beschlossenen Gesetzes gestellt werden könnte.

Keiner weiteren Darlegung bedarf es, daß das Volk ein unabhängiges, primäres, ferner zusammengesetztes und zwar mit Rücksicht auf die Gleichberechtigung aller seiner Mitglieder kollegial zusammengesetztes Organ ist.

6. Über die Zusammensetzung des Staatsvolkes ist nach den oben getroffenen Untersuchungen (§§ 33—36) nichts Neues zu sagen. Es gilt nur, das dort Gefundene zusammenzufassen.

Das Staatsvolk, wie es in den einleitenden Paragraphen der Verfassung als wichtigstes Staatsorgan charakterisiert ist (§§ 2 und 3), besteht zunächst einmal aus den Staatsbürgern (s. oben § 36) und wird darum auch amtlich als „Staatsbürgerschaft" bezeichnet (§ 3 I, Überschrift des 2. Abschnittes, § 10 II, 76 I). Zufolge der Bestimmung des Art. 110 II RV. gehören aber auch die nichtlandesangehörigen Reichsangehörigen, wenn sie die für die Staatsbürger aufgestellten Erfordernisse erfüllen, zum aktiv berechtigten Staatsvolk, ohne, wie wir gesehen haben, damit Staatsbürger zu werden (oben § 36 Z. 12). Genau betrachtet deckt sich also der amtliche Begriff der „Staatsbürgerschaft" nicht mit der Gesamtheit der Staatsbürger, sondern greift darüber noch weit hinaus.

7. Die Zuständigkeit der Staatsbürgerschaft ist in formeller und sachlicher Beziehung beschränkt.

In formeller Beziehung hat sie nur diejenigen Befugnisse, die ihr in der Verfassung eingeräumt sind; vgl. auch § 10 III S. 1 VU.: „Volksentscheidung findet nur in den von dieser Verfassung vorgesehenen Fällen statt." Die Staatsbürgerschaft steht also nicht über der Verfassung, sondern unter der Verfassung. Nicht die Staatsbürgerschaft ist souverän, sondern die Verfassung ist souverän. Allerdings hat die Staatsbürgerschaft, wie wir sehen werden, das Recht, die Verfassung zu ändern und damit die Möglichkeit, ihre Rechte zu erweitern. Aber dieses Recht ist ein verfassungsmäßiges, d. h. durch die Verfassung gegebenes, nach ihren Vorschriften zu handhabendes Recht. Jenseits der Verfassung kann die Staatsbürgerschaft nichts. Ob übrigens diese Möglichkeit der Zuständigkeitserweiterung dem Staatsvolk genommen werden kann, ist eine weitere, später zu erörternde Frage (vgl. Z. 13).

In sachlicher Beziehung kommt zunächst die Regel des § 3 I VU. in Betracht, wonach im Zweifel die Vermutung zugunsten der Zuständigkeit des Landtags spricht. Zufolge dieser grundlegenden Regel hat die Volksvertretung grundsätzlich den Vorrang. Aber auch praktisch ist diese Vorrangstellung durch die enge positivrechtliche Umgrenzung der Befugnisse der Staatsbürgerschaft stark unterstrichen.

Das Staatsvolk ist beteiligt:

1. an den Landtagswahlen,
2. an der In- und Außerbetriebsetzung des Landtags,
3. an der Gesetzgebung.

Andere Staatsfunktionen, insbesondere ein Anteil an der Staatsverwaltung oder Rechtsprechung, sind der Staatsbürgerschaft nicht übertragen.

Da das Landtagswahlrecht bereits oben in § 24 erschöpfend erörtert wurde, ist hier nur mehr von den unter 2 und 3 aufgezählten Aufgaben zu sprechen.

8. Die Verfassung gliedert die Tätigkeit des Staatsvolkes nicht nach den angegebenen sachlichen Gesichtspunkten, sondern nach formalen. Sie unterscheidet danach, ob ein Anstoß vom Volke ausgeht — „Volksbegehren" — oder das letzte Wort vom Volke gesprochen wird — „Volksentscheidungen" (§ 10; die Reichsverfassung spricht von „Volksentscheid", Art. 73 I). Es empfiehlt sich, zunächst einmal dieser Einteilung zu folgen.

9. § 10 I VU. bestimmt: „Volksbegehren können nur gerichtet werden:
1. auf Abänderung der Verfassung — Verfassungsinitiative,
2. auf Erlaß, Abänderung und Aufhebung von Gesetzen, soweit solche nicht von der Volksentscheidung ausgenommen sind (§ 77 Abs. 1) — Gesetzesinitiative,
3. auf Einberufung oder Auflösung des Landtags (§ 30)."

Diese Aufzählung will erschöpfend sein (Wörtchen „nur"), ist es aber nicht. Es kann nämlich

4. ein Volksbegehren nach § 77 II VU. auch darauf gerichtet werden, daß ein vom Landtag beschlossenes Gesetz vor seiner Ausfertigung und Verkündung der Volksentscheidung unterzogen werden soll — sog. Referendumsinitiative (nicht ganz im Einklang Piloty 61 oben einerseits und 62 Anm. 2 a. E. andererseits). Während die Verfassungs- und Gesetzesinitiative eine positive Richtung haben — sie sind auf das Zustandekommen des beantragten Gesetzes gerichtet —, hat die Referendumsinitiative eine negative Richtung — sie will das Zustandekommen eines Gesetzes verhindern.

10. Nach § 10 III S. 1 VU. findet Volksentscheidung nur in den von der Verfassung vorgesehenen Fällen statt. Es sind dies folgende:

1. wenn der Landtag ein Volksbegehren ablehnt oder nur mit Veränderungen annimmt (§ 76 III S. 1). Wird dagegen das Volksbegehren unverändert angenommen, so unterbleibt die Volksentscheidung, es sei denn, daß eine Referendumsinitiative ihre Durchführung verlangt (§ 76 III S. 4);

2. wenn der Landtag ein Gesetz ohne Volksbegehren beschlossen hat und eine Referendumsinitiative diesen Beschluß der Volksentscheidung unterstellen will (§ 77 II);

3. wenn der Landtag ein Gesetz ohne Volksbegehren beschlossen hat und das Gesamtministerium die Volksentscheidung anruft — Regierungsreferendum (ebenda);

4. bei einem Volksbegehren nach Auflösung des Landtags (§ 30 IV).

11. Diese Regeln erleiden aber gewichtige Einschränkungen dadurch, daß gewisse Ausnahmen von der Volksentscheidung vorgesehen sind (§ 77 I). Bezüglich solcher Gegenstände darf dann weiter auch kein Volksbegehren stattfinden (§ 10 I Z. 2 VU. vgl. oben). Sie sollen eben der Volksgesetzgebung ganz entzogen werden. Selbstverständlich ist auch die Referendumsinitiative ausgeschlossen (§ 77 II: „über andere ...").

Diese Ausnahmen sind:

„1. Finanzgesetze und Gesetze über Steuern und Abgaben,
2. Staatsverträge,
3. Gesetze über Grenzregelungen,
4. Gesetze, die sich auf die Einrichtung von Behörden und die Besoldung von Staatsbeamten beziehen,
5. Ausführungsgesetze zu Reichsgesetzen, soferne diese bindende Anweisungen über Erlassung oder Inhalt der Ausführungsgesetze geben,
6. die vom Landtag als dringend bezeichneten Gesetze."

Zu diesem Katalog sind eine Reihe von Bemerkungen erforderlich.

Zu 1: Finanzgesetze (Steuerbewilligung) und Abgabengesetze eignen sich aus leicht begreiflichen Gründen nicht zur Volksabstimmung. — Zu 2: Staatsverträge sind an sich gar keine Gesetze und daher schon aus diesem Grunde dem Volksbegehren entzogen (§ 10 I und 77 II e contr.). Es kann sich also nur um solche Staatsverträge handeln, die wegen ihres Rechtsinhaltes nach § 50 S. 2 als Gesetze zu beschließen sind. — Zu 3: Größere Gebietsänderungen (VU. § 92 S. 2) unterliegen also der Volksentscheidung. — Zu 4: Insbesondere Gerichtsorganisationsgesetze nach § 5 S. 3 VU. — nicht Besoldungsgesetze für andere öffentliche Beamte. — Zu 5: Bezüglich ihres übrigen Inhaltes ist Volksentscheidung möglich.

Grundsätzlich am wichtigsten ist die Ausnahme unter Z. 6. Auf Grund dieser Bestimmung kann der Landtag durch einfachen Beschluß, auf dessen sachliche Richtigkeit es nicht ankommt und der jeder Rechenschaftsforderung entzogen ist, jedes von ihm beschlossene Gesetz der Überprüfung durch das Volk, sei es auf Veranlassung der Regierung, sei es auf Grund einer Referendumsinitiative, entziehen. Piloty (175 Anm. 9) meint sogar, daß mangels entgegenstehender Bestimmung die Dringlichkeitserklärung noch dem eigentlichen Gesetzesbeschlusse nachfolgen könne, solange nicht eine Referendumsinitiative eingesetzt hat; letzterer müßte übrigens auch die Anrufung der Volksentscheidung durch die Regierung gleichstehen.

Allerdings ist zu beachten, daß die Staatsbürgerschaft sich eine solche Verkürzung ihrer Rechte nicht ganz wehrlos gefallen lassen muß. Sie kann ja sofort einen Gesetzentwurf als Volksbegehren einbringen, der das als dringlich beschlossene Gesetz wieder aufhebt oder entsprechend abändert. Immerhin ist der Beschluß des Landtags schon geltendes Recht geworden.

Tatsächlich wird von der Befugnis nach Art. 77 I Z. 6 im allerreichsten Maße Gebrauch gemacht. Es gibt nur sehr wenige seit dem Inkrafttreten der Verfassung beschlossene Gesetze, die nicht entweder kraft der gesetzlichen Vorschrift des § 77 I Z. 1—5 oder kraft Beschlusses des Landtags nach Z. 6 der Überprüfung durch Volksentscheid entzogen worden wären. Der Grund hiefür ist allerdings nicht politischer Natur, nicht Scheu oder Abneigung vor der Volksgesetzgebung an sich, sondern technischer Art, nämlich das Bestreben, die Wartefrist von 3 Monaten für die Ausfertigung des Gesetzes (§ 77 II S. 2 i. V. m. LWG. Art. 22) zu vermeiden.

12. Nun ergeben sich noch zwei Fragen. Kann der Landtag, wenn er einen durch Volksbegehren vorgelegten Gesetzentwurf vorbehaltlos angenommen hat, zugleich seinen Beschluß als dringlich erklären? Die politische Bedeutung des Falls liegt darin, daß das zugrunde liegende Volksbegehren ziffernmäßig nur einen kleinen Bruchteil der Bevölkerung hinter sich haben muß, die Annahme durch den Landtag ohne Durchführung der Volksabstimmung also noch nichts unbedingt für die Willensmeinung der Volksmehrheit beweist, vielmehr einer von der Gegenpartei eingeleitete Referendumsinitiative möglicherweise günstige Aussichten für die Verwerfung des Antrags bietet (vgl. unten § 38 Z. 8). Durch den Dringlichkeitsbeschluß könnte nun das Gegenvotum abgeschnitten werden.

Man wird eine solche Dringlichkeitserklärung für unzulässig erachten müssen. Denn der Zweck der Einrichtung, Beschlüsse als dringend zu bezeichnen, ist der, zu verhindern, daß ein vom Landtag gefaßter Beschluß, der nach seiner Meinung keinen Aufschub duldet, einen solchen durch das Begehren nach Überprüfung seitens des Volkes erfährt. Wenn es sich aber von vornherein um eine Anregung des Volkes selbst handelt, ist die Funktion des Landtags bei ihrer formalen Erledigung gar nicht die entscheidende, es kommt letzten Endes nur auf den Willen des Volkes selbst an. Hätte der Landtag die Angelegenheit als dringlich betrachtet, dann wäre es ihm ja freigestanden, die Sache aus eigenem Antrieb aufzugreifen und zwar selbst dann noch, als die Einbringung des Volksbegehrens bereits eingeleitet war.

Dies der entscheidende sachliche Gesichtspunkt. Legislativtechnisch aber ist zu sagen, daß § 76 III S. 4 VU. das Sondergesetz darstellt, demgegenüber die allgemeine Bestimmung des § 77 I Z. 6 weichen muß; dafür spricht auch die apodiktische Fassung der ersten Stelle.

13. Die zweite Frage ist, wie es mit der Dringlichkeitserklärung bei Verfassungsgesetzen steht. Piloty (174 [1]) beschränkt die Ausnahmen nach § 77 I und damit auch nach Z. 6 auf einfache Gesetze. Die Praxis hat anders entschieden. Das Landeswahlgesetz z. B. wird in Art. 79 als Verfassungsgesetz (allerdings unwirksam vgl. § 24 Z. 8) und zugleich in Art. 78 als dringend erklärt. War dieser Vorgang zulässig und die Dringlichkeitserklärung daher wirksam?

Es ließe sich gegen die Auffassung der Praxis anführen, daß § 10 I VU. bezüglich der einen Seite der Volksgesetzgebung, des Volksbegehrens, Abänderungen der Verfassung und einfache Gesetze scharf unterscheidet; weiter, daß die in § 77 I unter Z. 1—5 angeführten Akte in der Regel einfache Gesetze sind. Doch diese Argumente schlagen nicht durch. Die Verfassung schreibt sonst für Änderungen an ihr selbst keinen anderen Weg als den der Gesetzgebung vor und erhöht nur das Stimmerfordernis (§ 92). Insbesondere sei auf die Ausfertigung und Verkündigung (§ 62 I) und auf die Bekanntmachung (§ 75) verwiesen, wo zweifellos auch die Verfassungsgesetze mitgeregelt sind, weil sonst diese Kardinalpunkte überhaupt der Regelung entbehren würden. Weiter ist es unbestritten, und wäre auch ganz sinnwidrig, zu bestreiten, daß verfassungsändernde Beschlüsse des Landtags der Referendumsinitiative unterliegen. Sonst läge es von vornherein im Sinne der Verfassung, daß der Landtag ohne jede Hemmung seine Zuständigkeit auf Kosten der Staatsbürgerschaft erweitern, ja die Befugnisse der letzteren ohne weiteres ganz aufheben könnte. Ist die Referendumsinitiative aber gegenüber Verfassungsänderungen zulässig, so fallen die letzteren gerade nach dem Wortlaut des § 77 II unter den Begriff „andere Gesetze", können also in § 77 I von diesem Begriff nicht ausgenommen sein. Endlich ist es auch durchaus möglich, daß Akte, die zu den unter § 77 I Z. 1—5 aufgezählten gehören, in einzelnen Fällen den Charakter von Verfassungsgesetzen haben, und niemand wird dann bezweifeln, daß sie gemäß dieser Vorschrift von der Volksentscheidung ausgenommen sein sollen. Was aber für die ersten fünf Ziffern des Katalogs in § 77 I recht ist, muß auch für die letzte Ziffer billig sein.

Daraus ergibt sich nun eine theoretisch außerordentlich wichtige Folgerung; theoretisch, denn praktischpolitisch ist ihre Bedeutung erheblich geringer. Der Landtag kann im Wege einer Verfassungsänderung, die er für dringend erklärt, die Rechte der Staatsbürgerschaft nicht nur beliebig einschränken, sondern sogar restlos abschaffen. Wenn zum Überfluß das Gesetz ohne vacatio sofort in Kraft tritt — vgl. als Vorbild Art. 78 LWG. —, so besteht auch keine Möglichkeit für ein entgegengesetztes Volksbegehren, welches das neue Verfassungsgesetz sofort wieder aufheben will (vgl. oben S. 282). Denn es gibt ja überhaupt kein Volksbegehren mehr. In diesem Zusammenhang zeigt sich deutlich der Wert des obligatorischen Verfassungsreferendums; es schließt solche in aller Form Rechtens ergehende Gewaltakte von vornherein aus. Es hätte aber auch genügt, Änderungen der die Befugnisse der Staatsbürgerschaft regelnden Paragraphen von der Dringlichkeitserklärung auszunehmen. Zweifellos liegt hier ein schwerer Verstoß gegen den ganzen Aufbau der Verfassung vor (vgl. oben S. 87).

Wie schon angedeutet, ist die praktische Tragweite dieses gesetzestechnischen Mangels erheblich geringer. Es ist zu beachten, daß Verfassungsänderungen im Landtag der Zustimmung der vollen Zweidrittelmehrheit der gesetzlichen Mitgliederzahl bedürfen (§ 92 I). Unter Berücksichtigung der regelmäßigen Absenzen muß also ein ganz gewaltiges Aufgebot an politischer Kraft in Erscheinung treten, um sich durchzusetzen. Ist dies aber tatsächlich geschehen und war der Landtag in der ersten Hälfte seiner gesetzlichen Dauer, so kann angenommen werden, daß auch die überwiegende Mehrheit der Bevölkerung mit der Beschränkung ihrer Rechte einverstanden ist, da sie ja den Landtag mit einer solchen Mehrheit beschickt hat. Fällt der Beschluß dagegen in zweite Hälfte der Legislaturperiode, in der sich die parteimäßige Zusammensetzung drinnen und draußen stark verschoben haben kann, so kann angenommen werden, daß die Bevölkerung bei der bevorstehenden Wahl mit den Parteien, die die Aufhebung ihrer Gerechtsame auf dem Gewissen haben, gründlichst abrechnen und einen neuen Landtag wählen wird, der den Rechtszustand von früher wieder herstellt. Überhaupt muß man sich ja bei einer Würdigung des Verhältnisses zwischen Staatsbürgerschaft und Volksvertretung stets vor Augen halten, daß die scharfe Trennung beider Faktoren nur **juristisch** zulässig und geboten ist, während **politisch** in beiden Staatsorganen dieselben Kräfte, nämlich die Parteien, wirksam werden und daher Gegensätze zwischen beiden Teilen nur auf einer zeitweiligen Verschiedenheit der Stärkeverhältnisse der Parteien in der Bevölkerung einerseits, der Volksvertretung andererseits beruhen können (vgl. oben S. 72 ff.).

§ 38.

Die sachlichen Grundsätze für die Tätigkeit der Staatsbürgerschaft.

Schrifttum: Vgl. zu § 37.

a) Einberufung und Auflösung des Landtags.

1. Wenn nunmehr die Tätigkeit des Staatsvolkes als Staatsorgan nach sachlichen Gesichtspunkten erörtert werden soll, ist zunächst die In- und Außerbetriebsetzung der Volksvertretung zu betrachten. Bei dieser Funktion der Staatsbürgerschaft handelt es sich nicht um einen Akt der Gesetzgebung, sondern der vollziehenden Gewalt, die in die Wirksamkeit des zweiten, repräsentativen Gesetzgebungsorgans eingreift. Das Volk will also hier nicht unmittelbar als Normgeber Herrschaftshandlungen vornehmen, sondern darauf Einfluß nehmen, daß die normgebende Tätigkeit des von ihm entsendeten Landtags früher, als von diesem beabsichtigt, einsetzt oder aufhört.

Beiden Fällen ist noch gemeinsam, daß das Verlangen von einem Fünftel der Stimmberechtigten gestellt sein muß (§ 30 I S. 2 und IV S. 1). Dagegen besteht ein wesentlicher Unterschied darin, daß das Volksbegehren auf Einberufung des Landtags unmittelbar die bezweckte Wirkung hat, während das Begehren auf Auflösung erst zu einer Volksentscheidung führt, die dann maßgebend ist. Daher ist weiterhin eine getrennte Betrachtung geboten.

2. Das Volksbegehren auf Einberufung des Landtags ist der einzige Fall, in dem ein Antrag der Staatsbürgerschaft ohne weiteres vollzogen werden muß. Die Regel des § 76 I S. 2, daß der Landtag endgültig über die Zulässigkeit und Rechtsgültigkeit entscheidet, trifft hier nicht zu. Er ist ja, weil nicht versammelt, dazu gar nicht imstande.

Gegenstand des Begehrens ist der Zusammentritt zu einer außerordentlichen Tagung (§ 30 I S. 2). Die Staatsbürgerschaft hat also auf die ordentlichen Tagungen keinen Einfluß. Weder kann sie verlangen, daß diese früher, als beabsichtigt, beginnen, noch, daß eine Pause während der ordentlichen Tagung abgekürzt wird. Wenn also der Landtag, was ganz in seinem Belieben steht, die ordentliche Tagung mit ausgiebigen Unterbrechungen den größten Teil des Jahres hindurch fortsetzt, kann die Bürgerschaft in dieses Tempo nicht beschleunigend eingreifen. Der Gedanke der ganzen Einrichtung kann demnach wohl nur der sein, wenn im Volk das Bedürfnis nach rascher Inangriffnahme einer Frage, beispw. eines vom Volk beantragten Gesetzentwurfs, entsteht in einer Zeit, in der der Landtag überhaupt nicht in Funktion ist, den Zusammentritt herbeizuführen. Der Fall, daß der Landtag im Herbst zu seiner ordentlichen Tagung gar nicht zusammentreten will und daher Raum für das Verlangen nach einer außerordentlichen Tagung bleibt (Piloty 62 Anm. 3), ist bei der Mentalität des bayerischen Landtags kaum praktisch. Da die Einberufung einer außerordentlichen Tagung durch Anstoß aus der Mitte der Landtagsmitglieder von einer Fraktion allein nur bewirkt werden kann, wenn sie sehr stark ist, nämlich 50 Mitglieder zählt (§ 30 I S. 2), kann das Volksbegehren in diesem Fall einer kleineren Partei bei entsprechender Agitation dienlich sein.

Das Begehren muß stets an das Gesamtministerium gerichtet werden (§ 10 II S. 1). Dieses hat nach Art. 29 LWG. den Präsidenten des Landtags zu verständigen, der den Landtag alsbald einzuberufen hat. An sich wäre es richtiger gewesen, als Adressaten des Antrags den Zwischentagungsausschuß (§ 30 III S. 2) zu bezeichnen, da dieser den nicht versammelten Landtag zu vertreten hat.

Nehmen wir nun den theoretischen Fall, daß das Gesamtministerium oder der Landtagspräsident seiner Verpflichtung nicht nachkommt, etwa mit der Begründung, das Volksbegehren sei mangels der erforderlichen Zahl gültiger Stimmen nicht rechtskräftig, welches Mittel hat dann die in Tätigkeit getretene Aktionsgruppe der Staatsbürgerschaft, die den entgegengesetzten Standpunkt vertritt? Die Verfassung schweigt. An sich wäre hier gewiß der Fall einer Verfassungsstreitigkeit gegeben, „für welche ein Rechtsweg nicht eröffnet ist" (§ 70 I) und daher der bayerische Staatsgerichtshof zur Entscheidung berufen. Aber das zur Durchführung gemäß § 70 IV ergangene Gesetz vom 11. Juni 1920, GVBl. 323, kennt als Prozeßparteien nur den Landtag und das Gesamtministerium (§§ 2 Z. 3 und 49), schließt also die Staatsbürgerschaft sowohl als Ganzes wie als Mehrheit oder als Minderheit aus. Dem zur Einberufung des Landtags berechtigten Fünftel der stimmberechtigten Staatsbürgerschaft ist danach der Weg zum bayerischen Staatsgerichtshof verschlossen. Tritt an dessen Stelle nun der Staatsgerichtshof für das Reich? Diese Frage ist zu bejahen, wie später dargelegt werden wird (vgl. unten § 55 Z. 21).

Nur in einem Fall könnte man im Zweifel sein, wenn es sich

nämlich um die Ablehnung der Einberufung durch das Gesamtministerium handelt. Hier könnte man auch den Fall einer Verfassungsbeschwerde der einzelnen antragstellenden Staatsbürger gemäß § 93 als gegeben erachten, da diese „durch die Tätigkeit einer Behörde in ihrem Recht unter Verletzung dieser Verfassung geschädigt zu sein glauben". Tritt man dieser Auffassung bei, so würde der Reichsstaatsgerichtshof infolge seines subsidiären Charakters nach Art. 19 I RV. ausscheiden.

3. Das Volksbegehren nach Auflösung des Landtags ist, wenn der Landtag versammelt ist, an diesen, sonst an das Gesamtministerium zu richten (§ 10 II S. 1). Die Versammlung des Landtags ist selbstverständlich von Rechts wegen auch dann gegeben, wenn ohne Schließung der Tagung eine Pause in den Landtagsarbeiten Platz gegriffen hat (vgl. oben § 23 Z. 8). Auch für das Auflösungsbegehren wäre vielleicht für die Zeit außerhalb der Versammlung der Zwischentagungsausschuß die richtige Adresse gewesen (vgl. oben Z. 2).

Einigermaßen unklar ist nun, was der Landtag mit dem bei ihm einlaufenden Begehren auf seine Auflösung anzufangen hat. Man könnte zunächst annehmen, daß er gemäß § 45 VU. darüber Beschluß zu fassen und hiebei gemäß § 76 I S. 2 VU. die Zulässigkeit und Rechtsgültigkeit zu prüfen hat. Andererseits beziehen sich beide Bestimmungen dem Wortlaut nach nur auf Gesetzentwürfe (§ 45: „Vorlagen", § 76: „Anträge zur Gesetzgebung"). Gleichwohl muß der Landtag jedenfalls über das Begehren eine Erledigung treffen, und diese kann nur durch Beschluß erfolgen. Einem solchen Beschluß muß nun der Natur der Sache nach eine Prüfung darüber vorhergehen, ob überhaupt ein gültiges Volksbegehren gegeben ist. Wird die Frage bejaht, so kann der Landtag selbstverständlich auch dem Antrag unmittelbar Folge geben, indem er selbst nach § 31 VU. seine Auflösung beschließt und dadurch die Volksentscheidung überflüssig macht. So liegt der Fall, mag man sich nun ausdrücklich auf §§ 45 und 76 I S. 2 berufen oder nicht, jedenfalls sachlich genau so, wie bei Volksbegehren zur Gesetzgebung. In formellrechtlicher Beziehung allerdings bildet es einen gewichtigen Unterschied, daß bei Heranziehung von § 76 I S. 2 die Entscheidung endgültig ist, was sonst nicht zutrifft.

Lehnt der Landtag ab, die Volksentscheidung herbeizuführen, so ist hier, falls man sich nicht auf § 76 stützen will, wieder Anlaß zu einem Verfassungsstreit gegeben, für dessen Entscheidung nach dem oben Gesagten der Staatsgerichtshof für das Reich zuständig ist.

Läuft der Antrag auf Auflösung mangels Versammlung des Landtags beim Gesamtministerium ein, so ist kein Anhaltspunkt dafür gegeben, ob dieses zunächst den Landtag damit zu befassen hat oder selbst unmittelbar die Volksentscheidung herbeiführen soll. Die Verfassung selbst sagt einfach: „Begehrt mindestens ein Fünftel der stimmberechtigten Staatsbürger die Auflösung des Landtags, so ist eine Volksentscheidung hierüber anzuordnen.“ Wollte man in jedem Fall §§ 76 I S. 2 und 45 VU. für anwendbar erklären, so müßte zunächst gemäß § 30 I S. 2 vom Gesamtministerium der Landtag zu einer außerordentlichen Tagung einberufen werden. Die Befassung des Zwischentagungsausschusses mit der Angelegenheit würde nicht ausreichen.

Auch das Landeswahlgesetz gibt keine klare Auskunft. Wohl bestimmt Art. 23 für den Fall der Ablehnung des Volksbegehrens durch das Staatsministerium des Innern im Vorverfahren wegen Mangels der verfassungsmäßigen Voraussetzungen allgemein, also auch für unseren Fall, daß die Verhandlungen dem Landtag zur Entscheidung sofort vorzulegen sind. Daraus könnte man auf die Notwendigkeit der Einberufung einer außerordentlichen Tagung schließen; indes ist zu beachten, daß zu diesem Akt nur das Gesamtministerium zuständig ist, von diesem aber hier im Gegensatz zu anderen Bestimmungen nicht gesprochen wird. Andererseits jedoch wird der Landeswahlausschuß, der die richtige Stimmenzahl des Volksbegehrens festzustellen hat, angewiesen, die Verhandlungen samt den Unterlagen dem Landtag nur, wenn er versammelt ist, sonst jedoch im Wege des Staatsministeriums des Innern dem Gesamtministerium zu übersenden (Art. 28 I S. 2). Wenn dieses nun nicht selbst die Volksentscheidung anordnen könnte, sondern seinerseits wieder den Landtag befassen müßte, wozu dieser durch nichts begründete Umweg? Den Tag der Abstimmung hat ja das Staatsministerium des Innern festzusetzen und der Landtag kommt schließlich auf alle Fälle dadurch zum Wort, daß er „die Rechtswirksamkeit der Volksentscheidung feststellt“ (Art. 72 I, mit der für Verfassungsänderungen vorgeschriebenen Mehrheit beschlossen).

So kommt man zum Schlusse, den Landtag im Anfangsstadium auszuscheiden. Vielleicht läßt sich zugunsten dieser Lösung auch anführen, daß auf diese Weise die Adressierung des Auflösungsbegehrens an das Gesamtministerium statt an den Zwischentagungsausschuß einen guten Sinn gewinnt. Allerdings wird sich zeigen, daß die Stellungnahme des Landtags gegenüber der geschaffenen Tatsache einigermaßen prekär ist (vgl. unten § 39 Z. 9 ff.). Der Landtag hat es aber andererseits in der Hand, seine Ausschaltung durch raschen Zusammentritt — etwa auf Veranlassung des Vorstandes, Ältestenrates oder fünfzig seiner Mitglieder (vgl. oben § 23 Z. 5) — zu verhindern. Daß übrigens das Ministerium den Zwischentagungsausschuß verständigt, liegt in der Natur der Sache.

Für den Fall, daß das Ministerium die weitere Verfolgung des Antrags ablehnt, ist wieder Anlaß zur Verfassungsbeschwerde nach § 93 gegeben.

4. Die Volksentscheidung ist, wie bereits erwähnt (oben § 25 Z. 3), an besonders erschwerte Bedingungen geknüpft. Sie ist nur rechtswirksam, „wenn an ihr mindestens die Hälfte der Stimmberechtigten teilgenommen und eine Mehrheit von mindestens zwei Drittel der abgegebenen Stimmen für die Auflösung sich ausgesprochen haben“ (§ 30 IV S. 2). Dieses Stimmerfordernis übersteigt selbst jenes für Verfassungsänderungen erheblich, wo nur Teilnahme von zwei Fünftel (mit gleicher Zweidrittelmehrheit der abgegebenen Stimmen) verlangt wird (§ 10 III S. 2 u. 3). Tatsächlich kommt es sogar über die gesetzliche Vorschrift hinaus auf die volle Hälfte der Staatsbürgerschaft an; denn bei einiger Disziplin wird niemand, der gegen die Auflösung ist, zur Abstimmung gehen. Auch wurde bereits hervorgehoben (§ 25 Z. 3), daß diese Abstimmung sich praktisch nicht geheim, sondern vor aller Augen vollzieht, da die Tatsache der Stimmabgabe an sich ihren Sinn kundgibt. Über die sachlichen Gründe aller dieser Erschwerungen vgl. oben § 25 Z. 3. Schließlich sei noch erwähnt, daß Bestrebungen im Gange sind, das Zustandekommen der Volksentscheidung an erleichterte Bedingungen zu knüpfen.

Hat die Volksentscheidung sich für die Auflösung ausgesprochen, so muß zunächst in jedem Fall noch der Landtag selbst gemäß des verfassungsändernden Art. 72 I LWG die Rechtswirksamkeit der Abstimmung prüfen und feststellen; für die Annahme Pilotys (S. 105 oben), daß zwar in eine Würdigung der Gültigkeit, nicht aber in eine Entscheidung darüber einzutreten sei, fehlt jeder Anhaltspunkt. Diese Feststellung ist besonders wichtig, wenn die Volksabstimmung durch das Gesamtministerium mangels Versammlung des Landtags anzuordnen war, da dieser jetzt zum erstenmal zu der Auflösung Stellung nehmen kann (vgl. oben Z. 3). Kommt er zur Bestätigung der Gültigkeit, so hat der Landtagspräsident die Auflösung baldigst zu vollziehen (§ 30 V VU.). Andernfalls ist wieder Raum für einen Verfassungsstreit gemäß Art. 19 I RV. gegeben (vgl. auch Piloty 105 oben). Als Prozeßpartei ist hiebei neben dem Landtag wohl jene Gruppe der Staatsbürgerschaft anzusehen, die das Auflösungsbegehren gestellt hat.

b) Die Volksgesetzgebung, insbesondere die Verfassungsgesetzgebung.

5. Die Volksgesetzgebung zerfällt in die einfache und die Verfassungsgesetzgebung. Ein grundlegender Unterschied zwischen beiden Arten besteht ebensowenig wie bei der gesetzgeberischen Tätigkeit des Landtags (vgl. oben S. 79, 114). Dagegen ergibt sich eine ganze Reihe von Verschiedenheiten in den einzelnen Bestimmungen, so daß eine getrennte Betrachtung geboten ist.

6. Die Mitwirkung der Staatsbürgerschaft bei der Verfassungsgesetzgebung ist ebenso wie in den andern deutschen Ländern mit Ausnahme von Baden und Hessen (s. oben S. 85) in keinem Fall notwendig, obligatorisch, wie der technische Ausdruck lautet. Stets hängt es von dem freien Willen eines der obersten politischen Faktoren ab, ob das Volk tätig zu werden hat oder nicht: sog. fakultative Volksgesetzgebung.

Der Anstoß kann ausgehen von der Staatsbürgerschaft selbst oder vom Gesamtministerium. Der Landtag dagegen kann von sich aus eine Volksabstimmung nicht herbeiführen, wenn er die Verantwortung nicht allein tragen will, sondern ist auf den Umweg eines Ersuchens an die Regierung angewiesen, ihrerseits die Volksentscheidung über einen Landtagsbeschluß anzurufen (vgl. oben S. 79, 85). Die Staatsbürgerschaft kann in zweierlei Art auf die Verfassungsgesetzgebung Einfluß nehmen. Entweder ergreift sie die Initiative durch ein Volksbegehren (§ 10 I Z. 1), Verfassungsinitiative, oder sie nimmt ihre Entscheidung über eine vom Landtag beschlossene Verfassungsvorschrift in Anspruch (§ 77 II), Referendumsinitiative. Das Gesamtministerium kann nur über einen Landtagsbeschluß eine Volksentscheidung herbeiführen (§ 77 II), Regierungsreferendum, in welchem Falle es aber, wenn es nicht etwa im Einverständnis mit dem Landtag handelt, seine Abberufung durch eine Mißtrauenskundgabe riskiert (oben S. 81, 200).

Sachlich erstreckt sich die Verfassungsgesetzgebung des Volkes sowohl auf eine gänzliche Änderung der Verfassung — Totalrevision —, als auf eine Teiländerung — Partialrevision. Formelle Unterschiede zwischen beiden Fällen bestehen nicht. Zur Partialrevision gehören auch Beschlüsse über Verfassungsgesetze, die den Text der Verfassungsurkunde unberührt lassen, mögen sie diesen inhaltlich ändern oder durch neue Vorschriften ergänzen bzw. erweitern.

Soweit ist also die Verfassungsgesetzgebung des Staatsvolkes vollständig frei. Schranken ergeben sich allerdings von einer außenstehenden Seite her. Bestimmungen der Reichsverfassung können auch durch Volksabschlüsse nicht berührt werden, insbesondere gilt dies von den Normativvorschriften des Art. 17. Beispielsweise wäre die Einführung einer vom Volke unmittelbar gewählten Regierung unmöglich und daran würde auch das Bestreben scheitern, einen Staatspräsidenten ohne Einschränkung seiner Befugnisse durch eine parlamentarische Regierung zu schaffen (vgl. oben S. 93). Auch zahlreiche andere Bestimmungen der Reichsverfassung, z. B. über die Gesetzgebungs- und Verwaltungszuständigkeit des Reiches und der Länder (Art. 6—12, 14, 78—80, 83, 84, 89—101, 165 u. a. m.), über die Veränderungen des Ländergebiets (Art. 18), über die Stellung der landesfremden Reichsangehörigen (Art. 110 II) sind der Einflußnahme der Staatsbürgerschaft entzogen. Aber nicht nur die Reichsverfassung, sondern auch die verfassungsmäßig erlassenen einfachen Reichsgesetze und Reichsverordnungen bilden eine unübersteigbare Schranke. Entgegengesetzte Beschlüsse entbehren einfach der Gültigkeit und damit jeder rechtlichen Wirksamkeit.

Soweit dagegen reichsrechtliche Schranken nicht in Frage kommen, ist die Bewegungsfreiheit der Staatsbürgerschaft im weitesten Umfang gegeben. Das Staatsvolk kann vor allem an der bayerischen Verfassung jede von ihm beliebte Änderung vornehmen und somit, was das Wichtigste ist, alle Beengungen seiner eigenen Rechte, mag es sich um Zuständigkeitsbeschränkungen oder innerhalb der eingeräumten Zuständigkeitsfälle um noch engere Grenzen handeln, restlos beseitigen. Insbesondere beziehen sich die Ausnahmen von der Volksentscheidung nach § 77 I nur darauf, daß bezügliche Volksbegehren im Einzelfall unzulässig sind, nicht etwa darauf, daß die Vorschrift als Ganzes nicht Gegenstand der Abänderung durch Verfassungsreferendum sein kann. Die im folgenden festzustellenden reichlichen Bindungen ihrer eigenen Rechte beruhen so letzten Endes auf einer Duldung, gewissermaßen einem stillschweigenden Einverständnis der Staatsbürgerschaft selbst.

Andererseits wurde oben festgestellt, daß nicht einmal die positivrechtlich vorhandenen Rechte des Staatsvolks sakrosankt sind, vielmehr theoretisch durch als dringend erklärte verfassungsändernde Gesetzesbeschlüsse der Volksvertretung glattweg aufgehoben werden können (vgl. oben § 37 Z. 13).

Im folgenden soll zunächst die Verfassungsinitiative (Z. 7—12), dann die (reine) Referendumsinitiative (Z. 13), endlich das Regierungsreferendum (Z. 14) besprochen werden.

7. Ein Volksbegehren auf Abänderung der Verfassung muß wie jedes Volksbegehren zur Gesetzgebung als förmlicher Gesetzentwurf eingebracht werden. Die im Regierungsentwurf § 83 III vorgesehene Anregung auf Ausarbeitung eines Gesetzes ist vom Landtag gestrichen worden. Das Volksbegehren ist eingehend zu begründen (§ 76 II). Daß es sich „auf einen bestimmten Gegenstand zu beschränken" hat, bedeutet nicht etwa, daß nicht ganz verschiedene Punkte der Verfassung unter Einem zur Änderung beantragt werden können. Denn das Thema ist durch die Beziehung auf die Verfassung von selbst auf einen „bestimmten Gegenstand" beschränkt. Die angeführten Bestimmungen, die sich auf alle Gesetzesanträge aus der Mitte der Staatsbürgerschaft beziehen, haben den Zweck, die Antragsteller zu zwingen, sich die Tragweite ihres Begehrens gründlichst klar zu machen. Könnte sich der Antrag darauf beschränken, eine einfache Anregung zur Gesetzgebung zu machen (Reg.-Vorl. § 83 III), so wäre ein Anreiz zu nicht sorgfältig durchdachten Vorschlägen geboten, der im Interesse der Erziehung der Staatsbürgerschaft und wegen der Ökonomie des Apparates vermieden werden soll.

Das Begehren muß von mindestens einem Fünftel der stimmberechtigten Staatsbürgerschaft, der doppelten Zahl wie bei einfachen Gesetzen gestellt sein (§ 10 II S. 2). Es ist an den Landtag, wenn dieser nicht versammelt ist, an das Gesamtministerium zu richten (§ 10 II S. 1). In allen Fällen hat der Landtag darüber zu beraten und zu beschließen (§ 76 I). Der Grund ist, wie erwähnt (oben S. 86), daß eine Beratung innerhalb der Staatsbürgerschaft sachlich und technisch ausgeschlossen ist; hier bietet also die Tätigkeit der Volksvertretung einen notwendigen Ersatz für eine unmögliche Tätigkeit des von ihr vertretenen Volkes. Da der Landtag sich mit jedem Begehren zu befassen hat, müssen an das Ministerium gerichtete Anträge an den Landtag weitergegeben werden; daher wäre in diesem Falle zweifellos Einreichung bei dem Zwischentagungs- oder ständigen Ausschuß richtiger anzuordnen gewesen.

Gegenstand der Beratung und Beschlußfassung ist zunächst die formale Zulässigkeit und Rechtsgültigkeit (§ 76 I S. 2). Es ist demnach zu prüfen, ob ein ausgearbeiteter Entwurf vorliegt, ob er sich auf den Gegenstand, also eine Änderung der Verfassung, beschränkt, ob eine eingehende Begründung beigegeben ist, ob er genügend unterstützt ist, ob die Unterstützer stimmberechtigt sind u. dgl. Ferner ist materiell zu untersuchen, ob der Antrag sich im Rahmen der Reichsverfassung hält. Auf Grund dieser Prüfung entscheidet dann der Landtag „entgültig" (§ 76 I S. 2). D. h. es kann gegen den Beschluß weder Beschwerde an den Staatsgerichtshof erhoben werden (so auch Piloty 171), noch sind die mit der Rechtspflege betrauten Behörden zuständig, die Frage der Verfassungsmäßigkeit nach § 72 VU. aufzuwerfen. Zu erwähnen ist noch, daß der Landtagsbeschluß der normalen Regel des § 34 (einfache Mehrheit der abgegebenen Stimmen bei Anwesenheit von mehr als der Hälfte der Mitglieder) unterliegt; § 92 kommt nicht in Betracht.

Ist die Frage der Zulässigkeit und Rechtsgültigkeit verneint, so hat das nur die Bedeutung, daß der Landtag die Angelegenheit nicht weiter zu verfolgen hat. Die Antragsteller dagegen sind nicht genötigt, die Sache auf sich beruhen zu lassen; sie können vielmehr die geltend gemachten Anstände beheben und den Antrag in veränderter Form neuerdings stellen, wenn sie das vorgeschriebene Stimmerfordernis abermals aufbringen. Es steht verfassungsmäßig auch nichts im Wege, daß sie den Antrag unverändert wieder einbringen (§ 77 IV arg. e contr.), wenn sie mit einer Sinnesänderung des Landtags rechnen.

Ist die Zulässigkeit und Rechtsgültigkeit bejaht, so muß sich der Landtag darüber schlüssig werden, ob er den Vorschlag als solchen unverändert gutheißt, ob er Änderungen für notwendig hält oder den Antrag glatt ablehnt. Seine Meinung muß in jedem Fall in einem förmlichen Beschluß Gestalt gewinnen (§ 45). Für die Annahme, ob in unveränderter oder veränderter Gestalt, ist nach § 92 Zweidrittelmehrheit der gesetzlichen Mitgliederzahl erforderlich. Wird diese nicht erreicht, so ist der Antrag abgelehnt; auf das Stimm- und Anwesenheitserfordernis nach § 34 kann es dann nicht mehr ankommen.

8. Wird der Gesetzentwurf, so wie er ist, unverändert angenommen, so ist damit der Wille der Antragsteller erfüllt und ein weiteres Verfahren von ihrem Standpunkt aus überflüssig. Daher kann die Volksentscheidung regelmäßig entfallen.

Nun ist es aber möglich, daß die Mehrheit der Bevölkerung im Gegensatz zu der augenblicklichen Mehrheit ihrer Vertretung mit den Antragstellern gar nicht einer Meinung ist. Würde man es daher für alle Fälle bei der Gesetzwerdung des Entwurfes belassen, so läge nur der Schein einer Volksgesetzgebung, in Wirklichkeit u. U. eine Gesetzgebung gegen den Willen der Volksmehrheit vor. Denkbar wäre es beispw., daß die Landtagsmehrheit, die im Verlaufe der Legislaturperiode das Vertrauen der Bevölkerungsmehrheit eingebüßt hat, um einem von ihr lebhaft gewünschten gesetzgeberischen Akt das Relief der

Volksgesetzgebung zu verschaffen, eine ihr noch immer getreue Minderheit zu dem Volksbegehren veranlaßt hat. Es muß daher ein Weg offen stehen, im Zweifel volle Klarheit zu schaffen. Aus diesem Grunde ist vorgesehen, daß gegen das vom Landtag angenommene Volksbegehren eine Referendumsinitiative einsetzt, die von einem anderen Teil der Bevölkerung ausgeht. Damit ist dann die tatsächliche Durchführung der Volksabstimmung, die Erkundung des wirklichen Volkswillens, erreicht. Diese Referendumsinitiative kann man im Gegensatz zu der oben besprochenen reinen, als an ein Volksbegehren anschließende oder kurzweg anschließende Referendumsinitiative bezeichnen.

Technisch ist die Sache recht mangelhaft geordnet. § 76 III S. 4 bestimmt: „Wenn der Gesetzentwurf des Volksbegehrens vom Landtag unverändert angenommen worden ist, so findet hierüber eine Volksentscheidung nur statt, wenn sie nach § 77 Abs. II durch Volksbegehren verlangt wird." § 77 II S. 1 bezieht sich ausdrücklich nur auf „Gesetze, die der Landtag ohne Volksbegehren beschlossen hat", also auf die „reine" Referendumsinitiative, ist daher seinem Wortlaut nach gar nicht auf unseren Fall anwendbar. Es liegt hier eine Unstimmigkeit der Gesetzesfassung vor, die durch sinngemäße Auslegung beseitigt werden muß. Man muß aus § 76 III S. 4 den zwingenden Schluß ableiten, daß der angeführte Beziehungssatz des § 77 II S. 1 in dem zur Erörterung stehenden Zusammenhang unbeachtlich ist. Nur so wird man dem Tatbestand der „anschließenden" Referendumsinitiative gerecht.

§ 77 II S. 1 sieht nun vor, daß durch (neues) Volksbegehren binnen zwei Monaten die Volksentscheidung angerufen werden kann. Diese Frist wurde durch Art. 22 LWG., der mit der erforderlichen Mehrheit beschlossen wurde, auf drei Monate erweitert, weil die kürzere Frist für den Ablauf des später zu besprechenden Vorverfahrens nicht ausreichen würde (vgl. § 39). Hier ergibt sich ein neues Bedenken. Da die Dringlichkeitserklärung bei Landtagsbeschlüssen über Volksbegehren nicht in Frage kommt (vgl. oben § 37 Z. 12), greift in jedem Fall § 77 II S. 2 ein, wonach vor Ablauf der normierten Frist das Gesetz nicht ausgefertigt oder verkündet werden kann. Nun scheint es aber in unserem Fall gar keinen Sinn zu haben, den Ablauf der ganzen dreimonatigen Frist abzuwarten. Denn Art. 22 II LWG. verlangt Einreichung der Referendumsinitiative gemäß § 77 II VU. „binnen längstens 4 Wochen nach dem Landtagsbeschlusse". Wenn in dieser wesentlich verkürzten Frist das neue Volksbegehren nicht gestellt worden ist, dann kann in den folgenden zwei Monaten ein Hindernis für das Gesetzwerden des vom Landtag angenommenen Entwurfes gar nicht mehr eintreten, da die sonst mögliche Anrufung der Volksentscheidung durch das Gesamtministerium nach § 76 III S. 4 ausscheidet. Das Verbot der früheren Ausfertigung und Verkündigung lautet aber so entschieden, daß es bei dieser Unstimmigkeit sein Bewenden haben muß. Über eine Möglichkeit, darüber hinwegzukommen, wird noch später zu reden sein (vgl. unten § 39 Z. 5).

Soll nun tatsächlich eine „anschließende" Referendumsinitiative erfolgen, so erhebt sich die Frage nach dem notwendigen Stimmenerfordernis. Genügt ein Zehntel oder ist ein Fünftel der Staatsbürgerschaft notwendig? Abermals beginnen die Zweifel. An sich enthält die Verfassung für unseren Fall gar keine Vorschrift. § 77 II bestimmt über diesen Punkt überhaupt nichts und § 10 II S. 2 nimmt nur auf die in § 10 I aufgezählten Fälle Bezug; dort ist von Volksbegehren „auf Abänderung der Verfassung" und „auf Erlaß, Abänderung und Aufhebung von Gesetzen", also von der Gesetzesinitiative, die Rede, dagegen mit keinem Wort von der Referendumsinitiative. Will man nun aber doch, um irgendeine Norm zu haben, die Regel des § 10 II S. 2 heranziehen, indem man sie gewissermaßen aus ihrem Zusammenhang löst und für allgemein gültig erklärt — an ähnliches muß ja der Verfassungsgesetzgeber bei seinem Schweigen gedacht haben —, so müßte man an sich für unseren Fall das erhöhte Stimmenerfordernis verlangen, da dieses bei „Verfassungsgesetzen" vorgesehen ist. Das erscheint aber wieder sachlich vollkommen unsinnig, weil dadurch eine Kautel gegen Verfassungsänderungen, wie sie in dem Anrufen der tatsächlichen Volksentscheidung liegt, erschwert, Verfassungsänderungen daher erleichtert werden. Es mag wohl nicht zu kühn sein, den Gedanken aus der Verfassung herauszulesen, daß sie das Zehntelerfordernis für das Normale hält und die erhöhte Ziffer von einem Fünftel nur dann verlangt, wenn sie besondere Gewährschaften gegen übereiltes Handeln für unumgänglich ansieht, also bei Anträgen auf Verfassungsänderung, Einberufung des Landtags zu einer außerordentlichen Tagung, Auflösung des Landtags. Danach läßt sich für unseren Fall das geringere Stimmerfordernis vertreten.

Die Referendumsinitiative nimmt im übrigen den gleichen Weg wie die Gesetzesinitiative: zunächst Einreichung beim Landtag oder Gesamtministerium, wenn ersterer nicht mehr versammelt sein sollte (§ 10 II S. 1 gilt wohl auch hier), in diesem Fall Weiterleitung an den Landtag bei seinem nächsten Zusammentritt, wodurch u. U. eine sehr erhebliche Verzögerung eintreten kann — man denke beispw. an den Fall des Ablaufes der Landtagsdauer oder den Fall seiner Auflösung; dann Prüfung der Zulässigkeit (insbesondere Einhaltung der Frist) und Rechtsgültigkeit sowie endgültige Entscheidung hierüber nach § 76 I, da es sich zweifellos um einen „Antrag zur Gesetzgebung" handelt. Lehnt der Landtag das Begehren auf Grund dieser Prüfung aus Rechtsgründen ab — andere Erwägungen sind unzulässig, unterliegen aber keiner Sanktion, abgesehen von einem Auflösungsantrag —, so ist die Referendumsinitiative damit erledigt. Kommt der Landtag zu einem positiven Ergebnis, so muß er die Volksentscheidung anordnen (§§ 45, 76 III S. 4). Diese unterliegt den gleichen Regeln, wie die Abstimmung, die zu erfolgen hat, wenn der Gesetzesantrag selbst nicht vorbehaltlos angenommen worden ist (folgende Z.).

9. Hat der Landtag gegen den von der Staatsbürgerschaft vorgeschlagenen Entwurf Bedenken und lehnt ihn daher ab oder beschließt ihn nur mit Veränderungen, mögen diese auch noch so geringfügig sein (a. M. Piloty 172 Anm. 9, der „formelle Änderungen, die den Sinn nicht berühren", nicht als Veränderungen gelten lassen will), so muß die Volksentscheidung stattfinden (§ 76 III S. 1). „Der Landtag kann dem Gesetzentwurf des Volksbegehrens einen von ihm beschlossenen Entwurf gegenüberstellen" (§ 76 III S. 2). Auch für diesen Entwurf ist Zweidrittelmehrheit der gesetzlichen Mitgliederzahl erforderlich. Der Entwurf kann auch auf Ersuchen des Landtags vom Ministerium ausgearbeitet sein (§ 61 Z. 9; vgl. Piloty 173 Anm. 12), unterliegt aber jedenfalls der Beschlußfassung im Landtag selbst, da er ja gemäß § 77 III Gesetz werden kann. Beide Entwürfe sind dann der Volksentscheidung zu unterbreiten (§ 76 III S. 3).

10. Für die Volksentscheidung über das Volksbegehren gelten folgende Regeln. Zu ihrer Rechtswirksamkeit ist erforderlich, daß mindestens zwei Fünftel der Stimmberechtigten, also die doppelte Zahl der Antragsteller, daran teilnimmt (§ 10 III S. 2). Entscheidend ist Zweidrittelmehrheit der abgegebenen gültigen Stimmen (§ 10 III S. 3). Das Mindesterfordernis für eine Verfassungsänderung im Wege der Volksinitiative beträgt also $^4/_{15}$ der Staatsbürgerschaft. Das ist nur um $^1/_{15}$ mehr als die Antragsteller ausmachen müssen und absolut nur wenig mehr als $^1/_4$ der Stimmberechtigten, vergleichsweise also keine besonders erhebliche Erschwerung!

Diese Bestimmungen gelten gleichmäßig, ob die Volksentscheidung durch den abändernden oder ablehnenden Beschluß des Landtags oder durch eine „anschließende" Referendumsinitiative notwendig geworden ist. Im ersteren Fall handelt es sich ja darum, ob die Volksinitiative durchdringt. Diese ist an sich an möglichst niedrigen Beteiligungs-

und Mehrheitserfordernissen interessiert. Wenn die Verfassung daher höhere Ziffern als bei der gewöhnlichen Gesetzesinitiative verlangt, so bringt sie damit die Absicht zum Ausdruck, Verfassungsänderungen vergleichsweise zu erschweren. Eine solche Erschwerung liegt aber auch ganz im Sinne der „anschließenden" Referendumsinitiative, die ja dem Zustandekommen der angestrebten Änderung Hindernisse in den Weg legen will.

„Die Abstimmung ist allgemein, gleich, unmittelbar und geheim. Sie kann nur bejahend oder verneinend sein" (§ 10 III S. 4 und 5). Die Fragestellung muß entsprechend dem Sinn des Volksbegehrens positiv auf Annahme des Gesetzentwurfes lauten; das ist wegen der verschiedenen Erfordernisse für Annahme oder Ablehnung nicht gleichgültig (vgl. § 39 Z. 14).

11. Das Ergebnis der Volksentscheidung wird in jedem Falle nochmals dem Landtag unterbreitet, der die Rechtswirksamkeit festzustellen hat (LWG. Art. 72, als Verfassungsgesetz beschlossen). Für den Beschluß ist das normale Mehrheitserfordernis nach § 34 maßgebend. Dieser Akt teilt trotz seiner sachlichen Gleichheit mangels einer ausdrücklichen Bestimmung nicht die Kraft der Entscheidung über die Rechtsgültigkeit eines Volksbegehrens gemäß § 76 I S. 2. Es kann daher im Fall der Ablehnung zur Anfechtung gemäß Art. 19 I RV. kommen, wobei als Prozeßparteien neben dem Landtag die Antragsteller der Gesetzesinitiative, gegebenenfalls auch der anschließenden Referendumsinitiative anzusehen sind. Ferner ist die Rechtsprechung zur Nachprüfung der Verfassungsmäßigkeit gemäß § 72 berufen.

Die Einschaltung einer amtlichen Tätigkeit des Landtags als Abschluß der Volksentscheidung unterliegt nicht unerheblichen politischen und praktischen Bedenken. Erstere ergeben sich daraus, daß der Landtag an der Sache nicht unbeteiligt ist und daher keine volle Gewähr für strenge Rechtmäßigkeit und Unparteilichkeit bietet. Letztere sind durch die mitunter sehr erhebliche Verzögerung des endgültigen Gesetzwerdens des Beschlusses begründet; man denke nur an die Zeit zwischen zwei Tagungen und nach Ablauf der Dauer des Landtags oder nach seiner Auflösung. Ob der Landtag hier durch seinen Zwischentagungs- oder ständigen Ausschuß vertreten werden kann, ist einigermaßen fraglich (vgl. oben S. 136 ff.). Angesichts dieser Umstände wäre es viel zweckentsprechender, die Überprüfung der Volksentscheidung, wenn man sich schon mit der Feststellung des Landeswahlausschusses, der das Ergebnis amtlich ermittelt (Art. 71 LWG.), nicht zufrieden geben will, einem Gerichtshof zu überweisen. So ist das Reichsgesetz über den Volksentscheid vom 27. Juni 1921, RGBl. 790, § 22 vorgegangen, indem es das Wahlprüfungsgericht beim Reichstag mit der Aufgabe betraut hat; daß die bayerische Gesetzgebung an der Zuständigkeit des Landtages festgehalten hat, stimmt mit ihrem oben gerügten Verhalten bei der Landtagswahlprüfung überein (vgl. oben S. 159). Wenig befriedigend ist auch die Anordnung, daß der Landeswahlausschuß das von ihm festgestellte Ergebnis öffentlich bekannt zu geben hat (Art. 71 LWG.), bevor endgültig festgestellt ist, daß es dabei bleibt (richtiger auch hier Reichsgesetz über den Volksentscheid § 25).

12. a) Hat die Volksentscheidung die Verfassungsänderung, dem Antrag der Staatsbürgerschaft entsprechend, angenommen, so ist die Änderung damit beschlossen und daher gemäß § 62 I VU. vom Landtagspräsidenten und Gesamtministerium auszufertigen und zu verkündigen (vgl. auch LWG. Art. 73 I). Das gleiche trifft zu, wenn ein etwaiger Gegenentwurf des Landtags Annahme gefunden hat.

Immerhin ist eines zu beachten. Formell besteht kein Hindernis, daß der Landtag sich demnächst über die Willenskundgebung des Volkes in der Art hinwegsetzt, daß er durch einen neuen Gesetzesbeschluß, den er sogar für dringend erklären kann, das durch die Volksentscheidung zustande gekommene Gesetz wieder beseitigt; nur kann nach § 20 GO. ein solcher Antrag nicht in dem gleichen Tagungsabschnitt eingebracht werden. Politisch allerdings wird eine derartige Verhöhnung des Volkswillens nicht gerade wahrscheinlich sein. Denn, wenn die Staatsbürgerschaft auch nur ein bißchen Selbstbewußtsein besitzt, wird sie die rebellierende Vertretung durch Auflösung zur Raison bringen. Der Landtag könnte also in dieser Weise nur dann vorgehen, wenn er damit einen ganz radikalen Schritt verbindet und die Rechte der Staatsbürgerschaft überhaupt kassiert (vgl. oben § 37 Z. 13).

b) Hat die Volksentscheidung das Volksbegehren abgelehnt, so ist es damit grundsätzlich erledigt. LWG. Art. 73 II (als Verfassungsgesetz beschlossen) bestimmt hiezu ausdrücklich: „Ein durch Volksentscheidung abgelehntes Gesetz darf nicht als solches ausgefertigt oder verkündigt werden.“ Aber wieder steht formell nichts im Wege, daß Landtag oder Regierung den Entwurf ihrerseits aufgreifen und ihm ohne Volksbefragung zur Gesetzwerdung verhelfen. Dabei ist dann auch Dringlichkeitserklärung ohne weiteres möglich. Will sich die Staatsbürgerschaft nicht fügen, so hat sie außer dem Mittel der Landtagsauflösung noch die Möglichkeit, einen die Verfassungsänderung aufhebenden Initiativantrag einzubringen und durchzusetzen. Im Einklang mit dieser geringschätzigen Behandlung des „Volkswillens“ steht die Bestimmung, daß — im Gegensatz zu dem oben besprochenen Fall des Mißlingens des Volksbegehrens (Z. 7) — die durch Volksentscheidung abgelehnte Vorlage seitens der Staatsbürgerschaft selbst erst nach Ablauf von drei Jahren wiederholt werden darf (§ 77 IV); eine analoge Beschränkung für abgelehnte Verfassungsanträge aus der Initiative des Landtags wird man in der Verfassung vergebens suchen; hier kommt nur der oben angeführte § 20 GO. in Betracht. Gegen die neuerliche Einbringung des Volksbegehrens in veränderter Form hilft allerdings auch die Sperrfrist nicht.

c) „Kommt endlich eine rechtsgültige Volksentscheidung über einen Landtagsbeschluß zur Gesetzgebung nicht zustande, so gilt er als bestätigt" (§ 77 III VU.). Diese Vorschrift gibt wieder zu Zweifeln Anlaß. Handelt es sich um den Fall der anschließenden Referendumsinitiative, so liegt der Sachverhalt klar. Das von den Urhebern erwartete Interesse an der Stellungnahme gegen den vom Landtag angenommenen Verfassungsänderungsantrag eines Bevölkerungsteils hat sich als tatsächlich nicht vorhanden erwiesen, die Referendumsinitiative ist im Sande verlaufen und damit ist wieder jene Rechtslage gegeben, die sich ohne Einsatz der Aktion bereits herausgestellt hatte. Der mit dem Volksbegehren übereinstimmende Gesetzesbeschluß ist demnach auszufertigen und zu verkündigen (§ 62 I). Sachlich übereinstimmend steht es im Fall der gleich zu besprechenden reinen Referendumsinitiative; die versuchte Einflußnahme auf den Landtagsbeschluß ist gescheitert, dieser besteht unverändert zu Recht. Wenn dagegen die Volksentscheidung dadurch veranlaßt wurde, daß der Landtag das ursprüngliche Volksbegehren abgelehnt oder geändert hatte, so ist zwar nunmehr zweifellos festgestellt, daß die Bevölkerung kein Interesse an dem Volksbegehren hatte, dieses ist nicht angenommen und damit implizite abgelehnt worden. Das Volk will die vorgeschlagene Verfassungsänderung nicht. Über die Stellungnahme der Staatsbürgerschaft zu den abweichenden Beschlüssen des Landtags ist damit aber auch nichts gesagt; für die Auslegung, daß die Staatsbürgerschaft diese Beschlüsse stillschweigend angenommen hat, besteht kein hinreichender Grund, man kann höchstens feststellen, daß sie mit derselben Gleichgültigkeit aufgenommen wurden wie das Volksbegehren selbst. Daher ist es naheliegend, die Bestimmung des § 77 III auf den Fall der nicht geglückten Referendumsinitiative (und des Regierungsreferendums s. unten Z. 14) zu beschränken; dies entspricht auch der gesetzestechnischen Stellung der Vorschrift, die unmittelbar an das Referendum über Landtagsbeschlüsse ohne Grundlage eines Volksbegehrens (§ 77 II) anschließt (vgl. auch unten § 44 Z. 5; a. A. Piloty 177 Anm. 15). Schließlich ist noch zu erwähnen, daß das Verbot der Wiederholung des Volksbegehrens nur für den Fall einer ausdrücklichen Ablehnung durch die Volksentscheidung gilt, also den Fall des Scheiterns der Abstimmung nicht betrifft.

13. Nimmt die Beteiligung des Staatsvolkes an der Verfassungsgesetzgebung nicht, wie bisher besprochen, ihren Anstoß von einem Volksbegehren — Verfassungsinitiative —, sondern liegt zunächst ein verfassungsändernder Beschluß des Landtags vor, gegen den die Volksentscheidung, sei es von Seite eines Teiles der Staatsbürgerschaft — reine Referendumsinitiative —, sei es von Seite des Gesamtministeriums — Regierungsreferendum — angerufen wird (§ 77 II), so ist zunächst zu unterscheiden, von welchem Faktor der Anstoß ausgeht. Ist eine Gruppe der Staatsbürgerschaft der treibende Teil — reine Referendumsinitiative —, so sind im allgemeinen die oben (Z. 8) besprochenen Regeln über die anschließende Referendumsinitiative maßgebend. Es gilt die erwähnte Frist von längstens 4 Wochen, die Art. 22 II LWG. gesetzt hat (vgl. übrigens § 39 Z. 5). Voraussetzung der Zulässigkeit des Begehrens ist aber, daß kein Ausschließungsgrund nach § 77 I Z. 1—5 vorliegt und daß der Landtag die Verfassungsänderung nicht für dringend erklärt hat (§ 77 I Z. 6; vgl. oben § 37 Z. 11). Bezüglich des Stimmerfordernisses für das Begehren ist auf die Ausführungen Z. 8 zu verweisen, wonach ein Zehntel der Stimmberechtigten genügt. Die Einreichung muß beim Landtag, ist dieser nicht versammelt, beim Gesamtministerium erfolgen (§ 10 II S. 1), das den Antrag dem Landtag vorlegen muß. Der Landtag prüft Zulässigkeit (insbesondere, ob die Verfassungsänderung nicht als dringend erklärt ist) und Rechtsgültigkeit und entscheidet endgültig darüber (§ 76 I S. 2). Im Falle eines negativen Ergebnisses ist die Referendumsinitiative gescheitert. Im Falle eines positiven Ergebnisses wird die Volksentscheidung angeordnet (§ 45). Zu erwähnen ist noch, daß gegen einen Landtagsbeschluß, der einen Antrag auf Verfassungsänderung aus dem Schoße der Regierung oder der Mitte des Landtags selbst abgelehnt hat, ein Begehren auf Volksentscheidung nicht möglich ist. Hier kann nur der Umweg der Gesetzesinitiative, die den abgelehnten Antrag aufnimmt, helfen.

Über die Beteiligungsziffer und das Stimmenerfordernis bei der Abstimmung ergeben sich wieder Zweifel. Wendet man § 10 II S. 2 und 3 dem Wortlaut nach an, so gelten die erhöhten Anforderungen; denn es handelt sich um ein Verfassungsgesetz. Der Fall liegt aber sachlich ganz anders wie der oben (Z. 8) besprochene. Gewiß lautet in beiden Fällen die formell zur Entscheidung gestellte Frage gleich, nämlich auf Annahme des Gesetzentwurfes. Aber während die „anschließende" Referendumsinitiative an dem Nichtzustandekommen der Volksentscheidung interessiert ist, daher die erhöhte Beteiligungsziffer ebenso begrüßen muß wie die erhöhte Mehrheitsziffer, kommt es der einfachen Referendumsinitiative auf das Zustandekommen der Entscheidung und zwar mit negativem Erfolg an, so daß ihr zwar das erhöhte Stimmenerfordernis, nicht dagegen die erhöhte Beteiligungsziffer entspricht; denn bei Scheitern der Volksabstimmung gilt ja die Fiktion der Bestätigung des Landtagsbeschlusses gemäß § 77 III. Obwohl sich nun die Tendenz der Verfassung mit derjenigen der reinen Referendumsinitiative deckt, nämlich Änderungen des gegebenen Verfassungszustandes möglichst zu verhindern, kann wegen der ausdrücklichen Vorschrift des § 10 II S. 2 von dem Beteiligungserfordernis nicht abgesehen werden.

(An dieser Stelle soll noch einmal zusammenfassend wiederholt werden, wie sich die verschiedenen Arten der Initiative zu dem Beteiligungs- und Stimmerfordernis verhalten. Die Gesetzesinitiative ist an einem geringen Beteiligungs- und Mehrheitserfordernis interessiert, weil dadurch das Zustandekommen des Gesetzes erleichtert wird. Die anschließende Referendumsinitiative ist beiderseits am Gegenteil interessiert, weil dadurch das Zustandekommen des Gesetzes erschwert wird. Die reine Referendumsinitiative ist an einer geringen Beteiligungs- und großen Stimmziffer interessiert, weil dann der Gesetzesbeschluß des Landtags am leichtesten fällt. Das Interesse der Stabilität der Rechtsordnung deckt sich mit demjenigen der beiden Arten von Referendumsinitiative, widerspricht demjenigen der Gesetzesinitiative. Die bayerische Verfassung ist diesen Erwägungen bezüglich der reinen Referendumsinitiative nicht gerecht geworden.)

Das Ergebnis der Volksentscheidung unterliegt wieder der Feststellung seiner Rechtswirksamkeit durch den Landtag (LWG. Art. 72 I; vgl. oben Z. 11); im Fall der Anfechtung vor dem Reichsstaatsgerichtshof fällt die Prozeßrolle neben dem Landtag den Antragstellern der Referendumsinitiative zu). Ist die Verfassungsänderung nach dem Landtagsbeschluß angenommen worden, so hat die Ausfertigung und Verkündung gemäß § 62 I zu erfolgen. Erfolgte eine Ablehnung, so ist der Beschluß des Landtags abgetan (LWG. Art. 73 II). Ein zeitliches Wiederholungsverbot besteht aber von Verfassungs wegen nicht; der Landtag kann also seinen Plan wieder aufgreifen (vgl. Z. 12 b). Kommt endlich eine rechtsgültige Abstimmung nicht zustande, so gilt die Fiktion der Bestätigung des Landtagsbeschlusses (§ 77 III);

der Sachverhalt stimmt also mit dem Fall der ausdrücklichen Annahme überein, obwohl u. U. die für die Verfassungsänderung aufgebrachte Stimmenzahl ganz verschwindend war. Es ist dies ein markanter Beweis für die vorhin gerügte Unexaktheit der Gesetzgebung in der ganzen Frage.

14. Das Regierungsreferendum ist gegen vom Landtag beschlossene Verfassungsänderungen unter drei Bedingungen zulässig: 1. darf der Beschluß des Landtags nicht durch ein Volksbegehren veranlaßt sein, mag nun der Volksantrag unverändert oder mit Veränderungen angenommen sein (§ 77 II i. V. mit § 76 III S. 4); 2. darf es sich nicht um einen von der Volksentscheidung nach § 77 I Z. 1—5 ausgenommenen Gegenstand handeln; hiebei ist eine Abänderung der Bestimmung des § 77 I selbst nicht betroffen; 3. darf der Landtag seinen Beschluß nicht für dringend erklärt haben (§ 77 I Z. 6). Daß das Ministerium eine Mißtrauenskundgabe riskiert, wurde bereits mehrfach (z. B. S. 81, § 29 Z. 3) hervorgehoben. Ob die Verfassungsänderung vom Ministerium selbst oder aus der Mitte des Landtags beantragt wurde, ist unerheblich. Auch wenn der Entwurf der Regierung unverändert angenommen wurde, kann ja das Bedürfnis bestehen, das letzte Wort doch der Staatsbürgerschaft zu überlassen. Falls umgekehrt ein ministerieller Antrag auf Verfassungsänderung vom Landtag abgelehnt wurde, steht der Regierung der Weg zur Volksentscheidung nicht offen; da auch eine Referendumsinitiative nicht möglich ist (Z. 13), bleibt nur der Weg der Gesetzesinitiative der Staatsbürgerschaft, die sich die Regierungsvorlage zu eigen macht, übrig.

Für die Anrufung der Volksentscheidung steht dem Ministerium die volle Frist von drei Monaten nach dem Landtagsbeschluß offen (§ 77 II i. V. m. LWG. Art. 22 III). Unklar ist, ob das Ministerium selbst unmittelbar die Volksentscheidung in Gang setzen kann, oder ob zunächst nochmal eine Beschlußfassung des Landtags erfolgen muß (§ 45). Für das letztere spricht die Analogie des Vorgangs bei der Referendumsinitiative (oben Z. 8 a. E., Z. 13), die den Willen der Verfassung zum Ausdruck bringt, daß der Landtag über die Zulässigkeit der Volksentscheidung ein Urteil abgeben soll; denn an sich, d. h. sachlich und technisch, ist diese Befassung der Volksvertretung überflüssig, um so mehr, als die Rechtswirksamkeit der Entscheidung ohnedies noch einmal vom Landtag festgestellt werden muß (LWG. Art. 72 I). Würde man in diesem Sinne entscheiden, so gewännen das Regierungsreferendum den Charakter eines Einspruches beim Landtag, über den dieser aber nicht selbst meritorisch, sondern nur formell zu entscheiden hätte, indem er die Volksentscheidung anordnet. Gegen die Befassung des Landtags spricht deren Überflüssigkeit besonders angesichts der nachträglichen Überprüfung gemäß LWG. Art. 72 I und weiter der Umstand, daß im Falle der Referendumsinitiative doch formell ein Volksbegehren vorliegt, dessen Erfordernisse nun einmal allgemein der Entscheidung des Landtags und zwar mit der besonderen Wirkung der Endgültigkeit (§ 76 I S. 2) unterstellt sind; diese besondere Wirkung eignet der nachträglichen Feststellung der Rechtskraft der Volksentscheidung nach Art. 72 I LWG. nicht. Sie würde aber mangels einer bezüglichen Bestimmung auch der Prüfung des Regierungsreferendums nicht zukommen, so daß selbst dieser kleine Nutzeffekt entfällt. Auch das Landeswahlgesetz löst diese Frage nicht. Man wird sich beim Fehlen einer ausdrücklichen Vorschrift für das Ausfallen des entbehrlichen Zwischenspiels entscheiden können. Eine Mitteilung der Regierung an den Landtag oder, falls dieser nicht mehr versammelt ist, an den Zwischentagungsausschuß, ist naturgemäß am Platze.

Für die sonach unmittelbar durch das Gesamtministerium anzuberaumende Volksentscheidung gilt das erhöhte Beteiligungs- und Stimmenerfordernis nach § 10 III S. 2 und 3 wie bei der reinen Referendumsinitiative (vgl. Z. 13). Auch bezüglich der Feststellung der Rechtskraft durch den Landtag, die Annahme und Ablehnung der Verfassungsänderung, das Scheitern der Abstimmung ist im allgemeinen auf das oben (Z. 13) Gesagte zu verweisen; nur obliegt eine etwaige Anfechtung der Entscheidung des Landtags über die Abstimmung dem Gesamtministerium und ist vor dem bayerischen Staatsgerichtshof zu erheben. Bezüglich der Wiederaufnahme des vereitelten Landtagsbeschlusses vgl. oben Z. 12 a und b.

c) Die einfache Volksgesetzgebung.

15. Die einfache Volksgesetzgebung kennt ebenso wie die Verfassungsvolksgesetzgebung die Erscheinungsformen der Gesetzesinitiative, an die die anschließende Referendumsinitiative anknüpfen kann, die reine Referendumsinitative und das Regierungsreferendum. Die Mitwirkung des Volkes ist niemals zwingend vorgeschrieben, obligatorisch, sondern stets im Einzelfall veranlaßt, fakultativ.

Schranken für die einfache Volksgesetzgebung erheben sich entweder aus dem Reichsrecht — Reichsverfassung, Reichsgesetze, Reichsverordnungen — oder aus dem bayerischen Verfassungsrecht. In letzterer

Beziehung ist, abgesehen davon, daß materielle und formelle Verfassungsänderungen der Natur der Sache nach ausscheiden, insbesondere auf den Katalog der ausgenommenen Gegenstände nach § 77 I Z. 1—5 zu verweisen, der sowohl für die Volksentscheidung (§ 77 I a. Anf.), also für die reine Referendumsinitiative und das Regierungsreferendum, wie für die Gesetzesinitiative (§ 10 I Z. 2) gilt. Außerdem kann ein Landtagsbeschluß durch Dringlichkeitserklärung der reinen Referendumsinitiative und dem Regierungsreferendum den Weg verbauen (§ 77 I Z. 6 i. V. m. § 77 II).

Gegenstand der Volksgesetzgebung muß stets ein Gesetz sein. Dabei ist der Ausdruck im formellen Sinne zu verstehen; es handelt sich also nicht nur um Rechtsnormen, sondern um Erlasse aller Art, soweit nicht verfassungsmäßig der Weg der formellen Gesetzgebung ausgeschlossen ist, wie beispw. für die Geschäftsordnung des Landtags (§ 28 I S. 1; vgl. oben S. 114).

Nunmehr die einzelnen Fälle.

16. Die Gesetzesinitiative, gerichtet auf Erlaß, Abänderung, Aufhebung eines Gesetzes (§ 10 I Z. 7), wohl auch auf dessen bindende Auslegung (vgl. § 74 I), muß als förmlicher Gesetzesentwurf, auf einen bestimmten Gegenstand beschränkt, eingehend begründet, eingebracht werden (§ 76 II). Die Beschränkung auf einen bestimmten Gegenstand verlangt nicht etwa, daß es sich um eine eng umgrenzte Sonderfrage handeln muß, sondern nur, daß ein sachlicher Zusammenhang der einzelnen Bestimmungen des Entwurfs besteht; beispw. wäre der Entwurf eines ganzen Polizeistrafgesetzbuches oder eines Berggesetzes ohne weiteres zulässig. Über den sachlichen Grund der gestellten Erfordernisse vgl. oben Z. 7.

Unterstützt muß das Volksbegehren von einem Zehntel der stimmberechtigten Staatsbürger sein (§ 10 II S. 2). Die Einreichung hat beim Landtag, gegebenenfalls beim Gesamtministerium zur Weiterleitung an den Landtag zu erfolgen hat (vgl. oben Z. 7). Der Landtag entscheidet zunächst über die formale sowie materielle Zulässigkeit und Rechtsgültigkeit (§ 76 I S. 2); er prüft daher beispw., ob ein ausgearbeiteter Entwurf vorliegt, ob er sich auf einen bestimmten Gegenstand beschränkt, ob eine eingehende Begründung mitfolgt, ob keine Verfassungsvorschrift entgegensteht, ob es sich um ein einfaches Gesetz handelt, ob dem Stimmerfordernis genügt ist, ob die Unterschriften gültig sind usw. Die Entscheidung ist endgültig mit den damit verbundenen Rechtswirkungen (vgl. oben Z. 7).

Das verneinende Ergebnis der Prüfung, enthebt den Landtag von einer weiteren Verfolgung der Sache, ohne die Antragsteller an einer erneuten veränderten oder unveränderten Einbringung zu hindern (vgl. oben Z. 7). Das bejahende Ergebnis der Prüfung zwingt den Landtag zur sachlichen Stellungnahme.

Lautet diese auf unveränderte Annahme des Entwurfes, so entfällt normalerweise die Volksabstimmung (§ 76 III S. 4), gleichwohl muß bis zur Ausfertigung und Verkündung des Gesetzes erst die dreimonatige Wartefrist verstreichen, die für die Einbringung einer „anschließenden" Referendumsinitiative vorgesehen ist (§ 77 II i. V. m. LWG. Art. 22 III; vgl. oben Z. 8). Das Unterstützungserfordernis für die letztere kann wohl mit einem Zehntel der Staatsbürgerschaft, wie es eigentlich nur für die Gesetzesinitiative vorgesehen ist (§ 10 II S. 2 i. V. m. I Z. 2), angenommen werden; über die weiteren Regeln für die anschließende Referendumsinitiative vgl. oben Z. 8.

Lehnt der Landtag den vorgeschlagenen Gesetzentwurf sachlich ab oder unterzieht er ihn irgendwelcher Änderungen — für das Stimm- und Anwesenheitserfordernis gilt § 34 (Mehrheit der abgegebenen Stimmen bei Anwesenheit von mehr als die Hälfte der Mitglieder) — so kommt es zur Volksentscheidung, bei der seitens des Landtags ein von ihm beschlossener Gegenentwurf mit zur Abstimmung gestellt werden kann. Die Volksentscheidung erfordert zu ihrer Rechtswirksamkeit, ohne Rücksicht darauf, ob sie vom Landtag oder durch anschließende Referendumsinitiative veranlaßt ist, die Teilnahme von mindestens der doppelten Zahl der Antragsteller, nämlich einem Fünftel der Stimmberechtigten (§ 10 III S. 2), die Annahme des Vorschlags einfache Mehrheit (ebenda S. 3), so daß nicht viel mehr als die Antragsteller für den Entwurf gestimmt haben müssen. Über Art der Abstimmung und Fragestellung vgl. oben Z. 10 a. E.

Das Ergebnis der Volksentscheidung unterliegt nachträglicher Prüfung durch den Landtag, die also, wenn er nicht tagt, bis auf seinen Zusammentritt aufgeschoben bleibt (LWG. Art. 72, vgl. oben Z. 11). Ist das Gesetz *angenommen* worden, so ist es nach der landtäglichen Feststellung seiner Rechtswirksamkeit auszufertigen und zu verkündigen (§ 62 I); das gleiche gilt selbstverständlich bei Annahme des Gegenentwurfs von diesem. Die formelle Möglichkeit für den Landtag, das Ergebnis der Volksabstimmung durch einen neuen Gesetzesbeschluß wieder zu nichte zu machen (vgl. oben Z. 12 a), besteht auch hier. Ist der Antrag *abgelehnt*, so ist er damit formell erledigt; sachlich kann er allerdings im Wege des gewöhnlichen landtäglichen Gesetzgebungsverfahrens, sogar unter Ausschluß der Referendumsinitiative durch Dringlichkeitserklärung, durchgebracht werden, worauf die Staatsbürgerschaft wieder mit einem das Gesetz aufhebenden Initiativantrag antworten könnte (vgl. oben Z. 12b). Ein neues Volksbegehren mit dem gleichen Inhalt und Wortlaut ist erst nach Ablauf eines Jahres zulässig (§ 77 IV). Wird es dagegen in veränderter Form eingebracht, so steht seiner neuerlichen Verhandlung kein Hindernis im Wege; doch kann man im normalen Verlauf der Dinge annehmen, daß die Interessenten zunächst selbst eine Atempause benötigen werden. (Bei einer abgelehnten Verfassungsinitiative liegt der Sachverhalt wegen der langen Sperrfrist von drei Jahren wesentlich anders). Ist die Abstimmung nicht rechtswirksam zustande gekommen, so gilt im Fall der Gesetzesinitiative die Aktion einschließlich der vom Landtag beschlossenen Abänderungen als gescheitert, im Fall der anschließenden Referendumsinitiative der Landtagsbeschluß als bestätigt (§ 77 III; vgl. die Ausführungen zu Z. 12c). Einer Wiederholung der gescheiterten Gesetzesinitiative legt die Verfassung keine weiteren Hindernisse in den Weg.

17. Die reine Referendumsinitiative hat einen positiven nicht unter § 77 I fallenden Gesetzesbeschluß des Landtags zur Voraussetzung (§ 77 II). Gegen negative Beschlüsse versagt sie; ihnen gegenüber kommt nur, soweit zulässig, eine Gesetzesinitiative, die den abgelehnten Entwurf aufnimmt, in Betracht. Das Unterstützungserfordernis ist das gewöhnliche (vgl. Z. 16), für die Einreichungsstelle und die Entscheidung des Landtags über Zulässigkeit und Rechtsgültigkeit gelten die Regeln der Gesetzesinitiative (vgl. ebenda).

Wird die Zulässigkeit oder Rechtsgültigkeit verneint, so ist die Referendumsinitiative erledigt, wird sie bejaht, so kommt es zur Volksentscheidung. Für diese gilt sowohl bezüglich des Beteiligungs- und Stimmerfordernisses (§ 10 III S. 2 u. 3), wie bezüglich der Abstimmung, Fragestellung und der nachträglichen Prüfung durch den Landtag, das gleiche wie für den Fall der einfachen Gesetzesinitiative (oben Z. 16). Hat die Volksentscheidung den Beschluß des Landtags durch Annahme des Gesetzentwurfes bestätigt oder ist sie, was gleich gilt, mangels Beteiligung nicht zustande gekommen (§ 77 III), so so wird der Landtagsbeschluß als Gesetz ausgefertigt und verkündigt. Hat die Volksentscheidung den Beschluß abgelehnt, so ist das Gesetz gescheitert. Wieder steht einer Beiseiteschiebung der Willenskundgebung des Volkes unter den besprochenen Modalitäten nichts im Wege (vgl. Z. 16 bzw. 12a).

18. Für das Regierungsreferendum gegen ein vom Landtag beschlossenes Gesetz gelten, abgesehen von den leichteren Beteiligungs- und Stimmerfordernissen, die gleichen Regeln wie im Falle eines Verfassungsgesetzes, so daß auf das dort Gesagte (Z. 14) verwiesen werden kann.

§ 39.

Die Verfahrensgrundsätze für die Tätigkeit der Staatsbürgerschaft.

Schrifttum: Vgl. zu § 37.

a) Volksbegehren.

1. Volksbegehren erfordern an sich bei aller Mäßigkeit der Anforderungen ein gewaltiges Stimmaufgebot. Der Mindestsatz von ein Zehntel der stimmberechtigten Staatsbürgerschaft macht nach den Ziffern für die Landtagswahlen im Juni 1920 nicht weniger als rund 400 000 Menschen aus (Statist. Jahrb. f. Bayern 1921, 528). Wird die Aufbringung dieser Stimmenzahl der Privatinitiative überlassen, so ist ein Volksbegehren praktisch nicht anders möglich, als wenn es von einer der großen politischen Parteien in Regie genommen wird. Abgesehen von allem andern, ist das eine Kostenfrage. Und dann kommen noch die ungeheuren technischen Schwierigkeiten des Nachweises der Stimmberechtigung dieser Hunderttausende. Sollen diese Erschwernisse und Übelstände vermieden, soll insbesondere die ohnedies im demokratischen Staatswesen bestehende übergroße Macht der Parteien nicht bis zum Monopol gesteigert werden, so ist eine Mitwirkung des Staates erforderlich, indem er die Lösung der Unterstützungsfrage zum Gegenstand des Amtsbetriebes macht.

2. Dadurch wird das Zustandekommen des Volksbegehrens, ebenso wie es die spätere Durchführung der Volksentscheidung von vornherein sein muß, zu einem amtlich geregelten und geleiteten Verfahren. Das Volksbegehren wird in drei Stadien zerlegt, den Anstoß seitens einer kleinen Gruppe der Staatsbürgerschaft, die amtliche Stellung der Unterstützungsfrage, die amtliche Ermittlung des Ergebnisses. Die letztere gewinnt damit den Charakter einer Vorabstimmung und der äußere Hergang des Volksbegehrens nähert sich jenem der Volksentscheidung. Man kann auch von einem Vorverfahren sprechen.

3. Das Landeswahlgesetz vom 12. Mai 1920, GVBl. 195, welches in Durchführung des § 10 IV VU. neben den Landtagswahlen auch das „Verfahren bei Volksbegehren und Volksentscheidungen" regelt und das, wie bereits oben hervorgehoben (S. 149) entgegen seiner Erklärung in Art. 79 nicht als Ganzes, sondern nur bezüglich der in der Eingangsformel ausdrücklich angeführten Artikel Verfassungsgesetz ist, unterscheidet den „Vorschlag eines Volksbegehrens" von diesem selbst (Art. 22). Dieser „Vorschlag" ist also die technische Bezeichnung für den oben erwähnten ersten Anstoß aus der Mitte der Staatsbürgerschaft.

4. Der „Vorschlag" ist gemäß Art. 22 (als Verfassungsgesetz beschlossen), als solcher bezeichnet, nicht beim Landtag oder Gesamtministerium, wie § 10 II S. 1 VU. für das Volksbegehren selbst anordnet, sondern bei dem ressortzuständigen Staatsministerium des Innern einzureichen. Es genügt die schriftliche Unterstützung von 1000 Stimmberechtigten, die auch von einer nicht politischen Interessentengruppe, wenn ihre Anregung nur einige Bedeutung hat, leicht aufgebracht werden kann. Auch die Kosten der Antragsteller sind gering (unten Z. 12). Es ist ein Beweis, wie wenig der Gedanke der unmittelbaren Demokratie bisher Fuß gefaßt hat, daß seit dem zweieinhalbjährigen Bestande des Gesetzes von dieser fast zu bequemen Möglichkeit, die Gesetzgebungsmaschine in Bewegung zu setzen, noch nicht einmal Gebrauch gemacht worden ist. Das Stimmrecht der Unterzeichner muß durch Bestätigung der Gemeindebehörde ihres gewöhnlichen Aufenthaltes nachgewiesen sein. Reicht der Vorstand einer Vereinigung den Vorschlag ein und macht dabei glaubhaft, daß ihn 20000 ihrer stimmberechtigten Mitglieder unterstützen, so genügt sogar die amtlich beglaubigte Unterschrift der Vorstandschaft. (Art. 22 I LWG.; im folgenden angeführte Artikel ohne Zusatz beziehen sich immer auf das LWG.). Dieses vereinfachte Verfahren kommt besonders den politischen Parteien zugute. Es scheint aber selbst in politisch interessierten Kreisen gar nicht bekannt zu sein, daß solche Möglichkeiten durch das geltende Recht gegeben sind; vgl. die Programmrede des Ministerpräsidenten von Knilling Sten.-Ber. VII S. 10.

Handelt es sich um eine Referendumsinitiative gemäß § 77 II VU. — einerlei ob es die „reine" oder die „anschließende" Referendumsinitiative (vgl. § 38 Z. 8) ist —, so sind die Vorschläge längstens binnen vier Wochen nach dem Landtagsbeschluß einzureichen, auf den sie sich beziehen (Art. 22 II).

5. Hier erhebt sich eine wichtige Frage. Ist der Vorschlag zu einem Volksbegehren — mag dieses nun auf eine selbständige Aktion gerichtet sein, wie im Fall der Gesetzesinitiative, der Einberufung und Auflösung des Landtags, oder mag es sich um die Abstimmung über einen Landtagsbeschluß handeln, wie bei der reinen oder anschließenden Referendumsinitiative — obligatorisch? Oder ist die unmittelbare Einbringung eines durch die nötige Stimmenzahl unterstützten eigentlichen fertigen Volksbegehrens daneben offen gelassen?

Gegen diese zweite Möglichkeit läßt sich geltend machen, daß die Überprüfung der 40—80000 Unterschriften auf ihre Echtheit und auf die Stimmberechtigung, wenn sie zentral an einer Stelle, sei es durch den Landtag oder das Ministerium oder eine beauftragte Behörde erfolgen muß, außerordentliche Schwierigkeiten bereitet, die bei der dezentralisierten Prüfung des amtlichen Vorverfahrens nicht in Frage kommen. Daher behandelt auch beispw. § 26 des Reichsgesetzes über den Volksentscheid vom 27. Juni 1921, RGBl. 790, das Vorverfahren als obligatorisch. Für die unmittelbare Einbringung des Volksbegehrens spricht die Erwägung, daß die Aufbringung der erforderlichen Stimmen im Privatbetrieb eine besonders kräftige Bekundung des gesetzgeberischen Willens der Aktionsgruppe beweist. Wägt man beide Gründe gegeneinander ab, so wird man dem sachlichen vor dem technischen Gesichtspunkt das Mehrgewicht zuschreiben dürfen.

Diese Entscheidung wird noch durch eine Erwägung unterstützt, welche sich aus den positivrechtlichen Vorschriften für den Fall der Referendumsinitiative ergibt. An früherer Stelle (§ 38 Z. 8) wurde bemängelt, daß nach § 77 II VU. i. V. m. Art. 22 III LWG. ein auf Grund eines Volksbegehrens im Landtag angenommener Gesetzentwurf erst nach drei Monaten ausgefertigt und verkündigt werden darf, obwohl nach Art. 22 II für den „Vorschlag" auf die anschließende Referendumsinitiative nur eine Frist von vier Wochen offen steht. Diese Unstimmigkeit wird aber dann behoben, wenn man die dreimonatige Frist zugunsten des fertigen Volksbegehrens laufen läßt. Dadurch verschwindet auch der Unterschied in Bezug auf den Überlegungszeitraum, welcher sonst zum Nachteil der Referendumsinitiative gegenüber dem Regierungsreferendum auf etwa ein Drittel herabgesetzt wäre, ohne daß Art. 22 III, der doch unmittelbar an die Festsetzung der vierwöchigen Einreichungsfrist für die Referendumsinitiative anschließt, diesen Unterschied irgendwie auch nur angedeutet würde.

6. Der „Vorschlag" hat im weiteren ein ähnliches Schicksal wie es die Verfassung dem eigentlichen Volksbegehren auferlegt hat. Zunächst muß die Einreichungsstelle die materiellen und formalen Voraussetzungen prüfen. Im Fall eines negativen Ergebnisses steht dem Staatsministerium des Innern aber nicht die Abweisung zu, vielmehr hat es „sofort" dem Landtag die Verhandlungen zur Entscheidung zu übersenden (Art. 23, als Verfassungsgesetz beschlossen). Aus der vorgeschriebenen Eile kann man folgern, daß außerhalb der Tagung und nach Beendigung der Funktionszeit des Landtags die Einsendung an den Zwischentagungs- bzw. ständigen Ausschuß zu erfolgen hat, ohne daß diesem aber unbedingt das Entscheidungsrecht zustünde (vgl. oben S. 136 ff.).

7. Ergeben sich keine Bedenken, so beginnt das zweite Stadium des Verfahrens. Der Vorschlag wird veröffentlicht und während dreier Wochen zur allgemeinen Einzeichnung von Unterstützungserklärungen in den Gemeinden aufgelegt. Die Einzeichnungsfrist muß spätestens eine Woche nach dem Einlauf des Vorschlags beginnen (Art. 24 I und II i. V. m. Art. 25). Wird innerhalb der Frist der Vorschlag eines weiteren, den gleichen Gegenstand betreffenden Volksbegehrens eingereicht, das also einen Gegen- oder Abänderungsantrag darstellt, so muß auf Antrag die Unterstützungsfrist für den ersten Vorschlag bis zum Ablauf der Frist für den neuen Vorschlag erstreckt werden. Eine vorläufige Ablehnung der Fristerstreckung muß dem Landtag zur endgültigen Entscheidung mitgeteilt werden (Art. 24 III).

Die Einzeichnung geschieht auf Unterstützungslisten, die die Antragsteller auf ihre Kosten herzustellen und den Gemeinden zu übergeben haben. Die Unterzeichnung erfolgt öffentlich unter Prüfung der Stimmberechtigung in der Gemeinde, wofür die Einträge der letzten Wählerliste oder Wahlkartei maßgebend sind. Wer nicht eingetragen ist, muß sein Stimmrecht nachweisen; die Eintragung bildet also keine formellrechtliche Bedingung der Stimmrechtsausübung. Gegen Ablehnung der Zulassung ist Beschwerde an die Aufsichtsbehörde zulässig, die binnen einer Woche zu entscheiden hat. Ungültig sind Unterschriften, die 1. unleserlich sind, 2. die Person des Unterzeichneten nicht deutlich erkennen lassen, 3. von nicht Stimmberechtigten herrühren, 4. auf nicht vorschriftsmäßigen Listen stehen, 5. nicht rechtzeitig abgegeben sind, 6. in nicht beglaubigten Handzeichen bestehen (Art. 25—27).

8. Nach Ablauf der Einzeichnungsfrist sind die Listen an den Landeswahlausschuß (oben S. 155) zu leiten, der das Ergebnis feststellt. Seine Sache ist dabei, über die Gültigkeit der Unterschriften zu entscheiden. Das Ergebnis wird sofort öffentlich bekannt gegeben, die Verhandlungen samt Unterlagen gehen an den Landtag, wenn dieser nicht versammelt ist, kraft ausdrücklicher Vorschrift an das Gesamtministerium, nicht an den Zwischentagungs- oder den ständigen Ausschuß (Art. 28 I i. V. m. 27 II), und zwar selbst in den Fällen nicht, in denen die Entscheidung des Landtags vorgeschrieben ist. Handelt es sich um die Einberufung des Landtags, so verständigt das Gesamtministerium dessen Präsidenten (Art. 29, als Verfassungsgesetz beschlossen), bei einem Antrag auf Landtagsauflösung muß der Landtag, falls er versammelt ist, Stellung nehmen (vgl. § 38 Z. 3), falls er nicht in Funktion ist, hat das Gesamtministerium die Volksentscheidung einzuleiten (ebenda), bei einer Gesetzes- oder Referendumsinitiative muß stets der Landtag über deren Zulässigkeit und Rechtsgültigkeit endgültig befinden (§ 76 I S. 2).

9. Abgesehen von einem Volksbegehren auf Einberufung des Landtags zu einer außerordentlichen Tagung (oben § 38 Z. 2) oder auf Auflösung des nicht versammelten Landtags (oben § 38 Z. 3) muß, wie wir gesehen haben, eine beschlußmäßige Entscheidung des Landtags über die Zulässigkeit und Rechtsgültigkeit des Begehrens erfolgen. Das gleiche gilt für den Fall, daß das Staatsministerium des Innern rechtliche Bedenken hat, dem „Vorschlag eines Volksbegehrens" Folge zu geben (oben Z. 6) oder bei Einbringung eines zweiten „Vorschlages" die Unterstützungsfrist für den ersten zu verlängern (oben Z. 7). Für die Beschlußfassung gelten die einfachen Erfordernisse des § 34 VU.

Die rechtliche Kraft der Entscheidung des Landtags ist verschieden. Handelt es sich um Gesetzes- oder (reine bzw. anschließende) Referendumsinitiative, so ist die Entscheidung endgültig und unterliegt sonach keinerlei Nachprüfung (§ 76 I S. 2 VU.). Diese Wirkung muß wohl auch dem Beschluß über einen vom Ministerium des Innern beanstandeten „Vorschlag" zugeschrieben werden, sofern er auf eine Gesetzes- oder Referendumsinitiative abzielt. In allen übrigen Fällen dagegen ist eine Nachprüfung, sei es im Wege der normalen Rechtsprechung, sei es durch den Reichsstaatsgerichtshof (oben § 38 Z. 2) möglich.

10. Erklärt der Landtag ein Volksbegehren auf seine Auflösung für ungültig, so ist damit die Aktion — abgesehen von einer nachträgträglichen gegenteiligen gerichtlichen Entscheidung — abgetan. Es macht dabei keinen Unterschied, ob ihm das Volksbegehren, weil er zur Zeit seiner Einbringung versammelt war, unmittelbar vorgelegt wird, oder ob er im gegenteiligen Falle erst aus Anlaß der Überprüfung der bereits erfolgten Abstimmung auch zu dem Begehren selbst Stellung nehmen kann. Im letzteren Fall ist seine Lage natürlich politisch unangenehmer, da er ja als Richter in eigener Sache einen gegen ihn fast bis zum vollen Erfolg gediehenen Angriff, abwehrt. Aber er hätte sich durch sofortigen Zusammentritt diese schiefe Lage selbst ersparen können (vgl. § 38 Z. 3 a. E.). Erledigt ist das Volksbegehren auch, wenn der Landtag die Bedenken des Ministeriums des Innern gegen einen „Vorschlag" teilt. Wird die Fristerstreckung, die anläßlich eines zweiten „Vorschlages" beantragt wurde, abgelehnt, so bleibt es beim normalen Ablauf der Unterstützungsfrist. Entscheidet der Landtag im Sinne der Unzulässigkeit oder Ungültigkeit einer Gesetzes- oder Referendumsinitiative, so ist diese gescheitert. Wenn nun dem Landtag durch den Landeswahlausschuß die Verhandlungen über seine Einberufung zu einer außerordentlichen Tagung unterbreitet werden (Art. 28 I LWG.), so befindet er sich einer vollendeten Tatsache gegenüber, die er einfach zur Kenntnis nehmen muß. Seinen Bedenken gegenüber der Erfüllung der gesetzlichen und verfassungsmäßigen Voraussetzungen kann er höchstens durch Geltendmachung der Verantwortlichkeit des Gesamtministeriums Ausdruck verleihen; dem Landeswahlausschuß dagegen kann er nichts anhaben.

11. Stellt sich der Landtag auf den Boden des Volksbegehrens, so hat er im Falle des Auflösungsantrags und der Referendumsinitiative die Volksentscheidung anzuordnen (§ 45). Bei der Gesetzesinitiative ist sachlich über die Annahme, Abänderung oder Ablehnung zu beschließen und in den beiden letzten Fällen Volksentscheidung einzuleiten (§ 76 III). Theoretisch wäre es möglich, daß der Landtag trotz Anerkennung der Zulässigkeit und Rechtsgültigkeit des Volksbegehrens die Einleitung der Volksentscheidung unterläßt. Ob dann das Ministerium eingreifen kann, wird später zu prüfen sein (vgl. Z. 13 b). Jedenfalls kann hier ein Verfassungsstreit entstehen, für dessen Entscheidung wieder der Reichsstaatsgerichtshof zuständig ist (vgl. § 38 Z. 2). Bezüglich der „Vorschläge" bedeutet die Ablehnung der Bedenken des Ministeriums des Innern, daß nunmehr das Vorverfahren seinen ordnungsmäßigen Lauf nimmt. Wird im Gegensatz zu der Entscheidung des Ministeriums des Innern die Verlängerung der Unterstützungsfrist für einen vorausgegangenen Vorschlag ausgesprochen, so tritt diese Verlängerung nunmehr tatsächlich antragsgemäß ein, vorausgesetzt, daß der Beschluß überhaupt noch zurecht kommt; sonst hat er eine rein deklarative Bedeutung, da kein Anhaltspunkt dafür besteht, daß nun eine neuerliche Fristsetzung für beide „Vorschläge" Platz zu greifen hat.

12. Bezüglich der Kosten des Vorverfahrens trifft Art. 28 II folgende Verteilung: die Feststellung des Ergebnisses durch den Landeswahlausschuß belastet den Staat, die Beibringung der Unterzeichzeichnungslisten und ihre Versendung an die Gemeindebehörden trifft die Antragsteller, die übrigen Kosten fallen den Gemeinden zur Last. Daraus folgt, daß auch finanziell die Einleitung eines Volksbegehrens verhältnismäßig leicht ist; dabei ist zu berücksichtigen, daß im Gegensatz zu den Landtagswahlen (vgl. S. 157) bei der Volksentscheidung auch die Kosten der Stimmzettel vom Staat getragen werden (vgl. unten Z. 15).

b) Volksentscheidung.

13. Die Volksentscheidung weist folgende Stadien auf: den äußeren Anstoß, die Anordnung und die Durchführung.

a) Der äußere Anstoß kann nur entweder von einem Volksbegehren oder vom Gesamtministerium ausgehen. Die Referendumsinitiative in ihren beiden Abarten der reinen und der anschließenden Referendumsinitiative muß stets zur Volksentscheidung führen, desgleichen das Regierungsreferendum. Die Gesetzesinitiative dagegen führt nur bedingt zur Volksentscheidung, wenn entweder der Landtag das vorgeschlagene Gesetz ablehnt bzw. ändert oder die anschließende Referendumsinitiative einsetzt. Bei dem Begehren auf Landtagsauflösung fällt die Volksentscheidung dann aus, wenn der Landtag selbst seine Auflösung beschließt (oben § 38 Z. 3).

b) Die Anordnung der Volksentscheidung ist bei Volksbegehren regelmäßig Sache des Landtags, nur bei der Auflösung des Landtags, wenn dieser nicht versammelt ist oder zusammentritt (vgl. § 38 Z. 3), Sache des Gesamtministeriums. Kann nun in dem oben (Z. 11) berührten theoretischen Fall, daß der Landtag trotz Anerkennung der Zulässigkeit und Rechtsgültigkeit eines Volksbegehrens die Anordnung der Volksentscheidung unterläßt, das Gesamtministerium eingreifen? Nach der grundsätzlichen gegenseitigen Stellung beider Faktoren, die eine Regierungsaufsicht über den Landtag ausschließt, wird man ein solches an sich zweckmäßiges Vorgehen für unzulässig erachten müssen. Anders liegt der Sachverhalt beim Regierungsreferendum, wo von vornherein die Anordnung der Volksabstimmung als Sache des Gesamtministeriums anzusehen ist (vgl. oben § 38 Z. 14).

c) Die Durchführung der Volksentscheidung ist als reine Vollzugssache in die Hände des ressortzuständigen Staatsministeriums des Innern und der untergeordneten Behörden gelegt. Sie zerfällt in die Anberaumung, die Abstimmung, die Feststellung des Ergebnisses. An diese reinen Vollzugsakte schließt dann die Entscheidung über die Rechtswirksamkeit an.

14. Die Anberaumung vollzieht sich in folgender Weise. Das Ministerium des Innern bestimmt den Tag der Volksentscheidung, der ein Sonntag oder allgemeiner öffentlicher Ruhetag sein muß (Art. 33 I), und gibt ihn mit dem Gegenstand derselben öffentlich bekannt (Art. 66). Dabei obliegt ihm auch die wichtige Aufgabe der Formulierung der Fragen. Entsprechend der Vorschrift des § 10 III S. 5 sind die Fragen so zu stellen, daß sie mit „Ja" oder „Nein" beantwortet werden können (Art. 67 I). Stehen gleichzeitig mehrere Entwürfe zur Entscheidung — Gegenentwurf des Landtags oder eines anderen Volksvorschlages —, so muß bestimmt werden, wie sich die Abstimmungen unterscheiden (Art. 67 II). Wie oben (§ 38 Z. 10) betont, müssen die Fragen positiv auf Annahme des Vorschlages gefaßt sein. Dies ist für den Fall der Referendumsinitiative und des Regierungsreferendums von Bedeutung, die ja politisch gegen den Tenor des Begehrens oder Beschlusses gerichtet sind und daher die Möglichkeit offen ließen, die Frage im Sinne einer Ablehnung zu formulieren. Praktisch bedeutsam ist die Richtigkeit der Fragestellung allerdings nur in einem Fall, nämlich bei Stimmengleichheit, wenn einfache Stimmenmehrheit gefordert ist, da dann die gestellte Frage nicht die Mehrheit erhalten hat und somit verneint ist (so auch Reichsgesetz über den Volksentscheid vom 27. Juni 1921, RGBl. 790, § 21 IV).

Ist die Abstimmung anberaumt, so müssen seitens der Bezirksverwaltungsbehörden (in München seitens des Stadtrates) innerhalb ihrer Sprengel Stimmbezirke nach den gleichen Regeln wie für die Landtagswahlen gebildet werden (Art. 30 I—IV, vgl. oben S. 155). In jedem Stimmbezirk wird dann ebenso weiter ein Wahlvorstand als äußere Abstimmungsbehörde aufgestellt (Art. 31, 32; vgl. oben S. 155). Ferner müssen die Gemeinden bei jeder Volksentscheidung für die einzelnen Stimmbezirke Wählerlisten oder Wahlkarteien anlegen, für die wieder die gleichen Vorschriften, wie für Landtagswahlen maßgebend sind; an Stelle der Eintragung in die Wählerliste oder Wahlkartei können Wahlscheine treten (Art. 7—16; vgl. oben S. 156).

15. Die Abstimmung vollzieht sich geheim (§ 10 S. 3 VU.; vgl. aber für den Fall des Auflösungsantrags oben S. 162 und 289) unter äußerer Kontrolle der Stimmabgabe durch die Öffentlichkeit nach den Regeln des Landtagswahlverfahrens (Art. 33—38, 17—21; vgl. oben S. 157 f.). Jedoch werden die Stimmzettel auf Staatskosten beschafft (Art. 68). Das Stimmrecht der Einzelnen ist daher im Gegensatz zu dem Volksbegehren (oben Z. 7) ebenso wie beim Landtagswahlrecht von der formellen Voraussetzung der Eintragung in die Wahlbehelfe oder der Ausstellung eines Wahlscheines abhängig (vgl. oben S. 147).

Nach Schluß der Abstimmung stellt der Wahlvorstand für jede gestellte Frage einzeln fest, wie viele gültige Stimmen insgesamt und wie viele hievon mit „Ja“ und wie viele mit „Nein“ abgegeben worden sind (Art. 70). Ungültig sind Stimmzettel, 1. „die nicht in einem amtlich abgestempelten Umschlag oder in einem gekennzeichneten Umschlag übergeben worden sind“, 2. „die nicht die vorgeschriebene Beschaffenheit haben“, 3. „die mit einem Kennzeichen versehen sind“, 4. „denen ein Druck- oder Schriftstück beigefügt ist“, 5. „die weder ›Ja‹ noch ›Nein‹ oder beides zugleich auf die gleiche Frage enthalten“, 6. „die bei mehreren den gleichen Gegenstand betreffenden Gesetzentwürfen mehrmals Ja enthalten“, 7. „die einen Zusatz, eine Verwahrung oder einen Vorbehalt“ aufweisen (Art. 69 I). „Mehrere gleichlautende gültige Stimmzettel für dieselbe Frage gelten als einer. Mehrere verschieden lautende Stimmzettel für dieselbe Frage sind ungültig“ (Art. 69 II).

16. Die Feststellung des Abstimmungsergebnisses ist Sache des Landeswahlausschusses (vgl. oben S. 155). Eine Mitwirkung von Kreiswahlausschüssen, wie bei den Landtagswahlen, kommt nicht in Betracht, da die Volksentscheidung ja niemals bezirksweise, sondern nur einheitlich für das ganze Land erfolgt. Die Feststellung des Ergebnisses nimmt die Ermittlungen der Wahlvorstände als Grundlage und faßt sie zunächst ziffernmäßig, dann sachlich zusammen. Das Ergebnis wird dann sofort öffentlich bekannt gegeben, die Verhandlungen samt den Unterlagen werden dem Landtag übersendet (Art. 71). Auf den Nachteil der öffentlichen Bekanntgabe des noch nicht unanfechtbar gewordenen Ergebnisses wurde bereits hingewiesen (§ 38 Z. 11).

17. Die Entscheidung über die Rechtswirksamkeit der Volksabstimmung obliegt dem Landtag. Wenn ein Volksbegehren auf Auflösung des Landtags, weil er nicht versammelt war, durch das Gesamtministerium unmittelbar der Volksentscheidung unterstellt wurde, hat der Landtag unter einem über die Rechtswirksamkeit des Volksbegehrens und der Volksentscheidung zu befinden (vgl. oben §§ 38 Z. 3 und 39 Z. 10). Erklärt er das Ergebnis der Volksentscheidung in einem oder mehreren Stimmbezirken für ungültig und stellt dabei fest, daß es auf das Gesamtergebnis von Einfluß sein kann, so ist die Abstimmung in diesen Bezirken auf Grund der alten Wahlunterlagen zu wiederholen. Der Landeswahlausschuß hat dann das Gesamtergebnis unter Heranziehung der neuen Teilergebnisse erneut festzustellen (Art. 72 II i. V. m. 65 I), woran sich die abermalige Überprüfung und Entscheidung des Landtags über die Rechtswirksamkeit der Abstimmung anschließt (Art. 72 I).

18. Über die Wirkung der Volksentscheidung ist auf das früher Gesagte zu verweisen; vgl. § 38 Z. 5 (Landtagsauflösung), Z. 12 (Volksbegehren auf Verfassungsänderung), Z. 13 (Referendumsinitiative über einen verfassungsändernden Beschluß des Landtags), Z. 14 (Regierungsreferendum in dem eben erwähnten Fall), Z. 16 (Gesetzesinitiative), Z. 17 und 18 (Referendumsinitiative und Regierungsreferendum über einen Gesetzesbeschluß des Landtags).

19. Zum Schluß noch eine Prüfung der Frage, ob und, wenn ja, bis zu welchem Zeitpunkt seitens desjenigen Faktors, der die unmittelbare Tätigkeit der Staatsbürgerschaft veranlaßt hat, auf die Verfolgung seines Antrags mit der Wirkung verzichtet werden kann, daß das Verfahren eingestellt wird. Verfassung und Landeswahlgesetz hüllen sich in Schweigen. Man wird aus der Natur der Sache folgern dürfen, daß ein derartiger Verzicht möglich ist. Denn die positive Rechtsordnung hat sich an der Durchführung der unmittelbaren Organtätigkeit des Volkes für nicht interessiert erklärt und daher nur Anstoßmöglichkeiten für gewisse politische Faktoren eröffnet. Es wäre sinnwidrig, wenn es diesen verwehrt bleiben sollte, die einmal unternommene Aktion wieder fallen zu lassen.

Ist so die Frage des „Ob" zu bejahen, so ergibt sich zugleich für die Bestimmung des letzten Termins der Gesichtspunkt, daß er möglichst weit hinauszuschieben ist. Erst von dem Augenblick an, in welchem Einhalt nicht mehr geboten werden kann, muß dem Verfahren sein Lauf gelassen werden.

Dieser letzte Termin ist a) für die Einzeichnung auf Vorschläge eines Volksbegehrens die Veröffentlichung des Vorschlags verbunden mit der Auflegung der Einzeichnungslisten (oben Z. 7); b) für die unmittelbare Einbringung des fertigen Volksbegehrens (Z. 5), falls es sich um Einberufung oder Auflösung des nicht versammelten Landtags handelt, die durchführende Verfügung des Gesamtministeriums (Z. 9), in den übrigen Fällen der Beschluß des Landtags über die Anordnung der Volksentscheidung (Z. 11); c) für das Regierungsreferendum die Anberaumung der Abstimmung durch das Ministerium des Innern (Z. 13 c).

IV. Teil.

Die staatlichen Funktionen.

Erster Abschnitt.

A. Allgemeines.

§ 40.

Wesen und Gliederung. Ältere Einteilungen.

Schrifttum: Laband, Staatsrecht II §§ 54 u. 64; Georg Jellinek, Allgemeine Staatslehre 595 ff.; O. Mayer I §§ 6—8; Fleiner 3 ff.; Kelsen, Hauptprobleme der Staatsrechtslehre insbes. Kap. XVIII u. XIX; Erich Kaufmann, Artikel Verwaltung, Verwaltungsrecht im Wörterbuch des deutschen Staats- u. VerwR. III 688 ff.

1. Unter staatlichen Funktionen versteht man diejenigen Tätigkeiten, die dem Staat zugeschrieben, zugerechnet werden, bei denen nicht der Handelnde als rechtliches Subjekt angesehen wird, sondern der Staat. Wurde bisher der Staat als ruhende Erscheinung, als gegebenes Kraftzentrum, betrachtet, so fragen wir, wenn wir von den Funktionen sprechen, nach den Lebensäußerungen, die auf diese Erscheinung zurückgeführt werden, nach den Bewegungsvorgängen, die dieses Kraftzentrum hervorruft. Da man die Handlungen der einzelnen Subjekte rechtlich als Willensakte auffaßt, so spricht man auch von einer Bildung und Äußerung des Staatswillens.

Es ist bezweifelt worden, ob die Rechtsnormen über den handelnden Staat überhaupt ins Verfassungsrecht gehören, das ja den Aufbau des Staates, das Gerüst, das ihn trägt, erörtern will und daher von vornherein von der Auffassung eines Ruhezustandes ausgeht. Aber es handelt sich bei der Darlegung der Funktionenlehre gar nicht um die Bewegungserscheinungen als solche, sondern um die Bewegungsmöglichkeiten. Diese hängen zweifellos mit dem Bau selbst zusammen, indem sie einerseits durch seine Gestaltung bedingt sind, andererseits diese Gestaltung ihrerseits bedingen. Wenn man ein geschlossenes Bild von der rechtlichen Machtverteilung zwischen den maßgebenden politischen Faktoren im Staate gewinnen will, so ist man doch geradezu darauf angewiesen, sich Klarheit darüber zu verschaffen, welche Arten des Machtgebrauches überhaupt rechtlich vorgesehen sind und in welchem gegenseitigen rechtlichen Verhältnis diese Machtbetätigungen zu einander stehen.

2. Die dem Staate zugeschriebenen Tätigkeiten kann man zunächst nach ihrem sachlichen Gegenstand, nach dem materiellen Zwecke, den sie verfolgen, einteilen. Man spricht dann von Zweigen der staatlichen Tätigkeit oder, wenn man die rechtliche Möglichkeit, die rechtliche Fähigkeit dazu ins Auge faßt, von staatlichen Hoheitsrechten.

Nach diesem Gesichtspunkt unterscheidet man herkömmlich fünf große sachliche Gebiete: das Gebiet der auswärtigen Angelegenheiten, sofern die rechtlichen Beziehungen zu anderen Staaten in Frage stehen, das Gebiet des Heerwesens, bei dem es sich um die organisierten persönlichen Machtmittel handelt, das Gebiet des Finanzwesens, das die wirtschaftlichen Machtmittel betrifft, das Gebiet der Justiz, bei dem es sich vornehmlich um die Wahrung der Rechtsordnung dreht, und das Gebiet der Verwaltung oder, noch näher bezeichnet, der inneren Verwaltung, welche die Aufrechterhaltung der Sicherheit und Ordnung im Innern und die Verwirklichung der wirtschaftlichen und kulturellen Aufgaben des Staates zum Gegenstand hat. Faßt man dabei die Möglichkeit ins Auge, auf einem dieser Gebiete rechtliche Macht auszuüben, so spricht man von einer Staatshoheit in Bezug auf die Außenpolitik, von Militärhoheit, Finanzhoheit, Justizhoheit, Verwaltungshoheit. Man kann selbstverständlich diese Zweige der Staatstätigkeit oder Staatshoheit noch weiter zerlegen und von einem Gesandtschaftsrecht, einem Konsularrecht, einer Militärjustizhoheit und, besonders auf dem Gebiet der eigentlichen Verwaltung, von einer Polizeihoheit, einer Eisenbahnhoheit, einer Wegehoheit, einer Unterrichtshoheit usw. sprechen.

3. Diese Einteilung nach sachlichen Zweigen der Staatstätigkeit oder Arten von Hoheitsrechten hat in der Geschichte der deutschen Staatsrechtsentwicklung eine höchst bedeutungsvolle Rolle gespielt. Das erfolgreiche Bestehen des Kampfes um diese einzelnen Hoheitsrechte, einerseits mit der übergeordneten kaiserlichen und Reichsgewalt, andererseits mit den einzelnen Landständen, war für die Entstehung und Entfaltung des fürstlichen Territorialstaates unerläßliche Voraussetzung. Nur aus dieser geschichtlichen Erinnerung läßt es sich erklären, warum diese Begriffe, die doch mit dem Siegeszug der Idee des allmächtigen Staates ihre eigentliche Bedeutung eingebüßt hatten, sich hartnäckig im neueren deutschen Staatsrecht, und zwar besonders in seinen dem täglichen Leben des Staates zugekehrten Teilen, nämlich im Verwaltungsrecht, behauptet haben. Es steckt eben darin unbewußt ein Stück genugtuungsvoller Erinnerung an jene Zeiten, in denen der Staat sich diese Machtbefugnisse in härtestem Ringen erwerben mußte. Dabei spielte naturgemäß das persönliche Moment, daß es der Landesherr und seine Verwaltung war, die diese Kämpfe ausgefochten hatten, seine besondere Rolle. Da aber die Krone und ihre unmittelbaren Mitarbeiter als eigentliche Träger des Staatsgedankens mit der Vorstellung des Staates an sich in einer unauflöslichen Verknüpfung zusammenwuchsen, hat der Begriff der staatlichen Hoheitsrechte seine Vorkämpfer unerschüttert überdauert und seinen Verwendungsbereich auch in der nachrevolutionären Staatsterminologie weiter behauptet. Heute sind es die republikanischen deutschen Länder, die dem Reich gegenüber dieselbe Feinfühligkeit aufweisen, wenn es sich um ihre „Hoheitsrechte" handelt, wie ehedem ihre monarchisch verfaßten Vorgänger.

4. An dieser eigenartigen politischen Lage läßt sich nun die rechtliche Gegenwartsbedeutung des „Hoheits"begriffes sofort klar erkennen. Es handelt sich hier einfach um die Zuständigkeitsabgrenzung der beiderseitigen Herrschaftsbereiche zwischen Bund- und Gliedstaaten. Diese Zuständigkeitsscheidung kann begrifflich nicht anders als nach gewissen sachlichen Zweigen der Staatstätigkeit vorgenommen werden. Denn nur eine vertikale Gliederung gestattet es, sowohl den Gliedergewalten wie der Zentralgewalt staatlichen Charakter zuzuschreiben, eine horizontale Teilung, und würde sie die Grenzlinie auch noch so weit hinaufrücken, hätte eine vollkommene Unterordnung der Glieder unter den Zentralstaat und damit deren Aufhebung als staatliche Gebilde zur Folge (vgl. Bundesstaat 22 ff.).

Mit dieser Notwendigkeit der vertikalen Teilungslinie ist aber keineswegs gesagt, daß nicht neben ihr in zweiter Reihe auch horizontale Teilungslinien laufen können. In demselben staatlichen Tätigkeitszweig kann ohne weiteres beispw. die Aufgabe der Gesetzgebung dem einen Teil, die Aufgabe der Durchführung der Gesetze dem anderen zugewiesen sein; Beispiele sind wohl überflüssig (vgl. Bundesstaat 51 ff.).

Hier zeigt sich nun wieder — und darauf muß eigens aufmerksam gemacht werden — jenes eigentümliche Beharrungsvermögen des „Hoheits"begriffes. Es ist heute immer noch gang und gäbe, von einer „Justizhoheit", „Finanzhoheit" usw. der Länder zu sprechen, auch wenn es sich nicht um die Gesetzgebungszuständigkeit, sondern um den Vollzug handelt. Diese Ausdrucksweise ist aber, juristisch betrachtet, heute nicht mehr zutreffend. Auf allen soeben angeführten Gebieten gibt es keine abgeschlossene „Hoheit" der Länder und hat es ebensowenig nach der Verfassung von 1871 eine solche gegeben. Vielmehr war das Reich schon allein durch seine Gesetzgebungsbefugnis an der betreffenden „Hoheit" entscheidend beteiligt. Von „Landeshoheitsrechten" in einem ausschließenden Sinn konnte früher und kann heute nur bezüglich jener Zweige der Staatstätigkeit die Rede sein, die in den Bereich der ausschließlichen Zuständigkeit der Länder für Gesetzgebung und Vollziehung fallen, die also heute in dem Katalog der Art. 6—11 RV. nicht vorkommen oder, abgesehen von den Fällen der Art. 6 und 165, wenigstens noch nicht tatsächlich von der Reichsgesetzgebung beansprucht worden sind.

5. Es ist klar, daß die Einteilung nach dem äußerlichen Gesichtspunkt der Staatstätigkeitszweige bzw. der Hoheitsrechte nur eine beschränkte Bedeutung besitzt. Selbst die oberste Abgrenzung der Zuständigkeit im Bundesstaat zwischen dem Zentralstaat und den Gliedstaaten läßt sich damit nur teilweise durchführen. Es ist daher nach einer Einteilung nach inneren Gesichtspunkten zu fragen, die nicht den Gegenstand, sondern die Art, das Wesen der Tätigkeit, zum Ausgangspunkt nimmt.

6. Als eine solche Gliederung nach dem Wesen der Tätigkeit bietet sich die übliche Unterscheidung von Gesetzgebung, Verwaltung, Rechtspflege dar, der mitunter noch als viertes Glied die Regierung zur Seite gestellt wird. Mit diesen Ausdrücken wird im allgemeinen folgender Sinn verbunden.

Unter Regierung wird etwa der Inbegriff jener Tätigkeit verstanden, die für Bestand und Leben des Staates sorgt, also nach außen die Beziehungen zu anderen Staaten regelt, nach innen den staatlichen Apparat in Gang hält, indem sie die Kammern beruft und entläßt, die Vollzugsorgane bestellt, die Richtlinien der Politik in Gesetzgebung und Verwaltung bestimmt.

Unter Gesetzgebung begreift man die Erlassung von Rechtsnormen und anderen grundlegenden Staatsakten in solenner Form.

Als Verwaltung wird die Erfüllung der Staatszwecke nach Maßgabe der durch die Richtlinien der Politik und durch die Gesetzgebung festgelegten Grundsätze angesehen.

Rechtspflege oder Justiz endlich betrifft die Entscheidung von Streitigkeiten zwischen den Einzelnen, die Verhängung von Strafen und die Erlassung von Akten zur obrigkeitlichen Regelung wichtiger Rechtsangelegenheiten der Einzelpersonen.

7. Bei näherem Zusehen ist leicht erkennbar, daß diese Einteilung die gesuchte Unterscheidung nach dem inneren Wesen der Tätigkeitsart nicht zu liefern vermag. Denn jede Tätigkeitsgruppe umfaßt rechtliche Erscheinungen von sehr verschiedener Art. Unter die Regierung fallen neben Handlungen, die überhaupt nicht in den Bereich des Rechtes gehören, konkrete Rechtsgeschäfte, unter die Gesetzgebung neben Schaffung verbindlicher Regeln die Setzung einzelner Akte; die Verwaltung erläßt Anordnungen in strengster Bindung an die Gesetze und entfaltet daneben eine freie Tätigkeit; der Rechtspflege obliegt die Klarstellung streitigen Rechts ohne eigenes Dazutun und die zweckerfüllte Lösung obrigkeitlicher Aufgaben.

Der Grund dieser Zusammenfassung bzw. Gliederung kann also gar nicht in der Verschiedenheit der in Betracht kommenden Funktionen liegen, er liegt vielmehr trotz aller entschiedenen Ablehnung in der Art der Organe. Was von den an der Spitze des staatlichen Apparats stehenden Faktoren ausgeübt wird, wofür also vorwiegend politische Gesichtspunkte bestimmend sind, das faßt man unter dem Ausdruck Regierung zusammen; die Tätigkeit, an der die Volksvertretung, der sog. gesetzgebende Körper, hervorragend beteiligt ist, wird einfach zur Gesetzgebung gestempelt; alles, was die Personen tun, die in Unterordnung unter die Regierung Staatsaufgaben der verschiedensten Art lösen, wird als Verwaltung bezeichnet, und jene Geschäfte, die den Gerichten obliegen, sind Rechtspflege oder Justiz.

8. Daß eine Gliederung der Staatsfunktionen nach dem Gesichtspunkt ihrer Beziehung zu bestimmten Staatsorganen so stark in den Vordergrund treten konnte, hat wieder seine besonderen tiefer liegenden Gründe. Einmal war dafür die Tatsache bestimmend, daß die dem Staate zugerechnete Tätigkeit äußerlich als Handlung individueller Personen oder Personenmehrheiten in Erscheinung tritt und treten muß, weil die als zusammenfassend vorgestellte, also gedachte Einheit des Staatsganzen nicht selbst in das gesellschaftliche Leben eingreifen kann. Diese individuellen Personen oder Personenmehrheiten, die sonach für den Staat, gleichsam in dessen Vertretung, Willensakte setzen, werden, um ihre rechtliche Beziehung zu dem von ihnen dargestellten Staat anschaulich zu machen, mit einem der physopsychischen Erscheinungswelt entlehnten Ausdruck als Organe des Staates bezeichnet (vgl. auch oben S. 99). Betrachtet man nun die gedachte Einheit selbst als handelnden Faktor, so lösen sich ihre Willensäußerungen automatisch in die Willensäußerungen der ihr zugerechneten „Organe" auf und liefern so eine sich deutlich ausprägende Gliederung, die, genauer besehen, nichts anderes als eine Analyse der vorher vollzogenen Synthese darstellt. Die Versuchung war nun naheliegend, in dieser sich äußerlich aufdrängenden Einteilung den markanten Ausdruck innerer sachlicher Verschiedenheit zu erblicken und in Verfolg dessen sich um die Kriterien zu bemühen, die eine logisch scharfe Absonderung nachweisen könnten.

Dazu kam aber noch von der Seite der mit der staatsrechtlichen sich allzuleicht vermengenden politischen Betrachtungsweise her die Erkenntnis, daß die individuelle Ausgestaltung des Staatsgebäudes wesentlich durch das gegenseitige Verhältnis der einzelnen obersten Machtfaktoren bestimmt ist. Da nun dieses gegenseitige Verhältnis durch die staatliche Verfassung rechtlich geregelt ist, kam man leicht zu der Vorstellung, in der juristisch-relevanten Tätigkeit der verschiedenen Machtfaktoren, die ja nichts anderes, als die politische Erscheinungsform der obersten Staatsorgane sind, auch juristisch maßgebliche Verschiedenheiten auffinden zu müssen. Verstärkt wurde diese Versuchung durch den unverkennbaren Umstand, daß die Gegenüberstellung der einzelnen Organe und die Zuweisung bestimmter einzelner Funktionen an sie aus der früher ungeschiedenen Masse staatlicher Tätigkeit eine vollkommene Änderung der grundlegenden verfassungsrechtlichen Ordnung insbesondere auch nach der Seite der Stellung der einzelnen Rechtssubjekte mit sich gebracht hatte. Der Verfassungs- und Rechtsstaat entwickelte sich ja aus dem vorausgegangenen absoluten und Polizeistaat gerade an der Trennung und gegenseitigen Bindung der staatlichen Organe.

So kann es nicht wundernehmen, daß politisch und materiellrechtlich bedeutsame Sonderungen in dem ersten freudigen Erleben für formalrechtlich erhebliche Unterscheidungen genommen wurden und mit der Zähigkeit einmal als Offenbarung empfundener Vorstellungen in mehr weniger verhüllter Gestalt sich weiterhin behauptet haben.

§ 41.

Gesetzgebung und Vollziehung.

Schrifttum: Vgl. Angaben zu § 40; ferner etwa Merkl, Die verfassungsrechtlichen Grundlagen der österr. Verwaltung, Wiener Zeitschr. f. Verw. 1921 208 ff.

1. Will man zu einer scharf juristischen Einteilung der Staatsfunktionen kommen, so tut man gut daran, sich die grundsätzliche rechtliche Stellung des Funktionsträgers vor Augen zu halten. Der Staat als „Träger des in einer Rechtsordnung erscheinenden Willens" (Bundesstaat 16;

vgl. oben S. 50) weist eine Doppelrolle auf. Einmal, indem er seine Rechtsordnung schafft, steht er dieser selbständig gegenüber, ist ihr, wie man es auch sagen kann, übergeordnet. Das anderemal, wenn er auf Grund der von ihm geschaffenen Rechtsordnung mit den Einzelnen in Beziehung tritt, seine Rechtsordnung anwendet, steht er, gleich seinen Partnern, unter dieser (Bundesstaat 18). Das einemal ist er freier Normgeber, das anderemal gebundener Normadressat oder, handelnd vorgestellt, Normvollzieher.

Daraus ergibt sich von selbst die oberste grundsätzliche Einteilung der staatlichen Funktionen: Normgebung — Normvollziehung (gleichbedeutend Normsetzung — Normanwendung) oder, wenn wir den üblichen rechtstechnischen Ausdruck für Norm einsetzen: Gesetzgebung und Gesetzesvollziehung, letztere abgekürzt Vollziehung schlechthin.

2. Daß die rechtliche Stellung beider Funktionen grundverschieden ist, leuchtet ohne weiteres ein. Sie entspricht ja dem kontradiktorischen Gegensatz von Gebundenheit und Ungebundenheit, was gleichbedeutend ist, dem Gegensatz von Gebundenheit und Freiheit. Die Gesetzgebung ist ungebunden, frei. Wir sehen es ja deutlich an der oben betrachteten Stellung des gesetzgebenden Organs (vgl. S. 101 f. und § 37 Z. 5). Es gibt keine Rechtsnorm, die ihm sein Verhalten vorschreibt, die ihm Pflichten setzt. Die Normen der Verfassung über die Gesetzgebung sind keine pflichtensetzenden Normen. Wenn das gesetzgebende Organ sie nicht beachtet, so hat das nicht die Bedeutung, daß nunmehr eine Reaktion wegen Pflichtverletzung eintritt; es hat vielmehr nur die Bedeutung, daß der gewollte Erfolg, die Schaffung eines neuen Gesetzes, nicht eintritt. Die unter Nichtbeachtung der Verfassung gefaßten Beschlüsse des Landtags und ebenso der Staatsbürgerschaft über Gesetzentwürfe sind keine Verfassungsverletzungen, sondern rechtlich unwirksame Aktionen. Wenn von Vorschriften der Verfassung über die Gesetzgebung gesprochen wird — und wir werden uns damit noch eingehend zu beschäftigen haben (unten §§ 43 ff.) —, wenn insofern von einer Bindung die Rede ist, so handelt es sich nicht um ein rechtliches Sollen, sondern um ein rechtliches Können bzw. Nichtkönnen (vgl. oben S. 101). Oder, um einen neuerdings im Privatrecht üblich gewordenen Ausdruck anzuwenden, der eine gewisse Verwandtschaft besitzt, bei den Vorschriften über die Gesetzgebung liegen keine Verpflichtungen, sondern Obliegenheiten vor (vgl. v. Thur, Der allgemeine Teil des bürgerlichen Rechts in Bindings Handbuch I, 101).

3. In dem positiven Verfassungsrecht kommt diese Lage der Gesetzgebung in der Hauptsache in drei Rechtssätzen zum Ausdruck. Einmal in dem Satz, daß die Abgeordneten frei sind und an keine Aufträge gebunden (§ 35 I BU.; noch schärfer RV. Art. 21 S. 2: „Sie sind nur ihrem Gewissen unterworfen"). Zweitens in dem geheimen Stimmrecht bei Volksentscheidungen (§ 10 III S. 4). Drittens in dem sog. Prüfungsrecht über die Verfassungsmäßigkeit der Gesetze (§ 72).

4. Mit Beziehung auf die oben grundsätzlich bekämpfte herrschende Meinung (vgl. § 40 Z. 6 ff.) ist hier noch festzustellen, daß die Kategorie der Gesetzgebung, die sie aufstellt, eine durch ihre Wesenheit tatsächlich von allen anderen Staatsfunktionen geschiedene Tätigkeit richtig heraushebt. Dies hängt damit zusammen, daß hier die besondere Stellung des Organs mit der besonderen Natur seiner Hauptfunktion untrennbar verbunden ist. Zu bemerken ist nur, daß der Begriff der Gesetzgebung mit dem der Tätigkeit der sog. legislativen Gewalt nicht identifiziert werden darf.

5. Im Gegensatz zur Normgebung, Gesetzgebung, ist alle übrige Tätigkeit, die auf den Staat bezogen wird, rechtlich gebunden. D. h. sie hat ihre notwendige Grundlage in den Rechtsnormen, den Gesetzen, sie ruht auf gesetzlicher Grundlage. Hieher gehört, wie wir gesehen haben, alle Staatstätigkeit, die dem Einzelnen gegenüber ausgeübt wird, durch die der Staat als ein Rechts- oder Pflichtsubjekt anderen Rechts- oder Pflichtsubjekten entgegentritt (oben Z. 1).

Dieses Verhältnis der Abhängigkeit oder Unterordnung der übrigen Staatstätigkeit unter das Gesetz hat noch zwei besondere, miteinander zusammenhängende Gründe. Einerseits kann die übrige Staatstätigkeit nur dadurch als eine rechtliche aufgefaßt werden, daß sie mit dem Rechtssystem in Berührung tritt, ihm eingeordnet wird. Wenn sie nun nicht selbst zur Normgebung gehört, kann es sich nur um Anwendung von Normen handeln. Andererseits kann die übrige Staatstätigkeit nicht als Tätigkeit des Handelnden, sondern als Tätigkeit des Staates nur dann angesehen werden, wenn eine Rechtsnorm vorliegt, die dies ausspricht. Eine solche Rechtsnorm hat etwa den Inhalt, zu sagen, wenn ein Individuum bei seinem Verhalten bestimmte Bedingungen erfüllt, wird dieses Verhalten als solches des Staats, als Kundgebung des Staatswillens beurteilt.

6. Der Ausdruck „Normvollziehung", der für die Staatstätigkeit angewendet wird, die nicht „Normsetzung" ist, kann deswegen als gut gewählt bezeichnet werden, weil er das maßgebende Unterordnungsverhältnis besonders scharf zum Ausdruck bringt.

Man könnte nun die Frage aufwerfen, worin unterscheidet sich die „Normvollziehung" durch die Staatsorgane von der „Normbefolgung" durch die einzelnen Rechtssubjekte? Ein näheres Eingehen auf diese Frage würde hier zu weit führen. Grundsätzlich ist hervorzuheben, daß im Verhältnis zum Gesetz an sich kein Unterschied besteht. In beiden Fällen handelt es sich um ein Verhalten gemäß der gesetzlichen Norm. Der Mangel eines grundsätzlichen Unterschieds folgt schon aus der Gleichstellung des unter seiner Rechtsordnung handelnden Staats mit den übrigen Rechtssubjekten.

Die Verschiedenheit kann daher nur sekundärer Natur sein; sie liegt darin, daß in dem einen Fall die entfaltete Tätigkeit dem gleichen Subjekt zugerechnet wird, auf dessen Willen die zur Anwendung gelangende Norm selbst beruht, während im anderen Fall beide Subjekte auseinanderfallen. „Vollziehung" von Normen im Gegensatz zu „Befolgung" von Normen will also sagen, daß dort eine Tätigkeit eines bestimmten Subjektes an eine andere Tätigkeit des gleichen Subjektes anknüpft, diese also fortführt, vollendet, in Wirklichkeit umsetzt, während hier eine Tätigkeit eines bestimmten Subjektes durch die Tätigkeit eines anderen ausgelöst oder bestimmt wird.

Der Ausdruck „Normbefolgung" kann daher auch auf die Tätigkeit eines Staatsorgans angewendet werden, wenn man nicht den Zusammenhang mit dem Normwillen des Staates, die Einheit des staatlichen Subjekts im Auge hat, sondern die gleiche Stufenhöhe gegenüber den Einzelpersonen betonen will. Besonders ist diese Ausdrucksform üblich, wenn zwei Staatsorgane sich gegenüberstehen, von denen das eine sachlich die gleiche Tätigkeit entfaltet, wie sie sonst nach den positiven Vorschriften der Rechtsordnung den Einzelpersonen zusteht, während das andere in einer Tätigkeit auftritt, die das positive Recht nur für Staatsorgane vorsieht; Beispiele: Klage aus einem Mietvertrage durch die vermietende Behörde vor dem staatlichen Gericht, Antrag einer Behörde auf Durchführung der Zwangsenteignung.

Diese Betonung des Unterschiedes verschiedener Staatstätigkeiten hat in der — heute abgelehnten — Fiskustheorie soweit geführt, die beiderseitige amtliche Tätigkeit verschiedenen Rechtssubjekten zuzuschreiben und den Fiskus als sog. Privatrechtssubjekt dem Staat als Hoheitssubjekt gegenüberzustellen. Daß es sich aber nur um einen sekundären Unterschied handelt, zeigt sich sofort darin, daß die Tätigkeit der „normbefolgenden" Behörde ebensosehr als ein Akt der „Vollziehung" angesehen werden kann, wenn etwa die Verantwortlichkeit der höheren Stellen für den Vollzug der Gesetze durch die untergebenen in Frage kommt. Der Minister beispw. muß unter diesem Gesichtspunkt verfassungsrechtlich genau so für die in der gleichen Art wie ein Privatmann handelnde Behörde eintreten, wie für eine Behörde, deren amtliche Akte ein Seitenstück in der Privattätigkeit nicht kennen (vgl. § 32 Z. 6).

7. Von den oben (§ 40 Z. 6) besprochenen Kategorien Gesetzgebung, Regierung, Verwaltung und Rechtspflege fallen die drei letzteren sämtlich unter den Begriff der Vollziehung.

Daß dies von der Kategorie der Rechtspflege gilt, wird am wenigsten Widerspruch begegnen. Denn mit diesem Begriff ist seit langem die Vorstellung der reinen Durchführung des Gesetzes verbunden, der Richter gilt als „lebendige Stimme des Gesetzes". Hiebei wird allerdings in erster Linie an die Rechtsprechung, besonders an den Zivil- und Strafprozeß gedacht. Bei der sog. freiwilligen oder besser unstreitigen Gerichtsbarkeit steigen mitunter gewisse Bedenken auf, die sich auf die freiere Stellung des entscheidenden Organs und den Eindruck gründen, als ob hier vom Gesetz nicht vorgezeichnete, sondern vom Richter schöpferisch herbeigeführte Erfolge zutage treten würden. Aus dieser Anschauung heraus wird ja auch immer wieder mit dem Gedanken gespielt, in der unstreitigen Rechtspflege Akte der Verwaltung zu erkennen, die nur formal von Justizorganen erlassen würden (ein Beispiel für viele Laband II, 179 Anm. 2; Fleiner 16).

Haltbar ist diese Auffassung in keiner Richtung. Die dabei mitwirkende Vorstellung, als ob die Verwaltung sich durch ihren schöpferischen Charakter grundsätzlich von der Justiz abhebe, wird noch zu erörtern sein (§ 42 Z. 3 und 4). Wenn aber hier von der Unrichtigkeit dieser Vorstellung abgesehen wird, so ist vor allem darauf zu verweisen, daß im Zivilprozeß die Teilungsklage oder die Grenzziehungsklage den Richter ebenso zu „schöpferischer" Tätigkeit veranlaßt wie die Bestellung eines Vormundes und daß es andererseits auch streng gebundene Akte der unstreitigen Gerichtsbarkeit gibt wie beispw. die Aufhebung einer Entmündigung wegen Gesundung eines Geisteskranken, die Eintragung oder Löschung im Grundbuch u. dgl. Die Zuweisung eines amtlichen Aktes an den Weg des Zivilprozesses oder des unstreitigen Verfahrens ist einfach eine positivrechtlich zu lösende Zweckmäßigkeitsfrage, die daher auch dem Wandel der Anschauungen entspricht (vgl. z. B. Heilfron-Pick, Lehrb. d. Zivilprozeßrechts 3. Aufl. I S. 12).

Auch der Strafprozeß kennt in der freien Auswahl des Strafsatzes innerhalb des Strafrahmens und der freien Befugnis zur Verhängung von Nebenstrafen ein weites Feld richterlicher Zweckmäßigkeitserwägungen, ohne daß dabei der Gedanke an die richterliche Gebundenheit je eine Abschwächung erfahren hätte (nulla poena sine lege!).

Wenn daher historisch die Rechtspflege in einen Gegensatz zur Vollziehung gesetzt und letzterer Ausdruck für die Verwaltung vorbehalten wurde, so liegt der Grund dafür in der Gestaltung der Staats- und Rechtsentwicklung, von der noch zu sprechen sein wird (unten Z. 9).

8. Auch die Regierung fällt durchweg unter den Begriff der Vollziehung (a. A. z. B. Fleiner 5). Zwar ist ihre Tätigkeit in weitestem Umfang inhaltlich nicht bestimmt; es gibt immerhin auch hier eine Reihe von streng gebundenen Akten wie beispw. die periodische Einberufung der Kammern, die Einholung ihrer Zustimmung u. dgl. Aber auch dort, wo ein breiter Spielraum gelassen ist, beruht diese Bewegungsfreiheit auf dem Willen des Gesetzes, das die Besorgung gewisser Staatsangelegenheiten als am besten wahrgenommen ansieht, wenn die handelnden Faktoren in ihren Entschließungen nicht beengt sind. Und hinter dieser scheinbaren Ungebundenheit steht allemal der Satz, daß die zuständigen Organe verpflichtet sind, nach bestem Wissen und Gewissen das Staatswohl im Auge zu haben, die öffentlichen Interessen zu verfolgen (Bernatzik, Rechtsprechung und materielle Rechtskraft 1886, 46). „Pflicht" aber bedeutet Bindung, Gebundenheit, somit das Gegenteil von Ungebundenheit, Freiheit. Gegen Verletzungen der Pflichten der Regierungsorgane wird ebenso reagiert wie gegen Pflichtverletzungen sonstiger Organe. Sie stehen dem Gesetz auch bei ihren eigentlichen Regierungsfunktionen nicht frei und gleichberechtigt gegenüber, geschweige denn über dem Gesetz; auch sie stehen vielmehr unter dem Gesetz.

Das gleiche, was von der Regierung gesagt wurde, gilt auch von den „verfassungsrechtlichen Hilfstätigkeiten" nach O. Mayer (I 8); sie sind rechtlich Vollzug verfassungsrechtlicher Vorschriften.

9. Was endlich das Verhältnis von Vollziehung und Verwaltung betrifft, so war es in der Anfangsperiode des konstitutionellen Staates durchaus üblich, beide Begriffe miteinander zu identifizieren, und auch neuerdings sind solche Bestrebungen wieder im Gange (vgl. zu letzterem Kaufmann S. 701). Man spricht von vollziehender Gewalt, bezeichnet die Regierung als oberste vollziehende Behörde des Staats (VU. § 4). Bei dieser Verwendung des Begriffes der Vollziehung wird also die Rechtspflege ausgeschieden und nebenan gestellt.

Der geschichtliche Grund für die Gleichsetzung von Verwaltung und Vollziehung war der Gegensatz des Polizeistaats und Rechtsstaats. Bei der Justiz hatte sich der Grundsatz der Bindung an das Gesetz schon längst durchgesetzt. Die einzige als sachlich vollkommen unzulässig empfundene Ausnahme bildete die lebhaftest bekämpfte Kabinettsjustiz. Der Rechtsstaat sollte nun als neue Errungenschaft auch die Bindung der Verwaltungsbehörden an das Gesetz durchführen, den Grundsatz der „Gesetzmäßigkeit der Verwaltung" zu einem Grundpfeiler des Staates machen. Demgemäß trat an die Stelle der vom Gesetze freien die dem Gesetz unterworfene Verwaltung, die nur auszuführen, zu vollziehen hatte, was jenes gebot.

10. In der zweiten Hälfte des neunzehnten Jahrhunderts — durchaus nicht zufällig parallel zu der Wiedererstarkung der fürstlichen Macht — trat in Deutschland eine rückläufige Bewegung ein. Die Anschauung wurde verfochten und drang immer mehr durch, die Verwaltung lasse sich auf den Begriff der Vollziehung nicht zurückführen, wenn anders sie ihres reichen Inhalts nicht beraubt werden solle. Sie sei nicht willenloser Sklave des Gesetzes, sondern sein schöpferischer Mitarbeiter. Sie könne nicht auf Impulse von außen warten, sie müsse vielmehr aus eigenem die ihr übertragenen Staatsaufgaben selbständig lösen. Die Vorstellung von der rein vollziehenden Verwaltung führe zum Nachtwächterstaat, der sich überlebt habe und durch den kräftig handelnden Wohlfahrtsstaat abgelöst werden müsse. Allerdings sei die Gesetzgebung der Verwaltung übergeordnet, insofern, als jene stärker sei, den „Vorrang" habe. Aber dadurch werde die Verwaltung nur dann und nur insoweit ihrer Selbständigkeit beraubt, als das Gesetz sich eines Gegenstandes bemächtigt habe. Daher sei das Gesetz nur Schranke der Verwaltung, nicht ihre Grundlage. Innerhalb der Schranken des Gesetzes sei die Verwaltung frei (vgl. statt vieler Laband II §§ 64 und 65; O. Mayer I 71 ff.; Fleiner 4 f.).

11. Dieser Gedankengang ist nicht aufrecht zu erhalten, weil er rechtstheoretisch unmöglich ist. Woraus soll sich denn die Beziehung dieser scheinbar gesetzesfreien Verwaltungsakte auf den Staat und nicht auf das handelnde Individuum ergeben? Daran, daß der Handelnde diese Zurechnung subjektiv will, kann es nicht liegen; denn damit ist die rechtliche Grundlage für die Vornahme der Zurechnung nicht gegeben. Sie muß vielmehr in der Rechtsordnung selbst gelegen sein, die solche Beziehung vorschreibt (vgl. oben Z. 5); damit ist aber die rechtliche, gesetzliche Grundlage gefordert, oder, wie man auch sagen kann, — unbemerkt von den Anhängern jener Anschauung — einfach gegeben.

Das anscheinend schlagkräftige Argument von dem „Nachtwächterstaat" beruht auf einer ebenso häufigen wie leicht erkennbaren Verwechslung. Gewiß, die Verwaltung braucht in großem Umfang sachliche Bewegungsfreiheit, soll sie aktiv im gesellschaftlichen Leben wirken. Aber diese Notwendigkeit ist kein formalrechtliches Erfordernis, sondern ein materielles legislativ-politisches Bedürfnis. Der Umstand, daß für jede Verwaltungstätigkeit gesetzliche Grundlage verlangt wird, schließt doch keineswegs aus, die gesetzliche Grundlage so zu gestalten, daß sie der Verwaltung entsprechende Bewegungsfreiheit einräumt. Es ist auch in diesem Punkt mit den staatlichen Behörden nicht grundsätzlich anders wie mit den einzelnen Rechtssubjekten. So wie die Rechtsordnung dem Einzelnen entweder strengste Bindung auferlegen kann, indem sie ihm sein Verhalten genau vorschreibt, oder ihm größte Freiheit gewähren kann, indem sie einen Rahmen absteckt, innerhalb dessen er sich frei bewegen mag, so kann sie auch die Verwaltung inhaltlich genauestens binden und ihr ebenso die weitestgehenden Ermächtigungen zu selbständigem Handeln erteilen. Der sog. Privatautonomie des Einzelnen entspricht das sog. freie Ermessen der Behörde. Wie es nun wohl heute nicht mehr bezweifelt wird, daß das Privatrechtssubjekt auf und kraft gesetzlicher Grundlage handelt, wenn es von dem ihm gesetzlich gewährten Bewegungsspielraum Gebrauch macht, so sollte es auch füglich nicht bezweifelt werden, daß die Verwaltung bei Handhabung des ihr gesetzlich gewährten Ermessens auf und kraft gesetzlicher Grundlage tätig wird.

12. Um alle Mißverständnisse auszuschließen, sei ausdrücklich hervorgehoben, daß die Unterordnung der Verwaltung unter den Begriff der Vollziehung mit irgendeiner Staatsauffassung — etwa dem Liberalismus — nicht das Allergeringste zu tun hat. (K e l s e n hat im Vorwort seiner Hauptprobleme S. XI eine darauf abzielende Bemerkung gemacht, die er wohl selbst längst aufgegeben hat, die aber mitunter gegen seine davon gar nicht berührten Ausführungen ausgeschlachtet wird.) Es ist diese Feststellung aus einem ganz bestimmten Grund geboten. Die Abkehr von der sog. konstitutionellen Theorie hat nämlich zum guten Teile auch daran Anlaß genommen, daß diese Lehre in fehlerhafte Schlußfolgerungen verfallen ist. Aus der richtigen Erkenntnis heraus, daß die Verwaltung überall einer formalen gesetzlichen Grundlage bedarf, hat sich bei ihr die Neigung entwickelt, auch sachliche Einschränkungen zu fordern. Die Verwaltung müsse nicht nur formell, sondern auch materiell unselbständig sein, rein das ausführen, was das Gesetz festgelegt habe. Die beabsichtigte praktische Wirkung war dabei naturgemäß die möglichste Abhängigkeit der Verwaltung von der Volksvertretung. Dagegen wehrte sich der erstarkende monarchisch-konstitutionelle Beamtenstaat und, indem er die falschen Folgerungen aus dem richtigen Grundsatze bekämpfte, wollte er, das Kind mit dem Bade ausschüttend, auch die richtigen Grundsätze beseitigen.

Wenn heute noch vielfach hartnäckig an dem Begriff einer formal freien Verwaltung festgehalten wird, so mag das unbewußt mit ähnlichen politischen Zusammenhängen in Verbindung stehen. (So erklärt sich vielleicht der sachlich nicht aufrecht zu erhaltende Einwand Piloty's in den „Münchener Neuest. Nachr." Nr. 358 vom 31. August 1920 gegen die Darstellung der Gesetzmäßigkeit der Verwaltung in meinen Grundgedanken der Reichsverfassung.) Hat doch der neue parlamentarische Staat und zwar weniger in dem Großbetrieb des Reichs als in den Kleinbetrieben der Länder vielfach die Neigung, die Verwaltung sachlich an ein Gängelband der Volksvertretung zu legen. Der durchaus berechtigte Abwehrkampf gegen solche Bestrebungen kann aber erfolgreich nur geführt werden, wenn man das Problem dort anpackt, wo es liegt, nämlich auf dem sachlichen Gebiet der Machtverteilung. Dagegen sollte das Einhaken an der falschen Stelle, der formalen Seite, zweckmäßiger aufgegeben werden; denn es handelt sich dabei um ein hoffnungsloses Beharren auf einem juristisch unmöglichen, weil logisch undurchführbarem System.

§ 42.

Verwaltung und Rechtspflege.

Schrifttum: Vgl. Angaben zu § 40; Bernatzik, Rechtsprechung und materielle Rechtskraft, Wien 1886; Nawiasky, Grundgedanken 109.

1. Fragt man weiter, welche Kategorien innerhalb der Vollziehung zu bilden sind, so tritt uns die alte Einteilung in Verwaltung und Rechtspflege entgegen. Daß beide Tätigkeitsarten nebeneinander stehen und der Gesetzgebung untergeordnet sind, liegt nach dem Vorausgegangenen auf der Hand und wird auch in dieser Formulierung kaum bestritten werden. Die Frage ist nur, welche Kriterien für ihre Abgrenzung maßgebend sind.

2. Für die oberste Einteilung der Staatstätigkeit in Gesetzgebung und Vollziehung war der Gesichtspunkt entscheidend, daß der Staat in einem doppelten Verhältnis zur Rechtsordnung steht, einerseits als

Normgeber ungebunden, frei, andererseits als Normadressat gebunden, unterworfen. Es ist nun naheliegend, dieses Moment der Bindung auch für die weitere Einteilung zu verwenden. Dabei scheidet aber die Kategorie der Freiheit als das der Gesetzgebung eigene Attribut von vornherein aus; es kann sich nur mehr um Arten der Gebundenheit handeln. Insbesondere wurde der Gedanke einer teilweise gesetzesfreien Verwaltung als unmöglich abgelehnt (oben § 41 Z. 11).

3. Man könnte nun versucht sein, das Ausmaß der Gebundenheit als entscheidenden Faktor anzusehen. Danach wäre etwa zu versuchen, ein geringeres Maß von Gebundenheit, das man als eine relative Freiheit bezeichnen könnte, als Wesenselement der Verwaltung, volle, strenge Gebundenheit als Wesenselement der Rechtspflege zu erklären. Dem Gedanken der schöpferischen Natur der Verwaltung wäre so wieder Raum gegeben.

Nähere Betrachtung der gegebenen Rechtstatbestände zeigt, daß eine solche Unterscheidung nicht zum Ziele führt. Denn einerseits gibt es streng gebundene Akte der Verwaltungsbehörden, die niemand zur Rechtspflege rechnen wollte, wie beispw. die Erteilung einer Gewerbeerlaubnis bei Zutreffen der gesetzlichen Voraussetzungen, die Veranlagung einer Steuer, das polizeiliche Verbot einer gesetzlich untersagten Tätigkeit u. dgl. m. Andererseits haben wir oben (§ 41 Z. 7) Akte der Gerichte kennen gelernt, bei denen ein reiches Maß von Bewegungsfreiheit gewährt ist, wie die urteilsmäßige Teilung gemeinschaftlichen Gutes, die urteilsmäßige Grenzziehung u. dgl., ohne daß man wieder solche Akte der Verwaltung zuweisen würde.

Gewiß ist es möglich, innerhalb der Tätigkeit der Behörden auf den Unterschied in dem Maß der Bewegungsfreiheit zu verweisen und danach auf der einen Seite von freiem Ermessen, auf der anderen von gesetzlicher Gebundenheit zu sprechen und dazwischen noch als Mittelstufe ein gebundenes Ermessen einzuschalten, bei dem die näheren Gesichtspunkte für die in Betracht kommende Auswahl von vornherein festgelegt sind (vgl. unten § 50). Aber diese Unterscheidungen sind nicht geeignet, eine Grenzlinie zwischen den Gebieten der Verwaltung und Rechtspflege zu ziehen, da sie eben auf beiden vorkommen.

4. In einem gewissen Zusammenhang mit den eben behandelten Gesichtspunkten steht die Unterscheidung beider Gebiete danach, ob es sich darum handelt, konkrete Rechtsverhältnisse durch logische Subsumtion unter eine gesetzliche Norm bindend festzustellen oder einen gewollten äußeren Erfolg herbeizuführen (Laband II 178). Die Verwandtschaft mit der vorbesprochenen Einteilung liegt in dem Moment der Selbständigkeit und der Unselbständigkeit des Willens des Handelnden. Der Richter hat keinen eigenen Willen, sondern bringt einfach den Willen des Gesetzes zum Ausdruck, der Verwaltungsbeamte will einen Erfolg herbeiführen, wobei es keinen Unterschied macht, ob für seine Handlung eine strikte Norm oder eine vollkommen freie Entschließung motivierend ist (Laband a. a. O.).

Es liegt aber auf der Hand, daß der durch strikte Norm verpflichtete Verwaltungsbeamte nicht ein Quentchen mehr Willensfreiheit als der Richter hat, mag dieser darauf verwiesen sein, eine streitige Rechtsfrage zu lösen oder ein neues Rechtsverhältnis zu begründen. Ferner läßt es sich nicht verkennen, daß auch die Gerichte zahlreiche Handlungen vorzunehmen haben, bei denen es rein auf den äußeren Erfolg ankommt und zwar nicht nur im Bereich der sog. freiwilligen Gerichtsbarkeit, sondern auch auf dem ureigenen Gebiet der Zivil- und Strafrechtspflege, wie z. B. bei Haussuchungen, Verhaftungen, Zwangsvollstreckungen. Will daher diese Theorie folgerichtig bleiben, so muß sie alle die Handlungen einfach als Verwaltungsakte erklären (Laband a. a. O. 179), wie sie andererseits dazu neigt, die Lösung von Rechtsfragen durch die Verwaltung der Rechtspflege zuzuweisen (ebenda 178). Damit aber hat sie ihre Aufgabe, den Unterschied zwischen Verwaltung und Rechtspflege aufzuzeigen, selbst aufgegeben.

Übrigens ist auch das streng prozessuale sog. Gestaltungsurteil seinem Wesen nach auf einen äußeren Erfolg gerichtet. Soll das nicht zur Rechtsprechung gehören? Es läßt sich schließlich auch nicht recht einsehen, warum das Leistungsurteil anders gewertet werden soll. Auch hier wird ein neues Rechtsverhältnis geschaffen, das früher so nicht bestand. (Vgl. übrigens zu der Frage des Gestaltungsurteils auch Kisch, Beiträge zur Urteilslehre, 1903.)

5. Allen berührten Theorien ist gemeinsam, daß sich der Gedanke durchzuringen sucht, der Richter stehe in einem näheren Verhältnis zum Gesetz als das Verwaltungsorgan. Zwischen dem Richter und dem Gesetz steht nichts, zwischen dem Verwaltungsorgan und dem Gesetz steht ein Etwas. Der Richter ist dem Gesetz und nur dem Gesetz unterworfen, das Verwaltungsorgan ist noch durch ein Anderes bestimmt. Muß dieses Etwas, dieses Andere nun der eigene Wille sein? Kann es nicht logisch ebensogut ein fremder Wille sein? Wenn ja, selbstverständlich ein vom Gesetz autorisierter Wille; sonst fiele er aus der Rechtsordnung hinaus. Ein solcher vom Gesetz ermächtigter Wille, der neben das Gesetz tritt, zwischen dieses und das Verwaltungsorgan, ist der Wille der vorgesetzten Behörde. Man kommt also zu der Feststellung: die Rechtspflege ist nur an das Gesetz gebunden, die Verwaltung auch an die Weisungen der Vorgesetzten. Hier haben wir eine scharf markierte Scheidung innerhalb der Gebundenheit, wie wir sie oben gesucht haben (ähnlich Kaufmann, Wörterbuch 697).

6. Diese Scheidung ist durch und durch juristischer Natur, denn sie nimmt ihren Ausgangspunkt an dem Wesenselement allen Rechts; an der Bindung menschlichen Verhaltens, der Unterordnung menschlichen Willens unter eine Autorität. Diese Scheidung ist ferner durch und durch scharf, sie drückt eine strenge Alternative aus: entweder ist ein Verhalten nur unmittelbar dem Gesetz unterstellt oder es ist neben dem Gesetz noch einem Willen unterstellt, der selbst wieder das Gesetz zu befolgen hat. Diese Scheidung ist weiter formal, sie enthält kein inhaltliches, materielles Element. Die Art des Verhaltens, die jeweils in Frage kommt: Lösung von Rechtsfragen durch logische Subsumption, Erzielung äußerer Erfolge, Wahl zwischen verschiedenen Möglichkeiten, Beschränkung auf eine bestimmte Handlungsweise usw. ist vollkommen gleichgültig; sowohl die in dem einen Fall allein maßgebliche gesetzliche Norm wie die in dem anderen Fall mit in Betracht kommende oberbehördliche Weisung kann jeden dieser Inhalte sich zu eigen machen. Darüber entscheidet kein irgendwie gearteter aprioristischer Gesichtspunkt, sondern einzig und allein der positive Rechtstatbestand. Allerdings läßt sich das formale Moment der Scheidung, wie sich später zeigen wird, doch wieder in gewisser Beziehung auf ein materielles zurückführen (vgl. unten § 48 Z. 1).

7. Die Scheidung ist aber endlich auch von erheblicher praktischer Bedeutung. Denn sie bringt die grundsätzlich verschiedene Stellung des einzelnen Rechtssubjekts gegenüber der Behörde zu deutlicher Erscheinung. Ist das staatliche Organ bei einer bestimmten Tätigkeit nur an das Gesetz gebunden, dann kann sich der Einzelne auch seinerseits auf das Gesetz berufen und daher eine etwa irrige Rechtsanschauung der Behörde durch Geltendmachung der eigenen richtigeren Auffassung mit Aussicht auf Erfolg bekämpfen. Es liegt dann in der Linie der ganzen Ordnung, daß Rechtsmittel zur Verfügung gestellt sind, die für die handelnde oder an ihrer Stelle für eine höhere Behörde zwingende Veranlassung sind, die Rechtsfrage neuerlich zu prüfen. Ist dagegen das handelnde Organ außer an das

Gesetz auch an höhere Weisungen gebunden, so kann der Einzelne eine andere Regelung des Falls nur dann erreichen, wenn er die Rücknahme einer etwa ergangenen Weisung durch Umstimmung der höheren Behörde erzielt, oder, falls solche Weisungen nicht vorliegen, eine ihm günstige Weisung erstrebt. Der gegebene Weg ist dann die Aufsichts- oder Verwaltungsbeschwerde, die dem Beschwerdeführer keinen Anspruch auf Berücksichtigung, sondern nur die Möglichkeit derselben eröffnet (vgl. auch § 48 Z. 5).

Vom Standpunkt des einzelnen Rechtssubjekts aus betrachtet, deckt sich daher der Fall der Bindung der Behörde an höhere Weisungen mit dem Fall des freien Ermessens, es ist hier wie dort rechtlos insofern, als es keinen Rechtsanspruch auf eine bestimmte Erledigung der seine Interessen berührenden Frage hat. Dieser Gesichtspunkt ist nebenbei bemerkt, was gewöhnlich nicht klar erkannt wird, allein dafür entscheidend, wenn der Verwaltung im Vergleich zur Rechtspflege ein größeres Maß von Freiheit zugewiesen wird; denn juristisch betrachtet, ist die Rechtspflege freier gestellt, weil sie nur einen Herrn kennt, das Gesetz, nicht zwei, neben dem Gesetz noch die vorgesetzte Behörde, wie die Verwaltung.

8. Man könnte nun die Frage aufwerfen, wie es sich mit den Willensakten der obersten Verwaltungsorgane verhält, bei denen die Unterordnung unter einen noch höheren Willen nicht in Frage kommen kann. Fallen diese nicht ganz aus der Einteilung heraus oder müssen sie am Ende gar der Rechtspflege zugeteilt werden?

Hier erfährt das System der Unterordnung unter einen fremden Willen eine kleine Abwandlung. Die Theorie des Verfassungsstaates hat ja mitunter die Lehre verfochten, die obersten Organe der sog. „vollziehenden Gewalt" seien den Weisungen der „gesetzgebenden Gewalt" unterstellt. Darüber kann man aber verschiedener Meinung sein. Dagegen besteht kein Zweifel, daß die obersten Organe der Verwaltung dem gesetzgebenden Körper für ihr Tun und Lassen Rechenschaft abzulegen haben, ihm verantwortlich sind. Unterordnung unter einen fremden Willen und Verantwortlichkeit gegenüber einem fremden Willen ist aber etwas Wesensverwandtes. Denn beides bedeutet Abhängigkeit von dem bestimmenden Faktor. Und so können wir mit Betonung dieser Nuancen unter dem Gesichtspunkt der Gebundenheit an einen fremden Willen neben der gesetzlichen Norm die Handlungen der obersten Organe der Verwaltung mit jenen der unteren Organe auf die gleiche Stufe stellen.

9. Gerade die Berücksichtigung des eben betonten Gesichtspunktes führt uns auf eine sehr geeignete Formel, um Rechtspflege und Verwaltung zu scheiden. Wir können von einer sachlichen (oder materiellen) Unabhängigkeit der Rechtspflege und einer sachlichen Abhängigkeit der Verwaltung sprechen. Oder anders gefaßt: die Tätigkeit der Behörden ist Rechtspflege, wenn sie sachlich unabhängig ist, sie gehört zur Verwaltung, wenn sie sachlich abhängig ist.

Gleichbedeutend mit Rechtspflege ist an sich der lateinische Ausdruck Justiz; allerdings wird er mitunter in einem anderen Sinne verwendet (vgl. unten §§ 48 Z. 2 und 51 Z. 1). Auch der Ausdruck Rechtsprechung wird häufig im gleichen Sinn gebraucht; mitunter aber beschränkt man diese Bezeichnung auf die sachlich unabhängige Lösung streitiger Rechtsfragen, so daß dann jene Rechtspflegetätigkeit ausscheidet, der ein Rechtsstreit nicht zugrunde liegt, beispw. die sog. freiwillige Rechtspflege.

Schließlich ist noch zu erwähnen, daß sachliche Unabhängigkeit durchaus nicht ausschließt, daß Akte anderer Behörden rechtlich bindende Wirkung haben. Es kann sehr wohl die Entscheidung der einen Behörde eine unumstößliche Voraussetzung für die Entscheidung einer anderen schaffen, mögen beide verschiedenen Organismen oder demselben angehören. Aber es handelt sich hier nicht um Dienstbefehle einer übergeordneten Stelle, sondern um Zuständigkeitsverteilungen. So liegt auch der Sachverhalt, wenn ein Gericht höherer Instanz eine Entscheidung an eine untere Instanz zurückverweist und letztere hiebei an die Rechtsanschauung der ersteren gebunden ist. Denn die instanzmäßige „Überordnung" ist dabei ganz nebensächlich, von einer Dienstaufsicht oder dienstlichen Verantwortlichkeit ist keine Rede. Der Fall liegt genau so, wie wenn das Gericht in gewissen Beziehungen an die Entscheidung einer Verwaltungsbehörde gebunden ist oder umgekehrt.

10. Wenden wir das gefundene Einteilungsprinzip auf die positivrechtlich gegebenen behördlichen Tätigkeitsarten an, so sehen wir sofort, daß die sachlich unabhängige Tätigkeit der Gerichte, mag sie nun dem Zivil- und Strafprozeß oder der unstreitigen Gerichtsbarkeit angehören, unter den Begriff der Rechtspflege fällt, während die sachlich abhängige Gerichtstätigkeit zutreffend mit Justizverwaltung bezeichnet wird. Auf der anderen Seite unterscheidet sich nach dem gleichen Gesichtspunkt der sachlichen Abhängigkeit und Unabhängigkeit die reine Verwaltung von der Verwaltungsjustiz oder, was gleichbedeutend ist, von der Verwaltungsrechtspflege, Verwaltungsrechtsprechung. Alle Schwierigkeiten, die sich aus einem materiellen Unterscheidungsmerkmal wie strenge Gebundenheit und relative Bewegungsfreiheit, logische Schlußfolgerung und Handlungswille ergeben, sind beseitigt. Das richterliche Teilungsurteil, die prozeßleitenden Verfügungen, die richterliche Haussuchung und Verhaftung, die pflegliche Sorge für individuelle Rechtsverhältnisse, das Verwaltungsstreitverfahren usw. gehören auf die eine Seite, zur Rechtspflege, weil hier nur das Gesetz unter Ausschaltung jeder oberbehördlichen Weisung maßgebend ist, die Ernennung der Richter, die Zusammensetzung der Gerichte, die Erlassung streng gebundener und durch reine Zweckmäßigkeitserwägungen bestimmter Verwaltungsakte, die Lösung von Rechtsfragen durch die Verwaltungsbehörde, soweit in den drei zuletzt genannten Fällen nicht ausdrücklich Verwaltungsrechtsprechung oder, wie es in Norddeutschland heißt, Verwaltungsstreitverfahren vorgeschrieben ist, gehören auf die andere Seite, zur Verwaltung (vgl. auch unten § 51 Z. 14).

11. Nicht gedeckt ist durch den entwickelten Begriff der „sachlichen" Unabhängigkeit das, was man als „richterliche" Unabhängigkeit im strengen Sinn oder mit einem anderen Ausdruck als „Gerichtsbarkeit" im Sinne von Zivil-, Straf-, Verwaltungsgerichtsbarkeit bezeichnet. Hier muß noch ein anderes Moment gegeben sein, wie der Gegensatz von Verwaltungsrechtsprechung einerseits und Verwaltungsgerichtsbarkeit andererseits zum Bewußtsein bringt. Zur richterlichen Unabhängigkeit, zur Gerichtsbarkeit gehört noch eine besondere persönliche Stellung der zur Tätigkeit berufenen Organe, die Unabsetzbarkeit und Unversetzbarkeit, genauer gesagt, die rechtliche Unmöglichkeit der Entfernung aus dem Amt durch einen Akt der vorgesetzten Behörde. Man kann hier von „persönlicher" Unabhängigkeit sprechen, wozu dann das Gegenstück die persönliche Abhängigkeit ist. (Über die geschichtliche Entwicklung vgl. unten § 48 Z. 6).

Dieses Moment charakterisiert nicht die rechtliche Eigenart der Tätigkeit, sondern die rechtliche Eigenart der Stellung der Tätigen, nicht die Funktion, sondern die Organisation. Der Richter ist stets persönlich unabhängig, mag er nun sachlich unabhängige Akte der Rechtspflege oder sachlich abhängige Akte der Justizverwaltung vornehmen. Der Verwaltungsbeamte dagegen ist stets persönlich abhängig, mag er sachlich unabhängige Verwaltungsrechtsprechung üben oder auch sachlich abhängig in der reinen Verwaltung tätig sein. Wenn daher auf dem Gebiete des Verwaltungsrechts sachliche und persönliche Unabhängigkeit der handelnden Organe gewollt ist, spricht man vollkommen folgerichtig von Verwaltungs**gerichtsbarkeit**. Die letztere bietet daher nach beiden Seiten, der persönlichen wie der sachlichen, die gleiche Gewähr wie die Zivilgerichtsbarkeit, und daraus erklärt es sich, warum seit ihrer Einfügung in den Bau der Behördenorganisation in Deutschland die Tendenz zur Ausdehnung des Zivilrechtswegs abgeflaut ist (vgl. auch unten § 51).

12. Man könnte nun noch einwenden, die vertretene Einteilung falle in die längst überwundene Theorie von der **subjektiven oder formalen Einteilung der staatlichen Tätigkeit nach der Stellung der Organe im Sinne der Gewaltentrennung** zurück (vgl. z. B. **Laband** II 172 ff.; **Jellinek** 613 ff.; hierüber unten § 48 Z. 2 und 4). Eine gewisse äußerliche Ähnlichkeit ist allerdings gegeben. Es wäre ja auch ganz unberechtigt anzunehmen, daß diese ältere Einteilung nicht von tieferen sachlichen Empfindungen bestimmt gewesen sei. Auch ihr lag ein dunkles Gefühl für maßgebende rechtliche Gesichtspunkte zugrunde. Sowohl in bezug auf dieses richtige Gefühl wie auf den Mangel der Klärung gibt sie eben dem heute herrschenden Einteilungsversuch im Grunde genommen nichts nach.

Aber es handelt sich doch nur um eine äußerliche Ähnlichkeit. Denn die hier vertretene Gliederung stellt es, wie wir gesehen haben, gar nicht darauf ab, ob das tätig werdende Organ dem einen oder anderen der getrennten Gewaltensysteme angehört. Das Gebiet der sog. richterlichen Gewalt deckt sich durchaus nicht mit der oben abgegrenzten Kategorie der Rechtspflege; denn die richterliche Tätigkeit bei der Justizverwaltung bleibt außerhalb, wie umgekehrt die von der Verwaltung geübte Verwaltungsjustiz mit hereingehört. Und umgekehrt steht es mit dem Gebiet der sog. vollziehenden Gewalt einerseits, der Verwaltung andererseits. Übrigens deckt sich auch die gesetzgebende Gewalt nicht mit der Gesetzgebung; denn der ersteren gehören auch Akte zu, die, an dem Kriterium der freien Normschaffung und der gebundenen Normvollziehung gemessen, auf die letztere zu verweisen sind. Übereinstimmend hiermit wurde oben die Eigenschaft der Volksvertretung und des Volkes selbst als Staatsorgan bald als normgebend, bald als normvollziehend charakterisiert (oben §§ 20 Z. 4 und 37 Z. 5).

Daß allerdings sachlich der **Schwerpunkt** der gesetzgebenden Gewalt in der Normgebung, der richterlichen Gewalt in der Rechtspflege, der vollziehenden Gewalt in der Verwaltung gelegen ist, kann füglich nicht bestritten werden (Fleiner, Institutionen 12). Es handelt sich dabei nicht nur um eine allgemein juristisch-formale, sondern um eine positivrechtlich-materielle Gliederung, für die eben sachliche Gesichtspunkte ausschlaggebend sein müssen. Die übliche Einteilung von Rechtspflege und Verwaltung nach logischer Schlußfolgerung einerseits, Erzielung äußerer Handlungserfolge andererseits, beruht, genauer besehen, ebenfalls auf einem materiellen und darum gleichartigen Gesichtspunkt. Denn es ist sicherlich zweckmäßig, die Lösung reiner Rechtsfragen sachlich und persönlich unabhängigen Instanzen, die Herbeiführung äußerer Wirkungen einer durch einen obersten Willen einheitlich geleiteten Organisation zuzuweisen. Man muß sich nur hier wie dort darüber klar sein, daß legislativ-politische Motive für gewisse Gruppen von Fällen auch zu einer anderen Ordnung veranlassen können (vgl. auch § 48).

Zweiter Abschnitt.

B. Die Gesetzgebung.

§ 43.

Begriff. Zuständigkeit.

Schrifttum: Laband, Staatsrecht §§ 54—57; Georg Jellinek, Gesetz und Verordnung 1887; derselbe, Staatslehre 606 ff.; Seydel, Bayerisches Staatsrecht III 546 ff.; Seydel-Piloty, §§ 145—147; Dyroff, Rechtssetzung und Gesetz in Annalen d. Deutsch. Reichs 1889; Hänel, Das Gesetz im materiellen und formellen Sinn; Kelsen, Hauptprobleme Kap. XXI; Wenzel, Juristische Grundprobleme 1920; W. Jellinek, Gesetz, Gesetzesanwendung usw. 1913; Fleischmann, Die materielle Gesetzgebung im Handb. d. Politik I 219 ff.; Schön, Die formellen Gesetze ebenda 241 ff.

a) Gesetz im materiellen und formellen Sinn.

1. Bereits in § 21 (oben S. 108 ff.) wurde auf die Unterscheidung von Gesetz im formellen und materiellen Sinn verwiesen S. 110 ff.). Unter Gesetz im formellen Sinn versteht man einen staatlichen Akt, der in einem besonderen, solennen Verfahren, dem Gesetzgebungsverfahren oder, wie dieses auch anschaulich genannt wird, „im Wege" der Gesetzgebung, erlassen worden ist. Auf den Inhalt des Aktes kommt es nicht an, es mag sich um eine die einzelnen Mitglieder des Staatsvolks oder nur die öffentlichen Organe bindende Norm handeln, um einen konkreten Akt, um einen Ausspruch ohne jede rechtliche Bedeutung oder was sonst immer. Dem gegenüber verwendet man den Ausdruck Gesetz im materiellen Sinn für alle Rechtsnormen, mögen sie die Form des Gesetzes aufweisen oder in anderer Form von einem anderen als dem gesetzgebenden Organ ins Leben gesetzt sein. Dieser Ausdruck „Gesetz im materiellen Sinn" ist nicht nur von theoretischer Bedeutung, sondern positivrechtlich festgelegt (vgl. z. B. EG. z. BGB. Art. 2), so daß an ihm nicht gerüttelt werden kann.

2. Das Gesetz im „materiellen" Sinn steht aber dem Gesetz im „formellen" Sinn durchaus nicht vollkommen selbständig gegenüber, es ist vielmehr ein dauerndes Abhängigkeitsverhältnis des ersteren vom letzteren gegeben, wie bereits gelegentlich berührt wurde (vgl. oben S. 110 f.). D. h. alle Gesetze im materiellen Sinn bedürfen entweder der Form des Gesetzes (im formellen Sinn) oder mindestens seiner Grundlage (vgl. a. a. O.). Dies ist schon aus dem Grunde unumgänglich notwendig, weil sonst die Einordnung in das gleiche Rechtssystem, die ja nur durch Zurückführung auf eine Autorität, einen Beziehungspunkt, hergestellt werden kann, nicht gegeben wäre.

Die Herstellung der Verbindung mit der formellen Gesetzesgrundlage kann man in verschiedener Weise konstruieren. Man spricht von einer Übertragung, Delegation der Normsetzungsbefugnis auf ein von den gesetzgebenden Faktoren getrenntes Organ (z. B. Laband II 97), von einer Bezugnahme oder Verweisung auf eine andere Rechtsquelle (Dyroff 876 ff.; W. Jellinek, Gesetz, Gesetzesanwendung usw. 89 ff.) oder man stellt sich das ermächtigende formelle Gesetz als einen Blankettrechtssatz vor, der Rechtsfolgen an einen Tatbestand knüpft, den festzusetzen dem ermächtigten Organ überlassen wird (Kelsen 557). Im Ergebnis führt jede dieser Erklärungen zu demselben Ziel.

3. Als Rechtsquellen neben dem formellen Gesetz, d. h. als Ausgangspunkte von materiellen Rechtsnormen werden herkömmlich die Verordnungen, autonomen Satzungen und das Gewohnheitsrecht aufgezählt.

Auf eine Unterscheidung innerhalb der Verordnungen — Rechtsverordnung, Verwaltungsverordnung — ist später einzugehen (vgl. unten § 53 Z. 5). Man versteht unter einer Rechtsordnung, von der in diesem Zusammenhang zu sprechen ist, einen Akt der „vollziehenden Gewalt" der Behörden, der Rechtsnormen schafft. Daß diese Aufgabe nicht in den normalen Tätigkeitskreis der zum Vollzug der Gesetze bestimmten Staatsorgane gehört, wurde sehr bald zu einem der obersten Grundsätze des Verfassungsstaats; man formulierte daraus einen materiellen „Vorbehalt" des Gesetzes, ohne sich über die formale, strukturelle Grundlage des Verhältnisses weitere Gedanken machen zu müssen. Die geltende Verfassungsurkunde spricht, wie bereits wiederholt erwähnt (z. B. S. 109, 111, 208, 219), den Grundsatz in § 61 Z. 7 in aller Schärfe aus: „Rechtsverordnungen können durch das Gesamtministerium oder die einzelnen Minister nur auf Grund gesetzlicher Ermächtigung erlassen werden."

4. Unter autonomen Satzungen versteht man Rechtsvorschriften, die von öffentlichen Verbänden, insbesondere Selbstverwaltungskörpern erlassen werden. Der Gedanke an eine gewisse Parallelität zwischen der Gewalt des Staates über seinen Bereich und der Gewalt der dem Staat eingegliederten Verbände über ihren Bereich, verbunden mit der Berücksichtigung des geschichtlichen Werdegangs, hat zu der Vorstellung Anlaß gegeben, als ob es sich hier um ureigene Rechtsetzungsgewalten neben und unabhängig vom Staat handle. Aber es ist leicht einzusehen, daß heute die gesamte Rechtsstellung dieser Verbände auf staatlichen Gesetzen beruht und auch durch staatliches Gesetz jederzeit beliebig geändert werden kann. Die normgebenden Befugnisse der Selbstverwaltungskörper stehen daher genau auf der gleichen Linie wie die entsprechenden Befugnisse der Staatsbehörden, sie führen auf die staatliche Rechtsordnung, auf das staatliche Gesetz zurück. Der einzige Unterschied gegenüber den Staatsbehörden ist nur der, daß der öffentlichrechtliche Verband ein vom Gesetz verliehenes, daher nur durch Gesetz entziehbares subjektives Recht auf seine Funktionen einschließlich der Normgebungsfunktion besitzt, während den staatlichen Behörden solche subjektive Rechte nicht zugeschrieben werden. Doch auf diese Verschiedenheit der Bestandfestigkeit kommt es bei der rechtlichen Charakterisierung der Art der Funktion nicht an. Man kann daher sagen, die autonome Satzung ist die Verordnung des Selbstverwaltungskörpers oder gleichartig gestellten öffentlichrechtlichen Verbandes (Bundesstaat 53 f.).

Daß das gesamte Recht der Selbstverwaltung nach der positiven bayerischen Gesetzgebung durch staatliches Gesetz geregelt ist, bedarf keiner näheren Ausführung. Einige Grundsätze sind im 5. Abschnitt „Selbstverwaltung, Stiftungen" der Verfassungsurkunde enthalten (vgl. unten § 52 c). Auf die Satzungsbefugnisse selbst ist nicht ausdrücklich hingewiesen.

5. Das Gewohnheitsrecht hat seit dem Einsetzen der großen Kodifikationen einerseits, der Erleichterung und Beschleunigung des formellen Gesetzgebungsverfahrens andererseits auf dem Kontinent wesentlich an praktischer Bedeutung eingebüßt. Gleichwohl kommt es noch immer in bescheidenerem Rahmen als Ausgangspunkt von Rechtsnormen in Betracht. Sein Geltungsgrund wird häufig in einer inneren Kraft erblickt, welche langer Übung und der Überzeugung ihrer Verbindlichkeit von Natur aus zukommen sollen.

Wäre diese Lehre richtig, dann gäbe es bei uns nicht eine Autorität, auf die sich das Recht stützt, den Staat, sondern daneben noch eine zweite Autorität, das Volk, das seine Gewohnheiten selbständig und selbsttätig in Recht umzusetzen befähigt wäre. Rechtssätze aber, die auf verschiedene Autoritäten zurückgehen, können unmöglich einem Rechtssystem angehören, sie haben vielmehr systematisch nichts miteinander gemein; sie ergänzen sich weder noch schließen sie einander aus, sie stehen überhaupt in gar keiner Berührung. Soll daher das Gewohnheitsrecht wirklich Recht im staatlichen Sinn sein, so muß es irgendwie mit der Autorität des Staates in Beziehung gesetzt werden, und das kann wieder in keiner anderen Form geschehen als in der der Ermächtigung, Verweisung, Zulassung zur Ausfüllung eines Blankettrechtssatzes. Was kann denn auch das die Rechtsordnung vollziehende Staatsorgan, den Verwaltungsbeamten, den Richter veranlassen, seiner Tätigkeit, beispw. seinen Entscheidungen, einen „Gewohnheitsrechtssatz" zugrunde zu legen als eine Norm der staatlichen Rechtsordnung, die ihm diesen Auftrag erteilt. Läge ihm eine solche Norm nicht vor, so wäre er ja gar nicht in die Lage versetzt, auf die Gewohnheitssätze Rücksicht zu nehmen, ebensowenig, wie er auf die Sätze Rücksicht zu nehmen hat, welche die Autorität eines anderen Staates, als dessen, der ihn eingesetzt, erlassen hat. Diese Norm nun, die den staatlichen Organen die Rücksichtnahme auf Gewohnheitsregeln aufträgt, ist der Träger der gesuchten Ermächtigung, Verweisung, Bezugnahme usw. Soll daher Gewohnheitsrecht tatsächlich gelten, so muß eine solche Norm nachgewiesen werden können, sei es als ausdrückliches Gesetzesgebot, sei es als stillschweigende aus anderen Bestimmungen zu erschließende Voraussetzung (vgl. Bundesstaat 150; für das bayerische Recht auch mit aller Schärfe Seydel III 549; ferner oben S. 20; ohne nähere Begründung ablehnend Weigelin, Staatsanzeiger für Württemberg vom 14. Dezember 1920).

Dazu kommt noch ein Punkt von ausschlaggebender Bedeutung. Wir sahen oben, daß das Volk nicht als Souverän über der Verfassung steht, sondern als Staatsorgan unter derselben; daß es keine anderen Rechte hat, als die ihm von der Verfassung — und zwar in verhältnismäßig beschränktem Rahmen — eingeräumt sind; daß es Recht nur auf dem ganz bestimmt vorgeschriebenen Weg der Volksgesetzgebung schaffen kann (vgl. S. 20). Mit Rücksicht auf diese Sachlage erscheint die Annahme einer außerhalb stehenden freien Rechtsbildung durch das Volk, wie sie in der Schaffung von Gewohnheitsrecht gegeben wäre, verfassungsrechtlich einfach ausgeschlossen. Genau so steht es für die Zuständigkeitssphäre des Reichs, da ja auch dort die Volksgesetzgebung genau verfassungsmäßig umgrenzt ist (Art. 73 bis 76 RV.). Das sog. Gewohnheitsrecht kann nach den heutigen Verfassungen überhaupt gar nicht mehr als Rechtsquelle im strengen Sinn angesehen werden, es stellt vielmehr, soweit es nach Zulaß des positiven Rechts überhaupt in Frage kommt, eine außerrechtliche Beurteilungsnorm wie z. B. die Natur der Sache, die Verkehrssitte u. dgl. dar (vgl. W. Jellinek, Gesetz, Gesetzesanwendung und Zweckmäßigkeitserwägung 172 f., 184 f.). Es kann darauf verwiesen werden, daß das neue Handelsgesetzbuch dem vorgetragenen Gesichtspunkt von vornherein unbewußt Rechnung trägt, indem es von den „im Handelsverkehr geltenden Gewohnheiten und Gebräuchen" (§ 346) oder dem „Handelsgebrauch" (§ 359) bezüglich der Auslegung von Rechtsakten spricht; dagegen ist der im alten HGB. Art. 1 enthaltene Hinweis auf die subsidiäre Geltung der „Handelsgebräuche" vor dem „allgemeinen bürgerlichen Recht", wodurch jenen die Stellung von Rechtsnormen zugewiesen war, in Art. 21 des EG. zum neuen HGB. nicht mehr aufgenommen worden.

6. Ist so klargestellt, daß jedes materielle Gesetz auch ein formelles Gesetz darstellen oder auf ein solches zurückgehen muß, so können doch andererseits Zweifel darüber auftauchen, wie der Umfang des Begriffs „materielles Gesetz" festzustellen ist. Daß man diesen Begriff etwa als „die unbedingt verbindliche Normierung des äußeren Verhaltens der Rechtssubjekte" definieren kann (vgl. z. B. Nawiasky, Postrecht 26), reicht noch nicht aus, weil als Rechtssätze gewöhnlich auch solche Vorschriften der Gesetze angesehen werden, die nicht Pflichten und Rechte schaffen, sondern Voraussetzungen dafür feststellen, wie Begriffsbestimmungen, Fähigkeiten, Eigenschaften, organisatorische Bestimmungen. Wenzel hat ja versucht, derartigen Gesetzesinhalten durch seine Kategorie der „Urteilsnormen", die im Gegensatz zu den „Handlungsnormen" den Rechtsunterworfenen nicht ein äußeres Verhalten, sondern ein Denken vorschreiben wollen, Rechtssatzcharakter zu verschaffen (32 ff.). Aber, wenn man genauer zusieht, haben diese „Urteilsnormen" nach seinen eigenen Ausführungen nicht gleichen Rang und Wert wie die Handlungsnormen, sondern sie sind von diesen letzteren abhängig, da sie nur in Verbindung mit „Handlungsnormen" zur Höhe des Rechtssatzes erhoben werden (vgl. 63 ff.).

Die Wenzelsche Lehre ist aber sehr gut geeignet, den tieferen Grund bloß zu legen, warum solchen Bestimmungen immer wieder der Charakter von Rechtsgrundsätzen beigelegt wird. Es kann natürlich nicht darauf ankommen, daß es sich um ins Gesetz aufgenommene Wortfolgen handelt; denn damit wäre nur festgestellt, daß Gesetze im formellen Sinn, nicht, daß solche im materiellen Sinn, vorliegen. Entscheidend ist vielmehr, daß zweifellose materielle Gesetze durch derartige Bestimmungen erst ihren präzisen Sinn erhalten. M. a. W. es handelt sich um Teilinhalte von Rechtssätzen, die aus gesetzestechnischen Rücksichten abgesondert sind, nämlich um Wiederholungen zu vermeiden, Auslegungsschwierigkeiten zu beheben, die Übersichtlichkeit zu erhöhen. Wenn beispw. § 90 BGB. erklärt: „Sachen im Sinne des Gesetzes sind nur körperliche Gegenstände", so sind damit alle Vorschriften, in denen der Ausdruck „Sache" vorkommt, näher bestimmt, ergänzt, etwa § 232: „Wer Sicherheit zu leisten hat, kann dies bewirken . . . durch Verpfändung beweglicher Sachen", oder § 243: „Wer eine nur der Gattung nach bestimmte Sache schuldet, hat eine Sache von mittlerer Art und Güte zu leisten."

7. Besonders strittig ist die rechtliche Natur der organisatorischen Vorschriften, die die Einrichtung von Behörden oder ihre Zuständigkeit betreffen. Seydel (a. a. O. 546 f.) erklärt sie einerseits als Rechtsvorschriften, spricht ihnen andererseits aber die Natur von eigentlichen „für die Untertanen verbindlichen Rechtsvorschriften" ab, da sie den Untertanen keine neuen Rechtspflichten auferlegen (a. a. O. 547 Anm. 1). Auch den Verwaltungsverordnungen, die sich nur an die Adresse der Staatsorgane richten, will er sie nicht einreihen. So weist er ihnen eine Art von Mittelstellung an, die im Grunde genommen nur ein Ausdruck der Verlegenheit ist. Die spätere Lehre tritt vielfach für den Charakter als Verwaltungsvorschriften ein (vgl. z. B. Kelsen, Hauptprobleme 558 ff.).

Der ganze Streit hatte vor allem den praktisch-politischen Hintergrund, ob die Regelung der Behördenorganisation dem Monarchen vorzubehalten oder an die Mitwirkung der Volksvertretung zu binden sei. Bei Seydel führt die Ableugnung ihres strengen Rechtscharakters zu der Anerkennung der königlichen Organisationsgewalt (a. a. O. 573). In dieser Lehre liegt die Wurzel für die oben (S. 116) gerügte Bezeichnung der organisatorischen Verordnungen in §§ 61 Z. 6 und 75 der geltenden Verfassungsurkunde als Verwaltungsverordnungen, eine Bezeichnung, die nach dem Gesagten auf Seydel selbst nicht zurückgeführt werden kann.

Für uns liegt die Frage der grundsätzlichen Seite noch verhältnismäßig einfach. Die Einzelnen können mit dem Staat in rechtlichen Verkehr treten nur durch seine zuständigen Organe. Einerseits werden Rechtspflichten ihnen gegenüber geltend gemacht nicht durch den Staat als solchen, sondern durch die bestimmte zuständige Behörde. Ebenso können sie ihre Ansprüche nicht gegenüber dem Staat als solchen, sondern nur gegenüber dem zuständigen Staatsorgan erheben. Die organisatorischen Bestimmungen haben für sie daher die Bedeutung von Vorschriften, die alle Rechtssätze über ihre Pflichten und Rechte gegenüber dem Staat in einem wesentlichen Punkt ergänzen. Sie teilen daher geradeso wie die begriffsbestimmenden Sätze den Rechtssatzcharakter der von ihnen ergänzten Normen (vgl. S. 116).

Dabei kann es keinen Unterschied machen, ob dem Einzelnen die betreffende Staatsbehörde als Träger von Befehls- und Zwangsbefugnissen oder als Inhaber von gewöhnlichen Rechtsansprüchen und Rechtspflichten entgegentritt. Auch die in den gewöhnlichen Formen des Privatrechts handelnde amtliche Stelle ist nur kraft der Zuständigkeitsordnung berufen, rechtsgültige Akte namens des Staates zu setzen. Nur sofern die Behördenorganisation nicht nach außen gegenüber den einzelnen Rechtsgenossen wirkt, sondern sich auf die inneren gegenseitigen Beziehungen der Ämter untereinander beschränkt, kann man eine rein verwaltungsmäßige Ordnung als gegeben ansehen.

b) Die Zuständigkeit der Gesetzgebung.

8. Für die Zuständigkeit der Gesetzgebung kommen drei Möglichkeiten in Betracht (vgl. oben S. 112 f.). Gewisse Angelegenheiten müssen in Gesetzesform erledigt werden — obligatorische Gesetzesform. Andere Angelegenheiten können in Gesetzesform erledigt werden — fakultative Gesetzesform. Wieder andere Angelegenheiten dürfen nicht in Gesetzesform erledigt werden — Ausschluß der Gesetzesform. Im allgemeinen sind die einzelnen zu jeder Gruppe gehörenden Fälle entweder im unmittelbar Vorhergegangenen oder oben in § 21 im Zusammenhang mit der Zuständigkeit des Landtags erörtert worden. Bezüglich der obligatorischen Gesetzesform soll nur zusammenfassend wiederholt werden, daß ihr unterliegen: 1. alle materiellen Gesetze ohne Rücksicht darauf, ob sie

„die Freiheit der Person oder das Vermögen" im engeren Sinn betreffen (§ 74 I VU.); 2. alle Gesetze, die die Verfassung ausdrücklich auf den Gesetzgebungsweg verweist; 3. alle Änderungen an formellen Gesetzen aus dem später (§ 45) zu besprechenden Grund ihrer formellen Gesetzeskraft; 4. alle Verfassungsänderungen oder -ergänzungen, schon aus dem Grunde der formellen Gesetzeskraft der Verfassung, dann kraft der positiven Vorschrift des § 92 VU. (vgl. auch unten § 46); 5. Gesetze, die durch andere Gesetze als deren Ergänzung angekündigt sind (vgl. oben S. 113).

9. Selbstverständlich findet die formelle bayerische Gesetzgebung ihre Schranke an den Zuständigkeiten der Reichsgesetzgebung bzw. an dem Gebrauch, den die Reichsgesetzgebung von ihrer Kompetenz tatsächlich gemacht hat. Danach scheiden Landesgesetze ganz aus, sofern es sich um die ausschließliche Gesetzgebungszuständigkeit des Reichs handelt (Art. 6 und 165 VI RV.). Auf diesem Gebiete können selbst durch (einfaches) Reichsgesetz Ermächtigungen an die Landesgesetzgebung nicht gegeben werden (Bundesstaat 69; a. A. W. Jellinek, Archiv f. Rechtsphilosophie 1921, 129; Giese 50 Anm. 3). Denn überall, wo seitens der Reichsverfassung an die Möglichkeit der Ermächtigung von Landesgesetzen gedacht ist, ist nicht von ausschließlicher Gesetzgebung des Reichs die Rede, sondern es wird etwa die Formel gewählt: „Ausnahmen bedürfen eines Reichsgesetzes" oder „. . . können nur durch Reichsgesetz zugelassen werden" u. dgl. (vgl. z. B. Art. 111, 117, 123). Im übrigen sind Landesgesetze „solange und soweit" zulässig — sog. konkurrierende Gesetzgebung —, als das Reich in den Fällen des Art. 7 und 8 (letzterer offenbar versehentlich nicht unter die ausschließliche Zuständigkeit aufgenommen) von seinem Gesetzgebungsrecht, in den Fällen des Art. 9 von seinem Recht, Gesetze zu erlassen, soweit ein Bedürfnis für die Schaffung einheitlichen Rechts vorhanden ist — sog. Bedarfsgesetzgebung —, in den Fällen des Art. 10 und 11 von seinem Recht, Grundsätze festzustellen — sog. Grundsatzgesetzgebung —, keinen Gebrauch gemacht hat. Auf diesem Gebiet ergehende Reichsgesetze haben dann aber den Vorrang (Art. 13 I). In einem besonderen Fall hat die Reichsregierung die Befugnis, auch wenn kein Reichsgesetz ergangen ist, gegen Landesgesetze Einspruch zu erheben mit der Wirkung, daß das Landesgesetz außer Kraft tritt (übereinstimmend Giese 65 Anm. 3; a. A. Anschütz 45; Poetzsch 43). Es handelt sich um Sozialisierungsgesetze gemäß Art. 7 Z. 13 RV.

Soweit dagegen die Reichsverfassung eine gesetzgeberische Zuständigkeit des Reichs nicht vorsieht, ist die Landesgesetzgebung vollkommen frei, es handelt sich hier um eine ausschließliche Gesetzgebungszuständigkeit der Länder. Insbesondere ist hervorzuheben, daß der Grundsatz „Reichsrecht bricht Landesrecht" (Art. 13 RV. sagt unrichtig „Landrecht") nur für den Zuständigkeitsbereich der Reichsgesetzgebung gilt, keineswegs aber in der Lage ist, die ausschließliche Landesgesetzgebung einzuengen (Bundesstaat 73). Denn sonst wäre die Bestimmung, daß die Reichsverfassung nur unter besonderen erschwerenden Umständen geändert werden kann (Art. 76), bezüglich der Art. 6—12 RV. einfach außer Kraft gesetzt, eine Annahme, für deren Richtigkeit nicht der mindeste Anhaltspunkt besteht. Reichsgesetze, die auf einem durch die Reichsverfassung nicht für das Reich in Anspruch genommenem Gebiet ohne verfassungsändernde Mehrheit ergehen, sind also ungültig.

Schließlich ist zu erwähnen, daß es auch einen Vorrang der Landesgesetze vor den Reichsgesetzen geben kann, dann nämlich, wenn die Reichsverfassung oder gegebenenfalls auch einfaches Reichsgesetz gewisse Bestimmungen für subsidiär erklären; ein Beispiel gibt Art. 19 RV. über die Zuständigkeit des Reichsstaatsgerichtshofs in Verfassungsstreitigkeiten innerhalb eines Landes (vgl. oben §§ 26 Z. 4, 38 Z. 2; unten § 55 d).

10. Von großer Bedeutung ist die Frage, welche Wirkung auf dem Gebiet der konkurrierenden Gesetzgebung — hiezu gehört auch die Bedarfs- und Grundsatzgesetzgebung — ein neu ergehendes Reichsgesetz auf bestehende Landesgesetze hat. Es bestehen zwei Möglichkeiten: Entweder wird das widersprechende Landesgesetz aufgehoben, vernichtet, so daß es auch für den Fall der Aufhebung des Reichsgesetzes nicht wieder rechtliche Wirksamkeit gewinnt, wie man zu sagen pflegt, wieder auflebt. Oder das Landesgesetz wird nur für den Augenblick seiner Wirksamkeit beraubt, verdrängt, verdeckt, bleibt aber an sich bestehen, so daß es nach Zurückziehung des Reichsgesetzes wieder in seine vollen Rechte tritt.

Regelmäßig wird die Auffassung vertreten, daß das widersprechende Landesgesetz schlechthin aufgehoben wird (vgl. z. B. Laband, Staatsrecht II § 59 und das dort angeführte Schrifttum; Anschütz 47); einige Schriftsteller sind aber auch der Meinung, daß die Reichsgesetzgebung nur ein Primat hat, also die Landesgesetze nur verdrängt, die daher als formelle Gesetze ohne materiellen Inhalt bleiben und im Falle der Aufhebung des betreffenden Reichsgesetzes ihre materielle Geltung wieder erlangen (Frank, Kommentar zum StGB. 11.—14. Aufl. 1915, 709 f.). Eine Sonderfrage geht dann noch dahin, ob materiell mit dem Reichsrecht übereinstimmende Landesgesetze neben jenem Bestand haben können oder ebenfalls aufgehoben sind.

Nach der hier vertretenen Lehre vom Bundesstaat bilden das Recht des Zentralstaates und das der Gliedstaaten sich ergänzende Teile einer einheitlichen Rechtsordnung. Es gibt zwischen diesen Teilen nur eine strenge Alternative, entweder gilt der eine oder der andere. Man kann das gegenseitige Verhältnis auch so ausdrücken, daß im Bundesstaat eine Rechtsordnung besteht, für deren Änderung verschiedene Wege vorgesehen sind, teils der Weg der Zentralstaatsgesetzgebung, teils der Weg der Gliedstaatsgesetzgebungen. Vom Standpunkt des Gliedstaats aus, dessen Wille ja fortdauernd einer der Träger der Bundesrechtsordnung ist, erscheint daher die Zentralstaatsgesetzgebung als ein Teil der eigenen Rechtsordnung (vgl. oben S. 50 f., 64 f., 67; ferner Bundesstaat, insbesondere 21 ff., 67 ff.).

Von diesem Ausgangspunkt ergeben sich für unsere Frage nachstehende Folgerungen.

Wenn im Rahmen der Zuständigkeit des Reichs eine neue Rechtsnorm geschaffen wird, so tritt in der einheitlichen gesamtdeutschen Rechtsordnung eine Änderung ein, deren Wirkung nach den allgemeinen Regeln über das Verhältnis verschiedener Rechtsnormen zueinander zu beurteilen ist. Daher gilt ohne weiteres der Grundsatz der aufhebenden Kraft der späteren gültigerweise erlassenen Rechtsnorm. Es werden also normalerweise sowohl die inhaltlich widersprechenden wie die inhaltlich übereinstimmenden früheren Rechtsnormen aufgehoben, ohne jeden Unterschied, ob es sich um Reichs- oder Landesrecht handelt. Auch vom Standpunkt des Gliedstaatsrechts kommt man zu demselben Ergebnis. Denn im Bestande der Gliedstaatsrechtsordnung ist ebenfalls eine Änderung durch die gültigerweise erfolgte Schaffung eines neuen Rechtssatzes eingetreten, widersprechende oder übereinstimmende ältere Rechtssätze werden also beseitigt.

Zu diesen grundsätzlichen Ergebnissen ist allerdings eine Einschränkung zu machen. Es ist ja auch im Rahmen eines Einheitsstaates möglich, daß nach dem Willen des Gesetzgebers ein neuer Rechtssatz einen älteren nicht gänzlich beseitigt, sondern nur verdrängt. Ein nicht seltenes Beispiel ist die vorübergehende Außerkraftsetzung einzelner Rechtsvorschriften. Nach Ablauf der vorgesehenen Zeit, Wegfall oder Eintritt bestimmter Umstände u. dgl., gewinnt die ältere Vorschrift wieder ihre volle verbindliche Kraft. In der Zwischenzeit hat sie dieser zwar entbehrt, war aber doch nicht rechtlich unerheblich geblieben, da sie wenigstens beispw. ihre formelle Gesetzeskraft behauptet hat; zu ihrer gänzlichen Beseitigung für die Zukunft hätte es einer besonderen Aufhebung bedurft.

Eine andere Möglichkeit ist die einer Wiederholung des gleichen Rechtsinhaltes. Solche Fälle kommen mitunter im Verhältnis zwischen einfachen und Verfassungsgesetzen vor, sei es, daß die ersteren des Zusammenhangs wegen Sätze der letzteren wiederholen, sei es, daß die Verfassung einfache Rechtssätze durch Aufnahme zu erhöhter Gesetzeskraft erhebt. Man wird nicht schlechthin in allen Fällen sagen können, daß der einen Verfassungsrechtssatz wiederholende Paragraph eines einfachen Gesetzes ungültig oder der in der Verfassung wiederholte Paragraph eines einfachen Gesetzes aufgehoben sei. Das wird vielmehr im Einzelfall genauer zu prüfen sein.

Was so im Einheitsstaat möglich ist, muß im Bundesstaat nicht von vornherein ausgeschlossen sein. Es ist vielmehr sowohl denkbar, daß ein Satz des Reichsrechtes einen widersprechenden landesrechtlichen Satz nicht gänzlich beseitigen, sondern nur verdrängen will. Andererseits kann die Wiederholung reichsrechtlicher Sätze im Landesrecht u. U. vom Standpunkt der ersteren aus unbedenklich sein. Ein Beispiel von sehr erheblicher praktischer Bedeutung haben wir oben in den bayerischen Grundrechten mit Rücksicht auf das besondere Rechtsschutzmittel der Beschwerde an den Staatsgerichtshof kennen gelernt (vgl. oben S. 250 ff.; auch unten § 55 Z. 11).

§ 44.

Das Gesetzesverfahren.

Schrifttum: Vgl. zu § 43; ferner für das neue Reichsgesetzesverfahren etwa Triepel, Archiv d. öff. R. 39. Bd. 456 ff.; Nawiasky, Grundgedanken 92 ff.; derselbe, Annalen des Deutschen Reichs 1919, 1 ff.; Schön, Die formellen Gesetze, Handb. d. Politik I 241 ff.

1. Die wesentlichen Erfordernisse eines Gesetzes im formellen Sinn sind a) ein endgültiger Beschluß des normgebenden Organs, d. h. entweder des Landtages (§ 44) oder des Volkes (§ 10); b) seine Bekanntmachung in bestimmter Form (§ 75 I). Durch den Beschluß des normgebenden Organs wird festgelegt, was Gesetz sein soll, und daß dies Gesetz sein soll. Durch die Bekanntmachung tritt es den einzelnen Rechtssubjekten gegenüber, für die es wirksam sein soll, in Erscheinung. Alle anderen Akte, die im Gesetzgebungsverfahren eine Rolle spielen, sind demgegenüber von nebensächlicher

Bedeutung, da sie dem Tatbestand des formellen Gesetzes nichts hinzufügen. Insbesondere gilt dies von dem sog. Gesetzesbefehl, der Sanktion. Denn selbst wenn man diesen Akt nicht für gänzlich unerheblich hält (vgl. Grundgedanken 103), so kommt er jedenfalls nur für materielle Gesetze in Frage, weil man ja in ihm „die Anordnung eines Rechtssatzes, (Laband II 29 ff.) erkennen will.

2. Der Werdegang eines formellen Gesetzes, das Gesetzesverfahren, der Weg der Gesetzgebung weist aus technischen Gründen eine ziemlich verwickelte Aufeinanderfolge einzelner Stadien auf. Er läßt sich in folgende Akte zerlegen: a) der Gesetzesantrag, b) die Feststellung des Textes, c) der Gesetzesbeschluß, d) die Aufstellung der Gesetzesurkunde, e) der Bekanntmachungsbefehl, f) die Bekanntmachung selbst. Alle diese Stadien sind nunmehr im einzelnen zu verfolgen.

3. Der Gesetzesantrag gibt dem Gesetzesverfahren den Anstoß. Ein Gesetzesantrag kann ausgehen

a) vom Volk durch Gesetzesinitiative, Volksbegehren auf Erlaß, Abänderung, Aufhebung, amtliche Erläuterung eines Gesetzes (§ 10 I Z. 2; oben § 38 b und c);

b) von der Volksvertretung, durch Anträge der Mitglieder des Landtags (§ 76 I S. 1; oben § 25 Z. 5);

c) vom Gesamtministerium (§§ 61 Z. 8 und 76 I S. 1; oben § 29 Z. 3);

d) von berufsständischen Vertretungen zur Wahrnehmung der wirtschaftlichen und sozialen Aufgaben der schaffenden Kreise des Volkes (§ 24 II S. 1).

Die bayerische Gesetzgebung hat nach dem Inkrafttreten der neuen Verfassung eine Berufsvertretung nur für die Landwirtschaft in der Landesbauernkammer, den Kreisbauernkammern und den Bezirksbauernkammern durch das Gesetz vom 20. März 1920, GVBl. 67, geschaffen. Gemäß Art. 23 dieses Gesetzes können die Bauernkammern Anträge nur an die Staatsregierung (das Gesamtministerium) stellen, welche die Anträge der Landesbauernkammer, „soweit sie zu ihrer Erledigung nicht selbst zuständig ist, dem Landtag zur Beratung und Verbescheidung vorzulegen“ hat. Ob neben diesem mittelbaren Weg nicht auch auf Grund der Verfassungsbestimmung des § 24 II S. 1 VU. die unmittelbare Antragstellung an den Landtag in Frage kommt, erscheint mindestens fraglich; denn diese Vorschrift kann durch ein einfaches Gesetz nicht beiseite geschoben werden, und ob ihr durch das vorgesehene mittelbare Verfahren genügt ist, steht nicht außer Zweifel.

Neben diesen neugeschaffenen Berufsvertretungen kommt das Recht der Gesetzesinitiative nach § 24 II S. 1 auch den bereits von früher her bestehenden zu, also den Handels- und Gewerbekammern, den Handwerkskammern, den Anwaltskammern, Ärztekammern, der Gemeindebeamtenkammer, den Innungen usw. (vgl. Piloty 93).

4. Die Feststellung des Gesetzestextes erfolgt entweder a) durch den Landtag oder b) durch ein Volksbegehren oder c) durch die Regierung.

a) Das erstere trifft zu bei Regierungsvorlagen, Anträgen aus der Mitte des Landtags, Anträgen der berufsständischen Vertretungen, durch den Landtag abgeänderten Volksbegehren oder Gegenentwürfen des Landtags zu Volksbegehren, wenn in beiden zuletzt genannten Fällen die Volksentscheidung dem Landtagsbeschluß beitritt. Auch, wenn eine Regierungsvorlage, ein Initiativantrag aus der Mitte des Hauses usw. unverändert vom Landtag angenommen wird, so erfolgt die Feststellung des Textes von Rechts wegen doch durch den Landtagsbeschluß.

b) Durch Volksbegehren ist der Gesetzestext festgelegt, wenn entweder der Landtag den Volksvorschlag annimmt oder im Falle der Ablehnung oder Abänderung durch den Landtag die Volksentscheidung im Sinne des Volksbegehrens ausfällt. Dagegen kommt der Volksentscheidung niemals die Feststellung des Gesetzestextes zu, mag sie nun durch anschließende oder selbständige Referendumsinitiative oder durch Regierungsreferendum veranlaßt sein. Denn in jedem Fall ist nur über einen fertigen Text abzustimmen (vgl. oben § 39 Z. 14).

c) Durch die Regierung ist der Gesetzestext nur in den Fällen bestimmt, in denen es sich um Staatsverträge, die als Gesetze zu beschließen sind (§ 50 S. 2), handelt. Denn Staatsverträge können nur so, wie sie einmal vorliegen, angenommen oder abgelehnt werden. Dagegen hat die Regierung keine Möglichkeit, einen von ihr ausgearbeiteten Gesetzestext gegen den Willen des Landtags durchzubringen. Sie kann zwar ihren Standpunkt bei den Beratungen vertreten (§ 65 III), aber das gegenüber ablehnenden Beschlüssen eingeräumte Recht, den Volksentscheid anzurufen (§ 77 II; oben § 38 Z. 14), kann höchstens zur Verwerfung des Landtagsbeschlusses, niemals aber zur Annahme der Regierungsvorlage führen, da keine Möglichkeit besteht, mit den landtäglichen Beschlüssen einen Gegenentwurf zur Entscheidung zu stellen.

5. Der Gesetzesbeschluß, das eigentliche Kernstück des Verfahrens (vgl. Z. 1) ist entweder a) Sache des Landtags oder b) Sache der Volksentscheidung.

a) Der Landtag beschließt das Gesetz in allen Fällen, in denen es zu keiner rechtsgültigen Volksentscheidung kommt, mag diese gar nicht angerufen sein oder mangels Beteiligung scheitern (vgl. oben § 38 Z. 12 c). § 77 IV sagt zwar wörtlich: „Kommt eine rechtsgültige Volksentscheidung über einen Landtagsbeschluß zur Gesetzgebung nicht zustande, so gilt er als bestätigt." Daraus könnte man folgern, daß hier ein bestätigender Beschluß des Volkes angenommen wird. Aber man wird hier doch wohl nur eine ausdrückliche Normierung der sachlichen Bedeutung des mißglückten Volksentscheids, keine Fiktion eines positiven Aktes herauslesen dürfen. Aus diesem Grunde wurde auch die Tragweite des Satzes oben auf den Fall der Referendumsinitiative und des Regierungsreferendums — unter Ausschluß der Gesetzesinitiative — beschränkt.

b) Durch Volksentscheidung wird das Gesetz in allen Fällen beschlossen, in denen es zu einer rechtsgültigen Abstimmung kommt und diese in bejahendem Sinn ausfällt (vgl. oben § 38 Z. 12 a, 13, 14). Dabei macht es keinen Unterschied, ob ein Landtagsbeschluß bestätigt oder verworfen wird, ob also der durch den Landtag vorgenommenen Feststellung des Textes beigetreten wird oder nicht. Denn die Volksentscheidung ist ja niemals dazu berufen, selbst eine Textfeststellung vorzunehmen (vgl. oben Z. 4 b).

An dem beschließenden Charakter der Volksentscheidung wird nichts durch die Feststellung ihrer Rechtswirksamkeit seitens des Landtags geändert (Art. 72 LWG.; oben § 38 Z. 11). Denn dieser Akt hat seiner Natur nach nur deklarativen Charakter.

Das Verfahren, das dem Gesetzesbeschluß vorausgeht, ist genauestens geregelt. Die bezüglichen Vorschriften in bezug auf Gesetzesbeschlüsse des Landtags wurden oben S. 164, 170 f., in bezug auf Volksentscheidungen in §§ 38, 39 besprochen.

6. Im früheren Staatsrecht wurde seit Laband innerhalb des Gesetzesbeschlusses regelmäßig zwischen Feststellung des Gesetzesinhalts und Erteilung des Gesetzesbefehls unterschieden (vgl. Laband a. a. O. 3 ff.; Seydel III 548). Daß diese Unterscheidung für Gesetze ohne Rechtssatzcharakter von vornherein nicht paßt, wurde bereits gelegentlich bemerkt (oben Z. 1). Dahinter steckte bewußt oder unbewußt der politische Gedanke, daß der Monarch als oberstes Staatsorgan oder als Herrscher im Gesetzgebungsverfahren eine andere und zwar höhere

Stellung einnehmen müsse als die Volksvertretung. Daher mochte diese zwar an der Bestimmung des Gesetzesinhalts beteiligt sein, aber die „Erhebung" dieses Inhalts zum allgemein verbindlichen Rechtssatz war dem obersten Träger der Staatsgewalt vorbehalten. So entstand die Lehre von der Sanktion der Gesetze.

Es hat schon früher an Gegnern nicht gefehlt, die die Annahme als jeder Begründung entbehrend zurückwiesen, daß der Wille des einen an dem Zustandekommen eines Gesetzes beteiligten Faktors ein anderes rechtliches Gewicht habe wie der Wille des anderen Faktors (vgl. z. B. Gierke in Grünhuts Zeitschr. 6 Bd. 229 und in Schmollers Jahrb. 1883, 52, 78 ff. und in eingehender Darstellung Lukas, Die rechtliche Stellung des Parlamentes in der Gesetzgebung Österreichs und der konstitutionellen Monarchien des Deutschen Reiches 1901). Fragt man ohne jede politische Ideologie ganz nüchtern, welche Voraussetzungen im konstitutionellen Staat für den positiven Abschluß des Gesetzgebungsprozesses rechtlich erforderlich waren, so findet man, daß einerseits ein Beschluß der Kammern, andererseits ein Beschluß des Fürsten vorliegen mußte. Beide waren gleicherweise unerläßlich und daher von vollkommen gleicher Bedeutung. Den Kammern nun gar den Willen zuzumuten, sie hätten es gar nicht darauf abgesehen, daß das, was sie in ausdrücklichem Wortlaut als Gesetz beschlossen hatten, auch tatsächlich Gesetz werde, war eine ganz willkürliche und darum unzulässige Fiktion. Der Willensakt des Monarchen erfolgte einfach zeitlich später, weil er ja nur zu dem fertigen Text Stellung nehmen konnte. Diesen Willensakt gewissermaßen wegen seiner abschließenden Bedeutung mit einem besonders solennen Ausdruck zu belegen, war natürlich zulässig; nur muß man sich darüber klar sein, daß es sich dabei um ein ebenso harmloses Vergnügen handelte, wie bei der Feier einer Schlußsteinlegung, daß aber für das Gebäude selbst der Grundstein und die Mittelsteine keineswegs eine geringere Bedeutung besitzen (vgl. Grundgedanken 103).

Es besteht natürlich kein Grund, in der Republik sich dieses Vergnügen zu versagen. Wer den letzten Akt, der für das materielle Zustandekommen des Gesetzes, also vor seiner formellen Kundmachung, bezeichnend ist, unbedingt als Sanktion oder Gesetzesbefehl erklären will, der kann dafür in den Fällen, in denen der Gesetzesbeschluß durch den Landtag erfolgt, die Schlußabstimmung im Landtag, in den Fällen, in denen Volksentscheidung maßgebend ist, diese selbst in Anspruch nehmen. Solange nun gegen einen Landtagsbeschluß durch Referendumsinitiative oder Regierungsreferendum die Volksentscheidung angerufen werden kann, mag man in dem Landtagsbeschluß eine auflösend bedingte Sanktion erblicken. Kommt es nicht zur Anrufung der Abstimmung oder scheitert sie mangels erforderlicher Beteiligung, so ist die Bedingung weggefallen. Kommt es tatsächlich zur Abstimmung, so ist die Bedingung erfüllt und die Rolle der Sanktion geht auf die Volksentscheidung über. (Venator, Archiv d. öff. R. 43, 88 ff., spricht gegen diese Konstruktion gewisse Bedenken aus, denen ich indes nicht beizutreten vermag.)

Schließlich ist noch zu erwähnen, daß bei Volksabstimmungen die vorgeschriebene Feststellung ihrer Rechtswirksamkeit durch den Landtag wegen des deklarativen Charakters dieses Aktes nicht gut als Sanktion bezeichnet werden könnte (vgl. oben Z. 5 b).

7. Die Ausstellung der Gesetzesurkunde wird als „Ausfertigung des Gesetzes" bezeichnet (§ 62 I). Dieser Ausdruck, der dem früheren bayerischen Staatsrechte fremd war (Seydel III 550; vgl. aber auch Dyroff 852 ff.), ist aus der alten Reichsverfassung übernommen worden (Art. 17) und hat besonders durch Laband (II 13 ff., 42 ff.) eingehende, liebevolle Behandlung erfahren. Auch die neue Reichsverfassung hält an ihm fest (Art. 70).

Das Wesen der Ausfertigung besteht in der Aufstellung eines Schriftstückes, welches den authentischen Text des Gesetzes zum Ausdruck bringen soll. Bevor diese Urkunde errichtet wird, muß seitens der zuständigen Organe geprüft werden, ob alle materiellen und formellen Voraussetzungen für das Zustandekommen des Gesetzes erfüllt sind. Zu den ersteren gehört insbesondere die sachliche Übereinstimmung mit den Vorschriften der Verfassung, zu den letzteren die Einhaltung der Bestimmungen über das Verfahren. In beiden Richtungen sind alle in Betracht kommenden Punkte genauestens zu prüfen; daß bereits während des Gesetzesverfahrens eine solche Prüfung vorgenommen wurde, befreit von einer neuerlichen selbständigen Prüfung nicht. Hievon besteht nur eine positivrechtliche Ausnahme; sie ergibt sich aus der Verfassungsvorschrift, daß der Landtag über die Zulässigkeit und Rechtsgültigkeit der Volksbegehren zur Gesetzgebung „endgültig" zu entscheiden hat (§ 76 I S. 2; vgl. oben § 38 Z. 7). Dagegen ist dem Akt der Feststellung der Rechtswirksamkeit der Volksentscheidungen durch den Landtag gemäß Art. 72 I LWG. eine gleiche Bedeutung nicht zuerkannt (oben § 38 Z. 11); a. A. Rothenbücher, Ministerium 11).

Der Akt der Ausfertigung hat einzusetzen, sobald der Gesetzesbeschluß (s. oben Z. 5) endgültig geworden ist. Dies ist zwar nicht ausdrücklich bestimmt, ergibt sich aber daraus, daß der gesetzgeberische Wille vorliegt und unverzüglich seiner Wirksamkeit zugeführt werden muß (vgl. auch unten Z. 8). Der maßgebende Zeitpunkt ist bei den der Volksentscheidung gemäß § 77 I entzogenen Gesetzen mit der Schlußabstimmung im Landtag gegeben. Bei den übrigen nicht auf Grund eines Volksbegehrens gefaßten Gesetzesbeschlüssen des Landtags muß der Ablauf der dreimonatigen Frist für die Einbringung der Referendumsinitiative oder des Regierungsreferendums abgewartet werden (§ 77 II S. 2). Das gleiche gilt von Landtagsbeschlüssen, die ein Volksbegehren unverändert angenommen haben (§ 76 III S. 4; vgl. § 38 Z. 8).

Ist in den beiden vorausgegangenen Fällen die Volksentscheidung angerufen worden oder muß diese stattfinden, weil der Landtag ein Volksbegehren nur verändert angenommen oder abgelehnt hat, so liegt ein ausfertigungsreifer Gesetzesbeschluß erst dann vor, wenn der Landtag die Rechtswirksamkeit der Volksentscheidung gemäß Art. 72 I LWG. festgestellt hat. Dieser Akt könnte daher bezüglich des Volksgesetzgebungsverfahrens als ein eigenes eingeschobenes Stadium behandelt werden. Insbesondere ist zu betonen, daß auch im Falle des Scheiterns der Volksentscheidung mangels genügender Beteiligung der negative Feststellungsakt des Landtags über die Rechtswirksamkeit der Volksabstimmung vorgenommen werden muß, ehe ein nunmehr endgültig gewordener Gesetzesbeschluß des Landtags ausgefertigt werden darf.

Die Tatsache, daß ein endgültiger Gesetzesbeschluß vorliegt, muß von den Ausfertigungsorganen in der Regel selbst wahrgenommen werden. Nur in dem Fall der unveränderten Annahme eines Volksbegehrens und der Feststellung der Rechtswirksamkeit einer Volksentscheidung ist eine ausdrückliche Mitteilung des Landtags geschäftsordnungsmäßig vorgesehen (GeschO. §§ 13 V und 14 VII). Es ist jedoch auch bei allen übrigen Gesetzesbeschlüssen des Landtags selbstverständliche Übung, daß sie dem Gesamtministerium schriftlich mitgeteilt werden. Die Wahrnehmung der Wartefrist nach § 77 II ist dann Sache der ausfertigenden Organe.

8. Mit der Ausfertigung der Landesgesetze ist der Landtagspräsident und das Gesamtministerium betraut, während, um das hier mit zu erwähnen, die Ausfertigung der Staatsverträge Sache des Landtagspräsidenten und des Ministerpräsidenten ist (§ 62 I). Soweit Staatsverträge nach § 50 S. 2 ihres Rechtsinhalts wegen als

Gesetze zu beschließen sind, folgt die Ausfertigung des Vertragsgesetzes natürlich der für die Gesetze aufgestellten Regel (vgl. S. 120).

Die Beteiligung eines Organes des gesetzgebenden Körpers an dem Ausfertigungsakt ist eine sehr zweckmäßige bayerische Sondereinrichtung. Denn wenn die Ausfertigung die Aufstellung einer Urkunde über den authentischen Text des Gesetzes sein soll, wer ist zu dieser Funktion besser geeignet als der Vorsitzende des beschließenden Körpers? Und da nach bayerischem Recht auch die Volksentscheidungen bezüglich ihrer Rechtswirksamkeit durch den Landtag geprüft werden müssen, trifft diese besondere Eignung auch für die Volksgesetzesbeschlüsse zu.

Daß im übrigen die Regierung an der Ausfertigung mitzuwirken hat, entspricht dem in den anderen Landesverfassungen befolgten Modus. Es läßt sich vermuten, daß in diesem Punkt einfach die alte Einrichtung aus dem monarchisch-konstitutionellen Staat ohne weiteres Kopfzerbrechen über die vollkommen geänderte Lage übernommen wurde. Immerhin ist in Betracht zu ziehen, daß das Gesamtministerium wenigstens in den Fällen des § 77 II an der Ausfertigung insofern interessiert ist, als ihm durch deren Vornahme die Möglichkeit des Referendums abgeschnitten werden könnte. Für die richtige Beurteilung entscheidend ist aber folgende Erwägung. Da die Ausfertigung, wie wir gesehen haben, erst nach genauer Prüfung der materiellen und formellen Voraussetzungen für das Zustandekommen des Gesetzes erfolgen darf, ist das mit der Ausfertigung betraute Organ zugleich zur Überwachung des Vorgehens der beschließenden Faktoren berufen. Da erscheint es nun gewiß geboten, diese Überwachung nicht Vertretern des beschlußfassenden Körpers allein zu überlassen. Die Gewähr für eine gründliche Vornahme der Prüfung ist bei der Heranziehung Außenstehender zweifellos größer.

Welche Mittel stehen nun dem zur Ausfertigung berufenen Organ zu Gebote, wenn das Ergebnis der Prüfung negativ ausgefallen ist? Dann ist die Ausfertigung abzulehnen und der gesetzgebende Körper von dieser Tatsache und ihren Gründen zu verständigen. Es handelt sich dabei nicht um ein Recht, etwa eine Art von Veto, wie dies bei Ausgabenerhöhungen gegenüber dem Voranschlag in § 81 VU. vorgesehen, bei Gesetzesbeschlüssen dagegen abgelehnt wurde (s. oben S. 82, 200), vielmehr ist eine Pflicht gegeben. Denn § 62 I schreibt die Ausfertigung der „Landesgesetze" vor. Von einem „Landesgesetz" kann aber keine Rede sein, wenn die verfassungsmäßigen oder sonstigen Voraussetzungen für das Zustandekommen eines Gesetzes nicht erfüllt sind.

Wenn der Landtag die etwa seitens des Gesamtministeriums allein erhobenen Bedenken nicht teilt, ist natürlich die Möglichkeit gegeben, daß er diesen Schritt mit einer Mißtrauenskundgabe beantwortet. Der Sachlage, daß hier eine reine Rechtsfrage vorliegt, würde ein solches Vorgehen allerdings nicht gerecht, und der Landtag bzw. die Mehrheitsparteien würden daher Gefahr laufen, sich in den Augen der Bevölkerung in ein schiefes Licht zu setzen. Darum ist ein derartiger Machterzeß mindestens im unmittelbaren Anschluß an die erfolgte Ablehnung der Ausfertigung nicht zu gewärtigen. Es steht natürlich auch das Rechtsmittel der Verfassungsstreitigkeit zu Gebote, das die Austragung auf die richtige Bahn der Entscheidung durch eine unabhängige Stelle nach streng rechtlichen Erwägungen verweist. Der Antrag hiezu kann sowohl vom Ministerium wie vom Landtag gestellt werden. Man muß annehmen, daß die Entscheidung des Staatsgerichtshofs die strittige Frage endgültig löst und daher vom Gesamtministerium befolgt werden muß.

Im Vorausgegangenen wurde von dem Fall gesprochen, daß das Gesamtministerium verfassungsmäßige Bedenken erhebt. In der gleichen Lage befindet sich selbstverständlich auch der zweite zur Ausfertigung berufene Faktor, der Landtagspräsident. Das Eigenartige dabei ist nun, daß dieser während der Landtagsverhandlungen selbst kein entscheidendes rechtliches Mittel hat, um verfassungswidrigen Beschlüssen entgegenzutreten, daß er aber nach Abschluß des Verfahrens die Einfahrt des Schiffes in den Hafen aufhalten kann.

Landtagspräsident und Gesamtministerium stehen sich bei der Gesetzesausfertigung als zwei getrennte Organe gleichberechtigt gegenüber. Jeder der beiden Teile hat von Rechts wegen die besprochene Prüfung für sich vorzunehmen und dann müssen sie sich einigen. Es kann nicht vielleicht eine Überstimmung des Landtagspräsidenten in einer Sitzung des Gesamtministeriums, an der er etwa teilnimmt, erfolgen. Keine rechtliche Grundlage hat die Aufstellung von Piloty (149 Anm. 1), daß die Ausfertigung des Landtagspräsidenten das rechtsförmliche Zustandekommen des Gesetzesbeschlusses bestätige, während das Ministerium durch seine Unterzeichnung die Verantwortlichkeit für den Vollzug übernehme. Abgesehen davon, daß das Ministerium gar keine Bedenken aus Gründen der mangelhaften Vollziehbarkeit des Gesetzes erheben kann — das käme übrigens auf ein sachliches Veto hinaus —, ist nicht der mindeste Anhaltspunkt dafür gegeben, einen Unterschied zwischen der rechtlichen Stellung der beiden nebeneinander genannten Faktoren zu machen.

Eine besondere Frage ist die, wie es mit der Ausfertigung von Gesetzen steht, die unmittelbar vor Ablauf der Landtagsdauer oder der Auflösung des Landtags beschlossen werden. Falls sie als dringend erklärt sind oder die Volksentscheidung gemäß § 77 I ausscheidet, kann der Landtagspräsident die unverzüglich aufgestellte Gesetzesurkunde noch unterzeichnen. Falls dies jedoch nicht zutrifft und daher die dreimonatige Wartefrist läuft, kann der Präsident des beschlußfassenden Landtags nicht mehr an der Ausfertigung teilnehmen, solange nicht § 28 I VU. entsprechend geändert ist (vgl. oben S. 142). Eine Vertretung durch den ständigen Ausschuß, die sonst in Frage käme (vgl. ebenda), ist wegen der ausdrücklichen Vorschrift des § 62 I nicht möglich. So muß bis zur Neuwahl des Präsidenten gewartet werden und gegebenenfalls eine entsprechende Verlängerung der Ausfertigungsfrist Platz greifen. Auf diesen Umstand müssen die an der Gesetzgebung beteiligten Faktoren bei ihren Dispositionen Rücksicht nehmen. Mit der Durchführung der geplanten Verlängerung des Präsidentenamtes bis zur Neuwahl werden diese Schwierigkeiten naturgemäß verschwinden.

Aus dem Vorausgegangenen geht hervor, daß die Ausfertigung nicht eigentlich zum Werdegang der Gesetze gehört, sie schließt vielmehr an diesen, ihn zunächst überprüfend, an. Immerhin kommt dieser Überprüfung, falls sie negativ ausfällt, eine hemmende Bedeutung für den Werdeprozeß selbst zu. Nur liegen die Gründe nicht in dem Ausfertigungsakt, sondern in dem vorausgegangenen Stadium. Ihrer rechtlichen Natur nach ist die Ausfertigung daher ein Akt der Vollziehung, allerdings nicht der Vollziehung des eben fertig gewordenen Gesetzesbeschlusses, da dieser ja noch gar keine verpflichtende Kraft gewonnen hat, sondern der Vollziehung der Ausfertigungsvorschrift der Verfassung.

Wenn man diesen rechtlichen Charakter der Ausfertigung ins Auge faßt, so zeigt sich, daß sie gegenüber dem monarchisch-konstitutionellen Staatsrecht einen erheblichen Bedeutungswandel erlebt hat. In ihr den konstitutiven Befehl zur Befolgung des Gesetzesbeschlusses zu erblicken (L a b a n d II 42), ist ganz unmöglich. Es handelt sich einfach um einen deklaratorischen Akt. Diese geänderte Lage kommt auch in der Verkündigungsformel zu deutlichem Ausdruck. Es heißt nicht mehr: „Wir haben nach Vernehmung des Staatsrathes mit Beirath und Zustimmung der Kammer . . . . . . beschlossen und v e r o r d n e n, was folgt“, worin also ein Befehl zum Ausdruck gebracht wird, sondern es wird einfach mitgeteilt: „Der Landtag des Freistaates Bayern hat folgendes Gesetz beschlossen." Wenn dann als Datum des Gesetzes der Tag der Ausfertigung bzw. Verkündigung (s. unten Z. 10) angeführt wird und nicht der Tag des Gesetzesbeschlusses, so kann dies nur als ein unreflektiertes Festhalten an dem früheren, ganz anderen Verhältnissen entsprechenden Brauche erklärt werden.

Die angeführte Formel wird regelmäßig vom Landtag selbst beschlossen; doch hat dieser Beschluß bindende Wirkung nur, falls nicht eine Volksentscheidung nachfolgt. In diesem Fall muß sie von den ausfertigenden Organen entsprechend richtiggestellt werden.

Aus dem Vollzugscharakter der Ausfertigung rechtfertigt sich auch die oben (Z. 7) vorgetragene Auffassung, daß der Ausfertigungsakt unverzüglich nach Eintritt der Endgültigkeit des Gesetzesbeschlusses erfolgen muß. Die Ausfertigungsorgane sind ja in keiner Weise zu einer selbständigen Willensentschließung berufen, so daß sie ein Anrecht auf eine Überlegungsfrist hätten. Sie können nur füglich soviel Zeit in Anspruch nehmen, als die Erfüllung ihrer Prüfungspflicht benötigt. Aus diesem Grunde kommt eine ähnliche Möglichkeit, wie sie Art. 40 des früheren Gesetzes vom 19. Januar 1872 betr. den Geschäftsgang des Landtags vorsah, wonach der König die Sanktion der Gesetze bis zum Landtagsabschied aufschieben konnte, nicht in Frage.

Die ausgefertigte Gesetzesurschrift wird nach der herrschenden Übung in den Akten des ressortzuständigen Einzelministeriums aufbewahrt.

9. An die Ausfertigung, die das ordnungsmäßige Zustandekommen urkundlich festgestellt hat, schließt sich die Veranlassung seiner Veröffentlichung, der Bekanntmachungsbefehl (vgl. zum folgenden etwa auch Lukas, Über die Gesetzespublikation in Österreich und dem Deutschen Reiche, Graz 1903). Er wird als Verkündigung bezeichnet (§§ 62 I, 77 II S. 2). Die Verkündigung als solche bewirkt noch nicht unmittelbar die Veröffentlichung, sondern gibt nur den Auftrag hiezu. Wenn in § 95 VU. ausgesprochen wird, daß die VU. am Tag ihrer „Verkündigung" im GVBl. in Kraft trete, so ist hier der Ausdruck untechnisch in dem anderen Sinn der „Bekanntmachung" gebraucht.

Die Verkündigung des Gesetzes ist denselben Organen übertragen wie seine Ausfertigung (§ 62 I). An diesem an die Behörde, die das amtliche Gesetz- und Verordnungsblatt herausgibt, das Staatsministerium des Innern, gerichteten Befehl ist also der Landtagspräsident in gleicher Weise wie das Gesamtministerium beteiligt. Es geht nicht etwa an, den ersteren hiebei auszuschalten.

Daß so die Identität der Ausfertigungs- und Verkündigungsorgane festgelegt ist, ist sachlich durchaus gerechtfertigt. Einmal ist die Verkündigung die einfache logische Folge der Ausfertigung und dann schließt sie sich auch unmittelbar an diese an. Man wird sogar annehmen dürfen, daß beide Handlungen uno actu erfolgen, daß also mit der Unterfertigung der Gesetzesurkunde sich zugleich ihre Weitergabe an die zur Bekanntmachung berufene Behörde verbindet. Wenn daher § 77 II S. 2 im Gegensatz zu § 62 I davon spricht, daß ein Gesetz vor Ablauf der Wartefrist für die Anrufung der Volksentscheidung „nicht ausgefertigt **oder** verkündigt" werden darf, so entspricht diese Trennung beider Akte der wahren Sachlage nicht. Das geht ja übrigens schon daraus hervor, daß eine Verkündigung ohne Ausfertigung gar nicht zulässig wäre, die Ausfertigung ohne Verkündigung aber ausdrücklich verboten ist und angesichts der Möglichkeit der Umstürzung des Landtagsbeschlusses auch sinnlos wäre.

10. Der Vollzug des Verkündigungsbefehls seitens des Landtagspräsidenten und Gesamtministeriums erfolgt durch die **Bekanntmachung** im Gesetz- und Verordnungsblatt, die durch das Staatsministerium des Innern besorgt wird. „Alle Gesetze . . . sind im Gesetz- und Verordnungsblatte bekannt zu machen" (§ 75 S. 1). Dieser Satz bezieht sich zweifellos auf alle formellen Gesetze, wie die ausdrückliche Beifügung der „Rechtsverordnungen" beweist. Das Datum der Bekanntmachung ist vollständig von dem der Verkündigung getrennt. Ersteres wird durch den am Kopfe des Gesetzblattes enthaltenen Ausgabetag, letzteres durch den Tag der Ausfertigung bestimmt. Eine Frist, innerhalb der die Bekanntmachung zu erfolgen hat, ist nirgends festgelegt. Sie richtet sich also nach technischen Rücksichten, so daß m. a. W. gewissermaßen der Drucker die Festlegung des Tages in der Hand hat. Das Staatsministerium des Innern ist aber aus den gleichen Gründen wie die Ausfertigungsorgane bezüglich der Ausfertigung (oben Z. 7 und 8) verpflichtet, dafür zu sorgen, daß jeder unnötige Aufschub vermieden wird. Unverzeihlich ist in diesem Sinne, daß im GVBl. Nr. 1 von 1923 mehrere Gesetze vom Jahre 1921 bzw. April und Juli 1922 bekannt gemacht worden sind, die sämtlich die Bezüge öffentlicher Funktionäre betrafen und praktisch längst durchgeführt waren, ohne rechtlich in Geltung getreten zu sein.

Dem Abdruck im GVBl. wird übungsgemäß in der Regel nicht

die Gesetzesurschrift, sondern eine von dem ressortzuständigen Einzelministerium verfertigte Abschrift zugrunde gelegt.

Während nun der Tag der Verkündigung an sich rechtlich belanglos ist, ist der Tag der Bekanntmachung subsidiär von größter Bedeutung. Denn § 75 S. 2 VU. bestimmt: „Die Gesetze treten, wenn sie nichts anderes bestimmen, mit dem vierzehnten Tage nach dem Ablaufe des Tages der Ausgabe des Blattes in Kraft." Der Bekanntmachungstag bestimmt also den Anfangspunkt für die sog. vacatio legis.

Damit ist aber zugleich mittelbar eine andere wichtige Norm aufgestellt, nämlich, daß der Tag der Ausgabe des Gesetzblattes das Geburtstagsdatum des Gesetzes bedeutet. Dieser Punkt ist u. a. für die Frage der Priorität mehrerer sich widersprechender Gesetze von größter Bedeutung. Das dem Bekanntmachungstage nach jüngere Gesetz, nicht das dem Verkündigungstage oder dem Tage des Inkrafttretens nach jüngere hebt gegebenenfalls ein konkurrierendes Gesetz auf (Laband II 71; vgl. teilweise für das frühere Recht abweichend Dyroff 896). Der materielle Geltungsbeginn dagegen ist für diese Frage vollkommen belanglos.

Die Bekanntmachung schließt das Gesetzesverfahren ab, erst durch sie ist das Gesetz perfekt geworden. Darum wurde sie oben dem Gesetzesbeschluß als das zweite wesentliche Erfordernis des formellen Gesetzes an die Seite gestellt (Z. 1). Wenn auch der Werdegang des Gesetzes nach Vorliegen des formell und materiell einwandfreien Gesetzesbeschlusses jeder Willenseinwirkung entzogen ist, so hat das Gesetz doch noch eine Reihe von Stadien im Schoße der amtlichen Faktoren zu durchlaufen, bis es fertig in die Außenwelt treten kann. Erst von diesem Augenblick aber kann seine rechtliche Wirkung beginnen.

11. Bei der Beschlußfassung, Ausfertigung und Bekanntmachung eines Gesetzes können Irrtümer unterlaufen, dergestalt, daß schließlich der im GVBl. zum Abdruck gelangte Text von dem beabsichtigten abweicht. Jetzt erhebt sich die Frage, in welcher Form die Übereinstimmung wieder hergestellt werden kann.

Ist der Irrtum bei der Beschlußfassung im Landtag selbst vorgekommen, so daß tatsächlich etwas Anderes beschlossen wurde, als beschlossen werden wollte, so steht kein anderer Weg als erneute Beschlußfassung offen. Ein Recht der Ausfertigungsorgane, den fehlerhaften Beschluß richtigzustellen, besteht mangels einer dafür eingeräumten Zuständigkeit nicht; weder der Landtagspräsident noch das Gesamtministerium sind berufen, die Ausfertigung aus diesem Grunde abzulehnen. Bezüglich des Gesamtministeriums wurde die Befugnis, formell Einwendungen zu erheben, wie wir gesehen haben, bewußtermaßen abgelehnt (vgl. S. 82). Auch der Landtagspräsident kann nicht als solcher, sondern nur in seiner Eigenschaft als Abgeordneter auf den Irrtum nachträglich aufmerksam machen. Kommt auf diese oder andere Weise dem Landtag der vorgefallene Irrtum zur Kenntnis, bevor die Bekanntmachung des Gesetzes erfolgt ist, so kann die Berichtigung durch einfachen Beschluß erfolgen. Dadurch werden die Ausfertigungsorgane in die Lage versetzt, falls die Ausfertigung noch nicht erfolgt ist, dieser von vornherein den berichtigten Text zugrunde zu legen oder, falls die Ausfertigung bereits vorgenommen wurde, die Gesetzesurkunde formell zu berichtigen. Die Bekanntmachung erfolgt in beiden Fällen von vornherein in der richtigen Fassung.

Anders, wenn der irrtümlich beschlossene Text bereits amtlich verlautbart wurde. In diesem Fall muß wegen der formellen Gesetzeskraft ein neues, den bekanntgemachten Wortlaut abänderndes Gesetz beschlossen, neu ausgefertigt, verkündet und bekannt gemacht werden.

Handelt es sich um durch Volksentscheidung beschlossene Gesetze (vgl. oben Z. 5 b), so tritt an Stelle des Landtags die Volksentscheidung. Diese kann aber nach der positiven verfassungsrechtlichen Ordnung nur durch ein Volksbegehren herbeigeführt werden, und da ein solches nur als förmlicher Gesetzentwurf eingebracht werden kann (§ 76 II S. 1), scheidet ein einfacher Beschluß überhaupt aus. Sonach besteht kaum eine Möglichkeit, den Fehler vor erfolgter Bekanntmachung richtigzustellen.

Betrifft der Irrtum die Ausfertigung, so daß die amtliche Gesetzesurkunde von dem Beschluß des Gesetzes abweicht, sei es, daß in der Mitteilung des Landtags (Z. 7) ein Fehler unterlaufen ist oder daß das Versehen bei der Anfertigung der Gesetzesurkunde vorkam, so müssen die Ausfertigungsorgane die Berichtigung vornehmen. Falls die Bekanntmachung bereits erfolgt ist, bedarf es dann einer amtlichen Richtigstellung im GVBl., die durch den Landtagspräsidenten und das Gesamtministerium unterzeichnet ist.

Betrifft der Irrtum endlich die Bekanntmachung, liegt also ein Druckfehler vor, so ist eine Druckfehlerberichtigung im GVBl. erforderlich, die von dem Herausgeber des GVBl., dem Staatsministerium des Innern, zu zeichnen ist. Gleich zu behandeln ist auch der Fall, daß die Abschrift der Gesetzesurkunde von dem Urtext abweicht, da dieser Fehler dem Bekanntmachungsstadium angehört (vgl. oben Z. 10).

Die Praxis wird diesen Regeln nicht gerecht. Es finden sich mehrfach im GVBl. nicht gezeichnete „Druckfehlerberichtigungen" in bezug auf Gesetzestexte (vgl. Jahrg. 1920 S. 348, 1921 S. 64), bei denen nicht ersichtlich ist, von wem sie herrühren und ob sie wirklich nur die Bekanntmachung betreffen. Auch bei der Berichtigung von Verordnungen wird dieses unexakte Verfahren gehandhabt.

§ 45.

Die Wirkung der Gesetze.

Schrifttum: Vgl. zu § 43.

1. Die materiellen Wirkungen der Gesetze richten sich nach ihrem Inhalt und sind daher so mannigfaltig wie dieser. Durch Rechtsnormen werden Rechte und Pflichten geschaffen, abgeändert, aufgehoben, Fähigkeiten verliehen, Möglichkeiten eröffnet usw.; ein Verwaltungsakt in Gesetzesform kann ein neues Rechtssubjekt ins Leben rufen, eine Ermächtigung für Behörden schaffen oder dgl.; die gesetzliche Zustimmung zu einem Staatsvertrag kann dessen Ratifizierung bedeuten; manche formelle Gesetze haben gar keinen materiellen Inhalt, usw. Darauf ist hier nicht näher einzugehen.

2. Ganz anders steht es mit den formellen Wirkungen der Gesetze. Diese müssen für alle ohne Unterschied des Inhalts gleich sein, da sie ja an der für alle gleichen Form haften. Man spricht hier von einer formellen Gesetzeskraft (Laband II 68; Dyroff 893 schlägt den Ausdruck „Gesetzeskraft" vor).

Der wesentliche Inhalt der formellen Gesetzeskraft besteht darin, daß ein formelles Gesetz nur wieder im Wege der formellen Gesetzgebung aufgehoben werden kann. Das ist aus dem Grunde von Bedeutung, weil die Möglichkeit besteht, nicht nur Rechtsnormen, sondern jeden beliebigen anderen Inhalt in die Form eines Gesetzes zu kleiden, ohne Rücksicht darauf, ob verfassungsmäßig diese Form vorgeschrieben ist oder nicht. Praktisch hat das dann u. U. die Wirkung der Einschränkung der Bewegungsfreiheit des an sich für die rechtliche Bestimmung des betreffenden Gegenstandes zuständigen Faktors, der nunmehr an die Mitwirkung der an dem Gesetzesverfahren beteiligten anderen Faktoren gebunden ist. Wenn auch die ehedem große politische Bedeutung solcher Einschränkungen, die sich hauptsächlich auf die Stellung des Monarchen gegenüber der Volksvertretung bezogen, im demokratisch-republikanischen Staatsrecht wesentlich zurückgegangen ist, so fanden wir doch, daß auch noch heute die obligatorische Gesetzesform

1. für die Bestimmung des Kreises der mitwirkenden Organe — z. B. Zuständigkeit des Volkes neben der Volksvertretung, Anrufung des ersteren durch die Regierung —; 2. für den Weg des Zustandekommens bezüglicher Akte — Überprüfung durch die Ausfertigungsorgane, Notwendigkeit der Veröffentlichung — und endlich 3. als Voraussetzung dafür, daß ein bestimmtes Organ überhaupt tätig werden kann — z. B. das Staatsvolk — durchaus nicht belanglos ist (vgl. oben S. 113 f.).

Wirkt so die formelle Gesetzeskraft in die Zukunft — Dyroff, 893 spricht daher von einer Bestandsgarantie —, so hat sie andererseits auch eine Wirkung in die Vergangenheit dadurch nämlich, daß alle widersprechenden Staatswillensakte dem neuen formellen Gesetz weichen müssen — nach Dyroff 895 — Änderungskraft. Insbesondere bietet die Gesetzesform im Zweifel die Gewähr, daß dem sich ihrer bedienenden Staatsakt stärkere Mächte nicht in den Weg treten können — nach Dyroff 894 Kompetenzgarantie. (Änderungskraft und Kompetenzgarantie zusammengefaßt ergeben die Gültigkeitsgarantie der Gesetze; vgl. Dyroff 894).

3. Das frühere bayerische Staatsrecht enthielt eine ausdrückliche Bestimmung über die formelle Gesetzeskraft aller im Wege der Gesetzgebung zustande gekommenen staatlichen Akte nicht. Nur bezüglich der materiellen Gesetze war in Tit. VII § 2 VU. für die Neuerlassung, Änderung, authentische Erläuterung, Aufhebung das Gesetzesverfahren vorgeschrieben, und das gleiche bestimmte Tit. X § 7 bezüglich der Verfassungsurkunde. Aber die Praxis stand auch bezüglich der übrigen formellen Gesetze auf dem gleichen Standpunkt, den sie als einen selbstverständlichen Grundsatz des konstitutionellen Verfassungsrechtes ansah (vgl. Dyroff 899 ff.).

Auch die neue Verfassungsurkunde ist gesetzestechnisch nicht über ihre Vorgängerin hinausgewachsen. § 74 I spricht in rührender Anhänglichkeit an Tit. VII § 2 der alten VU. von der Erlassung, rechtsverbindlichen Erläuterung, Abänderung oder Aufhebung aller für die Einwohner des Staates verbindlichen Rechtsvorschriften im Wege der Gesetzgebung, § 92 stellt übereinstimmend mit Tit. X § 7 der alten VU. die gleichen Regeln für alle Verfassungsänderungen auf (zu dem letzteren Punkt vgl. übrigens unten § 46 Z. 4). Der allgemeine Grundsatz für die formellen Gesetze als solche muß daher auch für das neue Verfassungsrecht auf mittelbarem Wege gewonnen werden.

Hiefür bietet sich aber ein positiver Anhaltspunkt in § 94, der beweist, daß der Grundsatz als selbstverständlich vorausgesetzt wird.

Die entscheidenden Worte lauten: „Alle Gesetze, welche vor dem 7. November 1918 in Bayern in Geltung standen, behalten ihre Gültigkeit, soferne sie nicht ... in dem durch diese Verfassung geregelten Wege der Gesetzgebung aufgehoben oder abgeändert wurden." Hier ist die formelle Gesetzeskraft der formellen Gesetze alten Stils ausdrücklich anerkannt und, was von den älteren Gesetzen gilt, muß um so mehr für die neuen in Anspruch genommen werden.

§ 46.

Die Verfassungsgesetzgebung.

Schrifttum: Vgl. zu § 43.

1. Da die Verfassung nicht nur im allgemeinen die rechtlichen Grundlagen des ganzen Staatslebens regelt, sondern im besonderen auch die wesentlichen Bestimmungen über die Gesetzgebung trifft, sind in vielen Staaten die Vorschriften über die Änderung der Verfassung auf ein besonderes Verfahren und die Mitwirkung besonderer eigens mit dieser Aufgabe betrauter Organe verwiesen, um eine möglichst große Gewähr gegen überflüssige oder übereilte Änderungen an dem rechtlichen Grundbau des Staates zu schaffen. In dem konstitutionellen Staatsrecht des Deutschen Reiches und der Gliedstaaten erwiesen sich derartige besondere Einrichtungen als unnötig, weil das Erfordernis der Zustimmung so gegensätzlicher Elemente, wie der monarchisch-aristokratischen Staatsspitze und der ähnlich gerichteten ersten Kammer auf der einen Seite, der doch mehr oder weniger demokratisch orientierten Volksvertretungen auf der anderen Seite genügende Garantien bot. Daher wurde die Änderung der Verfassung auf den Weg des gewöhnlichen Gesetzesverfahrens verwiesen und nur etwa durch erhöhte Beschluß- oder Anwesenheitsziffern für die parlamentarische Erledigung eine über das Normale hinausgehende weitere Bremsvorrichtung geschaffen. Nach dem Übergang zur Republik mit Einkammersystem wurde diese Ordnung ohne eingehendere Prüfung der durch den Wegfall der Monarchien und der ersten Kammern wesentlich geänderten Sachlage einfach beibehalten und die Garantien für eine gewisse Stabilität der Verfassung auf die höheren Zifferneforderniſſe reduziert (vgl. oben S. 79).

2. Sonach erfolgen Änderungen der Verfassung im Wege des normalen, nur durch einige Sondervorschriften modifizierten Gesetzgebungsverfahrens. Diese Sonderregeln haben wir bereits in verschiedenen Zusammenhängen kennen gelernt, so daß an sich darüber nichts Neues zu sagen wäre. Die Wichtigkeit des Gegenstands erfordert indes eine kurze Zusammenfassung der zerstreuten Einzelheiten. Hiebei bietet die Gliederung des einfachen Gesetzesverfahrens die naturgemäßen Anlehnungspunkte, auf welche die Darstellung der abweichenden Bestimmungen gestützt werden kann.

3. Vorauszuschicken sind einige begriffliche Klarstellungen. Die Verfassungsurkunde kann man nach altem Brauch als die Verfassung im formellen Sinn bezeichnen (vgl. S. 25, 114). Alle Gesetze, die das von ihr geregelte Gebiet berühren, mögen sie nun den Text der Verfassungsurkunde ändern oder auf ihn keinerlei Bezug nehmen, sind Verfassungsänderungen. Die verfassungsändernden Gesetze müssen mit den nachher zu erwähnenden erhöhten Mehrheiten beschlossen werden (§ 92 S. 1).

Die Verfassungsänderung kann nun dieselbe Sonderstellung erhalten wie die Verfassung selbst, d. h. es kann ausdrücklich vorgeschrieben werden, daß sie auch ihrerseits wieder nur im Weg eines verfassungsändernden Gesetzes berührt werden darf. In diesem Fall ist das verfassungsändernde Gesetz ein Verfassungsgesetz im materiellen Sinne geworden. Notwendig ist die Ausstattung der Verfassungsänderung mit dieser Eigenschaft aber nicht; denn es steht nichts im Wege, daß die frühere Verfassungsvorschrift nunmehr nach ihrer Änderung als einfach gesetzliche Vorschrift weitergilt. Ein materielles Verfassungsgesetz kann aber auch in der Weise zustandekommen, daß ein bisher nicht in der Verfassung behandelter Gegenstand durch ein Gesetz geregelt und dieses ausdrücklich als Verfassungsgesetz mit der Wirkung der erschwerten Abänderung erklärt wird. Dann liegt eine materielle Erweiterung der Verfassung vor; die Erklärung als Verfassungsgesetz muß ebenfalls mit der erhöhten Mehrheit beschlossen werden, denn eine Erweiterung ist zugleich eine Änderung. Soll die materielle Erweiterung der Verfassung zugleich eine formelle sein, so kann dies nur durch ausdrückliche Zusätze zum Text der Verfassungsurkunde im Wege der Verfassungsänderung bewirkt werden. Diese Zusätze genießen dann selbstverständlich die Sonderstellung der Verfassungsurkunde. Aus dem Vorausgegangenen erhellt, daß alle Verfassungsgesetze zugleich verfassungsändernde Gesetze sind; es kann daher im folgenden der letztere Ausdruck gebraucht werden, falls nicht Anlaß vorliegt, die Verfassungsgesetze besonders herauszuheben (vgl. oben S. 25 und 114 f.; ferner vor allem Dyroff 832 f. und 909 ff.).

4. Der Antrag zu einem verfassungsändernden Gesetz kann wie zu einem einfachen Gesetz ausgehen vom Volk (§ 10 I Z. 1; oben S. 290), von der Volksvertretung (§ 76 I S. 1), vom Gesamtministerium (§§ 61 Z. 8 und 76 I S. 1), endlich von berufsständischen Vertretungen, soweit ihr Wirkungskreis durch die Verfassung berührt wird (§ 24 II S. 1). Erschwerungen gegenüber gewöhnlichen Gesetzanträgen sind nur bei Volksbegehren und zwar einmal durch das erhöhte Unterstützungserfordernis von einem Fünftel statt einem Zehntel der Stimmberechtigten vorgeschrieben (§ 10 II S. 2; oben S. 292). Zu erwähnen ist, daß an dieser Stelle eigentlich von „Verfassungsgesetzen", nicht wie in § 10 I Z. 1 von „Abänderung der Verfassung" gesprochen wird. Das ist aber zweifellos nur eine Ungenauigkeit der Wortfassung; gemeint sind alle Verfassungsänderungen. Die gleiche Unstimmigkeit findet sich auch in § 10 III S. 2 einerseits, S. 3 andererseits.

Eine zweite Benachteiligung der Volksinitiative liegt in der dreijährigen Sperrfrist des § 77 IV (oben S. 299).

In diesem Zusammenhang ist noch kurz auf die Frage einzugehen, ob jede Verfassungsänderung im Wege eines formellen Gesetzes erfolgen muß, wie oben (§ 45 Z. 3) kurzerhand behauptet wurde. An sich spricht nämlich § 92 VU. nur davon, daß „Änderungen an dieser Verfassung nur durch Zweidrittelmehrheit der gesetzlichen Mitgliederzahl des Landtags beschlossen werden können." Die Gesetzesform ist also nicht ausdrücklich genannt, und, da nun — im Gegensatz zum alten Recht — der Begriff des formellen Gesetzes nicht an der Mitwirkung der Volksvertretung hängt, könnte man an einen einfachen Landtagsbeschluß denken, sofern nicht gerade materielle Rechtsvorschriften gemäß § 74 I in Frage stehen. Gleichwohl muß man schon aus dem Grunde die Gesetzesform für obligatorisch ansehen, weil sonst das Referendum nach § 77 II ausgeschlossen wäre, das ja nur über „Gesetze" ergehen kann. Volksbegehren ihrerseits können gemäß § 76 II S. 1, Anträge der berufsständischen Vertretungen gemäß § 24 II S. 1 nur in Gesetzesform gestellt werden. Diese besonderen Gründe treten noch zu der allgemeinen oben ausgesprochenen Erwägung (§ 45 Z. 3) hinzu, daß alle formellen Gesetze — und die Verfassungsurkunde ist ein solches — nur im Gesetzesverfahren abgeändert werden können. (Nebenbei bemerkt ist die Fassung des § 92 S. 1 auch aus dem Grunde unglücklich, weil sie, wörtlich genommen, die Volksentscheidung ausschließt. Der S. 176 erwähnte Abänderungsantrag zu § 92 VU. hatte diese Mängel beseitigt, indem er, anschließend an die Fassung des Art. 76 I S. 1

RV., die Worte an die Spitze setzte: „Die Verfassung kann im Wege der Gesetzgebung geändert werden.")

5. Bezüglich der Feststellung des Gesetzestextes ist, abgesehen von zwei Punkten, nichts besonderes zu bemerken; vgl. darüber oben § 44 Z. 4. Die beiden vorbehaltenen Punkte betreffen einmal die ausdrückliche Berufung auf die erhöhte Mehrheit im Landtag; darüber ist bereits (S. 115) das Erforderliche gesagt worden; für die erhöhten Ziffern bei der Volksentscheidung gilt das Entsprechende. Der andere Punkt besteht darin, daß die Erklärung als Verfassungsgesetz (vgl. oben Z. 3) im Gesetzestexte ausdrücklich erfolgen muß, wenn sie sich nicht ausnahmsweise, wie bei Änderungen des Wortlautes der Verfassungsurkunde, von selbst versteht. Während die Berufung auf die Verfassungsänderungsmehrheit regelmäßig im Eingang des Gesetzes erfolgt, wird die Erklärung als Verfassungsgesetz in einem eigenen Artikel am Schluß des Gesetzes vorgenommen.

6. Was den Gesetzesbeschluß anbelangt, so ist ebenfalls im allgemeinen auf das bezüglich der einfachen Gesetze Gesagte zu verweisen. Insbesondere bestehen in bezug auf das Verfahren, das dem Beschluß vorausgeht, keinerlei besondere Vorschriften (vgl. oben S. 79 und 114 f.). Nur die Zifernerfordernisse sind sowohl im Landtag wie bei Volksentscheidung erheblich größer. Sehr groß ist die Beschlußziffer für den Landtag: Zweidrittelmehrheit der gesetzlichen Mitgliederzahl (§ 92; oben S. 171). Durch dieses hohe Erfordernis ist doch eine gewisse Gewähr gegen Übereilungen gegeben, gegen den Willen einer größeren Gruppe können Verfassungsänderungen danach kaum durchgesetzt werden. Diesem Gesichtspunkt ist der Verfassungsänderungsantrag zu § 92 VU. (oben S. 176) offensichtlich nicht gerecht geworden. Für die Volksentscheidung ist eine Beteiligungsziffer von Zweifünftel, eine Stimmziffer von Zweidrittel der abgegebenen gültigen Stimmen verlangt (§ 10 III S. 2 und 3; oben S. 296). Soll die Volksentscheidung durch eine Referendumsinitiative herbeigeführt werden, um dem Gesetzwerden der Verfassungsänderung Hindernisse in den Weg zu legen, so ist das Unterstützungserfordernis für die Initiative sinngemäß auf Einzehntel herabgesetzt (S. 295, 300). Nicht folgerichtig ist es aber, wie oben (S. 301) bemerkt, daß im Falle des reinen Referendums die Ablehnung des verfassungsändernden Landtagsbeschlusses durch Beibehaltung der erhöhten Beteiligungsziffer für die Volksentscheidung erschwert wird. Im allgemeinen sind die Anforderungen an den verfassungsändernden Volksbeschluß jedenfalls geringer als die an den Landtagsbeschluß.

Besonders ist noch darauf hinzuweisen, daß die erhöhte Mehrheits- bzw. Beteiligungsziffer bei der Vornahme der Abstimmung ausdrücklich festgestellt werden muß (Dyroff 921). Bei der Volksentscheidung ergibt sich das schon aus dem Verfahren (oben § 39 Z. 16). Dazu kommt noch die Notwendigkeit der Aufnahme in die Eingangsformel des Gesetzes (oben Z. 5).

7. Über die Ausfertigung, Verkündigung und Bekanntmachung der verfassungsändernden Gesetze ist nichts Besonderes zu sagen (vgl. oben § 44 Z. 7—10). Auch in diesem Punkte genießt die Verfassungsgesetzgebung keiner auszeichnenden Behandlung.

8. Die nächste Wirkung des verfassungsändernden Gesetzes ist entweder die Abänderung oder Aufhebung einer Verfassungsbestimmung, sei es durch Änderung des Wortlautes der Verfassungsurkunde, sei es ohne solche. Eine Änderung liegt, wie oben (S. 114 und § 46 Z. 3) hervorgehoben, auch darin, daß ein neues materielles Verfassungsgesetz erlassen worden ist, durch welches das Verfassungsrecht inhaltlich erweitert wird. Andererseits kann ein verfassungsänderndes Gesetz auch eine bisherige Verfassungsbestimmung dieses Charakters entkleiden und in eine einfache Gesetzesvorschrift verwandeln. Als ein Musterbeispiel für diese Qualitätsveränderung kann § 94 S. 2 VU. betrachtet werden, der bestimmt, daß die vorrevolutionären Gesetze, soweit sie fortgelten, „auch wenn sie bisher Verfassungsgesetze waren, als einfache Gesetze behandelt" werden. Allerdings spielt hier noch der besondere Gesichtspunkt der Rezeption hinein (oben S. 22). Ähnlich ist die Sachlage, wenn eine Verfassungsbestimmung aufgehoben und durch eine anderweitige Vorschrift mit einfacher Gesetzeskraft ersetzt wird.

Jedes verfassungsändernde Gesetz hat „Verfassungsänderungskraft" nach rückwärts, dagegen nur diejenigen verfassungsändernden Gesetze, die zugleich selbst Verfassungsgesetze sind, auch „erhöhte Bestandsgarantie", dergestalt, daß sie selbst nur wieder im Wege des Verfassungsänderungsverfahrens aufgehoben werden können. Beides zusammen kann man als „gesteigerte Gesetzeskraft" oder „Verfassungsgesetzeskraft" bezeichnen (Dyroff 909 ff.).

§ 47.

Die Prüfung der Gültigkeit der Gesetze.

Schrifttum: Nawiasky, Bundesstaat 73 f., ferner 55 ff.; Thoma, DJZ. 1922 729; Thomas feinsinniges Referat auf der ersten Tagung der deutschen Staatsrechtslehrer, Berlin 1922, abgedr. Arch. d. öff. R. 43, 267; Nawiasky, DJZ. 1923 40; Einige Schriften unten im Text.

1. Wir haben gesehen, daß vor der Ausfertigung eines Gesetzes durch die damit betrauten Faktoren zu prüfen ist, ob alle materiell- und formellrechtlichen Voraussetzungen erfüllt sind. Bei negativem Ausfall der Prüfung ist die Ausfertigung zu verweigern. Nun erhebt sich die Frage, ob diese der Ausfertigung vorangehende Prüfung die zum Vollzug des Gesetzes berufenen Organe, die Richter und Verwaltungsbeamten, einer abermaligen Prüfung enthebt.

2. Die Frage ist im vorrevolutionären Staatsrecht lebhaft umstritten worden und noch heute streitig geblieben. Laband hat für das Reichsrecht mit der Behauptung Schule gemacht, im Einzelstaat habe der Landesherr, im Reich der Kaiser das nobile officium des Gesetzgebungsamtes und dieses bestehe u. a. auch darin, bei der Ausfertigung der Gesetze, die Befolgung der Verfassungsgrundsätze für die Gesetzgebung „in unanfechtbarer und rechtswirksamer Weise" festzustellen (Laband II 44 ff.). Im nachrevolutionären Staatsrecht hat man einfach an Stelle der monarchischen die mit der Ausfertigung befaßten republikanischen Organe treten lassen. Für diese Auffassung ist die Erwägung grundlegend, daß die solenne Ausfertigung des Gesetzes als besondere an sich für das Zustandekommen eines Gesetzes nicht notwendige Einrichtung einen spezifischen Zweck dadurch erhalten würde, wenn sich mit ihr die Enthebung aller übrigen Organe von der Prüfungspflicht und folgerichtig auch von der Prüfungsbefugnis verbinden sollte (Laband II 44 f.).

Auf die Einzelheiten der im Schrifttum für und wider diese Auffassung geltend gemachten Gesichtspunkte kann hier nicht eingegangen werden. Beispielsweise sei als Anhänger der Labandschen These bzw. der Ablehnung des Prüfungsrechtes überhaupt im früheren Staatsrecht auf Seydel III 551 ff., G. Jellinek, Gesetz und Verordnung, Neudruck 1919, 396 ff., Lukas, Über die Gesetzespublikation 1903, 242 ff., im neueren Staatsrecht auf Schack, Annalen 1919, 285 ff. und Arch. f. öff. R. 1921, 163, Anschütz, Verfassung des D. R. 1921, 129, W. Jellinek, Handb. d. Politik, 3. Aufl. III 16 und DJZ. 1921, 753, Zinn in d. Jenaer jur. Doktorarb. 1920—22, 191 ff., Thoma s. o., Arndt im Recht 1920, 105 ff., als Gegner im früheren Staatsrecht auf Gierke, Grünhuts Zeitschr. VI 231 und Schmollers Jahrb. 1883, 90 ff., Dyroff 922 ff., im neueren Staatsrecht auf Hubrich, Das demokrat. Verfassungsrecht d. D. R. 1921, 150, Bühler, DJZ. 1921, 580 ff., Triepel, Arch. f. öff. R. 1919, 535, Fleischmann, Die materielle Gesetzgebung, Handb. d. Politik I 227 f., Waldecker, Verf. d. Freist. Preußen 1921, 135 ff., Stier-

Somlo, Die verfassungsmäßigen Rechte des preußischen Staatsrats, Sonderabdruck aus Arch. f. öff. R. 42 H. 2, 185 ff., O. Loening, Danziger JurZtg. 1923, 1 ff., verwiesen.

3. Gegenüber der Grundvoraussetzung der Labandschen Lehre sind vor allem zwei Gesichtspunkte geltend zu machen. Die Frage des Prüfungsrechtes des von einem staatlichen Organ gesetzten Aktes durch ein anderes staatliches Organ hängt, wie in der Regel richtig hervorgehoben wird, von ihrer gegenseitigen Stellung ab. Es ist gewiß zutreffend, daß das einem anderen untergeordnete Organ ein schrankenloses Prüfungsrecht gegenüber der Rechtsgültigkeit der von der übergeordneten Stelle ausgehenden Akte nicht haben kann, weil sonst die Gehorsamspflicht aufgehoben und das wechselseitige Verhältnis unter Umständen in sein Gegenteil verkehrt werden würde (Laband I 462 f.). Daraus folgt für die Verwaltungsbehörden, daß ihnen ein materielles Prüfungsrecht gegenüber dem Ausfertigungsakte des Chefs der vollziehenden Gewalt dann nicht zustehen könnte, wenn die Ausfertigung zugleich als Verwaltungsbefehl aufzufassen wäre. Daran würde sich eben ihre sachliche Abhängigkeit erweisen (oben § 42 Z. 9). Für diese Auffassung der Ausfertigung ist aber ein Anhaltspunkt nicht gegeben. Es handelt sich dabei um eine Beurkundung, also einen Feststellungsakt; die anschließende Verkündigung ist zwar ein Befehl, aber doch nur des Inhalts, bekanntzumachen, nicht das Bekanntzumachende zu befolgen.

Grundsätzlich anders ist die Lage der sachlich unabhängigen Organe der Rechtspflege. Für sie ist der Chef der vollziehenden Gewalt überhaupt keine maßgebende Autorität. Merkwürdigerweise wird dieser Sachverhalt bezüglich der Verordnungen ohne weiteres anerkannt, obwohl auch vor deren Erlaß eine amtliche Prüfungspflicht des zuständigen Verwaltungsorgans über die formelle und materielle Zulässigkeit des Aktes gegeben ist, die sich nicht um Haaresbreite von der Prüfungspflicht vor der Ausfertigung der Gesetze unterscheidet. Es wäre daher vollkommen unlogisch, die Prüfung gerade nur gegenüber dem dem Ausfertigungsakte zugrunde liegenden Tatbestand zu verneinen. Ganz allgemein gefaßt, ist sonach zu sagen, daß die Überprüfung der Rechtmäßigkeit eines Sachverhaltes durch die eine Behörde keineswegs an sich geeignet ist, eine andere Behörde ihrer Prüfungspflicht zu überheben und sie zugleich damit von ihrer Verantwortlichkeit zu entlasten. Es bedarf stets eines besonderen Rechtsgrundes, wie er etwa in einem zulässigen Verwaltungsbefehl an ein unterstelltes Organ gelegen ist, um eine derartige Wirkung herbeizuführen.

Der zweite Gesichtspunkt ergibt sich aus folgender Überlegung. Wollte man die Prüfungsbefugnis der vollziehenden Organe mit Rücksicht auf die erfolgte Ausfertigung eines Gesetzes leugnen, so würde damit das Ausfertigungsorgan zum entscheidenden Faktor der Gesetzgebung vorrücken. Denn es gäbe keine Instanz, die einem Akte den Gehorsam verweigern dürfte, den das betreffende Organ als Gesetz ausgefertigt hat. Der Schwerpunkt der Gesetzgebung würde also vollständig von dem Gesetzesbeschluß auf die Ausfertigung verschoben und letztere mit noch weitergehenden Prärogativen ausgestattet, als dem ersteren je zugebilligt werden.

4. Man hat indessen gegen die Zulassung der Prüfung die bedenklichen Wirkungen geltend gemacht, die aus einer Verschiedenheit des Prüfungsergebnisses seitens verschiedener Behörden folgen müssen. Dabei handelt es sich aber doch nur um ein argumentum de lege ferenda, das übrigens ganz allgemein gegen die Möglichkeit abweichender Auslegungen desselben Gesetzes durch verschiedene Staatsorgane spricht. Denn es ist nicht einzusehen, welcher grundsätzliche Unterschied zwischen der gleichzeitigen Annahme und Ablehnung eines im Wege der Interpretation zu gewinnenden Rechtssatzes und der gleichzeitigen Annahme und Ablehnung eines ausdrücklich formulierten Rechtssatzes bestehen sollte. Abhilfe können hier nur die Einrichtungen schaffen, die zu dem Kapitel der Wahrung der Rechtseinheit gehören. Ein besonderes für unseren Fall empfohlenes Abhilfemittel ist die Übertragung des Gesetzprüfungsverfahrens an einen einzigen bestimmten Gerichtshof, an den die Entscheidung der Frage jeweils seitens der erkennenden Behörde zu überweisen wäre (vgl. über das legislativpolitische Problem neuestens die oben Z. 2 angeführte Schrift von Stier-Somlo 190 f.). Es sei aber nur nebenbei darauf verwiesen, daß auch die energischsten Gegner des Prüfungsrechts kein Bedenken daran gefunden haben, daß die Behörden die Verfassungsmäßigkeit eines Landesgesetzes im Verhältnis zur Reichsgesetzgebung prüfen, obwohl doch auch diese Frage seitens verschiedener Behörden gleichzeitig verschieden beantwortet werden kann (vgl. z. B. Laband II 123).

5. Schwerwiegender sind die Bedenken, die gegen die Nachprüfung der Formalien des Gesetzgebungsverfahrens geltend gemacht worden sind. Es liegt auch auf der Hand, daß die Feststellung, ob alle Bestimmungen der Verfassung und der auf ihr beruhenden

Geschäftsordnung der Volksvertretung bei einem Gesetz tatsächlich eingehalten worden sind, auf erhebliche Schwierigkeiten stößt und mit mannigfachen Unzukömmlichkeiten verbunden ist. Man denke nur an den in Betracht kommenden Zeugenapparat. Immerhin handelt es sich hier ebenfalls nur um ein argumentum de lege ferenda; die Gesetzgebung kann ja ohne weiteres Abhilfe schaffen.

Übrigens wird das Gewicht dieses Bedenkens stark übertrieben. Man darf doch nicht vergessen, daß die amtlichen Akte, wie Feststellungen des Vorsitzenden der Versammlung über die ordnungsmäßig gefaßten Beschlüsse bzw. des ausfertigenden Organs über das ganze Verfahren, wenn man sie auch nicht mit der Kraft eines unwiderleglichen Beweises ausgestattet ansehen kann, doch jedenfalls als amtliche Akte, die auf eine Feststellung und Beurkundung gerichtet sind, die rechtliche Bedeutung eines widerleglichen Beweises beanspruchen können. Insbesondere läßt sich beispw. in diesem Sinne die Formel des Art. 2 der alten RV. verwerten, wonach die Reichsgesetze ihre verbindliche Kraft durch ihre Verkündigung von Reichs wegen erhalten, welche vermittels eines Reichsgesetzblattes geschieht. Damit aber tritt, wenn nicht eine Verschiebung der Beweislast zum Nachteil der Partei, die die Mängel der Beschlußfassung behauptet, so doch wenigstens die Rechtslage ein, daß die Prüfung nur eingeleitet werden muß, wenn sich begründete Zweifel ergeben haben.

6. Aus dem Vorausgegangenen erhellt, daß man in bezug auf die Prüfung der Gültigkeit der Gesetze einen Unterschied zwischen den verschiedenen in Betracht kommenden Erfordernissen machen kann. Insbesondere können die formellen und materiellen Voraussetzungen getrennt werden. Bezüglich gewisser formeller Voraussetzungen, nämlich der Einhaltung der äußeren Vorschriften der Bekanntmachung, wird ein Einwand gegen die Prüfung nicht einmal von Laband und seinen Anhängern erhoben (vgl. Laband II 57). Dagegen wird schon darüber gestritten, ob die Übereinstimmung des kundgemachten mit dem ausgefertigten Text Sache der Nachprüfung sein kann. Weiter kommt dann in Frage die Übereinstimmung des ausgefertigten mit dem beschlossenen Wortlaut. Noch zu der formellen Seite gehört ferner die Prüfung, ob das Gesetz im vorgeschriebenen Verfahren zustande gekommen ist, insbesondere inwieweit den erschwerten Erfordernissen für ein verfassungsänderndes Gesetz genügt ist. Diese letztere Frage führt dann hinüber zu jener nach der materiellen Verfassungsmäßigkeit eines einfachen Gesetzes.

7. Soll nunmehr zu der Frage des Prüfungsrechtes in grundsätzlicher Weise — ohne auf die feineren Einzelheiten Rücksicht zu nehmen — Stellung genommen werden, so kann folgendes gesagt werden.

Es ist nicht etwa eine petitio principii, sondern ein positiver Rechtssatz, daß die rechtspflegeübenden Behörden, insbesondere die Gerichte, nur dem Gesetz unterworfen sind (vgl. GVG. § 1; RV. Art. 102; VU. §§ 5 S. 1 und 71 II S. 1; unten § 51 Z. 6 und 8, vgl. auch oben S. 332). Es ist ebenso ein positiver Rechtssatz, daß die Verwaltungsbehörden, soweit sie nicht rechtmäßigerweise Dienstanweisungen empfangen haben, nur gesetzmäßig handeln dürfen (vgl. unten § 49).

Woraus entnehmen nun die Vollzugsbehörden im Einzelfall, ob ein gegebener Tatbestand die rechtliche Natur eines Gesetzes hat? Offenbar aus den positivrechtlichen Vorschriften über das Zustandekommen der Gesetze. Denn indem die Rechtsordnung solche Vorschriften erläßt, will sie ja nichts anderes als die Voraussetzungen festlegen, die erfüllt werden müssen, damit ein bestimmter Gedankeninhalt die Eigenschaft einer (bindenden) Rechtsnorm erlangt. Fehlt es an der Erfüllung einer dieser Voraussetzungen, so kann von einem Gesetz keine Rede sein; auch dieser Satz ist keine petitio principii, sondern einfach positivrechtlich gegeben. Ein Unterschied zwischen formellen und materiellen Voraussetzungen ist dabei schlechterdings nicht zu erkennen.

Will die Rechtsordnung aus praktischen, legislativpolitischen Erwägungen eine solche Prüfung vermieden wissen, so steht es ihr natürlich frei, zu erklären, daß ein Prüfungsrecht überhaupt nicht oder nach gewissen Richtungen hin nicht besteht. Hiebei kann dann zwischen formellen und materiellen oder zwischen gewissen formellen und anderen formellen Voraussetzungen unterschieden werden. Ein Weg, der zur Erreichung dieses Zieles führt, ist beispw. eine ausdrückliche Vorschrift, daß im Zuge des Gesetzgebungsverfahrens von einer damit betrauten Stelle endgültig — sei es nach jeder Richtung hin, sei es nach gewissen Richtungen — festgestellt wird, daß die vorgesehenen Voraussetzungen tatsächlich erfüllt wurden. Eine solche, das Prüfungsrecht anderer Faktoren ausschließende Vorschrift, muß aber positivrechtlich gegeben sein. Es besteht nicht der geringste Anhaltspunkt, um sie etwa zu präsumieren. Eine solche Präsumption wäre vielmehr eine reine petitio principii. Auch das Argument (vgl. W. Jellinek, DJZ. 1921, 754 Z. 8), es handle sich um die Frage der rechtlichen Bedeutung von Verfahrensmängeln, und diese ließen eine Unterscheidung nach wesentlichen und unwesentlichen zu, kann nicht mit Erfolg herangezogen werden. Denn, abgesehen von der hier nicht zu erörternden grundsätzlichen Frage, ob nicht Rechtsvorschriften im Zweifel als wesentlich anzusehen sind und daher ihre Unwesentlichkeit aus positivrechtlichen Sätzen nachgewiesen werden muß, kann man doch jedenfalls die verfassungsmäßigen Vorschriften über das Zustandekommen des obersten Staatswillens nicht dadurch bagatellisieren, daß man ihre wesentliche Rechtserheblichkeit in Zweifel zieht. Auch ist zu beachten, daß die Annahme, die Einhaltung dieser Vorschriften sei für die Frage der Rechtsverbindlichkeit des Ergebnisses gleichgültig, diese Vorschriften etwa auf die Stufe von sog. Sollvorschriften herabdrücken, d. h. letzten Endes ihrer eigentlichen rechtlichen Bedeutung berauben würde (vgl. Dyroff 922 ff.). Diese letztere Erwägung wird insbesondere auch de lege ferenda für die Entscheidung wenigstens der einen Frage maßgebend sein müssen, ob man auf ein Prüfungsrecht auch in bezug auf die materielle Verfassungsmäßigkeit der Gesetze soll verzichten können. Dabei steht natürlich der Konzentration dieser Prüfung auf ein einziges höchstes Gericht ein unüberwindliches Bedenken nicht im Wege.

8. Alle diese Fragen mußten, wie sich zeigen wird, angeschnitten werden, obwohl das bayerische Recht in § 72 BU. eine ausdrückliche einschlägige Vorschrift enthält. Diese lautet: „Die mit der Rechtspflege betrauten Behörden prüfen bei ihren Entscheidungen, ob ein anzuwendendes Gesetz nicht mit einer Bestimmung der Verfassung des Deutschen Reichs, dieser Verfassung oder einem anderen Verfassungsgesetz in Widerspruch steht."

a) Die erste Frage, die sich erhebt, ist die, ob die sonach normierte Prüfungspflicht auch gegenüber Reichsgesetzen gilt. Laband, der mit entsprechenden Vorschriften von Landesverfassungen zu rechnen hatte, hat die Frage mit aller Entschiedenheit verneint (a. a. O. 51, 122); derartige Vorschriften zu erlassen, stünde den Einzelstaaten nur im Rahmen ihrer Autonomie zu. In dem Buche „Der Bundesstaat als Rechtsbegriff" ist aber der Nachweis versucht worden, daß bei Ausführung von Bundesgesetzen durch Gliedstaatsorgane der Auftrag zu dieser Tätigkeit regelmäßig nicht vom Bund, sondern von den Gliedern ausgeht (vgl. die eingehenden Untersuchungen 55 ff.). Wenn dieser Nachweis gelungen ist, so folgt daraus weiter, daß der Gliedstaat seine Organe auch ausdrücklich anweisen kann, vor der Ausübung ihrer Vollzugstätigkeit zu prüfen, ob denn der Fall dieser Tätigkeit überhaupt gegeben ist, m. a. W. ob ein (gültiges) Bundesgesetz vorliegt. (Vgl. auch Bundesstaat 73 f.). Daher ist die Frage, ob § 72 VU. auch auf die Prüfung der Reichsverfassungsmäßigkeit von Reichsgesetzen anzuwenden ist, zu bejahen. Vorausgesetzt ist dabei natürlich, daß kein Reichsverfassungsrechtsatz das Gegenteil positiv anordnet. Denn ein solcher Satz ginge selbstverständlich vor. Er hätte übrigens, wie wir bereits gesehen haben, die Bedeutung, daß die Vorschriften der Verfassung über das Gesetzes- und Verfassungsänderungsverfahren nur Anleitungen, wie man vorgehen soll, keine bindende Normen, wie man vorgehen muß, enthalten würden; die Feststellung ihrer Einhaltung wäre also für die Frage der Gesetzesgültigkeit bedeutungslos. Ein solcher reichsverfassungsmäßiger Ausschluß des Prüfungsrechts läßt sich aber nicht nachweisen. Daher steht dem Prüfungsrecht der bayerischen Behörden gegenüber den Reichsgesetzen von dieser Seite kein Hindernis im Wege. Im Gegenteil, dieses Recht wäre, auch wenn eine ausdrückliche bayerische Vorschrift nicht bestünde, auf Grund unserer allgemeinen Untersuchungen als gegeben anzunehmen (vgl. auch 2. Lesung der VU. im Verfassungsausschuß Beil. 382 S. 473).

b) Die zweite Frage ist nunmehr die, ob der nachzuprüfende Einklang oder Widerspruch sich nur auf die materielle Übereinstimmung zwischen einfachen und (Reichs- oder Landes-)Verfassungsgesetzen oder auch auf die formale Übereinstimmung bezieht. Ist das entscheidende Organ also auch berufen, das verfassungsmäßige Zustandekommen des betreffenden Landes- oder Reichsgesetzes nachzukontrollieren? Der Text der Vorschrift: „Ob ein anzuwendendes Gesetz nicht mit einer Bestimmung der Verfassung ...... in Widerspruch steht", deutet ja in erster Linie auf die inhaltliche Übereinstimmung hin (so Piloty 167 Anm. 3). Man könnte aber vielleicht doch bei einer etwas freieren Auslegung auch den Fall der formellen Übereinstimmung dadurch gedeckt finden. Will man das annehmen, so läge hier nur wieder eine positivrechtliche Bestätigung des Satzes vor, der oben (Z. 7) aus allgemeinen Erwägungen abgeleitet wurde (im Ergebnis übereinstimmend Piloty a. a. O.). Schließlich ist auch noch auf ein aus § 76 I zu gewinnendes argumentum e contrario zu verweisen. Wenn dort für einen ganz bestimmten Fall die Endgültigkeit der Entscheidung des Landtags über die Zulässigkeit und Rechtsgültigkeit der Volksbegehren bestimmt ist, so folgt daraus, daß im übrigen eine Nachprüfung der Formalien der Gesetzgebung offensteht (vgl. auch S. 292 f.)

c) An diese Feststellung knüpft sich eine dritte Frage an. Ist aus § 72 eine Prüfungspflicht in dem Sinne abzuleiten, daß eine solche

Prüfung jedesmal von Amts wegen vorzunehmen ist? Der Wortlaut spricht für diese Auslegung. Jedoch darf wohl angenommen werden, daß damit nicht gesagt werden will, es müßte in jedem Fall auch von Amts wegen die Richtigkeit der Vermutung zugunsten der Verfassungsmäßigkeit eines Gesetzes in materieller und insbesondere in formeller Beziehung nachgeprüft werden. Vielmehr wird man aus der Vorschrift nur die Pflicht ableiten müssen, wenn dem entscheidenden Organe selbst Zweifel aufsteigen, in die Lösung dieser Zweifelsfragen einzutreten.

d) Viertens endlich ist zu untersuchen, ob sich aus der Vorschrift ein argumentum e contrario gegen eine Prüfungsbefugnis der reinen Verwaltungsorgane ergibt, falls diese nicht durch einen — zulässigen — Dienstbefehl bestimmte Anweisung erhalten haben.

Ein solches argumentum wird aus nachstehenden Erwägungen abzulehnen sein. Alle unsere bisherigen Auslegungsergebnisse haben volle Übereinstimmung mit den Sätzen ergeben, die vorher rein theoretisch gewonnen worden sind. Es handelt sich also im § 72 nicht um irgend eine positivrechtliche Sondernorm des bayerischen Verfassungsrechtes, die demgemäß streng auszulegen wäre, sondern um eine Bestätigung allgemein gültiger Rechtsregeln. Wenn wir die ausdrückliche Vorschrift nicht hätten, wäre die positive Rechtslage keine andere. Daraus muß geschlossen werden, daß auch diejenigen allgemeinen Sätze gelten, die in dem Wortlaut des § 72 nicht aufgenommen sind, und dazu gehört die bedingte Prüfungsbefugnis und übrigens auch Prüfungspflicht der Verwaltungsbehörden.

9. Der Tragweite des § 72 und der neben ihm frei entwickelten Rechtssätze geschieht kein Eintrag durch Art. 13 II RV., wonach „Zweifel oder Meinungsverschiedenheiten darüber, ob eine landesrechtliche Vorschrift mit dem Reichsrecht vereinbar ist", auf Antrag der zuständigen Reichs- oder Landeszentralbehörde zur Entscheidung vor ein oberstes Gericht des Reiches — nach dem Gesetz vom 8. April 1920, RGBl. 510, regelmäßig vor das Reichsgericht — gebracht werden können. Denn dabei handelt es sich um ein — gewiß sehr zweckmäßiges, aber — außerordentliches Mittel. Mit Rücksicht auf frühere Erwägungen sei erwähnt, daß § 3 III des angeführten Gesetzes den Entscheidungen ausdrücklich Gesetzeskraft verleiht. Ist daher ein solches Urteil ergangen, so ist eine weitere Prüfung der Frage nach § 72 VU. nicht mehr veranlaßt.

Der Gegenfall, daß die Zulässigkeit eines einfachen Reichsgesetzes angesichts seines Eingreifens in die der Landesgesetzgebung vorbehaltene Zuständigkeit angezweifelt wird, ist in der Reichsverfassung nicht ausdrücklich geregelt. Er ist aber unter Art. 19 I zu subsumieren, da es sich jedenfalls um eine „Streitigkeit nicht privatrechtlicher Art zwischen dem Reiche und einem Lande" handelt. Zuständig ist gemäß § 16 Z. 3 des Gesetzes vom 9. Juli 1921, RGBl. 905, der Staatsgerichtshof für das Deutsche Reich.

Dritter Abschnitt.

C. Die Verwaltung.

§ 48.

Begriff und Wesen der Verwaltung.

Schrifttum: Bernatzik, Rechtsprechung und materielle Rechtskraft 1886 bes. 1 ff.; Laband II § 64; G. Jellinek, Staatslehre 606 ff.; O. Mayer I § 1; Fleiner § 1; E. Kaufmann, Artikel Verwaltung, Verwaltungsrecht in WB. d. Staats- u. VerwR. III 688 ff.

1. Wenn der Begriff der Verwaltung festgestellt werden soll, so ist nach den Ausführungen der §§ 41 und 42 klar, daß an Stelle der bisherigen Bestimmungen eine neue gesetzt werden muß, die an das grundsätzliche Verhältnis zur Rechtsordnung im allgemeinen und ihrer obersten Ausdrucksform, das Gesetz, im Besonderen anzuknüpfen hat. Zugleich muß aber, um volle Klarheit zu schaffen, das Verhältnis des neuen Begriffs zu den bisherigen Bestimmungsversuchen mit aller Schärfe offengelegt werden.

Wir können im Anschluß an die Ausführungen in § 42 den Begriff der Verwaltung bestimmen als die Durchführung — gleichbedeutend Ausführung, Vollziehung — der Gesetze unter Bindung an Dienstbefehle oder in sachlicher Abhängigkeit. Die erstere Fassung berücksichtigt die Stellung der obersten Verwaltungsorgane nicht, bringt aber andererseits das Wesen der sachlichen Abhängigkeit für die weitaus überwiegenden Gruppen von Fällen klar zum Ausdruck. Die zweite Fassung ist erschöpfend, setzt aber als bekannt voraus, was unter „sachlicher Abhängigkeit" zu verstehen ist. Eine andere, sich mehr an die herrschende Auffassung anlehnende Formulierung wäre etwa: Durchführung der staatlichen Aufgaben nach Maßgabe der Gesetze und Anweisungen der oberen Staatsorgane.

Alle angeführten Begriffsbestimmungen bringen zum Ausdruck, daß die Verwaltungsrechtspflege einschließlich der Verwaltungsgerichtsbarkeit nicht inbegriffen ist, während andererseits die Justizverwaltung darunter fällt (vgl. oben § 42 Z. 10).

Die Verwaltung steht in scharfem Gegensatz zur Rechtspflege, die ebenfalls der Durchführung der Gesetze dient, aber von der Bindung an Dienstbefehle befreit ist und daher durch sachliche Unabhängigkeit charakterisiert wird (vgl. oben § 42 Z. 9, unten § 54). Es handelt sich auf den ersten Blick um einen scharfen formalen Gegensatz beider Arten der Normvollziehung. Allerdings gewinnt dieser formale Gegensatz bei näherem Zusehen doch wieder eine materielle, inhaltliche Bedeutung. Denn auch die Dienstbefehle, durch deren Verbindlichkeit die Eigenart der Verwaltung bestimmt ist, stehen in Abhängigkeit vom Gesetz; einmal dadurch, daß sie selbst auf Gesetz beruhen müssen, und dann dadurch, daß die Bindung an die Dienstbefehle, anders ausgedrückt, deren verbindliche Kraft auf dem Gesetz fußt. Es handelt sich also um eine mittelbare gesetzliche Bindung.

2. Nunmehr das Verhältnis zu anderen Begriffsbestimmungen. Hiebei kann der Begriff der Verwaltung im Privatrecht ganz beiseite bleiben, da wir es nur mit den Staatsfunktionen zu tun haben.

Man kann die öffentliche Verwaltung auffassen einmal A. als eine bestimmte Art von Tätigkeiten, also in funktionellem Sinne, und dann B. als eine Art von Behörden, also im organisatorischen Sinn.

A. Als Tätigkeitsart verbinden sich mit der Verwaltung in der Hauptsache drei verschiedene Begriffe und zwar:

α) Nach der inneren Natur der Tätigkeit wird die Verwaltung bestimmt als die auf einen äußeren Handlungserfolg gerichtete Staatstätigkeit. Ihr Gegensatz ist die Entscheidung von Rechtsfragen, die Rechtsprechung (Bernatzik, Laband, Georg Jellinek; vgl. oben § 42 Z. 4). Man kann die so umschriebene Verwaltung als Verwaltung im materiellen Sinn (Jellinek, Staatslehre 610) oder im objektiven Sinn (Laband II 163) bezeichnen.

β) Nach dem äußeren Verhältnis zu bestimmten Machtfaktoren (Gewalten) im Staat faßt man die Verwaltung auf als Tätigkeit der „vollziehenden" Gewalt im Gegensatz zu der Funktion der „richterlichen" Gewalt, der „Justiz"; Verwaltung im formellen Sinn (Jellinek a. a. O. 613) oder im subjektiven Sinn (Laband a. a. O. 159). Hier ist der Zusammenhang mit dem organisatorischen Begriff — siehe unter B. — auf der Hand liegend.

γ) Nach dem Verhältnis zum Rechtssatz definiert man die Verwaltung als Durchführung der Gesetze in sachlicher Abhängigkeit im Gegensatz zur Rechtspflege als Durchführung der Gesetze in sachlicher Unabhängigkeit; das ist unser Begriff, den wir als Verwaltung im theoretischen oder juristischen Sinn bezeichnen können.

B. Als Behördenart stellt die Verwaltung den Inbegriff der Verwaltungsbehörden im Gegensatz zu der Justiz als Inbegriff der Gerichte dar. Die Verwaltungsbehörden sind aber die durch persönliche Abhängigkeit, die Gerichte die durch persönliche Unabhängigkeit charakterisierten Behörden (vgl. oben § 42 Z. 11). Man kann hier von Verwaltung im organisatorischen Sinn sprechen, da der an sich geeignete Beisatz: „im subjektiven Sinn" bereits für die damit zusammenhängende, aber nicht zusammenfallende Begriffsbestimmung unter A β verwendet ist.

Wie steht es nun mit der juristischen Verwertbarkeit dieser vier verschiedenen Begriffe der Verwaltung? Wie verhalten sie sich zu einander?

3. Die materielle oder objektive Begriffsbestimmung hat überhaupt keine maßgebende juristische Bedeutung, sie ist vielmehr logischer oder psychologischer Natur. Sie fragt nicht, wie unterscheiden sich bestimmte behördliche Tätigkeitsarten in rechtlicher Hinsicht, welche verschiedene Rechtsfolgen knüpfen sich an die eine oder andere Kategorie. Sie fragt vielmehr, wie kann ich die behördliche Tätigkeit gruppieren je nach dem inneren seelischen Verhalten der beteiligten Personen. Daher ist sie vom juristischen Standpunkt aus vollkommen wertlos. Denn wenn ich feststelle, daß einem behördlichen Akt die Subsumtion eines konkreten Sachverhaltes unter eine rechtliche Norm zugrunde liegt, habe ich damit noch gar nichts für die Erkenntnis der rechtlichen Folgerungen gewonnen, die sich daran knüpfen. Diese Folgerungen sind in keiner Weise von vornherein nach einem immanenten Gesichtspunkt zwingend bestimmt, sie können vielmehr von der positiven Rechtsordnung nach freiem Belieben bestimmt werden. Das einemal wird beispw. positiv ausgesprochen, daß die Schlußfolgerung der Behörde künftighin für das betreffende Verhältnis maßgebend sein soll, so daß davon nicht mehr abgegangen werden kann. Das anderemal wird es der Behörde überlassen, in jedem einzelnen Fall, die Schlußfolgerung neu und vollkommen abweichend zu ziehen. Das Urteil eines Zivilgerichtes über das Eigentum an einer Sache und die Entscheidung der Verwaltungsbehörde, daß sie bei der Bewerbung um die Benützung von öffentlichem Straßengrund für die vorübergehende Ablagerung von Baumaterial die gesetzlichen Bedingungen als erfüllt ansieht, haben rechtlich nicht das Mindeste gemein. Ebenso steht es, wenn ich feststelle, daß die Festnahme einer Person auf Grund eines richterlichen Haftbefehls und die Räumung einer Straße von einer angesammelten Menschenmenge durch die Polizei beidesmal eine auf einen äußeren Handlungserfolg abgestellte behördliche Tätigkeit darstellt. Die rechtlichen Voraussetzungen für beide Aktionen und die rechtlichen Folgen, die sie auslösen, sind durchaus selbständig bestimmt.

Wohl zu unterscheiden von der juristischen Bewertung der in Rede stehenden Begriffsabgrenzung ist die Frage, ob die logisch-psychologische Verschiedenheit der einander gegenübergestellten Begriffe nicht legislativpolitisch Bedeutung gewinnen kann. Die materielle Tatsache, daß eine Tätigkeit rein darauf abgestellt ist, Rechtsfragen zu lösen oder rein darauf abgestellt ist, Handlungserfolge zu erzielen, wird, wie bereits früher gestreift (§ 42 Z. 12), für den Gesetzgeber sicherlich mitbestimmend sein, wenn er vor der Frage steht, ob er diese Tätigkeit mit sachlicher Unabhängigkeit oder Abhängigkeit ausstatten, also der Rechtspflege oder Verwaltung (A γ) zuweisen soll, bzw. ob er sie einem persönlich unabhängigen oder abhängigen Organ (B) übertragen soll. Umgekehrt wird die positivrechtliche Befassung einer Behörde vornehmlich mit Aufgaben der materiellen Rechtsprechung gesetzgeberischen Anlaß geben, diese Behörden mit persönlicher Unabhängigkeit auszustatten bzw. wird die überwiegende Betrauung eines Staatsorgans mit auf äußere Erfolge abgestellten Handlungen dazu führen, dieses Organ persönlich abhängig zu stellen.

4. Die formelle oder subjektive Begriffsbestimmung ist gewiß von rechtserheblicher Bedeutung. Bei ihr ist es darauf abgestellt, ob ein behördlicher Akt von einer Verwaltungs- oder einer Gerichtsbehörde ausgeht, und da beide Behördenarten in ihrer rechtlichen Stellung grundlegend voneinander abweichen, heben sich auch die Äußerungen ihrer Tätigkeit in mannigfacher Hinsicht voneinander ab. So erweist es sich als möglich, den Verwaltungsakt als einheitlichen Begriff aufzustellen und an die Seite des Justizaktes zu setzen (O. Mayer I § 9; Fleiner § 12).

Die neuere Verwaltungsrechtswissenschaft hat durch die Formulierung dieses Begriffes an juristischer Durchbildung viel gewonnen. Aber dieser Gewinn beruht, genauer besehen, weniger auf dem Gegensatz zwischen Verwaltungs- und Justizakt als auf ihrem Vergleich. Man verlangt für den Rechtsstaat eine „Justizförmigkeit" der Verwaltung. So tritt das Gemeinsame gegenüber dem Trennenden in den Vordergrund. Von da aus bedeutet es nur einen Schritt weiter, wenn man, unter Zurückstellung der Scheidung zu einem „System der rechtsgeschäftlichen Staatsakte" kommt (Kormann 1910). Ein flüchtiger Blick auf die einzelnen Erscheinungsformen der behördlichen Tätigkeit zeigt bald, daß die zu einer klaren Gruppenbildung dienenden Schnittlinien nicht vertikal zwischen Verwaltungs- und Justizakten, sondern horizontal mitten durch beide Kategorien hindurchlaufen. Gerichtliche Erkenntnisse und Entscheidungen der Verwaltungsrechtsprechung, richterliche Gestaltungsurteile und verwaltungsbehördliche Begründungen von Rechtsverhältnissen, Grundbuchführung und Führung von Steuerkatastern, richterliche und polizeiliche Haftbefehle usw. haben stärkere gegenseitige rechtliche Berührungspunkte als die jeweils ersten und die jeweils zweiten Glieder dieser Paare untereinander. Es tritt deutlich zutage, daß die Gegenüberstellung von Justiz- und Verwaltungsakten nur einen äußerlichen Unterschied zur Geltung bringen kann, mit dessen Betonung für die Erkenntnis des inneren Unterschieds nicht allzuviel gewonnen ist. Letzten Endes liegt dies daran, daß die ganze Einteilung keine selbständige, sondern nur eine abgeleitete Bedeutung besitzt. Sie wird nicht vorgenommen, weil sich die geschiedenen Tätigkeitsformen rechtlich voneinander abheben, sondern weil die Stellen, von denen sie ausgehen, voneinander getrennt sind. Ob aber die einzelne Tätigkeitsgattung der einen oder anderen Behördenkategorie zugehört, ist die Folge einer von ganz anderen Gesichtspunkten aus gewählten Zuteilung durch das positive Recht. Nicht die Art der Tätigkeit, sondern die Art der Organisation ist das Bestimmende (s. unten unter Z. 6).

5. Die juristisch-theoretische Unterscheidung nach der sachlichen Abhängigkeit und Unabhängigkeit der behördlichen Tätigkeit im Einzelfall verdient ihren Namen vor allem deswegen, weil sie von einem in der bestimmten positiven Rechtsordnung zum Ausdruck gelangenden grundsätzlichen inneren Gegensatz ihren Ausgangspunkt nimmt. Sie fragt nicht, wie die objektive materielle Begriffsbestimmung, ob man die Tätigkeit der Behörden nach logischen oder psychologischen Gesichtspunkten so oder so einteilen könnte. Sie fragt auch nicht, wie die subjektive, formelle Begriffsbestimmung, nach dem rein äußerlichen Moment, ob eine Tätigkeit von diesem oder jenem Zweig der Behördenorganisation ausgeht. Sie stellt es vielmehr streng juristisch darauf ab, welche Art der Bindung das positive Recht festgelegt hat, Bindung nur an das Gesetz oder außerdem an Anweisungen vom Gesetz ermächtigter übergeordneter Stellen. Je nachdem positivrechtlich das eine oder das andere angeordnet ist, erhält die behördliche Tätigkeit ein vollkommen verschiedenes juristisches Gepräge. Die Gestaltung des Verfahrens muß in beiden Fällen eine ganz andere sein, die Stellung der Parteien, die rechtliche Bedeutung des Endaktes, die Befugnisse und die Verantwortlichkeit der untergeordneten und übergeordneten Behörden weichen grundsätzlich voneinander ab (vgl. oben § 42 Z. 6 und 7).

Daß sich diese Einteilung mit den bisher besprochenen beiden anderen schneiden muß, liegt auf der Hand und wurde bereits im Vorausgegangenen wiederholt berührt. Im Gegensatz zu der objektiv-materiellen Einteilung stellt sie Akte der Verwaltung, mögen sie auch logisch Lösungen reiner Rechtsfragen sein, gleichartigen Akten der Verwaltungs- und Zivilrechtspflege gegenüber und unterscheidet bei der Erstrebung äußerer Erfolge, ob sie nur an das Gesetz gebunden sind, wie richterliche Haftbefehle, Beweisbeschlüsse, Zwangsvollstreckungen, oder oberbehördlicher Weisung unterliegen, wie der unmittelbare Verwaltungszwang. Im Gegensatz zu der subjektiv-formalen Einteilung behandelt sie Akte der Verwaltungsrechtspflege und gerichtliche Urteile als zusammengehörig ebenso wie andererseits Akte der sog. einfachen Verwaltung und Justizverwaltungsakte.

Trotz ihres streng juristischen Charakters entbehrt die theoretische Einteilung übrigens nicht auch praktisch legislativer Bedeutung. Daß es einen guten sachlichen Sinn haben kann, die Tätigkeit der Behörde das einemal streng an das objektive Recht zu binden, das anderemal einheitlicher Leitung zu unterstellen, bedarf keines weiteren Beweises. Andererseits wird man diese beiden Möglichkeiten besonders für die verschiedenen Bedürfnisse der Entscheidung von Rechtsfragen und der Erzielung äußerer Handlungserfolge auswerten. Endlich ergibt sich von selbst eine gewisse Tendenz, dort, wo man die innere Unabhängigkeit für geboten erachtet hat, auch die äußere hinzuzufügen und mit der inneren Abhängigkeit die äußere zu verbinden, m. a. W. die Rechtspflege zur Gerichtsbarkeit auszugestalten, die Verwaltung bei den Verwaltungsbehörden zu konzentrieren.

6. Damit sind wir zu dem organisatorischen Begriff gelangt. Es wurde schon angedeutet, daß ihm eine erhebliche juristische Bedeutung zukommt. Behörden mit äußerer persönlicher Abhängigkeit haben naturgemäß eine ganz andere rechtliche Stellung wie solche mit entsprechender Unabhängigkeit. Wie die letztere im einzelnen positivrechtlich gestaltet ist, wird in späterem Zusammenhang (§ 52 Z. 3 und 4) besprochen werden. Hier ist zunächst daran anzuknüpfen, daß der Begriff des Gerichts heute an den der persönlichen Unabhängigkeit, der Begriff der Verwaltungsbehörde an den der persönlichen Abhängigkeit gebunden ist (§§ 42 Z. 11, 48 Z. 2 B).

Dieses „heute" muß ausdrücklich hervorgehoben werden. Denn es ist klar, daß die Heraushebung der Gerichte aus dem Kreis der übrigen öffentlichen Behörden längst gang und gäbe war, bevor der scharfe rechtliche Gegensatz zwischen Abhängigkeit und Unabhängigkeit in den Vordergrund trat. Wenn beispw. die alte bayerische Verfassung in Tit. VIII § 3 als Vorgänger von § 1 GVG. und Art. 102 RV. erklärt: „Die Gerichte sind innerhalb der Grenzen ihrer amtlichen Befugnis unabhängig, und die Richter können nur durch einen Rechtsspruch von ihren Stellen mit Verlust des damit verbundenen Gehaltes entlassen oder derselben entsetzt werden", so will der Satz zunächst besagen, daß die im Zeitpunkt des Inkrafttretens vorhandenen, als Gerichte bezeichneten Behörden mit sachlicher und persönlicher Unabhängigkeit ausgestattet werden sollen. Dies traf damals auf jene Behörden zu, die im wesentlichen mit der Entscheidung von Privatrechtsstreitigkeiten und Strafsachen betraut waren. Danach waren also die Gerichte durch ihre materielle Zuständigkeit, nicht durch ihre Unabhängigkeit charakterisiert. Einmal erlassen, kann der Satz aber auch logisch so gelesen werden, daß er die Aussage enthält: Zum Wesen der Gerichte gehört die sachliche und persönliche Unabhängigkeit, und in diesem Verstand wird die Unabhängigkeit zu einem Charakteristikum der Gerichte. Ein solcher Bedeutungswandel hat sich nun tatsächlich vollzogen. Denn wenn man später beispw. Behörden der Verwaltungsrechtsprechung, weil sie mit persönlicher Unabhängigkeit ausgestattet wurden, als Verwaltungs*gerichte* bezeichnet hat, so war jetzt nicht mehr die Zuständigkeit, sondern die Unabhängigkeit dafür entscheidend.

Genau entsprechend war der Entwickelungsgang bei den Verwaltungsbehörden. Der Prozeß der Mediatisierung der in dem sich bildenden absoluten Territorialstaat vorhandenen obrigkeitlichen Stellen vollzog sich zunächst in der Weise, daß diese vom Landesfürsten abhängig erklärt wurden. Als dieser Prozeß aber beendet war, wurde die Abhängigkeit von dem Landesfürsten als Chef der Exekutive zum Kriterium der staatlichen Verwaltungsbehörde.

So war das Moment der Abhängigkeit zum Unterscheidungsmerkmal zwischen Gericht und Verwaltungsbehörde geworden. Der

Differenzierungsprozeß ging nun einen Schritt weiter. Innerhalb der Verwaltungsbehörden begannen sich Funktionen auszuscheiden, für die man das Bedürfnis empfand, einen sachlichen Einfluß höherer Instanzen auszuschalten und sie in dieser Richtung der Stellung der Gerichte anzunähern. Auf diese Weise bildete sich der Begriff der sachlichen Unabhängigkeit der Verwaltungsrechtsprechung heraus und infolge einer solchen Ausstattung der Verwaltungsbehörden für ein Teilgebiet ihrer Zuständigkeit konnte die sachliche Unabhängigkeit nicht mehr das Unterscheidungsmerkmal für die Gerichte bleiben. Wohl aber blieb die persönliche Unabhängigkeit den Gerichten vorbehalten und wurde damit gleichbedeutend mit der richterlichen Unabhängigkeit im engeren Sinn. Wenn daher heute die Frage gestellt ist, ob eine öffentliche Behörde ein Gericht oder eine Verwaltungsbehörde ist, richtet sich die Antwort allein nach dem Vorhandensein oder Fehlen der persönlichen Unabhängigkeit ihrer Mitglieder (vgl. unten § 52 unter a).

Dieser juristischen Unterscheidung entspricht wieder ein legislativpolitisches Problem, die Trennung der Justiz von der Verwaltung. Hievon wird später zu reden sein (vgl. § 51).

§ 49.

Die grundsätzliche Stellung der Verwaltung. a) Die Gesetzesmäßigkeit der Verwaltung.

Schrifttum: Vgl. § 48. Ferner Nawiasky, Grundgedanken der Reichsverfassung 104 ff.

1. Es wurde oben (§ 48 Z. 1) festgestellt, daß auch die Bindung der Verwaltungsbehörde an die Dienstanweisung vorgesetzter Stellen mittelbar eine Bindung an das Gesetz bedeutet. Gerade darin, daß letzten Endes immer das Gesetz maßgebend ist, tritt der Grundsatz der Gesetzmäßigkeit der Verwaltung in deutliche Erscheinung. Aber der Grundsatz ist mit diesem Punkte nicht erschöpft, er hat eine viel umfassendere Tragweite. Gesetzmäßigkeit der Verwaltung bedeutet, daß alle Verwaltungstätigkeit nur gemäß vorhandener Gesetze — secundum legem — oder, schärfer formuliert, auf gesetzlicher Grundlage erfolgen darf. Es genügt nicht, daß die Verwaltung sich innerhalb der Schranken hält, die die Gesetze aufgerichtet haben, es gibt keinen durch diese Schranken abgesteckten gesetzesfreien Spielraum für Verwaltungsaktionen. Alle Verwaltungstätigkeit bedarf vielmehr gesetzlichen Auftrags oder gesetzlicher Ermächtigung. Denn ohne solche Grundlage würde es des Erkenntnisgrundes dafür ermangeln, daß die entwickelte Tätigkeit nicht Individualakt der handelnden Person ist, sondern auf den Staat als Rechtssubjekt bezogen wird (vgl. oben § 41 Z. 5).

2. Der Grundsatz der Gesetzmäßigkeit der Verwaltung ist für den Rechtsstaat im Gegensatz zum Polizeistaat charakteristisch (vgl. oben § 40 Z. 8). Im Polizeistaat war die Verwaltung zu jedem Tun, Fordern, Verpflichten, Belasten berechtigt, sofern sie nicht an eine positivrechtlich aufgestellte Schranke stieß. Der Übergang zum Rechtsstaat hat sich nun naturgemäß in der Weise vollzogen, daß man die Zahl dieser Schranken vermehrte und so den gesetzesfreien Raum immer mehr einengte. Dieser Prozeß ging aber nicht etwa durch ein Häufen mehr oder weniger zufällig ausgewählter Bindungen in bezug auf einzelne Punkte, sondern in der Hervorhebung ganzer Tätigkeitsbereiche, für die man die freie Verwaltungsaktion ausschloß, von statten. Vor allem waren es zwei große Gebiete, auf denen man den Behörden Fesseln anlegte, einmal das Gebiet des Steuerwesens und dann der Bereich der persönlichen Lebensäußerung des Einzelnen.

Von der letzteren Materie ist noch etwas näher zu sprechen. Auf zwei verschiedenen Wegen hat man erst nacheinander und dann nebeneinander den persönlichen Lebensbereich des Einzelnen der freien Bestimmung durch die Verwaltung entzogen. Einmal durch die Schaffung eigener Gegenrechte der Individuen gegenüber den Behörden, wodurch diese zur Unterlassung von Eingriffen verpflichtet wurden. Weil durch einen solchen Kranz von Gegenrechten für den Einzelnen eine gewisse feste rechtliche Grundposition gegenüber der Verwaltung bzw. der Staatsgewalt, mit der man die Verwaltung identifizierte, geschaffen wurde, konnte man diese Gegenrechte füglich als G r u n d r e c h t e bezeichnen. Durch ihre Einräumung wurde der Einzelne aus einem Objekt der Tätigkeit der Behörde zu einem ihr rechtlich gleichgestellten Subjekt. Wollte die Behörde in dem Bereich der Grundrechte mit Anforderungen an das Individuum herantreten, so konnte der erhobene Anspruch unter Berufung auf das entsprechende Gegenrecht abgewiesen werden.

Ein beträchtlicher Schritt nach vorwärts geschah dann zweitens dadurch, daß man die wichtigsten dieser s u b j e k t i v e n Grundrechte durch eine allgemeine Formel in einen o b j e k t i v e n Rechtssatz umwandelte. Es bedurfte dann nicht mehr im Einzelfall der Erhebung von Einwendungen gegen eine beabsichtigte Aktion der Verwaltung, diese war vielmehr ihrerseits gehalten, zu prüfen, ob die Voraussetzungen für die geplante Tätigkeit gegeben waren. So wurde gleichsam die Beweislast umgestellt; nicht der Einzelne hatte zu beweisen, daß der geltend gemachte Anspruch rechtlich nicht aufrecht zu erhalten war, sondern die Behörde hatte zu beweisen, daß sie den Anspruch rechtlich zulässigerweise erhob. Der diesem Zweck dienende objektive Rechtssatz lautete: Behördliche Eingriffe in Freiheit und Eigentum der Person bedürfen gesetzlicher Grundlage.

Wo dieser Satz in das positive Recht aufgenommen wurde, waren die Grundrechte, soweit sie den Einzelnen vor Eingriffen der Verwaltung schützen wollten, also die sog. Freiheitsrechte, überflüssig geworden. Denn auch bei ihnen handelte es sich immer nur um Freiheit vor nicht durch das Gesetz begründeten Anforderungen, niemals um Freiheit gegenüber den Anforderungen des Gesetzes selbst. Gleichwohl haben sich vielfach auch während der Folgezeit im positiven Staatsrecht sowohl die subjektiven Garantien der Grundrechte wie der objektiv gefaßte Freiheits- und Eigentumsschutz nebeneinander behauptet.

3. Die weitere Entwicklung knüpfte naturgemäß an die neuere objektive Formulierung an. Das Erfordernis gesetzlicher Grundlage für die behördliche Tätigkeit wurde über das besondere Gebiet des Eingriffes in Freiheit und Eigentum hinaus erweitert und zu einer allgemeinen Voraussetzung für jede Verwaltungsaktion erhoben. Jeder rechtliche Anspruch der Behörden wurde an das Gesetz gebunden, mochte er auch mit Gegenleistungen an den Einzelnen verknüpft und diesem daher willkommen sein. Ja selbst die Gewährung von Rechten oder sonstigen Vorteilen wurde von gesetzlicher Ermächtigung abhängig gemacht; folgerichtig verschwand auch die freie Dispensationsbefugnis. Erst wenn man all dies zusammenfaßt, hat man die volle Tragweite des Grundsatzes der Gesetzmäßigkeit der Verwaltung vor Augen.

Gegenüber diesem umfassenden Grundsatz haben sowohl die subjektiven Grund- und Freiheitsrechte als auch die objektive Freiheits- und Eigentumsgarantie ihre kardinale Bedeutung vollkommen eingebüßt; denn da die Behörden für jede Art von Tätigkeit gesetzlicher Grundlage bedürfen, können sie weder ohne solche in Freiheit und Eigentum eingreifen noch bedarf es der Geltendmachung von Gegenrechten gegenüber einer dieser Grundlage entbehrenden und darum rechtlich unwirksamen Handlung. Und da der Grundsatz im heutigen entwickelten Rechtsstaat, wie oben gezeigt, selbstverständlich ist, die einfache logische Folge des Systems, daher nicht ausdrücklich ausgesprochen werden muß, gehören Bestimmungen sowohl über Grund- und Freiheitsrechte als auch über den Eigentums- und Freiheitsschutz überhaupt nicht mehr in eine auf der Höhe stehende Verfassungsurkunde hinein. Aber es geht hier genau so wie bei dem vorausgegangenen Stadium der Entwicklung, die Erinnerung an die einstmalige Bedeutung dieser Rechtsinstitute verdunkelt die Erkenntnis des eingetretenen Wandels der gesetzlichen Technik.

4. Die geltende bayerische Verfassung hat ebensowenig wie die neue Reichsverfassung — vgl. Grundgedanken S. 105 ff. — dem Grundsatz der Gesetzmäßigkeit der Verwaltung förmlichen Ausdruck verliehen. Die Reichsverfassung hat wenigstens mittelbar an diesen Grundsatz angeknüpft, wenn sie in Art. 107 anordnet, daß im Reiche und in den Ländern nach Maßgabe der Gesetze Verwaltungsgerichte „zum Schutze der Einzelnen gegen Anordnungen und Verfügungen der Verwaltungsbehörden" bestehen müssen. Dagegen ist die Vorschrift der VU. § 71 I kaum in diesen Zusammenhang zu bringen, wenn sie bestimmt: „Für bestrittene Rechtsansprüche und Verbindlichkeiten auf dem Gebiete des öffentlichen Rechtes steht nach Maßgabe der Gesetze das Verwaltungsrechtsverfahren offen." Denn hier ist die Funktion der Verwaltungsjustiz als Schutz des Einzelnen gegenüber ungerechtfertigten Akten der Behörden nur ganz nebenbei mit ausgedrückt; die Fassung der Stelle lehnt sich an Art. 8 des Verwaltungsgerichtsgesetzes vom 8. August 1878, GVBl. 369, an, woselbst nur ein Teil der Zuständigkeitsfälle des VGH. geregelt ist. Eine ausdrückliche Anerkennung des Grundsatzes der „Gesetzmäßigkeit der Verwaltung" ist nur bezüglich der Gemeinden und Gemeindeverbände ausgesprochen (§ 22 II; vgl. unten § 52 Z. 14).

Im übrigen segelt die bayerische Verfassung noch vollkommen im Fahrwasser der Grundrechte — in dieser Beziehung der Reichsverfassung folgend — wie der objektiven Freiheits- und Eigentumsgarantie. Den Grundrechten ist der dritte und vierte Abschnitt gewidmet — vgl. darüber oben §§ 34—36; übrigens hat die Aufstellung von Grundrechten im Zusammenhang mit § 93 VU. doch eine gewisse positivrechtliche, nämlich prozessuale Bedeutung, von der bereits die Rede war (oben § 34 Z. 17 ff.; vgl. auch unten § 55 Z. 11 f.). Die objektive Garantie ist in § 74 I in aller Breite formuliert: „Alle für die Einwohner des Staates verbindlichen Rechtsvorschriften, welche die Freiheit der Person oder das Vermögen betreffen, können nur im Wege der Gesetzgebung erlassen, rechtsverbindlich erläutert, abgeändert oder aufgehoben werden." Zum Überfluß bestimmt noch § 16: „Jedem Einwohner werden die Freiheit der Person und das Eigentum gewährleistet. Einschränkungen können nur nach Maßgabe der Gesetze angeordnet werden." Beide Bestimmungen sind offenbar durch entsprechende Vorschriften der alten Verfassung von 1818 veranlaßt, als ob sich in dem inzwischen abgelaufenen Jahrhundert in dieser Frage nichts geändert hätte. § 16 VU. entspricht dem Tit. IV § 8 I: „Der Staat gewährt jedem Einwohner Sicherheit seiner Person, seines Eigentums und seiner Rechte." § 74 I führt auf Tit. VII § 2 zurück: „Ohne den Beyrath und die Zustimmung der Stände des Königsreichs kann kein allgemeines neues Gesetz, welches die Freyheit der Personen oder das Eigentum der Staatsangehörigen betrifft, erlassen, noch ein schon bestehendes abgeändert, authentisch erläutert oder aufgehoben werden" (vgl. auch oben S. 111).

Schließlich ist noch auf § 74 II zu verweisen, der die Bindung der Verwaltung auf steuerrechtlichem Gebiet besonders hervorhebt: „Keine Abgabe oder Steuer darf ohne gesetzliche Anordnung erhoben werden." Auch diese Bestimmung hatte ihr hundertjähriges Vorbild in Tit. VII § 3: „Der König erholt die Zustimmung der Stände zur Erhebung aller direkten Steuern . . . ."

§ 50.

Fortsetzung. b) Gebundenheit und Ermessen.

Schrifttum: Stier-Somlo, Das freie Ermessen in Rechtsprechung und Verwaltung, Festgabe für Laband 1908; Laun, Das freie Ermessen und seine Grenzen 1910; hiezu Nawiasky, Das freie Ermessen und seine Grenzen in der Allg. österr. Gerichtszeitung 1911 234 ff.; Kelsen, Hauptprobleme der Staatsrechtslehre 1911, bes. 491 ff.; Dyroff, Bayerisches Verwaltungsgerichtsgesetz 5. Aufl. 1917; W. Jellinek, Gesetz, Gesetzesanwendung und Zweckmäßigkeitserwägung 1913; Bühler, Die subjektiven öffentlichen Rechte und ihr Schutz in der deutschen Verwaltungsrechtsprechung 1914; Braunwart, Die Reform der Verwaltungsrechtspflege in Bayern, BlfAdmPr. 1921 1 ff.; Morkart, Die Ermessensfrage in verwaltungsrechtlichen Streitsachen, ebenda 65 ff.

1. Die Gebundenheit an das Gesetz — unmittelbar oder im Wege der Dienstanweisung mittelbar — macht die Verwaltung zwar zum Beauftragten des Gesetzes, nicht aber zu seinem willenlosen Sklaven. Das Gesetz kann zwar wie jeder Vollmachtgeber seinem Bevollmächtigten strikte Verhaltungsmaßregeln erteilen, so daß ihm der Weg des Verhaltens genauestens vorgezeichnet ist, es kann aber ebensogut einen kleineren oder größeren Bewegungsspielraum einräumen. In letzterem Fall spricht man von einem „Ermessen" der Behörde, während man im Gegensatz dazu den ersteren Fall als den der „gesetzlichen Gebundenheit" bezeichnet.

2. Gegen diese Terminologie ist nichts einzuwenden, wenn man sich dabei klar macht, daß es sich nicht um einen absoluten, sondern um einen relativen Gegensatz handelt. Anders gefaßt kann man auch von einem materiellen zum Unterschied von einem formellen Gegensatz sprechen. D. h. im Falle des Ermessens der Behörde ist nicht etwa jede gesetzliche Bindung aufgehoben, es fehlt nicht an der erforderlichen gesetzlichen Grundlage ihrer Tätigkeit, es handelt sich nicht um eine Freiheit innerhalb der Schranken des Gesetzes. Eine solche wurde ja oben (§ 49 Z. 1) grundsätzlich abgelehnt. Nur materiell ist der Behörde durch das Gesetz ein freier Bewegungsspielraum gewährt, ihr Verhalten ist inhaltlich in gewisser Beziehung nicht gebunden, es ist ein Blankettrechtssatz gegeben, dessen Ausfüllung dem Vollzugsorgan überlassen ist. Jedes Ermessen beruht auf dem Willen des Gesetzes, stellt eine gesetzliche Ermächtigung dar. (Sehr gut ist dieser Sachverhalt bei der neuesten Regelung der Frage des „freien" Ermessens im deutschösterreichischen Recht zum Ausdruck gebracht worden. Es heißt im Bundesverfassungsgesetz vom 1. Oktober 1920, BGBl. Nr. 1, Art. 129 III, folgendermaßen: „Eine Rechtsverletzung liegt nicht vor, soweit die Behörde nach den Bestimmungen des Gesetzes zur Entscheidung oder Verfügung nach freiem Ermessen befugt war und von diesem Ermessen im Sinne des Gesetzes Gebrauch gemacht hat." Vgl. hierüber auch Körner in der Wiener Zeitschr. f. Verwaltung 1921 240 ff.), ferner derselbe ebenda 1923 22 ff.).

Diese Feststellung ist auch praktisch nicht ohne Bedeutung. Ob im bestimmten Fall eine Bewegungsfreiheit der Behörde anzunehmen ist oder nicht, läßt sich stets nur aus den Worten des Gesetzes, auf Grund dessen die behördliche Tätigkeit entfaltet werden soll, entnehmen. Der Wortlaut der Gesetze ist nun sehr häufig mehrdeutig, und für die Lösung der sich so ergebenden Zweifel kommt es dann auf die Möglichkeit an, den Willen des „Gesetzgebers" festzustellen. Sollte eine Ermächtigung zu einer gewissen Bewegungsfreiheit erteilt werden oder war das nicht beabsichtigt? In zahlreichen Fällen wird sich diese Frage allerdings nicht mit Sicherheit beantworten lassen. Darüber später noch mehr.

3. Es muß von vornherein bemerkt werden, was bereits früher berührt wurde (S. 321), daß die in Frage stehende Unterscheidung ihrer Natur nach auf alle Arten der Normenvollziehung Anwendung finden kann. Nicht nur die Verwaltung kennt Fälle strenger Gebundenheit und freierer Bewegung, auch die Rechtspflege sieht sich diesen Lagen gegenüber. Man denke an das Teilungsurteil, die Grenzziehung, die Strafzumessung innerhalb des Strafrahmens, die Verhängung von Nebenstrafen, an viele Akte der unstreitigen Gerichtsbarkeit. Neben dem Ermessen der Verwaltung gibt es also auch ein Ermessen des Richters, ein richterliches Ermessen; allerdings wird der letztere Ausdruck gewöhnlich in einem besonderen technischen Sinne gebraucht (unten Z. 6). Immerhin spielt die Frage der im Ermessen gelegenen Bewegungsfreiheit bei den Verwaltungsbehörden praktisch eine größere Rolle als bei den Gerichten, weil der Schwerpunkt der Tätigkeit der letzteren die eigentliche Rechtsprechung, d. h. die Entscheidung von Rechtsstreitigkeiten, ist und dafür aus legislativpolitischen Gesichtspunkten die Einräumung einer Wahlfreiheit zwischen verschiedenen Ergebnissen durch die Technik der Gesetzgebung möglichst vermieden wird. Darum hat sich auch die Lehre vom Ermessen im Verwaltungsrecht entwickelt.

4. Wenn das Gesetz der Behörde eine gewisse Bewegungsfreiheit eingeräumt hat, so bedeutet dies, daß die Vollziehung des Gesetzes durch verschiedene Arten des Verhaltens denkbar ist und jede nach der gegebenen Ermächtigung zulässige Verhaltensart rechtsgültig ist. Die Behörde hat also ein gewisses Wahlrecht, sie kann je nach der Art des ihr eingeräumten Ermessens so oder anders handeln bzw. u. U. handeln oder unterlassen. Die Folge für die beteiligten Rechtssubjekte ist daher ein Moment der Unsicherheit, sie wissen nicht, ob die zu treffende Wahl zu ihren Gunsten oder Ungunsten ausfallen wird, sie haben in keinem Fall einen Anspruch auf ein bestimmtes Tun oder Lassen der Behörde. Praktisch ist ihre Lage also eine ähnliche wie im Polizeistaat, und auf dieser Tatsache beruht die große Bedeutung, die das Rechtsinstitut gerade im System des Rechtsstaates besitzt. Darum die Notwendigkeit, an dieser Stelle etwas näher darauf einzugehen.

5. Dieses Moment der Unsicherheit des Einzelnen gegenüber der Behörde hat nun eine verschiedene Stärke, je nachdem die rechtliche Möglichkeit eingeräumt ist, eine andere Behörde zu einer Prüfung der getroffenen Entscheidung zu veranlassen oder nicht. Im letzteren Fall ist man der zuständigen Behörde vollkommen ausgeliefert, im ersteren Fall besteht die Hoffnung, doch noch eine günstigere Lösung der Frage zu erzielen. Die Wahrscheinlichkeit für die Verwirklichung dieser Hoffnung hängt nun — von der sachlichen Frage ganz abgesehen — davon ab, in welchem gegenseitigen Verhältnis die zuerst handelnde und die angerufene Behörde zueinander stehen. Gehören beide Stellen derselben hierarchischen Organisation an, so besteht eine gewisse Wahrscheinlichkeit dafür, daß die erste Behörde ihre Entscheidung schon unter Berücksichtigung der ihr bekannten und darum erwarteten Auffassung der zweiten Behörde getroffen hat; möglicherweise hat sie bereits eine allgemeine Anweisung für gleichartige

Fälle oder gar eine konkrete Anweisung für den bestimmten Fall erhalten; vgl. oben S. 334 über die Gleichheit der Stellung des Individuums in den Fällen des freien Ermessens und der Dienstanweisung. Gehören beide Stellen dagegen verschiedenen Organisationen an, so ist die Wahrscheinlichkeit größer, daß beide den Fall vollkommen selbständig prüfen und, besonders, wenn ihre Grundeinstellung verschieden ist, auch verschieden lösen. Praktisch handelt es sich vor allem um die Frage, ob gegen die Entscheidung einer Verwaltungsbehörde ein Rechtsmittel an eine Behörde der Rechtspflege, mag dies nun eine Verwaltungsjustizbehörde oder eine Ziviljustizbehörde sein, gegeben ist oder ob gegen den Akt einer Selbstverwaltungsbehörde die staatliche Aufsichtsbehörde angerufen werden kann.

Aus diesen Erwägungen folgt, daß die Einräumung eines Ermessens an eine Behörde vom Standpunkt des Einzelnen aus eine wesentlich verschiedene Bedeutung hat, je nachdem kein Rechtsmittel gegeben ist bzw. nur an eine Behörde derselben Organisation oder ein Rechtsmittel an eine andere selbständige Behörde offensteht. Im ersten Fall ist die entscheidende Behörde nur nach innen verantwortlich, wobei es keinen erheblichen Unterschied bildet, ob sie sich selbst oder ihrer vorgesetzten, zum gleichen Apparat gehörenden Stelle Rechenschaft schuldet, im letzteren Fall auch nach außen. Man kann danach von einem (von Rechts wegen) *nicht überprüfbaren* und einem *überprüfbaren* Ermessen sprechen. Da nun das Verhältnis mehrerer gerichtlicher Instanzen zueinander positivrechtlich stets so geordnet ist, daß hier nur von einer äußeren, niemals von einer inneren Verantwortlichkeit die Rede sein kann — die Stellung der Gerichtsbehörden als Justizverwaltungstellen scheidet dabei ja aus —, so kann man das nicht überprüfbare Ermessen auch als *Verwaltungsermessen* oder *administratives Ermessen im engeren, eigentlichen, technischen Sinn*, das überprüfbare Ermessen als *Ermessen im weiteren Sinn* oder *uneigentliches Ermessen* bezeichnen. Das letztere aber kann entweder Verwaltungsermessen im weiteren Sinn oder richterliches Ermessen sein.

Statt des Ausdruckes „Ermessen im weiteren Sinn" könnte man auch von „*materiellem Ermessen*" sprechen, während die Bezeichnung „formelles Ermessen" für das „Ermessen im engeren Sinn" leicht zu Mißverständnissen Anlaß geben würde.

6. Die vorausgegangenen Ausführungen entfernen sich zwar von der herrschenden Lehre in manchen wichtigen Punkten, deren Tragweite sich im folgenden ergeben wird, bieten aber an sich keine weiteren Schwierigkeiten. Diese beginnen erst, wenn die Frage nach der gegenseitigen Abgrenzung der gesetzlichen Gebundenheit und des Ermessens aufgeworfen wird.

Wie Kelsen (Hauptprobleme 505 ff.) darlegt, steckt in jeder Ausführungshandlung im Vergleich zu dem auszuführenden Rechtssatz ein Stück Ermessensfreiheit, da ja zu dem in der Rechtsordnung abstrakt ausgesprochenen staatlichen Willen in dem konkreten behördlichen Akt eine Reihe von nicht im einzelnen vorgeschriebenen Momenten hinzutreten müssen, die den Unterschied beider ausmachen. Es ergibt sich daher, unter dem Gesichtspunkt des Ermessens betrachtet, eine Gradabstufung aller amtlichen Akte, die also danach in eine Reihe eingeteilt werden können. Als äußerste Punkte dieser Reihe kommt auf der einen Seite die denkbar strengste inhaltliche Gebundenheit, auf der anderen Seite die denkbar größte Ermessensfreiheit in Betracht. Gewöhnlich bezeichnet man diese beiden Pole als „gesetzliche Gebundenheit" schlechthin und „freies Ermessen". Aber auch für die in die Mittelzone einzureihenden behördlichen Akte hat sich zur Bezeichnung des Verhältnisses zwischen Gesetz und Ausführungshandlung ein besonderer Begriff herausgebildet, indem man hier von „technischem" oder „richterlichem Ermessen" spricht, ausgehend davon, daß es sich praktisch in diesen Fällen meist um auf technischen Erwägungen oder richterlicher Würdigung beruhenden Akten handelt. Da nun aber beispw. von „richterlichem Ermessen", wie oben (Z. 3) erwähnt, stets gesprochen werden kann, wenn das Subjekt eines behördlichen Ermessens, gleichviel welcher Gradabstufung, ein Gericht ist, so schlägt Laun (Das freie Ermessen 50) hiefür den Ausdruck „gebundenes Ermessen" vor. (Das gewöhnlich als „richterliches" bezeichnete Ermessen der Gerichte ist dann als gebundenes richterliches Ermessen oder richterliches Ermessen im technischen Sinn zu bezeichnen.)

7. Die nächste Frage ist nun, ob sich in dieser Reihe: gesetzliche Gebundenheit — gebundenes Ermessen — freies Ermessen scharfe Grenzlinien zwischen den einzelnen Abstufungen ziehen lassen oder ob es sich um allmähliche Übergänge handelt. Die Meinungen darüber sind geteilt — Näheres vgl. z. B. Laun in der Zitelmann-Festschrift 21 ff. Die Anhänger der scharfen Abgrenzung machen zu deren Gunsten das praktische Bedürfnis ausdrücklich geltend oder gehen doch wenigstens von seiner Vorstellung aus, indem sie an die Fälle denken, in denen das positive Recht gewisse Einrichtungen an die Unterscheidungen angeknüpft hat. Es handelt sich dabei hauptsächlich um den Ausschluß der Zuständigkeit der Verwaltungsgerichte gegenüber dem freien Ermessen der Verwaltungsorgane und der Staatsaufsichtsbehörden gegenüber dem freien Ermessen der Selbstverwaltungskörper. Daß gerade die Stufe des freien Ermessens praktische Bedeutung besitzt, führt dann dazu, daß eine scharfe Grenzlinie zwischen diesem einerseits, den als zusammengehörig betrachteten Fällen des gebundenen Ermessens und der gesetzlichen Gebundenheit andererseits zu ziehen versucht wird. Manche Schriftsteller vereinfachen den Sachverhalt dementsprechend noch weiter dahin, daß sie überhaupt nur gesetzlichen Zwang und freies Ermessen unterscheiden.

An diese Gedankengänge schließt sich, unbewußt veranlaßt durch die erwähnten praktischen Zusammenhänge, ein weiterer Schritt. Man neigt dazu, kurzweg anzunehmen, daß zwischen Gebundenheit — einschließlich des gebundenen Ermessens — und Überprüfbarkeit durch außenstehende Instanzen einerseits, zwischen freiem Ermessen und Unüberprüfbarkeit andererseits ein notwendiger Zusammenhang bestehe, ein Fehlschluß, der besonders durch die übliche terminologische Verwendung der Begriffe richterliches Ermessen für das gebundene und administratives (Verwaltungs-) Ermessen für das freie Ermessen begünstigt wird.

8. Gegen diese Erwägung ist folgendes zu bemerken. Für die Lösung der erwähnten materiellrechtlichen Probleme wäre es gewiß wünschenswert, wenn sich ein kontradiktorischer Gegensatz zwischen beiden kritischen Begriffen aufzeigen ließe. Aber notwendig ist das nicht. Es gibt auch in der Welt des Rechtes wie im übrigen Denken die Figur des konträren Gegensatzes. Darauf habe ich bereits früher mit Nachdruck hingewiesen (Das freie Ermessen 235, Forderungs- und Gewaltverhältnis in der Zitelmannfestschrift 30 ff., Bundesstaat 13 ff.). Wenn das freie Ermessen und das gebundene Ermessen, bzw. die gesetzliche Gebundenheit, in einem graduellen Verhältnis zueinander stehen, wenn es sich, anders ausgedrückt, um Typenbegriffe handelt, so hat der Umstand, daß gewisse positive Gesetze Akte des „freien" Ermessens von einer Prüfung außenstehender Instanzen ausnehmen, die einfache Folge, daß im bestimmten Fall gefragt werden muß, wieweit der der Behörde eingeräumte Bewegungsspielraum gezogen ist. Bleibt er hinter einem gewissen Maß zurück und ist daher gesetzliche Bindung anzunehmen, so ist der Fall der Überprüfbarkeit gegeben, wird das Maß überschritten, so scheidet die Prüfung aus. Sicherlich kann es Fälle geben, in dem diese Feststellung große Schwierigkeiten bereitet, aber diese Schwierigkeiten können ebensogut bei der in der täglichen Praxis der Gerichte vorkommenden Frage auftauchen, ob bei dem Verhalten eines Gesetzesübertreters grobe oder leichte Fahrlässigkeit vorliegt, ob eine Frist angemessen ist, ob Mißbrauch eines Abhängigkeitsverhältnisses gegeben ist u. dgl.

Auch die Annahme eines notwendigen Zusammenhangs zwischen freiem Ermessen und Unüberprüfbarkeit, gesetzlicher Bindung und Überprüfbarkeit läßt sich nicht halten. Gewiß liegt es nahe, daß im Falle gesetzlicher Bindung eine behördliche Entscheidung leichter der Kontrolle einer Rechtspflegeinstanz positivrechtlich unterstellt werden wird als im Falle einer in weitem Rahmen freigestellten Entschließung. Aber in beiden Fällen kann der Gesetzgeber aus irgendwelchen Gründen das Gegenteil für angezeigt halten, beispw. den Schutz der beteiligten Interessen durch die Einrichtung der Verwaltungsbehörde oder das Verfahren vor ihr als genügend gewahrt erachten; vgl. die nicht in den Kompetenzkatalog aufgenommenen Verwaltungsrechtsfragen bei Abgrenzung der Zuständigkeit der Verwaltungsgerichte nach der Enumerationsmethode. Oder das Gesetz kann die Verwaltungsgerichtsbarkeit grundsätzlich oder in einzelnen Fragen ausdrücklich mit einer Ermessenskontrolle betrauen.

Immerhin kann man aber feststellen, daß die Frage der Überprüfbarkeit praktisch eine wesentliche Rolle nur für das freie Ermessen spielt. Denn das oben hervorgehobene Moment der Unsicherheit des Einzelnen (Z. 5) kommt bei dem gebundenen Ermessen ebenso wie bei der strengen gesetzlichen Gebundenheit doch nur in verhältnismäßig geringem Grade in Betracht. Deswegen hat sich weder die Theorie noch die Gesetzgebung noch die Praxis über das Problem der Überprüfbarkeit des gebundenen Ermessens sonderlich den Kopf zerbrochen; diese ist gewissermaßen das Natürliche, Gegebene.

9. Auf die einzelnen Versuche, die Kategorien des freien Ermessens, des gebundenen Ermessens und der gesetzlichen Gebundenheit voneinander zu scheiden, mag dabei der Gedanke scharfer kontradiktorischer Begriffsbildung oder der Schaffung von Typenbegriffen zugrunde liegen, braucht daher in diesem Zusammenhang nicht näher eingegangen zu werden. Das bezügliche Schrifttum ist ziemlich vollständig bei Dyroff, Bayerisches Verwaltungsgerichtsgesetz 5. Aufl. 502 ff., angeführt und teilweise besprochen. Es wird aber gestattet sein, auf meine eigenen gelegentlichen Untersuchungen hinzuweisen, die zu dem Ergebnis einer Ablehnung der bisherigen Versuche, einen kontradiktorischen Gegensatz nachzuweisen, geführt haben.

In der Allg. österr. Ger.-Ztg. 1911, 234 ff., habe ich mich mit Launs Buch „Das freie Ermessen und seine Grenzen" eindringlich auseinandergesetzt. Ich will daraus hervorheben, daß ich die Begriffsbestimmung des freien Ermessens im Sinne einer freien Zweckwahl abgelehnt habe, weil dann einfach freies Belieben, Willkür vorliege, die ja auch allein den kontradiktorischen Gegensatz zur gesetzlichen Gebundenheit darstelle. Statt dessen habe ich behauptet, daß das freie Ermessen eine vom Gesetze eingeräumte freie Auswahl unter gegebenen Zwecken bedeute. Von gebundenem Ermessen dagegen könne man sprechen, wenn das Gesetz zwar mehrere Arten des Verhaltens ermöglicht, aber die entscheidenden Gesichtspunkte, Motive, für die Wahl festlegt. Übergänge zwischen beiden Ermessensarten müssen sich schon aus der Technik der Sprache ergeben (235, 235 [2]). An diesen Sätzen halte ich auch heute fest: Die oben (Z. 2) mitgeteilte neueste österreichische Regelung scheint den Begriff des freien Ermessens in dem gleichen Sinne aufzufassen, vgl. die Worte: „im Sinne des Gesetzes Gebrauch gemacht hat".

Dagegen muß ich nach den obigen Darlegungen die bei Besprechung von Launs Lehre über die Grenzen des freien Ermessens aufgestellte These: „Nach dem Begriff des freien Ermessens entzieht sich die Wahl zwischen den von der Rechtsnorm offen gelassenen Motiven des behördlichen Verhaltens jeder rechtlich relevanten Prüfung von dritter Seite; dagegen unterliegt der Prüfung, ob die Behörde den Kreis der vorgesehenen Motive nicht überschritten hat" (236) in gewisser Beziehung einschränken. Diese These kann nur für eine positive Rechtsordnung in Betracht kommen, welche grundsätzlich das „freie" Ermessen einer Kontrolle von außen entzieht, und will dann die Grenzen des kontrollfreien Gebietes bestimmen. Denn die Überprüfbarkeit und ihr Gegenteil sind keine inhärenten Eigenschaften einer der beiden Ermessenskategorien, sondern vom positiven Recht abhängige äußere Zutaten, die für beide Arten in Betracht kommen.

10. Faßt man die bisherigen Darlegungen kurz systematisch zusammen, so kann folgendes gesagt werden. Wenn das Gesetz der zunächst berufenen Behörde für ihr amtliches Verhalten einen gewissen Bewegungsspielraum gewährt, so spricht man allgemein von Ermessen.

Dieser Bewegungsspielraum kann nun so weit abgesteckt sein, daß die Behörde freie Wahl zwischen verschiedenen Möglichkeiten des Verhaltens hat und daher aus eigenem entscheiden kann, welche Möglichkeit sie verwirklichen will, weil ihr die dafür sprechenden Gründe ausschlaggebend erscheinen (ähnlich W. Jellinek, Gesetz usw.

89), anders ausgedrückt, daß sie unter mehreren vom Gesetze offengelassenen Zwecken frei wählen kann (oben Z. 9). Dann spricht man materiell vom freien Ermessen. Im Gegensatz dazu bezeichnet man einen weniger weit abgesteckten Bewegungsspielraum als gebundenes Ermessen; der typische Fall desselben ist der, daß das Gesetz bindende Direktiven für die vorzunehmende Wahl aufgestellt hat. Ob das eine oder andere Ermessen vorliegt, muß aus den positiven Normen der Einzelgesetze entnommen werden. Bei der oft schwierigen Auslegung ihres Wortlautes kommt es letzten Endes darauf an, ob der Gesetzgeber angenommen hat, die betreffende Frage könne gleichwertig in einem verschiedenen Sinn gelöst werden oder ob er in jedem Einzelfall nur eine Lösung für richtig erachtet. Ein gewisser Fingerzeig für die Auslegung kann vielleicht für die nach Einrichtung der Verwaltungsjustiz erlassenen Gesetze darin erblickt werden, ob der Ausdruck „freies Ermessen", „administratives Ermessen" oder dgl. gebraucht wird, weil daraus der Wille des Gesetzgebers, die Kontrolle der Verwaltungsjustiz auszuschließen, erkennbar ist.)

Ergibt die Gesetzesauslegung, daß materiell freies Ermessen gewollt ist, so erhebt sich die weitere Frage, ob eine Überprüfung des Ermessensgebrauchs durch eine außenstehende Instanz vorgesehen, m. a. W. ob das behördliche Ermessen nach außen zu vertreten ist. Bejahendenfalls bleibt es bei freiem Ermessen im weiteren, materiellen Sinn. Für das gebundene Ermessen dagegen spielt diese Frage praktisch keine wesentliche Rolle (vgl. oben Z. 8 und unten Z. 10 a. E.).

Bei Gerichtsbehörden kommt in aller Regel nur derartiges freies Ermessen im materiellen Sinn in Betracht, da bei ihnen die Verantwortlichkeit nach außen die gegebene ist. Man soll aber dieses freie Ermessen i. w. S. der Gerichte nicht mit ihrem gebundenen Ermessen identifizieren; ein Beispiel für letzteres: Bestimmung des Strafsatzes innerhalb des Strafrahmens nach Maßgabe der gesetzlichen Milderungs- und Erschwerungsgründe; ein Beispiel für ersteres: Grundstücksteilung. Die Unterscheidung hat allerdings nur theoretische Bedeutung, da die positive Gesetzgebung beide Ermessensarten gleich, nämlich als überprüfbar, behandelt; daraus erklärt sich ja auch die Gleichsetzung des Ausdruckes richterliches Ermessen mit gebundenem Ermessen.

Ist dagegen die zunächst berufene Behörde eine Verwaltungsbehörde, so ist weiter die Frage zu stellen, ob gegen den erlassenen Akt ein Rechtsmittel an eine außerhalb ihrer Organisation stehende, insbesondere an eine Rechtspflegebehörde oder bei Selbstverwaltungskörpern an eine Aufsichtsbehörde, offensteht oder nicht. Zutreffendenfalls bleibt es bei dem freien Ermessen im weiteren, materiellen Sinn; verneinendenfalls nimmt das Ermessen den Charakter des Verwaltungsermessens im engeren, technischen, eigentlichen Sinn an; es besteht hier nur eine Verantwortlichkeit nach innen. (Diesen Gedanken sprach meine bei Dyroff 505 angeführte, im Jahre 1914 aufgestellte These aus: „Freies Ermessen liegt dann vor, wenn das Verhalten eines Staatsorgans innerhalb bestimmter gesetzlich festgelegter Grenzen nur durch die Amtspflicht nach innen, nicht durch zweiseitig [d. i. für Behörde und Untertan] verbindliche Rechtsnormen nach außen gebunden ist." Daß diese Bindung nur nach innen mit dem eigentlichen freien Ermessen zusammenhängt, wird auch gelegentlich von Dyroff, vgl. 507 unten, und Bühler, vgl. 209, 214 unten, berührt.) Ein solches eigentliches Verwaltungsermessen ist sonach beispw. auch von vornherein ausgeschlossen, wenn der Behörde ein verfolgbarer Rechtsanspruch auf ein bestimmtes Verhalten gegenübersteht (vgl. z. B. Dyroff 507 oben).

Theoretisch wäre es auch möglich, daß ein „gebundenes" Ermessen der Verwaltungsbehörde positivrechtlich der Überprüfung durch außenstehende Stellen entzogen ist. Aber praktisch kommt dieser Möglichkeit keine erhebliche Bedeutung zu. (Aus diesem Grunde konnte bereits oben [Z. 5] vom Verwaltungsermessen im technischen Sinn, das ja „freies" Ermessen ist, gesprochen werden, bevor noch von der Unterscheidung beider Ermessensarten die Rede war.)

Schematische Darstellung:

Gesetzliche Gebundenheit — gebundenes Ermessen der Gerichte / Verwaltungsbehörden (richterl. Ermessen im technischen Sinn) — regelmäßig überprüfbar

freies Ermessen (im weiteren, materiellen Sinn) der Gerichte / Verwaltungsbehörden

Verwaltungsbehörden: überprüfbar / nicht überprüfbar (Verwaltungsermessen im engeren, eigentl. Sinn).

11. Wenden wir nun unsere Ergebnisse auf das bayerische Recht an, so stoßen wir zunächst auf Art. 13 Z. 3 des VGG., wonach die Zuständigkeit des Verwaltungsgerichtshofes sich nicht erstreckt „auf Angelegenheiten und Fragen, in welchen die Verwaltungsbehörden nach ihrem Ermessen zu verfügen berechtigt sind". Art. 15 bezeichnet dasselbe Gebiet als

„Fragen des freien administrativen Ermessens". Den gleichen Ausdruck gebraucht noch Art. 13 III: „Die Zuständigkeit dieser Senate" — der Kreisregierungen, Kammern des Innern — „erstreckt sich auch auf Fragen des freien administrativen Ermessens, welche sich in den durch Art. 8 als Verwaltungsrechtssachen erklärten Angelegenheiten überhaupt ergeben."

An diesen Stellen kann zweifellos der Ausdruck zunächst im weiteren, materiellen Sinn verstanden werden. Denn der Ausschluß der Zuständigkeit des Verwaltungsgerichtshofes soll sich auf alle Punkte erstrecken, bezüglich deren die Einzelgesetze die Verwaltungsbehörden ermächtigt haben, bei ihren Verfügungen unter verschiedenen Möglichkeiten eine selbständige Wahl zu treffen. Durch diese Ordnung wird aber gleichzeitig das Ermessen im weiteren, materiellen Sinn zu einem Ermessen im engeren, technischen Sinn. Denn die Behörden werden auf diese Weise davon befreit, die getroffene Wahl gegenüber dem außerhalb ihrer Organisation stehenden Verwaltungsgerichtshof zu vertreten, es soll für sie nur eine Verantwortlichkeit gegenüber den vorgesetzten Behörden in Frage kommen.

Man könnte nun zu der Anschauung kommen, daß nach einer derartigen Regelung die Unterscheidung beider Ermessensbegriffe für das bayerische Recht überflüssig wäre. Diese Annahme wäre unter der Voraussetzung auch richtig, daß die obige Regel ausnahmslose Gültigkeit besäße. Denn dann wäre bei jedem Verwaltungsermessen im weiteren Sinn auch ein solches im engeren Sinn gegeben. Das ist aber durchaus nicht der Fall. Das Verwaltungsgerichtsgesetz selbst enthält solche Ausnahmen.

Das Gesetz über die Zwangsabtretung von Grundeigentum für öffentliche Zwecke vom 17. November 1837, GBl. 109, sieht zugunsten bestimmter öffentlicher Unternehmungen die Zwangsenteignung vor, wenn das Unternehmen vom gemeinen Nutzen erfordert wird und die Abtretung oder Belastung des angesprochenen Eigentums zur zweckmäßigsten Verwirklichung desselben notwendig ist (Art. 1 A). Die Entscheidung darüber, ob diese Voraussetzungen gegeben sind, ist Sache der Kreisregierungen, Kammer des Inneren. Es liegt zutage, daß die zu beantwortende Frage je nach der Wertung der einzelnen in Betracht kommenden Gesichtspunkte sehr verschieden gelöst werden kann, daß also hier die Möglichkeit der Wahl zwischen verschiedenen Entscheidungen besteht; man denke doch nur an die Bestimmung der Linienführung. Somit ist hier freies Ermessen im weiteren, materiellen Sinn gegeben. Dieses Ermessen im weiteren Sinn wird nun aber durch das VGG. je nach der Art des Unternehmens verschieden behandelt. Dreht es sich um Fragen der Landesverteidigung, so ist das Gesamtministerium als oberste Instanz erklärt (Art. 47), bezüglich aller übrigen Unternehmungen dagegen ist die Zuständigkeit des Verwaltungsgerichtshofs begründet (Art. 8 Z. 10). Im ersteren Fall also wird das freie Ermessen im weiteren Sinn zum freien Ermessen im engeren Sinn gestempelt, im letzteren Fall wird davon Abstand genommen.

Ein anderes Beispiel. Das Armengesetz vom 21. August 1914, GVBl. 551, sieht gegen die Entscheidung der Bezirksverwaltungsbehörde über die Unterbringung in einer Anstalt, über die Ablehnung des Antrags auf Entlassung aus einer Anstalt durch den Armenverband und über die Anweisung von Arbeit außerhalb einer Anstalt (Art. 78, 81 II, 83) Beschwerde an den Verwaltungsgerichtshof vor. In allen diesen Angelegenheiten kann es sich um freies Ermessen im weiteren Sinn handeln. Art. 78 V bestimmt nun, daß in diesen Fällen Art. 13 I Z. 3 des VGG. nicht gilt, daß also der Verwaltungsgerichtshof auch die Ermessensfrage zu überprüfen hat. Zufolge dieser Bestimmung bleibt das freie Ermessen solches im weiteren Sinn und wird nicht zum Verwaltungsermessen im technischen Sinn erhoben (vgl. Dyroff 512).

Aus diesen Beispielen ergibt sich, daß die Regel des Art. 13 Z. 3 VGG., wenn man den Ausdruck „Ermessen", wie oben geschehen, im weiteren Sinn auffaßt, nicht uneingeschränkt gilt, sondern mit dem Zusatz zu versehen ist: soweit nicht positivrechtlich das Gegenteil angeordnet ist. Wollte man dagegen den Ausdruck als im engeren Sinn verwendet betrachten, dann enthielte der Satz keine inhaltlich bedeutsame Norm, sondern eine Selbstverständlichkeit, da der engere Begriff des Verwaltungsermessens an sich im Gegensatz zu einer Überprüfbarkeit durch den Verwaltungsgerichtshof steht. Nur insofern könnte man die Anführung des Satzes mit dieser Bedeutung berechtigt finden, als man ihn in Zusammenhang mit dem folgenden Absatz bringt, der auch im Fall der Konnexität von der Zuständigkeit des Gerichtshofes entzogenen mit nicht entzogenen Gegenständen die Befassung des Gerichtshofes mit den ersteren ausschließt. Übrigens enthält auch Art. 13 Z. 1, der „Rechtssachen, die vor die bürgerlichen Gerichte, die Strafgerichte oder die Versicherungsbehörden gehören" von der Zuständigkeit des Gerichtshofes ausnimmt, ferner Z. 2 zweite Hälfte, die das gleiche verfügt für „administrative Aussprüche, welche unter dem gesetzlichen Vorbehalte der Zuständigkeit der Gerichte erfolgen", eine Selbstverständlichkeit. Nur Z. 2 erste Hälfte, die „vorsorgliche Maßregeln" der Überprüfung des Gerichtshofes entzieht, hat ihre volle Bedeutung. In allen Fällen aber gibt die Verbindung mit dem zweiten Absatz des Artikels einen guten Sinn.

12. Bezüglich des Staatsaufsichtsrechtes über die Selbstverwaltungsbehörden (ausdrücklich die Gemeinden und Gemeindeverbände) bestimmt VU. § 22 II: „Der Staat überwacht die Erfüllung ihrer Pflichten und die Gesetzmäßigkeit ihrer Verwaltung." Dem entspricht Art. 13 II des Gesetzes über die Selbstverwaltung vom 22. Mai 1919, GVBl. 239: „Die Aufsichtsbehörde kann gesetzwidrige Beschlüsse aufheben und die Erfüllung der gesetzlichen oder übernommenen Verpflichtungen erzwingen." Diese Aufsicht wird als Pflichtaufsicht und Rechtsaufsicht bezeichnet und steht in scharfem Gegensatz zu einer Staatsaufsicht, die sich auf das Verhalten der Selbstverwaltungskörper in solchen Angelegenheiten beziehen würde, in denen das Gesetz ihnen kein bestimmtes Verhalten vorschreibt, m. a. W. ihnen freies Ermessen einräumt. Die Ermessens- oder Zweckmäßigkeitsaufsicht (Zweckaufsicht) ist also grundsätzlich ausgeschlossen und nur ausnahmsweise für Aufnahme von Schulden, Verleihung von Geldern in gewissen Fällen, Veräußerung oder wesentliche Veränderung von Gebäuden oder sonstigen unbeweglichen oder beweglichen Gegenständen von künstlerischem oder geschichtlichem Werte, bei kleinen Landgemeinden auch für Veräußerung von Grund und Boden vorgesehen, indem hier Genehmigung verlangt wird, sog. Staatskuratel. (Gesetz über die Selbstverwaltung Art. 14 und 15.) Daß sich die Aufsicht regelmäßig nicht auf Ermessensfragen bezieht, geht auch noch unmittelbar aus dem in Art. 10 Z. 1 und 2 VGG. eingeräumten Recht der Beschwerde an den Verwaltungsgerichtshof wegen Verletzung des gesetzlichen Selbstverwaltungsrechtes oder Belastung mit einer gesetzlich nicht begründeten Leistung hervor; vgl. auch VU. § 22 IV: „Gegen Überschreitung der Grenzen, die den Aufsichtsbehörden durch das Gesetz gezogen sind, haben die Gemeinden und Gemeindeverbände Anspruch auf verwaltungsgerichtlichen Schutz."

Aus dieser Ordnung des Verhältnisses der Gemeinden und Gemeindeverbände zu den staatlichen Aufsichtsbehörden ergibt sich, daß das freie Ermessen im weiteren Sinne der ersteren grundsätzlich auch freies Ermessen im engeren Sinne ist. Nur in den Fällen der Staatskuratel verbleibt es bei dem Ermessen im weiteren Sinn. Nach dieser Unterscheidung richtet sich auch das Recht der Einzelpersonen, gegen Beschlüsse der Gemeinden die Aufsichtsbehörde anzurufen (vgl. auch unten § 52 Z. 14).

§ 51.

Fortsetzung. c) Trennung der Justiz von der Verwaltung.

Schrifttum: O. Mayer I §§ 1, 5, 17; Fleiner § 2; Nawiasky, Grundgedanken 109; vgl. etwa auch Richard Schmidt, Lehrbuch des deutschen Zivilprozeßrechts § 25.

1. Die englisch-französische Lehre von der Teilung der Gewalten (vgl. oben S. 70) hat sich auf deutschem Boden hauptsächlich nach einer Richtung hin durchzusetzen gewußt, nach der Seite der Trennung der Justiz von der Verwaltung. Wie schon aus der Fassung des Grundsatzes hervorgeht, liegt die Tendenz der deutschen Entwicklung vor allem in einem Schutz der Justiz, die gegen Einwirkungen der Verwaltung gesichert werden soll. Erst in zweiter Linie steht der — für das französische Recht beherrschende — Gedanke, der Verwaltung zu einer gleichberechtigten Stellung gegenüber der Justiz zu verhelfen. Dafür hat sich nämlich erst später ein Bedürfnis gezeigt, als die Sicherstellung der Justiz zu einem für die Verwaltung gefährlichen Übergewicht zu führen drohte.

2. Der sachliche Gedanke, auf den sich das legislativpolitische Postulat der Scheidung beider Zweige der Staatstätigkeit gründet, ist die grundsätzliche Verschiedenheit der maßgebenden beherrschenden Gesichtspunkte. Die Justiz soll blind sein, d. h. mit verbundenen Augen ohne Ansehen der Person das Gesetz im Einzelfall anwenden und so jedem sein Recht zuteilen. Die Verwaltung muß ein festes Ziel im Auge haben, zweckerfüllt sein, was dem Staat frommt, zu erreichen suchen, mögen auch die Interessen des Einzelnen nicht auf ihre volle Rechnung kommen. Rechtmäßigkeit und Zweckmäßigkeit stehen sich gegenüber, und denen, die berufen sind, die eine oder die andere zu verwirklichen, wird am besten eine getrennte Marschroute angewiesen, damit nicht beide Gesichtspunkte sich gegenseitig schlagen.

3. So hat der Grundsatz der Trennung der Justiz von der Verwaltung von vornherein eine organisatorische Bedeutung (vgl. oben § 48 Z. 6). Er verlangt in erster Linie Aufstellung getrennter Behörden für beide Tätigkeitszweige. Daran schließt sich zweitens die Forderung, daß kein Teil in den Bereich des anderen hinübergreife, also gegenseitige Unabhängigkeit bestehe. Drittens aber erweist sich eine reinliche Bestimmung der Grenzlinie, welche die beiderseitige Zuständigkeit scheidet, als notwendig.

Dabei ist allerdings eines schon vorausgesetzt, was die Grundlage für alle drei Forderungen bilden muß, daß über das Aufgabengebiet beider Zweige klare Vorstellungen bestehen. Von den obben anläßlich der Begriffsbestimmung der Verwaltung aufgestellten Einteilungen (vgl. § 48 Z. 2) scheidet die formell-subjektive und die organisatorische aus, weil beide eine bestimmte Zuständigkeitsabgrenzung bereits voraussetzen. In Frage kommen von vornherein nur die materiell-objektive und die juristisch-theoretische Gliederung. Aber auch hievon muß die materiell-objektive Einteilung beiseite gelassen werden, weil die Beschränkung zweier Behördenorganisationen auf Akte von je einer bestimmten logisch-psychologischen Natur — hie Schlußfolgerungen aus einer Rechtsnorm als Obersatz auf einen konkreten Tatbestand, dort Erzielung äußerer Handlungserfolge (vgl. § 48 Z. 2) praktisch undurchführbar ist; zum mindesten würden die ausschließlich auf logische Funktionen festgelegten Behörden jeder Wirkungsmöglichkeit nach außen entraten. So bleibt letzten Endes von jenen Einteilungen nur die juristisch-theoretische in sachlich unabhängige Rechtspflege und sachlich abhängige Verwaltung übrig.

Es hätte gewiß viel verlockendes, bestimmte Organe in ihrer Tätigkeit nur an das Gesetz, andere außerdem auch an besondere Weisungen zu binden und dementsprechend, jene behördlichen Akte, bei denen legislativpolitisch das eine oder das andere geboten und darum positivrechtlich angeordnet ist, dem einen oder anderen Organ zuzuweisen. Man käme dann zu der einfachen Gleichung: Rechtspflege gleich Sache der Justizbehörden oder Gerichte, Verwaltung gleich Sache der Verwaltungsbehörden. Aber die geschichtliche Entwicklung hat diesen einfachen Weg nicht beschritten oder ist bisher wenigstens noch nicht zu diesem Ziel gelangt. Immerhin werden uns Ansätze nach dieser Richtung begegnen (vgl. unten § 51 Z. 6 u. 15).

4. Die Sache hat sich vielmehr folgendermaßen gestaltet. Als die Forderung der Trennung der Justiz von der Verwaltung festere Gestalt annahm, schied man im wesentlichen Angelegenheiten, an denen die Einzelnen im Staat vorwiegend beteiligt waren, sei es, daß es sich um ihre Interessen handelte, wie im Vermögens- und Familienrecht einschließlich des Erbrechtes, kurz gesagt im bürgerlichen Recht, sei es, daß sie wegen Verletzung der Rechtsordnung mit ihrer Person oder ihrem Vermögen zur Verantwortung gezogen werden sollten, wie im Strafrecht, und Angelegenheiten, an denen der staatliche Apparat vorwiegend beteiligt war, wie im Staats- und Verwaltungsrecht. Jene sah man als naturgemäßes Betätigungsgebiet der Justizbehörden, als sog. Justizsachen, diese als naturgemäßes Betätigungsgebiet der Verwaltungsbehörden, als sog. Verwaltungssachen, an (vgl. auch oben § 48 Z. 6). Infolge dieses Ausgangspunktes wurde der Forderung nach Trennung der Justiz von der Verwaltung die Forderung nach Scheidung der „Justizsachen" von den „Verwaltungssachen" zugrunde gelegt.

5. Auf dieser Grundlage wirkten sich die oben angeführten drei Hauptforderungen in nachstehender Weise aus.

Die getrennte Behördenorganisation knüpfte an die sog. gemischten Ämter der früheren Zeit, die „Justiz-" und „Verwaltungssachen" gemeinsam besorgt hatten, an und legte diese in getrennte Gerichts- und Verwaltungsbehörden auseinander.

Die Ausschaltung des gegenseitigen Einflusses beider Behördenarten bewegte sich vornehmlich in der Richtung, die Gerichte vor Eingriffen der Verwaltung zu schützen und führte so, wie bereits in anderem Zusammenhang berührt wurde (§ 48 Z. 6), zunächst zu der sachlichen Unabhängigkeit der Gerichte — Ausschaltung der Kabinettsjustiz u. dgl. — und im weiteren Verlaufe zu ihrer persönlichen Unabhängigkeit — Einschränkung der Personalgewalt des Ministeriums und der sonstigen höheren Justizverwaltungsbehörden.

Die Forderung nach reinlicher Grenzscheidung endlich führte zu den Grundsätzen des § 182 der Frankfurter Verfassung: „Die Verwaltungsrechtspflege hört auf; über alle Rechtsverletzungen entscheiden die Gerichte. Der Polizei steht keine Strafgerichtsbarkeit zu" und zu den preußischen Gesetzen zur Erweiterung des Rechtswegs vom 11. Mai 1842 und vom 24. Mai 1862. Auf diese Weise sollten auch staats- und verwaltungsrechtliche Fragen, an denen die Einzelnen hervorragend beteiligt waren, unter die „Justizsachen" eingereiht werden. Diese Bestrebungen fanden erst ihr Ende, als sich ein anderer Weg zeigte, auch auf dem Gebiete des öffentlichen Rechts für die Interessen der Einzelnen Schutzeinrichtungen zu schaffen, die den besonderen Bedürfnissen dieses Gebietes besser angepaßt waren, nämlich das Verwaltungsrechts- oder -streitverfahren und die neue Verwaltungsgerichtsbarkeit.

6. Nach diesen *grundsätzlichen* Betrachtungen nunmehr zu der *positivrechtlichen Gestaltung*. Hiebei wirkt Reichsrecht und Landesrecht in höchst verschlungener Weise zusammen. Mit dem ersteren muß begonnen werden.

Die erste Forderung nach der *Aufstellung besonderer Behördenorganisationen* wurde grundsätzlich verwirklicht. An der Spitze des GVG. steht der Satz: „Die richterliche Gewalt wird durch unabhängige nur dem Gesetze unterworfene Gerichte ausgeübt" (§ 1). Diese Bestimmung erfährt aber durch § 2 EG. eine tiefeinschneidende Beschränkung; denn danach gilt das ganze GVG. nur für die „ordentliche streitige" Gerichtsbarkeit. Bezüglich der unstreitigen Gerichtsbarkeit hat allerdings das FGG. die gleiche Rechtslage aufrechterhalten. Anders steht es dagegen mit der besonderen Gerichtsbarkeit. Wenn auch § 15 I GVG. verkündet: „Die Gerichte sind Staatsgerichte", womit übrigens der Gegensatz zu Privatgerichten und geistlichen Gerichten gemeint ist, so werden doch Gewerbegerichte (§ 14 Z. 4 GVG. und Gesetz vom 29. September 1901, RGBl. 353) und Kaufmannsgerichte (Gesetz vom 6. Juli 1904, RGBl. 266) zugelassen, die von den Gemeinden aufzustellen sind und bei geringen Streitwerten ohne Berufungsmöglichkeit endgültig entscheiden; (in dieser Beziehung sind die in § 14 Z. 3 GVG. zugelassenen Gemeindegerichte im technischen Sinn unselbständiger behandelt). Die Gemeinden jedoch sind besonders qualifizierte, aber immerhin Verwaltungsorgane (vgl. Rich. Schmidt, Lehrb. d. deutsch. Zivilprozeß-R. 155, 196 ff.).

Die zweite Forderung nach der Unabhängigkeit der Justiz ist ebenfalls grundsätzlich in § 1 GVG. als positiver Rechtssatz formuliert. Man kann beide Seiten der Unabhängigkeit aus diesem Satze herauslesen. Das Wort „unabhängige" hat einen selbständigen Sinn, wenn man es auf die persönliche Stellung bezieht — persönliche Unabhängigkeit —, die Worte „nur dem Gesetz unterworfene" beziehen sich jedenfalls auf die sachliche Unabhängigkeit. Schärfer ist in dieser Beziehung die geänderte Fassung, in welcher der Satz in Art. 102 RV. Aufnahme gefunden hat: „Die Richter sind unabhängig und nur dem Gesetz unterworfen." Abgesehen von der erhöhten formellen Gesetzeskraft ist noch hervorzuheben, daß der Satz sich auch nicht, wie dies beim GVG. der Fall ist, auf die ordentliche streitige Gerichtsbarkeit beschränkt. Über die Durchführung der persönlichen Unabhängigkeit wird später gesprochen werden (unten §§ 52 Z. 3 f., 54 Z. 8). Hier ist nur zu betonen, daß die betreffenden Bestimmungen sowohl nach GVG. § 8 i. V. m. EG. § 2 als auch nach RV. 104 („Richter der ordentlichen Gerichtsbarkeit") sich nur auf die staatlich angestellten Richter beziehen (vgl. auch Anschütz, RV. 174); das gleiche gilt auch von BU. § 69, wie sich aus der Einordnung in den Abschnitt „Behörden, Staatsdienst" ergibt. (Bei den Gewerbe- und Kaufmannsgerichten bestehen also bezüglich der Vorsitzenden und ihrer Stellvertreter nach Ablauf der mindestens einjährigen Wahldauer diese besonderen Garantien der persönlichen Unabhängigkeit nicht.)

Waren in den bisherigen Punkten die Abweichungen von dem Grundsatz verhältnismäßig gering, so steht es mit der Durchführung der dritten Forderung nach reinlicher Scheidung der Zuständigkeiten wesentlich anders. § 13 GVG. beginnt zwar mit dem Grundsatz: „Vor die ordentlichen Gerichte gehören alle bürgerlichen Rechtsstreitigkeiten und Strafsachen" und das FGG. hat diese Bestimmung noch auf die unstreitigen bürgerlichen Rechtssachen, die es regelt, erweitert. Aber § 13 fährt fort: „für welche nicht entweder die Zuständigkeit von Verwaltungsbehörden oder Verwaltungsgerichten begründet ist oder reichsgesetzlich besondere Gerichte bestellt oder zugelassen sind". Durch diese Bestimmung ist sowohl der Reichsgesetzgebung wie insbesondere auch der Landesgesetzgebung die Möglichkeit eröffnet, in weitem Umfang „Justizsachen" vor die Verwaltungsbehörden zu verweisen. Selbstverständlich ist damit die Garantie der persönlichen Unabhängigkeit, u. U. auch der sachlichen Unabhängigkeit, beseitigt.

Gewöhnlich wird gelehrt, daß auch nach der umgekehrten Richtung der Grundsatz durchbrochen wird, wenn § 4 EG. z. GVG. die Landesgesetzgebung ermächtigt, den ordentlichen Gerichten auch Geschäfte der Justizverwaltung — unter Ausschluß aller anderen Verwaltungssachen — zu übertragen. Sieht man aber genauer zu, so erkennt man, daß diese Ermächtigung gar nicht dem Gesichtspunkt der reinlichen Zuständigkeitsscheidung widerspricht. Denn die Aufgaben der Justizverwaltung sind doch zweifellos Angelegenheiten der Justiz, also Justizsachen; ohne ihre Erfüllung könnten die Justizbehörden, die Gerichte, gar nicht funktionieren, da sie über Personal, Gebäude, sonstige Sacherfordernisse verfügen müssen. Wenn daher in den Geschäften der Justizverwaltung ein Fremdkörper im Organismus der Gerichte erblickt wird, so muß der Grund für diese Empfindung in einer ganz anderen Richtung gelegen sein. Dargestellt wird das Bedenken regelmäßig so, als ob an der Übertragung von Akten, die auf Erzielung äußerer Handlungserfolge abgestellt sind, also zur Verwaltung im objektiven, materiellen Sinn gehören (oben § 48 Z. 2), Anstoß genommen würde. Daß damit der wahre Grund der Bedenken nicht erkannt wird, zeigt sich aus der unbeanstandeten Zulassung richterlicher Haftbefehle, Zwangsvollstreckungsbewilligungen u. dgl. In Wirklichkeit handelt es sich nur darum, daß bei der Justizverwaltung Anweisungen höherer Stellen, insbesondere auch des außerhalb des gerichtlichen Organismus stehenden Justizministeriums in Betracht kommen. Auf diese Weise wird aber sowohl die sachliche Unabhängigkeit der Gerichte im Bereich der Justizverwaltung beseitigt als auch die Trennung der gerichtlichen und verwaltungsbehördlichen Organisation durchbrochen. Nicht die materielle Natur der Justizverwaltungsgeschäfte ist also, wie man irrtümlich vermeint, der Stein des

Anstoßes, sondern die Aufhebung der organisatorischen Trennung und der sachlichen Unabhängigkeit. Letzten Endes können wir an diesem Punkte deutlich feststellen, wie der juristisch-theoretische Gegensatz von Rechtspflege und Verwaltung sich in dem praktischen Problem der Trennung von Justiz und Verwaltung durchzusetzen versucht (vgl. oben Z. 3 a. E.).

7. Es ist naheliegend, daß gleiche Tendenzen sich auch nach der Richtung hin geltend machen, in der die Scheidung von Justiz- und Verwaltungssachen tatsächlich grundsatzwidrig durchbrochen worden ist, nämlich durch Übertragung von Justizfragen an die Verwaltungsbehörden. Denn es liegt auf der Hand, daß die Zuständigkeit der letzteren in diesen Fällen erträglicher gemacht würde, wenn eine Gewähr gegen die Beeinflussung ihrer Entscheidungen durch nicht sachliche Gesichtspunkte geschaffen werden könnte.

Von Reichs wegen ist hier wenigstens auf strafprozessualem Gebiet vorgesorgt worden, indem gegen Strafbescheide in Polizei- und Finanzsachen der Instanzenzug an das ordentliche Gericht obligatorisch gemacht worden ist (StPO. §§ 453, 459). Im übrigen bleibt es der Landesgesetzgebung überlassen, den in bürgerlichen Rechtssachen einschreitenden Verwaltungsbehörden eine den Richtern ähnliche Stellung insofern zu gewähren, als sie ihre bezügliche Tätigkeit von dem Anweisungsrecht der höheren Stellen ausnimmt und so mit sachlicher Unabhängigkeit ausstattet. Zu Gerichten werden sie aber auch auf diese Weise nicht, weil das Moment der persönlichen Unabhängigkeit fehlt, wie ja umgekehrt die Gerichte bei Besorgung ihrer Justizverwaltungsgeschäfte doch nicht zu Verwaltungsbehörden werden, wie das Justizministerium und die Staatsanwaltschaften, da ihre persönliche Unabhängigkeit gewahrt bleibt (vgl. oben § 48 Z. 6).

Und nun kommt das Gesetz des Schwergewichts der logischen Folgerichtigkeit sozusagen automatisch zur Geltung. Hat sich einmal der Gedanke durchgesetzt, den Verwaltungsbehörden bei Lösung reiner Rechtsfragen sachliche Unabhängigkeit einzuräumen, so mußte dieser Gedanke mit der Zeit naturgemäß auch auf solche Rechtsfragen übergreifen, die bisher aus Gründen der Herkömmlichkeit inkonsequenterweise außer Zusammenhang mit der Justiz gelassen worden waren, nämlich auf öffentliche Rechtssachen, an denen Einzelpersonen beteiligt sind. So entstand die sog. Verwaltungsrechtspflege, auch Verwaltungsjustiz genannt, die einen in der Hauptsache ausreichenden Ersatz für die Zuweisung derartiger Angelegenheiten an die ordentliche Justiz mit dem Vorteil verbindet, in diesen Fragen sachkundigere Organe zur Verfügung zu haben. Von da aus bedeutet es nur noch einen Schritt weiter, wenn auch persönliche Unabhängigkeit vorgesehen wird. Dann verwandeln sich die Behörden der Verwaltungsrechtspflege zu Verwaltungsgerichten. Hier mündet schließlich die Entwicklung wieder, allerdings in abgeänderter Form, in den Grundsatz der Scheidung von Justiz- und Verwaltungsbehörden ein.

8. Nunmehr das bayerische Recht. Die VU. hat sich eingehend mit den hier behandelten Frage befaßt, wohl teilweise in Erinnerung an die alte VU.

Zunächst die getrennte Organisation. Dem oben (Z. 6) behandelten § 1 GVG. entspricht § 5 S. 1: „Die Rechtspflege wird durch unabhängige, nur den Gesetzen unterworfene Gerichte ausgeübt." Über das Vorbild dieses Satzes in der alten VU. s. oben § 48 Z. 6.

Dieser Satz verwirklicht zugleich — ebenso wie § 1 GVG. (vgl. Z. 6) — die Unabhängigkeit der Gerichte von Einflüssen der Verwaltung. Wichtige Folgerungen daraus sind noch an mehreren Stellen der VU. gezogen. So bestimmt § 57 II im Anschluß an den Grundsatz der Unterordnung aller Staatsbehörden unter das Ministerium, daß „die Unabhängigkeit der Rechtsprechung . . . hiedurch nicht berührt" wird. So beschränkt § 61 Ziff. 5 die Entscheidung der Minister über Beschwerden, die sich aus ihrem Geschäftskreis ergeben, durch den Vorbehalt „der Zuständigkeit der Gerichte (und der Verwaltungsgerichte)". So bestimmt endlich § 69 VI: „Anhängige Streitsachen und strafrechtliche Untersuchungen können weder durch den Landtag noch durch die Ministerien oder sonstigen Vewaltungsbehörden gehemmt, von den Gerichten erkannte Strafen können nur nach den Vorschriften dieser Verfassung oder der Verfassung des Deutschen Reiches gemildert oder erlassen werden." In dem ersten Teil dieser Bestimmung wird, soweit es sich um Landesrecht handelt, eine wichtige Barriere gegen Eingriffe der politischen Faktoren und der Verwaltung in den Gang der Rechtspflege geschaffen, die übrigens ebenfalls aus der alten Verfassung (Tit. VIII § 4) übernommen ist. Es handelt sich u. a. um die Unzulässigkeit der Niederschlagung von Strafsachen (sog. Abolition), die Störung gerichtlicher Verhandlungen durch Anfragen und Erhebungen usw. Nicht geschützt ist die unstreitige Gerichtsbarkeit, nicht geschützt auch das Verwaltungsrechtsverfahren, da dieses in § 71 besonders behandelt wird, ohne daß § 69 VI bezogen wäre. Die sachliche Unabhängigkeit der genannten Verfahren wird aber durch das Fehlen dieses besonderen Schutzes vor Störungen nicht berührt.

Bezüglich der Begnadigung, die keinen Eingriff in die Rechtspflegetätigkeit bedeutet, sondern nur die Vollstreckung von Rechtspflegeakten durch die Strafvollzugsbehörden betrifft, vgl. oben S. 132f., 216.

9. Was endlich den dritten Punkt, die reinliche Scheidung der Zuständigkeiten anlangt, so stoßen wir hier vor allem auf den ausdrücklichen Satz des § 69 II S. 1: „Rechtspflege und Verwaltung sind getrennt."

Zweifellos ist damit der Grundsatz der Trennung der Justiz von der Verwaltung in aller Form ausgesprochen. Insofern bezieht sich dieser Satz auf das ganze zur Erörterung stehende Problem. Es erhebt sich aber die Frage, ob damit nicht zugleich der sachliche Gesichtspunkt, nach dem die Trennung durchgeführt werden soll, zum Ausdruck gelangen will, ob damit nicht jene Gleichung verfassungsrechtlich aufgestellt ist, die oben (Z. 3) als erstrebenswertes Ziel bezeichnet wurde: Rechtspflege gleich Justiz, Verwaltung gleich Sache der Verwaltungsbehörden.

Die Möglichkeit dazu wäre gegeben. Es besteht vom reichsrechtlichen Standpunkt aus kein Hindernis, daß die bayerische Verfassung in der Linie der Entwicklung einen Schritt weitergeht, als die reichsrechtliche Ordnung. Träfe diese Auffassung zu, so hätte das die Bedeutung, daß die VU. einerseits der bayerischen Gesetzgebung verbieten würde, von der Ermächtigung des § 13 GVG. (oben Z. 6) Gebrauch zu machen und bürgerliche Rechtssachen und Strafsachen den Verwaltungsbehörden zu überweisen. Andererseits wären auch öffentliche Rechtsstreite den gewöhnlichen Verwaltungsbehörden abzunehmen und an die normalen oder eigens aufgestellte Rechtspflegebehörden zu übertragen.

10. Die übrigen einschlägigen Verfassungsbestimmungen beweisen indes, daß dem § 69 II S. 1 diese Bedeutung nicht zukommt.

Schon der anschließende S. 2 zeigt, daß der Verfassungsgesetzgeber sich an das Vorbild des GVG. anlehnen will: „Den Gerichten können Geschäfte der Justizverwaltung und der freiwilligen Gerichtsbarkeit übertragen werden." Immerhin wäre damit noch der Gedanke der Trennung der Rechtspflege von der Verwaltung als Grundsatz vereinbar, von dem zwei Ausnahmen ausdrücklich vorgesehen werden sollen. Bei der Erwähnung der freiwilligen Gerichtsbarkeit käme die Reminiszenz an den materiellen Verwaltungsbegriff (oben S. 326) in Betracht.

Volle Klarheit aber schafft § 69 IV: „Alle Streitigkeiten über Rechte und Ansprüche des bürgerlichen Rechtes und alle Strafsachen sind den bürgerlichen Gerichten zur Entscheidung zuzuweisen, soweit nicht durch diese Verfassung, die Verfassung des Deutschen Reichs oder ein besonderes Gesetz etwas anderes angeordnet ist." Das ist nichts anderes als eine vollkommen überflüssige und nicht gerade glückliche Umformung des § 13 GVG. Überflüssig, weil sie inhaltlich nichts Neues sagt; nicht gerade glücklich, weil das GVG. klar und deutlich bestimmt, daß die fraglichen Sachen vor die ordentlichen Gerichte „gehören", während die VU. erklärt, daß sie „zuzuweisen sind" und man vergeblich nach dem Auftragsempfänger fragt; die Verwaltung ist der Natur der Sache nach ausgeschlossen, und das Gesetz kann nicht gemeint sein, da ihm ja ausdrücklich das Gegenteil gestattet wird.

Außerdem bestimmt § 71 I und II S. 1: „Für bestrittene Rechtsansprüche und Verbindlichkeiten auf dem Gebiete des öffentlichen Rechtes steht nach Maßgabe der Gesetze das Verwaltungsrechtsverfahren offen. Die mit der Verwaltungsrechtspflege betrauten Behörden erkennen mit richterlicher Unabhängigkeit." Es soll also an der Zuständigkeit der Verwaltungsbehörden auch in Verwaltungsrechtssachen wie bisher festgehalten und nur ihre Ausstattung mit sachlicher Unabhängigkeit betont werden. Der Ausdruck „richterliche Unabhängigkeit" in diesem Zusammenhang ist übrigens ungenau; zur richterlichen Unabhängigkeit gehört vor allem die persönliche (vgl. oben S. 336). Jedenfalls ist aber an eine Trennung der zweifellos zur Rechtspflege im theoretischen Sinn gehörenden Verwaltungsrechtsprechung von den Verwaltungsbehörden nicht gedacht (a. M. Piloty 160 [2]).

Daß der Ausdruck „Rechtspflege" in § 69 II S. 1 im engeren Sinne von „Justiz" gebraucht ist, geht übrigens auch aus § 5 S. 1 (oben Z. 8) hervor, der im Entwurf als § 32 I in engerem Zusammenhang mit § 69 II S. 1 als damaligem § 32 III stand. In § 5 ist aber zweifellos nur an die Zivil- und Strafrechtspflege gedacht; vgl. die Herkunft aus § 1 GVG. und den Gegensatz zu der Verwaltungsrechtspflege des § 71 II.

11. Allerdings kennt die VU. auch den Begriff der Rechtspflege im Sinne der sachlich unabhängigen Tätigkeit der Behörden, wie sich gerade an der zuletzt besprochenen Stelle (§ 71 II S. 1) zeigt. Durch diese Bestimmung ist, nebenbei bemerkt, auch auf dem Gebiet der öffentlichen Rechtssachen ein positivrechtlicher Schritt nach Anerkennung der besonderen Natur der „Rechtspflege" getan. Außerdem wird der Ausdruck Rechtspflege im theoretischen Sinn noch in § 72 gebraucht, der „die mit der Rechtspflege betrauten Behörden" zur Prüfung der Verfassungsmäßigkeit der Gesetze anweist (vgl. oben § 47 Z. 8). Endlich umfaßt die „Unabhängigkeit der Rechtsprechung" in § 57 II

S. 2 (oben Z. 8) alle Arten der „Rechtspflege" und auch § 61 Z. 5 (vgl. ebenda) meint den neben das Wort „Gerichte" gestellten Ausdruck „Verwaltungsgerichte" im Sinne von Behörden der Verwaltungsrechtspflege, wie sich schon aus dem Gebrauch der Mehrzahl ergibt, da es ja nur ein eigentliches Verwaltungsgericht in Gestalt des Verwaltungsgerichtshofes gibt (vgl. auch unten § 54 Z. 4); auf diese Weise werden alle Arten der Rechtspflegetätigkeit dem ministeriellen Einfluß ausdrücklich entzogen.

12. Unter dem Gesichtspunkt der Trennung der Justiz von der Verwaltung ist schließlich noch auf § 69 V zu verweisen: „Der Staat nimmt in Sachen des bürgerlichen Rechtes vor den ordentlichen Gerichten Recht." Dieser Satz bringt aber sachlich nichts Neues, entspricht vielmehr dem § 4 EG. z. ZPO., wonach für bürgerliche Rechtsstreitigkeiten, für welche nach dem Gegenstand oder der Art des Anspruchs der Rechtsweg zulässig ist, aus dem Grunde, weil als Partei der Fiskus beteiligt ist, der Rechtsweg durch die Landesgesetzgebung nicht ausgeschlossen werden darf. Der Satz, der übrigens schon in Tit. VIII § 5 der alten Verfassung enthalten war, hätte also nur für den gänzlich unwahrscheinlichen Fall einer Aufhebung des § 4 EG. Bedeutung.

13. Es liegt auf der Hand, daß die Trennung der Justiz- von den Verwaltungssachen, wie sie positivrechtlich vorgenommen wird, im einzelnen zu sehr vielen Zweifeln Anlaß geben kann. Schon die Frage, ob eine bürgerliche Rechtssache vorliegt, ermöglicht in vielen Fällen Meinungsverschiedenheiten. Es läßt sich also nicht vermeiden, daß solche Divergenzen auch bei den für die Erledigung in Betracht kommenden Behörden selbst auftreten, sei es, daß sowohl das Gericht wie die Verwaltungsbehörde ihre Zuständigkeit für gegeben annehmen, sei es, daß beide den andern Teil für zuständig halten. Man spricht dann von positiven bzw. negativen Kompetenzkonflikten. Um diese aus der Welt zu schaffen, muß positivrechtlich eine Stelle bestimmt sein, die solche Zweifel entscheiden kann.

Da es sich hier um eine wichtige, notwendige Ergänzung des Grundsatzes der Trennung von Justiz und Verwaltung handelt, mußte sich das GVG. für seinen Bereich (ordentliche streitige Gerichtsbarkeit) mit der Frage befassen. Es hat dabei ganz im Sinne der Tendenz, die Gerichte vor der Verwaltung zu schützen, grundsätzlich ein rechtskräftiges Urteil des Gerichts über die Zulässigkeit des Rechtswegs als maßgebend erklärt, § 17 Z. 4. Andererseits wurde aber zugleich der Landesgesetzgebung die Ermächtigung erteilt, besondere Behörden — sog. Kompetenzgerichtshöfe — mit der Entscheidung über die zwischen einem Gericht und einer Verwaltungsbehörde streitig gewordene Zuständigkeitsfrage zu betrauen, wenn der Antrag hierauf vor Rechtskraft des gerichtlichen Urteils gestellt wird; für die Einrichtung der Behörden und das Verfahren sind gewisse Normativvorschriften gegeben (§ 17 I und II Z. 1—3; vgl. auch EG. z. ZPO. § 15 Z. 1). Der Landesgesetzgebung blieb es überlassen, diese Kompetenzgerichte auch zur Entscheidung negativer Konflikte zu berufen.

14. Die bayerische Gesetzgebung hat von dieser Ermächtigung durch das Gesetz vom 18. August 1879, GVBl. 991, Gebrauch gemacht. Die Zuständigkeit des dadurch geschaffenen Gerichtshofes für Kompetenzkonflikte erstreckt sich auch auf Zuständigkeitsstreite zwischen den Gerichten und dem Verwaltungsgerichtshof (Art. 1) und auf die nichtstreitige Gerichtsbarkeit (Art. 27). Auch für negative Konflikte, soweit es sich um die streitige Gerichtsbarkeit handelt, ist der Gerichtshof zuständig (Art. 22). Streitigkeiten darüber, ob der Verwaltungsgerichtshof oder die Verwaltungsbehörden zuständig sind, werden nach näherer Bestimmung des Art. 50 VGG. von einem besonderen Kompetenzsenat entschieden.

Bezüglich des Gerichtshofes für Kompetenzkonflikte ist noch hervorzuheben, daß er in der Besetzung von 7 Mitgliedern entscheidet, von denen der Vorsitzende und drei Beisitzer den Zivilgerichten, die drei übrigen Beisitzer dem Verwaltungsgerichtshof entnommen sind. Es hat also die Ziviljustiz das Übergewicht.

Diese Vorschriften werden nun ausdrücklich aufrechterhalten in § 69 III: „Die Entscheidung von Streitigkeiten über die Zuständigkeit zwischen den Gerichten und Verwaltungsbehörden erfolgt in gesetzlich geregeltem Verfahren durch besonders hiefür gebildete Gerichte.“ Dadurch wird die Einrichtung als solche zu einer verfassungsmäßig notwendigen erhoben, ohne daß das bestehende Recht inhaltlich geändert werden sollte. Der Verfassungssatz erfaßt sowohl positive wie negative Konflikte, sowohl das streitige wie das unstreitige Verfahren; andererseits wird der Verwaltungsgerichtshof nicht erwähnt und die Möglichkeit der Schaffung einer Mehrzahl von Kompetenzgerichten eröffnet.

15. Zum Schlusse empfiehlt es sich noch festzustellen, in welcher Art dem Gegensatz zwischen Rechtspflege und Verwaltung im juristisch-theoretischen Sinn bei der positivrechtlichen Durchführung der Trennung der Justiz von der Verwaltung Rechnung getragen ist. Denn die Zukunft weist ja auf eine möglichst vollständige praktische Auswirkung dieses theoretischen Gegensatzes. Wir können uns dies am besten durch folgendes Schema verdeutlichen.

Gericht — Verwaltung — Verwaltungsgerichtsbarkeit
(persönlich unabhängig) (persönlich abhängig) (persönl. u. sachl. unabhängig)

Zivil- u. Strafrechtspflege Justizverwaltung Verwaltung Verwaltungsjustiz Zivil- u. Straff.
(sachl. unabhängig) (sachl. abhängig) (sachl. abh.) (sachl. unabhängig) (sachl. unabh.).

§ 52.

Die Organisation der Verwaltung.

Schrifttum: Außer dem bei § 48 Angeführten neuestens etwa Hatschek, Lehrbuch des deutschen und preuß. Verwaltungsrechts 60 ff., 312 ff. und die dort genannten Schriftsteller.

a) Begriff der Verwaltungsbehörde.

1. Bei der Untersuchung des Begriffs der Verwaltung haben wir eine vierfache Bedeutung festgestellt, eine materielle oder objektive, eine formelle oder subjektive, eine theoretische oder juristische und endlich eine organisatorische (oben § 48 Z. 2). Da die letztere aufs engste mit der formellen, subjektiven zusammenhängt (ebenda), können wir auch von einer Dreiteilung sprechen. Das Wesensmerkmal bei dem materiellen Begriff war die Erzielung äußerer Erfolge im Gegensatz zur Entscheidung von Rechtsfragen, bei dem subjektiven-organisatorischen die persönliche Abhängigkeit, bei dem juristischen die sachliche Abhängigkeit. Fragen wir nun, welcher dieser drei Begriffe zur Definition der Verwaltungsbehörde herangezogen werden soll, so liegt es in der Natur der Sache, daß hier das organisatorische Moment entscheidend sein muß (vgl. auch oben § 48 Z. 6). Danach verstehen wir unter einer Verwaltungsbehörde eine amtliche Stelle, deren Mitglieder persönlich abhängig sind. Im Gegensatz dazu ist ein Gericht eine amtliche Stelle, deren Mitglieder persönlich unabhängig sind.

Daß diese Unterscheidung die maßgebende, richtige ist, zeigt sich darin, daß die beiden Behördenarten, welche Funktion auch immer ihnen übertragen sein mag, das angegebene Kriterium nicht verlieren, während umgekehrt die anderen in Betracht kommenden Merkmale nur für gewisse Funktionen zutreffen, bei Ausübung anderer aber fehlen. Daß der materielle Gesichtspunkt nicht durchschlägt, wurde schon wiederholt berührt und liegt auch auf der Hand. Ob ein bayerisches Bezirksamt sachlich vor die Lösung einer Rechtsfrage gestellt ist, spielt für seine Qualifikation als Verwaltungsbehörde nicht die geringste Rolle. Genau so steht es aber auch mit der sachlichen Unabhängigkeit, also mit der Übertragung von Rechtspflegeangelegenheiten, wie die Verwaltungsrechtsprechung beweist. Wird dagegen eine Behörde mit persönlicher Unabhängigkeit ausgestattet, so geht der Charakter als Verwaltungsbehörde verloren; man spricht dann von einem Verwaltungs**gericht**.

Ebenso steht es mutatis mutandis mit der Qualifikation einer Behörde als Gericht. Die Erzielung äußerer Handlungserfolge wie Verhaftung, Zwangsvollstreckung, Bestellung eines Vormundes, hebt die Gerichtseigenschaft nicht auf. Andererseits unterscheidet sich ein Gericht auch dann noch wesentlich von einer Verwaltungsbehörde, wenn es bei Fortbestand der persönlichen Unabhängigkeit an Weisungen höherer Stellen gebunden, also sachlich abhängig wird. Daher sind die Gerichte, auch wenn sie Justizverwaltung ausüben, keine Verwaltungsbehörden, wie das Justizministerium und die Staatsanwaltschaften (vgl. oben § 51 Z. 7), sondern mit Verwaltungsaufgaben betraute Justizbehörden. Besitzt dagegen eine Behörde, auch wenn sie sachlich unabhängig ist, keine persönliche Unabhängigkeit, so erlangt sie die Qualifikation als Gericht nicht, wie die in Verwaltungsrechtssachen fungierenden Verwaltungsbehörden beweisen.

Welche Rolle die sachliche Abhängigkeit für das Wesen der Verwaltungsbehörde, die sachliche Unabhängigkeit für das Wesen des Gerichts spielt, wird später genauer bestimmt werden (vgl. unten Z. 6). Dabei wird noch eine weitere Begriffsbestimmung der beiden Behördenarten möglich werden (vgl. ebenda).

2. Der Umstand, daß es für die Unterscheidung zwischen Verwaltungsbehörden und Gerichten auf die persönliche Rechtsstellung ihrer Mitglieder ankommt, ermöglicht noch eine andere Begriffsbestimmung. Man kann auch sagen: **Verwaltungsbehörden sind amtliche Stellen, deren Mitglieder Verwaltungsbeamte, Gerichte solche, deren Mitglieder Richter sind.** Natürlich ist hiemit nicht etwa an die verschiedene Vorbildung oder Ausbildung gedacht, es kommt vielmehr nur auf die Rechtsstellung an. Wenn daher beispw. in einzelnen Ländern bestimmt ist, daß die Hälfte der Mitglieder eines Verwaltungsgerichts die Fähigkeit zum Richteramt, die andern zur Bekleidung höherer Verwaltungsämter haben muß — preuß. Gesetz vom 3. Juli 1875, GS. 375, § 17 im Gegensatz zum bayer. VGG. Art. 3 —, so ändert das nichts daran, daß allen Mitgliedern die rechtliche Stellung von Richtern eingeräumt ist; vgl. das angeführte preußische Gesetz §§ 18—24, das bayerische VGG. Art. 2. **Mitglieder** der Behörde sind nur solche Beamte, die zu selbständigem Handeln namens der Behörde rechtlich befugt sind.

3. Aus dem Vorausgegangenen ergibt sich die große Bedeutung, welche die rechtliche Stellung der Beamten für die rechtliche Stellung ihrer Behörde besitzt. Daher ist es nicht nur beamtenrechtlich, sondern allgemein verfassungsrechtlich von Bedeutung, daß die neuen Verfassungen die obersten Grundsätze für die Stellung der Beamten festgelegt haben.

Die Reichsverfassung enthält in den Art. 128—131 in Ausführung der durch Art. 10 Z. 3 begründeten Gesetzgebungszuständigkeit des Reichs die einschlägigen Bestimmungen. Auf diese Vorschriften ist hier im einzelnen nicht einzugehen. Nur zwei Sätze müssen hervorgehoben werden; einmal Art. 129 I S. 1: „Die Anstellung der Beamten erfolgt auf Lebenszeit, soweit nicht durch Gesetz etwas anderes bestimmt ist", und dann Art. 129 II: „Die Beamten können nur unter den gesetzlich bestimmten Voraussetzungen und Formen vorläufig ihres Amtes enthoben, einstweilen oder endgültig in den Ruhestand oder in ein anderes Amt mit geringerem Gehalt versetzt werden."

Die volle Tragweite dieser Sätze erhellt aber erst, wenn die entsprechenden Vorschriften gegenübergestellt werden, die das Rechtsverhältnis der Richter regeln. Entscheidend ist dabei Art. 104 I S. 1 und 2: „Die Richter der ordentlichen Gerichtsbarkeit werden auf Lebenszeit ernannt. Sie können wider ihren Willen nur kraft richterlicher Entscheidung und nur aus den Gründen und unter den Formen, welche die Gesetze bestimmen, dauernd oder zeitweise ihres Amtes enthoben oder an eine andere Stelle oder in den Ruhestand versetzt werden."

Zunächst fällt eine weitgehende Parallele in der Stellung der Verwaltungsbeamten und Richter ins Auge. Bei beiden ist die dauernde Anstellung, die dem System des Berufsbeamtentums entspricht, als Regel erklärt. Das Dienstverhältnis ist dann entsprechend der dauernden Anstellung durch eine Reihe von weiteren Verfassungsbestimmungen, die hier nur zum Teil aufgeführt wurden, rechtlich gesichert. Die besonderen Garantien der Stellung auch bei den Verwaltungsbeamten sind übrigens eine spezifische Einrichtung des deutschen Rechts, deren politische Bedeutung gerade im Rahmen des parlamentarischen Systems sehr erheblich ist (vgl. Nawiasky, Die Zukunft des deutschen Beamtentums, BayZfR. 1919, 263 ff., und oben S. 83).

Bei schärferer Betrachtung treten dann aber auch die grundsätzlichen Unterschiede zutage. Die lebenslängliche Anstellung der Richter ist ausnahmslos, bei den Verwaltungsbeamten sind gesetzliche Ausnahmen zulässig. Bei den Richtern ist die Amtsentsetzung und Versetzung in jedem Fall gesetzlich gebunden und darf nur auf Grund richterlicher Entscheidung erfolgen. Bei den Verwaltungsbeamten dagegen ist nur die Amtsentsetzung und Versetzung auf ein Amt mit geringerem Gehalt gesetzlich gebunden, dagegen die Versetzung auf ein Amt mit gleichem Gehalt in das freie Ermessen gestellt, und in allen Fällen steht die Entscheidung grundsätzlich den Verwaltungsbehörden zu. Dabei ist nicht ausgesprochen, aber verfassungsmäßig zulässig, daß auch die Versetzung in den Ruhestand durch das Gesetz in das freie Ermessen gestellt werden kann, während eine gleichartige Ermächtigung bezüglich der Richter zwar nicht unmittelbar dem Wortlaut, aber dem Sinn der Verfassung (vgl. die Worte „kraft richterlicher Entscheidung") widersprechen würde.

In dieser freien Ent- und Versetzbarkeit liegt nun das Wesen der persönlichen Abhängigkeit, in der gebundenen Ent- und Versetzbarkeit das Wesen der persönlichen Unabhängigkeit; Näheres noch unten § 54 Z. 8.

4. Auch die bayerische Verfassung enthält einschlägige Bestimmungen in §§ 67—69 I. Für die Verwaltungsbeamten kommt in Betracht § 68 II: „Die Staatsbeamten werden ernannt. Die Ernennung geschieht, soweit nicht das Gesetz anderes bestimmt, auf Lebenszeit" und § 67 III: „Unwiderruflich angestellte Staatsbeamte können wegen schuldhaften Verhaltens nur unter den gesetzlichen Voraussetzungen und Formen vorläufig ihres Amtes enthoben, einstweilen oder endgültig in den Ruhestand versetzt oder in ein anderes Amt mit geringerem Gehalt versetzt oder entlassen werden." Hier werden im wesentlichen die reichsverfassungsrechtlichen Bestimmungen wiederholt und in einzelnen Punkten partikularrechtlich ergänzt (z. B. „Ernennung" ohne Zusatz bedeutet lebenslängliche Anstellung; die besonderen Garantien der dauernden Anstellung beziehen sich nur auf die „unwiderrufliche" Anstellung, die regelmäßig nach einer bestimmten Reihe von Dienstjahren Platz greift; daß von „schuldhaftem Verhalten" gesprochen wird, gestattet übrigens kein argumentum e contrario für die Fälle, in denen von Verschulden keine Rede ist).

Für die richterlichen Beamten bestimmt § 69 I: „Richter können nur aus gesetzlichen Gründen und im gesetzlich geregelten Verfahren gegen ihren Willen versetzt, ihres Amtes enthoben, in den Ruhestand versetzt oder entlassen werden." Hier wird den reichsverfassungsrechtlichen Bestimmungen nur hinzugefügt, daß gleiche Vorschriften für alle Richter, nicht nur die der ordentlichen Gerichtsbarkeit gelten, allerdings unter der Voraussetzung, daß sie Staatsbeamte sind (vgl. Überschrift vor § 67, ferner oben § 51 Z. 6).

b) Das Ministerialsystem in der Verwaltung.

5. Die einzelnen Verwaltungsbehörden bilden nicht eine zusammenhangslose Masse, sondern einen wohlgeordneten Bau. Das ist nicht nur aus sachlichen, verwaltungspolitischen Gründen, sondern auch aus verfassungsrechtlichen Gründen notwendig. Wenn im parlamentarischen System das Volk über die Volksvertretung durch das Ministerium Einfluß auf die öffentliche Verwaltung besitzen soll (oben S. 72 ff.), so ist dieses Ergebnis nur dadurch zu erreichen, daß alle Verwaltungsbehörden dem Ministerium untergeordnet sind. Es besteht daher das Ministerialsystem in der Verwaltung (vgl. Grundgedanken S. 109 ff.).

Überordnung des Ministeriums über die Verwaltungsbehörden setzt deren sachliche Abhängigkeit voraus. Daraus folgt, daß jede Verwaltungsbehörde an dieser sachlichen Abhängigkeit teilnimmt. Wir sahen aber, daß die sachliche Abhängigkeit nicht das maßgebende Kriterium der Verwaltungsbehörde bildet, daß vielmehr die persönliche Abhängigkeit entscheidet (oben Z. 1). Wie löst sich dieser Widerspruch?

6. Das Kriterium der persönlichen Abhängigkeit wurde oben deswegen als das entscheidende festgestellt, weil es in keinem Augenblick fehlen darf, soll noch von einer Verwaltungsbehörde gesprochen werden können. Denn in demselben Moment, in dem eine amtliche Stelle mit persönlicher Unabhängigkeit tätig wird, ergreift diese Eigenschaft ihre gesamte Funktion, es gibt hier nur ein entweder — oder, entweder ist die beliebige Versetzung und Entsetzung der eingeteilten Beamten ausgeschlossen oder zugelassen, und, falls das erstere zutrifft, ist richterliche Unabhängigkeit gegeben, falls das letztere zutrifft, fehlt dieselbe. Daraus folgt, daß die persönliche Unabhängigkeit oder ihr Gegenstück, die persönliche Abhängigkeit sich gegenseitig ausschließen, streng alternativ sind.

Ganz anders steht es mit der sachlichen Abhängigkeit. Dieselbe Behörde kann nicht zugleich persönlich abhängig und unabhängig sein, sie kann aber ohne weiteres zugleich sachlich abhängig und unabhängig sein, wenn sich diese Stellung auf verschiedene Funktionen bezieht. Anders ausgedrückt, die persönliche Abhängigkeit bzw. Unabhängigkeit ergreift die Behörde als Einheit, die sachliche Abhängigkeit bzw. Unabhängigkeit ergreift die einzelnen Zuständigkeiten; ungenau formuliert: die erste ist unteilbar, die letztere teilbar.

Wenn daher von der persönlich abhängigen Verwaltungsbehörde ausgesagt wird, daß sie auch sachlich abhängig sein muß, so heißt das nichts anderes, als daß ein Teil ihrer Funktionen sachlich abhängig sein muß. Diese Behauptung ist aber, genau besehen, keine neue selbständige Behauptung, sondern nichts als eine einfache Folgerung aus der persönlichen Abhängigkeit, wie sich sofort ergibt, wenn man nach deren Grunde fragt. Persönliche Abhängigkeit hat nur dann einen Sinn, wenn man einen Beamten in der Hand haben will, um dadurch sicher zu gehen, daß er den Willen des Vorgesetzten erfüllt. Ist dagegen gewünscht, daß der Beamte unbeeinflußt von dem Willen des Vorgesetzten, also sachlich unabhängig handelt, dann wird dieser Wunsch am sichersten durch Festlegung der Einflußlosigkeit des Vorgesetzten in bezug auf das persönliche Schicksal des Untergebenen erreicht. Die persönliche Abhängigkeit verhält sich zur sachlichen wie die Folge zum Grund, die sachliche zur persönlichen wie das Motiv zur ausgesprochenen Norm. Dagegen verschlägt es mit nichten, daß persönliche Abhängigkeit auch mit sachlicher Unabhängigkeit verbunden wird, wenn diese, getrennt nach dem Zuständigkeitsgebiet, neben sachlicher Abhängigkeit vorkommt (vgl. auch unten § 54 Z. 4). Ebenso kann auch die persönliche Unabhängigkeit des Gerichts eine Verbindung mit sachlicher Abhängigkeit eingehen, wenn die letztere neben sachlicher Unabhängigkeit vorgesehen ist.

Daraus folgt, daß die Feststellung sachlicher Abhängigkeit der Verwaltungsbehörden sich nicht nur nicht im Widerspruch mit der These ihrer persönlichen Abhängigkeit befindet, sondern diese These einfach ergänzt, indem sie einen Vordersatz derselben ausspricht. Ebenso steht es natürlich mit dem Verhältnis zwischen sachlicher und persönlicher Unabhängigkeit der Gerichte. Wohlgemerkt darf aber nur gesagt werden, daß die Verwaltungsbehörde in einem Teil ihrer Zuständigkeit sachlich abhängig, das Gericht in einem Teil seiner Zuständigkeit sachlich unabhängig sein muß.

Aus den vorhergehenden Ausführungen erhellt, daß es vollkommen berechtigt war, aus der Begriffsbestimmung der Verwaltungsbehörde und des Gerichts (Z. 1) das Moment der sachlichen Abhängigkeit bzw. Unabhängigkeit auszuschalten. Es hat aber auch nichts auf sich, gewissermaßen pleonastisch darauf Rücksicht zu nehmen und daher zu sagen: Verwaltungsbehörde ist eine persönlich und mindestens teilweise auch sachlich abhängige Stelle; Gericht ist eine persönlich und mindestens teilweise auch sachlich unabhängige Stelle.

7. Das Ministerialsystem in der Verwaltung kommt in der Weise zum Ausdruck, daß der ganze Apparat in eine Reihe von ministeriellen Spitzen ausläuft und zwar in ebenso viele, als es Ministerien gibt. Keine Verwaltungsbehörde kann außerhalb dieses hierarchischen Aufbaues stehen. In das System sind ferner auch die

Gerichte eingeordnet, soweit sie Verwaltungsgeschäfte besorgen und daher sachlich abhängig sind.

Bei einer Mehrzahl von Ministerien ergibt sich so eine Vielköpfigkeit der Verwaltung. Um nun gleichwohl die erforderliche Einheitlichkeit zu wahren, bedarf es eines Organes, das die verschiedenen Spitzen zusammenhält. Dieses Organ kann entweder aus einer Person oder aus einer Mehrheit von Personen bestehen, es kann ferner einstufig oder zweistufig sein. Letzteres ist der Fall, wenn neben und über dem Ministerium ein Monarch oder Staatspräsident oder ein Staatsdirektorium steht, die dem Ministerium selbst nicht angehören. Trifft dies nicht zu, ist also Einstufigkeit gegeben, dann kommt entweder eine Übergewichtsstellung des Ministerpräsidenten oder kollegiale Zusammenfassung aller Minister zum Ministerrat in Frage. Auch bei Zweistufigkeit der Spitze kann die Ministerialinstanz nach dem System der Überordnung des Ministerpräsidenten oder der ministeriellen Kollegialität gestaltet sein.

8. Wie bereits früher (S. 217 f.) dargelegt wurde, ist in Bayern das G e s a m t m i n i s t e r i u m die oberste Verwaltungsbehörde des Staates (§ 4 S. 1). Nach § 57 II S. 1 sind ihm alle Staatsbehörden untergeordnet; dies gilt auch von den Einzelministerien. Der Ministerpräsident dagegen ist nicht Vorgesetzter seiner Ministerkollegen, sondern hat nur in einzelnen Beziehungen eine gehobene Stellung (oben S. 229 ff.). Nicht berührt wird auch die Überordnung des einzelnen Ministers über die Behörden seines Dienstzweiges (§ 61 Z. 5).

Aus dieser Gestaltung ergibt sich ein d o p p e l t e s U n t e r o r d n u n g s v e r h ä l t n i s der obersten, außerhalb der Ministerialinstanz stehenden Staatsbehörden. Einmal sind sie dem zuständigen Einzelministerium unterstellt und durch dieses mittelbar dem Gesamtministerium und dann sind sie auch unmittelbar dem Gesamtministerium unterstellt. Welches Verhältnis im Einzelfall gegeben ist, hängt davon ab, ob eine Zuständigkeit von vornherein an Stelle der Einzelministerien dem Gesamtministerium übertragen ist, oder ob das Gesamtministerium nur als übergeordnete Stelle der Einzelministerien in Betracht kommt. Die gesetzliche Zuständigkeitsverteilung kann aber durch das Gesamtministerium für jede einzelne Angelegenheit zu seinen Gunsten durchbrochen werden, wenn es dieser Angelegenheit allgemein politische Bedeutung beimißt (vgl. oben S. 224).

Ausgenommen von der ministeriellen Überordnung über die Staatsbehörden ist die gesamte Rechtspflege. Das ergibt sich schon aus ihrer sachlichen Unabhängigkeit (§ 5 S. 1 bezüglich der Gerichte,

§ 71 II S. 1 bezüglich der mit der Verwaltungsrechtspflege betrauten Behörden). Es ist aber außerdem noch ausdrücklich ausgesprochen in § 57 II S. 2: „Die Unabhängigkeit der Rechtsprechung . . . wird hiedurch" — die Unterordnung aller Staatsbehörden unter das Ministerium — „nicht berührt", und in § 61 Z. 5: „Jeder Minister übt die Dienstaufsicht über die Behörden und Beamten seines Dienstzweiges und entscheidet vorbehaltlich der Zuständigkeit der Gerichte und der Verwaltungsgerichte über die Beschwerden, welche sich aus seinem Geschäftskreis ergeben." Beide Stellen sind übrigens unpräzis gefaßt. An der ersten Stelle sollte nicht nur von Rechtsprechung, sondern von Rechtspflege die Rede sein. An der zweiten Stelle sollte der Vorbehalt der gerichtlichen und verwaltungsgerichtlichen Zuständigkeit auch für die Dienstaufsicht gemacht und auf die Verwaltungsrechtsprechung ausgedehnt sein (vgl. auch oben § 51 Z. 11).

Die Ausnahme der Rechtspflege von der ministeriellen Überordnung schließt notwendigerweise auch die ministerielle Verantwortlichkeit aus. Nur soweit die Untergebenen gehorsamspflichtig sind, kann ihr Verhalten dem Vorgesetzten zur Last gelegt werden (vgl. oben S. 218).

9. Das Ministerialsystem ist in Bayern nicht nur dadurch, daß ausdrücklich alle Staatsbehörden dem Gesamtministerium untergeordnet werden (§ 57 II S. 1), verfassungsrechtlich lückenlos durchgeführt, sondern außerdem durch § 58 III S. 2 gesichert: „Alle Geschäfte der Staatsverwaltung sind nach Maßgabe der Gesetze vom Gesamtministerium unter die Ministerien zu verteilen." Auch dieser Satz schließt aus, daß irgend eine Verwaltungsangelegenheit dem System der Ministerverantwortlichkeit entschlüpft.

Die Verteilung der Geschäfte kann aber vom Gesamtministerium innerhalb des von den Gesetzen gelassenen Spielraums nicht nach Belieben vorgenommen werden, sie muß vielmehr nach dem Real- oder Ressortsystem gestaltet sein. So ist § 58 III S. 1 zu verstehen: „Jeder Minister hat einen bestimmten Geschäftskreis zu verwalten"; denn wenn dieser Satz seinem Wortlaut nach auch eine Geschäftsverteilung nach territorialen Gesichtspunkten zuließe, so wird er doch durch § 61 Z. 5 (oben Z. 8) näher präzisiert, wonach „jeder" Minister die Dienstaufsicht über die Behörden „seines Dienstzweiges" führt. Es kann also nach der Verfassung nicht etwa ein besonderes Ministerium für die Pfalz geben, sondern nur einen Staatskommissar, der gegenwärtig dem Ministerium des Äußeren angehört.

Dagegen bedeutet das Ressortsystem nicht, daß auch in den mittleren und unteren Instanzen eine Auseinanderlegung der Behörden nach Dienstzweigen durchgeführt werden muß. Es verträgt sich vielmehr mit dem Prinzip durchaus, daß hier grundsätzlich für jeden Sprengel nur eine allgemeine Behörde errichtet wird, bei der die Angelegenheiten aller Dienstzweige bearbeitet werden. Denn eine derartige Vereinigung ist eine rein technische Frage und ändert nichts daran, daß für die Tätigkeit in jedem Dienstzweig die Weisungen und die Aufsicht des zuständigen Ressortministeriums maßgebend bleiben. Auf diese Weise ist im ganzen Staat für jedes Ressort eine einheitliche Geschäftsführung gesichert und darauf kommt es sachlich bei dem Realprinzip allein an.

Die in Bayern bestehenden allgemeinen Verwaltungsbehörden der mittleren und unteren Stufe, die Kreisregierungen und Bezirksämter (vgl. oben § 10), stellen den Typus solcher eine Vielzahl von Ressorts in ihrer Zuständigkeit vereinigenden Behörden dar.

10. Das Ministerialsystem hat also in bezug auf den äußeren Aufbau der Behörden die hierarchische Organisation zur notwendigen Folge. Es wirkt aber auch in bestimmter Weise auf den inneren Aufbau der Behörden ein, indem es regelmäßig deren bureaukratische Organisation nach sich zieht. Dieser Zusammenhang ist allerdings kein notwendiger, sondern nur ein natürlicher, regelmäßiger. Bureaukratische oder monokratische Organisation bedeutet, daß innerhalb des Amtes alle Beamten einem Chef unterstellt sind, dessen Weisungen für sie Maßgeblichkeit besitzen. Bei umfangreicheren Behörden sind auch Zwischenbauten möglich, indem mehrere Gruppen gebildet werden, die jede ihren besonderen Abteilungsvorstand hat, und die erst im Wege dieser Abteilungsvorstände in dem Chef als Spitze der Gesamtbehörde zusammenlaufen.

Die strenge Über- und Unterordnung in der bureaukratisch organisierten Behörde sorgt für strikte Durchführung empfangener Befehle und stellt die Verantwortlichkeit für Mängel der Durchführung ins hellste Licht.

Den Gegensatz zum Bureausystem bildet das Kollegialsystem, bei dem mehrere Personen gleichgeordnet zusammenwirken und die Willensakte der Behörde durch Mehrheitsbeschlüsse feststellen. Liegen auch die Vorteile dieses Systems in dem Geltendwerden verschiedener Gesichtspunkte und daher in einer vielseitigen Beleuchtung der Verhandlungsgegenstände, so ist doch andererseits die Verantwortlichkeit des einzelnen Kollegialmitgliedes durch die Verteilung auf alle Mitwirkenden wesentlich abgeschwächt. Gewiß können auch Kollegien höhere Befehle empfangen und ausführen, aber es fehlt an einer Person, die für die getroffene Verfügung als Ganzes einzutreten hat, da jeder nur sein Votum verantwortet. Daher erweist sich das Kollegialprinzip zwar als gut geeignet für unabhängige Behörden bzw. Funktionen, also für Akte der Rechtspflege, empfiehlt sich jedoch nicht für die sachlich abhängige Verwaltung.

Die bayerische Verfassung faßt die zwar nicht notwendig verbundene, aber innerlich zusammengehörige hierarchische und bureaukratische Organisation unter dem Gesichtspunkt der „Dienstaufsicht" zusammen, die nach § 61 Z. 5 (Wortlaut oben Z. 8) von jedem Minister über die Behörden und Beamten seines Dienstzweiges ausgeübt wird; in der Aufsicht über die Behörde wird die äußere, hierarchische, in der Aufsicht über die Beamten die innere, bureaukratische Organisation angedeutet.

c) Staats- und Selbstverwaltung.

11. Die öffentliche Verwaltung wird nicht nur durch Personen, die in einem Dienstverhältnis zum Staate stehen, sondern auch durch solche besorgt, die aus der Mitte der Bevölkerung berufen werden und so zugleich deren Interessen wahrnehmen. So entsteht der Begriff der Selbstverwaltung im Gegensatz zur Staatsverwaltung.

Der Begriff der Selbstverwaltung hat eine doppelte Bedeutung. Einmal spricht man davon, wenn der eben angedeutete Tatbestand vorliegt, daß an Stelle der oder neben den staatlichen Berufsbeamten ehrenamtliche, meist gewählte Vertreter der Bevölkerung in der öffentlichen Verwaltung tätig sind, Selbstverwaltung im weiteren oder politischen Sinn. Oder man verlangt, daß eigene vom Staate getrennte Rechtssubjekte bestehen, die ein subjektives Recht auf die Ausübung öffentlicher Verwaltung besitzen, Selbstverwaltung im engeren oder Rechtssinn; da die betreffenden Rechtssubjekte vorwiegend — nicht immer — korporativen Charakter haben, nennt man die Selbstverwaltung im Rechtssinn a potiori auch körperschaftliche Verwaltung und die einzelnen Selbstverwaltungssubjekte Selbstverwaltungskörper. Daraus geht schon hervor, daß die Selbstverwaltung im Rechtssinn regelmäßig auch Selbstverwaltung im politischen Sinn ist.

Die Selbstverwaltung im politischen Sinn, soweit sie nicht zugleich Selbstverwaltung im Rechtssinn ist, weist gewöhnlich die Form auf, daß neben den staatlichen Berufsbeamten auch aus dem Kreise der Bevölkerung entnommene Personen in einem staatlichen Amt mitwirken, sog. Staatsverwaltung mit Selbstverwaltungseinschlag. Es kommt aber auch der umgekehrte Fall vor, daß diese

Staatsbehörden Vertreter in die Selbstverwaltungsorgane als mitberechtigte Teilnehmer entsenden; dann kann man von gemischter Selbstverwaltung sprechen.

Innerhalb der Selbstverwaltungskörper kann man je nach der Abgrenzung ihrer Zuständigkeit allgemeine oder besondere Selbstverwaltungsorgane oder -behörden unterscheiden. Die ersteren haben einen umfassenden Wirkungskreis auf den verschiedenen Gebieten der öffentlichen Verwaltung, die letzteren einen eng begrenzten Zweck. Die ersteren entsprechen den allgemeinen, die letzteren den Sonderbehörden der Staatsverwaltung. Die allgemeinen Selbstverwaltungskörper heißen auch aus historischen Gründen gemeindliche oder kommunale Selbstverwaltungsverbände.

Im folgenden sollen nur die grundsätzlichen Bestimmungen des bayerischen Verfassungsrechtes über die Selbstverwaltung besprochen werden; bezüglich des Wahl- und Stimmrechts ist auf die bereits erfolgte Darstellung S. 269 ff. zu verweisen.

12. Die Verfassungsurkunde behandelt in §§ 22 und 23 die Gemeinden und Gemeindeverbände, also die allgemeine Selbstverwaltung, außerdem nur noch kurz in § 24 die berufsständischen Vertretungen. Daran anschließend ist von den öffentlichen Stiftungen die Rede, die ebenfalls eigene Rechtssubjekte sind und zwar nicht an der öffentlichen Verwaltung teilnehmen, aber gewisse im öffentlichen Interesse gelegene Aufgaben erfüllen.

13. § 22 I S. 1 bestimmt: „Den bürgerlichen Gemeinden und den Gemeindeverbänden wird das Selbstverwaltungsrecht gewährleistet“; (die bürgerlichen Gemeinden stehen hier im Gegensatz zu den an anderer Stelle behandelten religiösen Gemeinden). Durch diese Vorschrift ist die Anerkennung der gemeindlichen Selbstverwaltung verfassungsmäßig ausgesprochen, sie könnte demnach durch einfaches Gesetz nicht aufgehoben werden. Übrigens enthält auch die Reichsverfassung einen bezüglichen Programmsatz in Art. 127: „Gemeinden und Gemeindeverbände haben das Recht der Selbstverwaltung innerhalb der Schranken der Gesetze“; eine praktische Bedeutung hat dieser Satz allerdings nicht, da ja der ganze Inhalt der Selbstverwaltung auf die Landesgesetzgebung verwiesen ist.

Der Ausdruck „Gemeindeverbände“ bezieht sich auf die höheren oder richtiger weiteren Kommunalkörper, die das Gebiet mehrerer kleinerer Kommunalkörper umfassen, die Bezirke und Kreise. Im früheren bayerischen Recht hießen auch diese weiteren Kommunalkörper Gemeinden und zwar Distrikts- bzw. Kreisgemeinden, während nach dem Gesetz über die Selbstverwaltung vom 22. Mai 1919, GVBl.

239, der Ausdruck „Gemeinde“ auf die Ortsgemeinden beschränkt ist (vgl. Art. 1 II und 12). Der Ausdruck „Gemeindeverband“ ist im allgemeinen der bayerischen Gesetzgebung fremd.

Über den inneren organisatorischen Aufbau sowohl der Gemeinden wie der übrigen allgemeinen Selbstverwaltungskörper enthält die Verfassung selbst keinerlei Bestimmung. Insbesondere ist über die Teilnahme staatlicher Organe oder deren Ausschluß nichts festgelegt. Von Verfassungs wegen ist also für eine gemischte Selbstverwaltung Raum gelassen. Auch umgekehrt stünde der Heranziehung von Laien zur Staatsverwaltung, also der Ausstattung dieser mit Selbstverwaltungseinschlag, nichts im Wege. Die Verfassung beschränkt sich nur auf gewisse Grundsätze für die äußere Stellung der Selbstverwaltungskörper.

Bezüglich des Inhaltes des Selbstverwaltungsrechts ist zunächst allgemein bestimmt: „Sie verwalten nach Maßgabe der Gesetze ihre eigenen und die ihnen vom Staat übertragenen Angelegenheiten“ (§ 22 I S. 2). An diesem Satz ist dreierlei hervorzuheben. Einmal, a) daß der Inhalt und Umfang des Selbstverwaltungsrechts durch die gewöhnliche Gesetzgebung geregelt wird, selbstverständlich soweit die Verfassung nicht einige unmittelbar wirksame Normen aufstellt. Dann, b) daß die Verfassung zwischen „eigenen“ und „übertragenen“ Angelegenheiten unterscheidet. Endlich, c) daß auch die „übertragenen“ Angelegenheiten zum Selbstverwaltungsrecht gehören.

Zu a: Verfassungsrechtlich ist über den Wirkungskreis der Gemeinden bestimmt, daß sie das Recht haben, „ihren Bedarf durch öffentliche Abgaben im Rahmen der Gesetze zu decken“ (§ 22 I S. 3), daß ihnen „neue Aufgaben und Lasten . . . nur auf Grund Gesetzes zugewiesen werden“ dürfen (§ 22 I S. 4), daß „das Vermögen der Gemeinden und Gemeindeverbände unter keinem Vorwand zum Staatsvermögen gezogen werden“ darf (§ 22 V) — also auch nicht im Wege (einfachen) Gesetzes. Im übrigen wird der Wirkungskreis durch die gewöhnliche Gesetzgebung und zwar durch das erwähnte Gesetz über die Selbstverwaltung und „insoweit, als sich mit diesem Gesetze verträgt“ (Art. 1 I), durch die Gemeindeordnung für die Landesteile diesseits des Rheins vom 29. April 1869, GVBl. 865, die Gemeindeordnung für die Pfalz vom gleichen Datum, GVBl. 1009, das Gesetz, die Distriktsräte betreffend, vom 28. Mai 1852, GVBl. 245, das Gesetz, die Landräte betreffend, vom gleichen Datum, GVBl. 269, geregelt.

Zu b: Die Unterscheidung zwischen „eigenen“ und „übertragenen“ Angelegenheiten, die sich in Deutschland im Anschluß an die französisch-belgische Theorie vom pouvoir municipal eingebürgert hat, kommt in dieser Schärfe im bayerischen Recht zum erstenmal in der Verfassung von 1919 vor. Die Gemeindeordnungen unterschieden nicht bezüglich der Gemeinden als solcher, sondern bezüglich des Wirkungskreises bestimmter Gemeindeorgane zwischen „eigentlichen Gemeindeangelegenheiten", der „Polizei- und Distriktsverwaltung", den „Zwangsbefugnissen" und rechtsrheinisch dem „Vermittlungsamt"; bei den Bezirken und Kreisen wurden derartige Unterscheidungen überhaupt nicht gemacht.

Worin besteht nun der rechtliche Unterschied zwischen „eigenen" und „übertragenen" Angelegenheiten? Nicht entscheidend ist die geschichtlich-politische Entwicklung, welche die Ortsgemeinden als soziale Gebilde mit einem gewissen herkömmlichen, sozusagen „natürlichen" Wirkungskreis vor dem heutigen Staat entstehen ließ und dann, nachdem sich der letztere gebildet hatte, zur gesetzlichen Übertragung gewisser neuer Aufgaben an die Gemeinden führte. Denn heute ist die einheitliche Quelle aller gemeindlichen Befugnisse das staatliche Gesetz, das über jeden Wirkungskreis der Gemeinden souverän verfügt, wobei es natürlich selbstverständlich ist, daß zwischen einfachen und verfassungsändernden Gesetzen in diesem Zusammenhang kein Unterschied zu machen ist. Anders ausgedrückt ist heute jeder Wirkungskreis eines Selbstverwaltungskörpers durch das staatliche Gesetz „übertragen". Übrigens konnte bei den weiteren Kommunalkörpern, die ja vom Staate künstlich geschaffen sind, niemals von einem ursprünglichen, natürlichen Wirkungskreis die Rede sein.

Auch in der heutigen Rechtsgrundlage der beiden Zuständigkeitsbereiche läßt sich ein tieferer Unterschied nicht nachweisen. Man kann nicht etwa ein selbständiges Recht auf die Verwaltung der eigenen Angelegenheiten im Gegensatz zu einem weniger selbständigen Recht oder zu dem Fehlen eines solchen in bezug auf die Besorgung der übertragenen Angelegenheiten sprechen. Denn einmal gibt es ein derartiges selbständiges Recht auf den eigenen Wirkungskreis nicht, vielmehr ist dieses ausschließlich in der staatlichen Rechtsordnung begründet, und dann hat der Selbstverwaltungskörper auch in bezug auf den übertragenen Wirkungskreis je nach der positiven gesetzlichen Gestaltung ein in der staatlichen Rechtsordnung begründetes subjektives Recht. Ebensowenig entscheidet endlich die Frage der Kostendeckung; denn grundsätzlich belastet diese in beiden Fällen die Gemeinde, und es ist nur praktisch bedeutsam, daß mitunter staatliche

Zuschüsse zu den Ausgaben für den übertragenen Wirkungskreis vorgesehen sind.

Maßgebend ist vielmehr die aus dem positiven Recht festzustellende Tatsache, daß der Staat gewisse Verwaltungsgeschäfte als seine eigenen ansieht und darum die Tätigkeit, die zu ihrer Besorgung entfaltet wird, auf sich bezieht, während er andere Geschäfte als fremde betrachtet und demgemäß die zu ihren Gunsten aufgewendete Tätigkeit einem anderen Rechtssubjekt zuschreibt. Aus dieser materiellrechtlichen Verschiedenheit, deren tiefere Wurzeln sicherlich in die Geschichte zurückreichen, werden dann gewisse Folgerungen hauptsächlich in bezug auf die Einflußnahme der staatlichen Behörden gezogen. In den vom Staat als fremde angesehenen Angelegenheiten sieht er sich veranlaßt, dem handelnden Rechtssubjekt ein größeres Maß von freier Betätigung einzuräumen, er überläßt ihm die selbständige Besorgung der eigenen Angelegenheiten und beschränkt sich auf eine gewisse äußere Überwachung. In den vom Staat als sich selbst zugehörig gewerteten Angelegenheiten dagegen betrachtet er das handelnde Subjekt wie einen Verwalter fremder, nämlich staatlicher Angelegenheiten und versieht ihn daher mit genauen Anweisungen, wie er sonst bei den staatlichen Behörden verfährt.

Zu c: Die Unterscheidung der beiden Wirkungskreise ist aber, wie genügend hervorgehoben, nicht formaler, sondern inhaltlich-materieller Natur; auch auf den übertragenen, dem Anweisungsrecht der Staatsbehörden unterliegenden Wirkungskreis ist ein festes subjektives Recht eingeräumt, soweit nicht ausdrücklicher Widerruf durch die Staatsbehörde vorbehalten ist. Darum entspricht es der grundsätzlichen Rechtslage durchaus, den übertragenen Wirkungskreis zum Selbstverwaltungsrecht zu zählen.

14. Auch das Gegenstück des Selbstverwaltungsrechtes, die Staatsaufsicht, ist in der Verfassung kurz behandelt. „Der Staat überwacht die Erfüllung ihrer Pflichten und die Gesetzmäßigkeit ihrer Verwaltung" (§ 22 II). Gemeint ist hiemit die Aufsicht der Staatsbehörden, an oberster Stelle des Gesamtministeriums (§ 57 III; vgl. oben S. 218 f.). Ihr ist eine doppelte Richtung vorgeschrieben, einmal positiv nach der Seite der Leistungen und dann negativ nach der Seite der Einhaltung des objektiven Rechts, sog. Pflichtaufsicht und Rechtsaufsicht. Beide Arten der Aufsicht bilden aber, juristisch betrachtet, eine Einheit; denn auch die Erfüllung der Pflichten ist nichts anderes als gesetzmäßige Verwaltung. Im Gegensatz dazu steht die Zweckmäßigkeitsaufsicht, die positivrechtlich in dem Erfordernis der Genehmigung gewisser Verwaltungsakte, der sog. Staatskuratel, zum Ausdruck kommt; davon ist in der Verfassung keine Rede, ohne daß aus diesem Schweigen auf eine Ablehnung geschlossen werden darf. Während der Zweckaufsicht ein Element freien Ermessens adäquat ist, hat die Rechtsaufsicht einschließlich der darin beschlossenen Pflichtaufsicht der Natur der Sache nach einen streng gebundenen Charakter (vgl. oben § 50 Z. 12). Deswegen ist verfassungsmäßig bestimmt: „Gegen Überschreitung der Grenzen, die den Aufsichtsbehörden durch das Gesetz gezogen sind, haben die Gemeinden und Gemeindeverbände Anspruch auf verwaltungsgerichtlichen Schutz" (§ 22 IV; vgl. auch § 57 III: Oberaufsicht des Gesamtministeriums „in den gesetzlichen Schranken"). Durchgeführt ist dieser Verfassungssatz in Art. 10 Z. 1 und 2 des VGG. Ein Schutz des Verwaltungsgerichtshofes gegenüber der Handhabung der Staatskuratel dagegen ist nicht vorgesehen, und das mag der Grund sein, warum — gesetzestechnisch nicht befriedigend — von der Zweckaufsicht, insbesondere auch von ihrer Zulässigkeit, in der Verfassung keine Rede ist.

Die Bestimmungen der Verfassung betreffen übrigens nur die Aufsicht über die eigenen Angelegenheiten, während die Aufsicht über den übertragenen Wirkungskreis in der einfachen Gesetzgebung geregelt ist (vgl. rechtsrh. GemO. Art. 156, pfälz. GemO. Art. 88).

Die Staatsaufsicht in Gemeindeangelegenheiten ist übrigens nicht nur gegen die Selbstverwaltung gerichtet, sie hat vielmehr auch zu ihren Gunsten einzugreifen. „Der Staat schützt die Behörden der Gemeinden und Gemeindeverbände bei Durchführung ihrer Aufgaben" (§ 22 III). Dieser Satz soll offenbar nicht nur ein platonischer Programmsatz sein, sondern den Selbstverwaltungskörpern einen Anspruch auf die Tätigkeit der Staatsbehörden geben. Dieser Anspruch entbehrt auch nicht gänzlich eines Rechtsschutzes, da auf ihn § 93 I anwendbar ist, also u. U. Beschwerde an den Staatsgerichtshof offensteht (Näheres unten § 55 Z. 12).

15. In bezug auf die berufsständischen Vertretungen stellt die VU. zunächst einen schon nach seiner Ausdrucksweise als Programm erkenntlichen Satz auf: „Die Bildung von berufsständischen Vertretungen zur Wahrnehmung der wirtschaftlichen und sozialen Aufgaben aller schaffenden Kreise des Volkes erfolgt durch Gesetz" (§ 24 I). Im Anschluß daran ist ein hypothetischer, nämlich durch die tatsächliche Einrichtung solcher Organe bedingter, im übrigen aber unmittelbar geltendes Recht schaffender Satz ausgesprochen: „Diese Vertretungen sind berechtigt, innerhalb ihres Wirkungskreises in Gegenständen der Gesetzgebung Anträge an den Landtag zu bringen. In den übrigen Gegenständen ihres Wirkungsbereiches können sie an die Verwaltungsbehörden des Staates und der Gemeinden Anträge richten, über welche Entscheidung getroffen und den Antragstellern mitgeteilt werden muß" (§ 24 II).

Über die politische Bedeutung dieses Räteartikels ist bereits (S. 87 f.) gesprochen worden, ebenso welche Berufsvertretungen in Betracht kommen und über ihr Recht der Gesetzesinitiative (S. 349 f.). Diese Initiative ist aber nur so gestaltet, daß die Vertretungskörper die Möglichkeit haben, einen Entwurf vor den Landtag zu bringen, ohne daß dieser dazu in anderer Weise Stellung zu nehmen gehalten ist, wie gegenüber jedem anderen Einlaufsgegenstand; es handelt sich also einfach um einen Sonderfall des Petitionsrechtes nach RV. Art. 126. Viel weitergehend ist das Antragsrecht gegenüber den staatlichen und gemeindlichen Behörden, da hier ein sachlicher Einlassungszwang und eine Erledigungspflicht besteht, die gegebenenfalls mit der Beschwerde an den Staatsgerichtshof geltend gemacht werden können. Mitwirkungs- und Überwachungsrechte gegenüber der öffentlichen Verwaltung, wie sie Art. 165 V RV. für die Arbeiter- und Wirtschaftsräte in Aussicht nimmt, sind im bayerischen Verfassungsrecht nicht vorgesehen.

Schließlich ist noch zu betonen, daß auf diesem Rechtsgebiet auch die Gesetzgebungszuständigkeit des Reichs sehr erheblich in Betracht kommt. Einmal bildet „die Einrichtung beruflicher Vertretungen für das Reichsgebiet" einen Gegenstand der konkurrierenden Reichsgesetzgebung (RV. Art. 7 Z. 10). Dann ist die Regelung des Aufbaus und der Aufgaben der alle Zweige des Wirtschaftslebens einheitlich umfassenden Wirtschafts- und Arbeiterräte als Sache der ausschließenden Reichsgesetzgebung erklärt (RV. Art. 165 VI). Auf Grund des ersteren Titels könnte die Reichsgesetzgebung das gesamte Gebiet der berufsständischen Vertretungen ihrer Normierung unterwerfen (vgl. auch Piloty 93).

16. Die öffentlichen Stiftungen sind durch die Verfassung hinsichtlich ihres Vermögens und der stiftungsgemäßen Verwendung seiner Erträgnisse dem besonderen Schutze der Staatsbehörden anvertraut und unterstehen daher in bezug auf ihre Verwaltung und Verwendung der staatlichen Aufsicht. Ihr Vermögen ist gleich dem Gemeindevermögen vor Einverleibung durch den Staat verfassungsmäßig gesichert (§ 25 I). Diese Grundsätze übernehmen im wesentlichen das bisherige Verfassungsrecht (Tit. IV § 10). Die nähere Ausführung der Grundsätze sowie die Erlassung der sonst noch erforderlichen Vorschriften ist einem eigenen, bisher noch nicht ergangenen Gesetz über das Stiftungswesen überwiesen (§ 25). Bezüglich der Stiftungen zu religiösen Zwecken bestimmt § 18 II noch besonders, daß ihre bisher erworbene Rechtsfähigkeit erhalten bleibt und daß neue die Rechtsfähigkeit erwerben können, ferner, daß ihr Eigentum, ihre anderen Rechte sowie ihr Bekenntnisgepräge gewährleistet wird (vgl. alte VU. Tit. IV § 9 IV).

Unter öffentlichen Stiftungen sind solche zu verstehen, die nach Zweck oder Kreis der Genußberechtigten einem öffentlichen Interesse dienen (Piloty 95).

§ 53.

Die Tätigkeit der Verwaltung.

Schrifttum: Laband, Staatsrecht II §§ 64, 65; G. Jellinek, Staatslehre 595 ff.; O. Mayer I § 9; Fleiner §§ 4, 11, 12; Thoma, Der Polizeibefehl im badischen Recht 1906; Schön, Die Verordnungen im Handb. d. Politik I 248 ff.

1. Die rechtlich bedeutsame Tätigkeit der Verwaltung ist ungemein vielseitig, von den einfachen Rechtshandlungen und Rechtsgeschäften des gemeinen Privatrechts angefangen bis zur Erlassung von Rechtsnormen, wie sie regelmäßig den gesetzgebenden Organen vorbehalten ist. Sie in ihrer breiten Fülle darzustellen, ist Sache der besonderen Wissenschaft des Verwaltungsrechtes. Hier sind nur gewisse grundlegende Formen dieser Tätigkeit in ganz großen Zügen zu betrachten, soweit ihnen verfassungsrechtliche Bedeutung zukommt.

2. Nach der Art der zur Anwendung gelangenden äußeren Mittel kann man unterscheiden zwischen obrigkeitlicher und sozialer Verwaltung (vgl. Georg Jellinek, Staatslehre 622 ff.). Bei der ersteren handelt es sich um Ausübung von Befehl und Zwang, bei der letzteren um Leistungen für die Allgemeinheit oder die vielen Einzelnen. Dort greifen die Staatsorgane in den Bereich der Rechtssubjekte ein, weisen ihrer Tätigkeit eine gewisse Richtung an, setzen ihrer Bewegungsfreiheit Schranken; hier treten sie mitten in das wirtschaftlich-gesellschaftliche Leben ein, tun grundsätzlich dasselbe was andere tun, befriedigen Bedürfnisse wie diese. Dort nehmen sie dem Einzelnen, was er hat, von seiner Freiheit oder seinem Vermögen — Polizei, Finanz —, hier geben sie dem Einzelnen, was er braucht, aktive Wohlfahrtspflege oder Staatspflege.

Durch Anwendung von Befehl und Zwang wirkt die Behörde sachlich in ähnlicher Weise wie die gesetzliche Norm; der, an den sie sich wendet, muß ihr Folge leisten, scheint ihr untertan. Darum spricht man hier gewöhnlich von Ausübung staatlicher Herrschaft, von imperium. Wir haben bereits gesehen, daß eine derartige Gleichstellung von Gesetz und Vollzug falsch ist (oben S. 322 ff.). Denn in der Gesetzgebung ist der staatliche Wille dem Einzelwillen übergeordnet, bestimmt frei, was dieser zu tun und zu lassen hat. In der Anwendung von Befehl und Zwang zur Durchführung der Gesetze steht die Behörde dem Einzelwillen, wie dieser an die Gesetze gebunden, also formell gleichgeordnet gegenüber und kann von ihm nur begehren, was das Gesetz bereits auferlegt hat; nur materiell überwiegt das Gewicht des behördlichen Willens. Wenn man daher Ungleichartiges nicht gleichartig benennen, sondern unterscheiden will, so empfiehlt es sich, die „Herrschaft", das „imperium", dem Gesetz vorzubehalten, Befehl und Zwang in der Hand der Behörde als „obrigkeitliche Tätigkeit" zu bezeichnen.

Auch die soziale Tätigkeit der Behörde ist Vollzug gesetzlicher Norm, sei es, daß diese ihr Pflichten auferlegt oder Ermächtigungen gibt, auch hier gilt der Grundsatz der Gesetzmäßigkeit der Verwaltung (vgl. oben § 49). Was da geschieht ohne Übergewichtsstellung des Willens der öffentlichen Organe, kann sich entweder abspielen in den gewöhnlichen Formen des Privatrechts etwa noch unter gelegentlicher Einräumung gewisser Privilegien, oder es kann eine grundsätzliche Höherbewertung der Interessen der Gesamtheit für die rechtliche Ordnung maßgebend sein und darum öffentliches Recht vorliegen (Nawiasky, Postrecht 25 ff.; derselbe, Finanzrecht und Wissenschaft i. d. LZ. 1921, 90). Das was geleistet wird, kann bestehen in persönlichen Diensten — Auskunft, Belehrung, Rat u. dgl. —, in Gewährung von Sachen — Geld, Naturalien, Sachbenützung —, in der Verbindung von persönlichen Diensten mit sachlichen Leistungen — öffentliche Anstalten (vgl. O. Mayer II §§ 51, 52; Fleiner § 18; Nawiasky, Postrecht 14 ff.; derselbe, Das Tierseuchengesetz in der Wiener Zeitschr. f. Volksw., Sozialp. u. Verw. 20. Bd. 161; a. M. Kaufmann, Wörterb. d. Staats- u. Verw.-R., Artikel Verwaltung, Verwaltungsrecht).

Die obrigkeitliche und die soziale Verwaltung sind aber nicht etwa grundsätzlich nach Verwaltungszweigen voneinander getrennt. Gewiß gibt es Gebiete, auf denen fast ausschließlich oder in erster Linie mit Befehl und Zwang gearbeitet wird, z. B. die Sicherheitspolizei und die eigentliche Finanzverwaltung, andererseits herrscht soziale Tätigkeit beispw. auf dem Gebiet der Armenpflege und des höheren Schulwesens vor. Auf den meisten Gebieten dagegen verbinden und stützen sich beide Verwaltungsmittel; soweit es sich dabei um Eingriffe in den persönlichen Bereich handelt, spricht man dann von Verwaltungspolizei, und neben dieser kommt vielfach auch ein obrigkeitliches Heranziehen des Vermögens, also eine Ressortfinanzgewalt, in Frage, wie bei der Postverwaltung, der Sozialversicherung u. a. m.

3. Nach dem Gegenstand der Tätigkeit ist zu unterscheiden, ob diese sich auf einen allgemeinen oder besonderen Tatbestand richtet, ob sie sich auf eine unbestimmte Mehrzahl oder auf einzelne Rechtsverhältnisse bezieht. Im ersten Fall handelt es sich um die Aufstellung allgemeiner Normen, ähnlich wie bei der überwiegenden Zahl der gesetzlichen Rechtssätze, im zweiten Fall um individuell abgegrenzte Akte. Die auf einen allgemeinen Tatbestand gerichteten Akte nennt man gewöhnlich Verordnungen, für die auf einen besonderen Tatbestand gerichteten Akte werden verschiedene Bezeichnungen gebraucht, Verfügungen, Erlasse, Verwaltungsakte schlechthin.

Die Verfügungen können nun obrigkeitliche oder soziale Akte sein, je nachdem in ihnen ein Befehl enthalten ist oder fehlt. Die ersteren hat man auch in einem engeren Sinn als „Verwaltungsakte" bezeichnet, wenn man darunter versteht einen obrigkeitlichen Ausspruch darüber, was dem Einzelnen gegenüber Rechtens ist (O. Mayer I 95).

4. Die Einteilung nach dem Gegenstand der Tätigkeit kreuzt sich mit der nach der Rechtsgrundlage. Entweder ist das allgemeine Untertanen- oder Rechtssubjektsverhältnis die Basis, auf Grund deren die Verwaltungstätigkeit entfaltet wird. Oder es ist ein besonderes Gewaltverhältnis gegeben, um dessen rechtliche Auswertung es sich handelt (vgl. unten Z. 12; O. Mayer I 104 ff.; Fleiner 155 ff.; Nawiasky, Postrecht 32; derselbe, Forderungs- und Gewaltverhältnis in der Zitelmannfestschrift). Man spricht davon, daß eine Verwaltungstätigkeit nur nach innen, einseitig, oder auch nach außen, zweiseitig, entfaltet wird. Bei diesem Bild ist in erster Linie an den Gegensatz der Staatsorgane, die im staatlichen Apparat stehen, und der übrigen Rechtssubjekte, die sich außerhalb befinden, gedacht. Aber besondere Gewaltverhältnisse können auch für die Einzelperson begründet werden, beispw. auf dem Gebiet der öffentlichen Anstalten (Postrecht 32; Fleiner 155), bei finanziellen Verpflichtungen (O. Mayer I 367 ff.), in der Armenfürsorge, der Krankenpflege usw. Auch hier gibt es ein Innen, das die wenigen in dem Gewaltverhältnis Befindlichen umfaßt im Gegensatz zu der großen Masse der außenstehenden Dritten.

So führt der Gegensatz der Rechtsgrundlage zu einem Gegensatz des Personenkreises, der durch die Akte der einen oder anderen Art erfaßt wird bzw. erfaßt werden kann, anders ausgedrückt, die mögliche Adresse ist verschieden. In dem einen Fall sind die Akte an Untertanen, in dem anderen an Pflichtsubjekte eines engeren Verhältnisses gerichtet. Da liegt es nun nahe, von der Adresse eines Aktes auf seinen Rechtsgrund rückzuschließen und endlich überhaupt an Stelle des Rechtsgrundes die Adresse als Unterscheidungsmerkmal zu erklären (so z. B. andeutungsweise Triepel auf dem 32. Deutschen Juristentag, Verhandlungen 13).

Und in der Tat, wenn ein Akt sich an alle richtet, so kann es keinen Zweifel geben, daß er auf dem allgemeinen Untertanenverhältnis aufgebaut ist. Soweit stimmt diese Lehre sicherlich. Aber wie steht es, wenn der Akt sich an einen engeren Kreis, beispw. die Staatsorgane, richtet? Muß dann seine Grundlage eine andere sein? Kann ein auf Grundlage eines Rechtssatzes ergehender allgemeiner oder konkreter Akt sich nicht in der Ausnützung des Kreises der möglichen Adressaten Beschränkung auferlegen und eine Auswahl treffen? Kann er diese Auswahl nicht so treffen, daß er nur die Staatsorgane erfaßt? Und ist dann doch zwischen einem derartigen Akt und einem auf dem Dienstverhältnis beruhenden nicht ein tieferer Unterschied zu erkennen? Man denke an die kriminell strafbaren Amtsdelikte und an die Disziplinarrechtssätze.

Ein solcher Unterschied muß offenbar gegeben sein, wenn anders man die Unterscheidung nicht einfach über Bord werfen will. Er liegt darin, daß es sich in beiden Fällen um einen anderen Pflichtenkreis handelt, das einemal um Pflichten, die unmittelbar in der gemeinen Rechtsordnung begründet sind, das anderemal um Pflichten, die in dem besonderen Gewaltverhältnis fußen. Und ebenso wie mit den verletzten Pflichten steht es auch mit den Rechtsfolgen der Pflichtverletzungen. Dort bestehen sie in der Entziehung oder Schmälerung von Gütern der gemeinen Rechtsordnung, hier in der Beeinträchtigung von Gütern, welche die besondere Ordnung des Gewaltverhältnisses verliehen hat. Trotz Gleichheit der Adresse führt die Verschiedenheit der Rechtsgrundlage zu verschiedenen rechtlichen Ergebnissen. Infolgedessen kann nicht die Adresse, sondern muß die Grundlage entscheidend sein.

Von anderer Seite wieder ist darauf hingewiesen worden, daß auch die Pflichten aus dem besonderen Gewaltverhältnis letzten Endes auf Rechtsnormen zurückgeführt werden müssen, um sich überhaupt als rechtliche Pflichten zu erweisen (Kelsen, Hauptprobleme 535 ff.). An der Richtigkeit dieses Satzes ist ein Zweifel nicht möglich. Formell sind auch die Dienstpflichten, die Obliegenheiten der Anstaltsbenützer, der Strafgefangenen usw. Rechtspflichten. Aber materiell unterscheiden sie sich von anderen Rechtspflichten dadurch, daß sie nicht unmittelbar aus dem im gemeinen Recht gegebenen Untertanenverhältnis, sondern erst mittelbar aus einem auf Grund des gemeinen Rechtes begründeten besonderen Gewaltverhältnis hervorgehen. Anders ausgedrückt: Der Rechtssatz knüpft diese Pflichten noch an eine besondere Bedingung, nämlich die Begründung des Gewaltverhältnisses, oder in der Kelsenschen Terminologie: der Rechtssatz knüpft die Unrechtsfolge nicht nur an die negative Erfüllung gewisser Pflichten, sondern außerdem an die positive Entstehung des besonderen Rechtsverhältnisses. Und weiter handelt es sich materiell um besondere Pflichten, die mit dem eigens begründeten Rechtsverhältnis in sachlichem Zusammenhang stehen und um besondere Unrechtsfolgen, für die der gleiche Gesichtspunkt zutrifft. Diese materiellen Verschiedenheiten sind doch wohl Grunds genug, um beide Tatbestände auseinander zu halten.

5. Verbindet man nun die Einteilung nach dem Gegenstand mit jener nach der Rechtsgrundlage der Tätigkeit, so kommt man zu einer Viergliederung von erheblicher Bedeutung.

a) Bezieht sich die amtliche Tätigkeit auf einen allgemeinen Tatbestand und ist ihr Rechtsgrund im gemeinen Recht gelegen, so spricht man von einer Rechtsverordnung oder Verordnung schlechthin.

b) Bezieht sich die amtliche Tätigkeit auf einen allgemeinen Tatbestand und liegt ihr Rechtsgrund in einem besonderen Gewaltverhältnis, so spricht man von einer Verwaltungsverordnung, Verwaltungsvorschrift, Generalverfügung, allgemeinen Anweisung, einem Regulativ, einer Instruktion u. dgl.

c) Bezieht sich die amtliche Tätigkeit auf einen besonderen Tatbestand und ist ihr Rechtsgrund im gemeinen Recht gelegen, so spricht man von einem konkreten Rechtsakt oder Verwaltungsakt.

d) Bezieht sich die amtliche Tätigkeit auf einen besonderen Tatbestand und liegt ihr Rechtsgrund in einem besonderen Gewaltververhältnis, so spricht man von einer konkreten Anweisung und, spezialisiert nach der Art des Gewaltverhältnisses, von Dienstanweisung, Dienstbefehl, Anstaltsbefehl, Aufsichtsanordnung u. dgl.

Von diesen verschiedenen Arten von Akten sind jene, die einen allgemeinen Tatbestand zum Gegenstand haben, verfassungsrechtlich bedeutsam und darum ist auf sie im folgenden noch etwas näher einzugehen.

6. Die Rechtsverordnung oder Verordnung schlechthin regelt, wie wir gesehen haben, auf der Grundlage des gemeinen Untertanenverhältnisses und daher mit Wirkung für dieses einen allgemeinen Tatbestand, m. a. W. sie ist auf die Schaffung einer objektiven Rechtsnorm gerichtet. Somit ist hier der Fall gegeben, daß materielle Gesetze durch die Verwaltungsbehörden erlassen werden. Abgesehen von dem Grundsatz der Gesetzmäßigkeit der Verwaltung, der für jede auch noch so untergeordnete Tätigkeit der Behörden einen gesetzlichen Titel verlangt, schlägt hier noch der besondere Gesichtspunkt herein, daß die normsetzende Tätigkeit die spezifische Aufgabe der gesetzgebenden Organe ist und daher vollziehende Organe eine solche Tätigkeit nur kraft einer ausdrücklichen Ermächtigung von Seite der ersteren entfalten können. Wie oben (S. 339) dargelegt, bedarf jedes Gesetz im materiellen Sinn entweder der Form des Gesetzes (im formellen Sinn) oder seiner Grundlage. Die letztere wird durch Ermächtigung, Übertragung, Delegation, Bezugnahme, Verweisung u. dgl. (ebenda) hergestellt, oder, anders gefaßt, das formelle Gesetz stellt einen Blankettrechtssatz auf, dessen Ausfüllung dem ermächtigten Organ überlassen bleibt (ebenda). Formellrechtlich ist die Rechtsverordnung daher Gesetzesvollziehung, ebenso wie der konkrete Verwaltungsakt. Materiellrechtlich dagegen wirkt die Rechtsverordnung ebenso wie ein Gesetz; denn kraft der Ermächtigung, Übertragung usw. wird die durch die Rechtsverordnung geschaffene Norm zur Höhe einer formellgesetzlichen Rechtsnorm erhoben. Daher spricht man auch von gesetzesvertretender Verordnung.

Für die Natur der Rechtsverordnung macht es keinerlei Unterschied, ob die Behörde nur bevollmächtigt oder auch verpflichtet ist, die Rechtsnorm zu schaffen, ob ihr inhaltlich plein pouvoir gegeben ist oder Direktiven aufgestellt sind, m. a. W. ob es sich um ein freies Ermessen oder gesetzliche Gebundenheit (oben § 50) in bezug auf die Frage des Ob und Wie handelt.

Rein äußerlich, wenn auch materiell-politisch bedeutsam, ist die Unterscheidung zwischen verfassungsmäßigen und delegierten Verordnungen. Im ersten Fall ist die Ermächtigung in der Verfassung selbst für eine Gruppe von Tatbeständen von vornherein vorgesehen, im letzteren Fall wird sie durch einfaches Gesetz für bestimmte Tatbestände erteilt. Die verfassungsmäßigen Verordnungen wurden früher mitunter auch als primäre oder orginäre, ursprüngliche Verordnungen bezeichnet; insbesondere dachte man dabei an gewisse Anordnungen des monarchischen Staatsoberhauptes, für die man einer Ermächtigung überhaupt entbehren zu können glaubte, weil der Monarch bei Schaffung der Verfassung aus freien Stücken alle Rechte behalten habe, bezüglich deren er sich eine Beschränkung nicht auferlegte. Aber, ganz abgesehen von der materiellen Richtigkeit oder Unrichtigkeit dieser Lehre, beweist sie doch selbst, daß hier ein stillschweigender Verfassungsgrundsatz angenommen wird, der die Grundlage für das Verordnungsrecht bildet, die Ermächtigung dazu enthält. Auch die primären Verordnungen ebenso wie die verfassungsmäßigen sind secundum und selbstverständlich intra legem, denn solche praeter legem und contra legem sind nach dem Grundsatz der Gesetzmäßigkeit der Verwaltung schlechterdings ausgeschlossen.

Was die Bezeichnung der Rechtsverordnungen betrifft, so war es früher in Bayern Brauch, nur die vom Herrscher ausgehenden, sog. kgl. Verordnungen mit diesem Titel zu benennen (vgl. Polizeistrafgesetzbuch Art. 1). Heute werden die von den Ministerien ausgehenden Verordnungen bald als solche bald als Ministerialbekanntmachungen bezeichnet, ohne daß ein durchgehender sachlicher Unterschied festzustellen wäre. Für Verordnungen untergeordneter Behörden wird der Ausdruck noch regelmäßig vermieden.

7. Eine Frage, die in der letzten Zeit gegenüber überaus weitgehenden Verordnungsermächtigungen der nachrevolutionären Zeit aufgeworfen wurde, ist die nach gewissen immanenten Grenzen des Verordnungsrechtes. Triepel hat auf dem Bamberger 32. Deutschen Juristentag für das Reichsrecht bezüglich der Ermächtigung zum Erlasse von Rechtsverordnungen die These aufgestellt: „Das Gesetz kann die Ermächtigung nur im Dienste begrenzter Zwecke für ein bestimmtes Lebensverhältnis erteilen" (vgl. Verhandlungen 17 ff.). So wünschenswert dieser Satz als Kunstregel für die gesetzgebenden Organe auch sein mag, so wenig läßt er sich formalrechtlich begründen. Man kann ja beim Fehlen verfassungsrechtlicher Zulassung der Ermächtigung zum Erlaß von Verordnungen die Möglichkeit der Delegation von Verordnungen überhaupt bestreiten, weil die Verfassung für die Schaffung von Rechtsnormen nur den Weg der Gesetzgebung kenne, jede Rechtsverordnung daher eine Änderung der Verfassung bedeute bzw. erfordere. Wenn man aber nicht so weit geht, so läßt sich innerhalb des Rahmens der Delegationsmöglichkeit eine formalrechtlich begründete Einschränkung ihres Umfanges nicht erweisen. Gestattet die Verfassung einmal, daß die gesetzgebenden Organe sich kraft eigenen Entschlusses durch andere Organe vertreten lassen, dann billigt sie diese Vertretung von vornherein in jedem ihr nach dem Ermessen der Vollmachtgeber bestimmten Umfang. Eine Beschränkung kann daher nicht subintelligiert werden, bedürfte vielmehr positiver Festlegung. Man kann höchstens noch feststellen, daß die ausdrückliche Verweisung eines Gegenstandes auf dem Weg der formellen Gesetzgebung die Regelung der Materie als Ganzes im Wege einer ermächtigten Verordnung ausgeschlossen wissen will (vgl. oben S. 112).

8. Die materielle Gleichartigkeit der Rechtsverordnungen mit den Gesetzen und ihre Adressierung an den gleichen Kreis von Pflichtsubjekten läßt die Frage auftauchen, ob nicht für die Bekanntmachung die gleichen Erfordernisse zu gelten haben. Diese Frage ist naturgemäß nur dann bedeutsam, wenn es an positivrechtlichen Bestimmungen fehlt. Dies war nun im alten Reichsrecht so und ist leider auch im neuen so geblieben. Art. 2 der alten RV. und Art. 70 der neuen sprechen nur von der Kundmachung formeller Gesetze durch das Reichsgesetzblatt und enthalten daher keine Vorschrift über die Bekanntmachungsform der Verordnungen. Man ist daher gezwungen, der Ansicht beizutreten, welche die Verlautbarung von Reichsverordnungen im Zentralblatt des Deutschen Reichs oder im Reichsanzeiger für ausreichend erklärt (vgl. hierüber neuerdings Lassar, JW. 1922, 308 ff.; Arndt, ebenda 311).

9. Unbestritten ist schließlich das richterliche Prüfungsrecht sowohl in bezug auf die formellrechtliche als auch auf die materiellrechtliche Gültigkeit einer Verordnung.

10. Die bayerische Verfassung spricht in § 61 Z. 7 ausdrücklich den Grundsatz aus, daß Rechtsverordnungen einer besonderen Ermächtigung bedürfen. „Rechtsverordnungen können durch das Gesamtministerium oder die einzelnen Minister nur auf Grund gesetzlicher Ermächtigung erlassen werden." Dieser Satz hat eine vierfache Bedeutung. Zunächst stellt er die Zulässigkeit der delegierten Verordnung außer Frage. Dann verlangt er ausdrückliche Ermächtigung im Einzelfall. Dieser Ermächtigung sind aber verfassungsrechtlich keinerlei Schranken gezogen; es ist daher durchaus möglich, durch gesetzliche Ermächtigung die Regelung einer ganzen Materie der Regierung zu übertragen. (Vgl. beispw. das Gesetz vom 16. Dezember 1922, GVBl. 663, welches das Staatsministerium der Finanzen im Falle einer wesentlichen Änderung der wirtschaftlichen Verhältnisse zur anderweitigen Festsetzung der Gebühren und Stempel ermächtigt.) Endlich ist die Übertragung eines

Verordnungsrechtes an eine andere Behörde als ein Ministerium ohne verfassungsänderndes Gesetz nicht möglich (vgl. hierüber oben S. 219 f.).

Von dem Grundsatz der Spezialität der Delegation bestehen nur vier Ausnahmen, das in § 61 Z. 7 ausdrücklich erwähnte Notverordnungsrecht (vgl. hierüber oben S. 215 f.), das auf Grund des § 64 i. V. m. Art. 48 IV RV. gegebene Recht zu Ausnahmsverordnungen (hierüber oben S. 201 ff.), die Ermächtigung des Gesamtministeriums zur Feststellung des vorläufigen Haushaltsplans sowie zur vorläufigen Steueranordnung (§ 80 II und III; hierüber unten § 59 Z. 8) und endlich die Ermächtigung zu organisatorischen Verordnungen (§ 46; hierüber oben S. 115 ff., 216).

11. Die Bekanntmachung der Rechtsverordnungen hat gemäß § 75 S. 1 gleich jener der Gesetze im Gesetz- und Verordnungsblatt zu erfolgen. Vor der Bekanntmachung ist die Verordnung noch nicht rechtsverbindlich. Das Inkrafttreten richtet sich nach der in der Verordnung selbst enthaltenen Bestimmung. Fehlt es daran, so tritt die Verordnung am Tag der Ausgabe des Blattes in Kraft, da eine verfassungsmäßige vacatio nur für formelle Gesetze vorgesehen ist (§ 75 S. 2).

Diese Vorschriften gelten nicht nur für delegierte, sondern auch für die verfassungsmäßigen Verordnungen, also für Notverordnungen, Ausnahmsverordnungen, vorläufige Steueranordnungen und organisatorische Verordnungen. Dieser Punkt ist in dem Beschluß des obersten Landesgerichts vom 2. August 1922 betreffend die Verordnung zum Schutz der Republik (vgl. oben S. 208 ff.) übersehen worden, insofern in diesem Beschluß auch auf § 64 VU. als Rechtsgrundlage Bezug genommen wird; denn die Verordnung war erst in dem zwei Tage später, nämlich am 4. August, ausgegebenen Gesetz- und Verordnungsblatt Nr. 31 enthalten, sie konnte also bis dahin nur kraft des Art. 48 IV RV. Geltung beanspruchen, da für diesen Rechtstitel die bereits am 24. Juli erfolgte Bekanntmachung im Bayerischen Staatsanzeiger Nr. 169 A genügte. Die Verhängung des Ausnahmszustandes im Januar 1923 anläßlich des nationalsozialistischen Parteitages, die sich neben Art. 48 IV RV. auch auf § 64 VU. beruft, ist überhaupt nicht im GVBl. bekannt gemacht worden; die Heranziehung des § 64 war also vollkommen unerheblich.

Wir sahen, daß nach Reichsrecht eine bestimmte Form der Verlautbarung von Rechtsverordnungen nicht besteht (oben Z. 8). Die sonach gegebene Formlosigkeit bezieht sich auf alle reichsrechtlichen Rechtsverordnungen, einerlei von welcher Behörde sie erlassen worden sind, insbesondere also auch auf die von reichsrechtlich ermächtigten Landesbehörden erlassenen Rechtsverordnungen. Daher kann gegen die im Einverständnis mit der Reichsregierung ergangene Bekanntmachung sämtlicher Staatsministerien vom 29. Oktober 1921, GVBl. 545, von Rechts wegen ein Einwand nicht erhoben werden, wonach derartige Verordnungen nicht unter § 75 VU. fallen und aus diesem Grunde, soweit im einzelnen Fall nicht reichsgesetzlich eine bestimmte Art der Veröffentlichung vorgeschrieben ist, nach Wahl der verordnungsberechtigten Behörde veröffentlicht werden können. Als Regel wird bei diesem Anlaß für derartige Verordnungen der obersten Landesbehörde der Bayerische Staatsanzeiger bestimmt. Sachlich ist diese Regelung gewiß nicht befriedigend, da die einheitliche Zusammenfassung aller von bayerischen Stellen ausgehenden Rechtsnormen in dem an sich dafür bestimmten Amtsblatt dringend erwünscht wäre.

Nicht ganz einwandfrei dagegen ist die Fassung der Z. 3 b der Bekanntmachung sämtlicher Staatsministerien vom 14. Juli 1922, GVBl. 363, betreffend Bekanntmachung über amtliche Veröffentlichungen. Dort wird nämlich angeordnet, daß Veröffentlichungen, an deren schnellem Erscheinen ein besonderes Interesse besteht, im Staatsanzeiger abgedruckt werden und beigefügt, daß daneben die für Gesetze und Verordnungen — übrigens ohne Einschränkung der letzteren bezüglich der bayerischen Rechtsgrundlage — vorgeschriebene Bekanntmachung durch das Gesetz- und Verordnungsblatt „nicht ausgeschlossen" sei.

12. Die Verwaltungsverordnung entnimmt ihren Rechtsgrund und den normalen Kreis ihrer Adressaten einem bestimmten besonderen Gewaltverhältnis. Das Wesen eines solchen Gewaltverhältnisses besteht ja in dem rechtlichen Gegebensein eines Rahmens, innerhalb dessen der Berechtigte den Willen des Verpflichteten einseitig bestimmen kann, indem er von ihm ein bestimmtes Verhalten fordert (Nawiasky, Zitelmannfestschrift 33 f., Bundesstaat 13 f.). Ob derartige Anforderungen von Fall zu Fall ergehen oder ein für allemal für gewisse allgemein abgegrenzte Tatbestände, ist gleichbedeutend. Eine besondere gesetzliche Grundlage ist demgemäß nicht erforderlich, liegt sie ja schon in der Rechtsnorm, welche die Begründung des besonderen Gewaltverhältnisses vorsieht.

Die Verwaltungsverordnung schafft keine Normen des gemeinen Rechts, die sich grundsätzlich an alle richten, sondern nur Verpflichtungen für die in dem Gewaltverhältnis stehenden Personen. Daher kann auch ein außenstehender Dritter aus einer solchen Anordnung keine Rechte ableiten, auch wenn den im Gewaltverhältnis stehenden Personen Dritten gegenüber ein genau bestimmtes Verhalten vorgeschrieben wird. Auch die Rechtsfolgen der Nichtbefolgung richten sich, wie bereits erwähnt, nicht nach gemeinem Recht, sondern nach den für das Gewaltverhältnis geltenden Sonderbestimmungen, die je nach dem zugrunde liegenden Gesetz entweder in diesem oder kraft der daraus fließenden Ermächtigungen durch den Willen des Gewaltberechtigten festgelegt sind. In erster Linie handelt es sich dabei um Anordnungen auf Grund von Dienstverhältnissen zum Staat oder einer öffentlichen Körperschaft, dann aber auch auf Grund eines Rechtsverhältnisses der Anstaltsbenützung, auf Grund von finanzrechtlichen Überwachungsverhältnissen — vgl. z. B. die Steueraufsicht nach §§ 193—201 der Reichsabgabeordnung u. dgl. (vgl. oben Z. 4).

Da der Kreis der Adressaten nicht mit demjenigen der Rechtssubjekte schlechthin zusammenfällt, sondern nur die in dem besonderen Verhältnis stehenden Personen umfaßt, kommt eine Bekanntmachung in der für Gesetze und gegebenenfalls Rechtsverordnungen vorgeschriebenen Form an sich nicht in Betracht. Es bestehen vielmehr besondere Bestimmungen darüber, die dafür sorgen, daß alle, die es angeht, die erforderliche Kenntnis erlangen können. Die Rechtswirksamkeit der Verwaltungsverordnung gegenüber jedem einzelnen Adressaten hängt von der Einhaltung dieser besonderen Bestimmungen ab. Man kann den Gegensatz zu der Verlautbarung von Rechtsnormen auch dahin fassen, daß es sich hier um eine Mehrzahl von in einem Akt zusammengefaßten gleichartigen Verfügungen an eine Mehrzahl von Adressaten handelt, die jeden einzelnen von diesen erreichen müssen und daher auch von Rechts wegen erreicht haben, wenn sie ihm in einer bestimmten Weise zur Kenntnis gebracht sind — Kundgabe, nicht Bekanntmachung, wie man das gelegentlich auch ausgedrückt hat.

13. Die b a y e r i s c h e V e r f a s s u n g erwähnt nur die „allgemeinen Verwaltungsverordnungen" (§ 61 Z. 6) und beruft zu ihrer Erlassung das Gesamtministerium (vgl. oben S. 115 ff., 216, 219). In erster Linie ist dabei an die organisatorischen Verordnungen des § 46 gedacht, die auch ausdrücklich hervorgehoben werden. Jedoch ist der Begriff einer „allgemeinen Verwaltungsverordnung" damit noch nicht erschöpft; eine solche kann sich nicht nur auf die „Einrichtung und Veränderung von Behörden und Stellen" beziehen, sie kann auch deren Tätigkeit zum Gegenstand haben. Von einer „allgemeinen" Verwaltungsverordnung aber wird dann zu reden sein, wenn es sich nicht nur um einzelne Verwaltungszweige, sondern um die Verwaltung als Ganzes handelt.

Man könnte nun aus der angeführten Bestimmung den Schluß ziehen, daß für solche allgemeine Verwaltungsverordnungen das Gesamtministerium allein zuständig sein soll. Der Praxis entspricht das nicht. Denn sehr häufig kommen auch derartige Verordnungen vor, die von sämtlichen Staatsministerien erlassen sind, z. B. in bezug auf das Beamtenverhältnis (beispw. vom 2. Februar 1922, GVBl. 151, 158; vom 25. Januar 1922, GVBl. 182; vom 22. März 1922, GVBl. 214; vom 3. April 1922, GVBl. 219; vom 13. April 1922, GVBl. 272 usw.), aber auch bei anderen Materien z. B. in bezug auf anonyme Schreiben (7. März 1922, GVBl. 202), über die Angabe von Fernsprechnummern (30. Mai 1922, GVBl. 331), über die Zusendung von Landtagsdrucksachen (28. Juni 1922, GVBl. 348), über amtliche Veröffentlichungen (14. Juli 1922, GVBl. 363) usw. Nun ist bereits früher dargelegt worden, daß das Gesamtministerium und sämtliche Staatsministerien durchaus nicht identisch sind (vgl. oben S. 222 f.). Es erhebt sich also die Frage, ob solche Verordnungen fehlerhaft erlassen sind. Die Antwort ergibt sich einfach aus der Feststellung, ob derartige Bestimmungen von jedem Ministerium für seinen Dienstbereich hätten erlassen werden können. Trifft dies zu, so kann ein Einwand dagegen nicht erhoben werden, daß sich sämtliche Ministerien auf ein gemeinsames Vorgehen geeinigt haben.

Die Bestimmung des § 61 Z. 6 hat noch eine grundsätzliche Bedeutung. Aus ihr geht nämlich hervor, daß die Zuständigkeit der Ministerien zur Erlassung von Verwaltungsverordnungen als eine selbstverständlich gegebene angenommen wird und nur eine Abgrenzung dieser Zuständigkeit zwischen dem Gesamtministerium einerseits, den Ressortministerien andererseits vorgenommen werden soll.

Auch über die Bekanntmachung der Verwaltungsverordnungen enthält die Verfassung keine allgemeine Bestimmung. Nur rücksichtlich der als Verwaltungsverordnungen angesehenen Organisationsverordnungen nach § 46 (vgl. oben S. 115 ff., 216) wird die Verlautbarung im Gesetz- und Verordnungsblatt gleich den formellen Gesetzen und den Rechtsverordnungen vorgeschrieben (§ 75 S. 1). Dadurch werden die Organisationsverordnungen als gleich wichtig und damit schließlich auch als gleichbedeutend mit den Rechtsverordnungen anerkannt (vgl. oben S. 116).

Bezüglich der übrigen Verwaltungsverordnungen ist demnach die Festsetzung der Form der „Kundgabe" den erlassenden Stellen selbst überantwortet. Eine gewisse Ordnung wurde auf diesem Gebiet durch die aus Ersparungsgründen ergangene Bekanntmachung sämtlicher Staatsministerien vom 14. Juli 1922, GVBl. 363, geschaffen. Dort ist bestimmt, daß grundsätzlich jede Veröffentlichung, wenn irgend möglich, nur einmal erfolgen soll (Ziff. 4). Und zwar sollen im GVBl. erscheinen: „alle .. Verordnungen, ferner die Bekanntmachungen und Entschließungen zweier oder mehrerer Ministerien, die kein gemeinsames Ministerialamtsblatt haben" (Z. 1 Abs. 1). Unter Verordnungen sind hier wohl im Sinne des § 75 VU. die Rechts- und organisatorischen Verordnungen gemeint. Außerdem können im GVBl. auch Bekanntmachungen erscheinen, die zwar von einem Ministerium allein erlassen sind, jedoch für den Geschäftsbereich anderer Ministerien von erheblicher Bedeutung sind (Z. 1 Abs. II). In den „Ministerialamtsblättern" sollen die übrigen Bekanntmachungen erscheinen, die dauernde Bedeutung besitzen (Z. 2). Der „Staatsanzeiger" endlich ist zur Aufnahme der Entschließungen bestimmt, die kein dauerndes Interesse beanspruchen, ferner von Veröffentlichungen jeder Art, an deren schnellem Erscheinen ein besonderes Interesse besteht oder die für die Allgemeinheit oder für einen weiteren Behördenkreis von besonderem Interesse sind (Z. 3). Bei den Veröffentlichungen der beiden letzten Arten ist nötigenfalls auch außerdem die Bekanntmachung im GVBl. oder einem Ministerialamtsblatt gestattet (ebenda). Über die Aufhebung der Kreisamtsblätter rechts des Rheins vgl. Gesetz vom 7. Juli 1922, GVBl. 655, und Bekanntmachung vom 14. November 1922, GVBl. 657, über die Form der Verkündung orts- und bezirkspolizeilicher Vorschriften Bekanntmachung vom 26. Juli 1922, GVBl. 372.

14. Es gibt nun gewisse, einen allgemeinen Tatbestand betreffende Anordnungen, bei denen Zweifel bestehen können, welcher Gruppe sie zuzurechnen sind, den Rechts- oder den Verwaltungsverordnungen. Hieher gehören die Ausführungsverordnung, die Anstaltsordnung, die organisatorische Verordnung.

Die *Ausführungsverordnung* enthält Vorschriften zur Erleichterung und Sicherung der Ausführung der Gesetze. Dabei wird dem Inhalt der Gesetze nichts materiell Neues hinzugefügt, höchstens werden die bereits ausgesprochenen Rechtssätze nach einzelnen Richtungen entfaltet.

Daraus ergibt sich immerhin, daß die Ausführungsverordnungen auch an die Einzelrechtssubjekte gerichtet sind und darum soweit den Charakter von Rechtsverordnungen besitzen müssen (vgl. oben Z. 4). Aber gewöhnlich verbinden sich damit auch Weisungen an die ausführenden Behörden, die also die Eigenschaft einer Verwaltungsverordnung an sich tragen. So sind die Ausführungsverordnungen komplexer Natur und bedürfen daher je nach ihrem Teilinhalt der Rechtsgrundlagen beider gegensätzlichen Verordnungsarten. Viele Verfassungen sehen sich nun veranlaßt, der Regierung eine allgemeine Ermächtigung zu Ausführungsverordnungen zu erteilen und damit auch in dem oben angedeuteten Rahmen eine Rechtsverordnungsbefugnis zu übertragen (z. B. preuß. Verf. Art. 51, hess. Verf. Art. 44, thüring. Verf. § 47).

Eine derartige Bestimmung ist sicherlich zweckmäßig und gesetzestechnisch sowohl arbeitsersparend wie vorsorglich. Die bayerische Verfassung kennt eine solche Vorschrift nicht und zwingt infolgedessen in jedem einzelnen Gesetze rücksichtlich des Rechtsverordnungsteiles der Ausführungsbestimmungen eine ausdrückliche Vollmacht zu erteilen.

15. Anstaltsordnungen, z. B. in bezug auf die Postanstalt, die Eisenbahnen, Museen, Hochschulen usw., enthalten gewöhnlich Vorschriften sehr verschiedener Art. Ein Teil derselben richtet sich an die Personen, die die Anstalt benützen wollen, und macht diesen die Vorbedingungen bekannt, die von ihnen zu diesem Zwecke erfüllt werden müssen, ein weiterer Teil an die Personen, die nur äußerlich mit der Anstalt in Berührung treten, indem sie sich beispw. in ihren Räumen aufhalten (Schaltervorplatz der Postämter, Bahnhofsräume usw.), ein dritter Teil an die Anstaltsbenützer. Damit sind dann häufig als vierter Teil Bestimmungen für die Anstaltsorgane verbunden (vgl. O. Mayer II 499 ff.; Nawiasky, Postrecht 14 f., 31 ff.). Der erste und zweite Teil dieser Vorschriften hat die Natur von Rechtsnormen und muß daher den Anforderungen an eine Rechtsverordnung genügen. Der dritte Teil regelt die rechtlichen Beziehungen von Personen, die in einem besonderen Rechtsverhältnis zur Anstalt stehen, das den Charakter eines Gewaltverhältnisses besitzt; diese Bestimmungen sind demnach als Verwaltungsverordnung anzusprechen. Dasselbe gilt natürlich auch von den Vorschriften für die Anstaltsorgane, die ihren Rechtsgrund deren Dienstverhältnis entnehmen.

Sonach ist die Rechtsnatur der Anstaltsordnungen der Art nach jener der Ausführungsverordnung gleich.

16. Was endlich die organisatorischen Verordnungen betrifft, so ist bereits oben über die rechtliche Natur der organisatorischen Vorschriften gesprochen worden (S. 343 f.). Es wurde dort festgestellt, daß es sich im allgemeinen um Rechtsnormen handelt, und nur in den Fällen, in denen diese sich auf die Regelung der inneren Beziehungen zwischen den Behörden selbst beschränken, von Verwaltungsvorschriften gesprochen werden kann. Da nun in Bayern, wie ebenfalls ausführlich dargelegt, die Organisation der Behörden grundsätzlich dem Verordnungsweg überwiesen ist (vgl. oben S. 115 ff.), handelt es sich bei diesen Verordnungen regelmäßig um Rechtsverordnungen. Gleichwohl werden sie in der Verfassung ausdrücklich als Verwaltungsverordnungen bezeichnet (§§ 61 Z. 6 und 75). Jedoch wird dieser anfechtbaren Klassifizierung dadurch praktisch die Spitze abgebrochen, daß die Bekanntmachung im GVBl. wie für Rechtsverordnungen vorgeschrieben ist (§ 75; vgl. oben S. 116).

17. Eine wichtige Bestimmung, die sowohl die Verwaltung wie die Rechtspflege betrifft, enthält der Sprachenparagraph. „Die Geschäfts- und Verhandlungssprache im öffentlichen Dienst ist die deutsche Sprache" (§ 73). Diese Vorschrift bezieht sich auf alle Zweige des Staatsdienstes sowie des Dienstes der Selbstverwaltungskörper. Es ist damit sowohl der innere Dienst („Geschäftssprache") wie der äußere Dienst, also der Verkehr mit dem Publikum („Verhandlungssprache"), getroffen. Diese Vorschrift ist von besonderer Bedeutung angesichts der unglückseligen Bestimmung des Art. 113 RV., wonach „die fremdsprachigen **Volksteile** des Reichs . . durch die Gesetzgebung und Verwaltung nicht in ihrer freien, volkstümlichen Entwicklung" — und jetzt kommt der Stein des Anstoßes — „sowie im Gebrauch ihrer Muttersprache beim Unterricht, sowie bei der inneren Verwaltung und der Rechtspflege beeinträchtigt werden" dürfen. Diese Bestimmung stellt zwar nur einen Grundsatz auf und schafft nicht unmittelbar geltendes Recht. Um so gefährlicher ist es, daß der Begriff der fremdsprachigen Volksteile so vollkommen im Unklaren gelassen ist. Denn man weiß nach der Fassung nicht einmal, ob die vorgeschriebene Rücksicht nur den fremdvölkischen Reichsangehörigen oder allen Einwohnern, ob nur in geschlossenen Siedlungen oder im ganzen Reiche zugedacht ist (vgl. Grundgedanken 133 f.). Gelegentlich der Beratungen über die endgültige Fassung im ständigen Ausschuß ist auf den Zusammenhang des § 73 mit Art. 113 RV. hingewiesen worden, man ging aber einer Erörterung aus dem Weg (vgl. Beilage 438 S. 11). Es ist zu hoffen, daß man den Art. 113 nur den geschlossenen Siedlungen zugute kommen und nicht etwa Sprachenfragen in kerndeutsches Gebiet einschleichen lassen wird.

Vierter Abschnitt.

D. Die Rechtspflege.

§ 54.

Die Rechtspflege im allgemeinen.

Schrifttum: Siehe bei §§ 48, 51, 52, 53.

1. Als Gegenstück zu der oben (§ 48 Z. 1) gegebenen Begriffsbestimmung der Verwaltung können wir als Rechtspflege bezeichnen die Durchführung der Gesetze mit sachlicher Unabhängigkeit. Soll der praktische Inhalt dieser Tätigkeit mit zum Ausdruck kommen, so könnte man auch die Fassung wählen: die obrigkeitliche Regelung konkreter Rechtsverhältnisse nach Maßgabe der Gesetze; hiebei ist zugleich berücksichtigt, daß die Ordnung allgemeiner Tatbestände, also die Erlassung von Rechts- oder Verwaltungsverordnungen (s. oben § 53 Z. 5) nicht in Betracht kommt. Ferner kommt zum Ausdruck, daß eine ohne Anwendung von Befehl und Zwang geübte soziale Tätigkeit (oben § 53 Z. 2) nicht in Frage steht.

Unter diesen Begriff fällt nicht nur die normale Tätigkeit der Zivil- und Strafgerichte, sondern auch die Verwaltungsrechtsprechung und Verwaltungsgerichtsbarkeit, während die Justizverwaltung, auch soweit sie durch die Gerichte geübt wird, ausscheidet.

2. Gleichbedeutend mit dem hier aufgestellten Begriff der Rechtspflege wird mitunter auch der Ausdruck Rechtsprechung und der Ausdruck Justiz verwendet (S. 335), so beispw. wenn man von Verwaltungsrechtsprechung oder Verwaltungsjustiz spricht. Häufig verbindet sich aber mit beiden Bezeichnungen ein anderer Begriff. Unter Rechtsprechung versteht man gewöhnlich die Entscheidung streitiger Rechtsfragen (ebenda), so daß die obrigkeitliche Regelung unstreitiger Rechtsverhältnisse ausscheidet. Der Ausdruck Justiz bedeutet neben Rechtspflege bald soviel wie Tätigkeit der Justizbehörden (§ 48 Z. 1 A β), bald den Inbegriff dieser Behörden (ebenda B) — Justiz im subjektiven oder formellen, Justiz im organisatorischen Sinn (ebenda). Im formellen Sinn umfaßt die Justiz als Tätigkeit die Besorgung der herkömmlich als Justizsachen bezeichneten Angelegenheiten der streitigen Zivil- und Strafrechtspflege sowie der sog. freiwilligen Gerichtsbarkeit (§§ 40 Z. 6, 51 Z. 4), in organisatorischem Sinn ist Justiz gleich Inbegriff der Gerichte (§ 48 Z. 1 B). Im Vergleich mit dem oben aufgestellten Begriff der Rechtspflege scheidet dann bei der Justiz im formellen Sinn die sachlich unabhängige Tätigkeit der Verwaltungsbehörden aus, selbst die Verwaltungsgerichtsbarkeit wird nicht eingerechnet, bei der Justiz im organisatorischen Sinn wächst als Tätigkeitsgebiet die Justizverwaltung zu.

3. Der organisatorische Begriff der Justiz als Inbegriff bestimmter Behörden führt auf den Begriff der Gerichte. War ursprünglich die Zuständigkeit für die herkömmlichen Justizsachen entscheidend (§§ 48 Z. 6, 51 Z. 4), so hat die Rechtsentwicklung, wie wir gesehen haben (§§ 48 Z. 6, 51 Z. 5, 52 Z. 1), das Moment der persönlichen Unabhängigkeit zum Wesensmerkmal werden lassen. Die Einführung der persönlichen Unabhängigkeit als Regelausstattung der Gerichte führte also dazu, die Regelausstattung zum maßgebenden Kriterium zu erheben. Sonach bedeutete die Gewährung der persönlichen Unabhängigkeit nicht nur einen Ausbau der Rechtsschutzeinrichtungen, sondern auch einen Umbau der Rechtsschutzbegriffe. Daher mußten wir das Gericht definieren als „eine amtliche Stelle, deren Mitglieder persönlich unabhängig sind" (§ 52 Z. 1) oder gleichbedeutend, „deren Mitglieder Richter sind" (ebenda Z. 2). Das bei der wichtigsten und überwiegenden Tätigkeit der Gerichte, der Rechtspflege, maßgebende Prinzip kann schließlich in die Begriffsbestimmung in der Art hineingezogen werden, daß man die Formulierung wählt: „eine persönlich und mindestens teilweise auch sachlich unabhängige amtliche Stelle" (ebenda Z. 6). Faßt man die so ausnahmslos durch persönliche und überwiegend auch durch sachliche Unabhängigkeit ausgezeichneten Gerichte als eine Einheit zusammen, so kommt man endlich zu dem Begriff der Gerichtsbarkeit (§§ 42 Z. 11, 48 Z. 5). Zu dieser rechnen dann auch die mit gleichen Eigenschaften versehenen Verwaltungsgerichte, die sog. Verwaltungsgerichtsbarkeit (§§ 42 Z. 11, 51 Z. 7).

4. Nicht näher einzugehen ist in diesem Zusammenhang auf eine wichtige Unterscheidung, die Laband (Staatsrecht III § 88; vgl. z. B. auch Richard Schmidt, Lehrb. d. deutschen Zivilprozeß-R. 158) mit aller Klarheit und Schärfe herausgearbeitet hat, die Unterscheidung zwischen den Gerichten als geschlossenen Behörden oder Anstalten und den Gerichten als erkennenden oder beschließenden Organen der Rechtspflege, die bei jenen für den Einzelfall gebildet werden. Beispw. werden bei den Amtsgerichten die Einzelrichter für die verschiedenen Arten der Zivilsachen (ordentliche streitige Zivilgerichtsbarkeit, Vormundschaftsgericht usw.) und die Schöffengerichte für die Strafsachen, bei den Landgerichten die Zivilkammern, die Kammern für Handelssachen, die Strafkammern, die

Schwurgerichte aufgestellt usw. Persönliche und sachliche Unabhängigkeit eignet den Gerichten sowohl im organisatorischen wie im prozessualen Sinn.

Eine ähnliche Unterscheidung ist übrigens auch bei den Verwaltungsbehörden möglich, wenn man an ihre Tätigkeit als Behörden der Verwaltungsrechtspflege im Gegensatz zu ihrer reinen Verwaltungstätigkeit denkt. Man kann dann etwa davon sprechen, daß bei den Verwaltungsbehörden für bestimmte Fälle Verwaltungsrechtspflegebehörden gebildet werden. Deutlich tritt dies beispw. bei den verwaltungsrechtlichen Senaten der Kreisregierungen nach Art. 31 VGG. zutage. In diesem Sinn kann übrigens auch dem Ausdruck „Verwaltungsgerichte" in § 61 Z. 5 VU., deren Zuständigkeit gegenüber der Beschwerdeentscheidung der Minister vorbehalten werden soll (vgl. oben § 51 Z. 11), der Sinn von „Verwaltungsbehörden bei Ausübung der Verwaltungsrechtspflege" beigemessen werden.

5. Wir haben bereits gesehen, daß die bayerische Verfassung sich an verschiedenen Stellen mit Rechtspflege und Gericht befaßt.

In Anlehnung an das System der Gewaltenteilung ist bereits im ersten Abschnitt von der „richterlichen Gewalt" die Rede. § 5 S. 1 verkündet: „Die Rechtspflege wird durch unabhängige, nur den Gesetzen unterworfene Gerichte ausgeübt." Es wurde oben (§ 51 Z. 10) festgestellt, daß der Ausdruck „Rechtspflege" in diesem Zusammenhang im Sinne von „Justiz" — und zwar, wie wir jetzt genauer hinzufügen können, im formellen, subjektiven Sinn (oben Z. 2) — gebraucht wird. Der angeführte Satz, der den Wortlaut des § 1 GVG. (vgl. oben § 51 Z. 6) etwas abwandelt, geht zwar seiner Fassung nach sachlich weit über sein Vorbild hinaus, da er einer Einschränkung auf die „ordentliche streitige Gerichtsbarkeit" (§ 2 EG. z. GVG.) nicht unterliegt; hierin besteht volle Parallelität gegenüber Art. 102 RV. (oben § 51 Z. 6). Diese Ausdehnung ist jedoch nicht in ihrer vollen Tragweite beabsichtigt. Denn § 69 IV läßt im Anschluß an GVG. § 13 für Sondergerichte Raum (vgl. oben § 51 Z. 10). So schränkt sich die Ausdehnung gegenüber GVG. § 1 darauf ein, daß die unstreitige Gerichtsbarkeit mit gemeint sein könnte; doch auch das ist angesichts des gleich zu erwähnenden § 69 II S. 2 fraglich. Schließlich sei noch darauf verwiesen, daß das Wort „unabhängige" sich auf die persönliche, die Worte „nur den Gesetzen unterworfene" auf die sachliche Unabhängigkeit beziehen (oben § 51 Z. 6). Der Justizverwaltung ist in diesem Zusammenhang nicht gedacht; sie wird vielmehr, und zwar zusammen mit der freiwilligen Gerichtsbarkeit, in § 69 II S. 2 in einen Gegensatz zur

Rechtspflege gestellt, indem als Ausnahme von dem Grundsatz der Trennung von Rechtspflege und Verwaltung ihre Übertragung an die Gerichte als zulässig erklärt wird (vgl. oben § 51 Z. 10).

Anschließend an § 5 S. 1 wird aus GVG. § 15 I der Satz übernommen: „Die Gerichte sind Staatsgerichte" (§ 5 S. 2). Auch dieser Satz ist nicht wörtlich zu nehmen, da auch andere öffentliche Gerichte, nämlich die von den Gemeinden aufgestellten Gewerbe- und Kaufmannsgerichte bestehen (vgl. oben § 51 Z. 6).

Dagegen ist von erheblicher praktischer Bedeutung der letzte Satz des § 5: „Ihre Einrichtung erfolgt durch Gesetz" (§ 5 S. 3). Damit ist die Gerichtsorganisation der Regelung durch Verordnungen gemäß § 46 grundsätzlich entzogen (oben S. 115). Aber auch die Volksgesetzgebung ist nach § 77 I Z. 4 ausgeschlossen (oben S. 281). Leider greift in diese Grundregel der gesetzlichen Organisation der Gerichte die Auslegung störend ein, die den Ausnahmsbefugnissen nach § 64 I und Art. 48 IV RV. gegeben worden ist (vgl. oben S. 207). In der viel umstrittenen Verordnung vom 24. Juli 1922, GVBl. 374, hat das Gesamtministerium gerade auch tiefeingreifende Änderungen der Gerichtsverfassung vorübergehend vorgenommen.

Wir sehen, von dem stolzen Gebäude des § 5 VU. bleibt bei genauerer Prüfung kein Stein unverrückt. Immerhin ist der eigentliche Sinn und Zweck der Bestimmung deutlich zu erkennen. Neben dem Landtag als eigentlichem Organ der Gesetzgebung und der Regierung als oberster Instanz der Verwaltung soll auf festgefügten Grundmauern die in der Erfüllung ihrer Aufgaben selbständige Justiz als ein weiterer Pfeiler des Verfassungsbaues emporragen. Sonderbar bleibt es dabei allerdings, daß alle näheren Bestimmungen über die Rechtspflege in dem 7. Abschnitt der VU. „Staatsverwaltung" enthalten sind.

6. Eine unmittelbare Folgerung aus der grundsätzlichen Auffassung bildet der Satz von der Trennung der Justiz und der Verwaltung. Hierüber ist sowohl nach der allgemeinen Seite hin wie in bezug auf die praktische Durchführung im Reichs- und bayerischen Recht ausführlich gesprochen worden (oben § 51). Es ergab sich erstens die Forderung nach Einrichtung getrennter Behördenorganisationen, zweitens die Forderung nach möglichster Unabhängigkeit in sachlicher und persönlicher Beziehung, endlich drittens die Forderung nach reinlicher Scheidung der Zuständigkeiten (§ 51 Z. 3). Über den ersten Punkt ist oben (§ 51 Z. 6 und 8) das Nötige gesagt worden; in dieser Frage liegt der Schwerpunkt vollkommen im Reichsrecht. Auch in bezug auf den dritten Punkt ist den Ausführungen über das Reichsrecht (ebenda Z. 6) und über das bayerische Recht (Z. 9) nichts hinzuzufügen. Einige Bemerkungen sind nur noch hinsichtlich des zweiten Punktes — sachliche und persönliche Unabhängigkeit — geboten.

7. Bezüglich der sachlichen Unabhängigkeit sollen hier die bereits an verschiedenen Stellen angeführten positiven Vorschriften kurz zusammengefaßt werden. Die Verfassung anerkennt die sachliche Unabhängigkeit für das ganze Gebiet der Rechtspflege, also für Zivil- und Strafjustiz sowie Verwaltungsjustiz und Verwaltungsgerichtsbarkeit. Für die erste Gruppe ist auf § 5 S. 1 (oben § 51 Z. 8), für die zweite auf § 71 II S. 1 (ebenda Z. 10) zu verweisen. Aber auch das Gesamtgebiet der Rechtspflege wird gelegentlich einheitlich berücksichtigt, so im § 57 II S. 2 und § 61 Z. 5, wobei nur eine gewisse Korrektur der Textstellen vorgenommen werden muß (vgl. oben §§ 51 Z. 11, 52 Z. 8). Die Kehrseite der aufgehobenen ministeriellen Überordnung ist das Entfallen der ministeriellen Verantwortlichkeit (vgl. oben S. 218 und § 52 Z. 8); umgekehrt bleibt sie selbstverständlich für die Justizverwaltung bestehen (ein Anwendungsfall s. unten § 56 Z. 8).

Aus der sachlichen Unabhängigkeit ergibt sich dann als weitere Folgerung das Prüfungsrecht in bezug auf die Verfassungsmäßigkeit der Gesetze, das in § 72 ausdrücklich allen mit der Rechtspflege betrauten Behörden zuerkannt ist (vgl. oben § 47 Z. 8). An dieser Stelle ist, wie bereits gelegentlich bemerkt (§ 51 Z. 11), der Ausdruck „Rechtspflege" in dem hier vertretenen juristischen Sinn verwendet.

8. Die persönliche Unabhängigkeit ist bereits im Zusammenhang mit der Stellung der Verwaltungsbeamten und zwar als deren Gegenstück kurz erörtert worden (§ 52 Z. 3, 4). Sie soll nunmehr, wo von der Gerichtsbarkeit ex professo die Rede ist, noch etwas genauer unter die Lupe genommen werden.

Das Wesen der persönlichen Unabhängigkeit fanden wir in der gebundenen Ent- und Versetzbarkeit (§ 52 Z. 3). Wo diese gegeben ist, ist der Justizverwaltung die Möglichkeit genommen, nach eigenem Entschluß die Entfernung eines Beamten aus dem Grunde zu bewirken, weil die Auffassung, die er bei seiner amtlichen Tätigkeit bekundet, ihren Wünschen nicht entspricht. Keine Beeinträchtigung der persönlichen Unabhängigkeit wird durch die Bestimmung des Art. 104 I S. 3 RV. herbeigeführt, wonach die Gesetzgebung Altersgrenzen festsetzen kann, bei deren Erreichung Richter in den Ruhestand treten; denn eine solche Altersgrenze gilt ohne Ansehen der Person. Übrigens hat die bayerische Gesetzgebung von dieser Möglichkeit bisher noch keinen Gebrauch gemacht. Anders steht es dagegen mit der Vorschrift des Art. 104 III RV., wonach „bei einer Veränderung in der Einrichtung der Gerichte oder ihrer Bezirke . . die Landesjustizverwaltung unfreiwillige Versetzungen an ein anderes Gericht oder Entfernungen vom Amt, jedoch nur unter Belassung des vollen Gehaltes, verfügen“ kann. Diese aus § 8 III GVG. übernommene Norm kann gegebenenfalls auch zu unsachlichen Vorgehen mißbraucht werden.

Die bayerische Verfassung hat keine der beiden eben besprochenen Vorschriften übernommen, sie kennt daher keine ausdrückliche Ausnahme von dem in § 69 I aufgestellten Grundsatz der persönlichen Unabhängigkeit der Richter (s. oben § 52 Z. 4). Gleichwohl gelten beide Sätze auch für die bayerischen Richter, soweit es sich um die ordentliche Gerichtsbarkeit handelt, weil in dieser Beziehung das Reichsrecht maßgebend ist und daher auch der bayerischen Verfassung vorgeht. Soweit es sich dagegen nicht um die ordentlichen Gerichte handelt, sondern um andere richterliche Behörden, z. B. den Verwaltungsgerichtshof und den Rechnungshof (darüber unten Z. 9 und § 60 Z. 7), kommen die beiden reichsrechtlichen Ausnahmen nicht in Frage; zu ihrer Anwendung wäre also verfassungsänderndes Gesetz notwendig.

Trotz dieser, von den Ausnahmsfällen abgesehen, durchgreifenden Gewährleistung der persönlichen Unabhängigkeit, stehen der Justizverwaltung noch immer Mittel und Wege zu Gebote, um auf die amtliche Tätigkeit der Richter mittelbar Einfluß zu nehmen. Es handelt sich einmal um die Verteilung der Aufgaben und Funktionen innerhalb eines bestimmten Gerichts und um die Möglichkeit von Verschiebungen in der Geschäftseinteilung, dann um die Beförderung auf höhere Stellen. In der ersten Beziehung sucht das GVG. eine Reihe von Sicherungen gegen willkürliches Vorgehen zu schaffen — vgl. insbesondere §§ 61—68 und 121 —, aber alle Lücken werden damit nicht verstopft; auf die Einzelheiten kann hier nicht eingegangen werden. Dagegen steht das Beförderungsrecht der Justizverwaltung uneingeschränkt zu Gebote und dadurch die Möglichkeit, das Schicksal des einzelnen Richters von dem Wohlgefallen abhängig zu machen, das seine amtliche und auch außeramtliche Haltung vor ihren Augen gefunden hat.

Es muß zugegeben werden, daß es sich in dieser Frage um ein sehr schwieriges legislatives Problem handelt. Der Vorschlag, für den Richterstand die reine Zeitvorrückung einzuführen mit der Folge, daß die Erreichung der höheren Besoldungen von der Art der übertragenen Funktionen ganz unabhängig ist, hat den schweren Nachteil, daß außerordentliche Leistungen gegenüber bequemer Erfüllung der festgesetzten Pflichten nicht entsprechend distanziiert werden können und daß daher gesundes Vorwärtsstreben untergraben wird. Ein anderer Vorschlag, die Beförderung durch Wahlen der Richter selbst vornehmen zu lassen, schließt die Möglichkeit nicht aus, daß an Stelle der Gunst der Verwaltung die Gunst der Kollegen zum entscheidenden Faktor wird. Ob das neuere österreichische System, wonach eine bindende Vorschlagsliste seitens der Gerichte aufzustellen ist, aus der die Regierung ihre Wahl treffen muß (Art. 86 der Bundesverfassung), die zuletzt erwähnten Bedenken zerstreuen kann, bleibt noch eine offene Frage.

Der besonderen Wichtigkeit wegen muß in diesem Zusammenhang nochmals hervorgehoben werden, daß die persönliche Unabhängigkeit der Richter auch bestehen bleibt, wenn sie Geschäfte der Justizverwaltung zu erfüllen haben, obgleich in diesem Fall die sachliche Unabhängigkeit nicht gegeben ist. Aus diesem Grunde wurde betont, daß die Gerichte auch bei Ausübung von Justizverwaltung keine Verwaltungsbehörden werden (oben § 52 Z. 1).

9. Die Trennung der Justiz von der Verwaltung fällt, wie wir wissen, mit dem Gegensatz von Rechtspflege und Verwaltung keineswegs zusammen (vgl. oben § 51 Z. 15). Justizverwaltung einerseits, Verwaltungsjustiz andererseits gehören, je nachdem man die erste oder zweite Unterscheidung im Auge hat, jeweils auf die andere Seite. Von der Justizverwaltung wurde soeben gesprochen; nunmehr ist noch der verfassungsrechtlichen Bestimmungen über die Verwaltungsjustiz im Zusammenhang zu gedenken.

Die bayerische Verfassung betrachtet die Verwaltungsrechtsprechung grundsätzlich als einen Teil der Verwaltung. Das geht schon rein äußerlich daraus hervor, daß die Durchführung der Verwaltungsrechtsprechung den Verwaltungsbehörden übertragen ist (§ 71) — von dem Verwaltungsgerichtshof ist dabei nicht einmal mit einem Wort die Rede —, ohne daß diese Zuständigkeitsverteilung als eine Ausnahme von dem Grundsatz der Trennung der Justiz von der Verwaltung auch nur empfunden wird. Es wird zwar ausdrücklich hervorgehoben, daß Justizverwaltung und unstreitige Rechtspflege von den Gerichten besorgt werden darf (§ 69 II; oben § 51 Z. 10).

Daß aber die Verwaltungsjustiz Sache der Verwaltung sein darf, wird nicht erwähnt.

Diese Auffassung entspricht der bayerischen Rechtsentwicklung und erklärt sich daraus, daß die Verwaltungsrechtsprechung allmählich aus der sonstigen Verwaltungstätigkeit herausgewachsen ist (oben § 51 Z. 7). Der entscheidende Schritt wurde durch das Gesetz vom 8. August 1878, GVBl. 369, über die Errichtung eines Verwaltungsgerichtshofes und das Verfahren in Verwaltungsrechtssachen (VGG.) gemacht. Es ist besonders bezeichnend, daß die dienstliche Aufsicht über den Verwaltungsgerichtshof und dessen Mitglieder dem Staatsministerium des Innern in derselben Weise übertragen wurde, wie sie dem Staatsministerium der Justiz gegenüber dem obersten Landesgericht zusteht (Art. 5 I), daß die Staatsanwaltschaft am Verwaltungsgerichtshofe ebenso dem Staatsministerium des Innern unterstellt ist (Art. 5 II), und daß endlich in dem Gerichtshof für Kompetenzkonflikte (Gesetz vom 18. August 1879, GVBl. 991; vgl. oben § 51 Z. 14) die Verwaltung durch Mitglieder des Verwaltungsgerichtshofes vertreten ist.

Die Verfassung selbst enthält nur wenige grundlegende Vorschriften über dieses Gebiet (§ 71), die zumeist bereits in anderem Zusammenhang berührt worden sind. An der Spitze steht die Regel: „Für bestrittene Rechtsansprüche und Verbindlichkeiten auf dem Gebiete des öffentlichen Rechtes steht nach Maßgabe der Gesetze das Verwaltungsrechtsverfahren offen" (§ 71 I). Es wird hier also grundsätzlich ein Rechtsstreit vorausgesetzt, die Regelung von Rechtsverhältnissen, über die noch gar kein Streit besteht, wird nicht ins Auge gefaßt. Andererseits ist nicht für jede bestrittene Angelegenheit die Gewähr dieses Rechtsschutzverfahrens eingeräumt, wie dies dem Art. 107 RV. entsprechen würde (vgl. oben § 49 Z. 4), sondern es wird dem Gesetz überlassen, die Fälle auszuwählen. Danach kann die im VGG. verwendete Enumerationsmethode auch bei der bevorstehenden Reform von Verfassungs wegen beibehalten werden. In diesen Zusammenhang gehört § 71 III: „Zuständigkeit und Verfahren werden durch Gesetz geregelt." Vorläufig gilt das VGG., eine Reform ist in Vorbereitung; vgl. über die letztere Braunwart in der BayGemVZ. 1921, 277 ff. und in den BlAdmPr. 1921, 1 ff.

Nur zwei materielle Grundsätze werden von der Verfassung selbst herausgegriffen. Einmal die Ausstattung der „mit der Verwaltungsrechtspflege betrauten Behörden" mit richterlicher Unabhängigkeit (§ 71 II S. 1). Eine Unterscheidung zwischen den verwaltungsjustizausübenden Verwaltungsbehörden einerseits, dem Verwaltungsgerichtshof andererseits wird nicht gemacht. Daher der bereits (oben § 51 Z. 10) bemängelte Ausdruck „richterliche" Unabhängigkeit, der, genau besehen, nur für den

Verwaltungsgerichtshof zutreffend ist; daher auch die Ausnahme der „Verwaltungsgerichte“ von der ministeriellen Beschwerdeinstanz (oben §§ 51 Z. 11 und 54 Z. 4).

Der andere Grundsatz lautet: „Ihre Erkenntnisse binden auch die Organe der öffentlichen Gewalt“ (§ 71 II S. 2). Damit wird die Rechtskraft der im Verwaltungsrechtsverfahren zustande gekommenen Entscheidungen auch gegenüber der Behörde selbst, und zwar sowohl der erkennenden als auch der übrigen Behörden außer Frage gestellt. Die Tragweite dieses Satzes im einzelnen zu untersuchen, ist hier nicht der Ort.

Alles andere bleibt der gewöhnlichen Gesetzgebung überlassen. Insbesondere ist es auch deren Sache, den Unterschied zwischen der rechtsprechenden Tätigkeit der Verwaltungsbehörden und der Verwaltungsgerichtsbarkeit — dort sachliche Unabhängigkeit allein, hier sachliche und persönliche Unabhängigkeit vereint (vgl. oben § 51 Z. 7 und 15) — zu positivrechtlichem Ausdruck zu bringen.

10. Der Verwaltungsgerichtshof stellt ein außerhalb der ordentlichen Gerichtsbarkeit stehendes Sondergericht des öffentlichen Rechts dar im Gegensatz zu den Sondergerichten des bürgerlichen oder Strafrechts. Die Verfassung kennt außerdem noch weitere Sondergerichte des öffentlichen Rechtes. Es sind dies die Kompetenzgerichte (§ 69 III), der Staatsgerichtshof (§§ 56, 70 und 93), der Wahlgerichtshof (§ 33) und der Rechnungshof (§§ 57 II, 69 I S. 2). Von dem Kompetenzgerichtshof war bereits, soweit dies in diesen Rahmen gehört, die Rede (oben § 51 Z. 14). Ein Wahlgerichtshof ist bisher nicht eingerichtet worden (vgl. oben S. 159). Von dem Rechnungshof wird später näher zu sprechen sein (vgl. unten § 60 Z. 7). So erübrigt es sich hier, den Staatsgerichtshof ins Auge zu fassen (s. § 55).

11. Auch für die Gerichte gilt die deutsche Dienstsprache; vgl. hierüber oben § 53 Z. 17).

§ 55.

Der Staatsgerichtshof im besonderen.

Schrifttum: Braunwart, Verfassungsbeschwerde und Staatsgerichtshof, Zeitschr. f. Rechtspfl. 1920, 257 ff. (Die Ergebnisse des Verfassers mußten in der folgenden Darstellung unter c meist abgelehnt werden).

a) Allgemeines.

1. Die VU. enthält die grundsätzlichen Bestimmungen über die Zuständigkeit des Staatsgerichtshofes (§§ 70 I, 56 I, 93 I) und über seine Zusammensetzung (§ 70 II und III), ferner einzelnes über das Verfahren (§§ 56 II—IV, 93 II). Im übrigen wird bezüglich des Verfahrens auf ein besonderes Gesetz verwiesen (§ 70 IV). Dieses ist unter dem 11. Juni 1920, GVBl. 323, als einfaches Gesetz ergangen; in verschiedenen Vorschriften des Gesetzes sind auch wichtige materiellrechtliche Sätze enthalten.

2. Die Zuständigkeit des Staatsgerichtshofs bezieht sich auf a) Ministeranklagen, b) Verfassungsbeschwerden, c) Verfassungsstreitigkeiten (§ 70 I VU., § 2 Ges.). Im ersten Fall fungiert der Gerichtshof als eine Art von Sonderstrafgericht (Rothenbücher, Ministerium 50, lehnt den strafrechtlichen Charakter ab und nimmt einen dienststrafrechtlichen an), im zweiten Fall als eine Art von Sonderverwaltungsgericht, im letzten Fall als eigentliches Verfassungsgericht. Die Zusammensetzung ist in dem ersten Fall etwas anders als in den beiden übrigen Fällen, das Verfahren ist in allen drei Fällen verschieden geregelt, wobei aber die Abweichungen der beiden letzten Fälle untereinander verhältnismäßig geringfügig sind. Der größeren Klarheit wegen sollen alle drei Funktionen des Gerichtshofes getrennt dargestellt werden, wobei nur, soweit die Vorschriften übereinstimmen, auf die zuerst erfolgte Darstellung verwiesen werden kann.

b) Der Staatsgerichtshof als Sonderstrafgericht.

3. Die näheren Voraussetzungen der Zuständigkeit wurden bereits oben (S. 126 f.) besprochen. Es handelt sich um Anklagen des Landtags gegen einzelne Minister wegen vorsätzlicher oder grobfahrlässiger Verfassungs- oder Gesetzesverletzung in Ausübung ihres Amtes. Auf andere strafbare Handlungen oder Unterlassungen kann das Verfahren nicht ausgedehnt werden. Schwebt gegen den Beschuldigten wegen einer zusammenhängenden Tat ein gewöhnliches Strafverfahren, so kann die Verhandlung vor dem Staatsgerichtshof bis zu dessen Erledigung ausgesetzt werden (Ges. § 28).

4. Der Staatsgerichtshof wird beim Obersten Landesgericht gebildet (Ges. § 1) und besteht aus dem Präsidenten dieses Gerichts als Vorsitzenden, aus acht Richtern, von denen fünf den ordentlichen Gerichten, drei dem Verwaltungsgerichtshof angehören, und zehn vom Landtag gewählten Mitgliedern (§ 70 II, Ges. § 3 Z. 1), welche etwa die Stellung von Schöffen haben.

Die fünf Richter der ordentlichen Gerichte werden vom Präsidenten des Obersten Landesgerichts auf die Dauer ihres Hauptamtes ernannt (§ 70 III). An sich schreibt die Verfassung weder vor, daß gerade fünf Richter dieser Gruppe zu ernennen sind, noch daß sie den „ordentlichen" Gerichten angehören müssen. Aber das erste ergibt sich daraus, daß der Präsident des Obersten Landesgerichts Mitglieder des Verwaltungsgerichtshofes nicht ernennen kann, da dies dem Präsidenten des Verwaltungsgerichtshofes vorbehalten ist (§ 70 III); die Mindestzahl von drei Verwaltungsgerichtsmitgliedern wird damit zugleich zur Höchstzahl. Das zweite folgt aus der Annahmepflicht (Ges. § 1), die wohl nur für staatliche Richter in Betracht kommt. Die drei Verwaltungsrichter werden, wie erwähnt, vom Präsidenten ihres Gerichtshofes auf die Dauer ihres Hauptamtes bestellt (§ 70 III). Beide Präsidenten haben vor der Ernennung das Präsidium ihres Gerichtshofes zu hören (Ges. § 4). Das gilt auch, wenn die zu ernennenden ordentlichen Richter nicht dem Obersten Landesgericht, sondern einem anderen Gericht angehören.

Die zehn Laienmitglieder werden vom Landtag mit Zweidrittelmehrheit der Anwesenden gewählt (§ 70 II). Dadurch wird zwar einer einseitigen Parteizusammensetzung vorgebeugt, aber für eine Minderheitsvertretung besteht keine unbedingte Gewähr. Es ist nicht vorgeschrieben, daß es sich um Landtagsabgeordnete handeln muß (Piloty 164). Auch sonst fehlt es an jeder Qualifikationsvorschrift. Nicht einmal Staats- oder Reichsangehörigkeit ist verlangt. Die VU. sagt, daß die Wahl auf die Dauer des Landtags erfolgt. Mit Ablauf der Landtagsdauer erlischt also ihr Mandat. Das war sicher nicht beabsichtigt, denn die Anklage soll ja nach § 56 IV „durch Vertagung oder Auflösung des Landtages oder Ablauf der Landtagsdauer nicht berührt" werden. Gedacht war vielmehr offenbar einerseits daran, den künftigen Landtag nicht zu binden, andererseits aber doch eine analoge Bestimmung für die Amtsdauer der Laien zu schaffen, wie für die richterlichen Mitglieder. An der positiven Bestimmung des § 70 II können indessen derartige Erwägungen ebensowenig etwas ändern, wie die Vorschrift des § 9 Ges.: „Nach Ablauf der Dauer des Landtags oder im Falle der Auflösung des Landtags bleiben die vom Landtage gewählten Mitglieder im Amte, bis der neugewählte Landtag eine Neuwahl vorgenommen hat"; denn diese Bestimmung ist mangels Beschluß als verfassungsändernde Norm ungültig.

Der Präsident des Obersten Landesgerichts wird im Verhinderungsfalle durch den dienstältesten Senatspräsidenten und bei gleichem Dienstalter durch den der Geburt nach ältesten Senatspräsidenten seines Gerichtshofes vertreten (Ges. § 6). Für die übrigen Angehörigen des Staatsgerichtshofes werden Ersatzmänner auf die gleiche Weise, wie sie selbst berufen wurden, bestellt (Ges. §§ 7, 8).

Alle Ämter sind Ehrenämter mit Annahmepflicht. Bei Dienstverrichtungen außerhalb des Wohnsitzes werden die Auslagen ersetzt (§§ 11, 12).

Für die Ausschließung und Ablehnung von Mitgliedern des Gerichtshofes gelten die Vorschriften der Strafprozeßordnung §§ 22 bis 30 (Ges. § 10).

Anklagebehörde ist der Generalstaatsanwalt des Obersten Landesgerichts (Ges. § 13). Jedoch kann der Landtag zur Wahrung seines Standpunktes einen oder mehrere Beauftragte bestimmen, die allen Beweisaufnahmen und Verhandlungen beiwohnen, die Akten einsehen und jederzeit Ausführungen machen sowie Anträge stellen können (Ges. § 25). Gemäß § 25 V GO. müssen sie gemeinsam und einheitlich vorgehen (oben S. 166).

Die Gerichtsschreiberei wird vom Obersten Landesgerichte beigestellt (Ges. § 14).

5. Die wichtigsten Verfahrensnormen stellt das Gesetz selbst auf. Soweit es noch Lücken gibt, werden sie durch eine vom Vorsitzenden ohne Mitwirkung der Mitglieder aufgestellte Geschäftsordnung geregelt (Ges. § 15). Die dem Gerichtshofe als solchem zustehenden Befugnisse werden außerhalb der Sitzung vom Vorsitzenden wahrgenommen (§ 16).

Die Schöffenmitglieder werden bei ihrer ersten Dienstleistung für die Dauer ihres Amtes nach den Vorschriften des GVG. vereidigt (Ges. § 18).

6. Die Voraussetzungen des landtäglichen Anklagebeschlusses wurden früher besprochen (S. 126 ff.), ebenso das landtägliche Verfahren (S. 166). Das eigentliche Verfahren beginnt durch Übersendung einer Anklageschrift an den Vorsitzenden des Gerichtshofes. Diese Schrift muß das zur Anklage gestellte Verhalten, die verletzte Rechtsnorm und die Anklagetatsachen bezeichnen (Ges. § 21 I und II). Eine Ungenauigkeit besteht hier darin, daß nur von verletzten Bestimmungen der Verfassungsurkunde oder eines Gesetzes die Rede ist, obwohl auch die Reichsverfassung oder ein Gesetz im materiellen Sinn geschützt ist (oben S. 126). Die Anklageschrift muß ferner die Feststellung enthalten, daß der Landtagsbeschluß mit der vorgeschriebenen Mehrheit gefaßt ist (Ges. § 21 II). Die Akten über die Erhebung der Anklage sind einzureichen (Ges. § 21 III).

Erhebung und Fortsetzung der Anklage werden durch den Rücktritt des betreffenden Ministers nicht berührt (Ges. § 22); der Landtag aber kann bis zur Verkündung des Urteils die Rücknahme der Anklage jederzeit beschließen (Ges. § 23). Gegen mehrere Beschuldigte kann gemeinschaftlich Anklage erhoben oder nach Beschluß des Gerichtshofes verhandelt werden (Ges. § 26).

Der Beschuldigte hat in jeder Lage des Verfahrens das Recht, sich eines oder mehrerer Verteidiger zu bedienen; diesen und ihm selbst muß jederzeit Akteneinsicht gewährt werden (Ges. § 27).

7. Die Anklageschrift wird dem Beschuldigten durch den Vorsitzenden zugestellt (Ges. § 29).

Es kann eine Voruntersuchung oder die Vornahme einzelner Ermittlungen durch Verfügung des Vorsitzenden oder auf Antrag des Generalstaatsanwaltes oder des Beschuldigten angeordnet werden. Sie wird von einem Richter nach näheren gesetzlichen Bestimmungen unter teilweiser Heranziehung von Vorschriften des Beamtendienststrafverfahrens geführt (Ges. § 30).

Nach Abschluß der Voruntersuchung oder der Ermittlungen und, wenn davon abgesehen wurde, von vornherein findet die Hauptverhandlung vor der Vollversammlung des Staatsgerichtshofs statt. Der Beschuldigte ist zu laden; es wird aber auch verhandelt, wenn er unentschuldigt ausbleibt oder sich vorzeitig entfernt (Ges. § 31). Die Verhandlung ist öffentlich; Ausschluß der Öffentlichkeit auch nur für einen Teil der Verhandlung ist nur zulässig, wenn sonst „eine Gefährdung der Staatssicherheit" zu besorgen ist (Ges. § 32).

Zunächst wird die Anklageschrift des Landtags verlesen. Sodann wird der Angeklagte vernommen. Hierauf findet die Beweiserhebung statt, die unbeschränkt ist. Dabei gelten die Vorschriften der Strafprozeßordnung für die Einvernahme von Zeugen und Sachverständigen, jedoch entfällt bei Beamten die vorherige Genehmigung der Vorgesetzten. Gerichte und Verwaltungsbehörden haben Rechtshilfe zu leisten, auch die öffentlichen Körperschaften die abverlangten Akten und Urkunden durch Vermittlung des zuständigen Staatsministeriums vorzulegen (Ges. §§ 33, 17). Von der Beteiligung der Beauftragten des Landtags (Ges. § 25) war schon die Rede (oben Z. 4). Zum Schluß wird der Generalstaatsanwalt mit seinem Antrag, der Angeklagte mit seiner Verteidigung gehört. Der Angeklagte hat das letzte Wort (Ges. § 33 IV). Im übrigen finden die Vorschriften des GVG. §§ 175 bis 185 und der StPO. §§ 225 bis 228, 237, 239 bis 253, 255 bis 257, 271 bis 273, 275 Anwendung (Ges. § 39).

8. Die Entscheidung erfolgt auf Grund des Beweisergebnisses nach freier aus der gesamten Verhandlung geschöpften Überzeugung (Ges. § 34). Sie kann lauten α) auf Freispruch, β) auf Schuldspruch und Entfernung aus dem Amt, γ) wenn der Angeklagte schon vorher zurückgetreten ist, auf Feststellung, daß er sich einer Verletzung der Verfassung oder des näher bezeichneten Gesetzes schuldig gemacht hat (§ 56 III, Ges. § 35 I; vgl. oben S. 235). Stand der Verurteilte früher im bayerischen Staatsdienst, so finden außerdem die Bestimmungen über das Dienststrafrecht für die Beamten des Ruhestandes auf ihn Anwendung (Ges. § 35 II). Sonst zieht die Verurteilung keine weiteren Folgen, insbesondere auch nicht etwa den Verlust der Ämterfähigkeit oder politischer Ehrenrechte nach sich (a. A. Rothenbücher 51).

Zur Bejahung der Schuldfrage sind mehr als 12 Stimmen (von insgesamt höchstens 19 — also mindestens Zweidrittelmehrheit) erforderlich. Sonst genügt einfache Mehrheit. Die Reihenfolge der Abstimmung richtet sich nach dem umgekehrten Lebensalter, nur der Vorsitzende stimmt jedenfalls zuletzt ab (Ges. § 36). In dem Urteil ist das Stimmenverhältnis anzugeben; im Falle des Schuldspruches ist in den Urteilsgründen festzustellen, worin das verfassungs- oder gesetzesverletzende Verhalten gefunden wurde (Ges. § 37).

Die Verkündung des Urteils erfolgt öffentlich gemäß § 267 StPO. und wird damit wirksam (Ges. §§ 38 I S. 1 und 40). Es erfolgt „Im Namen des Freistaates Bayern" (Ges. § 19 I). Das Urteil ist schriftlich niederzulegen und zu begründen sowie von sämtlichen Mitgliedern des Richterkollegiums (einschließlich der Schöffen) zu unterschreiben (Ges. § 19 II); es ist dem Angeklagten samt den Gründen zuzustellen. Eine Abschrift erhält der Landtag und der Ministerpräsident, letzterer, falls er nicht selbst der Verurteilte ist. Das Urteil samt den Gründen ist im GVBl. zu veröffentlichen (Ges. § 38).

9. Gegen die Entscheidung findet kein Rechtsmittel statt (Ges. § 19 III); es gibt auch keine Begnadigung. Eine Wiederaufnahme des Verfahrens kann nur zugunsten des Verurteilten und nur auf seinen Antrag oder nach seinem Tode auf Antrag gewisser nahverwandter Personen gemäß §§ 399 und 401 StPO. erfolgen. Nähere Vorschriften sind im Gesetz enthalten. Kommt es zur Hauptverhandlung, so ist entweder das frühere Urteil aufrecht zu erhalten oder unter Aufhebung desselben auf Freisprechung zu erkennen (Ges. § 41).

10. Das Verfahren ist kostenfrei (Ges. § 20 I S. 1). Dem Freigesprochenen werden die notwendigen Auslagen einschließlich der Kosten der Verteidigung ersetzt (Ges. § 20 II S. 1).

c) Der Staatsgerichtshof als Sonderverwaltungsgericht bei Verfassungsbeschwerden.

11. Die Zuständigkeit ist gegeben für Beschwerden von Staatsangehörigen und juristischen Personen, die ihren Sitz in Bayern haben, gegen Schädigungen in ihrem Recht durch die Tätigkeit einer Behörde unter Verletzung „dieser Verfassung" (§ 93 I S. 1), kurzweg „Verfassungsbeschwerden" genannt (§ 70 I, Ges. § 2 Z. 2).

a) Was die Legitimation anbetrifft, so steht sie Einzelpersonen nicht nur dann zu, wenn sie bayerische Landesangehörige, sondern auch wenn sie Reichsangehörige sind. Denn es handelt sich um ein ausgesprochenes Beschwerderecht, für das die Regel des Art. 110 II RV. gilt (vgl. oben S. 257 f.).

Bezüglich der juristischen Personen wurde oben (S. 243 ff.) festgestellt, daß alle juristischen Personen des privaten und öffentlichen Rechts soweit in Frage kommen können, als ihre Rechtsfähigkeit reicht, anders ausgedrückt, soweit als ihnen subjektive Rechte zustehen, die verletzbar sind. Bezüglich des erforderlichen Sitzes in Bayern s. oben S. 250.

b) Gegenstand der Beschwerde ist zunächst „Schädigung in ihrem Recht". Jedenfalls muß es sich daher um eine Verletzung subjektiven Rechtes handeln; die Verletzung objektiver Normen, denen subjektive Ansprüche nicht entspringen, genügt nicht. Wohl aber sind gewisse rechtlich bedeutsame Zustände, welche die Voraussetzung von Erwerb oder Besitz von subjektiven Rechten bilden, den letzteren gleichzustellen, wie z. B. Volljährigkeit, Handlungsfähigkeit, Staatsangehörigkeit, Staatsbürgereigenschaft u. dgl. Das subjektive Recht muß geschädigt sein; nicht erforderlich ist also ein Schaden in der Art eines Vermögensschadens, der als Folge der Rechtsverletzung zutage tritt. Daraus ergibt sich, daß die Verletzung des subjektiven Rechtes an sich die „Schädigung" darstellt, der letztere Ausdruck demnach einfach im Sinne von „Verletzung" gebraucht ist.

c) Das verletzte Recht kann sowohl ein privates als ein öffentliches subjektives Recht sein, es kann seine Grundlage in der Verfassung haben oder in einem einfachen Gesetz bzw. einer durch einfaches Gesetz ermächtigten Rechtsquelle, es kann sich auf Reichs- oder Landesrecht gründen (a. A. Braunwart a. a. O.). Die Verfassungsbeschwerde ist also kein spezifisches Rechtsschutzmittel für verfassungsrechtlich gewährte subjektive Rechte, sondern für subjektive Rechte schlechthin, das auch den verfassungsrechtlich gewährten zugute kommt. Unter diesem letzteren Gesichtspunkt war oben in den §§ 34 bis 36 von dem Schutz des § 93 für die einzelnen in der Verfassung vorgesehenen Rechte und Rechtsverhältnisse die Rede.

d) Die Schädigung muß durch die Tätigkeit einer Behörde erfolgt sein. Daher scheidet beispw. der Landtag als solcher aus (vgl. oben S. 275). Es macht keinen Unterschied, ob es sich um eine staatliche oder eine Selbstverwaltungsbehörde handelt. Andererseits sind aber nur Behörden gemeint, die in einer engeren Beziehung zum bayerischen Staate stehen, sei es, daß sie bayerische Landesbehörden sind, sei es, daß sie als Selbstverwaltungsbehörden unter Aufsicht bayerischer Staatsbehörden stehen. Es wäre zwar theoretisch möglich, daß die bayerische Gesetzgebung einschließlich der Verfassungsgesetzgebung innerhalb ihrer reichsverfassungsmäßigen Zuständigkeit auch Rechtsnormen für nichtbayerische Behörden erläßt, soweit es sich um ihre Wirksamkeit im bayerischen Staatsgebiet handelt. Aber es ist üblich und daher bis zum Beweis des Gegenteils zu vermuten, daß ein Staat seine Verfassungsvorschriften auf seine eigenen Behörden beschränkt. Richtig, aber zu eng ist daher § 43 Ges.: „Zur Entscheidung über Verfassungsbeschwerden gegen Reichsbehörden ist der Staatsgerichtshof nicht zuständig." Auch gegen Behörden anderer Gliedstaaten kann der Staatsgerichtshof nicht angerufen werden. Daß das Gesetz auf diesem Standpunkt steht, geht übrigens aus § 42 III hervor, wo von der Erfolglosigkeit eines Abhilfegesuches bei dem zuständigen Ministerium gegen eine einem Ministerium untergeordnete Behörde die Rede ist und weiter das Verstreichen einer dreimonatigen Frist als Erfolglosigkeit des Abhilfegesuches behandelt wird; ferner aus § 44, wonach die Beschwerde dem beteiligten Ministerium in Abschrift zur Äußerung binnen einer zu bestimmenden Frist mitzuteilen ist u. dgl. Derartige Bestimmungen können doch nicht auf außerbayerische Behörden gemünzt sein. Bezüglich der Selbstverwaltungsbehörden kommt es nur auf die bayerische Staatsaufsicht an, dagegen nicht, ob die Selbstverwaltungsbehörden oder die Aufsicht über sie eine partikularrechtliche Einrichtung bilden. Auch reichsrechtlich eingerichtete Selbstverwaltungskörper mit reichsrechtlich vorgesehener bayerischer Staatsaufsicht kommen in Frage.

Keinen Unterschied macht es ferner, ob eine Verwaltungsbehörde oder ein Gericht gehandelt hat. Denn § 93 S. 2 a. E. verlangt als Prozeßvoraussetzung, daß der Rechtsweg erschöpft ist. Ges. § 42 III S. 3 spricht hiebei ausdrücklich von dem Fall der Zulässigkeit des

Rechtswegs. Auch die Instanzhöhe ist gleichgültig; Verfassungsbeschwerden können ebenso gegen die obersten Verwaltungsbehörden, die Ministerien, wie gegen die obersten Gerichte, Oberstes Landesgericht, Verwaltungsgerichtshof, Rechnungshof usw., gerichtet werden.

Auch die Art der Tätigkeit ist nicht umgrenzt. Es kann sich daher sowohl um privatrechtliche, wie öffentlichrechtliche Akte, im letzteren Fall um obrigkeitliche wie soziale handeln. Die Tätigkeit kann auch eine Untätigkeit, eine Unterlassung, sein (vgl. Ges. § 42 II), eine vom Standpunkt des Rechtsschutzes außerordentlich wichtige Bestimmung.

e) Das angefochtene Verhalten der Behörde muß endlich eine „Verletzung dieser Verfassung" beinhalten. Durch diese Textierung werden in erster Linie Verletzungen der Reichsverfassung, selbstverständlich auch nichtbayerischer Landesverfassungen von der Zuständigkeit des Gerichtshofes ausgeschlossen. Verletzung „dieser" Verfassung bedeutet nicht Verletzung der Verfassungsurkunde, auch andere Verfassungsgesetze fallen darunter.

In sachlicher Beziehung handelt es sich darum, daß eine objektive Verfassungsrechtsnorm verletzt ist und die Verletzung, wie wir oben gesehen haben, zugleich in ein subjektives Recht welcher Art immer eingreift. Durch diese Konstruktion wird die Verfassungsbeschwerde unter einer Beschränkung zu einem Rechtsschutzmittel des objektiven Verfassungsrechts; die Beschränkung besteht in dem Tatbestandserfordernis gleichzeitiger Verletzung eines subjektiven Rechts. Durch die Abstellung auf den Schutz des objektiven Rechts wird der Kreis der geschützten Interessen außerordentlich weit gezogen. Jedes zivil- und strafrichterliche Urteil beispw. kann unter dem Gesichtspunkt der Verletzung der gesetzlichen Gleichheit (§ 15 I) durch Verfassungsbeschwerde angefochten werden.

12. Um nun ein richtiges Bild von der praktischen Bedeutung der Verfassungsbeschwerde zu bekommen, seien im folgenden die wichtigsten Fälle ihrer Zulässigkeit kurz besprochen. Sie können in drei Gruppen geteilt werden.

a) Die Verfassungsbeschwerde dient zum Schutz der in der Verfassung gewährten subjektiven Rechte, insbesondere der sog. Grundrechte. Denn ein Eingriff in dieselben bedeutet einerseits zugleich eine Verletzung objektiven Verfassungsrechts, andererseits handelt es sich von vornherein um die Schädigung subjektiven Rechts. Daraus ergibt sich übrigens, daß die Konstruktion eines Rechtsgutes als Grundrecht, die nach früheren Darlegungen der heute maßgebenden Auffassung über das Verhältnis von Gesetz und Vollziehung nicht mehr entspricht (oben § 49 Z. 3), doch positivrechtlich in Verbindung mit § 93 VU. von prozessualer Bedeutung ist; denn bei der Abwehr von Verletzungen der betreffenden objektiven Rechtsnormen bedarf es nicht des Nachweises einer Schädigung weiterer subjektiver Rechte. Wie oben (S. 250 ff.) dargelegt wurde, ist der Schutz der Verfassungsbeschwerde nicht dadurch beseitigt, daß materiellrechtlich an Stelle der bayerischen Verfassungsvorschrift eine reichsrechtliche getreten ist. Andererseits muß man sich immer wieder vor Augen halten, daß die Beschwerde, soweit es sich um Einzelpersonen handelt, nur den Landes- bzw. Reichsangehörigen zugute kommt (vgl. oben S. 250, 255 ff. und § 55 Z. 11 a), während bei juristischen Personen der Sitz in Bayern maßgebend ist.

Unter diesen Voraussetzungen schützt die Beschwerde die sog. Menschenrechte wie die Freiheit der Person und des Eigentums, die Glaubens- und Gewissensfreiheit, die Entscheidung über die religiöse Zugehörigkeit der Kinder, das Recht des Austrittes aus einer Religionsgesellschaft, das religiöse Vereinigungsrecht, den Anspruch auf Begräbnis in Friedhöfen Andersgläubiger, die wissenschaftliche und künstlerische Freiheit (s. oben S. 246 ff.) und die gleichartigen oder damit in Zusammenhang stehenden Rechte der juristischen Personen (ebenda, insbes. auch S. 249).

Sie schützt ferner gewisse nur den Staatsangehörigen als solchen eingeräumte Rechte — wobei in diesem Zusammenhang auf das Verhältnis von Reichs- und Landesangehörigkeit kein Gewicht gelegt wird —, wie das Aufenthaltsrecht im Gliedstaat (S. 259 f.), das Niederlassungsrecht (S. 260), die Führung des Adels als Namensteil (S. 261 f.).

Sie schützt die politischen Rechte, wie Wahl- und Stimmrecht sowie Wählbarkeit in Staat und Gemeinde (vgl. insbes. auch S. 266 ff., 269 ff.) und die Nutzungsrechte am Gemeindegut (S. 271 f.).

Sie schützt endlich die Staatsangehörigkeit, die Staatsbürgereigenschaft, die Gemeindebürgereigenschaft und ähnliche verfassungsrechtlich bedeutsame Zustände (vgl. oben Z. 11 b).

b) Neben den sog. Grundrechten kommen aus den gleichen Gründen all die übrigen zahlreichen unmittelbar in der Verfassung normierten subjektiven Rechte und rechtlichen Zustände in Betracht, wie beispw. das Selbstverwaltungsrecht der Gemeinden und Gemeindeverbände einschließlich des Anspruches auf staatlichen Schutz (§ 22; s. oben § 52 Z. 12 ff.), die

Rechte der berufsständischen Vertretungen (§ 24 II; ebenda Z. 15), der Anspruch der öffentlichen Stiftungen darauf, daß ihr Vermögen nicht dem Staatsvermögen einverleibt wird (§ 25 I S. 2; ebenda Z. 16), das Recht der Landtagsmitgliedschaft (vgl. oben S. 186), gewisse Ansprüche der Minister und Staatssekretäre (§ 60; s. oben S. 238 ff.), gewisse Rechte der Staatsbeamten im allgemeinen und Richter im besonderen (§§ 67, 68 II, 69 I; s. oben §§ 52 Z. 3 f., 54 Z. 8).

c) Die dritte Gruppe wird durch alle Verletzungen des objektiven Verfassungsrechtes gebildet, wenn dadurch zugleich in subjektive Rechte irgendeiner Art eingegriffen wird. Das wichtigste Beispiel wurde bereits (Z. 11) erwähnt, die Verletzung des Gleichheitsprinzips (§ 15 I, in besonderer Anwendung auf die Ämterfähigkeit § 12), wobei allerdings häufig das den Behörden zustehende freie Ermessen eine Hintertür offenhalten wird. Andere Fälle wären etwa die Verletzung der Verfassungsbestimmungen über die Erhebung von Steuern (§ 80 i. V. m. § 82), über die Erlassung von Rechtsverordnungen (§ 61 Z. 7), über die unter b genannten Materien, soweit es sich dort nicht um unmittelbare Einräumung von subjektiven Rechten, sondern um Aufstellung bindender objektiver Grundsätze handelt. Die Arten von Fällen, die unter diesen Gesichtspunkten in Frage kommen, sind unübersehbar, zumal ja die Austragung der Angelegenheit vor den höchsten Behörden der Verwaltung wie der Rechtspflege kein Hindernis für die Einlegung der Verfassungsbeschwerde bildet.

13. Bezüglich der Zusammensetzung des Gerichtshofes gelten die oben für seine Funktion als Sonderstrafgericht besprochenen Sätze (vgl. Z. 4) mit folgenden Abweichungen.

Es wird nicht vor der Vollversammlung, sondern vor einem Neunersenat verhandelt, der aus dem Vorsitzenden, drei Richtern, von denen mindestens zwei dem Verwaltungsgerichtshof angehören müssen, und fünf Schöffenmitgliedern besteht (Ges. § 3 Z. 2). Die Verfassung sieht eine derartige Senatsbildung nicht vor (vgl. § 70 III), schließt sie vielleicht aber auch nicht aus; immerhin kann das letztere in Frage gezogen werden. Nach dem Gesetz § 5 hat der Vorsitzende bei Beginn des Kalenderjahres für die einzelnen Sitzungen die zur Mitwirkung berufenen Mitglieder zu bestimmen. Daraus ergibt sich beispw. die Möglichkeit, daß — abweichend von der Vollversammlung — lauter Angehörige des Verwaltungsgerichtshofes als richterliche Beisitzer bestellt werden. Auffallend ist, daß die Auswahl des Vorsitzenden sich auch auf die vom Landtag gewählten Schöffenmitglieder bezieht; dadurch kann das zwar nicht verfassungsmäßig vorgeschriebene (vgl. Z. 4), aber doch etwa freiwillig vom Landtag eingehaltene Parteienverhältnis willkürlich geändert werden. Nichts gesagt ist ferner über eine vorausgehende Bestimmung der Ersatzmänner; sie können also von Fall zu Fall nach freiem Belieben je aus der Gruppe des ausgeschiedenen Mitglieds entnommen werden.

Eine Beteiligung der Staatsanwaltschaft zur Wahrung der öffentlichen Interessen wie im Verfahren vor dem Verwaltungsgerichtshof (VGG. Art. 42) ist nicht vorgesehen. Bei der Beweisaufnahme kann sich das beteiligte Ministerium vertreten lassen (Ges. § 44 II S. 2). Dies gilt auch von der mündlichen Verhandlung, die aber nicht obligatorisch ist (Ges. § 45 S. 1 und 2).

14. Als Prozeßvoraussetzung ist festgelegt, daß vorher ohne Erfolg beim Ministerium Abhilfe nachgesucht oder der Rechtsweg erschöpft ist (§ 93 I S. 2). Das erstere ist erforderlich, auch wenn keine förmliche Beschwerde, sondern nur die Anrufung der Dienstaufsicht zulässig ist, das letztere in allen Fällen eines vorgesehenen Rechtsverfahrens einschließlich des Verwaltungsrechtsverfahrens. Daß fruchtloser Ablauf einer dreimonatigen Frist der Erfolglosigkeit des Abhilfegesuchs gleichgehalten wird (Ges. § 42 III S. 2), wurde bereits erwähnt.

Ein schwerer gesetzgeberischer Fehler besteht darin, daß für die Erhebung der Verfassungsbeschwerde keinerlei Frist gesetzt ist. Die angefochtene Tätigkeit oder Unterlassung der Behörde kann so weit zurückliegen als nur immer, der Weg zum Staatsgerichtshof steht offen. Dadurch wird natürlich in allen in Betracht kommenden Fällen das Institut der Rechtskraft aufs schwerste erschüttert.

15. Die oben über die Verfahrensnormen im allgemeinen gemachten Ausführungen gelten auch hier (oben Z. 5).

16. Die Einleitung des Verfahrens erfolgt durch schriftliche Einreichung der Beschwerde beim Vorsitzenden (Ges. § 42 I S. 1). In der Beschwerde muß die vermeintlich verletzte Verfassungsbestimmung, die angefochtene Handlung oder Unterlassung der Behörde sowie das als verletzt angesehene Recht bezeichnet sein (Ges. § 42 II). Gleichzeitig muß gegebenenfalls die Erfüllung der Prozeßvoraussetzung — erfogloses Abhilfegesuch beim Ministerium oder Erschöpfung des Rechtswegs — nachgewiesen werden (Ges. § 42 III). Tatsachen- und Rechtsausführungen sind nicht vorgeschrieben.

Der Beschwerdeführer kann sich bei Einlegung und Durchführung der Beschwerde durch einen Bevollmächtigten vertreten lassen, bezüglich dessen Auswahl keinerlei Beschränkungen bestehen (Ges. § 42 I S. 2).

17. Über das *weitere Verfahren* bestehen die nachstehenden gesetzlichen Bestimmungen, die durch die vom Vorsitzenden erlassene Geschäftsordnung (Ges. § 15) ergänzt werden.

Die Beschwerde ist dem beteiligten Ministerium in Abschrift zur schriftlichen Äußerung binnen einer zu bestimmenden Frist mitzuteilen (Ges. § 44 I). Handelt es sich um die Anfechtung gerichtlicher Entscheidungen, so ist wohl das Staatsministerium der Justiz, bei verwaltungsgerichtlichen Entscheidungen und solchen des Verwaltungsrechtsverfahrens das Staatsministerium des Inneren als das beteiligte Ministerium anzusehen, obwohl ihm an sich ein Einfluß auf den angefochtenen Akt nicht zukommt.

Die eingelangte Äußerung ist dem Beschwerdeführer zur etwaigen Einreichung einer schriftlichen Gegenerklärung bekannt zu geben (§ 44 I S. 2).

Der Staatsgerichtshof kann alle ihm sachdienlich scheinenden Beweise erheben (Ges. § 17 I). Die oben besprochene Rechtshilfepflicht aller Gerichts-, Verwaltungsbehörden und öffentlichen Körperschaften (Ges. § 17 II; oben Z. 7) besteht auch hier. Für die Beweiserhebung durch Zeugen und Sachverständige gelten die Vorschriften der ZPO. (Ges. § 17 III). Der Beschwerdeführer und sein Bevollmächtigter sowie Vertreter des beteiligten Ministeriums haben das Recht, der Beweisaufnahme beizuwohnen (Ges. § 44 II).

Das Hauptverfahren ist nach Bestimmung des Vorsitzenden oder des Gerichtshofes entweder schriftlich oder mündlich. Die Mündlichkeit kann sich auch nur auf einzelne Beschwerdepunkte beschränken (Ges. § 45 S. 1). Ob das mündliche Verfahren öffentlich ist, ist nicht gesagt. Man muß dies jedenfalls als wünschenswert bezeichnen. Auf alle Fälle ist dem Beschwerdeführer und seinem Bevollmächtigten jederzeit Einsicht in die Akten zu gewähren, soweit nicht bezüglich einzelner Akten oder Aktenstücke die Einsichtnahme durch das zuständige Ministerium als mit dem Staatswohl nicht vereinbar bezeichnet wird (Ges. § 46).

Wird mündliche Verhandlung angeordnet, so sind der Beschwerdeführer und das beteiligte Ministerium zu laden. Erscheint daraufhin weder der Beschwerdeführer noch sein Bevollmächtigter ohne Entschuldigung, so gilt die Beschwerde als zurückgezogen; dies ist bei der Ladung eigens bekannt zu geben. Das gleiche gilt, wenn das persönliche Erscheinen des Beschwerdeführers ausdrücklich angeordnet wurde und nur sein Vertreter erscheint (§ 45 S. 3 und 4). Diese

Bestimmungen beweisen eine gewisse Abneigung des Gesetzgebers gegen die Beschwerde als solche.

Über die Gestaltung der mündlichen Verhandlung fehlt es im übrigen an Vorschriften. Insbesondere ist von Gesetzes wegen nicht bestimmt, ob ein Bericht erstattet wird, wie im Verfahren vor dem VGH. (VGH. Art. 41 und 36), oder ob das ganze Verhandlungsmaterial unmittelbar zur Wirkung gelangen soll. Darüber bestimmt einfach die Geschäftsordnung.

18. Die Entscheidung wird auf Grund geheimer Beratung mit einfacher Stimmenmehrheit beschlossen und der Beschluß dem Beschwerdeführer, dem Landtag und dem Ministerium schriftlich mitgeteilt (§ 93 II, Ges. § 47 I). Über Form und Inhalt eines abweisenden Beschlusses enthält das Gesetz keinerlei besondere Bestimmung. Es gelten nur die allgemeinen Vorschriften des § 19 Ges.: Entscheidung „Im Namen des Freistaates Bayern", Pflicht der Begründung, Unterfertigung von allen Mitgliedern des Senats. „Wird der Beschwerde stattgegeben, so ist in dem Beschlusse festzustellen, welche Verfassungsbestimmung verletzt wurde, durch welche behördliche Tätigkeit die Verletzung erfolgt ist und welches Recht des Beschwerdeführers geschädigt wurde" (Ges. § 47 III). Die Entscheidung ist also ein einfaches Feststellungsurteil ohne Leistungsbefehl. Gleichwohl enthält es eine nicht ausgesprochene Auflage. Denn: „Der Vollzug obliegt dem zuständigen Ministerium" (§ 47 III).

Das ist allerdings eine sehr ominöse Regel. Klar ist zunächst nur soviel, daß das Ministerium an die Entscheidung gebunden ist; es kann sie also weder unbeachtet lassen noch einen Akt setzen, der mit ihr in Widerspruch steht. Das sind aber nur negative Folgerungen, mit denen dem Beschwerdeführer noch wenig gedient ist. Positiv muß man eine Verpflichtung ableiten, die Verletzung des subjektiven Rechts des Beschwerdeführers aus der Welt zu schaffen.

Hiebei ist zunächst zu unterscheiden, ob die als verfassungswidrig anerkannte Tätigkeit ein Akt der Rechtspflege oder der Verwaltung war. Im ersten Fall könnte entweder die formelle Aufhebung des Aktes und die Wiedergutmachung inzwischen eingetretener Folgen, soweit dies noch möglich ist, oder die Wiedergutmachung allein in Frage kommen. Zu letzterer wird das Ministerium, besonders wenn es sich einfach um Schadensersatzleistung handelt, gegebenenfalls imstande sein. Natürlich kann aber die Höhe der Ersatzleistung zu neuem Streit Anlaß geben. Vollkommen ausgeschlossen ist dagegen die Aufhebung einer Entscheidung. Das wäre ein verfassungsrechtlich unzulässiger und prozeßordnungsmäßig nicht durchführbarer Eingriff in die Rechtspflege. Das Ministerium könnte sich nun allerdings darauf beschränken, der Rechtspflegebehörde den Beschluß des Staatsgerichtshofs mitzuteilen und ihm die weitere Durchführung zu überlassen. Aber was sollte diese daraufhin ohne weitere gesetzliche Grundlage unternehmen? Vielleicht kann man noch bei Behörden der Verwaltungsrechtspflege eine gesetzliche Handlungspflicht aus dem § 47 III des Staatsgerichtshofgesetzes ableiten. Wie aber bei den Gerichten? Man sieht deutlich, daß sich der Gesetzgeber seine Aufgabe viel zu leicht gedacht oder gemacht hat. Auf Grund des positiven Rechts bleibt nur die Schadensersatzleistung übrig.

Ist der als als verfassungswidrig erkannte Akt ein solcher der Verwaltung, so ist für das Ministerium die Eingriffsmöglichkeit gegeben, es hebt den Akt einfach auf und beseitigt etwa inzwischen eingetretene Folgen in natura oder durch Schadensersatzleistung.

Das angefochtene und durch das Verdikt getroffene Verhalten kann aber auch negativ gewesen sein. Bei Verwaltungsakten ist deren nunmehrige Vornahme verbunden mit Ersatz für etwaige inzwischen eingetretene nachteilige Folge das Gegebene. Bei Akten der Rechtspflege kann neben etwaiger Ersatzleistung wieder nur eine in ihrer rechtlichen Wirkung einigermaßen fragliche Aufforderung an die zuständige Behörde zur nachträglichen Vornahme des verweigerten Aktes in Betracht kommen; im Fall der Verwaltungsrechtspflege mag es wieder leichter sein, einen Ausweg aus der Verlegenheit zu finden.

Aus dem Vorausgegangenen ergibt sich zweifellos, daß der Vollzug des staatsgerichtshoflichen Beschlusses noch einer eingehenden gesetzlichen Regelung bedarf. (Braunwart a. a. O. kommt über die meisten dieser Schwierigkeiten durch eine außerordentlich einschneidende Einschränkung der Zuständigkeit des StGH. hinweg, deren Begründung ich nicht zu folgen vermag.)

19. Wenn nun der siegreiche Beschwerdeführer mit der Art des Vollzugs der Entscheidung nicht einverstanden ist — und vielleicht auch allen Grund hat, nicht einverstanden zu sein —, welches Mittel der Abhilfe steht ihm zu Gebote? Auch darüber schweigt das Gesetz. Man wird hier wohl eine neuerliche Beschwerde an den Staatsgerichtshof für zulässig erachten dürfen, weil die beklagte Schädigung des subjektiven Rechtes unter Verletzung der Verfassung immer noch nicht aufgehört hat.

Das Gesetz kennt nur einen anderen Fall der Zulässigkeit einer neuerlichen Beschwerde wegen des gleichen Beschwerdegegenstandes, nämlich den, daß „sie auf neue in der früheren Entscheidung nicht gewürdigte Gründe gestützt wird“ (Ges. § 48 S. 1). Es muß hervorgehoben werden, daß diese Wiederholungsmöglichkeit einen außerordentlich liberalen Charakterzug aufweist; denn dadurch ist eine Präklusion nicht rechtzeitig geltend gemachter Gesichtspunkte ausgeschlossen. Vom Standpunkt der Prozeßökonomie aus indes eine sehr bedenkliche Ordnung, die allerdings mit der sonstigen Flüchtigkeit der Regelung gut harmoniert. Werden solche neue Gründe nicht vorgebracht, so ist die Beschwerde, mag sie von dem ursprünglichen Beschwerdeführer oder einer anderen Person erhoben sein, einfach durch schriftlichen Beschluß als unzulässig zurückzuweisen (Ges. § 48 S. 2). Es wird res judicata angenommen (Ges. § 19 III: „Gegen die Entscheidung findet kein Rechtsmittel statt“). Solche Zurückweisung ist technisch sehr erleichtert. Der Vorsitzende braucht nur zwei beliebige richterliche Mitglieder beizuziehen, von denen einer dem Verwaltungsgerichtshof angehören muß (ebenda).

20. Auch das Beschwerdeverfahren ist grundsätzlich kostenfrei. Findet jedoch der Staatsgerichtshof nach freier Überzeugung, daß die Beschwerde mutwillig eingelegt war, so kann er eine Gebühr von 2 bis 2000 Mk. festsetzen (Ges. § 20 I). Ihre Einhebung gehört wohl mit zu dem Vollzug der Entscheidung.

Wird die Beschwerde ganz für begründet erachtet, so sind dem Beschwerdeführer die notwendigen Auslagen einschließlich der Kosten der Zuziehung eines Vertreters zu erstatten. Wird die Beschwerde nur teilweise für begründet erklärt, so *können* ihm diese Auslagen ersetzt werden (Ges. § 20 II S. 2).

d) Der Staatsgerichtshof als eigentliches Verfassungsgericht.

21. Die *Zuständigkeit* ist begründet für „Verfassungsstreitigkeiten, für welche ein Rechtsweg nicht eröffnet ist“ (§ 70 I). Wann diese Ausnahme praktisch gegeben sein soll, ist übrigens nicht erfindlich. Eine Verfassungsstreitigkeit liegt im Gegensatz zu einer Verfassungsbeschwerde vor, wenn Meinungsverschiedenheiten über die Auslegung der Verfassung nicht zwischen Einzelpersonen und Behörden, sondern zwischen den obersten verfassungsrechtlichen Organen zutage getreten sind. Voraussetzung ist also, daß die Verfassung als solche von allen Teilen anerkannt wird, gewaltsame Unternehmungen gegen die Verfassung fallen nicht unter den Begriff der Verfassungsstreitigkeit. Die beteiligten Parteien können grundsätzlich nur sein: die Staatsbürgerschaft bzw. ein verfassungsrechtlich bestimmter Teil derselben, der Landtag als solcher, die Landtagsminderheit gegenüber der Landtagsmehrheit, das Gesamtministerium. Piloty hat vor Erlaß des Staatsgerichtshofgesetzes außer den genannten Faktoren, jedoch abgesehen von der Landtagsminderheit, auch noch denjenigen „Körperschaften, die nach der Verfassung Körperschaften des öffentlichen Rechtes sind" gegenüber dem Landtag oder dem Ministerium, ferner „Einzelnen, Körperschaften, Gemeinden, Gemeindeverbänden und berufsständischen Vertretungen" gegenüber dem Ministerium die Legitimation zur Erhebung eines Verfassungsstreites zuerkennen wollen, sofern es sich um ihre „verfassungsmäßigen Rechte", bei der zweiten Gruppe sogar auf Grund der Reichsverfassung handele (163 Anm. 1, vgl. auch 105 oben). Ähnliche Möglichkeiten erörtert Poetzsch anläßlich der Besprechung des Urteils des Vorläuf. StGH. in dem Braunschweiger Verfassungsstreit (s. weiter unten) im ArchÖffR. 1922 S. 90 ff. (vgl. auch die in dem Urteil selbst enthaltenen Angaben über das Schrifttum). Den umgekehrten Weg geht das Staatsgerichtshofsgesetz. Es beschränkt die Verfassungsstreitigkeiten vor dem Staatsgerichtshof auf solche zwischen Landtag und Regierung (Ges. § 2 Z. 3).

Diese Einschränkung hat nun eine merkwürdige, sicherlich nicht bedachte Folge. Bei Erlaß der Verfassungsbestimmung § 70 I hatte man offenbar die Absicht, die Zuständigkeit des Staatsgerichtshofs für das Deutsche Reich gemäß Art. 19 I RV. für „Verfassungsstreitigkeiten innerhalb eines Landes, in dem kein Gericht zu ihrer Erledigung besteht" auszuschließen. Auch das Staatsgerichtshofsgesetz bekundet diese Absicht, indem es in § 2 Z. 3 den Art. 19 Abs. I RV. ausdrücklich anzieht. Aber dabei war vergessen worden, daß es außer dem in der früheren Staatsordnung praktischen Fall eines Gegensatzes zwischen Regierung und Volksvertretung noch andere Möglichkeiten von Verfassungsstreitigkeiten gibt, eben jene zwischen Landtag und Staatsbürgerschaft sowie zwischen Landtagsminderheit und Landtagsmehrheit. Da nun für diese Streitigkeiten „in dem Lande kein Gericht zu ihrer Erledigung besteht", tritt der Reichsstaatsgerichtshof in die offene Lücke ohne weiteres ein. Er hat sich auch tatsächlich in analogen Fällen für zuständig erklärt; vgl. Urteil des Vorläuf. StGH. in einem braunschweig. Fall vom 12. Juli 1921, abgedruckt im ArchÖffR. 1922, 79 ff.; Beschluß des StGH. des Deutschen Reichs vom 12. Januar 1922, $\frac{2/1921}{13}$, in einem württembergischen Fall. Will die bayerische Gesetzgebung dieses Hinaustragen innerbayerischer Verfassungsstreitigkeiten verhindern, so muß sie durch Ergänzung des Gesetzes über den bayerischen Staatsgerichtshof das notwendige Forum schaffen.

Eine praktisch politische Erschwerung für die Austragung von Verfassungsstreitigkeiten zwischen Regierung und Landtag ergibt sich allerdings aus der rechtlichen Abhängigkeit der ersteren vom letzteren. Insbesondere ist von Rechts wegen dem Landtag kein Hindernis in den Weg gelegt, wenn er die Anhängigmachung des Verfassungsstreites mit der Mißtrauenskundgabe beantworten will (vgl. oben S. 82, 217). Ein solches Vorgehen würde zwar dem Geiste der Verfassung widersprechen, ist aber formellrechtlich nicht ausgeschlossen. Allerdings läuft der einmal eingeleitete Verfassungsstreit zunächst weiter, die neue Regierung muß erst ausdrücklich von dem Streit zurücktreten (oben S. 217). Abgesehen davon kann aber der Landtag einer schwachen Regierung auch sonst allerlei politische Ungelegenheiten bereiten, die sie davon abhalten können, den Rechtsweg zu beschreiten. So hat auch das Gesamtministerium in dem oben besprochenen Fall der Verordnung über Schulleitung usw. (vgl. S. 116 ff.) nachgegeben und sich zur Einbringung des von dem Landtag geforderten Gesetzes verstanden (S. 119).

Gegenstand des Verfassungsstreites können in erster Linie die Befugnisse oder Zuständigkeiten der beteiligten Faktoren sein, soweit sie aus der Verfassung als solcher abgeleitet werden (vgl. den oben S. 116 ff. besprochenen Konflikt über § 46 VU.). Als „Verfassung" kommen wieder nicht nur die Verfassungsurkunde, sondern alle Verfassungsgesetze (vgl. oben S. 24 f., 79, 114 f.) in Betracht.

Daneben können aber auch andere verfassungsrechtliche Fragen zur Entscheidung gestellt werden, z. B. ob zu einem Gesetzesbeschluß erhöhte Mehrheit erforderlich ist (§ 92), wenn das Ministerium Bedenken gegen die Ausfertigung erhebt (vgl. oben § 44 Z. 8), ob eine gültige Mißtrauenskundgabe des Landtags gegen einen Minister vorliegt (oben S. 126), ob eine Ausgabe als zur Erfüllung einer gesetzlichen Pflicht notwendig anzusehen und daher in den Haushaltsplan einzustellen ist (§ 79 III, unten §§ 58, 59) u. dgl. (vgl. auch das Urteil des Vorl. StGH. in dem Braunschweiger Fall, ArchÖffR. 1922, insbes. 84 ff. und hiezu Poetzsch 90 ff.).

22. Die Zusammensetzung des Gerichtshofs ist dieselbe wie bei Verfassungsbeschwerden (Ges. § 3 Z. 2); vgl. darüber oben Z. 13. Eine Beteiligung der Staatsanwaltschaft kommt nicht in Frage, ihre Rolle wäre ja auch eine unmögliche.

23. Bezüglich der allgemeinen Verfahrensnormen vgl. oben Z. 5 und 15.

24. Die Einleitung des Verfahrens erfolgt durch einen schriftlichen Antrag auf Entscheidung des Streitfalles, der vom Landtag (oben S. 166) oder vom Gesamtministerium beim Vorsitzenden zu stellen ist (Ges. § 49). Über Form und Inhalt ist nichts näheres bestimmt. Ebensowenig darüber, ob und unter welchen Voraussetzungen er zurückgenommen werden kann. Man muß annehmen, daß die Rücknahme bis unmittelbar vor Zustellung des Beschlusses erfolgen kann. Denn eine Einigung der Parteien ist dem Machtspruch des Gerichtshofes aus politischen Rücksichten jedenfalls vorzuziehen.

Auch über die Vertretung der beiden Teile ist nichts gesagt. Es ist anzunehmen, daß sich der Landtag durch eines oder mehrere seiner Mitglieder, das Gesamtministerium durch einen Minister oder Beamten oder mehrere Personen aus beiden Gruppen vertreten lassen kann.

25. Das weitere Verfahren richtet sich nach folgenden gesetzlichen Regeln, die durch die Geschäftsordnung des Gerichtshofs (Ges. § 15) ergänzt werden können.

Der Antrag ist der Gegenseite bekanntzugeben und kann von dieser durch schriftliche Erklärung beantwortet werden. Wird eine solche übersendet, so ist sie dem anderen „Streitsteil" zur Kenntnis zu bringen und kann mit einer schriftlichen Gegenerklärung erwidert werden. Die Zahl der bezüglichen Erklärungen ist nicht beschränkt, die Antwortfristen sind gesetzlich nicht bestimmt (Ges. § 50 I).

Für das Beweisverfahren gelten die gleichen Vorschriften wie bei Verfassungsbeschwerden (vgl. Z. 17). Die „Streitsteile" können sich an den Beweisaufnahmen beteiligen; die Art der Vertretung ist ihnen auch hier überlassen. Sie haben das Recht jederzeitiger Akteneinsicht (Ges. § 50 II).

Das Hauptverfahren ist wie bei den Verfassungsbeschwerden nach Bestimmung des Vorsitzenden oder des Gerichtshofs schriftlich oder mündlich. Die Mündlichkeit kann sich auf einzelne Beschwerdepunkte beschränken (Ges. § 51 I a. Anf. i. V. m. § 45 S. 1). Über die Öffentlichkeit ist wieder nichts gesagt; auch in diesem Fall muß sie als wünschenswert bezeichnet werden (vgl. oben Z. 17). Zu einer mündlichen Verhandlung müssen der Natur der Sache nach — das Gesetz schweigt — beide Teile geladen werden. Nichterscheinen von Vertretern steht dem Fortgang nicht im Wege (Ges. § 45 S. 4 e contrario). Über die Gestaltung der mündlichen Verhandlung (vgl. oben Z. 17) sind Bestimmungen nicht getroffen.

26. Die Entscheidung erfolgt auf Grund nicht öffentlicher Beratung mit einfacher Stimmenmehrheit durch schriftlichen Beschluß (Ges. § 51 I in V. m. § 47 I). Der Beschluß ist beiden Parteien zuzustellen und im GVBl. zu veröffentlichen (Ges. § 52). Für seine Form und seinen Inhalt kommen wieder nur die allgemeinen Vorschriften des § 19 Ges. (s. oben Z. 18) in Betracht. Sachlich kann es sich nur um ein Feststellungsurteil darüber handeln, was von Verfassungs wegen Rechtens ist. Die Entscheidung ist für die Streitteile und für alle Gerichte und sonstigen Behörden — innerhalb Bayerns — bindend (Ges. § 52). Die Streitteile haben daher ihr Verhalten nach den Schlüssen einzurichten, die sich aus der Entscheidung als Prämisse ergeben. Entsteht darüber neuerlich Streit, so kann die Entscheidung des Gerichtshofes abermals eingeholt werden. Über einen sonstigen Fall der neuerlichen Befassung des Gerichtshofes mit der gleichen Frage enthält das Gesetz keine Vorschrift; es ist ja auch nicht anzunehmen, daß die einmal entschiedene Streitfrage neuerlich aufgerollt wird. Ein Rechtsmittel als solches kommt selbstverständlich nicht in Frage (Ges. § 19 III).

27. Von Kosten kann naturgemäß weder zugunsten noch zu Lasten der beteiligten Faktoren die Rede sein (Ges. § 20 I S. 1 und II S. 3).

V. Teil.

Die staatlichen Mittel.

§ 56.

Das Staatsvermögen.

Schrifttum: Seydel-Graßmann §§ 155—158; Laband IV § 115; O. Mayer II §§ 35, 36; Fleiner §§ 20—22.

1. Das Staatsvermögen ist die Summe der dem Staate zugehörigen geldwerten Rechte. Es zerfällt in drei Arten von Bestandteilen, in öffentliche Sachen, Verwaltungsvermögen und Finanzvermögen.

Öffentliche Sachen sind Eigentumsstücke zumeist unbeweglicher Art oder wenigstens mit solchen zusammenhängend, die durch ihren Bestand unmittelbar einem öffentlichen Zweck dienen, sei es, daß sie dem allgemeinen Gebrauch offen stehen wie Straßen, Brücken, Flüsse, Kanäle, Markthallen u. dgl., sei es, daß sie ohne Zugänglichkeit für die Einzelnen eine öffentliche Aufgabe erfüllen wie Festungswerke, Eisenbahnanlagen, Telegraphenleitungen u. dgl.

Verwaltungsvermögen sind Gegenstände beweglicher und unbeweglicher Natur, die zum Gebrauch der staatlichen Verwaltung dienen, wie Amtsgebäude, Einrichtungsgegenstände, Fahrzeuge, Pferde, Akten u. dgl.

Finanzvermögen sind Gegenstände beweglicher und unbeweglicher Art, die durch ihren Wert, sei es Verkaufswert oder Ertragswert, dem Staate Nutzen bringen wie Forsten, Domänen, Bergwerke, industrielle oder gewerbliche Betriebe, Bäder usw.

2. So scharf sich diese drei Arten des Staatsvermögens in der Theorie sondern lassen mögen, in der Praxis treten sie häufig in unauflöslicher Verknüpfung in Erscheinung. Ein Beispiel der engsten Verbindung von Verwaltungs- und Finanzvermögen ist die Bayerische Staatsbank, deren Stellung nunmehr unter Aufhebung der kgl. Verordnung vom 13. Dezember 1878 durch die Verordnung des Gesamtministeriums vom 24. März 1920, GVBl. 86, geregelt ist. Eine Darstellung der ziemlich verwickelten Rechtsstellung dieser Einrichtung ist in diesem Zusammenhang ausgeschlossen. Es sei nur darauf verwiesen, daß schon die rechtliche Natur der Bank nach den Vorschriften der Verordnung einigermaßen schwer zu bestimmen ist. Denn § 1 I S. 1 erklärt sie als „eine unter der Aufsicht und obersten Leitung des Staatsministeriums der Finanzen stehende Staatsanstalt mit kaufmännischer Geschäftsführung", also immerhin als eine dem Staate gehörige Anstalt. Das hindert den folgenden S. 2 nicht zu verfügen: „Sie besitzt die Eigenschaft einer juristischen Person des öffentlichen Rechtes." Wie sich beides miteinander vereinigen lassen soll, ist einfach unerfindlich. Die rechtliche Konstruktion wird daher ihre eigenen Wege gehen müssen.

3. Für alle drei Arten des Staatsvermögens bestehen besondere Rechtsvorschriften, deren eingehende Darstellung Sache des Verwaltungsrechts ist und daher in diesem Rahmen nicht in Betracht kommt. Nur nebenbei mag erwähnt werden, daß die zuständigen Behörden nach den auch im privatwirtschaftlichen Leben üblichen Grundsätzen Ermäßigungen oder Nachlässe von staatlichen Forderungen im üblichen Rahmen gewähren können (vgl. oben S. 216). Im übrigen sind hier nur gewisse Grundregeln zu betrachten, die entweder in der Verfassungsurkunde selbst enthalten sind oder doch verfassungsrechtliche Bedeutung besitzen.

4. „Der Staat nimmt in Sachen des bürgerlichen Rechtes vor den ordentlichen Gerichten Recht" (§ 69 V; oben § 51 Z. 12). Diese Regel, die dem Tit. VIII § 5 der alten VU. entspricht, ist bereits reichsrechtlich in § 4 EG. z. ZPO. festgelegt. Es handelt sich dabei um den Staat als Subjekt des Privatrechtes, den man regelmäßig als Fiskus, früher auch oft als Ärarium oder Ärar bezeichnet. Es wäre aber verfehlt, wenn man den Fiskus als selbständiges Rechtssubjekt dem Inhaber der Staatsgewalt gegenüberstellen wollte, wie es niemand einfällt, eine Einzelperson mit Rücksicht auf ihre privaten und ihre öffentlichen subjektiven Rechte in zwei verschiedene Rechtssubjekte zu zerteilen. In diesem Sinne ist es zu begrüßen, wenn § 69 V im Gegensatz zu Tit. VIII § 5 alt. VU. nicht mehr von „Fiskus", sondern von „Staat" spricht.

Die Regel des § 69 V findet jedoch insofern eine gewisse Modifikation, als Art. 2 des AG. z. ZPO. vom 23. Februar 1879, GVBl. 63, in der Fassung der Bekanntmachung vom 26. Juni 1899, GVBl. 401, bestimmt, daß Ansprüche gegen den staatlichen Fiskus, von dem Antrag auf Erlassung einstweiliger Verfügungen abgesehen, erst dann gerichtlich verfolgt werden können, „wenn der Beteiligte sich an die zunächst zuständige höhere Verwaltungsstelle um Abhilfe gewendet und entweder eine abschlägige oder innerhalb sechs Wochen gar keine Entschließung erhalten hat". Über solche Gesuche ist eine unentgeltliche Empfangsbestätigung auszustellen.

Ferner schließt Art. 9 I und III dieses Gesetzes auf Grund der Ermächtigung des § 15 Z. 3 EG. z. ZPO. — von dinglichen Rechten abgesehen — die gerichtliche Zwangsvollstreckung wegen Geldforderungen gegen den Staat aus und setzt an deren Stelle den Verwaltungsweg unter ausdrücklicher Betonung der Verantwortlichkeit der zuständigen Verwaltungsbehörden und Minister. Diese Verantwortlichkeit kann bei Zutreffen der näheren Voraussetzungen im Wege der Schadensersatzklage nach Art. 60 und 61 AG. z. BGB. gerichtlich geltend gemacht werden; eine öffentlichrechtliche Beschwerde an den VGH. oder Staatsgerichtshof ist nicht vorgesehen. Abgesehen von diesem Rechtsbehelf stünde natürlich auch eine Eingabe an den Landtag offen.

5. Im übrigen enthält die VU. nur Bestimmungen über das sog. Grundstockvermögen. § 47 III S. 1 bestimmt: „Das Grundstockvermögen des Staates darf in seinem Wertbestand durch Veräußerungen nicht verringert werden."

Unter Grundstockvermögen ist alles staatliche Vermögen welcher Art immer — also öffentliche Sachen, Verwaltungs- und Finanzvermögen — zu verstehen, das nicht zum Aufbrauch durch die Verwaltung bestimmt ist (vgl. Seydel-Graßmann 7, Piloty 120[3]).

Teile dieses Grundstockvermögens können zwar u. U. veräußert werden; man denke z. B. an überflüssig gewordene Verwaltungsgebäude, Doppelstücke aus Sammlungen, Altmaterial u. dgl. Aber: „Der Erlös solcher Veräußerungen ist zu Neuerwerbungen zu verwenden" (§ 47 III S. 3). Von dieser Regel könnte nur durch verfassungsänderndes Gesetz abgewichen werden.

Jedoch gibt es einen wichtigen Ausnahmsfall: den Übergang ganzer Zweige der Verwaltung auf das Reich, wie er durch die RV. für die Heeres- und Verkehrsverwaltungen vorgesehen war und auf Grund derselben tatsächlich durchgeführt wurde.

6. Soll eine Veräußerung von Bestandteilen des Grundstockvermögens vorgenommen werden, so ist in jedem Fall eine Mitwirkung des Landtags vorgesehen; daß der Erlös wieder in Grundstockvermögen verwandelt werden muß, ändert daran nichts. Die landtägliche Mitwirkung kann auf zweierlei Art erfolgen: entweder durch gesetzliche Ermächtigung des Ministeriums oder durch eineinfachen Beschluß (Wort „Genehmigung"; § 47 III S. 2). Es ist auch für dringende Fälle nicht vorgesehen, daß die Genehmigung des Landtags nachträglich erholt werden darf. Ob das Ministerium es darauf ankommen lassen kann, in einem solchen Fall Indemnität zu erhalten, ist eine Frage, die mit der rechtlichen Wirkung der verfassungsmäßigen Beschränkung im Verhältnis nach außen zusammenhängt.

7. Es taucht nämlich die Frage auf, ob die besprochene Bindung der Regierung nur im Verhältnis zwischen dieser und dem Landtag oder auch im Verhältnis zu Dritten, nämlich den Erwerbern der Vermögensgegenstände, in Betracht kommt. Im letzteren Fall wäre das vorgenommene Rechtsgeschäft ohne vorherige Genehmigung des Landtags ungültig oder, genauer gesagt, nur unter der Bedingung gültig, daß die Einwilligung nachträglich erfolgt. Es kann angenommen werden, daß diese Annahme zutrifft; denn das Verfügungsrecht des Ministeriums ist ausdrücklich an die Mitwirkung des Landtags gebunden (a. M. für das frühere Recht Seydel-Graßmann 13).

Die oben aufgeworfene Frage nach der Möglichkeit einseitigen Vorgehens des Ministeriums in Anhoffnung der Indemnität ist also zu bejahen; selbstverständlich riskiert die Regierung aber, wenn sie sich in ihrer Annahme getäuscht hat, in aller Form vom Landtag zur Verantwortung gezogen zu werden. Dagegen kommt eine Haftung gegenüber den Dritten nicht in Frage, da diese wissen mußten, daß das abgeschlossene Rechtsgeschäft von der Genehmigung aufschiebend bedingt war. Etwas ganz anderes ist die Frage der unmittelbaren Beteiligung des Landtags an dem Privatrechtsgeschäft der Veräußerung; dieselbe ist weder vorgesehen noch erforderlich (Rothenbücher 15).

8. In bezug auf die Verwaltung des Staatsvermögens sind noch einige Punkte von allgemeinerer Bedeutung zu berühren.

Zunächst ist hervorzuheben, daß für alle darauf bezüglichen Akte, mögen sie auch dem gemeinen Zivilrecht angehören, die Ministerverantwortlichkeit in vollem Umfang in Betracht kommt (vgl. S. 237). Es besteht nicht der geringste Grund oder Anhaltspunkt dafür, daß sich diese Verantwortlichkeit etwa auf öffentlichrechtliche oder gar obrigkeitliche Verwaltungsakte (s. oben § 53 Z. 2) beschränkt. Selbstverständlich erstreckt sich die Ministerverantwortlichkeit auch auf die durch Gerichtsbehörden geführte Vermögensverwaltung, da ja hier nicht Akte der Rechtspflege, sondern der Verwaltung vorliegen.

Über die Behördenzuständigkeit in bezug auf die staatliche Vermögensverwaltung enthält die Verfassung keine besonderen Vorschriften. Es gelten daher die allgemeinen Regeln über die Verteilung der Geschäfte der Staatsverwaltung unter die einzelnen Ressorts (§ 58 III; oben S. 221). D. h. jede Behörde hat die Verwaltung jener Vermögensgegenstände zu führen, die den Zwecken ihres Geschäftskreises dienen. Es besteht daher nicht etwa eine grundsätzliche Zuständigkeit des Finanzministeriums oder der übrigen Finanzbehörden in Angelegenheiten der staatlichen Vermögensverwaltung.

Andererseits führt die Regel, daß die sachliche Zuständigkeit auch für die Zuständigkeit zur Vermögensverwaltung entscheidend ist, dazu, daß Vermögensschaften, die keine Widmung für einen bestimmten Geschäftszweig erhalten haben, von den allgemein mit den Finanzangelegenheiten befaßten Finanzbehörden zu verwalten sind. Demzufolge gehört die Besorgung der Geschäfte in bezug auf das staatliche Finanzvermögen mangels abweichender Sondernormen in den Bereich der Finanzverwaltung. Da Gegenstände des Verwaltungsvermögens, die den einzelnen bestimmten Verwaltungszwecken entzogen werden, zu Finanzvermögen werden, begründet ein solcher Wechsel der Widmung auch einen Wechsel der Verwaltung; an Stelle der Ressortbehörde tritt die Finanzbehörde.

Diesen aus der geltenden Verfassung abgeleiteten Grundsätzen entsprechen gewisse Bestimmungen der Formationsverordnung vom 9. Dezember 1825, RBl. 977, betreffend den Wirkungskreis des Finanzministeriums, die demgemäß noch heute rechtens sind. Insbesondere ist diesem Ministerium „die Kenntnis und Konservation des gesamten Staatsvermögens in allen seinen Teilen" zugewiesen (§ 84). Zu diesem Ende steht demselben die Inventarisierung des gesamten Staatsvermögens sowohl in Domänen als nutzbaren Rechten, die Übersicht der gesamten Staatseinkünfte ohne Unterschied, die genaue Kenntnis der Staatslasten zu" (ebenda). Ferner sind dem Finanzministerium „die Anträge und Leitung bei Veränderungen" des Staatseigentums „durch Verkauf oder Austausch, Verpfändungen oder Reluitionen" überwiesen (§ 93).

§ 56 a.

Die vermögensrechtliche Auseinandersetzung mit dem vormaligen Königshaus.

Schrifttum: Seydel I 364 ff.; Seydel-Piloty §§ 16—18; Beyerle, Das Haus Wittelsbach und der Freistaat Bayern, Teil I 1921; derselbe, Die Rechtsansprüche des Hauses Wittelsbach 1922; Ehard, Die Auseinandersetzung zwischen dem Freistaat Bayern und dem Haus Wittelsbach, Polit. Zeitfragen 4. Jg. 3. H.; Entwurf des Gesetzes samt 5 Anlagen Beil. 3298; Sten. Bericht VII. Bd. 1077 ff., 1092 ff.

1. Die alte bayerische Verfassung hatte in Titel III eine als unauflöslich gedachte Vereinigung des Wittelsbachischen Hausgutes mit dem Staatsgute vollzogen. Als nun nach hundertjährigem Bestande durch die Staatsumwälzung des enge Band zwischen dem Königshaus und dem Staate zerrissen wurde, erhoben sich die größten Schwierigkeiten in bezug auf die Frage der vermögensrechtlichen Auseinandersetzung beider Teile. Die Rechtsansprüche des gewesenen Herrscherhauses waren nach Bestand, Art und Höhe außerordentlich umstritten. Von der Vertretung dinglicher Herausgabeansprüche neben Entschädigungsansprüchen angefangen bis zu der vollkommenen Leugnung jedes rechtlichen Anspruches fanden in der Öffentlichkeit die verschiedensten Rechtsmeinungen Ausdruck, und dazu gesellte sich dann noch die Auffassung von dem Bestand einer moralischen Verpflichtung, für die ihrer öffentlichrechtlichen Stellung beraubten Mitglieder materielle Vorsorge zu treffen. So war der Weg einer gütlichen Abmachung gewiesen, der zu einem Übereinkommen vom 24. Januar 1923 zwischen dem Chef des Hauses mit Vollmacht sämtlicher in Bayern lebender volljähriger Agnaten einerseits, dem Staatsminister der Finanzen andererseits über die vermögensrechtliche Auseinandersetzung führte. Auf Grund dieses Übereinkommens unterbreitete die Regierung dem Landtag den Entwurf eines Gesetzes „über die vermögensrechtliche Auseinandersetzung des Bayerischen Staates mit dem vormaligen Bayerischen Königshause", welches vom Landtag angenommen und mit dem Datum vom 9. März 1923, GVBl. 101, kundgemacht wurde.

2. Bei dieser Sachlage hätte es heute nur mehr historisches Interesse, auf die oben angedeuteten verwickelten Rechtsfragen näher einzugehen. Es kann daher auf die angeführten Materialien verwiesen werden mit dem Bemerken, daß die Schriften von Beyerle den für das gewesene Königshaus günstigsten, die — übrigens in der Form z. T. sehr gemäßigten — Ausführungen des sozialdemokratischen Abgeordneten Ackermann den ungünstigsten Rechtsstandpunkt vertreten. Die eine mittlere Linie verfolgenden Gutachten des bayerischen Justiz- und Finanzministeriums sind leider nicht der Öffentlichkeit, nicht einmal den Mitgliedern des Landtags, zugänglich gemacht worden.

3. Die Grundlagen der Auseinandersetzung sind folgende.

Die in Betracht kommenden beweglichen und unbeweglichen Sachen und Rechte werden mit gewissen gleich zu erwähnenden Ausnahmen zwei zu errichtenden Stiftungen überwiesen. Einerseits wird durch Gesetz ein Fonds gegründet mit der Bezeichnung „Wittelsbacher Ausgleichsfonds" (Gesetz Art. 1, Übereinkommen § 1 Z. 1); andererseits errichtet der Chef des vormaligen Königshauses die „Wittelsbacher Landesstiftung für Kunst und Wissenschaft" (Übereinkommen § 1 Z. 2).

Ausgenommen von der Eingliederung in eine der beiden Stiftungen werden folgende Vermögenschaften:

a) ein Betrag von 20 Millionen Mark, der an die Mitglieder des Hauses als Entgelt für den Verzicht auf gewisse Mobilien vom Staate gezahlt wird (Gesetz Art. 11 II, Übereink. § 10);

b) das Gebäude der Glyptothek samt Grundbesitz, das an den Staat übereignet wird (Übereinkommen § 9);

c) ein Teil der Liegenschaften samt Mobiliar aus dem ehemaligen Besitz des Königs Otto, darunter Schloß Linderhof und Neuschwanstein, die der Staat mit der Verpflichtung erhält, die Königsschlösser in der gleichen Weise wie bisher der öffentlichen Besichtigung zugänglich zu machen (Übereink. § 13);

d) die früher zum Hausfideikommiß gehörigen Schlösser und Grundstücke, an denen das Eigentumsrecht des Staates anerkannt wird, beispw. die Münchener Residenz samt Nebengebäuden, die Theatinerkirche, der Wittelsbacher Palast, der Hofgarten, der Englische Garten, die Feldherrnhalle, die Schlösser in Nymphenburg, Schleißheim, Landshut, Ansbach, Bayreuth, Bamberg, Würzburg, Aschaffenburg, die kgl. Villa in Regensburg, die Befreiungshalle bei Kelheim usw. (Übereink. § 3);

e) das Benützungsrecht der Mitglieder des Hauses an je einer Loge im Nationaltheater und Residenztheater in München (Übereink. § 12).

Der Ausgleichsfonds hat die Aufgabe, „jenen Mitgliedern des vormaligen Königshauses, die bei fortdauernder Geltung der vor dem 8. November 1918 maßgebenden Bestimmungen Anspruch auf Leistungen des Staates hätten", durch seine Nutzungen entsprechende Leistungen zu gewähren, ohne daß grundsätzlich die Vermögenssubstanz angegriffen werden soll; er dient also einerseits zur materiellen Versorgung der Anspruchsberechtigten, andererseits aber sichert er die Erhaltung der außerordentlich wertvollen Kunstsammlungen für den öffentlichen Gebrauch. Die Landesstiftung für Kunst und Wissenschaft dient ausschließlich dem letzteren Zweck.

4. Die Aufteilung der den beiden Stiftungen zufallenden Bestände erfolgt in nachstehender Weise.

a) Der Ausgleichsfonds erhält

α) einen gewissen Grundbesitz, darunter die Schlösser in Berchtesgaden, Berg am Starnberger See, Edenkoben, Neuburg a. D.,

Grünau, Hohenschwangau, Fürstenried, die Maxburg bei Hambach in der Pfalz, eine Reihe von sonstigen Besitzungen, gewisse Waldungen z. T. aus staatlichem Besitz, die Arcohäuser und das Gärtnertheater in München (Übereink. §§ 4 A, 13 I Z. 1);

β) eine Reihe von beweglichen Gegenständen, darunter den Großteil der Einrichtungen der überwiesenen Besitzungen, gewisse Kunstgegenstände und Wertsachen, das Geheime Hausarchiv, welches aber unter staatlicher Verwaltung bleibt (Übereink. §§ 4 B, 11, 13 II);

γ) Die Kunstsammlungen des ehemaligen Hausgutfideikommisses Königs Ludwig I., darunter den größten Teil der Bestände der Glyptothek, die Vasensammlung, einen großen Teil des Antiquariums, die Sammlungen Boisserée und Wallerstein, „Hausgut älterer Meister", „Hausgut neuerer Meister", plastischer Werke, Porzellangemälde, einen Teil der Bestände des Museums für Völkerkunde und eine Anzahl weiterer Schätze, darunter Originalpartituren zu den Werken Richard Wagners (Übereink. § 8);

δ) gewisse Rechte, darunter Wohnrechte in den in Staatsbesitz übergehenden Schlössern zu Würzburg, Nymphenburg, auf Herrenwörth, das Benützungsrecht der Gruft in der Theatinerkirche, Fischereirechte u. dgl. (Übereink. §§ 4 C und 13);

ε) an Kapitalien einen vom Staat zu zahlenden Barbetrag von 40 Millionen Mark und das sog. Elemosinariatskapital (im Betrag von gegen 19000 Mk., bestimmt aus seinen Zinsen (!) die Geschenke für die zur Fußwaschung am Gründonnerstag erschienenen alten Männer zu bestreiten).

b) Die **Landesstiftung** erhält die aus dem Wittelsbacher Hausbesitz stammenden Bestände der Handschriftensammlung der ehemaligen Hofbibliothek, der kurbayerischen Galerie, der Düsseldorfer-, Mannheimer- und Zweibrückener-Galerie, der Schatzkammer, des Porzellankabinetts, des Nationalmuseums und der staatlichen Münzsammlung, der Handzeichnungen der ehemals kurpfälzischen Sammlung (Übereink. § 7).

5. Für die **rechtliche Stellung des Ausgleichsfonds** sind auf Grund des Übereinkommens in dem **Gesetze** die maßgebenden Bestimmungen festgelegt.

Der Fonds hat „die Rechtsstellung einer Stiftung des öffentlichen Rechts". Daraus folgt einmal, daß er eine eigene Rechtspersönlichkeit bildet, dann aber, daß er gemäß § 25 I VU. unter dem besonderen Schutze und der Aufsicht des Staates steht und sein Vermögen unter keinem Vorwand dem Staatsvermögen einverleibt werden darf. Eine Abweichung von diesen Bestimmungen der VU. bedürfte eines verfassungsändernden Gesetzes.

Wäre es nun aber möglich, diesen Bindungen dadurch zu entgehen, daß der Fonds, wie er durch einfaches Gesetz geschaffen wurde, auch wieder durch einfaches Gesetz aufgehoben würde? Die Rechtsberater des Hauses wollten offenbar für diese Eventualität auf alle Fälle vorsorgen, indem sie in § 17 II des Übereinkommens folgende Bestimmung aufnahmen: „Für den Fall, daß der Fonds vor der in Abs. I" — Aussterben der Familie — „vorgesehenen Auflösung ohne Zustimmung des Hauses durch eine staatliche Anordnung aufgehoben werden sollte, fällt das Eigentum des Fonds, insbesondere auch das Eigentum an den in § 8 genannten Kunstsammlungen des ehemaligen Hausgutfideikommisses sowie an den dem Fonds übereigneten Liegenschaften aus dem Besitze des Königs Otto an die Mitglieder des Hauses, denen zur Zeit der Auflösung des Fonds dessen Erträgnisse zuflossen." Diese Bestimmung besteht zweifellos zu Recht, da das Übereinkommen vom Landtag beschlußmäßig genehmigt wurde (Sten. Ber. 1099) und außerdem das Gesetz auf das Übereinkommen ausdrücklich Bezug nimmt (Art. 3, 11 II). Eine Enteignung durch Landesgesetz aber wäre gemäß Art. 153 II S. 2 RV. nur gegen angemessene Entschädigung zulässig. Bei dieser Sachlage kommt — ganz abgesehen von den einschlägigen politischen Gesichtspunkten — eine gesetzliche Aufhebung des Fonds praktisch nicht in Frage.

6. Die Verwaltung des Fonds obliegt einem Verwaltungsrat, dessen Mitglieder zum Teil vom vormaligen Königshaus, zum Teil von der Staatsregierung ernannt werden. Die Zahl der ersteren und die Ernennungsberechtigten sind gesetzlich nicht bestimmt; der Regierung steht die Entsendung zweier Staatskommissare zu (Ges. Art. 4 I). Jedoch ist für die volle Wahrung der staatlichen Interessen dadurch gesorgt, daß der Regierung die Erlassung der näheren Bestimmungen über die Einrichtung der Verwaltung des Fonds und seine ungeschmälerte Erhaltung zusteht (Ges. Art. 4 II).

In bezug auf das Personal des Fonds sind nähere Bestimmungen in Art. 7 des Gesetzes getroffen. Danach kann entweder eine Beurlaubung von Staatsbeamten, die bisher in der Verwaltung der an den Fonds übergehenden Besitzungen tätig waren, von Amts wegen erfolgen oder ein freiwilliger Übertritt unter gleichzeitiger Entlassung aus dem Staatsdienst stattfinden; Staatsbeamte der betreffenden Verwaltungen, die nicht übertreten, können in den einstweiligen Ruhestand mit Wartegeld oder bei Zutreffen der gesetzlichen Voraussetzungen in den Ruhestand mit Ruhegehalt versetzt werden (Ges. Art. 7, Übereink. § 14).

Für die sachliche Verwaltung, insbesondere die Deckung des Aufwandes für die Instandhaltung und die Zulassung der öffentlichen Besichtigung, sind in dem Übereinkommen (§§ 6, 11, 13, 15) eingehende Abmachungen getroffen.

Soweit noch im einzelnen Vermögensausscheidungen vorzunehmen sind, entscheidet zunächst eine gemischte Kommission, in zweiter Linie das Einvernehmen zwischen Regierung und Fondsverwaltung, in dritter Linie ein Schiedsgericht (Übereink. § 16).

Wenn Grundstücke des Fonds oder Wertgegenstände aus dessen Sammlungen verkauft werden sollen, steht dem Staate das Vorkaufsrecht zu (Ges. Art. 6).

7. „Die Nutzungen des Fonds fließen jeweils jenen Mitgliedern des vormaligen Königshauses zu, die bei fortdauernder Geltung der vor dem 8. November 1918 maßgebenden Bestimmungen Anspruch auf Leistungen des Staates hätten" (Ges. Art. 5 I). „Die Grundsätze für die Verteilung der Nutzungen werden im Rahmen des ersten Absatzes vom Verwaltungsrat aufgestellt; sie bedürfen der Genehmigung der Staatsregierung. Die Festsetzung der Einzelbeträge erfolgt endgültig durch den Verwaltungsrat" (Ges. Art. 5 II).

Damit wird also an das alte Hausrecht (vgl. Tit. II §§ 3 und 8 der alt. VU. und Familienstatut vom 5. August 1819), insbesondere auch an die Erbfolge, angeknüpft und dieses von Gesetzes wegen auch weiterhin für maßgebend erklärt; eine Änderung, beispw. eine Fortbildung des alten Rechtes unter den früher maßgebenden Voraussetzungen, scheidet allerdings aus. Es erhebt sich die Frage, ob diese Bestimmungen verfassungsrechtlich bedenkenfrei und demgemäß gültig sind.

Was zunächst die Verteilung der Nutzungen an die gegenwärtig vorhandenen Mitglieder des Hauses betrifft, so steht ihre Regelung im vollkommen freien Belieben der bayerischen Gesetzgebung wie bei jeder anderen Stiftung und kann daher zweifellos nach dem gewählten Maßstab durchgeführt werden. Aber auch für die künftige Zeit besteht, wie sich zeigen wird, verfassungsrechtlich kein Hindernis, die Genüsse der Stiftung in jeder gewünschten Art diesen oder jenen Personen, also auch denen, die bei Fortgeltung des früheren Rechtes Ansprüche gegen den Staat hätten, zuzuwenden.

Die bayerische Verfassung enthält weder in dem 3. Abschnitt über die „Grundrechte" noch in dem 5. Abschnitt „Selbstverwaltung, Stiftungen" eine einschlägige Vorschrift. In dem letzteren Abschnitt kommt höchstens die Bestimmung in Betracht, daß „die stiftungsgemäße Verwendung" der Erträgnisse des öffentlichen Stiftungsvermögens dem besonderen Schutze des Staates untersteht. Hier wird also auf die für die einzelne Stiftung maßgebenden Normen verwiesen, denen alles Nähere überlassen ist. Ob es sich um eine durch staatlichen oder privaten Akt geschaffene Stiftung handelt, wird nicht unterschieden. Sonach ergibt sich vom Standpunkt des bayerischen Verfassungsrechtes keine Schwierigkeit.

Reichsverfassungsrechtlich kommt Art. 109 III und etwa noch Art. 155 II S. 2 in Frage.

An der zweiten Stelle wird die Auflösung der Fideikommisse angeordnet. Infolgedessen ist auch die Neubildung von solchen unzulässig. In den Verhandlungen (Sten. Ber. 1079, 1080) wurde darauf Bezug genommen. Eine gewisse Ähnlichkeit zwischen dem Ausgleichsfonds und einem Fideikommiß ist auch nicht zu verkennen; aber doch nur eine Ähnlichkeit. Schon die Rechtspersönlichkeit, die der Stiftung eignet, schafft eine wesentlich andere juristische Situation. Dazu kommen dann die besonders gearteten Einzelbestimmungen über Verwaltung, Zulassung der öffentlichen Besichtigung und Benützung, Wahrung der staatlichen Interessen usw. Art. 155 II S. 2 ist also nicht anwendbar.

Die erste Stelle (Art. 109 III) schreibt die Aufhebung der „öffentlichrechtlichen Vorrechte oder Nachteile der Geburt oder des Standes" vor und verbietet damit selbstverständlich auch die Schaffung von neuen. Man könnte nun darauf hinweisen, daß durch die Zugrundelegung des alten Wittelsbachischen Hausrechtes für den Anteil an den Stiftungsgenüssen sowohl Vorrechte als auch Nachteile der Geburt festgelegt werden. Erstere insofern, als die Nutzungsberechtigung an der neugeschaffenen Stiftung an die Voraussetzung der hausrechtlichen Familienmitgliedschaft geknüpft ist. Letztere insofern, als „unebenbürtige" Nachkommen ausgeschlossen werden. Gleichwohl kommt Art. 109 III nicht in Frage. Denn es ist dort nur von „öffentlichrechtlichen" Vorrechten oder Nachteilen die Rede. Die Kommentare legen allen Nachdruck auf dieses Eigenschaftswort und betonen, daß „privatrechtliche" Einrichtungen nicht berührt werden (z. B. Anschütz 190, Giese 263); als Beispiel wird gerade auf Stiftungssatzungen, welche den Genuß einer Stiftung von der Zugehörigkeit zu einer bestimmten adeligen Familie abhängig machen, verwiesen. Wenn daher das Haus aus den Mitteln einer ihm vom Staate zu freiem Eigentum übertragenen Abfindung eine solche Stiftung errichtet hätte, bestünde in bezug auf ihre Rechtsgültigkeit kein Zweifel. Soll sich das nun aus dem Grunde ändern, weil der Staat der Errichter der Stiftung ist und von dieser

Rechtsform Gebrauch gemacht hat, um dem Haus im Interesse der Allgemeinheit besondere Bindungen aufzuerlegen?

Indessen meldet sich ein anderer Einwand. Der Ausgleichsfonds ist doch ausdrücklich als „Stiftung des öffentlichen Rechtes" erklärt. Gewinnt durch diese Klassifikation die Rechtslage nicht ein ganz anderes Gesicht?

Entscheidend ist die rechtliche Natur der Ansprüche, die den Nutznießern der Stiftung zustehen. Sind diese öffentlich-rechtlich, so sind sie geeignet, unter den Begriff der unzulässigen Vorrechte zu fallen. Sind sie aber privatrechtlich, dann kommt eine derartige Subsumtion nicht in Frage. Nicht entscheidend dagegen ist die Rechtsstellung der Stiftung als solche. Ihr öffentlichrechtlicher Charakter bringt nur das besondere Interesse zum Ausdruck, das der Staat an dem Bestand der Stiftung nimmt. Dieses besondere Interesse muß nun aber gar nicht notwendigerweise in der Richtung der Sorge für die Stiftungsnutznießer liegen, es kann sich vielmehr gerade umgekehrt darauf beziehen, daß die betreffenden Vermögenschaften wegen ihres geschichtlichen und künstlerischen Wertes der freien Verfügung der Nutznießer entzogen bleiben sollen (vgl. oben § 52 Z. 16). Und in der Tat, der Zweck des Gesetzes liegt ausweislich der Begründung (vgl. Beilage 3298 S. 19) und der näheren Einzelbestimmungen des Gesetzes in diesem Punkt. Deswegen wurde ja eben an Stelle der — unbestreitbar zulässigen — Überweisung der betreffenden Vermögenschaften als freies Eigentum ihre Bindung durch die Rechtsform der Stiftung gewählt. Dagegen wird man annehmen dürfen, daß die Rechtsansprüche der Nutznießer wie bei anderen Stiftungen dem bürgerlichen Recht angehören. Ist diese Konstruktion aber zutreffend, so verschwinden auch etwaige reichsverfassungsrechtliche Bedenken.

Nun wäre es allerdings möglich, daß in Zukunft durch Reichsgesetz auch die privatrechtliche Sonderstellung der fürstlichen Häuser aufgehoben wird. Art. 109 III RV. fordert eine solche gesetzgeberische Maßnahme zwar nicht, steht ihr aber auch nicht im Wege. Es könnte einfach der Vorbehalt der Art. 57 und 58 EG. z. BGB., auf dem die teilweise Fortdauer des Privatfürstenrechts beruht, aufgehoben und das BGB. als solches anwendbar erklärt werden. Daraus würden sich naturgemäß Folgerungen mindestens bezüglich des Erbrechtes ergeben und auch die stiftungsmäßige Forterhaltung der alten hausrechtlichen Grundsätze würde in Frage gestellt werden. Daß eine solche Änderung des bürgerlichen Rechtes auch auf die Rechtsstellung des Ausgleichsfonds einwirken würde, liegt zweifellos im Bereich juristischer Möglichkeit, kann aber hier nicht näher geprüft werden.

8. Bezüglich der Rechtsverhältnisse des Ausgleichsfonds verdienen im übrigen noch einige Punkte der Hervorhebung.

a) Das Gesetz bestimmt über das Ende der Stiftung, daß der Fonds aufgelöst wird, „wenn Mitglieder des vormaligen Königshauses, die nach den vor dem 8. November 1918 maßgebenden Bestimmungen Anspruch auf Leistungen des Staates hätten, nicht mehr vorhanden sind" (Art. 8). Im Falle der Auflösung des Fonds fällt sein Vermögen an den Staat (Art. 8).

Sollte dagegen schon früher eine Auflösung des Fonds ohne Zustimmung der Nutzungsberechtigten gesetzlich vorgenommen werden, so würde die Abmachung des § 17 II des Übereinkommens betreffend den Eigentumsübergang an die in diesem Zeitpunkt Nutzungsberechtigten in Kraft treten (vgl. oben Z. 5).

b) Das Gesetz erklärt ausdrücklich, daß „alle vermögensrechtlichen Ansprüche von Angehörigen des vormaligen Königshauses aus der Zugehörigkeit zu diesem Hause und aus dem Gesichtspunkte des früheren Familienbesitzes gegen den bayerischen Staat . . mit dieser gesetzlichen Regelung abgefunden" sind (Art. 10). Damit ist insoweit reiner Tisch gemacht. Das Übereinkommen enthält überdies die Abmachung, daß auch der Staat sich mit allen „aus irgendwelchen Rechtstiteln stammenden weiteren vermögensrechtlichen Ansprüchen" als abgefunden erklärt (§ 19 I). Vom staatlichen Standpunkt aus ist überdies vereinbart, daß der Staat einen Regreßanspruch an den Fonds hat, falls seitens eines Agnaten oder seitens sonstiger Hausmitglieder aus ihrer Hausmitgliedschaft oder aus Anwartschaften auf Apanagenbezüge abgeleitete Ansprüche gegen den Staat erhoben werden sollten (§ 19 II). Diese Abmachung nimmt darauf Bezug, daß die Vollmacht des Chefs des Hauses zum Abschluß des Vertrages nur im Namen sämtlicher in Bayern lebenden volljährigen Agnaten erteilt war, tatsächlich aber auch ein Agnat in Spanien lebt (Sten. Ber. 1079).

c) Falls sich Streitigkeiten aus dem Vollzug des Vertrags ergeben, so entscheidet ein Schiedsgericht, für das der Staat und der Chef des Hauses je ein Mitglied benennt. Der Obmann wird vom Dekan der juristischen Fakultät der Universität München bestimmt. Für das Verfahren gelten die einschlägigen Vorschriften der ZPO. (Übereink. § 18). Sollte die Stellung eines „Chefs des Hauses" infolge reichsrechtlicher Abschaffung der familienrechtlichen Sonderstellung des hohen Adels künftig in Wegfall kommen, so wäre wohl jene Person zur Ausübung der Befugnisse berufen, die nach dem früheren Recht die Stellung des Chefs des Hauses gehabt hätte.

9. Die Rechtsgrundsätze für die „Landesstiftung für Kunst und Wissenschaft" sind nicht im Gesetze, sondern nur in dem Übereinkommen festgelegt. Die in § 7 III des Übereinkommens bezogene Stiftungsurkunde (Anlage 5 des Gesetzentw.) erklärt als Zweck der Stiftung „die dauernde und ungeschmälerte Erhaltung des Wittelsbachischen Sammlungsbesitzes". Die Organisation der Verwaltung wird der Staatsregierung überlassen (vgl. auch Übereink. § 2 II). Ausdrücklich bestimmt ist noch, daß „die Sammlungsgegenstände pfleglichst verwaltet werden und nach den für staatliche Sammlungen geltenden Grundsätzen der Öffentlichkeit zugänglich bleiben" müssen. Die Bestimmungen des § 25 VU. kommen dieser öffentlichen Stiftung selbstverständlich zugute.

10. Dies die Grundzüge der vermögensrechtlichen Auseinandersetzung. In formaler Beziehung ist nur noch hervorzuheben, daß das Gesetz sich im Widerspruch mit der allgemeinen Fassung seines Titels in dem Großteil seiner Bestimmungen (Art. 1—8) nur mit den Rechtsverhältnissen des „Wittelsbacher Ausgleichsfonds" befaßt und nur nebenbei der Auseinandersetzung im Ganzen Erwähnung tut (Art. 9 bis 11). Insbesondere ist zu bemängeln, daß das „Übereinkommen" als solches, obwohl es doch der Beschlußfassung des Landtags unterzogen wurde, nicht ausdrücklich in Gesetzesform genehmigt wurde. Man kann nur mittelbar aus der gelegentlichen Erwähnung des Übereinkommens in dem Gesetze selbst (Art. 3 und 11 II) den Schluß ableiten, daß das Übereinkommen, welches doch selbst in bezug auf den „Ausgleichsfonds" die wichtigsten Einzelbestimmungen enthält, kraft Verweisung die gleiche rechtliche Bedeutung erlangt hat, wie das Gesetz selbst.

Diesem formalen Mangel ist es wohl auch zuzuschreiben, daß das „Übereinkommen" nicht im GVBl. bekannt gemacht wurde.

11. Schließlich ist noch hervorzuheben, daß das Gesetz über die „vermögensrechtliche Auseinandersetzung" auch eine sehr wesentliche staatsrechtliche Bedeutung besitzt. Es wurde oben (S. 9) dargelegt, daß im Gefolge der Staatsumwälzung ein Thronverzicht Königs Ludwig III. nicht erfolgt ist und weiter (S. 23), daß vom Standpunkt der alten verfassungsrechtlichen Ordnung eine rechtliche Notwendigkeit, die neue Ordnung anzuerkennen, nicht gegeben sei. Durch das gesetzlich sanktionierte Übereinkommen über die vermögensrechtliche Auseinandersetzung „zwischen dem Bayerischen Staate und dem vormaligen Bayerischen Königshaus" hat „der derzeitige Chef des Hauses . . . zugleich im Namen der sämtlichen in Bayern lebenden volljährigen Agnaten" (Übereink. § 20) diverfassungsrechtliche Neuordnung anerkannt und damit implizite den Thronverzicht ausgesprochen. So ist also nunmehr auch in staatsrechtlicher Beziehung zwischen dem vormaligen Königshaus und dem Freistaat Bayern volle Ordnung geschaffen worden.

§ 57.

Die Staatsschulden.

Schrifttum: Seydel-Graßmann § 160, Laband, Staatsrecht § 116; ferner die an beiden Stellen angeführten Schriften.

1. Die Staatsschulden umfassen alle geldwerten Verpflichtungen des Staates. Sie zerfallen in Verwaltungs- oder Ressortschulden einerseits, Finanzschulden andererseits. Unter den ersteren versteht man die Forderungen an den Staat aus der laufenden Verwaltung, z. B. Mietzinse, Kaufpreise, Lohnansprüche u. dgl.; unter den letzteren versteht man Schulden, die aufgenommen werden, um Mittel für die Finanzgebarung zu erhalten. Zu den Finanzschulden gehören auch die staatlichen Bürgschaften. Es handelt sich dabei um akzessorische Schulden, die der Staat eingeht, um einem im öffentlichen Interesse gelegenen nichtstaatlichen Unternehmen die Erlangung von Kredit zu ermöglichen oder zu erleichtern.

Die Staatsschulden sind im Verhältnis zu den Gläubigern privatrechtliche Verhältnisse. Insofern bilden sie keinen Gegenstand der folgenden Betrachtung. Hier interessieren vielmehr nur die Grundsätze über die Befugnis zur Aufnahme von Staatsschulden, da es sich dabei um verfassungsrechtlich höchst bedeutsame Ermächtigungen handelt. Dabei kommen aber nur Finanzschulden in Betracht, da Verwaltungsschulden als Folge der normalen Verwaltungsführung entstehen und daher keinen Anlaß einer besonderen Regelung bilden.

2. Das Reichsrecht kümmert sich im allgemeinen um das gliedstaatliche Schuldenwesen nicht. Daran hat sich auch unter der Herrschaft der neuen RV. nichts geändert, obwohl die einschneidenden Wandlungen in den finanziellen Beziehungen zwischen Reich und Ländern an sich Veranlassung geboten hätten.

Nur in zwei Punkten bestehen reichsrechtliche Einschränkungen in bezug auf die einzelstaatliche Schuldaufnahme. Wie schon nach der alten RV. Art. 4 Z. 3 hat auch nach der neuen RV. Art. 7 Z. 14 das Reich das Recht der konkurrierenden Gesetzgebung über die Ausgabe von Papiergeld. Durch das Gesetz vom 30. April 1874, RGBl.

40, ist nun zur Ausgabe von Papiergeld durch die Gliedstaaten reichsgesetzliche Genehmigung vorgesehen. Das gleiche gilt bezüglich der Ausgabe von Inhaberpapieren mit Prämien nach dem Gesetz vom 8. Juni 1871, RGBl. 210. Selbstverständlich hat die reichsgesetzliche Ermächtigung keinerlei rechtliche Bedeutung für die Stellungnahme des Landtags zu den bezüglichen Gesetzesvorschlägen der Regierung.

3. Die Grundsätze der VU. über das bayerische Staatsschuldenwesen sind in der Hauptsache dieselben, wie sie bereits in der VU. von 1818 in Titel VII §§ 11—16 enthalten waren, mit geringfügigen Abwandlungen im Sinne einer noch stärkeren Bindung der Regierung.

Die Aufnahme einer neuen Anleihe oder die Eingehung einer neuen Bürgschaft bedarf in aller Regel der Genehmigung des Landtags (§ 47 I). Die Form der Genehmigung ist nicht festgelegt, insbesondere ein Gesetz nicht gefordert. Eine Ausnahme besteht nur zugunsten von Anleihen, welche keine Erhöhung des bisherigen Schuldenstandes an Kapital oder Verzinsung bewirken, also insbesondere sog. Konversionen, d. h. Überführung bestehender Anlehen in solche mit niedrigerem Zinsfuß. Derartige Maßnahmen kann auch die Regierung allein treffen, vorausgesetzt selbstverständlich, daß ein formelles Gesetz nicht im Wege steht. Von Verfassungs wegen ist also die Stellung des Gesamtministeriums in bezug auf das Schuldenwesen etwas freier wie in bezug auf die Verfügung über das Grundstockvermögen (vgl. oben § 56 Z. 6).

Der politische Grund für die geschilderte Regelung liegt auf der Hand. Es soll der Regierung die Möglichkeit genommen sein, sich unter Umgehung des Landtags Geldmittel zu verschaffen.

4. Wieder erhebt sich die Frage, ob diese Beschränkungen auch im Verhältnis zu Dritten Außenstehenden rechtlich bedeutsam sind. Die Fassung der einschlägigen Stelle läßt keinen Zweifel. „Ohne Genehmigung des Landtags k a n n keine neue Anleihe . . . aufgenommen oder eine Bürgschaft zu Lasten des Staates eingegangen werden" (§ 47 I). Sonach wäre eine landtäglich nicht bewilligte Anleihe, soweit sie nicht zu den besprochenen Ausnahmsfällen gehört, bzw. eine nicht bewilligte Staatsbürgschaft, rechtlich unverbindlich (gl. M. P i l o t y 120[1]; R o t h e n b ü c h e r 15; für das frühere Recht S e y d e l - G r a ß m a n n 25). Auf derartige Anleihen eingezahlte Beträge würden also der Rückforderung unterliegen. Schwierigkeiten könnten sich allerdings ergeben, sobald einer der zugelassenen Ausnahmsfälle vorliegen würde und darüber Zweifel entstünden. Dann hinge die Zulässigkeit und Gültigkeit der ministeriellen Maßnahme von der nicht immer leicht zu treffenden Entscheidung der Zweifelsfrage ab.

5. Die Staatsschulden sollen grundsätzlich nicht nur verzinst, sondern auch durch Rückzahlung getilgt werden. Die Grundsätze über die Rückzahlung bedürfen ebenfalls der Zustimmung des Landtags und werden in einem Staatsschuldentilgungsplan zusammengefaßt, der vom Landtag beschlossen wird. Die Rückzahlung kann entweder den laufenden Einnahmen entnommen oder auf besondere Eingänge verwiesen werden. Im letzteren Fall spricht man von einem „zur Schuldentilgung bestimmten Gefäll". Der Schuldentilgungsplan kann ohne Zustimmung des Landtags nicht geändert noch ein zur Schuldentilgung bestimmtes Gefäll ohne landtägliche Genehmigung zu einem anderen Zweck verwendet werden (§ 47 II). Auch diese Vorschrift ist aus dem alten Verfassungsrecht übernommen worden (Tit. VII § 13). Ohne eine derartige Bestimmung hätte es die Regierung in der Hand, sich auf dem verbotenen Wege außeretatsmäßige Geldmittel zu verschaffen.

Zur Überwachung der Einhaltung dieser Vorschriften dienen zwei verfassungsmäßige Einrichtungen. Einmal hat der Landtag die Befugnis, durch beauftragte Mitglieder von den Einrichtungen der Staatsschuldenverwaltung Einsicht zu nehmen; jedoch bedarf es hiezu einer vorausgehenden Verständigung des Gesamtministeriums (§ 52 I; oben S. 130). Die Tätigkeit dieser Beauftragten beschränkt sich ihrem Zweck entsprechend auf die reine Kenntnisnahme der betreffenden Einrichtungen. Wahrgenommene Bedenken sind also der Vollversammlung mitzuteilen; ein unmittelbares Anweisungsrecht ist den Landtagsbeauftragten dagegen nicht eingeräumt.

Andererseits sind die Staatsschulden alljährlich zusammen mit der Staatsrechnung nachzuweisen (§ 49). Der Schuldennachweis unterliegt der Überprüfung durch den Rechnungshof (§ 84 II) und auf Grund des darüber im Wege des Gesamtministeriums erstatteten Berichts der Beschlußfassung des Landtags über die Entlastung der Regierung (§§ 49, 84 III und 85).

6. Derzeit bestehen folgende Arten von Staatsschulden:

a) die allgemeine Staatsschuld;

b) die Grundrentenschuld auf Grund des Gesetzes vom 4. Juni 1848, GBl. 97;

c) die Landeskulturrentenschuld auf Grund des Gesetzes vom 21. April 1884, GVBl. 113, neue Fassung durch Bekanntmachung vom 31. März 1908, GVBl. 234; vgl. auch Gesetz vom 15. Dezember 1922, GVBl. 663, über die Umlaufgrenze der Landeskulturrentenscheine;

d) die Schatzanweisungen auf Grund Ermächtigung einzelner Finanzgesetze (vgl. unten § 59 Z. 7).

§ 58.

Der Staatshaushalt.

Schrifttum: Seydel-Graßmann §§ 184—189; Laband, Staatsrecht §§ 128 bis 131, ferner Anhang und das dort angeführte Schrifttum; O. Mayer II 355, 678; G. Jellinek, Gesetz und Verordnung 130 ff.

1. Eine geordnete Finanzwirtschaft des Staates muß nach einem im Voraus bestimmten Plan erfolgen, der eine Übersicht über die voraussichtlichen Ausgaben und Einnahmen und die sich danach ergebende Abgleichung enthält. Soll dieser Plan einen ernsteren Zweck haben, so bedarf es einer Gewähr dafür, daß die einzelnen Posten der Einnahmen- und Ausgabenseite auch wirklich nach Möglichkeit eingehalten werden. Eine solche Gewähr kann nur in einer rechtlichen Bindung der obersten Vollzugsorgane an die Positionen des Haushaltsplans bestehen und zwar in einer Bindung gegenüber jenem Staatsorgan, das im allgemeinen zur Prüfung und Überwachung der Tätigkeit der Vollzugsorgane berufen ist, d. i. gegenüber der Volksvertretung. So ist die Gestaltung der Verfassungsvorschriften über den Staatshaushalt eines der wichtigsten Kapitel im Bereich der Normen, die das Verhältnis von Regierung und Volksvertretung regeln.

Es handelt sich nach der grundsätzlichen Stellung dieser Einrichtung von vornherein um ein gewisses Abhängigkeitsverhältnis des einen von dem anderen beteiligten Faktor, nämlich der Regierung von der sog. gesetzgebenden Körperschaft. Verstärkt wird dieses Abhängigkeitsverhältnis nun dadurch, daß mit der Feststellung des Staatshaushalts die Bewilligung der finanziellen Mittel verbunden wird, die notwendig sind, um die staatliche Verwaltung zu führen. Denn auf diese Weise wird die mit der Leitung der Verwaltung betraute Regierung gezwungen, über die von ihr geplanten Maßnahmen zu einem Einverständnis mit der Volksvertretung zu gelangen und die letztere in die Lage versetzt, ihre Zustimmung ganz oder teilweise von gewissen Voraussetzungen abhängig zu machen, die sie in bezug auf die Führung der Verwaltung verwirklicht zu sehen wünscht. So ist das Budgetrecht zu einem wichtigen Faktor parlamentarischer Einflußnahme auf die Staatsregierung geworden.

2. Aus diesen grundlegenden Tatsachen erklärt es sich, warum die Gestaltung des Etatsrechtes besonders in der konstitutionellen Monarchie ein Gegenstand größten politischen Interesses und lebhaftester, oft leidenschaftlich geführter Verfassungskämpfe geworden ist (vgl. oben S. 130 f.). Das gegenseitige Machtverhältnis von Krone und Regierung auf der einen, Volksvertretung auf der anderen Seite war wesentlich mit durch die verfassungsmäßige Ordnung der Budgetfeststellung bestimmt. In dieser Beziehung hat der Übergang zur Staats- und Regierungsform der parlamentarischen Republik eine bis in die Wurzeln hinuntergreifende Änderung der staatsrechtlichen Grundordnung zur Folge gehabt. Denn das nunmehr grundsätzlich gegebene rechtliche Abhängigkeitsverhältnis der Regierung von der Volksvertretung hat die Bedeutung der besonderen budgetrechtlichen Abhängigkeit stark in den Hintergrund gedrängt. So ist es nur mehr aus der Stärke des Beharrungsmomentes heraus erklärlich, warum auch heute noch in den deutschen Verfassungen eingehende Sonderregeln gerade auf diesem Gebiete enthalten sind. Eine neue Bedeutung könnten diese Bestimmungen allerdings gegenüber diktatorischen Experimenten gewinnen.

Dieser geschichtliche Zusammenhang kommt vor allem nach zwei Richtungen zum sinnfälligen Ausdruck. Einmal darin, daß die neuen Verfassungen in der Regel das gleiche System des Budgetrechtes aufweisen wie ihre jeweiligen Vorgänger. Zweitens aber darin, daß vielfach nach Wegfall des monarchischen Kraftzentrums gerade jene Einflußmöglichkeiten des Vertretungskörpers weiter entwickelt worden sind, gegen die früher dieses Kraftzentrum eine uneinnehmbare Verteidigungsmauer aufgerichtet hatte, obwohl durch den Abzug der Besatzung das Bollwerk ohnedies widerstandslos gefallen war.

Aber nicht nur in rechtlicher, sondern auch in politischer Beziehung wirkt die alte Einstellung ungeachtet des vollkommenen Wechsels der Verhältnisse vielfach nach. Die Mitglieder der Volksvertretung messen der Etatsberatung häufig noch immer die gleiche Bedeutung einer strengen Prüfung der Verwaltungspläne der Regierung bei, die am Platze war, solange die letztere praktisch nur bei diesem Anlasse zu eingehenderer Rechenschaft verhalten werden konnte. Statt daß der von dem Vertrauen der Parlamentsmehrheit getragenen Regierung dieses Vertrauen auch gelegentlich der Feststellung der für ihre Tätigkeit erforderlichen Geldmittel bewiesen würde, ist es noch immer üblich, sich in eine ins Einzelne gehende mißtrauische Prüfung des vorgelegten Haushaltsplans zu verlieren und einen weit über die Gebühr großen Teil der Arbeitszeit des Hauses auf diese nunmehr deplazierte Tätigkeit zu verwenden (vgl. oben S. 90).

Diese historisch-politischen Betrachtungen waren geboten, um die notwendige Grundlage für das Verständnis des geltenden Etatsrechtes und seiner praktischen Handhabung zu schaffen (vgl. weiter noch § 59 Z. 2).

3. Unter Staatshaushalt oder, wie die VU. sagt, Haushaltsplan versteht man die amtliche Feststellung der voraussichtlichen Staatseinnahmen und -ausgaben für die festgesetzte Gebarungsperiode. Diese dauert ein Jahr und heißt daher Haushaltsjahr; sie läuft nach § 78 vom 1. April bis zum 31. März des nächsten Jahres. Sie ist zugleich auch das Rechnungsjahr (ebenda), da Haushaltsperiode und Rechnungsperiode sich notwendigerweise decken müssen. Früher umfaßte die Gebarungsperiode zwei Jahre und lief vom 1. Januar bis zum 31. Dezember des nächstfolgenden Jahres. So arbeitsersparend auf der einen Seite eine längere Finanzperiode auch wirken kann, so hat sie doch den Nachteil, daß bei jeder Verschiebung der Verhältnisse Nachtragshaushalte notwendig werden. In einer Zeit schwankenden Geldwertes wäre eine zweijährige Etatszeit überhaupt unmöglich. Neben diesen wirtschaftlich-technischen Gesichtspunkten kam früher in der Zeit des Konstitutionalismus noch der politische Gesichtspunkt der größeren Abhängigkeit bzw. Unabhängigkeit der Staatsverwaltung von der Parlamentskontrolle in Betracht (vgl. oben S. 130 f.). Er mag auch bei der Abfassung der VU. eine Rolle gespielt haben, da ja gerade auf etatsrechtlichem Gebiete die vollkommene Verschiebung des Verhältnisses zwischen Landtag und Regierung nicht voll zum Bewußtsein kam.

Der Übergang vom Kalenderjahr zu einem besonderen abweichenden Haushalts- und Rechnungsjahr hat zwei bestimmte Gründe. Der eine hängt mit der zeitlichen Arbeitseinteilung des Landtags zusammen. Der Landtag tritt herkömmlich im Herbst zusammen, etwa im Monat Oktober oder November. Für die Erledigung des Haushaltsplans bei Zugrundelegung des Kalenderjahres stehen also im ganzen höchstens 2 bis 3 Monate zur Verfügung. Diese Zeitspanne reicht erfahrungsgemäß für die Etatsberatung nicht aus, der Haushalt kann daher in der Regel nicht rechtzeitig verabschiedet werden; daher sind vorläufige Etatsbeschlüsse oder andere entsprechende Maßnahmen erforderlich, die eine ordentliche Gebarung stören, weil es an einer festen dauernden Grundlage fehlt. Bei Erstreckung des Beginns der Gebarungsperiode auf den 1. April werden noch drei Monate Zeit gewonnen und dadurch wird die rechtzeitige Beschließung des Etats ermöglicht. Allerdings hat die bisherige Praxis diese Möglichkeit auszunützen in höchst unerfreulicher Weise unterlassen (vgl. unten § 59 Z. 1).

Der zweite Grund liegt darin, daß das Reich seit langem aus den soeben besprochenen Rücksichten heraus ein Rechnungsjahr, das mit dem zweiten Kalendervierteljahr beginnt, gekannt hat. Es beruhte das zwar nicht auf einer Verfassungsbestimmung, sondern auf einem einfachen Gesetz (vom 29. Februar 1876, RGBl. 121), und dieses Gesetz war auch unter der Herrschaft der neuen RV. in Kraft geblieben. Nun war es bei den zahlreichen Beziehungen zwischen Reichs- und Landesgebarung sehr mißlich, daß beide nach ihrer zeitlichen Bestimmung voneinander abwichen. Daher die Angleichung. Formell besteht allerdings die Abweichung, daß die Landesgebarungsperiode nunmehr verfassungsmäßig, die Reichsgebarungsperiode nur sondergesetzlich festgelegt ist. Eine — allerdings nicht wahrscheinliche — Änderung der letzteren durch einfachen Gesetzesbeschluß müßte also, wenn die Parallelität aufrecht erhalten bleiben soll, in Bayern eine Verfassungsänderung nach sich ziehen.

4. Der Haushaltsplan hat grundsätzlich alle Einnahmen und Ausgaben des Staates zu umfassen (§ 79 I S. 1 a. Anf.). Eine Ausnahme besteht nur insofern, als durch Sondergesetz oder durch Verwaltungsverfügung mit landtäglicher Zustimmung besondere Vermögensbestände, sog. Fonds, gebildet und einer eigenen selbständigen Verwaltung und Verrechnung unterstellt werden können (ebenda, S. 1 a. E.). In diesem Falle werden die Einnahmen und Ausgaben des Sonderfonds nicht in den Haushaltsplan aufgenommen. Gleichwohl wird der Zusammenhang zwischen solchen außeretatsmäßigen Gebarungen und dem Haushaltsplan nicht gänzlich zerrissen. Es ist vielmehr verfassungsmäßig festgelegt, daß die Sonderbestände nach Kapital, Einnahmen und Ausgaben mit dem Haushaltsplan zusammen gegenüber dem Landtag auszuweisen sind (§ 79 I S. 2).

Während diese Fonds früher in einem besonderen Teil des Haushalts zusammengestellt waren, wurden sie vom Jahre 1921 an auf Grund eines Ersuchens des Landtags auf die verschiedenen Einzeletats verteilt und im Anschluß daran ausgewiesen (vgl. Staatshaushaltsplan für die Rechnungsjahre 1921 und 1922 Hauptübersicht Anlage S. 22). Die Zahl dieser Fonds betrug damals über 40.

5. Der Haushaltsplan wird herkömmlich in einen ordentlichen und einen außerordentlichen Staatshaushalt eingeteilt. Für diese Gliederung sind finanzwirtschaftliche Erwägungen maßgebend, eine staatsrechtliche Bedeutung kommt ihr nicht zu; denn nach § 79 I S. 1 sind „alle Einnahmen und Ausgaben des Staates . . alljährlich auf den Haushaltsplan zu bringen", ohne daß hiebei nach der Art der Einnahmen und Ausgaben irgendeine Unterscheidung getroffen wäre.

6. Der Haushaltsplan sollte in Einnahmen und Ausgaben bilanzieren. Zur Herstellung der Bilanz müssen die Einnahmen in ihrem Gesamtbetrag so festgesetzt werden, daß sie die Ausgaben decken. Das normale Mittel zur Herstellung dieser Deckung bilden die Steuern, die in solcher Höhe anzufordern wären, daß sie die übrigen Staatseinnahmen auf den erforderlichen Gesamtbetrag ergänzen. Da es nun aber wünschenswert ist, daß die Höhe der Steuern nicht allzu großen Schwankungen unterliegt, dient als außerordentliches Mittel zur Herstellung des Ausgleichs die Aufnahme von Anlehen. Wirtschaftlich rechtfertigt sich eine solche Maßnahme durch die Erwägung, daß gewisse Ausgaben nicht einfach im Rahmen der Haushaltsperiode aufgezehrt werden, sondern eine Kapitalsanlage darstellen, die ihrerseits die Grundlage für neue Einnahmen bildet. In diesem Sinne bestimmt beispw. die RV., daß „im Wege des Kredits Geldmittel nur bei außerordentlichem Bedarf und in der Regel nur für Ausgaben zu werbenden Zwecken beschafft werden dürfen" (Art. 87 I). Eine entsprechende Bestimmung war auch in Tit. VII § 12 der alten VU. enthalten.

Die neue VU. dagegen kennt eine solche Vorschrift nicht mehr, und dieser Mangel, im Zusammenhang mit der wesentlich gesteigerten Abhängigkeit des Landeshaushalts von Zuweisungen aus Reichsmitteln insbesondere durch Beteiligung am Ertrage gewisser Reichssteuern (unten §§ 59 Z. 5 und 61) hat zu einer sehr unliebsamen Erschütterung der Sorgfalt bei Aufstellung des bayerischen Landeshaushalts geführt. Vor allen Dingen ist hervorzuheben, daß der Grundgedanke der Bilanzierung des Haushaltsplanes wiederholt unbeachtet geblieben ist. Von den nachrevolutionären Staatshaushalten ist nur der für das Rechnungsjahr 1920 sowohl im ordentlichen wie im außerordentlichen Haushalt ausgeglichen. Dagegen weisen die Haushalte für 1919, 1921 und 1922 zwar im außerordentlichen Haushalt durch die Einstellung von Anlehen die volle ziffernmäßige Deckung der Ausgaben durch die Einnahmen auf, dagegen erscheinen im ordentlichen Haushalt jeweils namhafte Fehlbeträge, bezüglich deren bestimmt wird, daß sie „vorläufig aus bereiten Mitteln des Staates zu bestreiten" seien, während wegen der endgültigen Deckung „die Staatsregierung zu einem späteren Zeitpunkte dem Landtage Vorlagen unterbreiten wird".

Ein derartiger Vorgang ist unbedingt als gegen eine gesunde Haushaltsführung verstoßend abzulehnen. Gerade der ordentliche Haushalt muß so gestaltet sein, daß nur solche Ausgaben vorgesehen werden, für die eine Deckung bereitgestellt ist. Der Beschluß über den Haushalt soll ja den Anlaß bieten, für die Deckung zu sorgen, eine Verschiebung dieser Obsorge auf einen unbestimmten zukünftigen Zeitpunkt verwischt den Ernst der Prüfung der Haushaltsansätze vollkommen. Übrigens ist zu bemerken, daß die angekündigten Deckungsvorlagen in Wirklichkeit gar nicht gemacht wurden, so daß es entweder bei dem Fehlbetrag bleiben mußte oder die tatsächlichen Eingänge die planmäßigen Ansätze um diesen Betrag überstiegen haben; beide Alternativen beweisen das Fehlerhafte der Aufstellung des Haushaltsplans. Zur Erklärung und Entschuldigung ist allerdings anzuführen, daß der starke Anteil an den Landeseinnahmen, der den Überweisungen aus dem Aufkommen der Reichssteuern zukommt, vor dem Eintritt gefestigter Verhältnisse ein sehr großes Moment der Unsicherheit in die Veranschlagung der Länder bringen muß.

7. Der Staatshaushalt ist herkömmlich als Bruttoetat gestaltet. D. h. Einnahmen und Ausgaben der einzelnen Zweige der Finanzwirtschaft sind einander gegenübergestellt. Hiebei wird bezüglich des ordentlichen und des außerordentlichen Haushalts verschieden vorgegangen.

Der ordentliche Haushalt zerfällt in zwei Unterabteilungen. In der ersten mit „Betriebs- und allgemeine Einnahmen" bezeichneten Abteilung erscheinen diejenigen Zweige der Staatsgebarung, die regelmäßig einen Überschuß der Einnahmen über die Ausgaben, also eine Reineinnahme aufweisen (beispw. die Staatsbetriebe, Nutzungen des Staatsguts, das Aufkommen an eigenen Steuern, Gebühren u. dgl., die Anteile an gewissen Reichssteuern). In der zweiten mit „Staatsverwaltung" bezeichneten Abteilung werden die übrigen Zweige der Staatsgebarung aufgeführt, bei denen die Ausgaben die Einnahmen überwiegen, also eine Reinausgabe in Frage kommt (beispw. Landtag, Staatsschuld, die einzelnen Ministerien). Als letzte Post wird ein Ausgabenbetrag unter dem Titel „Allgemeine Rücklage" eingestellt, der zur Deckung gewisser ziffernmäßig noch nicht genau feststellbarer Bedürfnisse (z. B. Teuerungszulagen) und zum Ausgleich „unvorhergesehener und unabweisbarer" Auslagen bestimmt ist.

Im außerordentlichen Haushalt erscheinen die verschiedenen Arten der außerordentlichen Einnahmen (beispw. auf Rechnung des allgemeinen Staatsanlehens, des Staatsgüterfonds u. dgl.) in einer Summe und daneben die verschiedenen Verwendungszwecke, nach großen Gruppen geordnet.

Den Abschluß bildet die „Hauptabgleichung", in der die Einnahmen beider Haushalte zusammengefaßt und den Ausgaben beider Teile dem Gesamtbetrag nach gegenübergestellt werden.

8. Im einzelnen sind die Ausgaben entweder notwendig oder freiwillig. Notwendig sind diejenigen Ausgaben, die aus rechtlichen oder tatsächlichen Gründen gemacht werden müssen. Ihre Aufnahme in den Haushaltsplan ist verfassungsmäßig vorgeschrieben (§ 79 III). Bei den freiwilligen — auch „willkürlich" genannten — Ausgaben ist es Sache des Ermessens der Regierung, ob sie eingestellt, des Landtags, ob sie beschlossen werden.

Die notwendigen Ausgaben umfassen zunächst drei Gruppen:

a) diejenigen, die auf gesetzlichen Verpflichtungen beruhen (z. B. Gehälter der Beamten, Mietzinse für gemietete Räume u. dgl.);

b) diejenigen, die auf gerichtlich klagbaren Verpflichtungen des Staates beruhen (z. B. Schadensersätze); genauer besehen, liegen auch hier gesetzliche Verpflichtungen zugrunde;

c) diejenigen, die ihrem Zweck nach dauernd und als solche vom Landtag anerkannt sind (hauptsächlich die Kosten der laufenden Staatsverwaltung) (§ 79 III);

d) als vierte Gruppe kommen außerdem die Fehlbeträge, mit denen die Rechnung des vorvergangenen Haushaltsplans abschließt, in Betracht. Sie sind jeweils in den Plan des übernächsten Haushaltsjahres als Ausgaben einzustellen (§ 83 S. 2). Eine frühere Berücksichtigung ist technisch nicht möglich.

Entsteht Streit darüber, ob eine Ausgabe zu den notwendigen gehört, so liegt ein Verfassungsstreit vor, der durch den Staatsgerichtshof ausgetragen werden kann (Piloty 180[4]; oben § 55 Z. 21).

Bezüglich der freiwilligen Ausgaben kommt es nach Lage der Verschiebung der politischen Verhältnisse immer häufiger vor, daß der Anstoß dazu nicht von der Regierung, sondern vom Landtag ausgeht (vgl. oben S. 81, 131, 201). Um nun gegen eine allzu große Belastung des Haushalts durch Geltendmachung derartiger Wünsche einen Riegel vorzuschieben, ist dem Gesamtministerium hier nach württembergischem Muster (VU. § 49; vgl. oben S. 81) ein Einspruchsrecht

(Veto) eingeräumt; es dient gleichzeitig als Ersatz des ausfallenden Regierungsreferendums (vgl. unten § 59 Z. 7). Die Verfassung spricht als Voraussetzung für das Veto davon, daß es sich um „Beschlüsse des Landtags, die eine Erhöhung der Ausgaben des Haushaltsplanes oder die Einstellung neuer Ausgaben bewirken“ (§ 81 S. 1), handelt. Die letzteren können schlechterdings nur freiwillige Ausgaben sein. Aber auch bei der Erhöhung muß es sich in den meisten Fällen um freiwillige Leistungen handeln, da Mehransätze für notwendige Ausgaben ihrerseits den Charakter der Notwendigkeit besitzen; immerhin wären Schätzungsdifferenzen denkbar.

Erhebt das Gesamtministerium Einspruch, so hat eine erneute Beratung stattzufinden. Sie darf ohne Zustimmung der Regierung nicht vor Ablauf von 14 Tagen nach Erhebung des Einspruchs erfolgen; dadurch sollen übereilte, insbesondere rechthaberische Beschlüsse verhindert werden. Wird bei der erneuten Beratung der erste Beschluß mit Zweidrittelmehrheit der Anwesenden bestätigt, so erlangt er endgültigen Charakter; gegenteiligenfalls bleibt es bei den Ansätzen der Regierungsvorlage.

9. Die Einnahmen sind entweder fest oder veränderlich; d. h. sie sind dem Betrag nach von vornherein gegeben oder von wechselnden Faktoren abhängig. Die ersten beruhen in der Regel auf bestimmten Rechtstiteln. Ausdrücklich ist vorgeschrieben, daß „Erübrigungen, die sich nach der Rechnung für ein Haushaltsjahr ergeben, als Einnahme in den Haushaltsplan des übernächsten Haushaltsjahres einzustellen“ sind (§ 83 S. 1). Sie stehen also nicht etwa zur freien Verfügung der Regierung.

Die veränderlichen Einnahmen tragen diesen Charakter entweder der Natur der Sache nach an sich, wie beispw. die Einnahmen der Staatsbetriebe oder die Eingänge aus den Verwaltungsgebühren. Oder die Veränderlichkeit ist von vornherein beabsichtigt zum Behufe der Möglichkeit, in jedem Haushaltsplan darüber Beschluß zu fassen; der Zweck der Einrichtung ist, den Ausgleich der Einnahmen gegenüber den Ausgaben herbeizuführen (oben Z. 6). In Frage kommen dabei die sog. unständigen oder beweglichen Steuern, von denen noch die Rede sein wird (unten § 59 Z. 4).

10. Da der Haushaltsplan für ein Haushaltsjahr aufgestellt ist, endigt seine aktuelle rechtliche Bedeutung regelmäßig mit Ablauf dieser Periode. Es läßt sich jedoch nicht vermeiden, daß Ausgaben, die sachlich den Bedarf eines Jahres betreffen, erst nach seinem Ende tatsächlich gemacht werden können, weil z. B. die Rechnung nicht früher eingereicht wird, Einnahmen, die innerhalb des Gebarungsjahres anfallen sollten, erst nachträglich zufließen, weil etwa die Schuldner nicht rechtzeitig zahlen. Während nun ehemals solche Ausgaben und Einnahmen auf das abgelaufene Etatsjahr verrechnet wurden, ist man später dazu übergegangen, diese nachträgliche Gebarung auf das jeweils laufende Jahr zu übernehmen. Dieser Vorgang entspricht auch der Fassung des § 84 I, wonach alljährlich (möglichst unmittelbar) nach Ablauf des Haushaltsjahres über alle Einnahmen und Ausgaben Rechnung zu erstatten ist.

Etwas anderes sind die Ausgaben, bezüglich deren im Haushaltsplan von vornherein eine Übertragung auf ein oder mehrere spätere Gebarungsjahre vorgesehen ist. Bezüglich dieser ist die Verteilung der Ausgaben auf verschiedene Haushaltsperioden von vornherein im Plane, die Bewilligung greift also auf die zukünftigen Gebarungsabschnitte hinüber. Nach dem Grundsatz der alljährlichen Zusammenfassung aller Einnahmen und Ausgaben in der Jahresrechnung (§ 84 I S. 1), müssen die jeweils verbrauchten Teilbeträge in die Rechnungsnachweisung des Jahres ihrer Verwendung aufgenommen werden.

11. Über die Einrichtung des Staatshaushalts und die Staatsverrechnung enthält die Bekanntmachung des Staatsministeriums der Finanzen vom 23. Juni 1907, FMBl. 221, eine Reihe grundsätzlicher Vorschriften. Diese haben aber nur die Bedeutung einer Verwaltungsvorschrift. Der Versuch, ein Gesetz über den Staatshaushalt, das u. a. die meisten dieser Bestimmungen übernehmen wollte, zustande zu bringen, ist vorläufig gescheitert (vgl. Beil. 1038 und 1084 von 1921). In bezug auf den Reichshaushalt ist neuerdings durch Gesetz vom 31. Dezember 1922, RGBl. II 17, die außerordentlich eingehende und sorgfältig gearbeitete „Reichshaushaltsordnung" erlassen worden.

§ 59.

Entstehung des Haushaltsplans und des Finanzgesetzes.

Schrifttum: Seydel-Graßmann §§ 184—189, 191; Laband §§ 129—131

1. Der Haushaltsplan wird zunächst im Schoße der Regierung entworfen. Jedes Ministerium hat den auf seinen Geschäftskreis bezüglichen Plan auszuarbeiten (§ 61 Z. 10) und an das Ministerium der Finanzen zu leiten, welches den Gesamthaushaltsplan aufstellt (§ 61 Z. 11). Daraus ergibt sich von vornherein eine Übergewichtsstellung des Finanzressorts, da es verfassungsmäßig berufen ist, die Einzelaufstellungen der übrigen Ministerien zusammenzufassen und den Ausgleich zwischen den Gesamteinnahmen und Gesamtausgaben durch entsprechende Anpassung der Einzelhaushalte herbeizuführen. Praktisch läuft diese Stellung des Finanzministeriums darauf hinaus, daß jede gegenüber dem Voranschlag des letzten Jahres gestiegene Anforderung welches Ressorts immer seiner Zustimmung bedarf.

Gleichwohl hat der Finanzminister gegenüber seinen Kollegen keine diktatorische Gewalt. Denn die Vorlage des Haushaltsplans an den Landtag unterliegt der Beschlußfassung des Gesamtministeriums (§ 61 Z. 8) und dieses entscheidet mit Stimmenmehrheit der anwesenden Minister (§ 63), gegebenenfalls unter Stichentscheid des Ministerpräsidenten (§ 62 II). Allerdings wird ein Finanzminister, der eine starke Persönlichkeit ist, sich nicht leicht in wesentlichen Fragen überstimmen lassen, ohne mit seinem Rücktritt zu antworten. Denn politisch fällt das Schwergewicht der Verantwortung ungeachtet der kollegialen Beschlußfassung auf ihn.

Der fertiggestellte Haushaltsplan ist dem Landtag spätestens am 1. Oktober zur Beschlußfassung vorzulegen (§ 79 II). Diese Ordnungsvorschrift kann allerdings nicht eingehalten werden, wenn der Landtag bei der Etatsberatung so saumselig vorgeht, wie beispw. bezüglich des Haushaltsplans für 1921 und 1922, die beide erst Anfang August 1922 verabschiedet wurden, der erstere also 4 Monate nach Ablauf, der zweite 4 Monate nach Beginn der Gebarungsperiode, auf die sie sich bezogen. Die danach noch zur Verfügung gestandene Frist von nicht einmal 2 Monaten reichte zur zeitgerechten Aufstellung des neuen Haushaltsplanes, der doch auf den soeben bewilligten alten Plänen aufgebaut werden mußte, unmöglich aus.

2. Der eingebrachte Haushaltsplan bildet nun den Gegenstand der Beratung und Beschlußfassung durch den Landtag (§§ 48, 79 II). Der Schwerpunkt der Beratung und Beschlußfassung liegt bei dem Ausschuß für den Staatshaushalt (oben S. 144), der sich gewohnheitsmäßig mit den kleinsten Einzelheiten der dem eigentlichen Haushaltsplan beigegebenen Einzelhaushalte befaßt.

An dieser Stelle ist ein Wort der Kritik geboten. Es ist sicherlich richtig, daß der zuständige Landtagsausschuß, ehe er der Vollversammlung die Annahme der Regierungsvorlage gegebenenfalls mit Änderungen empfiehlt, sich ein genaues Bild der Sachlage verschaffen muß. Aber sein Augenmerk muß sich dabei doch im wesentlichen auf eine Prüfung der vorgeschlagenen Ansätze in sachlicher und ziffernmäßiger Beziehung richten. Dagegen ist es nicht Sache des Ausschusses, die ministeriellen Anträge wie eine obere Verwaltungsbehörde, welche die verantwortliche Entscheidung in jedem Einzelpunkt zu treffen hat, in Amtshandlung zu ziehen und bei diesem Anlaß gleich auch über die Verwendung jeder Etatsposition in sachlicher oder gar persönlicher Beziehung ein bestimmtes Urteil abzugeben. Bei solchem Vorgehen wird nicht nur die verfassungsmäßige Zuständigkeitsabgrenzung zwischen dem gesetzgebenden Körper und den obersten Vollzugsbehörden, sondern auch der politische Grundgedanke des Verhältnisses zwischen Landtagsmehrheit und der von ihrem Vertrauen getragenen Landesregierung ganz außer acht gelassen. Denn einerseits überweist die VU. den Vollzug des Staatshaushaltes den Ressortministerien, bzw. für den Gesamthaushalt dem Finanzministerium und belastet diese Stellen mit der vollen Verantwortlichkeit (§ 61 Z. 10 und 11), die sie nicht tragen können, wenn ihnen von vornherein die nötige Bewegungsfreiheit eingeengt wird. Andererseits ist die Regierung verfassungsmäßig nicht als ein subalternes Organ des Landtags, sondern als ein selbständiger Faktor gedacht, der der Volksvertretung gegenübergestellt ist (vgl. oben S. 76 f., 80 ff., 90 ff.).

Die hier angefochtene übliche Haltung des Haushaltsausschusses erklärt sich aus der parlamentarischen Entwicklung in Bayern. Wie bereits hervorgehoben, hatte das Unglück, von dem das Königshaus verfolgt wurde, die Stellung der Krone, ohne an deren verfassungsmäßigen Grundlagen zu rühren, politisch sehr stark beeinträchtigt und den Einfluß der Landtagsparteien gehoben. So wurde die kgl. Regierung allmählich in eine Art von Verteidigungsstellung gedrängt, die sie in immer größere Abhängigkeit von der maßgebenden Partei im Landtag brachte. Besonders die Etatsberatung ließ die überlegene Macht des Landtags zu deutlichstem Ausdruck gelangen. Der Haushaltsausschuß wurde zu einer Art Oberinstanz über dem Ministerium. Daher die eingehende Überprüfung und Würdigung jeder Einzelposition seitens der Ausschußmitglieder. Die formellrechtliche Beseitigung der Selbständigkeit der Regierung durch die neue Verfassung erweist sich so nur als Fortsetzung einer Entwicklung, die bereits von langer Hand angebahnt war. Es fielen einfach die letzten bisher noch gegebenen Schranken. Andererseits kam es den Landtagsparteien seither noch nicht zum Bewußtsein, daß ihr grundsätzliches Verhältnis zur Regierung durch den Neubau der Verfassung vollkommen umgestaltet worden ist. Der Landtag ist jetzt nicht mehr nur Kontrollinstanz gegenüber einer von einem außenstehenden Faktor berufenen Behörde, sondern die politische Grundlage der von ihm selbst eingesetzten Geschäftsleitung. Die der Volksvertretung nach dem früheren Verfassungsplan zugewiesene Rolle der mißtrauischen Überwachung ist nach der neuen Verfassung in die einer vertrauensvollen Vollmachterteilung umgewandelt worden (vgl. oben § 58 Z. 2).

Es wäre dringend zu wünschen, daß diese grundlegende Verschiebung allmählich von den maßgebenden Faktoren erkannt wird. Denn nur dann ist es möglich, daß die bisherige Methode der Etatsberatung, die nicht nur für Volksvertretung und Regierung äußerst zeitraubend und darum kostspielig ist, sondern auch die ganze Staatsgebarung aufs empfindlichste stört und in Unordnung bringt, eine radikale Änderung erfährt. Besonders in einer Periode außerordentlich schwankender Währungsverhältnisse ist es ein unerträglicher Zustand, daß Ansätze, die im Zeitpunkt ihrer Aufstellung durchaus entsprechend waren, erst nach Ablauf vieler Monate formellrechtliche Geltung erlangen. Vor allem leiden darunter die sachlichen Erfordernisse der Staatsverwaltung, deren rechtzeitige Befriedigung bei höherem Geldwert durch den Zwang, den Abschluß langwieriger Beratungen abzuwarten, vielfach vollkommen unmöglich gemacht wird. In bezug auf die Staatsbauten hat man sich allerdings durch eine Vorwegnahme ihrer Beratung einigermaßen zu helfen gesucht (vgl. Sten. Ber. 1921 IV, 519 ff.). Aber damit ist ja nur für einen Bruchteil der sachlichen Ausgaben gesorgt. Die persönlichen Erfordernisse dagegen werden erfahrungsgemäß durch die späteren Gehaltsregelungen den veränderten Verhältnissen angepaßt.

3. Nach Beendigung der Vorberatung des Haushaltsausschusses wird der Haushaltsplan von der Vollversammlung des Landtags beraten und beschlossen. Es hat sich als feststehende Übung herausgebildet, daß die jeweils vom Ausschuß erledigten Etatskapitel einzeln in der Vollversammlung behandelt werden. Der Grund für dieses Verfahren liegt in dem außerordentlich langsamen Tempo der Ausschußverhandlungen, das es geboten erscheinen läßt, nicht die viele Monate dauernde Durchberatung des gesamten Haushaltsplans abzuwarten. Wird auf diese Weise auch auf der einen Seite der Nachteil des außerordentlichen Zeitverlustes bei der Ausschußberatung etwas gemildert, so ergibt sich aber auf der anderen Seite der neue Übelstand, daß der Vollversammlung während der Beratung der einzelnen Haushaltsteile der Überblick über den Gesamtstand vollkommen abgeht. Erst wenn die Beschlußfassung über die Einzeletats ihrem Ende entgegengeht und die wichtigsten Posten schon festgelegt sind, wird es möglich, sich Rechenschaft über den Gesamthaushalt zu geben. Eine richtige Anpassung des Gesamterfordernisses an die

Gesamtdeckung ist dadurch außerordentlich erschwert, wenn nicht unmöglich gemacht.

Verfassungsrechtlich ist der Landtag bei seiner Beschlußfassung in gewisser Beziehung gebunden. Die notwendigen Ausgaben (oben § 58 Z. 8) müssen vom Landtag anerkannt werden, oder wie man noch schärfer sagen kann, bedürfen dieses Anerkenntnisses überhaupt nicht. Besonders hervorzuheben ist dieser Tatbestand bezüglich der vom Landtag als ihrem Zweck nach dauernd anerkannten Ausgaben; der Landtag ist nicht in der Lage, sie im Falle einer Sinnesänderung einfach zu streichen. Es müßten vielmehr zuerst die betreffenden Einrichtungen in der verfassungsmäßig vorgeschriebenen Weise aufgehoben werden. Ferner müssen zur Deckung dieser Ausgaben, sofern die anderweitigen Einnahmen nicht ausreichen, Steuern bewilligt werden (§ 79 III). Die Bedeutung dieser Bestimmung geht dahin, daß für die notwendigen Ausgaben eine Verweisung auf Staatsanlehen verfassungswidrig wäre und daher seitens der Regierung mit allen Mitteln bekämpft, letzten Endes zum Gegenstand eines Verfassungsstreites gemacht werden müßte. Ein Steuerverweigerungsrecht kommt also, soweit es sich um die Deckung der notwendigen Ausgaben handelt, nicht in Frage; es hätte übrigens gegenüber einer vom Vertrauen des Landtags abhängigen Regierung gar keinen Sinn.

Bezüglich der freiwilligen Ausgaben ist, sofern es sich um Erhöhung der Ansätze der Regierungsvorlage oder um neue dort gar nicht vorgesehene Ansätze handelt, auf das aufschiebende Veto des Gesamtministeriums nach § 81 zu verweisen, worüber bereits das Nötige gesagt wurde (§ 58 Z. 8). Soweit ein solcher Einspruch nicht erhoben wird, hat der Landtag bezüglich der freiwilligen Ausgaben verfassungsrechtlich vollkommene Entschlußfreiheit.

Bezüglich der Einnahmen sind formellrechtliche Bindungen, abgesehen von der vorgeschriebenen Einstellung früherer Gebarungserübrigungen (§ 83 S. 1 oben § 58 Z. 9), nicht ausdrücklich vorgesehen. Aus dem Zusammenhalt der Bestimmungen über die Steuerbewilligung (§ 80 I) mit den Vorschriften über die Staatsschulden (§ 47 I und II) ist aber zu schließen, daß die Verfassung die Volldeckung der haushaltsmäßigen Ausgaben durch die haushaltsmäßigen Einnahmen als selbstverständlich betrachtet. Dies ergibt sich insbesondere aus den bald zu besprechenden Vorschriften über das Finanzgesetz. Man muß daher sagen, daß der defizitmäßige Abschluß einzelner Haushaltspläne (s. oben § 58 Z. 6) dem Geiste der Verfassung widerspricht.

In formeller Beziehung ist hervorzuheben, daß der Haushaltsplan durch den Landtag in Form eines schlichten Beschlusses, nicht eines Gesetzes (§ 80 e contr.) festgestellt wird. Dem entspricht es, daß der Haushaltsplan nur als eine beigefügte Übersicht zu dem nunmehr zu besprechenden Finanzgesetz im GVBl. erscheint.

4. „Auf Grund des Haushaltsplanes beschließt der Landtag durch Gesetz über die nach den bestehenden Steuergesetzen zu erhebenden Steuern (Finanzgesetz)" (§ 80 I). Durch diese Bestimmung stellt die VU. neben die parlamentarische Budgetfeststellung die parlamentarische Steuerbewilligung. Damit hat es folgende Bewandtnis.

Die periodische Steuerbewilligung war zur Zeit des ständischen Staates das wichtigste Mittel der Landstände, um Einfluß auf die Führung der Regierungsgeschäfte durch den Landesherrn und sein Beamtentum zu gewinnen, da hiedurch eine gewisse Abhängigkeit des Herrschers begründet war (vgl. oben S. 130 f.). Von da her hat sich der Gedanke in die Ära des Verfassungsstaates hinübergerettet und wurde neben der Ministerverantwortlichkeit eine Hauptforderung der konstitutionellen Theorie. So erklärt sich die Übernahme der Einrichtung in die süddeutschen Verfassungen, insbesondere auch in die alte bayerische VU. Tit. VII §§ 3—9. Während ursprünglich anläßlich jeder Bewilligung auch die Grundsätze über die Bemessung und Erhebung beschlossen wurden, führte die Vervollkommnung der Steuertechnik zu einer Trennung des im allgemeinen unveränderlich bleibenden Steuerrechts und der von Fall zu Fall nach der Höhe des Bedarfes zu bestimmenden Steuersätze. Das erstere wurde in den ins Einzelne gehenden Steuergesetzen für die verschiedenen Steuergattungen ein für allemal festgelegt; während die periodische Bewilligung sich auf die Steuersätze beschränkte. Mehr war ja auch für den erstrebten Zweck des parlamentarischen Einflusses nicht erforderlich. Derartige veränderliche Steuern nennt man technisch bewegliche oder unständige Steuern (oben § 58 Z. 9).

Die Höhe der jedesmal zu bewilligenden Steuersätze war von der Größe des nach Abzug der übrigen Staatseinnahmen verbleibenden ungedeckten Erfordernisses abhängig. Die Grundlage für die Steuerbewilligung wurde sonach der Staatsvoranschlag, aus dessen Einnahmen und Ausgabenseite sich der durch die Steuern zu bestreitende Aufwand errechnete. So ergab sich eine enge Verbindung zwischen dem periodischen Budget und der Steuerbewilligung, für welche die Budgetperiode maßgebend sein mußte. Die Volksvertretung konnte das Recht in Anspruch nehmen, bevor sie über die Höhe der Steuern schlüssig werde, die Etatsansätze zu prüfen und festzustellen, ob nicht etwa durch höhere Einschätzung der übrigen Eingänge oder Verminderung der Ausgaben das Gleichgewicht im Staatshaushalt mit einer niedrigeren als der von der Regierung geforderten Steuersumme herzustellen war. Wenn dann zwischen beiden Teilen über den Haushaltsplan Einverständnis erzielt war, ergab sich die Verpflichtung des Vertretungskörpers, nunmehr die erforderlichen Steuern zu bewilligen. Finanzwirtschaftlich spielte dabei noch der Gedanke eine entscheidende Rolle, daß die Staatseinnahmen durch die Höhe der Steuern beliebig reguliert werden könnten, so daß das Augenmerk nicht auf die Verwendung einer gegebenen Einkommenssumme, sondern auf die Feststellung der Ausgabensumme gerichtet war. Für die Steuerbewilligung bildete sich dann die Form des verfassungsmäßigen Gesetzes heraus, dessen Inhalt durch Aufnahme der Zustimmung zu einer etwaigen Anleihe und durch sonstige auf die Staatsgebarung bezügliche Vorschriften erweitert wurde. Das betreffende Gesetz erhielt die technische Bezeichnung „F i n a n z g e s e t z". (Die Regierungsvorlage zur VU. sprach zu eng von einem „Steuererhebungsgesetz"; vgl. § 87 I.)

5. An diesem System der periodischen Steuerbewilligung verbunden mit Anleihegenehmigung hat auch die neue Verfassung festgehalten, obwohl sich die Verhältnisse nach zwei Richtungen gründlichst verschoben haben.

Einmal hat das außerordentliche Anschwellen des Geldbedarfs des Reiches infolge des Kriegs und seines unglücklichen Ausgangs zu der Notwendigkeit geführt, alle einträglichen Steuerquellen für das Reich in Anspruch zu nehmen und die Länder nur mit gewissen Anteilen an dem Aufkommen zu bedenken. Daher sind die eigenen Steuerzuflüsse der Länder auf einzelne wenige nicht sehr ergiebige Gattungen beschränkt und infolgedessen ist auch die Bedeutung dieser eigenen Landessteuern für die Deckung des Finanzbedarfes der Länder sehr stark herabgesetzt worden (vgl. unten § 61). Die parlamentarische Steuerbewilligung in den Ländern hat daher ihre frühere praktische Tragweite beinahe vollkommen verloren.

Die zweite durchgreifende Änderung betrifft das Verhältnis zwischen Regierung und Landtag nicht nur im Sinne einer außerordentlichen Steigerung der Abhängigkeit der ersteren von dem letzteren, sondern auch im Sinne der Umwandlung der früheren Mißtrauensgründe in ebenso starke Gründe des Vertrauens. Schließlich ist auch noch hervorzuheben, daß die ungeheure Verarmung und die gleichzeitig ins Ungemessene angewachsene finanzielle Belastung Deutschlands den Satz von der beliebigen Steigerbarkeit der Steuereinnahmen gründlichst erschüttert hat.

Der oben angeführte Verfassungsgrundsatz geht an all diesen Veränderungen mit der glücklichen Naivität eines rosenroten Optimismus vorüber. Es sieht so aus, als ob nach Feststellung des Haushaltsplanes ohne weiteres der erforderliche Steuerzuschuß errechnet und danach die Steuersätze bestimmt werden könnten. Die Abhängigkeit der Steuerhöhe von dem ganzen für Reich, Länder und Selbstverwaltungskörper notwendig gemeinsamen Steuersystem wird auch nicht mit einem Wörtchen angedeutet (vgl. Piloty 181).

6. Die alte VU. enthielt in Tit. VII § 9 das Verbot der sog. bepackten Steuerbewilligung, d. h. die letztere durfte an keine besondere Bedingung sachlicher Art, etwa Entlassung eines Ministers, Durchführung einer Maßnahme u. dgl. geknüpft werden. Dieser Grundsatz ist auch in der neuen RV. Art. 85 III S. 2 aufgenommen: „Im übrigen sind Vorschriften im Reichshaushaltsgesetz unzulässig, die über das Rechnungsjahr hinausreichen oder sich nicht auf die Einnahmen und Ausgaben des Reichs oder ihre Verwaltung beziehen." Die neue VU. hat eine ähnliche Vorschrift nicht, sie steht also der Einfügung derartiger Bedingungen in das Finanzgesetz nicht im Wege. Diese Änderung gegenüber dem früheren Zustand hängt offenbar mit der Erwägung zusammen, daß der Grund der Vorschrift, eine Abhängigkeit der Vollzugsgewalt von dem gesetzgebenden Körper hintanzuhalten, im parlamentarischen System nicht mehr zutrifft.

7. Das Finanzgesetz hat nunmehr folgenden typischen Inhalt; vgl. das Finanzgesetz für das Haushaltsjahr 1921 und jenes für das Haushaltsjahr 1922, GVBl. 393, bzw. 401 von 1922. § 1 I bestimmt unter Hinweis auf die „beigefügte Übersicht" (den beschlossenen Haushaltsplan) die Endsummen der Ausgaben und Einnahmen zunächst im ordentlichen, dann im außerordentlichen Staatshaushalt. Die Bilanz — „Hauptabgleichung" genannt — ist in das Finanzgesetz selbst nicht aufgenommen. Im Anschluß daran ordnet § 1 II an, daß die nicht gedeckten Ausgaben des ordentlichen Staatshaushalts „vorläufig aus bereiten Mitteln des Staates zu bestreiten" sind und stellt „wegen endgültiger Deckung des Fehlbetrages" zu einem späteren Zeitpunkt Regierungsvorlagen in Aussicht. Die verfassungsmäßige Unrichtigkeit dieses Vorgangs wurde bereits hervorgehoben (§ 58 Z. 6). § 1 III ermächtigt den Staatsminister der Finanzen, den unbedeckten Ausgabenbetrag des außerordentlichen Staatshaushalts durch Aufnahme eines „allgemeinen Anlehens" flüssig zu machen.

§ 2 trifft Bestimmung über die Erhebung der einzelnen direkten Steuerarten unter Bezugnahme auf die betreffenden Steuergesetze und Angabe der verhältnismäßigen Zuschläge zu den Normalsteuersätzen — für das ehemals coburgische Gebiet unter Angabe des Vielfachen der Steuereinheiten.

§ 3 hält eine ältere Ermächtigung des Staatsministers der Finanzen aufrecht, zur vorübergehenden Verstärkung der Betriebsmittel der Staatsbank und der Zentralstaatskasse Schatzanweisungen auszugeben bzw. Anlehen aufzunehmen (vgl. oben § 57 Z. 6).

Anschließend wird eine „Übersicht der veranschlagten Einnahmen und Ausgaben für das Haushaltsjahr" — der eigentliche Haushaltsplan — abgedruckt.

Schließlich ist hervorzuheben, daß das Finanzgesetz einer Volksentscheidung weder auf Veranlassung des Ministeriums noch auf Grund eines Volksbegehrens unterzogen werden kann (§ 77 I Z. 1). Dem Gesamtministerium ist zum Ersatz das besprochene Veto eingeräumt (vgl. § 58 Z. 8). Der Grund für den Ausschluß der Volksentscheidung liegt auf der Hand; notwendige Steuererhöhungen wären auf diesem Wege kaum durchzusetzen.

8. In normalen Zeiten reicht die 6monatige Frist vom 1. Oktober bis zum 31. März vollkommen aus, um Haushaltsplan und Finanzgesetz rechtzeitig zu verabschieden, so daß vom 1. April an auf Grund der neuen Grundlagen gewirtschaftet werden kann. Daß bisher diese Termine nicht eingehalten worden sind, läßt sich vielleicht noch für das Jahr 1920 mit der Liquidierung der Revolutions- und Rätezeit, jedenfalls aber nicht mehr für 1922 rechtfertigen. Es ist immerhin denkbar, daß unter außergewöhnlichen Umständen die zur Verfügung stehenden Zeiträume nicht ausreichen, um für die staatliche Finanzwirtschaft rechtzeitig die nötigen Unterlagen zu schaffen. Für solche Fälle sah die alte VU. in Tit. VII § 7 die Befugnis des Königs vor, die letztbewilligten Steuern noch auf ein halbes Jahr fortzuerheben. Die neue Verfassung hat diesen Gedanken einer vorläufigen Ermächtigung der obersten Vollzugsgewalt zur Fortführung der Staatswirtschaft in geänderter Form beibehalten. Der an sich gegebene andere Weg eines gesetzlichen Notetats wie beispw. im Reich wurde durch die Verfassung nicht eingeschlagen, wobei wenigstens in diesem Punkte an das der neuen verfassungsrechtlichen Gestaltung entsprechende Vertrauensverhältnis zwischen Regierung und Landtag angeknüpft wurde.

„Kommt der Haushaltsplan nicht rechtzeitig in seinem ganzen Umfange zustande, so ist alsbald durch das Gesamtministerium ein vorläufiger Haushaltsplan zu beschließen und der Haushaltsführung bis zum Zustandekommen des endgültigen Haushaltsplanes zugrunde zu legen. In den vorläufigen Haushaltsplan sind die Ausgaben, über die in der Tagung bereits endgültig beschlossen worden ist, ferner aus den noch nicht abgeschlossenen Teilen des Gesamthaushaltsplanes alle gesetzlich notwendigen und alle als dauernd anerkannten notwendigen Ausgaben aufzunehmen" (§ 80 II).

Aus dieser Fassung geht hervor, daß das Ministerium bezüglich der bereits parlamentarisch erledigten Teile des Haushaltsplanes ohne Rücksicht, ob es sich um notwendige oder freiwillige Ausgaben handelt, gebunden ist, während bezüglich der nicht erledigten Teile nur von den notwendigen Ausgaben die Rede ist. (Daß zu den notwendigen Ausgaben auch die Erfüllung gerichtlich klagbarer Ansprüche gegen den Staat gehört, ist, obwohl im Gegensatz zu § 79 III nicht ausdrücklich erwähnt, selbstverständlich; vgl. oben § 58 Z. 8). Muß nun aus dieser Fassung geschlossen werden, daß das Ministerium freiwillige Ausgaben der nicht genehmigten Einzelhaushalte nicht in dem vorläufigen Haushaltsplan einsetzen darf? Davon, daß das Ministerium sich entschließt, solche Ausgaben in Anhoffnung einer parlamentarischen Indemnität einzusetzen (Piloty 183), sei hier abgesehen. Im Zusammenhalt mit der gleich zu besprechenden Ermächtigung zur vorläufigen Forterhebung der „bisher erhobenen Steuern im bisherigen Umfange" (§ 80 III) wird man sagen können, daß die Aufnahme freiwilliger Ausgaben unter der Voraussetzung und insoweit verfassungsmäßig zulässig ist, als sie noch im Rahmen der normalen Eingänge zuzüglich derjenigen auf Grund der bisherigen Steuersätze bestritten werden können. Dagegen darf zur Deckung freiwilliger Ausgaben eine Erhöhung der Steuersätze nicht erfolgen.

Dem vorläufigen Haushaltsplan entspricht eine Art von vorläufigem Finanzgesetz. § 80 III bestimmt: „In diesem Falle können durch vorläufige Steueranordnung des Gesamtministeriums die bisher erhobenen Steuern im bisherigen Umfange nebst den Zuschlägen, die zur Deckung der im vorläufigen Haushaltsplan festgesetzten Ausgabensumme erforderlich sind, weiter erhoben werden." Hier wird also die Regierung ermächtigt, durch eine Rechtsverordnung einen Ersatz für das Finanzgesetz zu schaffen. Diese Ermächtigung ist aber zugleich eine Verpflichtung, da einerseits der Fall, daß die anderweitigen Einnahmen ausreichen, praktisch nicht in Frage kommt, andererseits auch der vorläufige Haushaltsplan bilanzieren muß. Zu beachten ist, daß die Aufnahme einer Anleihe zur teilweisen Deckung des Erfordernisses ausgeschlossen ist; daher ist der Ausdruck „Steueranordnung" zutreffend. Eine Erhöhung der Steuersätze im Wege der vorläufigen Steueranordnung ist, wie oben ausgeführt, nur zur Deckung der vom Landtag endgültig beschlossenen und der noch nicht beschlossenen notwendigen Ausgaben zugelassen.

9. Die bisherige Praxis entspricht diesen Verfassungsgrundsätzen über die vorläufige Ordnung der staatlichen Finanzgebarung nur in sehr geringem Maße, wie eine Betrachtung der bisherigen Entwicklung zeigt.

Für das Ende des Revolutionsjahres 1918 und für 1919 galt zunächst das vorrevolutionäre Etatsgesetz vom 6. August 1918, GVBl. 396, das durch das Notgesetz vom 26. April 1919, GVBl. 163 und die Gesetze vom 16. August 1919, GVBl. 563, bzw. vom 10. September 1919, GVBl. 555, geändert wurde. Da die Finanzperioden der früheren Zeit mit dem 31. Dezember endigten, mußte zunächst die Angleichung an das neue Haushaltsjahr durch ein Gesetz vom 4. Dezember 1919, GVBl. 831, über die Weiterführung des Staatshaushaltes für die Zeit vom 1. Januar bis 31. März 1920 herbeigeführt werden. Bezüglich der Steuererhebung für den gleichen Zeitraum erging ein besonderes mit rückwirkender Geltung ausgestattetes Gesetz vom 27. März 1919, GVBl. 117. Nunmehr hätte aber, da das Finanzgesetz für das Haushaltsjahr 1920 nicht rechtzeitig zustande kam, von den Ermächtigungen des Ministeriums zur vorläufigen Ordnung der Staatsgebarung Gebrauch gemacht werden sollen. Offenbar mit Rücksicht darauf, daß der Haushaltsplan für 1920 überhaupt noch nicht vorgelegt werden konnte, entschloß man sich für ein weiteres Vierteljahr, das erste des Haushaltsjahres 1920, ein Gesetz vom 31. März 1920, GVBl. 95, über die Weiterführung des Staatshaushalts für die angegebene Zeit zu erlassen. Dieses Gesetz gab die Ermächtigung, sowohl die notwendigen ordentlichen Ausgaben wie die freiwilligen Leistungen des Staates bis zu einem Vierteljahrsbetrag der im Staatshaushalt für das Vorjahr bewilligten Summen zu bestreiten und gestattete zu diesem Zweck bestimmte Steuererhebungen.

Erst mit der Verordnung des Gesamtministeriums über den vorläufigen Haushaltsplan für das Rechnungsjahr 1920, GVBl. 354, setzte das von der Verfassung vorgesehene Verfahren ein. Aber in welcher Form! Zunächst schreibt die Verordnung vor, daß die notwendigen Staatsausgaben von den staatlichen Kassen zu leisten sind. Dann wird bestimmt: „Die im Staatshaushaltsplane für das Jahr 1920 aufrecht erhaltenen freiwilligen Leistungen des Staates dürfen bis zur Höhe der für ein Jahr des Haushaltszeitraums 1918/19 bewilligten Summen nach Bedarf bestritten werden. Soweit seither besondere ministerielle Anweisung erfolgte, ist diese einzuholen.“ Endlich sollen die den Ländern verbliebenen Steuern, abgesehen von der auf eine besondere Regelung verwiesenen Gewerbesteuer, nach den Vorschriften des Steuergesetzes für das erste Vierteljahr 1920 mit den durch das eine Abänderungsgesetz zum Staatshaushalt 1918/19 vom 16. August 1919 vorgesehenen Zuschlägen erhoben werden.

Es wird also ganz davon abgesehen, einen vorläufigen Haushaltsplan beschlußmäßig aufzustellen, wie dies § 80 II ausdrücklich vorschreibt. An dessen Stelle werden gewisse Komponenten eines solchen Planes herausgegriffen und näher bestimmt sowie an die Unterbehörden als Richtschnur bekannt gegeben. Für die freiwilligen Leistungen des Staates im besonderen werden als Obergrenze nicht die Beträge errechnet, die ihre Deckung in dem auf Grund der bisherigen Steuersätze veranschlagten Steueraufkommen finden, vielmehr wird ohne jeden verfassungsmäßigen Anhaltspunkt einfach auf die in früheren Jahren bewilligten Beträge verwiesen. Ebenso greift die vorläufige Steueranordnung ohne weiteres auf die gesetzliche Steuerfeststellung des letzten Jahres zurück.

Es ist eine alte Erfahrung, daß bei grundlegenden Änderungen in den staatlichen Verhältnissen die das erstemal angewendeten Schemata mit größter Zähigkeit weiterhin maßgebend bleiben. So auch auf dem hier betrachteten Gebiet. Da das Finanzgesetz für das Haushaltsjahr 1920 erst am 13. Mai 1921 (GVBl. 315) bekannt gemacht werden konnte und damit die Grundlagen für den Aufbau des Haushaltsplans für 1921 erst nach erfolgtem Eintritt in dieses Gebarungsjahr gegeben waren, griff man wieder auf die Form eines besonderen Gesetzes über die Weiterführung des Staatshaushalts zurück; es erging unter dem 26. März 1921, GVBl. 111. Es enthält eine Ermächtigung an die „Staatsregierung", für die Zeit vom Beginn des Haushaltsjahres 1921 bis zur Erlassung einer Verordnung gemäß § 80 II und III die notwendigen Ausgaben sowie die in dem (noch nicht beschlossenen!) Haushaltsplan für 1920 vorgesehenen freiwilligen Leistungen des Staates „bis zur Hälfte der für das Jahr 1920 zu bewilligenden (!) Summen" zu bestreiten. Daran knüpfte die Verordnung des Gesamtministeriums vom 25. Oktober 1921, GVBl. 525, über den vorläufigen Haushaltsplan für das Rechnungsjahr 1921 an. Die Einleitung lautet: „Nachdem das Gesetz vom 23. März 1921, die Weiterführung des Staatshaushalts betreffend (GVBl. S. 111), mit der Vorlage des Staatshaushaltsplans für das Rechnungsjahr 1921 an den Landtag gegenstandslos geworden ist, wird bis zur Genehmigung dieses Staatshaushaltsplans auf Grund des § 80 Abs. II und III im Zusammenhalte mit § 79 Abs. III der VU. folgendes verfügt." . . Daran schließt dann die Ermächtigung zur Bestreitung der notwendigen Ausgaben und der im Staatshaushaltsplan für 1921 aufrecht erhaltenen freiwilligen Leistungen, letzterer bis zur Höhe der für 1920 bewilligten Beträge.

Auch das Gebarungsjahr 1921 erlebte wie sein Vorgänger die Verabschiedung des zugehörigen Finanzgesetzes nicht, vielmehr waren von den im Herbst 1921 gleichzeitig vorgelegten Haushaltsplänen für 1921 und 1922, die auch einer gemeinsamen Beratung unterzogen wurden — gerade so als ob noch die vorrevolutionären zweijährigen Finanzperioden bestünden —, noch einige Einzelhaushalte nicht durchberaten. Hier griff nun die Verordnung vom 27. März 1922, GVBl. 215, über die vorläufigen Haushaltspläne für 1921 und 1922 ein, die fälschlich als eine solche „sämtlicher Staatsministerien" statt „des Gesamtministeriums" bezeichnet ist. In der Verordnung wird „bis zur vollständigen Genehmigung der Staatshaushaltspläne für 1921 und 1922" angeordnet, daß für die vom Landtag bereits genehmigten Einzelhaushalte die Ausgaben mit den bewilligten Beträgen, für die noch nicht abgeschlossenen Teile die notwendigen Staatsausgaben und ferner diejenigen freiwilligen Leistungen des Staates, die in beiden Haushaltsplänen aufrechterhalten sind, bis zur Höhe der für 1920 bewilligten Beträge bestritten werden dürfen (!). Es folgt die Steueranordnung und schließlich die Aufhebung der Verordnung vom 25. Oktober 1921 über den vorläufigen Haushaltsplan für 1921. Erst die beiden Finanzgesetze vom 4. August 1922, GVBl. 393, 401, für das Haushaltsjahr 1921, 1922 haben diese Periode der anfechtbaren Behelfe vorläufig abgeschlossen. Im Jahre 1923 erging wieder eine Verordnung des Gesamtministeriums vom 27. März, GVBl. 146, über den vorläufigen Haushaltsplan für dieses Jahr, in ihrem Aufbau und Inhalt ihren vorjährigen Vorbildern getreue Gefolgschaft leistend.

§ 60.

Die Rechtswirkungen des Haushaltsplans und Finanzgesetzes.

Schrifttum: Seydel-Graßmann §§ 186, 187, 190—192; Laband §§ 130, 132; Hofmann, Über die Zuständigkeit des kgl. Obersten Rechnungshofes, Bl. f. d. bayer. Finanzwesen 16. Bd. 1908 65 ff.; Hock, Handbuch der gesamten Finanzverwaltung im Kgr. Bayern I. Bd. 3. Aufl. 1882; Beilage 1038 v. 1921 enthaltend Entwürfe über die Einrichtung der allgemeinen Finanzverwaltung, über den Staatshaushalt, über den Rechnungshof; hiezu Pichler in der Augsburger Postzeitung 117, 119, 125, 181 v. 1921.

a) Rechtswirkungen in bezug auf die Staatsverwaltung.

1. „Die Staatsverwaltung wird nach der Verfassung, den Gesetzen und dem Haushaltsplane geführt" (§ 61 Z. 1). Diese Regel ist ausdrücklich „für . . die Geschäftsführung des Gesamtministeriums und der Ministerien" (§ 61 a. A.) aufgestellt. Sie gilt aber auch für die untergeordneten Behörden, wobei dem Ministerium die verantwortliche Überwachung zusteht. Nach dem Wortlaut der Regel hat der Haushaltsplan für die Staatsbehörden die gleiche Bedeutung wie Gesetz und Verfassung, m. a. W. er ist für ihre Tätigkeit bindend. Aber die haushaltsmäßige und die gesetzliche Bindung, in der die verfassungsmäßige schon inbegriffen ist, decken sich keineswegs vollständig.

Bei der letzteren handelt es sich um ein Doppeltes. Einmal sind die Behörden für den Vollzug der Gesetze verantwortlich; die Verantwortung der obersten Behörde, des Ministeriums, ist dabei noch besonders ausgestaltet. Dann aber sind gesetzwidrige Handlungen der Behörde im Zweifel nichtig (oder mindestens anfechtbar), da sie dem Staate nicht zugerechnet werden können. Von dieser Bindung nach innen und nach außen, wie wir sie nennen können, gilt für den Haushaltsplan nur die erstere. D. h. ein behördlicher Akt, der sich nicht im Rahmen des Haushaltsplans hält, entbehrt darum der Gültigkeit nicht. Das wird sich noch besonders deutlich zeigen, wenn wir die Wirkung des Haushaltsplanes gegenüber den Einzelnen ins Auge fassen (unten Z. 9). Dagegen sind die untergeordneten Behörden und ihre Beamten gegenüber den höheren, das Ministerium gegenüber dem Landtag für die Einhaltung des Haushalts verantwortlich. (Für den Vollzug des Haushaltsplans kommt als Verwaltungsvorschrift die oben § 58 Z. 11 angeführte Bekanntmachung vom 23. Juni 1907, FMBl. 221, in Betracht.)

2. Während bezüglich der untergeordneten Behörden kein Unterschied besteht, ob es sich um den endgültigen oder einen vorläufigen Haushaltsplan handelt, ist die Verantwortung des Ministeriums gegenüber dem Landtag in beiden Fällen verschieden. Beim endgültigen Haushaltsplan bezieht sich die ministerielle Verantwortlichkeit auf den Gesamthaushalt. Beim vorläufigen Haushalt ist zwischen den vom Landtag beschlossenen und den von der Regierung festgesetzten Teilen zu unterscheiden. Bezüglich der letzteren besteht eine Verantwortlichkeit insofern und dafür, daß die oben (§ 59 Z. 8) näher bestimmten Ermächtigungsgrenzen eingehalten worden sind. Soweit sich das Gesamtministerium durch eigenen Beschluß einen engeren Rahmen gezogen hat, muß es eine Überschreitung desselben, die sich innerhalb der Ermächtigungsgrenzen hält, dem Landtag gegenüber nicht rechtfertigen.

3. Die ministerielle Verantwortlichkeit weist außerdem eine gewisse Abstufung auf, die ein genaues Spiegelbild der Zuständigkeit bei Aufstellung des Haushaltsplanes darbietet. Zunächst ist jedes Einzelministerium für den Vollzug seines Ressortetats verantwortlich (§ 61 Z. 10); dabei handelt es sich auch um die Ausübung einer entsprechenden Aufsicht und Überwachung gegenüber seinen Unterbehörden. Dann trifft das Ministerium der Finanzen noch eine besondere Verantwortlichkeit für den Vollzug des Gesamthaushaltsplans; denn die Verfassung überträgt ihm ausdrücklich dessen Überwachung (§ 61 Z. 11).

Aus dieser besonderen Verantwortlichkeit des Finanzministeriums ergeben sich wichtige Sonderbefugnisse dieses Ressorts. Zunächst hat es das Recht, sich nach Bedarf jederzeit davon zu überzeugen, daß die übrigen Ministerien sich streng an den Rahmen ihres Einzelbudgets halten. Sodann aber bedarf jede Etatsüberschreitung oder jede etatsmäßig nicht vorgesehene Ausgabe der Zustimmung des Finanzressorts. Es besteht zweifellos eine gewisse Gefahr, daß sich aus dieser Oberaufsicht eine Art von Finanzdiktatur entwickeln kann. Diese Möglichkeit wird dadurch gefördert, daß nicht, wie bei der Aufstellung des Haushaltsplanes ein Beschluß des Gesamtministeriums sich über die Einwände des Finanzministers hinwegsetzen kann; denn die Überwachungspflicht des Finanzministers (§ 61 Z. 11) ist an keine Bedingung geknüpft. Andererseits ist aber mit aller Schärfe zu betonen, daß die sachliche Verantwortlichkeit der einzelnen Ressortminister durch die finanzielle Oberaufsicht nicht geschmälert oder gemindert wird. In diesem Grundsatz liegt ein starker Stützpunkt für die Abwehr unberufener Eingriffe in die eigentliche, sachliche Geschäftsführung.

4. Die Bindung an den Haushaltsplan bezieht sich nicht nur auf die Endsummen, sondern auch auf ihre nähere Gliederung. D. h. die Staatsgebarung muß sich auch genauestens — so genau, als dies nach späterem überhaupt in Frage kommt — an die Unterpositionen des Haushalts anschließen. Da nun der Haushaltsentwurf naturgemäß auf den kleinsten Einzelheiten aufbaut, erhebt sich die äußerst wichtige Frage, bis zu welchen Einzelheiten hinunter die Bindung geht.

Die dem verlautbarten Finanzgesetz beigefügte Übersicht enthält nur die Endsummen für die ganz großen Kapitel der Staatsverwaltung, wobei es sich zumeist um Millionenbeträge handelt. Es ist ganz klar, daß für die Bindung und Verantwortlichkeit der Unterbehörden eine viel feinere Gliederung in Betracht kommen muß, da sonst ja die auf ihren Wirkungskreis entfallenden Beträge gar nicht bestimmt wären. Man denke beispw. nur daran, daß der Gesamtaufwand der inneren Staatsverwaltung in einer Einnahmen- und Ausgabensumme beim Staatsministerium des Inneren dargestellt ist. Für die Geschäftsführung der Unterbehörden müssen daher viel mehr ins Einzelne gehende Aufstellungen maßgebend sein. Diese werden auf Grund der dem Entwurf des Staatshaushaltsplans beigelegten Einzelübersichten unter Berücksichtigung der Beschlüsse des Landtags durch das Ressortministerium festgestellt und den Unterbehörden bekannt gegeben. Hiebei ist es üblich, daß sich das Ministerium bezüglich einzelner Positionen die Ausgabenbewilligung noch besonders vorbehält. Parallel mit der Erteilung des materiellen Verfügungsrechtes geht die Ermächtigung zur Anweisung der Zahlungen an die staatlichen Kassen, die sog. Krediteröffnung, die dem Finanzministerium in oberster Instanz vorbehalten ist. In jedem Fall ist der Oberste Rechnungshof zu verständigen, damit er hievon Vormerkung nehmen und gegen etwaige Etatswidrigkeiten Einspruch erheben kann (sog. „Ingrossierung").

Es fragt sich nun, wie es mit der Bindung der Ministerien als solcher gegenüber dem Landtag steht. Man könnte zunächst geneigt sein, dafür die Gliederung der dem Finanzgesetz beigeschlossenen, im GVBl. kundgemachten Übersicht als maßgebend anzusehen. Das hätte dann die Folge, daß den einzelnen Ministerien im Rahmen der dort angeführten großen Aufwandszwecke, abgesehen von den unmittelbar gesetzlich gebundenen Ausgaben, freie Hand gelassen wäre. Es stünde ihnen dann in weitestem Umfang die Möglichkeit offen, abweichend von den in den Einzelübersichten enthaltenen Einzelansätzen eine andere Verteilung vorzunehmen, sie hätten innerhalb der Gesamtziffern ein sehr breites „Übertragungs-" oder „Virementrecht".

So ist der landtägliche Beschluß über den Haushaltsplan indessen nicht gemeint. Der Landtag hat seine Zustimmung zu den Aufwandssummen nicht in der Absicht gegeben, dem einzelnen Ministerium innerhalb eines ganzen Zweiges der Staatsverwaltung volle Verfügungsfreiheit einzuräumen. Vielmehr geht der Sinn der Beschlußfassung dahin, daß für die Einzelaufwendungen die dafür vorgesehenen Beträge sollen ausgegeben werden dürfen und die Zusammenfassung dieser Beträge zu einer Endsumme hat nur die Bedeutung einer Zusammenrechnung. Die bewilligten Einzelaufwendungen sind daher für die tatsächliche Verausgabung maßgebend, die Gebarung ist an die Einzelansätze gebunden. Man nennt diese Anweisung der Einzelaufwendungen auf bestimmte Summen mit einem der englischen Budgetsprache entnommenen Ausdruck „Appropriation".

Damit eine „Appropriation" vorliege, wird in der herrschenden Lehre (Laband IV 537 I, 542; Seydel-Graßmann 109 f.) ein besonderer Beschluß des Vertretungskörpers gefordert. Soweit daher die einzelnen Beschlüsse eine Mehrheit von Ausgabsposten umfassen, besteht nach der herrschenden Lehre innerhalb dieser durch einen einzigen Appropriationsakt festgelegten Summen ein Virementrecht des Ministeriums. In der bayerischen Praxis beziehen sich nun die Einzelbeschlüsse des Landtags auf die kleinsten Einzelheiten, die in den Spezialhaushalten zum Ausdruck gelangen. Der Hergang ist der, daß der landtägliche Staatshaushaltsausschuß über die Einzeletats mit allen ihren Details Beschluß faßt und dann die Vollversammlung diesem Beschluß, gegebenenfalls unter Änderung einzelner Positionen, beitritt. Es kommt mitunter vor, daß bei dem Beschluß des Hauses gewisse Posten von vornherein für überschreitbar erklärt werden, auch ohne daß dies in der Regierungsvorlage gefordert wurde, woraus sich ergibt, daß die übrigen als nicht überschreitbar gedacht sind. Aus dieser Praxis folgt, daß es in in Bayern überhaupt kein Übertragungsrecht der Regierung gibt, dem Gesamtministerium sind vielmehr in etatsrechtlicher Beziehung die Hände vollkommen gebunden. Dies gilt sogar von den als „Erläuterungen" bezeichneten Bemerkungen; anders Art. 13 I des Entwurfes Beil. 1038 von 1921. Die Gliederung der Einzelhaushalte in Kapitel, Paragraphen und Titel hat also eine etatrechtliche Bedeutung nicht. Nur innerhalb der Einzelpositionen besteht sonach ein gewisser Bewegungsspielraum der Ressortministerien. Jede Abweichung von den kleinsten Einzelheiten der Spezialhaushalte bedarf daher der landtäglichen Bewilligung oder Indemnität.

5. Was ist nun der Sinn der besprochenen Bindungen? Die Ansätze der Ausgabenseite, von denen bisher allein die Rede war, sind zunächst in der Art bindend, daß keine Überschreitungen stattfinden dürfen, bzw. gleichwohl stattgefundene unvermeidliche Überschreitungen zu rechtfertigen sind. Ferner sind Übertragungen der für eine Position bewilligten „Kredite" auf andere Positionen unzulässig. Endlich dürfen keine im Haushaltsplan nicht vorgesehene, sog. „außeretatsmäßige" Ausgaben gemacht werden, bzw. müssen solche unvermeidliche Ausgaben besonders gerechtfertigt werden. Zu ihrer Deckung wie zur Deckung unvermeidbarer Ausgabenüberschreitungen ist die „allgemeine Rücklage" (oben § 58 Z. 7) bestimmt. Die angeführten Verpflichtungen bzw. Beschränkungen gelten gleichmäßig im Verhältnis zwischen Unterbehörden und Oberbehörden einerseits, zwischen Ministerium und Landtag andererseits. Ein Unterschied besteht dabei aber insofern, als die Ministerien ihren Unterbehörden noch weitere Anweisungen erteilen, insbesondere bestimmte Ausgaben an die Einholung besonderer ministerieller Bewilligung binden können (vgl. oben Z. 4).

Ist die Bindung in bezug auf die Ausgaben nun auch so gemeint, daß die vorgesehenen Ausgaben zwar nicht dem Betrag, aber doch der Art nach gemacht werden müssen? Diese Frage ist bestritten, sie wird bald bejaht, bald verneint; im ersteren Sinn — allerdings nicht mit voller Schärfe — z. B. Laband, Staatsrecht IV 501, im letzteren Seydel-Graßmann 108; vgl. übrigens den dort S. 126 abgedruckten Paragraph VI Z. II des sog. „Verfassungsverständnisses". Man wird hier nach der Art der Staatsverfassung unterscheiden müssen. Für den konstitutionellen Staat läßt sich die Auffassung vertreten, daß die Kreditbewilligung reinen Ermächtigungscharakter hat, da die Staatsverwaltung an sich Sache des Monarchen und seiner Regierung ist und nur in finanzieller Beziehung Schranken durch das Recht der parlamentarischen Geldbewilligung vorgesehen sind. Im parlamentarischen Staat dagegen ist die Erwägung maßgebend, daß die Volksvertretung zu entscheiden hat, ob bestimmte Einrichtungen geschaffen, bestimmte Vorkehrungen getroffen werden sollen u. dgl. Daraus ergibt sich die Folgerung, daß nicht nur die Überschreitungen, sondern auch die Ersparungen zu rechtfertigen sind, soweit die letzteren sich aus der Unterlassung beschlossener Maßnahmen ergeben. Ersparungen als Ergebnis einer sparsamen Wirtschaftsführung bedürfen natürlich keinerlei Rechtfertigung.

Was die Positionen auf der Einnahmenseite betrifft, so unterliegen auch diese einer gewissen Bindung. Denn der Staatshaushalt ist eine Einheit, Ausgaben und Einnahmen bedingen sich gegenseitig, die Abgleichung erfolgt ja durch Zusammenfassung beider Seiten der Rechnung. Die Bindung auf der Einnahmenseite ist ziffernmäßig, soweit es sich um feste Einnahmen (s. oben § 58 Z. 9) handelt. Hier ist es Aufgabe der Verwaltung dafür zu sorgen, daß diese Einnahmen tatsächlich zur Einziehung gelangen. Bezüglich der veränderlichen Einnahmen gilt der Grundsatz, daß die Verwaltung, soweit überhaupt ihr Einfluß reicht, alles aufwenden muß, Einnahmen dieser Art und in möglichster Höhe zu erzielen. Natürlich ist damit nicht gemeint, daß von der Ermächtigung zur Erzielung von Einnahmen durch Verkauf von Staatsgut, Aufnahme von Anleihen u. dgl., Gebrauch gemacht werden muß, wenn damit nur ein Defizit verhindert werden sollte und dieses Ergebnis durch günstige Einnahmengestaltung auch ohne die betreffenden Maßnahmen erreicht wird, oder wenn sich nach Maßgabe der Verhältnisse die Durchführung der betreffenden Aktionen als unwirtschaftlich und schädlich erweist. Bezüglich der Abgaben kommt weiter die bindende Kraft der Steuergesetze in Betracht. Soweit es sich um bewegliche Steuern handelt, deren Sätze durch das Finanzgesetz jährlich festgestellt werden, darf die Staatsverwaltung nicht von den beschlossenen Sätzen abgehen. Daß endlich unvorhergesehene und daher außeretatsmäßige Einnahmen nicht zurückgewiesen werden dürfen, versteht sich von selbst.

6. Die Verantwortlichkeit für den Vollzug des Haushaltsplans bzw. Finanzgesetzes ist zunächst die gleiche wie für die sonstige amtliche Tätigkeit, also die disziplinarrechtliche und privatrechtliche (Haftung) der Beamten und die politische der Minister. Daneben besteht aber noch eine ganz besondere Verantwortlichkeit für die finanzielle Gebarung. Sie kommt zum Ausdruck in der Aufstellung der Staatsrechnung.

Nach Ablauf des Haushaltsjahres ist alljährlich dem Landtag über alle Einnahmen und Ausgaben des Staates Rechnung zu erstatten (§§ 84 I S. 1, 49). Die Rechnungsablage ist Sache des Gesamtministeriums (§ 49). „Die Rechnungen haben die Ausführung des Haushaltsplanes übersichtlich darzulegen und müssen mit seiner Gliederung genau übereinstimmen" (§ 84 I S. 2). Beizulegen ist der Vermögens- und Schuldennachweis (§ 49).

Die Rechnung kommt — in ganz großen Zügen dargestellt — folgendermaßen zustande. Jede Behörde, die Staatsgelder und sonstiges Staatsvermögen zu verwalten hat, legt über ihre Gebarung Rechnung ab. Diese Rechnungen unterliegen einer ersten Rechnungsprüfung durch die übergeordnete Behörde oder die für eine Reihe von Behörden mit dieser Aufgabe besonders betraute Rechnungskammer. Daran schließt sich regelmäßig eine zweite Prüfung durch einen abgeordneten Rat des obersten Rechnungshofes. Nach Abschluß der letzteren findet unter Teilnahme des Kommissärs in der Rolle eines Staatsanwaltes eine kollegiale Verhandlung statt, in der ein förmliches Rechnungserkenntnis gefällt wird. Gegen dieses steht der Rekurs an den Rechnungshof offen, der in letzter Instanz entscheidet. Unbeschadet des Abschlusses dieses Verfahrens werden die einzelnen Rechnungen von den dazu bestimmten Stellen zusammengefaßt und an den Obersten Rechnungshof zur Aufstellung der sog. „Generalfinanzrechnung" weitergeleitet.

7. Der Oberste Rechnungshof ist eine selbständige, zum Ressort des Finanzministeriums zählende Behörde, die, soweit es sich um die eigentliche Rechnungsprüfung handelt, den Charakter eines Gerichtes besitzt. Denn seine sachliche Unabhängigkeit ist in § 57 II S. 2, seine persönliche Unabhängigkeit in § 69 I S. 2 verfassungsmäßig festgelegt; demnach sind die Kriterien eines Gerichtes gegeben (vgl. oben §§ 52 Z. 6, 54 Z. 3). Daneben kommen dem Obersten Rechnungshof auch Verwaltungsaufgaben zu, da er sachliche Mängel der Verwaltung, die er gelegentlich seiner Amtstätigkeit feststellt, dem Finanzministerium mitzuteilen hat; in diesem Fall liegt die Entscheidung bei den Ministerien. Das Nähere ist in der Verordnung vom 11. Januar 1826, RGl. 169, das Finanzrechnungswesen für das Königreich betreffend, geregelt; diese bildet noch immer — in einzelnen Punkten abgeändert — die rechtliche Grundlage der Stellung und Tätigkeit des Rechnungshofes. Eine Neuordnung müßte gemäß § 5 VU. durch Gesetz erfolgen; vgl. auch den nicht verabschiedeten Entwurf eines Gesetzes über den Rechnungshof Beil. 1038 der Tagung 1920/21.

Der Rechnungshof steht in keinem unmittelbaren Verhältnis zum Landtag, ist also nicht, wie es an sich möglich wäre, ein Hilfsorgan der Volksvertretung. Vielmehr wird das Ergebnis der vorgenommenen Prüfung alljährlich in einem Bericht an das Gesamtministerium niedergelegt (§ 84 III S. 1). Dieser Bericht hat gleichzeitig festzustellen, „wieweit bei dem Vollzug des Haushaltsplanes von den Landtagsbeschlüssen abgewichen worden ist" (ebenda). Für das Gesamtministerium ist durch diese Feststellung die Grundlage einerseits für die Verantwortlichmachung der Unterbehörden, andererseits für die Rechtfertigung gegenüber dem Landtag gegeben. Die Feststellungen des Rechnungshofes, soweit es sich um die eigentliche Rechnungsprüfung handelt, unterliegen aber nicht etwa einer Abänderung durch das Ministerium, sind vielmehr für dieses unantastbar und bindend. Denn das Gesamtministerium ist ausdrücklich angewiesen, den Bericht des Rechnungshofes gleichzeitig mit den Rechnungsnachweisungen dem Landtag zu unterbreiten (§ 84 III S. 2).

8. Das Gesamtministerium legt also seinerseits unmittelbar dem Landtag Rechnung ab (§ 84 I S. 1). Mit der Rechnungsablage verbindet sich das Gesuch um Entlastung. Ist die Besetzung des Gesamtministeriums noch dieselbe wie zur Zeit des Haushaltsjahres, auf das sich die Rechnung bezieht, so erfolgt der Entlastungsantrag im eigenen Namen. Hat das Ministerium gewechselt, so tritt die im Amt befindliche Regierung in dieser Beziehung nach Art eines gesetzlichen Vertreters der abgegangenen Minister auf.

Die Staatsrechnung samt Vermögens- und Schuldennachweis ist Gegenstand förmlicher Beschlußfassung des Landtags (§ 49). Die Beschlußfassung bezieht sich — hauptsächlich auf Grundlage der Beanstandungen des Rechnungshofes — darauf, ob die Rechnung einwandfrei ist oder zu Bedenken Anlaß gibt. Im ersteren Fall wird förmliche Entlastung („Anerkennung der Rechnungsnachweisung") erteilt. Nach § 85 ist die Entlastung an die einzelnen Ministerien als Behörden adressiert. Dadurch ist dann die nach § 61 Z. 10 die Ressortministerien rücksichtlich ihres Geschäftskreises und die nach § 61 Z. 11 das Finanzministerium rücksichtlich der Gesamtgebarung treffende Verantwortlichkeit aufgehoben. Zugleich ist damit auch die persönliche Entlastung der Minister verbunden.

Ergeben sich Bedenken, so können zunächst Aufklärungen verlangt werden. Die Form dafür sind Anfragen nach § 65 IV (oben S. 125). Fallen die Aufklärungen nicht befriedigend aus, so stehen gegenüber im Amt befindlichen Ministern die „parlamentarischen Mittel" der Rechenschaftsforderung und der Mißtrauenskundgabe nach §§ 54 und 55 (oben S. 124 ff.), wenn vorsätzliche oder grobfahrlässige Verfassungs- oder Gesetzesverletzungen behauptet werden, gegen im Amt befindliche und abgegangene Minister das „gerichtliche Mittel" der Anklage vor dem Staatsgerichtshof (§ 56; oben S. 126 ff.) zu Gebote. Abgetretene Minister, gegenüber denen die Ministeranklage nach Lage des Falles nicht in Frage kommt, können überhaupt nicht zur Verantwortung gezogen werden (vgl. auch oben S. 237 f.).

b) Rechtswirkungen in bezug auf die Einzelnen.

9. Der Beschluß über den Haushaltsplan, mag es sich um seine endgültige Festlegung durch den Landtag oder seine vorläufige Aufstellung durch das Gesamtministerium handeln, hat gegenüber den einzelnen Rechtssubjekten keinerlei Bedeutung. Es entsteht aus der Einstellung einer Ausgabe kein Rechtsanspruch der daran Interessierten, aus der Einstellung einer Einnahme keine Rechtspflicht derer, die dem Staate etwas leisten sollen. Vielmehr bedarf es im ersten Fall der Begründung eines darauf bezüglichen Rechtsverhältnisses durch Verwaltungsakt, im letzteren Fall der Erlassung einer entsprechenden Rechtsnorm und gegebenenfalls ihrer vorschriftsgemäßen Durchführung. Es macht dabei keinen Unterschied aus, ob die Einsetzung der betreffenden Position ausdrücklich im Hinblick auf eine bestimmte Person erfolgt ist; denn der Haushaltsplan bindet auch in diesem Falle nur das zuständige Ministerium gegenüber dem Landtag oder die in Betracht kommende Behörde gegenüber dem vorgesetzten Ministerium. Dem entspricht es, daß der Haushaltsplan von Seite des Landtags nicht als förmliches Gesetz, sondern als einfacher Beschluß zustande kommt.

10. Anders steht es dagegen mit dem Finanzgesetz (oben § 59 Z. 4) oder der es vertretenden vorläufigen Steueranordnung (ebenda Z. 8). Soweit das Finanzgesetz (die Steueranordnung) die Ermächtigung zur Steuererhebung durch Feststellung des Steuersatzes zu erteilen hat, also bezüglich der Ertragssteuern, kann eine Steuerpflicht der Einzelnen vor Erteilung dieser Ermächtigung überhaupt nicht zur Entstehung gelangen. Anders ausgedrückt: die allgemein gegebenen Ertragsteuergesetze enthalten nur unfertige, mit einer Lücke behaftete Rechtsnormen, deren Fertigstellung bzw. Ausfüllung erst durch das Finanzgesetz (die Steueranordnung) vor sich geht. Das Finanzgesetz stellt also bezüglich dieser Steuergattung erst die Steuerbewilligung (§ 79 a. E.) dar.

Für die sonstigen Landessteuern bzw. nichtsteuerlichen Landesabgaben ist die Rechtslage grundsätzlich anders. Für diese kommt es einzig und allein auf das Gegebensein einer materiellgesetzlichen Regelung an (§ 74 II), eine Bezugnahme auf das Finanzgesetz kommt für die Anwendung der betreffenden gesetzlichen Regelung nicht in Frage. Zu erwähnen ist noch, daß alle Abgabengesetze, sowohl die Gesetze über die Abgaben an sich wie über die Steuern im besonderen, von jeder Art von Volksentscheidung ausgenommen sind (§ 77 I Z. 1). Der Grund ist derselbe wie hinsichtlich des Finanzgesetzes (vgl. oben § 59 Z. 7).

Nach dem Gesagten ist die Fassung des § 82 zu weit, wenn er ohne jede Unterscheidung erklärt: „Die Höhe des Steuerbetrages ergibt sich für jeden Steuerpflichtigen aus den Anordnungen der einzelnen Steuergesetze, des Finanzgesetzes und im Falle der Haushaltsführung auf Grund eines vorläufigen Haushaltsplanes aus den vorläufigen Steueranordnungen des Gesamtministeriums." Dieser Satz betrifft nur die veränderlichen Steuern, also praktisch die Landesertragssteuern.

§ 61.

Die Landesabgaben.

Schrifttum: Seydel-Graßmann §§ 161—183; Röttinger, Landessteuergesetz 1920; Stenger, dasselbe 1920; Pannier, dasselbe bei Reclam 1920; Hammer, Vollzug des Landessteuergesetzes, BayGemZ. 1921 1 ff.; Kronenberger ebenda 577 ff.; Wassertrüdinger, Bayerisches Vollzugsgesetz z. Landessteuergesetz, zeitgem. Steuerfragen II 12; Hammer, Bayerisches Vollzugsgesetz z. Landessteuergesetz in Schweitzers Handausgaben 1922; Bleyer, Steuerrecht der bayerischen Gemeinden; Bayerische Ertragssteuergesetze, herausgegeben vom Staatsminist. d. Finanzen 1921; dasselbe, Vollzugsvorschriften 1922; Berolzheimer, Grund- und Haussteuergesetze 1922; Wassermann, Gewerbsteuergesetz 1923; Ringelmann-Mühlfeld, Bayerisches Gewerbsteuergesetz 1922; Hensel, Der Finanzausgleich im Bundesstaat 1922 und das dort besonders 174 f. angegebene Schrifttum; Conrad, Die Erhöhung der Staatsleistungen an die Religionsgesellschaften DJZ. 1923, 217.

a) Zuständigkeit in bezug auf Abgabengesetzgebung und -verwaltung.

1. Die Zugehörigkeit zu einem Bundesstaat schließt eine volle finanzielle Selbständigkeit der Gliedstaaten aus. Daraus folgt an sich noch nicht mit Notwendigkeit, daß den Gliedern auf dem Gebiet der Abgabengesetzgebung Beschränkungen auferlegt sind; denn die Finanzgebarung des Bundes kann ja auf Beiträgen der Einzelstaaten — sog. Matrikularbeiträgen — aufgebaut sein. Immerhin legen es praktische Bedürfnisse nahe, daß der Bund gewisse Abgaben und deren Regelung für sich in Anspruch nimmt. Das führt dann zu einer Beschränkung der Abgaben„hoheit" der Gliedstaaten.

2. Die ungeheure finanzielle Belastung des Reichs durch die Folgen des Kriegs und des Friedens und weiter durch die Verschiebung in der Aufgabenverteilung zwischen dem Reich und den Ländern hat nun zu einer sehr einschneidenden Beschränkung der Abgabenhoheit der Länder durch die Reichsverfassung und die auf Grund und in Fortbildung derselben ergangenen Gesetze geführt, die begreiflicherweise seitens der Länder als recht unliebsam empfunden wird. Ein besonderer Grund für diese Gestaltung lag noch in der Unsicherheit der dem Reiche drohenden Lasten, die eine große Ausdehnungsfähigkeit der eigenen Zuflüsse des Reichs bedangen. Und endlich mußte die bevorstehende außerordentliche Anziehung der Steuerschraube der Gleichmäßigkeit in der steuerlichen Belastung der Bevölkerung aller Gebiete des Reichs ein sehr verstärktes Gewicht verschaffen und dadurch eine einheitliche Regelung nahelegen, die nur auf dem Wege der Reichsgesetzgebung zu erzielen war.

3. Nur so läßt es sich verstehen, daß der Regierungsentwurf der Reichsverfassung mit Zustimmung des Staatenausschusses in Art. 7 II eine nunmehr wörtlich in Art. 8 1. Satz Gesetz gewordene Fassung aufnehmen konnte: „Das Reich hat ferner die Gesetzgebung über die Abgaben und sonstigen Einnahmen, soweit sie ganz oder teilweise für seine Zwecke in Anspruch genommen werden.“ Dadurch ist dem Reich in bezug auf die Ausdehnung seiner eigenen und entsprechend die Einschränkung der Landesabgabengesetzgebung weitestgehende Bestimmungsfreiheit in die Hand gegeben worden. Für die Länder ist es dem gegenüber ein verhältnismäßig schwacher, weil etwas unsicherer Trost, wenn Art. 8 in S. 2 fortfährt: „Nimmt das Reich Abgaben oder sonstige Einnahmen in Anspruch, die bisher den Ländern zustanden, so hat es auf die Erhaltung der Lebensfähigkeit der Länder Rücksicht zu nehmen.“ Anzumerken ist hiebei die offenbar auf einem Versehen beruhende Tatsache, daß die besprochene Gesetzgebungszuständigkeit des Reichs nicht als ausschließlich erklärt ist, so daß nach Art. 12 I eine Ergänzungsgesetzgebung der Länder an sich in Frage käme (vgl. Grundgedanken 41). Man wird aber gleichwohl ausschließlichen Charakter unterstellen müssen (allerdings nicht aus dem von Öschey, Verwaltungsarchiv 1922, 304, angeführten Grunde, sondern nach der ratio legis). Deswegen kann man den noch zu besprechenden § 2 des Landessteuergesetzes als eine Ausführungsvorschrift zu Art. 8 RV. ansehen (vgl. unten Z. 9 und 14; s. auch Hensel 177[1] und 178[3]).

4. Die Reichsverfassung begnügt sich aber nicht einmal mit dieser grundsätzlichen Depossedierungsmöglichkeit der Länder, sie nimmt vielmehr noch darüber hinaus in Art. 11 für das Reich die Befugnis in Anspruch, selbst wenn es Abgaben auch nicht einmal teilweise für sich beansprucht, doch „im Wege der Gesetzgebung Grundsätze über die Zulässigkeit und Erhebungsart von Landesabgaben aufzustellen, soweit sie erforderlich sind“, um entweder gewisse Wirkungen auszuschließen, die gleich angeführt werden sollen, oder ganz allgemein „wichtige Gesellschaftsinteressen zu wahren“ (!). Unter dem letzteren Titel könnte alles mögliche vorgeschrieben werden. Die Wirkungen, deren Ausschluß soll herbeigeführt werden können, sind folgende: „1. Schädigungen der Einnahmen oder der Handelsbeziehungen des Reichs“; der zuerst genannte Punkt ist von unmittelbarem finanziellen Interesse; „2. Doppelbesteuerungen“; damit ist an die räumliche Abgrenzung der Finanzgewalt der einzelnen Gliedstaaten gedacht; „3. übermäßige oder verkehrshindernde Belastung der Benützung öffentlicher Verkehrswege und Einrichtungen mit Gebühren“; „4. steuerliche Benachteiligungen eingeführter Waren gegenüber den eigenen Erzeugnissen im Verkehr zwischen den einzelnen Ländern und Landesteilen“; „5. Ausfuhrprämien“; Punkt 4 und 5 sollen eine mittelbare Verletzung des Grundsatzes des einheitlichen Zoll- und Handelsgebietes (Art. 82 I) hintanhalten.

5. Bezüglich der Finanzverwaltung der Länder schließt Art. 83 RV. die frühere Erhebung der Reichszölle und -verbrauchsgaben durch Landesbehörden von vornherein aus. Darin liegt zugleich die verfassungsmäßige Inanspruchnahme dieser Abgaben für das Reich.

Im übrigen war zunächst daran gedacht, die Reichsabgaben, wie bisher, durch die Landesbehörden erheben zu lassen. Deren Tätigkeit sollte indes in bestimmten Punkten von Reichs wegen gesetzlich geregelt werden und zwar in bezug auf „1. die Einrichtung der Abgabenverwaltung der Länder, soweit es die einheitliche und gleichmäßige Durchführung der Reichsabgabengesetze erfordert; 2. die Einrichtung und Befugnisse der mit der Beaufsichtigung der Ausführung der Reichsabgabengesetze betrauten Behörden; 3. die Abrechnung mit den Ländern; 4. die Vergütung der Verwaltungskosten bei Ausführung der Reichsabgabengesetze" (Art. 84).

Bei dieser Zuständigkeitsabgrenzung blieb es indessen nicht. Vielmehr führte das der Reichsabgabenordnung vom 13. Dezember 1919, RGBl. 1993, vorausgehende und dann von ihr wieder aufgesogene Gesetz über die Reichsfinanzverwaltung vom 10. September 1919, RGBl. 1591, die reichseigene Verwaltung sämtlicher Reichsabgaben ein. Es wurde behauptet, daß dieses Gesetz als verfassungsänderndes mit erhöhter Mehrheit hätte beschlossen werden müssen, weil dadurch Art. 83 und 84 geändert worden seien. Demgegenüber wurde aber darauf verwiesen, daß Art. 14 es einem einfachen Reichsgesetz überläßt, die Ausführung der Reichsgesetze durch reichseigene Behörden anzuordnen. Die Stellung des letztgenannten Artikels in dem das Verhältnis zwischen Reich und Ländern grundsätzlich regelnden 1. Abschnitt des 1. Hauptteils wird gegenüber dem Argument von der lex specialis der Art. 83 und 84 als ausschlaggebend zu erachten sein (gl. Ansicht Giese Anm. 2 zu Art. 14, Anm. 4 zu Art. 83, Anm. 1 zu Art. 84; Anschütz 149; E. Kaufmann, Recht u. Wirtsch. 1919, 212 ff.; a. M. Haußmann, Reichsverf. XXXII; Düringer, Recht u. Wirtsch. 1920, 2). Nebenbei bemerkt hat Art. 84 auch heute seine Bedeutung nicht ganz verloren, da eine ergänzende Tätigkeit der Landesbehörden noch immer notwendig ist; vgl. z. B. §§ 155—161 RAO. über die Steuerwertkataster (a. A. Giese Anm. 1 zu Art. 84).

6. In bezug auf die Landesabgaben war nach der von der RV. für die Reichsabgaben vorgesehenen Ordnung an eine Beschränkung der Verwaltungsbefugnisse der Länder nicht gedacht. Dabei ist es dann auch in der Folgezeit geblieben. Jedoch wurde gelegentlich der Einführung der reichseigenen Verwaltung der direkten Steuern den Ländern die Möglichkeit eröffnet, ihrerseits für die Zwecke der Erhebung der Landesabgaben die Tätigkeit der Reichsfinanzbehörden in Anspruch zu nehmen. § 19 der Reichsabgabeordnung verpflichtet den Reichsminister der Finanzen, auf Antrag einer Landesregierung den Reichsfinanzverwaltungsbehörden die Verwaltung von Landesabgaben und Landesvermögen zu übertragen. Sofern eine solche Übertragung erfolgt ist, haben die betreffenden Reichsfinanzbehörden den Weisungen der obersten Landesbehörde zu folgen.

Von dieser Befugnis hat auch die bayerische Landesregierung in der Art Gebrauch gemacht, daß sie ihre bisherigen Steuerbehörden auf das Reich übergehen ließ und zugleich die Weiterführung der Landesabgabenverwaltung durch die nunmehr verreichlichten Behörden beantragte. Neuerdings sind aber Bestrebungen im Zuge, besondere bayerische Steuerbehörden, zunächst einmal in der zweiten Instanz, aufzustellen. Der erste bezügliche Antrag des Staatsministeriums der Finanzen ist allerdings gescheitert (vgl. Verhandlungen des Landtags 1920/21 Beil. 1038 und 1084, Sten. Ber. II, 780). Nebenbei bemerkt nimmt das Reich für diese Mühewaltung seiner Behörden bei Verwaltung der Landesabgaben eine Vergütung nicht in Anspruch; vgl. § 52 a III des Entwurfes eines Gesetzes zur Änderung des Landessteuergesetzes und die Begründung S. 21 rechts (Reichstag I 1920/22 Drucks. 5263).

7. Nach der besprochenen reichsverfassungsmäßigen Grundlage ist es Sache der einfachen Reichsgesetzgebung, auf dem Gebiete der Abgaben die Grenzziehung zwischen Reich und Ländern vorzunehmen. Diese Aufgabe ist erstmalig durch das Gesetz vom 30. März 1920, RGBl. 402, das Landessteuergesetz, auf einem Teilgebiet gelöst worden, das allerdings praktisch eine überwiegende Bedeutung besitzt. Das Gesetz bezieht sich, wie schon sein Titel besagt, nur auf einen Teil der Abgaben, nämlich die Steuern, während bezüglich der übrigen Gattungen von Abgaben eine Regelung nicht erfolgt ist. Dieses Schweigen der Reichsgesetzgebung bezüglich der übrigen Abgaben hat die rechtliche Folge, daß hier den Ländern grundsätzlich Bewegungsfreiheit geblieben ist, eine Ordnung, die nicht weiter wundernehmen kann, wenn man die überhaupt in Betracht kommenden Abgabenarten ins Auge faßt.

Das Landessteuergesetz soll nun entsprechend den bei seiner Durchführung gemachten Erfahrungen und der inzwischen zutage getretenen Gestaltung der Bedürfnisse eine in einzelnen Punkten ziemlich einschneidende Veränderung erfahren. Zu diesem Zweck hat die Reichsregierung am 17. November den Entwurf eines Gesetzes zur Änderung des Landessteuergesetzes (Reichstag I 1920/22 Drucks. 5263) eingebracht, kraft dessen Art. VI das Landessteuergesetz den bezeichnenderen Titel: „Gesetz über den Finanzausgleich zwischen Reich, Ländern und Gemeinden (Finanzausgleichgesetz)" erhalten und neu bekannt gemacht werden soll. Zu § 5 der neuen Fassung hat der Reichsrat eine abweichende Vorlage gemacht; es handelt sich dabei um die Genehmigung der Gemeindesteuerordnungen. Das Gesetz ist im Reichstag wegen der in Art. V vorgesehenen Erhöhung der Umsatzsteuer von zwei auf zweieinhalb vom Hundert auf Schwierigkeiten gestoßen, die bis Anfang Mai 1923 noch nicht behoben werden konnten. Im Folgenden soll jedoch bereits auf die vorgeschlagenen Änderungen Rücksicht genommen werden.

b) Arten der Abgaben.

8. Bevor auf die hier interessierenden Bestimmungen des Landessteuergesetzes näher eingegangen wird, ist es am Platze, über die Einteilung der Abgaben nach ihrer rechtlichen Eigenart einige Ausführungen vorzubringen. Dadurch wird einerseits der sachliche Gegenstand des Gesetzes von vornherein klargestellt, andererseits werden jene Abgaben umschrieben, deren Regelung nach Obigem den Ländern vollkommen überlassen ist.

Mit Rücksicht auf die grundlegende Bedeutung, die für das gegenwärtige und künftige Steuerrecht der Reichsabgabenordnung zukommt, erscheint es geboten, an deren einschlägige Vorschriften anzuknüpfen.

9. Die Reichsabgabenordnung läßt nach den zur Begriffsbestimmung der Steuer dienenden Auseinandersetzungen des § 1 I vier verschiedene Arten von Abgaben unterscheiden: die Steuern, die Monopolsabgaben, die Gebühren und die Beiträge.

a) Die Monopolsabgaben stellen das Entgelt für Monopolwaren dar, sie gehören also nach der Bestimmung a. a. O. zu den „Geldleistungen, die eine Gegenleistung für eine besondere Leistung darstellen". Ein Monopol besteht dermalen nur für Branntwein nach dem Reichsgesetz vom 8. April 1922, RGBl. 405. Sonach wäre es an sich, vom rein abgabenrechtlichen Standpunkt betrachtet, möglich, von Landes wegen Monopole für bestimmte andere Gegenstände einzuführen. Nur dürften solche Monopole sich nicht auf Objekte beziehen, die bereits der Reichsbesteuerung unterworfen sind. Das ist zwar in dieser Form nicht ausdrücklich ausgesprochen, geht aber gleichwohl aus dem Sinn der §§ 2 und 3 LStG. deutlich hervor.

In § 2 ist erklärt, daß die Inanspruchnahme von Steuern für das Reich die Erhebung gleichartiger Steuern durch die Länder ausschließt, in § 3, daß Landessteuern, die die Steuereinnahmen des Reichs zu schädigen geeignet sind, nicht erhoben werden sollen, wenn überwiegende Interessen der Reichsfinanzen entgegenstehen. Wenn man dem Ausdruck „Steuern" hier keinen rechtstechnischen, sondern einen finanzwissenschaftlichen Sinn beilegt, wie es der Zusammenhang wohl erfordert, so ist der oben aufgestellte Satz zweifellos gegeben; denn finanzwissenschaftlich sind Monopolpreise als Steuern anzusehen. Aber auch soweit es sich um reichssteuerfreie Gegenstände handelt, steht der Einführung von Landesmonopolen ein ganz anderes Hindernis entgegen, nämlich die reichsverfassungsmäßig gewährleistete Freiheit des Handels und Gewerbes, die nur durch Reichsgesetze beschränkt werden kann (Art. 151 III). Die Einführung eines Landesmonopols bedürfte daher reichsgesetzlicher Ermächtigung.

10. b) Von den Gebühren erwähnt die RAO. nur solche für besondere Inanspruchnahme der Verwaltung, vergißt jene für Benützung öffentlicher Sachen und Anstalten. Bezüglich beider Gruppen kommt eine Inanspruchnahme für das Reich der Natur der Sache nach nicht in Betracht, sofern es sich entweder um Landesverwaltung oder um den Ländern gehörende Sachen und Anstalten handelt. Dagegen greift hier die Normativkompetenz der Reichsgesetzgebung nach Art. 11 Z. 3 bezüglich der Verhinderung einer übermäßigen oder verkehrshindernden Belastung öffentlicher Verkehrswege und Einrichtungen mit Gebühren ein, von der für Wasserstraßen in Art. 99 RV. bereits unmittelbar Gebrauch gemacht ist. Hinsichtlich der Verwaltungsgebühren dagegen sind die Länder vollkommen freigestellt.

Den juristischen Begriff der Gebühr kann man etwa bestimmen gleich Zahlung als Entgelt für jeden Fall der Inanspruchnahme einer öffentlichen Sache oder Anstalt oder der öffentlichen Verwaltung.

11. c) Die Beiträge, die zugleich den Charakter von Vorzugslasten haben (vgl. hierüber z. B. O. Mayer II 405), kommen ebenso wie die Gebühren für Reichszwecke nur unter der Voraussetzung in Frage, daß es sich um die Aufbringung von Mitteln zur Anlage oder Unterhaltung von Unternehmungen des Reichs handelt. Soweit dagegen für Unternehmungen der Länder Beiträge erhoben werden sollen, steht die Regelung der Landesgesetzgebung ohne weiteres zu.

Der Begriff der Beiträge ist gleich Geldleistung oder Zahlung zur teilweisen Deckung der Kosten einer öffentlichen Sache oder Einrichtung, deren Anlage oder Bestand für den Leistungspflichtigen von Wert ist.

12. d) Für die Steuer selbst endlich gibt die RAO. in § 1 I eine umfängliche gesetzliche Definition. „Steuern sind im Sinne der RAO. einmalige oder laufende Geldleistungen, die nicht eine Gegenleistung für eine besondere Leistung darstellen und von einem öffentlichrechtlichen Gemeinwesen zur Erzielung von Einkünften allen auferlegt werden, bei denen der Tatbestand zutrifft, an den das Gesetz die Leistungspflicht knüpft. Zölle fallen darunter; nicht darunter fallen Gebühren für besondere Inanspruchnahme der Verwaltung und Beiträge (Vorzugslasten)." Nach Ausscheidung der überflüssigen und Richtigstellung der ungenau gefaßten Bestandteile dieser Begriffsbestimmung kann man etwa zu folgender Formulierung gelangen: Steuern sind Geldleistungen (oder Zahlungen), die durch die Rechtsordnung zugunsten der öffentlichen Verwaltung ohne besonderen Zusammenhang mit einem von ihr gebotenen Vorteil auferlegt werden. Die nähere Begründung dieser Fassung im einzelnen würde hier zu weit führen und muß daher einem anderen Zusammenhang vorbehalten bleiben.

b) Grundsatzbestimmungen für die Landessteuern.

13. Von den vier Abschnitten des Landessteuergesetzes „I. Landessteuern und Gemeindeabgaben", „II. Beteiligung der Länder und Gemeinden am Ertrage von Reichssteuern", „III. Lastenverteilung", „IV. Übergangs- und Schlußbestimmungen" kommt in diesem Zusammenhang im wesentlichen nur der erste in Betracht. Für die Finanzwirtschaft der Länder spielen natürlich auch Abschnitt II und III eine wesentliche Rolle, aber ihre Besprechung gehört in ein System des Reichsstaatsrechts und würde hier zu weit führen.

§ 1 formuliert das grundsätzliche Verhältnis zwischen der Steuergesetzgebung von Reich, Ländern, Gemeinden und Gemeindeverbänden entsprechend den Regeln, die sich aus der Betrachtung der Reichsverfassung ergeben haben, dahin, daß die anderen Rechtssubjekte berechtigt sind, „Steuern nach Landesrecht zu erheben, soweit nicht die Reichsverfassung und die gemäß der Reichsverfassung erlassenen reichsrechtlichen Vorschriften entgegenstehen." Bestimmungen der letzteren Art sind insbesondere in den anschließenden §§ des Landessteuergesetzes enthalten.

14. Die Fälle, in denen landesrechtliche Steuern entfallen sollen, werden in zwei Gruppen gegliedert. Die erste umfaßt gleichartige

Steuern, wie das Reich sie für sich in Anspruch nimmt (§ 2), die zweite, darüber hinausgehend, Steuern, welche die Steuereinnahmen des Reichs zu schädigen geeignet sind (§ 3).

a) Den Reichssteuern gleichartige Steuern nach Landesrecht sind verboten, sofern nicht reichsgesetzlich ein anderes vorgeschrieben ist (§ 2 I). Zuschläge zu Reichssteuern sind ebenfalls nur auf Grund reichsgesetzlicher Ermächtigung gestattet (§ 2 II). Ergeben sich danach über die Frage der Vereinbarkeit einer landesrechtlichen Steuervorschrift mit dem Reichsrecht Meinungsverschiedenheiten zwischen dem Reichsminister der Finanzen und einer Landesregierung, so kann jeder der beiden Teile Antrag auf Entscheidung an den Reichsfinanzhof stellen (§ 6 I S. 1). Zuständig ist der große Senat gemäß § 46 II S. 1 der Reichsabgabeordnung (ebenda S. 2). Die näheren Vorschriften bleiben besonderer reichsgesetzlicher Regelung vorbehalten (ebenda S. 3), die in § 4 des Gesetzes vom 8. April 1920, RGBl. 510, zur Ausführung des Art. 13 II RV. enthalten sind.

Danach könnte es fraglich sein, ob eine mit dem Reichsrecht nicht vereinbare landessteuerliche Vorschrift zunächst für die einzelnen Rechtssubjekte gültig ist und ihre Gültigkeit erst durch den Spruch des obersten Reichsfinanzverwaltungsgerichts verliert. Es kommt aber hier der allgemeine Satz des Art. 13 I RV. in Betracht, wonach Reichsrecht Landesrecht bricht. Geradeso wie dieser Satz einer landesrechtlichen Vorschrift ihre Gültigkeit ohne Rücksicht darauf benimmt, ob nach Art. 13 II eine in der Frage bestehende Meinungsverschiedenheit zwischen den beiderseitigen Regierungen zum Gegenstand höchstgerichtlicher Entscheidung gemacht worden ist, geradeso muß es auch mit dem Sonderfall des Landessteuerrechts gelegen sein.

15. b) Bezüglich landesrechtlicher Steuern, welche die Steuereinnahmen des Reichs zu schädigen geeignet sind, besteht nicht schlechthin ein zwingendes Verbot. Es heißt vielmehr, sie „sollen nicht erhoben werden, wenn überwiegende Interessen der Reichsfinanzen entgegenstehen" (§ 3). Das ist natürlich keine reine Rechts-, sondern eine Ermessensfrage. Entstehen diesbezüglich Meinungsverschiedenheiten zwischen dem Reichsminister der Finanzen und einer Landesregierung, so ist nicht ein oberstes Reichsgericht, sondern das Vertretungsorgan der Länder, der Reichsrat zur entscheidenden Instanz erklärt, die von beiden Teilen angerufen werden kann (§ 6 II). Die Entscheidung des Reichsrats erstreckt sich sowohl auf die Frage, ob die betreffenden Steuern „geeignet sind, die Steuereinnahmen des Reichs zu schädigen", als auch darauf, „ob überwiegende Interessen der Reichsfinanzen der Erhebung der Steuern entgegenstehen" (§ 6 II). Entscheidet der Reichsrat, daß die betreffenden steuerlichen Vorschriften „die Vorschrift des § 3 verletzen", so „müssen" sie „aufgehoben oder derart abgeändert werden, daß ein Widerspruch mit den Interessen der Reichsfinanzen nicht mehr besteht" (§ 4). Aus dieser Ordnung ergibt sich, daß die betreffenden Vorschriften zunächst gültig und verbindlich sind und erst nach der Entscheidung des Reichsrates ihre Geltungskraft verlieren. Dabei ist die Frage, ob diese Entscheidung aufhebende Kraft oder nicht besitzt, im letzteren Sinne zu beantworten (Wortl. „müssen aufhoben oder abgeändert werden"). Im Weigerungsfall kommt je nachdem die Entscheidung des Staatsgerichtshofes für das Deutsche Reich nach RV. Art. 19 I oder die Reichsexekution nach RV. Art. 48 I in Betracht. (Die Gültigkeit des § 6 II LStG. wird neuerdings von Triepel, Streitigkeiten zwischen Reich und Ländern in der Festgabe für Kahl, 106 ff., mit Rücksicht auf RV. Art. 15 III, bzw. 19 angefochten.)

16. Während für neue Gemeindesteuerordnungen eine Mitteilung an den Reichsminister der Finanzen vorgeschrieben ist, um diesen in den Stand zu setzen, die Rechte und Interessen des Reichs zu wahren (§ 5) — die Vorlage des Reichsrates schlägt diesbezüglich gewisse Einschränkungen vor —, ist bezüglich der Landesabgaben selbst eine gleichartige Anzeigepflicht nicht vorgesehen, da dem Reichsfinanzministerium ohne weiteres zugemutet werden kann, daß es die Landessteuergesetzgebung verfolgt. Auf alle Fälle ermächtigt aber § 60 den Reichsminister der Finanzen und die von ihm bestimmten Reichsbehörden, von den Ländern Auskunft über die von ihnen erhobenen Steuern zu verlangen. Dagegen ist ein Recht der Einsichtnahme in die Haushaltspläne und Jahresrechnungen, soweit diese nicht ohnedies veröffentlicht sind, nicht allgemein vorgesehen, wie sich aus der ausdrücklichen Gewährung dieses Rechtes für Zwecke der Durchführung der „Lastenverteilung" ergibt.

17. Auch auf dem Gebiet, das nach Ausscheidung des von der landesrechtlichen Besteuerung ausgenommenen übrig bleibt, werden die Länder sich nicht vollständig selbst überlassen, vielmehr greifen auch hier gewisse Vorschriften des Landessteuergesetzes ein.

a) Zunächst spricht § 7 den Wunsch aus — um mehr kann es sich juristisch nicht handeln —, daß die Länder und Gemeinden die ihnen zur Verfügung stehenden Steuern nach Maßgabe ihres Steuerbedarfes ausnützen „sollen". Hinter diesem Wunsch steckt eine unausgesprochene Drohung, die ihm einen gewissen Nachdruck verleiht: wenn die anderen Steuerberechtigten die ihnen offengelassenen Steuermöglichkeiten nicht auswerten, so können sie sich nicht darüber beklagen, wenn das Reich in seinem Steuersystem und seiner Finanzwirtschaft auf sie keine weitere Rücksicht nimmt.

b) Ein zweiter Wunsch weniger eindringlicher Natur ist in § 14 dahingehend formuliert: „Die Länder sollen darauf Bedacht nehmen, die Bestimmungen über die Veranlagung und Erhebung der Landes- und Gemeindesteuern mit den Vorschriften der Reichsabgabenordnung in Einklang zu bringen.“

Im Anschluß daran will die Novelle einen zweiten Absatz des § 14 anfügen mit dem Wortlaut: „Die Länder sind berechtigt, für Landesabgaben und andere öffentlich-rechtliche Abgaben die Vorschriften der Reichsabgabeordnung über das Strafrecht und Strafverfahren für anwendbar zu erklären.“ Diese Vorschrift wird mit Rücksicht auf § 5 EG. z. StGB. und §§ 3 I und 6 II Z. 3 EG. z. StPO. i. V. m. §§ 459 bis 469 StPO. für erforderlich gehalten, um die gewünschte Angleichung rechtlich zu ermöglichen (Begründung 25).

18. c) In apodiktischer Form erklärt § 8 I: „Die Länder erheben Steuern a) vom Grundvermögen, b) vom Gewerbebetrieb.“ § 9 verbietet ihre Ausgestaltung wie Einkommensteuern und fügt als Soll-Vorschrift bei, daß „Besteuerungsmerkmale, die auf die Berücksichtigung der persönlichen Leistungsfähigkeit des Steuerpflichtigen abzielen, .. nicht zugrunde gelegt werden“ sollen. Wohl aber gestattet § 8 II: „Die Steuern können nach Merkmalen des Wertes, des Ertrags, der Ertragsfähigkeit oder des Umfanges des Grundvermögens oder des Gewerbebetriebs veranlagt werden“. §§ 10 und 11 regeln dann die territoriale Abgrenzung der Steuerobjekte zwischen mehreren beteiligten Ländern.

Die rechtliche Bedeutung dieser Vorschriften bedarf der Klarstellung. Der Indikativ des § 8 I könnte zu der Auffassung Anlaß geben, daß hier eine Verpflichtung der Länder zur gesetzlichen Einführung bestimmter Steuern ausgesprochen ist. Aber diese Annahme scheitert an dem Mangel der reichsgesetzlichen Zuständigkeit. Art. 11 RV. gestattet zwar der Reichsgesetzgebung, „Grundsätze über die Zulässigkeit und Erhebungsart von Landesabgaben“ aufzustellen. In dieser Ermächtigung ist jedoch die Befugnis zu einer imperativen Anordnung der Erlassung von Steuervorschriften nicht enthalten. Nur soweit die Länder kraft eigenen Entschlusses gewisse Steuern auferlegen wollen, müssen sie die durch Reichsgesetz hiefür aufgestellten Grundsatzbestimmungen beachten, und ein Zuwiderhandeln kann zur Aufhebung der widersprechenden Landesgesetze in dem Verfahren nach Art. 13 II RV. (s. oben Z. 14 a) führen. Darin liegt die rechtliche Bedeutung der erwähnten Sätze der §§ 8 II und 9. Dem Indikativ des § 8 I kann man nur den Sinn einer Erwartung des Reichsgesetzgebers beimessen, deren Nichterfüllung als Mangel der Ausnützung der zur Verfügung stehenden Steuern gemäß des in § 7 ausgesprochenen Wunsches Anlaß zur Verwirklichung der dahinter stehenden versteckten Drohung (vgl. Z. 17 a) geben wird.

19. d) Die im Vorstehenden besprochene Rechtslage wird in der Fassung eines § 11 a der vorgeschlagenen Novelle zum Landessteuergesetz vollkommen verkannt. Darin heißt es: „In den Ländern ist zu Zwecken der öffentlichrechtlichen Wegeunterhaltung eine Steuer für die Benutzung der Wege durch andere Fahrzeuge als Kraftfahrzeuge zu erheben. Den Maßstab der Besteuerung bestimmt die Landesgesetzgebung." Im Anschluß daran werden noch weitere damit zusammenhängende Bestimmungen getroffen. Auch diese Verpflichtung könnte, selbst wenn sie Gesetz werden sollte, rechtlich nur den Charakter einer Ermächtigung und einer Erwartung besitzen. Andernfalls wäre eine Reichsverfassungsänderung erforderlich.

d) Die bayerische Landesabgabengesetzgebung.

20. Zum Vollzug des Landessteuergesetzes ist das bayerische Gesetz vom 30. Juni 1921, GVBl. 361, ergangen, dessen Inhalt sich aber nur auf die Gemeinden und Gemeindeverbände und ihr Verhältnis zum Lande bezieht und daher hier nicht zu erörtern ist.

21. Auf Grund der nach den vorausgehenden Ausführungen gegebenen Ordnung bestehen dermalen folgende bayerische Landesabgabengesetze:

a) auf dem Gebiet der Ertragssteuern:

1. das Grundsteuergesetz in der Fassung der Bekanntmachung vom 4. November 1910, GVBl. 1030, abgeändert durch das Gesetz vom 27. Juli 1921, GVBl. 411;

2. das Haussteuergesetz vom 17. August 1918 (GVBl. 423, 858)/ 16. August 1919 (GVBl. 564), abgeändert durch das Gesetz vom 27. Juli 1921, GVBl. 412;

3. das Gewerbsteuergesetz vom 27. Juli 1921, GVBl. 413;

4. das Gesetz über die Besteuerung des Gewerbebetriebs im Umherziehen vom 10. März 1879/20. Dezember 1897 (GVBl. 424), abgeändert durch das Gesetz vom 27. Juli 1921, GVBl. 433, in der Fassung der Bekanntmachung vom 6. August 1921, GVBl. 439;

b) auf dem Gebiet der Verkehrs-(Urkunden-)steuern:

5. das Stempelgesetz vom 16. Februar 1921 in der Fassung der Bekanntmachung vom 16. März 1921, GVBl. 133, 182 i. V. m. dem Gesetz vom 16. Dezember 1922, GVBl. 663, über Änderung des Kostengesetzes und Stempelgesetzes (vgl. oben S. 435);

c) auf dem Gebiet der Amtsgebühren:

6. das Kostengesetz vom 16. Februar 1921 in der Fassung der Bekanntmachung vom 16. März 1921, GVBl. 133, teilweise geändert durch das Gesetz vom 18. März 1922, GVBl. 209 und das unter 5 angeführte Gesetz vom 16. Dezember 1922, GVBl. 663.

In Coburg gilt an Stelle der Gesetze unter 1 und 2 das Grund- und Gebäudesteuergesetz vom 25. Mai 1860 mit Nachtragsgesetzen.

Außerdem gibt es eine Fülle von Bestimmungen über Gebühren und Beiträge, die in den verschiedenen Verwaltungsgesetzen enthalten sind (wie Grubenfeldabgaben vom Bergbau, Brückengelder, Schleußengelder, Gebühren für Abhaltung von Messen und Jahrmärkten usw.). Die Einzeldarstellung dieser Bestimmungen fällt selbstverständlich aus dem Rahmen eines Buches über Verfassungsrecht.

e) Landessteuern zur Deckung freiwilliger Staatsleistungen an Religionsgesellschaften.

22. Zum Schluß muß auch auf eine steuerrechtliche Sondervorschrift der VU. kurz eingegangen werden. Es handelt sich um § 17 IV, wo bestimmt ist: „Neue freiwillige Leistungen des Staates, der bürgerlichen Gemeinden und Gemeindeverbände an eine Religionsgesellschaft werden durch Zuschläge zu den Staatssteuern und Umlagen der Angehörigen dieser Religionsgesellschaften aufgebracht."

Diese Vorschrift betrifft nicht etwa das Besteuerungsrecht der Religionsgesellschaften gegenüber ihren Angehörigen, wie es in Art. 137 VI RV. und § 18 III VU. vorgesehen ist; vgl. hiezu das religionsgesellschaftliche Steuergesetz vom 27. Juli 1921, GVBl. 459. Vielmehr sind hier staatliche bzw. gemeindliche Steuerforderungen in Frage, die dazu dienen sollen, neue freiwillig übernommene Leistungen an bestimmte Religionsgesellschaften durch Heranziehung ihrer Angehörigen und Verschonung der Nichtangehörigen zu decken bzw. zu ersetzen (vgl. Beil. 324 S. 277; Piloty 78 f.). Aus den Ausschußverhandlungen geht klar hervor, daß das Moment der Freiwilligkeit sich sowohl auf die Art wie auf die Höhe der Leistungen bezieht. Daher gehören die auf Grund des Gesetzes vom 9. August 1921, GVBl. 451, über die Ergänzung der Bezüge der Erzbischöfe, Bischöfe und Mitglieder der Domkapitel und des Gesetzes vom gleichen Datum, GVBl. 452, über Ergänzung des Einkommens der Seelsorgegeistlichen (neue Fassung beider Gesetze durch Bekanntmachung vom 15. Februar 1922, GVBl. 186) gewährten Staatszuschüsse zu den „freiwilligen" Leistungen im Sinne des § 17 IV und sollten auf die dort vorgesehene Weise ersetzt werden.

Hier ergeben sich nun große Schwierigkeiten. Wenn es sich um freiwillige Leistungen des Staates handelt — wie in den angeführten praktisch gewordenen Fällen —, so sollen Zuschläge zu den Staatssteuern eingehoben werden. Das könnten nach der gegenwärtigen Verteilung der Steuerobjekte zwischen dem Reich und den Ländern aber nur die oben (Z. 21) angeführten Ertragssteuern vom Grund- und Hausbesitz sowie vom Gewerbebetrieb sein. Die vom Reich erhobene Kapitalertragsteuer sowie hauptsächlich die Einkommen- und Vermögenssteuern können nicht herangezogen werden; denn § 15 I des Landessteuergesetzes sieht zwar vor, daß von den Religionsgesellschaften des öffentlichen Rechtes Zuschläge zu den an Stelle der bisherigen Landes- oder Gemeindesteuern getretenen Reichssteuern erhoben werden können, aber eben nur von den Religionsgesellschaften, nicht vom Staat. Und nicht anders wie mit den Zuschlägen zu den Staatssteuern steht es auch mit den Zuschlägen zu den gemeindlichen Umlagen, falls eine Gemeinde freiwillig neue Leistungen übernommen hätte. Auch in diesem Falle kann — ohne daß dies im einzelnen hier näher ausgeführt werden soll — eine Heranziehung der Reichssteuern nicht in Frage kommen.

Aus dieser Rechtslage, welche der Landtag zur Zeit der Verfassungsberatung noch nicht vor Augen hatte, ergibt sich folgendes Dilemma. Sollten a) wirklich, dem Wortlaut der VU. entsprechend, diese dem Lande — gewissermaßen zufällig — verbliebenen Ertragsteuern mit dem vollen Ersatz der staatlichen (oder gemeindlichen) Aufwendungen für die freiwillig übernommenen Leistungen belastet werden? Die Verteilung unter die Religionsgenossen wäre von schreiender Ungerechtigkeit. Oder soll es b) zunächst bei der gewissermaßen vorschußweisen Leistung des Staates bleiben, bis durch eine Änderung des reichsrechtlichen Landessteuergesetzes die Möglichkeit einer vernünftigen Lastenerteilung unter die Religionsgenossen geschaffen worden ist? Oder ist endlich c) anzunehmen, daß solange eine Übernahme freiwilliger Leistungen durch Staat oder Gemeinde nicht erfolgen darf, bis die reichsgesetzlichen Voraussetzungen für eine vernünftige Lastenverteilung geschaffen worden sind? Die Fassung des § 17 IV: „Neue freiwillige Leistungen . . . werden . . . . aufgebracht" spricht vielleicht am meisten zugunsten der Antwort unter b (a. A. Rothenbücher 25[1] ohne Angabe der Begründung). Daraus würde sich dann die Verpflichtung des Gesamtministeriums ergeben, mit allem Nachdruck auf eine entsprechende Abänderung der einschlägigen Vorschriften des Landessteuergesetzes hinzuwirken.

Anhang.

Texte.

1. Das Staatsgrundgesetz der Republik Bayern.

Vom 4. Januar 1919.
(GVBl. S. 1).

Eingangsworte siehe oben S. 10f.

Es folgte dann das Gesetz mit dem Einführungssatze: „Bayern ist eine Republik“:

1. Bayern ist Mitglied der Vereinigten Staaten Deutschlands (Deutsches Reich).
2. Die höchste Gewalt des Bayerischen Staates liegt beim Volk.
3. Das Volk äußert seinen Willen durch Abstimmungen und Wahlen der Staatsbürger und die durch die Verfassung eingesetzten Organe.

   Staatsbürger ist ohne Unterschied der Geburt, des Geschlechtes, des Glaubens und des Berufes jeder Angehörige des Bayerischen Staates, der das 20. Lebensjahr vollendet hat.
4. Durch Wahlen der Staatsbürger wird der Landtag gebildet, der aus einer Kammer besteht. Die Wahl ist allgemein, gleich, unmittelbar, geheim, nach dem Verhältnisse der Stimmen.
5. Wahlberechtigt sind alle bayerischen Staatsbürger, wählbar sind alle bayerischen Staatsbürger über 25 Jahre.
6. Die oberste vollziehende Gewalt wird vom Gesamtministerium ausgeübt.
7. Das Gesamtministerium hat das Recht, Beschlüsse des Landtags spätestens innerhalb 4 Wochen der Volksabstimmung (Referendum) zu unterbreiten. In solchen Fällen werden die Beschlüsse des Landtags erst wirksam, wenn sie in der Volksabstimmung mit einfacher Mehrheit der abstimmenden Staatsbürger bestätigt sind.

   Entscheidet die Volksabstimmung gegen den Landtag, so ist er aufzulösen.

   Entscheidet sie gegen das Gesamtministerium, so hat es zurückzutreten.
8. Der Staat sichert die Unverletzlichkeit der Person, Freiheit des Glaubens und der Meinung in Rede und Schrift, Freiheit der Lehre, Wissenschaft und Kunst.
9. Das Eigentum ist unverletzlich. Die Enteignung von Vermögen kann nur zum Zwecke des Gemeinwohls auf Grund von Gesetzen erfolgen.
10. Vor dem Gesetze sind alle Einwohner gleich. Niemand darf seinem gesetzlichen Richter entzogen werden. Die Rechtsprechung wird durch unabhängige Gerichte ausgeübt.
11. Alle Vorrechte der Geburt und des Adels, sowie Titel, die keine Berufsbezeichnung sind, werden aufgehoben. Neue Fideikommisse dürfen nicht errichtet werden, die bestehenden sind durch besonderes Gesetz aufzuheben.
12. Die öffentlichen Lasten sind ansteigend nach der Leistungsfähigkeit zu verteilen.
13. Die Gemeinden und Gemeindeverbände haben das Recht weitgehender Selbstverwaltung. Die Wahlen zu den gemeindlichen Vertretungskörpern erfolgen nach den Grundsätzen des Landtagswahlrechtes.

14. Die Glaubensgesellschaften sind unabhängig vom Staate und unterstehen dessen Schutz. Alle Glaubensgesellschaften sind gleichberechtigt und frei in ihrer Betätigung. Niemand kann zum Eintritt in eine Glaubensgesellschaft, zur Teilnahme an ihrem Kultus oder zum Verbleiben in einer Glaubensgesellschaft gezwungen werden.

Bestehende Rechte der Glaubensgesellschaften können nur auf dem Wege der Gesetzgebung abgelöst werden.

15. Das Unterrichtswesen ist eine staatliche Angelegenheit. Die Erteilung des Religionsunterrichts obliegt den Glaubensgesellschaften. Staatliche Lehrpersonen können zur Erteilung des Religionsunterrichts nicht gezwungen werden; die Erziehungsberechtigten können von Staats wegen nicht gezwungen werden, die ihnen anvertraute Jugend zur Teilnahme am Religionsunterricht oder an religiösen Übungen anzuhalten.

16. Die Beamten haben das unbeschränkte Recht ihrer staatsbürgerlichen Betätigung. Die Rechte der Beamten bleiben unangetastet.

17. Bis zur endgültigen Erledigung des Verfassungsentwurfes, der dem Landtag sofort nach seinem Zusammentritt vorgelegt werden muß, übt die revolutionäre Regierung die gesetzgebende und vollziehende Gewalt aus.

18. Dieses Staatsgrundgesetz tritt, insoweit es nicht bloße Programmsätze (Ziff. 11, 12, 13, 14, 15) enthält, mit seiner Verkündigung in Kraft.

München, den 4. Januar 1919.

Kurt Eisner. E. Auer. H. v. Frauendorfer. Hoffmann. Dr. **Jaffé. Roßhaupter. J. Timm. Unterleitner.**

2. Das vorläufige Staatsgrundgesetz des Freistaates Bayern.

Vom 17. März 1919.
(GVBl. S. 109).

§ 1. Der Freistaat Bayern ist Mitglied des Deutschen Reiches.

§ 2. Die höchste Gewalt des bayerischen Staates liegt beim Volk.

§ 3. Das Volk äußert seinen Willen durch die auf der Verfassung beruhenden Organe, dann durch die Wahlen und die von der Verfassung vorgesehenen Abstimmungen der Staatsbürger.

Staatsbürger ist ohne Unterschied der Geburt, des Geschlechtes, des Glaubens und des Berufes jeder Angehörige des bayerischen Staates, der das 20. Lebensjahr vollendet hat.

§ 4. Durch Wahlen der Staatsbürger wird der Landtag gebildet, der aus einer Kammer besteht. Die Wahlen sind allgemein, gleich, unmittelbar, geheim und erfolgen nach den Grundsätzen der Verhältniswahl.

§ 5. Wahlberechtigt sind alle bayerischen Staatsbürger, wählbar sind alle bayerischen Staatsbürger über 25 Jahre.

§ 6. Die gesetzgebende Gewalt wird vom Landtag ausgeübt. Zum Zustandekommen eines Gesetzes ist die Zustimmung der einfachen Mehrheit der anwesenden Landtagsmitglieder erforderlich.

§ 7. Das Gesamtministerium hat das Recht, Beschlüsse des Landtags, die mit einer Bestimmung des gegenwärtigen vorläufigen Staatsgrundgesetzes in Widerspruch stehen, innerhalb vier Wochen der Volksabstimmung zu unterbreiten. In solchen Fällen werden die Beschlüsse des Landtags erst wirksam, wenn sie in der Volksabstimmung mit einfacher Mehrheit der abstimmenden Staatsbürger bestätigt sind.

Entscheidet die Volksabstimmung gegen den Landtag, so ist er aufzulösen. Entscheidet sie gegen das Gesamtministerium, so hat es zurückzutreten.

Auf Beschlüsse des Landtags, die zum Zustandekommen des endgültigen Staatsgrundgesetzes gefaßt werden, finden diese Bestimmungen keine Anwendung.

§ 8. Die oberste vollziehende Gewalt wird vom Gesamtministerium ausgeübt. Der Vorsitzende des Gesamtministeriums wird vom Landtag mit einfacher Mehrheit der Gesamtzahl seiner Mitglieder gewählt. Die übrigen Minister werden von ihm berufen.

Die Minister bedürfen zu ihrer Amtsführung das Vertrauen des Landtags. Sie sind für die Führung ihrer Geschäfte dem Landtag verantwortlich.

§ 9. Der Staat sichert die Unverletzlichkeit der Person, Freiheit des Glaubens und der Meinung in Rede und Schrift, Freiheit der Lehre, Wissenschaft und Kunst.

§ 10. Das Eigentum ist unverletzlich. Die Enteignung von Vermögen kann nur zum Zwecke des Gemeinwohls auf Grund Gesetzes erfolgen.

§ 11. Vor dem Gesetze sind alle Einwohner gleich. Niemand darf seinem gesetzlichen Richter entzogen werden. Die Rechtsprechung wird durch unabhängige Gerichte ausgeübt.

§ 12. Alle Vorrechte der Geburt und des Adels sowie Titel, die keine Berufsbezeichnung sind, werden aufgehoben. Neue Fideikommisse dürfen nicht errichtet werden. Die bestehenden Fideikommisse werden durch besonderes Gesetz aufgehoben werden.

§ 13. Die öffentlichen Lasten sind ansteigend nach der Leistungsfähigkeit zu verteilen.

§ 14. Die Gemeinden und Gemeindeverbände haben das Recht der Selbstverwaltung nach Maßgabe der Gesetze. Die Wahlen zu den gemeindlichen Vertretungskörpern erfolgen nach den Grundsätzen des Landtagswahlrechts.

§ 15. Die Glaubensgesellschaften sind gleichberechtigt und ordnen und verwalten ihre Angelegenheiten selbständig nach Maßgabe der Staatsgesetze. Niemand kann zum Eintritt in eine Glaubensgesellschaft oder zum Verbleiben in ihr, zur Teilnahme oder Nichtteilnahme an Kultushandlungen gezwungen werden.

Bestehende Rechte der Glaubensgesellschaften können nur durch Gesetz abgelöst werden.

§ 16. Das Unterrichtswesen ist eine staatliche Angelegenheit. Die Erteilung des Religionsunterrichts ist den Glaubensgesellschaften überlassen. Staatliche Lehrpersonen können zur Erteilung des Religionsunterrichtes nicht gezwungen werden. Die Erziehungsberechtigten können von Staats wegen nicht gezwungen werden, die ihnen anvertraute Jugend zur Teilnahme am Religionsunterricht oder an religiösen Übungen anzuhalten.

§ 17. Die Beamten haben das unbeschränkte Recht der staatsbürgerlichen Betätigung. Die Rechte der Beamten bleiben unangetastet.

§ 18. Dieses vorläufige Staatsgrundgesetz tritt mit seiner Verkündigung in Kraft. Das vorläufige Staatsgrundgesetz vom 4. Januar 1919 (GVBl. S. 1 ff.) wird aufgehoben.

München, den 17. März 1919.

Hoffmann. Endres. Frauendorfer. Schneppenhorst. Segitz. Simon. Steiner. Unterleitner.

3. Die Verfassungsurkunde des Freistaates Bayern.

Vom 14. August 1919.
(GVBl. S. 531).

Das bayerische Volk hat durch den am 12. Januar und 2. Februar 1919 gewählten Landtag dem Freistaate Bayern diese Verfassung gegeben:

1. Abschnitt.
Staat, Staatsgebiet, Staatsgewalt.

§ 1. I Bayern ist ein Freistaat und Mitglied des Deutschen Reiches. Die bisherigen Landesteile Bayerns in ihrem Gesamtbestande bilden das Staatsgebiet.

II Die Landesfarben sind weiß und blau.

§ 2. Die Staatsgewalt geht von der Gesamtheit des Volkes aus. Sie wird nach den Bestimmungen dieser Verfassung und der Verfassung des Deutschen Reiches unmittelbar durch die Staatsbürger und mittelbar durch die in dieser Verfassung eingesetzten Organe ausgeübt.

§ 3. I Dem Landtage steht die Ausübung aller Rechte der Staatsgewalt zu, die nicht durch diese Verfassung oder die Verfassung des Deutschen Reiches der Staatsbürgerschaft, den Behörden oder den Verbänden der Selbstverwaltung vorbehalten sind.

II Die dem Landtage zustehenden Rechte und Aufgaben sind unübertragbar, soweit diese Verfassung nichts anderes vorsieht.

§ 4. Das Gesamtministerium ist die oberste vollziehende und leitende Behörde des Staates. Es wird von dem Landtage bestellt und ist diesem verantwortlich.

§ 5. Die Rechtspflege wird durch unabhängige, nur den Gesetzen unterworfene Gerichte ausgeübt. Die Gerichte sind Staatsgerichte. Ihre Einrichtung erfolgt durch Gesetz.

2. Abschnitt.
Staatsbürgerschaft.

§ 6. Staatsbürger ist ohne Unterschied der Geburt, des Geschlechtes, des Glaubens und des Berufes jeder Angehörige des bayerischen Staates, welcher das 20. Lebensjahr vollendet hat.

§ 7. Der Staatsbürger übt sein Bürgerrecht aus durch Abstimmung
1. bei Volksbegehren und Volksentscheidungen,
2. bei Wahlen.

§ 8. Jeder Staatsbürger hat das Recht, an den durch diese Verfassung vorgesehenen Abstimmungen und Wahlen teilzunehmen, wenn er seit mindestens sechs Monaten seinen Wohnsitz in Bayern hat. Das Stimm- und Wahlrecht wird, soweit nicht durch Gesetz Ausnahmen zugelassen sind, am Wohnsitz ausgeübt.

§ 9. Von der Ausübung des Stimm- und Wahlrechtes ist ausgeschlossen:
1. wer entmündigt, unter vorläufige Vormundschaft oder wegen geistigen Gebrechens unter Pflegschaft gestellt ist,
2. wer infolge strafgerichtlicher Verurteilung die bürgerlichen Ehrenrechte nicht besitzt.

§ 10. I Volksbegehren können nur gerichtet werden:
1. auf Abänderung der Verfassung,

2. auf Erlaß, Abänderung und Aufhebung von Gesetzen, soweit solche nicht von der Volksentscheidung ausgenommen sind (§ 77 Abs. I),
3. auf Einberufung oder Auflösung des Landtages (§ 30).

II Volksbegehren sind an den Landtag und, wenn dieser nicht versammelt ist, an das Gesamtministerium zu richten. Sie sind vorbehaltlich der Vorschriften des § 30 Abs. I und IV rechtswirksam bei einfachen Gesetzen, wenn sie von mindestens einem Zehntel, bei Verfassungsgesetzen, wenn sie von mindestens einem Fünftel der Staatsbürgerschaft gestellt werden.

III Volksentscheidung findet nur in den von dieser Verfassung vorgesehenen Fällen statt. Sie ist rechtswirksam bei einfachen Gesetzen, wenn mindestens ein Fünftel, bei Verfassungsgesetzen, wenn mindestens zwei Fünftel der stimmberechtigten Staatsbürger daran teilgenommen haben. Vorbehaltlich der Vorschrift des § 30 Abs. IV entscheidet einfache Mehrheit, bei Verfassungsänderungen Zweidrittelmehrheit der abgegebenen gültigen Stimmen. Die Abstimmung ist allgemein, gleich, unmittelbar und geheim. Sie kann nur bejahend oder verneinend sein.

IV Das Verfahren bei Volksbegehren und Volksentscheidungen wird durch Gesetz geregelt.

§ 11. I Jeder Staatsbürger hat in der Gemeinde seines Wohnsitzes das Gemeindebürgerrecht. Er kann es nur ausüben, wenn er seit mindestens sechs Monaten im Gemeindebezirke wohnt.

II Die Ausübung des Wahlrechtes in den Gemeinden darf nicht von der Entrichtung einer Gebühr abhängig gemacht werden.

III Die Regelung der besonderen Rechte und Pflichten aus dem Gemeindeverbande bleibt der Gesetzgebung vorbehalten.

§ 12. Die Staatsbürger sind nach Maßgabe der Gesetze zu den öffentlichen Ämtern zuzulassen, wenn sie ihre Befähigung hierfür nachweisen. Nur Tüchtigkeit und Würdigkeit sollen für Verleihung der Ämter maßgebend sein.

3. Abschnitt.

Grundrechte.

§ 13. Kein Staatsangehöriger kann aus dem Staatsgebiet ausgewiesen werden.

§ 14. I Jeder Bayer hat das Recht, sich innerhalb des bayerischen Staatsgebietes an jedem Ort aufzuhalten und niederzulassen. Ausnahmen können nur auf Grund Gesetzes angeordnet werden.

II Die Niederlassung darf bayerischen Staatsangehörigen an keinem Orte durch besondere Lasten erschwert werden.

§ 15. I Alle Bayern sind vor dem Gesetze gleich.

II Der bayerische Adel ist aufgehoben. Bayerische Staatsangehörige, die vor dem 28. März 1919 Adelsbezeichnungen zu führen berechtigt waren, dürfen diese nur als Teil ihres Namens weiterführen. Adelsbezeichnungen werden nicht mehr verliehen. Den bayerischen Staatsangehörigen ist es verboten, die Verleihung des Adels eines anderen Staates anzunehmen.

III Titel, die nicht ein Amt, einen Beruf oder einen akademischen Grad bezeichnen, werden nicht mehr verliehen.

§ 16. Jedem Einwohner werden die Freiheit der Person und das Eigentum gewährleistet. Einschränkungen können nur nach Maßgabe der Gesetze angeordnet werden.

4. Abschnitt.

Gewissensfreiheit, Religionsgesellschaften, Schule.

Zu den Vorschriften der Verfassung des Deutschen Reiches im Zweiten Hauptteile, Dritten Abschnitt, Artikeln 135 bis 141 wird bestimmt:

§ 17. I Jedermann ist volle Glaubens- und Gewissensfreiheit gewährleistet.

II Die Entscheidung über die Zugehörigkeit der Kinder zu einer Religionsgesellschaft steht bis zu deren vollendetem sechzehnten Lebensjahre den Erziehungsberechtigten zu. Bis zu diesem Zeitpunkte können die Eltern die Zugehörigkeit ihrer Kinder zu einer Religionsgesellschaft auch durch Vertrag regeln. Ein solcher Vertrag bedarf der gerichtlichen oder notariellen Beurkundung; er wird durch den Tod der Eltern nicht berührt. Ist ein Kind mit Zustimmung der Erziehungsberechtigten vor Vollendung des sechzehnten Lebensjahres durch einen Kultusakt einer Religionsgesellschaft endgültig in diese aufgenommen worden, so kann hieran durch die Erziehungsberechtigten nichts mehr geändert werden. Von diesem Alter an hat das Kind selbst die Freiheit der Entschließung über sein Verbleiben in der Religionsgesellschaft.

III Der Austritt aus einer Religionsgesellschaft kann mündlich oder schriftlich bei dem Standesamte des Wohnsitzes oder ständigen Aufenthaltsortes erklärt werden. Die schriftliche Erklärung bedarf der Beglaubigung durch eine öffentliche Behörde. Absatz II findet entsprechende Anwendung. Nichtigkeit und Anfechtbarkeit der Austrittserklärung sind nach den Vorschriften des bürgerlichen Rechtes zu beurteilen.

IV Neue freiwillige Leistungen des Staates, der bürgerlichen Gemeinden und Gemeindeverbände an eine Religionsgesellschaft werden durch Zuschläge zu den Staatssteuern und Umlagen der Angehörigen dieser Religionsgesellschaft aufgebracht.

§ 18. I Die Vereinigung von Religionsgenossen zu gemeinsamer Hausandacht oder zu öffentlichen Kultushandlungen, zu Religionsgesellschaften, Religionsgemeinden oder geistlichen Gesellschaften ist innerhalb der Schranken des Gesetzes freigegeben.

II Bestehende Religionsgesellschaften, Religionsgemeinden oder geistliche Gesellschaften, dann ihre Anstalten, Stiftungen oder sonstigen Einrichtungen bleiben rechtsfähig, soweit sie es bisher waren, neue können die Rechtsfähigkeit nach Maßgabe des geltenden Rechtes erwerben. Ihr Eigentum, ihre anderen Rechte sowie ihr Bekenntnisgepräge werden gewährleistet.

III Religionsgesellschaften, Religionsgemeinden und geistlichen Gesellschaften wird die selbständige Ordnung und Verwaltung ihrer Angelegenheiten, den Religionsgesellschaften und Religionsgemeinden, welche die Rechtsstellung von Körperschaften des öffentlichen Rechtes besitzen, auch die Besteuerung ihrer Mitglieder auf Grund der bürgerlichen Steuerlisten innerhalb der Schranken des Gesetzes gewährleistet.

IV Bis zur Ablösung der Staatsleistungen gemäß Art. 138 der Verfassung des Deutschen Reiches bleiben die auf Gesetz, Vertrag oder besonderem Rechtstitel beruhenden Staatsleistungen an die Religionsgesellschaften aufrechterhalten.

V Bis zu dem gleichen Zeitpunkte dürfen Gebäude und Grundstücke des Staates, die derzeit irgendwelchen Kultuszwecken dienen, diesen gegen den Willen der Beteiligten nicht entzogen werden.

§ 19. I Errichtung und Unterhaltung von Begräbnisplätzen obliegen den bürgerlichen Gemeinden. Das gleiche gilt für Errichtung und Unterhaltung von Bestattungsanstalten.

II Die bürgerlichen Gemeinden sind zur Errichtung von Begräbnisplätzen und Bestattungsanstalten nur soweit verpflichtet, als die vorhandenen Begräbnisplätze und Bestattungsanstalten nicht ausreichen. Im übrigen bestimmen sich Errichtung und Unterhaltung nach dem öffentlichen Bedürfnis.

III In Friedhöfen, die nur für einzelne Religionsgesellschaften bestimmt sind, ist mangels eines gemeinschaftlichen Begräbnisplatzes die Beisetzung Andersgläubiger unter den für sie üblichen Formen und ohne räumliche Absonderung, erforderlichenfalls nach Anordnung der zuständigen Behörde zu gestatten.

IV Im übrigen bemißt sich der Simultangebrauch der Kirchen und Friedhöfe nach bisherigem Rechte, soweit nicht Abänderungen durch Gesetz getroffen werden.

Zu den Vorschriften der Verfassung des Deutschen Reiches im Zweiten Hauptteile, Vierten Abschnitt, Artikeln 142 bis 149 wird bestimmt:

§ 20. Die Freiheit der Kunst, der Wissenschaft und ihrer Lehre wird gewährleistet und kann nur durch Gesetz und nur zur Wahrung der öffentlichen Ordnung, Sicherheit, Gesundheit oder Sittlichkeit beschränkt werden.

§ 21. I Die Regelung und Förderung des öffentlichen Erziehungs-, Unterrichts- und Bildungswesens sowie die Genehmigung und Beaufsichtigung der privaten Unterrichts- und Erziehungsanstalten sind Angelegenheiten des Staates. Die öffentlichen Volksschulen sind grundsätzlich Staatsanstalten.

II Die Erziehungsberechtigten und die Personen, denen Schulpflichtige durch besonderen Auftrag anvertraut sind, sind verpflichtet, diese während der Dauer der gesetzlichen Schulpflicht zum Schulbesuch anzuhalten.

5. Abschnitt.

Selbstverwaltung, Stiftungen.

§ 22. I Den bürgerlichen Gemeinden und den Gemeindeverbänden wird das Selbstverwaltungsrecht gewährleistet. Sie verwalten nach Maßgabe der Gesetze ihre eigenen und die ihnen vom Staat übertragenen Angelegenheiten. Sie haben das Recht, ihren Bedarf durch öffentliche Abgaben im Rahmen der Gesetze zu decken. Neue Aufgaben und Lasten können ihnen nur auf Grund Gesetzes zugewiesen werden.

II Der Staat überwacht die Erfüllung ihrer Pflichten und die Gesetzmäßigkeit ihrer Verwaltung.

III Der Staat schützt die Behörden der Gemeinden und Gemeindeverbände bei Durchführung ihrer Aufgaben.

IV Gegen Überschreitung der Grenzen, die den Aufsichtsbehörden durch das Gesetz gezogen sind, haben die Gemeinden und Gemeindeverbände Anspruch auf verwaltungsgerichtlichen Schutz.

V Das Vermögen der Gemeinden und Gemeindeverbände kann unter keinem Vorwande zum Staatsvermögen gezogen werden.

§ 23. Die Wahlen für die Vertretungskörper der Gemeinden und Gemeindeverbände erfolgen nach den Grundsätzen des Landtagswahlrechtes. Sie werden durch Gesetz geregelt.

§ 24. I Die Bildung von berufsständischen Vertretungen zur Wahrnehmung der wirtschaftlichen und sozialen Aufgaben aller schaffenden Kreise des Volkes erfolgt durch Gesetz.

II Diese Vertretungen sind berechtigt, innerhalb ihres Wirkungsbereiches in Gegenständen der Gesetzgebung Anträge an den Landtag zu bringen. In den übrigen Gegenständen ihres Wirkungsbereiches können sie an die Verwaltungsbehörden des Staates und der Gemeinden Anträge richten, über welche Entscheidung getroffen und den Antragstellern mitgeteilt werden muß.

§ 25. I Das gesamte Vermögen der öffentlichen Stiftungen und die stiftungsmäßige Verwendung seiner Erträgnisse unterstehen dem besonderen Schutze des Staates. Stiftungsvermögen darf unter keinem Vorwande dem Staatsvermögen einverleibt werden. Verwaltung und Ausrichtung der öffentlichen Stiftungen werden staatlich beaufsichtigt.

II Ein besonderes Gesetz über das Stiftungswesen bleibt vorbehalten.

6. Abschnitt.

Landtag.

a) Wahl, Mitgliedschaft, Geschäftsgang, Auflösung.

§ 26. I Der Landtag wird durch allgemeine, gleiche, geheime und unmittelbare Wahl nach dem Grundsatz des Verhältniswahlrechtes gebildet.

II Wählbar sind nur wahlberechtigte bayerische Staatsbürger, welche das fünfundzwanzigste Lebensjahr vollendet haben. Wahlrecht und Wahlverfahren werden im übrigen durch besonderes Gesetz geregelt. Auf je 40000 Landeseinwohner nach der letzten Volkszählung soll ein Abgeordneter treffen. Beträgt der Rest mehr als 20000, so ist ein weiterer Abgeordneter zu wählen.

§ 27. Der Landtag wird auf vier Jahre gewählt. Vor Ablauf dieser Zeit ist er neu zu wählen.

§ 28. I Der Landtag bestimmt durch eine Geschäftsordnung seine Einrichtungen, seinen Geschäftsgang, seine Disziplin und Gliederung. Er wählt für seine Dauer aus seiner Mitte einen Vorstand, der aus einem Präsidenten, seinen Vertretern und den Schriftführern besteht.

II Die Verhandlungen des Landtages sind öffentlich. Die Geschäftsordnung kann Ausnahmen zulassen. Die Minister und ihre Bevollmächtigten können für Mitteilungen oder Verhandlungen, die Geheimhaltung erfordern, den Ausschluß der Öffentlichkeit beantragen.

III Über Gesetzentwürfe findet mindestens eine doppelte Lesung in der Vollversammlung statt.

IV Die Entwürfe der Gesetze und des Haushaltsplanes sind vor der ersten Lesung allgemein zugänglich zu machen.

§ 29. Bestellung, Besoldung und Entlassung sowie Dienstverhältnis und Dienstbeaufsichtigung der Landtagsbeamten werden durch die Geschäftsordnung des Landtages geregelt, soweit nicht durch Gesetz anderes bestimmt ist.

§ 30. I Der Landtag tritt alljährlich mindestens einmal zu einer ordentlichen Tagung zusammen. Zu einer außerordentlichen Tagung versammelt er sich, wenn seine Einberufung vom Vorstand oder Gesamtministerium beschlossen oder von fünfzig Mitgliedern oder einem Fünftel der stimmberechtigten Staatsbürger beantragt wird.

II Der Präsident beruft, eröffnet und schließt den Landtag. Zu jeder ersten Tagung nach einer Neuwahl wird der Landtag von seinen drei ältesten Mitgliedern binnen siebzehn Tagen nach dem Tage der amtlichen Feststellung des Wahlergebnisses einberufen.

III Der Landtag hat das Recht, seine Tagung zu schließen. Er setzt für die zwischen zwei Tagungen liegende Zeit einen Ausschuß ein und betraut ihn mit bestimmten Befugnissen. Zur Wahrung der Rechte der Volksvertretung setzt der Landtag für die Zeit nach Ablauf seiner Dauer oder nach seiner Auflösung einen ständigen Ausschuß ein.

IV Begehrt mindestens ein Fünftel der stimmberechtigten Staatsbürger die Auflösung des Landtages, so ist eine Volksentscheidung hierüber anzuordnen. Die Abstimmung ist nur rechtswirksam, wenn an ihr mindestens die Hälfte der Stimmberechtigten teilgenommen und eine Mehrheit von mindestens Zweidrittel der abgegebenen Stimmen für die Auflösung sich ausgesprochen haben.

V Wird die Auflösung des Landtages beschlossen, so ist sie durch seinen Präsidenten baldigst zu vollziehen.

§ 31. Der Landtag kann jederzeit seine Auflösung beschließen. Zur Gültigkeit des Beschlusses ist die Anwesenheit von Zweidrittel und die Zustimmung von mehr als der Hälfte der gesetzlichen Mitgliederzahl erforderlich.

§ 32. Nach einer Auflösung des Landtages sind Neuwahlen so anzuordnen, daß die Einberufung binnen sechzig Tagen erfolgen kann.

§ 33. Der Landtag prüft das Recht der Mitgliedschaft und entscheidet über die Gültigkeit der Wahlen. Er kann diese Aufgabe einem Gerichtshof übertragen.

§ 34. Vorbehaltlich besonderer Vorschrift der Verfassung beschließt der Landtag mit Mehrheit der abgegebenen Stimmen und bei Anwesenheit von mehr als die Hälfte seiner Mitglieder.

§ 35. I Die Mitglieder des Landtages sind Vertreter des gesamten Volkes und an Aufträge der Wähler nicht gebunden. Sie können ihre Rechte nur selbst ausüben.

II Beamte, Angestellte und ständige Arbeiter des Staates, der bürgerlichen Gemeinden und der Gemeindeverbände sowie Heeresangehörige bedürfen keines Urlaubes zur Teilnahme an den Landtagsverhandlungen. Bewerben sie sich auf Grund eines nach gesetzlicher Vorschrift eingereichten Wahlvorschlages um einen Sitz im Landtage, so ist ihnen von der Einreichung des Wahlvorschlages an Urlaub zu gewähren.

§ 36. Jeder Abgeordnete hat nach Maßgabe der Geschäftsordnung das Recht, Anträge zu stellen.

§ 37. I Kein Abgeordneter darf zu irgendeiner Zeit wegen einer Äußerung, die er in Ausübung seines Berufs getan hat, oder wegen seiner Abstimmung gerichtlich oder dienstlich verfolgt oder sonst außerhalb der Versammlung zur Verantwortung gezogen werden.

II Hat ein Abgeordneter in dieser Eigenschaft von jemand eine Tatsache anvertraut erhalten oder jemand eine solche anvertraut, so ist er berechtigt, über diese Personen und Tatsachen das Zeugnis zu verweigern. Hinsichtlich der Beschlagnahme von Schriftstücken steht er den Personen gleich, die ein gesetzliches Recht haben, das Zeugnis zu verweigern.

§ 38. Wahrheitsgetreue Berichte über Verhandlungen in den öffentlichen Sitzungen bleiben von jeder Verantwortung frei.

§ 39. I Kein Abgeordneter darf während der Tagung ohne Genehmigung des Landtages verhaftet oder wegen einer mit Strafe bedrohten Handlung in Untersuchung gezogen werden, außer wenn er bei Ausübung der Tat oder im Laufe des nächsten Tages festgenommen worden ist.

II Auf Verlangen des Landtages ist jede Haft eines Abgeordneten und jedes Strafverfahren gegen einen solchen für die Dauer der Tagung aufzuheben.

III Während der Tagung darf kein Abgeordneter, solang er sich am Orte der Versammlung aufhält, ohne Genehmigung des Landtages an einem anderen Ort als Zeuge oder Sachverständiger vernommen werden.

IV Diese Bestimmungen finden auf die Mitglieder der Ausschüsse, die in der Zeit zwischen zwei Tagungen des Landtages versammelt sind, sinngemäße Anwendung.

§ 40. Die Abgeordneten haben für die Dauer des Landtages Anspruch auf freie Benützung der staatlichen Verkehrsmittel und auf Entschädigung nach Gesetz.

§ 41. I Die Mitgliedschaft endigt mit Ablauf der Landtagsdauer, Auflösung des Landtages, Ungültigkeitserklärung der Wahl, Wegfall der Wählbarkeit oder Verzicht. Der Verzicht ist unwiderruflich. Er ist dem Präsidenten schriftlich zu erklären.

II Als Verzicht gilt auch die Annahme eines öffentlichen Dienstes in einem mit Bayern im Kriege befindlichen Staat.

§ 42. Die Geschäftsordnung des Landtages hat dafür zu sorgen, daß in seinen Ausschüssen die Minderheiten verhältnismäßig vertreten sind.

§ 43. Alle Verhandlungen und Beschlüsse der Vollversammlung des Landtages und des nach § 30 Abs. III gebildeten Ausschusses, der Haushaltsplan, die Staatsrechnungen, der Vermögens- und Schuldenstand des Staates sind im Wortlaut allgemein zugänglich zu machen.

b) Aufgaben, Rechte.

§ 44. Der Landtag hat das Recht der Gesetzgebung und übt es nach den Bestimmungen der Verfassung aus.

§ 45. Ehe der Landtag Vorlagen der Volksentscheidung unterbreitet, hat er hierüber nach §§ 76 und 77 Beschluß zu fassen.

§ 46. Verordnungen, welche die Einrichtung oder Veränderung von Behörden oder Stellen betreffen, sind dem Landtage zur Genehmigung vorzulegen. In dringenden Fällen kann das Gesamtministerium solche Verordnungen unter Vorbehalt der nachträglichen Bestätigung des Landtages erlassen.

§ 47. I Ohne Genehmigung des Landtages kann keine neue Anleihe, welche die Erhöhung des bisherigen Schuldenstandes des Staates an Kapital oder Verzinsung bewirkt, aufgenommen oder eine Bürgschaft zu Lasten des Staates eingegangen werden.

II Ohne Genehmigung des Landtages kann weder der von ihm beschlossene Staatsschuldentilgungsplan geändert noch ein zur Schuldentilgung bestimmtes Gefäll zu einem anderen Zwecke verwendet werden.

III Das Grundstockvermögen des Staates darf in seinem Wertbestande durch Veräußerungen nicht verringert werden. Soweit nicht durch Gesetz das Ministerium zu Veräußerungen von Grundstockvermögen ermächtigt wird, können solche nur mit Genehmigung des Landtages erfolgen. Der Erlös solcher Veräußerungen ist zu Neuerwerbungen für das Grundstockvermögen zu verwenden.

§ 48. Der Landtag beschließt über den vom Gesamtministerium alljährlich vorzulegenden Haushaltsplan.

§ 49. Der Landtag beschließt über die alljährlich vom Gesamtministerium abzulegende Rechnung des Staates samt Vermögens- und Schuldennachweis.

§ 50. Der Landtag genehmigt die Staatsverträge. Sie sind, wenn sie Rechtssätze enthalten, hinsichtlich ihres Rechtsinhaltes als Gesetze zu beschließen.

§ 51. I Der Landtag beschließt durch Gesetz über Straferlasse, die sich auf alle bestraften Personen oder auf besondere Gruppen beziehen.

II Straferlasse für einzelne Personen stehen dem Gesamtministerium oder nach dessen Beschlusse den einzelnen Ministerien zu.

§ 52. I Durch beauftragte Mitglieder kann der Landtag nach vorausgegangener Verständigung des Ministeriums von den Einrichtungen und Unternehmungen der Staatsverwaltung, insbesondere der Staatsschuldenverwaltung, Einsicht nehmen.

II Der Landtag muß auf Antrag von einem Fünftel seiner Mitglieder Ausschüsse zur Untersuchung von Tatsachen ernennen. Sie haben das Recht, staatliche und gemeindliche Behörden zur Durchführung ihrer Aufgabe in Anspruch zu nehmen. Die Ausschüsse können die Untersuchungen auch selbst durchführen. Auf die Erhebungen der Ausschüsse und der von ihnen ersuchten Behörden finden die Vorschriften der Strafprozeßordnung sinngemäße Anwendung. Die gesetzlichen Vorschriften über die Wahrung des Brief-, Post-, Telegraphen- und Fernsprechgeheimnisses werden hierdurch nicht berührt. Die Geschäftsordnung des Landtages regelt das Verfahren.

§ 53. Der Landtag hat das Recht, das Gesamtministerium oder einzelne Minister zur Verantwortung zu ziehen. Dies kann durch parlamentarische oder gerichtliche Mittel geschehen.

§ 54. Das ordentliche parlamentarische Mittel ist die Rechenschaftsforderung. Der zur Rechenschaft geforderte Minister hat sich im Landtage persönlich zu verantworten.

§ 55. I Das außerordentliche parlamentarische Mittel ist die Kundgabe des Mißtrauens, die sich gegen das Gesamtministerium oder gegen einzelne Minister richten kann.

II Der Antrag auf eine solche Kundgebung bedarf der Unterstützung von mindestens dreißig Abgeordneten, ist dem Ministerpräsidenten sofort schriftlich mitzuteilen und innerhalb fünf Tagen zur Beratung zu bringen.

III Die Minister müssen zur Verhandlung über die gegen sie gerichteten Mißtrauensanträge persönlich erscheinen, wenn sie nicht vorher zurücktreten. Erscheinen sie nicht, so kann in ihrer Abwesenheit beraten und beschlossen werden.

IV Der Beschluß ist gültig, wenn mindestens die Mehrheit der gesetzlichen Mitgliederzahl zustimmt. Er ist eingehend zu begründen.

§ 56. I Das gerichtliche Mittel der Geltendmachung der Ministerverantwortlichkeit ist die Anklage vor dem Staatsgerichtshofe. Die Anklage kann nur darauf gerichtet sein, daß ein Minister in Ausübung seines Amtes durch Handlungen oder Unterlassungen die Verfassung oder ein Gesetz vorsätzlich oder grobfahrlässig verletzt hat.

II Der Antrag auf Erhebung der Anklage muß von mindestens fünfzig Abgeordneten unterzeichnet sein. Der Beschluß bedarf der Zustimmung der für Verfassungsänderungen vorgeschriebenen Mehrheit.

III Wird der Angeklagte für schuldig befunden, so kann nur auf Entfernung aus dem Amt erkannt werden. War er schon vor dem Urteile zurückgetreten, so ist eine Entscheidung nur über die Schuldfrage zu treffen.

IV Die Anklage wird durch Vertagung oder Auflösung des Landtages oder Ablauf der Landtagsdauer nicht berührt.

7. Abschnitt.

Staatsverwaltung.

a) Ministerium.

§ 57. I Dem Gesamtministerium obliegt die Leitung der gesamten Staatsverwaltung, der Vollzug aller Gesetze, Reichsverordnungen und Beschlüsse des Landtages sowie die Vertretung Bayerns gegenüber dem Reiche, den einzelnen Staaten des Reiches und den auswärtigen Mächten im Rahmen der Verfassung des Deutschen Reiches.

II Alle Staatsbehörden sind ihm untergeordnet. Die Unabhängigkeit der Rechtsprechung und der Tätigkeit des Rechnungshofes wird hierdurch nicht berührt.

III Das Ministerium handhabt auch in den gesetzlichen Schranken die Oberaufsicht über die Selbstverwaltung der Gemeinden und Gemeindeverbände.

§ 58. I Das Gesamtministerium wird durch den Landtag bestellt. Der Landtag wählt den Ministerpräsidenten. Zur Gültigkeit der Wahl ist die Zustimmung der Mehrheit der gesetzlichen Mitgliederzahl erforderlich. Der Ministerpräsident unterbreitet dem Landtag eine Vorschlagsliste für die übrigen Ministerien. Er besetzt diese im Einverständnisse mit dem Landtage. Bei Erledigung einzelner Ministerien wird in gleicher Weise verfahren.

II Den Ministern können Staatssekretäre als ständige politische Stellvertreter beigegeben werden. Sie werden auf Vorschlag des Ministers im Einverständnisse mit dem Landtage durch das Gesamtministerium ernannt und entlassen.

III Jeder Minister hat einen bestimmten Geschäftskreis zu verwalten. Alle Geschäfte der Staatsverwaltung sind nach Maßgabe der Gesetze vom Gesamtministerium unter die Ministerien zu verteilen. Die Verteilung ist im Gesetz- und Verordnungsblatte bekannt zu machen.

IV Als Vertreter des Ministerpräsidenten für die ihm vorbehaltenen Geschäfte ist durch das Gesamtministerium ein Minister zu bestellen.

§ 59. I Die Minister bedürfen zu ihrer Amtsführung des Vertrauens des Landtages. Das gleiche gilt für die Staatssekretäre, soweit sie in Vertretung der Minister selbständig handeln.

II Das Gesamtministerium, die Minister und Staatssekretäre sind für ihre Amtsführung dem Landtage verantwortlich. Sie können jederzeit von ihrem Amte zurücktreten; sie müssen zurücktreten, wenn ihnen das Mißtrauen des Landtages ausgesprochen wird.

III Die Minister und Staatssekretäre dürfen ein anderes besoldetes Amt, einen Beruf oder ein Gewerbe nicht ausüben.

§ 60. (Neue Fassung nach dem Gesetz vom 9. Januar 1923, GVBl. 12.)

I Die Minister haben Anspruch auf Besoldung, die durch Gesetz zu regeln ist. Versorgungsansprüche für sich und ihre Hinterbliebenen stehen ihnen nicht zu.

II Ein Minister, der zur Zeit seiner Bestellung als etatmäßiger Beamter im bayerischen Staatsdienste stand, hat bei seinem Rücktritt Anspruch auf Übertragung einer verfügbaren etatmäßigen Beamtenstelle, die seinem früheren Amte gleichwertig und gleichartig ist. Das gleiche gilt für solche Minister, denen als früheren etatmäßigen bayerischen Staatsbeamten der Rücktritt in den bayerischen Staatsdienst zur Zeit ihrer Bestellung noch vorbehalten war.

III Ein Minister, auf den die Voraussetzungen des Abs. II zutreffen oder der zur Zeit seiner Bestellung mit Anspruch auf Versorgung im Dienste des Reichs, eines Landes oder in einem sonstigen öffentlichen Dienste stand, erhält bei seinem Rücktritt einen Ruhegehalt samt Zuschlägen nach den für unwiderrufliche etatmäßige bayerische Staatsbeamte geltenden Vorschriften mit dem Abmaße, daß der Ruhegehalt gleich ist dem Wartegeld aus dem pensionsfähigen Diensteinkommen seiner früheren Stelle und daß der Anspruch auf den Ruhegehalt erlischt, wenn dem Minister eine seinem früheren Amte mindestens gleichwertige versorgungsberechtigte Stelle im bayerischen Staatsdienst, im Dienste des Reiches, eines Landes oder in einem sonstigen öffentlichen Dienste übertragen wird. Der Anspruch auf den Ruhegehalt beginnt mit dem Ablaufe des Monats, in dem der Minister zurückgetreten ist.

IV In den Fällen der Absätze II und III sind Gehaltsvorrückungen und Beförderungsmöglichkeiten bis zum Abgang als Minister nach bayerischen Anstellungs- und Beförderungsverhältnissen zu berücksichtigen. Über die Gehaltsvorrückungen und die Beförderungsmöglichkeiten entscheidet das Gesamtministerium unter Ausschluß des Rechtswegs; das gleiche gilt hinsichtlich der Frage, ob die neue Stelle (Abs. II, III) dem früheren Amte gleichwertig und gleichartig ist.

V Nach dem Ruhegehalte (Abs. III) wird die Versorgung der Hinterbliebenen eines früheren Ministers mit Ruhegehalt (Abs. III Satz 1) nach den für Hinterbliebene der bayerischen etatmäßigen Staatsbeamten geltenden Vorschriften geregelt; das gleiche gilt, wenn der Minister, der im Falle des Rücktritts Anspruch auf Ruhegehalt nach Abs. III hätte, im Dienste gestorben ist. Keinen Anspruch auf Versorgung haben Hinterbliebene aus einer Ehe, die ein früherer Minister nach seinem Rücktritt geschlossen hat.

VI Vorstehende Bestimmungen finden auf die Staatssekretäre entsprechende Anwendung.

§ 61. Für die Aufgaben und die Geschäftsführung des Gesamtministeriums und der Ministerien bestehen folgende Grundsätze:

1. Die Staatsverwaltung wird nach der Verfassung, den Gesetzen und dem Haushaltsplane geführt.

2. Das Gesamtministerium erledigt die ihm durch diese Verfassung, die Gesetze und allgemeinen Verordnungen zugewiesenen Aufgaben.
   Alle übrigen Aufgaben sind nach den oben aufgeführten Grundsätzen von den einzelnen Ministerien zu erfüllen. Das Gesamtministerium ist befugt, die Entscheidung über einzelne dieser Angelegenheiten an sich zu ziehen, sofern sie von allgemeiner politischer Bedeutung sind.
3. Das Gesamtministerium vertritt Bayern gegenüber dem Reich und anderen Staaten, soweit diese Geschäfte nicht einem besonderen Ministerium übertragen sind.
4. Das Gesamtministerium ernennt die Vertreter der Minister und die Vorstände der den Ministerien unmittelbar untergeordneten Behörden. Die übrigen Beamten werden durch die zuständigen einzelnen Minister oder die von ihnen beauftragten Behörden ernannt.
5. Jeder Minister übt die Dienstaufsicht über die Behörden und Beamten seines Dienstzweiges und entscheidet vorbehaltlich der Zuständigkeit der Gerichte und der Verwaltungsgerichte über die Beschwerden, welche sich aus seinem Geschäftsbereich ergeben.
6. Das Gesamtministerium erläßt unter Beachtung des § 46 die allgemeinen Verwaltungsverordnungen.
7. Rechtsverordnungen können durch das Gesamtministerium oder die einzelnen Minister nur auf Grund gesetzlicher Ermächtigung erlassen werden. Das Notverordnungsrecht steht dem Gesamtministerium nach näherer gesetzlicher Bestimmung zu.
8. Das Gesamtministerium beschließt über alle Vorlagen, die dem Landtag im Namen der Regierung zu machen sind.
9. Jedes Ministerium bearbeitet die Gesetzentwürfe, welche sich auf seinen Geschäftskreis erstrecken.
10. Jedes Ministerium entwirft den Haushaltsplan seines Geschäftskreises und ist für dessen Vollzug verantwortlich.
11. Das Ministerium der Finanzen stellt den Gesamthaushaltsplan auf und überwacht dessen Vollzug.

§ 62. I Die Landesgesetze sind vom Landtagspräsidenten und Gesamtministerium, die Staatsverträge vom Landtagspräsidenten und Ministerpräsidenten auszufertigen und zu verkündigen.

II Der Ministerpräsident hat Vorsitz und Stichentscheid im Gesamtministerium und überwacht den Vollzug der Beschlüsse.

III Der Ministerpräsident hat das Recht, in allen Staatsangelegenheiten sich durch Beamte aller Ministerien und durch sonstige von ihm hierzu berufene Personen beraten zu lassen.

§ 63. In allen Angelegenheiten, über die das Gesamtministerium zu beschließen hat, entscheidet Stimmenmehrheit der anwesenden Minister.

§ 64. I Das Gesamtministerium wacht über die Sicherheit des Staates. Es hat bei drohender Gefahr die Maßnahmen zu ergreifen, welche die Ruhe und Ordnung im Innern sichern oder gegenüber der Gefahr eines Angriffes von außen unmittelbar erforderlich sind. Zu diesem Zwecke kann es vorübergehend die verfassungsmäßigen Grundrechte ganz oder teilweise außer Kraft setzen.

II Um einer augenblicklichen dringenden Gefahr zu begegnen, kann das Gesamtministerium über die bewaffnete Macht verfügen und die erforderlichen Anordnungen treffen.

§ 65. I Die Minister haben das Recht, jederzeit im Landtage zu erscheinen und die Vorlagen ihres Geschäftskreises persönlich zu vertreten oder durch Bevollmächtigte vertreten zu lassen.

II Durch Beschluß des Gesamtministeriums kann jeder Minister auch zur Vertretung von Vorlagen eines anderen als seines eigenen Geschäftskreises ermächtigt werden.

III Die Minister haben das Recht, im Landtage jederzeit das Wort zu ihren Vorlagen oder zu den Vorlagen, mit deren Vertretung sie beauftragt sind, zu verlangen. Auch können sie verlangen, daß ein Gegenstand zunächst in einen Ausschuß des Landtages zur Beratung verwiesen werde. Zu jedem Gegenstande der Verhandlung müssen sie auf Begehren gehört werden. Die gleichen Rechte stehen auch den Bevollmächtigten der Minister zu.

IV Jeder Minister ist verpflichtet, dem Landtag auf Verlangen über die Verwaltung seines Geschäftskreises Auskunft zu geben.

V Im Falle der Auflösung des Landtages oder des Ablaufes der Landtagsdauer ordnet das Gesamtministerium oder der von ihm damit betraute Minister die Neuwahlen an.

§ 66. I Sind alle Minister zurückgetreten, so haben sie bis zur Bildung eines neuen Ministeriums die Geschäfte weiterzuführen.

II Mit der Vertretung der einzelnen Minister im Falle ihrer Verhinderung und mit der Leitung eines Ministeriums im Falle seiner Erledigung können nur Staatssekretäre und Staatsräte betraut werden.

b) Behörden, Staatsdienst.

§ 67. I Den Beamten wird die Freiheit der religiösen und politischen Gesinnung und des Zusammenschlusses gewährleistet.

II Dienstrecht, Diensteinkommen und Versorgung werden gesetzlich geregelt. Die wohlerworbenen Rechte der Beamten sind unverletzlich. Für die vermögensrechtlichen Ansprüche der Beamten steht der Rechtsweg offen.

III Unwiderruflich angestellte Staatsbeamte können wegen schuldhaften Verhaltens nur unter den gesetzlichen Voraussetzungen und Formen vorläufig ihres Amtes enthoben, einstweilen oder endgültig in den Ruhestand oder in ein anderes Amt mit geringerem Gehalte versetzt oder entlassen werden.

§ 68. I Zu einem öffentlichen Amt kann nur berufen werden, wer seit mindestens fünf Jahren die deutsche Reichsangehörigkeit besitzt. Ausnahmen sind nur auf Grund eines Beschlusses des Gesamtministeriums zulässig.

II Die Staatsbeamten werden ernannt. Die Ernennung geschieht, soweit nicht das Gesetz anderes bestimmt, auf Lebenszeit.

§ 69. I Richter können nur aus gesetzlichen Gründen und im gesetzlich geregelten Verfahren gegen ihren Willen versetzt, ihres Amtes enthoben, in den Ruhestand versetzt oder entlassen werden. Die Mitglieder des Rechnungshofes sind den Richtern gleichgestellt.

II Rechtspflege und Verwaltung sind getrennt. Den Gerichten können Geschäfte der Justizverwaltung und der freiwilligen Gerichtsbarkeit übertragen werden.

III Die Entscheidung von Streitigkeiten über die Zuständigkeit zwischen den Gerichten und Verwaltungsbehörden erfolgt in gesetzlich geregeltem Verfahren durch besonders hierfür gebildete Gerichte.

IV Alle Streitigkeiten über Rechte und Ansprüche des bürgerlichen Rechtes und alle Strafsachen sind den bürgerlichen Gerichten zur Entscheidung zuzuweisen, soweit nicht durch diese Verfassung, die Verfassung des Deutschen Reiches oder ein besonderes Gesetz etwas anderes angeordnet ist.

V Der Staat nimmt in Sachen des bürgerlichen Rechtes vor den ordentlichen Gerichten Recht.

VI Anhängige Streitsachen und strafrechtliche Untersuchungen können weder durch den Landtag noch durch die Ministerien oder sonstige Verwaltungsbehörden gehemmt, von den Gerichten erkannte Strafen können nur nach den Vorschriften dieser Verfassung oder der Verfassung des Deutschen Reiches gemildert oder erlassen werden.

§ 70. I Über Ministeranklagen, Verfassungsbeschwerden und Verfassungsstreitigkeiten, für welche ein Rechtsweg nicht eröffnet ist, entscheidet der Staatsgerichtshof.

II Er besteht aus dem Präsidenten des Obersten Landesgerichtes als Vorsitzenden, aus acht Richtern, von denen drei dem Verwaltungsgerichtshof angehören müssen, und zehn Mitgliedern, die vom Landtage für seine Dauer mit Zweidrittelmehrheit der anwesenden Mitglieder zu wählen sind.

III Die Richter des Verwaltungsgerichtshofes werden vom Präsidenten dieses Gerichtes, die übrigen Richter vom Präsidenten des Obersten Landesgerichtes auf die Dauer ihres Hauptamtes ernannt.

IV Das Verfahren des Staatsgerichtshofes wird durch Gesetz geregelt.

§ 71. I Für bestrittene Rechtsansprüche und Verbindlichkeiten auf dem Gebiete des öffentlichen Rechtes steht nach Maßgabe der Gesetze das Verwaltungsrechtsverfahren offen.

II Die mit der Verwaltungsrechtspflege betrauten Behörden erkennen mit richterlicher Unabhängigkeit. Ihre Erkenntnisse binden auch die Organe der öffentlichen Gewalt.

III Zuständigkeit und Verfahren werden durch Gesetz geregelt.

§ 72. Die mit der Rechtspflege betrauten Behörden prüfen bei ihren Entscheidungen, ob ein anzuwendendes Gesetz nicht mit einer Bestimmung der Verfassung des Deutschen Reiches, dieser Verfassung oder einem anderen Verfassungsgesetz in Widerspruch steht.

§ 73. Die Geschäfts- und Verhandlungssprache im öffentlichen Dienst ist die deutsche Sprache.

8. Abschnitt.

Gesetzgebung, Staatshaushalt.

§ 74. I Alle für die Einwohner des Staates verbindlichen Rechtsvorschriften, welche die Freiheit der Person oder das Vermögen betreffen, können nur im Wege der Gesetzgebung erlassen, rechtsverbindlich erläutert, abgeändert oder aufgehoben werden.

II Keine Abgabe oder Steuer darf ohne gesetzliche Anordnung erhoben werden.

§ 75. Alle Gesetze, Rechtsverordnungen und Verwaltungsverordnungen im Sinne des § 46 sind im Gesetz- und Verordnungsblatte bekannt zu machen. Die Gesetze treten, wenn sie nichts anderes bestimmen, mit dem vierzehnten Tage nach dem Ablaufe des Tages der Ausgabe des Blattes in Kraft.

§ 76. I Der Landtag berät und beschließt über alle Anträge zur Gesetzgebung, die von seinen Mitgliedern, vom Gesamtministerium oder von der Staatsbürgerschaft an ihn gerichtet werden. Er entscheidet endgültig über die Zulässigkeit und Rechtsgültigkeit der Volksbegehren.

II Volksbegehren im Sinne des § 10 Abs. I Ziffer 1 und 2 können nur als förmliche Gesetzentwürfe eingebracht werden. Jedes Begehren hat sich auf einen bestimmten Gegenstand zu beschränken und ist eingehend zu begründen.

III Wird das Volksbegehren vom Landtag abgelehnt oder mit Veränderung angenommen, so ist es der Volksentscheidung zu unterbreiten. Der Landtag kann dem Gesetzentwurfe des Volksbegehrens einen von ihm beschlossenen Entwurf gegenüberstellen. In diesem Falle sind beide Entwürfe der Volksentscheidung zu unterbreiten. Wenn der Gesetzentwurf des Volksbegehrens vom Landtag unverändert angenommen worden ist, so findet hierüber eine Volksentscheidung nur statt, wenn sie nach § 77 Abs. II durch Volksbegehren verlangt wird.

§ 77. I Ausgenommen von der Volksentscheidung sind:
1. Finanzgesetze und Gesetze über Steuern und Abgaben,
2. Staatsverträge,
3. Gesetze über Grenzregelungen,
4. Gesetze, die sich auf die Einrichtung von Behörden und die Besoldung von Staatsbeamten beziehen,
5. Ausführungsgesetze zu Reichsgesetzen, soferne diese bindende Anweisungen über Erlassung oder Inhalt der Ausführungsgesetze geben,
6. die vom Landtag als dringend bezeichneten Gesetze.

II Über andere Gesetze, die der Landtag ohne Volksbegehren beschlossen hat, kann durch Volksbegehren oder Beschluß des Gesamtministeriums die Volksentscheidung binnen zwei Monaten angerufen werden. Vor Ablauf dieser Frist darf das Gesetz nicht ausgefertigt oder verkündigt werden.

III Kommt eine rechtsgültige Volksentscheidung über einen Landtagsbeschluß zur Gesetzgebung nicht zustande, so gilt er als bestätigt.

IV Ein durch Volksentscheidung endgültig abgelehntes Volksbegehren kann vor Ablauf eines Jahres, bei Verfassungsänderungen vor Ablauf von drei Jahren nicht wiederholt werden.

§ 78. Haushaltsjahr und Rechnungsjahr beginnen am 1. April und endigen mit dem 31. März des nächsten Jahres.

§ 79. I Alle Einnahmen und Ausgaben des Staates sind alljährlich auf den Haushaltsplan zu bringen, soweit nicht auf Grund gesetzlicher Bestimmungen oder mit Zustimmung des Landtages besondere Vermögensbestände (Fonds) gebildet und mit besonderer Verwaltung und Verrechnung ausgeschieden sind. Diese Bestände sind nach Kapital, Einnahmen und Ausgaben mit dem Haushaltsplane zusammen besonders auszuweisen.

II Der Haushaltsplan wird dem Landtage spätestens am 1. Oktober zur Beschlußfassung vorgelegt.

III Ausgaben, die zur Erfüllung gesetzlicher Verpflichtungen notwendig sind oder auf gerichtlich klagbaren Verpflichtungen des Staates beruhen, und die ihrem Zwecke nach dauernden und als solche vom Landtag anerkannten, notwendigen Ausgaben müssen in den Haushaltsplan eingestellt und der Steuerbewilligung zugrunde gelegt werden.

§ 80. I Auf Grund des Haushaltsplanes beschließt der Landtag durch Gesetz über die nach den bestehenden Steuergesetzen zu erhebenden Steuern (Finanzgesetz).

II Kommt der Haushaltsplan nicht rechtzeitig in seinem ganzen Umfange zustande, so ist alsbald durch das Gesamtministerium ein vorläufiger Haushaltsplan zu beschließen und der Haushaltsführung bis zum Zustandekommen des endgültigen Haushaltsplanes zugrunde zu legen. In den vorläufigen Haushaltsplan sind die Ausgaben, über die in der Tagung bereits endgültig beschlossen worden ist, ferner aus den noch nicht abgeschlossenen Teilen des Gesamthaushaltsplanes alle gesetzlich notwendigen und alle als dauernd anerkannten notwendigen Ausgaben aufzunehmen.

III In diesem Falle können durch vorläufige Steueranordnung des Gesamtministeriums die bisher erhobenen Steuern im bisherigen Umfange nebst den Zuschlägen, die zur Deckung der im vorläufigen Haushaltsplane festgesetzten Ausgabensumme erforderlich sind, weiter erhoben werden.

§ 81. Beschlüsse des Landtages, die eine Erhöhung der Ausgaben des Haushaltsplanes oder die Einstellung neuer Ausgaben bewirken, sind auf Verlangen des Gesamtministeriums erneut zu beraten. Diese Beratung darf ohne Zustimmung des Gesamtministeriums nicht vor Ablauf von 14 Tagen stattfinden. Der erste Beschluß bleibt wirksam, wenn er bei der erneuten Beratung von mindestens Zweidrittel der anwesenden Mitglieder bestätigt wird.

§ 82. Die Höhe des Steuerbetrages ergibt sich für jeden Steuerpflichtigen aus den Anordnungen der einzelnen Steuergesetze, des Finanzgesetzes und im Falle der Haushaltsführung auf Grund eines vorläufigen Haushaltsplanes aus den vorläufigen Steueranordnungen des Gesamtministeriums.

§ 83. Erübrigungen, die sich nach der Rechnung für ein Haushaltsjahr ergeben, sind als Einnahme in den Haushaltsplan des übernächsten Haushaltsjahres einzustellen. Fehlbeträge, mit denen die Rechnung für ein Haushaltsjahr abschließt, sind als Ausgaben im Haushaltsplane des übernächsten Haushaltsjahres vorzutragen.

§ 84. I Dem Landtag ist alljährlich nach Ablauf des Haushaltsjahres über alle Einnahmen und Ausgaben des Staates Rechnung zu erstatten. Die Rechnungen haben die Ausführung des Haushaltsplanes übersichtlich darzulegen und müssen mit seiner Gliederung genau übereinstimmen.

II Der Rechnungshof hat diese Rechnungen zu prüfen.

III Der Rechnungshof stellt alljährlich nach Beendigung dieser Prüfung in einem Bericht an das Gesamtministerium fest, inwieweit bei dem Vollzuge des Haushaltsplanes von den Landtagsbeschlüssen abgewichen worden ist. Das Gesamtministerium legt den Bericht alljährlich gleichzeitig mit den Rechnungsnachweisungen dem Landtage vor.

§ 85. Auf Grund der Rechnungsnachweisungen beschließt der Landtag über die Entlastung der Ministerien.

9. Abschnitt.

Heerwesen.

§ 86. Jeder Bayer hat zur Verteidigung seines Vaterlandes nach den bestehenden Gesetzen mitzuwirken.

§ 87. Die bayerischen Truppen bilden einen Teil der Wehrmacht des Deutschen Reiches. Sie sind ein geschlossener Truppenverband.

§ 88. Die bewaffnete Macht darf zur Erhaltung der inneren Sicherheit und gesetzlichen Ordnung nur einschreiten, wenn die polizeilichen Zwangsmittel hierfür unzureichend sind und die zuständige bürgerliche Behörde in gesetzmäßiger Form das Aufgebot an die militärische Behörde erläßt.

10. Abschnitt.

Verkehrswesen.

§ 89. Die Staatseisenbahnen werden auf der Grundlage der gesetzlichen Bestimmungen nach Grundsätzen des allgemeinen Staatsinteresses verwaltet. Für die Genehmigung und Beaufsichtigung privater Eisenbahnunternehmungen sind besondere gesetzliche oder verordnungsmäßige Vorschriften zu erlassen.

§ 90. Das Recht, Post-, Telegraphen- und Fernsprechanstalten zu errichten und zu betreiben, steht ausschließlich dem Staate zu.

§ 91. Durch Gesetz kann der staatlichen Verkehrsverwaltung das Recht zum ausschließlichen Betrieb anderer öffentlicher Verkehrsmittel gegeben oder die Genehmigung privaten Betriebes gestattet werden.

11. Abschnitt.

Schluß- und Übergangsbestimmungen.

§ 92. Änderungen an dieser Verfassung können nur durch Zweidrittelmehrheit der gesetzlichen Mitgliederzahl des Landtages beschlossen werden. Dasselbe gilt von Änderungen am Staatsgebiete, soferne sie nicht bloße Grenzregelungen sind.

§ 93. I Jeder Staatsangehörige und jede juristische Person, die in Bayern ihren Sitz hat, haben das Recht der Beschwerde an den Staatsgerichtshof, wenn sie glauben, durch die Tätigkeit einer Behörde in ihrem Recht unter Verletzung dieser Verfassung geschädigt zu sein. Die Beschwerde ist nur zulässig, wenn vorher ohne Erfolg beim Ministerium um Abhilfe nachgesucht worden oder der Rechtsweg erschöpft ist.

II Die Entscheidungen des Staatsgerichtshofes sind dem Beschwerdeführer, dem Landtag und dem Ministerium mitzuteilen.

§ 94. Alle Gesetze, welche vor dem 7. November 1918 in Bayern in Geltung standen, behalten ihre Gültigkeit, sofern sie nicht mit Bestimmungen dieser Verfassung oder mit den durch das Übergangsgesetz vom 28. März 1919 (GVBl. S. 119) bestätigten Anordnungen der provisorischen Regierung in Widerspruch stehen oder in dem durch diese Verfassung geregelten Wege der Gesetzgebung aufgehoben oder abgeändert werden. Die hiernach fortgeltenden Gesetze werden, auch wenn sie bisher Verfassungsgesetze waren, als einfache Gesetze behandelt.

§ 95. Diese Verfassungsurkunde tritt am Tag ihrer Verkündigung im Gesetz- und Verordnungsblatt in Kraft.

Vorstehende Verfassung ist am 12. August 1919 durch den Landtag beschlossen worden.

Bamberg, den 14. August 1919.

Im Namen des Landtages:

Franz Schmitt, Präsident.

Das Gesamtministerium:

Hoffmann. Dr. Ernst Müller. Endres. Speck. Frauendorfer. Segitz. Freyberg. Hamm. Schneppenhorst.

Nachträge.

Zu § 4 Z. 2: Vergleiche nunmehr über den mittelbaren Thronverzicht des vormaligen Königshauses § 56a Z. 12.

Zu § 6: Schrifttum: Beling, Revolution und Recht, Augsburg 1923; zu den Textausführungen Z. 2 und 6: Vergleiche nunmehr über die Anerkennung der verfassungsrechtlichen Neuordnung durch das vormalige Königshaus § 56a Z. 12.

Zu § 15: Die Regierung hat unter dem 16. März 1923 den Entwurf eines „Gesetzes über das Wappen des Freistaates Bayern" eingebracht (Beil. 3396), durch den ein „großes" und „kleines bayerisches Staatswappen" geschaffen werden soll. Die Gesetzesform der Festlegung wird mangels einer besonderen Zuständigkeit aus § 3 VU. abgeleitet. Diese Form wurde oben zwar nicht als unbedingt erforderlich, immerhin aber als angemessen bezeichnet.

Zu § 16: Schrifttum: Thoma, Der Begriff der modernen Demokratie in seinem Verhältnis zum Staatsbegriff, aus Hauptprobleme der Soziologie II 37 ff., 1923.

Zu § 19: Schrifttum: Seidlein, Vorschläge zu einer Bayerischen Verfassungsreform, Pol. Zeitfr. 5. Jhrg. H. 1/2.

Zu § 20 Z. 6b: Von dem Verbot der Versammlungen unter freiem Himmel und der Umzüge innerhalb des befriedeten Bannkreises können Ausnahmen von der Landesregierung, also dem Gesamtministerium, im Einvernehmen mit dem Präsidenten des Landtags zugelassen werden (Ges. § 1 III). Hier erhebt sich die besondere Frage, wer an Stelle des nach Ablauf der Dauer oder nach Auflösung des Landtags nicht vorhandenen Landtagspräsidenten (§ 28 VU.; vgl. S. 142) zu treten hat. Man könnte zunächst versucht sein, die Folgerung zu ziehen, in dieser Zeit solche Ausnahmen überhaupt für ausgeschlossen zu erklären. Aber der Zweck des Gesetzes ist doch gerade der Schutz der ungestörten Landtagstätigkeit, der in einer Zeit des Nichtvorhandenseins des Landtags, wenn man auch an den ständigen Ausschuß denkt, nicht eigentlich in Betracht kommt. Es dürfte daher richtig sein, die Zustimmung des Landtagspräsidenten durch den ständigen Ausschuß ersetzen zu lassen (S. 142). Die geplante Verlängerung der Funktionsdauer des Landtagsvorstandes bis zur Neuwahl seines Nachfolgers (siehe ebenda) wird diese Schwierigkeit beseitigen.

Zu § 40: Schrifttum: Über die materiell-politische Frage der Unterscheidung von Regierung und Verwaltung vgl. neuerdings Smend, Die politische Gewalt im Verfassungsstaat und das Problem der Staatsform, Festgabe für Kahl, 1923.

Schlagwort-Verzeichnis.

Die Ziffern bedeuten die Seiten des Buches.

W.

Verzeichnis der §§ der Verfassungsurkunde.

Die linke Ziffer bezeichnet den § der VU., die rechte die Seitenzahl des Buches.

Verzeichnis der Artikel der Reichsverfassung.

Die linke Ziffer bezeichnet den Artikel der RV., die rechte die Seitenzahl des Buches.